UMA HISTÓRIA DA ÓPERA

CAROLYN ABBATE E ROGER PARKER

Uma história da ópera

Os últimos quatrocentos anos

Tradução
Paulo Geiger

COMPANHIA DAS LETRAS

Grafia atualizada segundo o Acordo Ortográfico da Língua Portuguesa de 1990,
que entrou em vigor no Brasil em 2009.

Título original
A History of Opera: The Last Four Hundred Years

Capa
Claudia Espínola de Carvalho

Foto de capa
Teatro alla Scala, Milão, durante uma performance (aquarela sobre papel), Escola italiana, (século xix) /
Biblioteca da l'Opera Garnier, Paris, França / Bridgeman Images

Preparação
Silvia Massimini Felix

Revisão
Huendel Viana
Márcia Moura

Dados Internacionais de Catalogação na Publicação (CIP)
(Câmara Brasileira do Livro, SP, Brasil)

    Abbate, Carolyn.
      Uma história da ópera : os últimos quatrocentos anos / Carolyn
Abbate e Roger Parker ; tradução Paulo Geiger — 1ª ed. — São Paulo :
Companhia das Letras, 2015.

      Título original : A History of Opera: The Last Four Hundred
               Years
      Bibliografia.
      ISBN 978-85-359-2552-4

      1. Ópera 2. Ópera - História I. Parker, Roger. II. Título.

15-00416   CDD-782.1

Índice para catálogo sistemático:
1. Ópera : Música : História : 782.1

[2015]
Todos os direitos desta edição reservados à
EDITORA SCHWARCZ S.A.
Rua Bandeira Paulista, 702, cj. 32
04532-002 — São Paulo — SP
Telefone: (11) 3707-3500
Fax: (11) 3707-3501
www.companhiadasletras.com.br
www.blogdacompanhia.com.br

A Joseph Kerman

E em memória de
Robert Bailey (1937-2012)
Pierluigi Petrobelli (1932-2012)

Sumário

Lista das ilustrações

1. Ouvindo ópera em *Um sonho de liberdade* (Frank Darabont, 1994).

2. Audrey Hepburn na ópera em *Amor na tarde* (Billy Wilder, 1957).

3. Reconstituição da locação original de *Orfeo*, em Mântua (cortesia do Museu da Música, Paris).

4. *Le nozze degli dei*, de Giovanni Carlo Coppola. Desenho de Stefano della Bella, 1637 (© Museu de Israel, Jerusalém, Israel / Vera & Arturo Schwarz of Dada and Surrealist Art / Biblioteca de Arte Bridgeman).

5. Renata Pokupić como a Irene de *Tamerlano* no Royal Opera House, Covent Garden, 2010 (© 2010 Royal Opera House / Catherine Ashmore).

6. William Hogarth, *The Bad Taste of the Town* [O mau gosto da cidade], fevereiro de 1724 (© coleção particular / Biblioteca de Arte Bridgeman).

7. William Hogarth, *The Castrati*, gravura impressa, *c.* 1728 (© coleção particular / Biblioteca de Arte Bridgeman).

8. Retrato de Rosalie Levasseur, gravura de Noël Pruneau, 1790.

9. Pauline Viardot como Orfeu, fotografia de cartão de visita, 1859 (TCS 25 [Viardot, Pauline], Coleção do Teatro de Harvard, Biblioteca Houghton, Universidade Harvard).

10. Wolgang Amadeus Mozart, retrato por Barbara Krafft, 1819 (© Gesellschaft der Musikfreunde, Viena, Áustria / Biblioteca de Arte Bridgeman).

11. Wolfgang Amadeus Mozart, desenho a ponta de prata por Doris Stock, 1789 (© coleção particular / Biblioteca de Arte Bridgeman).

12. Papageno na estreia de *A flauta mágica* em Leipzig. Gravura em cores por Johann Salomon Richter, 1793 (cortesia do Stadtgeschichtliches Museum Leipzig).

13. Sarastro na estreia de *A flauta mágica* em Leipzig. Gravura em cores por Johann Salomon Richter, 1793 (cortesia do Stadtgeschichtliches Museum Leipzig).

14. Charles Edward Horn como Caspar em *Der Freischütz*, de Weber, Londres, 1824 (© Victoria and Albert Museum, Londres, Grã-Bretanha / Lessing Photo Archive).

15. Wilhelmine Schroeder-Devrient como Fidélio na ópera de Beethoven. Litografia de W. Sauter, 1823 (© akg-images).

16. Retrato do século XIX de Caroline Ungher (coleção dos autores).

17. Cena da maçã em *Guilherme Tell* em porcelana de Sèvres (© Réunion des Musées Nationaux [Sèvres, cidade da cerâmica] / Martine Beck-Coppola).

18. Mickey Mouse regendo *Guilherme Tell* em *O grande concerto da banda do Mickey*, 1935.

19. Natalie Dessay como Lucia em *Lucia di Lammermoor*, de Donizetti, Metropolitan Opera, 2007 (© Ken Howard / Metropolitan Opera).

20. *Die Heldentenöre*, caricatura por Gustave Doré, década de 1860 (coleção dos autores).

21. *Le Bal de l'opéra*, litografia em cores de Eugène Charles François Guérard, s.d. (© Museu da Cidade de Paris, Museu Carnavalet, Paris, França / Giraudon / Biblioteca de Arte Bridgeman).

22. Peça publicitária da Companhia de Extrato de Carne Liebig mostrando o *Rigoletto* de Verdi (coleção dos autores).

23. Cortejo no funeral de Verdi, Milão, 26 de fevereiro de 1901 (© akg-images / Interfoto).

24. Projeto do palco por Charles-Antoine Cambon e Joseph-François-Désire Thierry para *L'Africaine*, de Meyerbeer. Gravura publicada em *L'Illustration*, maio de 1865.

25. *Tannhäuser*, de Wagner, Metropolitan Opera, 2004 (© Marty Sohl / Metropolitan Opera).

26. *A Treasury of Grand Opera*, Simon & Schuster, 1946 (coleção dos autores).

27. Capa para a partitura de *Fausto*, 1931 (coleção dos autores).

28. Risë Stevens em propaganda dos cigarros Chesterfiled, 1948 (coleção dos autores).

29. Cartaz do filme *Aida* (Clemente Fracassi, 1953), com Sophia Loren no papel-título (© akg-images).

30. Emma Calvé como Carmen, cartão-postal do século XIX (coleção dos autores).

31. *Fra Diavolo*, de Auber. Litografia por John Brandard, a partir de uma foto tirada por Herbert Watkins, *c.* 1858 (coleção dos autores).

32. Caricatura de Jacques Offenbach para *La Lune*. Gravura em cores por André Gill, 4 de novembro de 1866.

33. Carl Cochems como Hagen em *Götterdämmerung*, de Wagner. Cartão- -postal, *c.* 1910 (coleção dos autores).

34. *Verdi, o Wagner latino*, caricatura por Carl von Stur em *Der Floch*, 13 de fevereiro de 1887 (cortesia da Biblioteca de Música Irving S. Gilmore, Yale).

35. Página de manuscrito da versão original de 1904 de *Jenůfa*, de Janáček, autografada (BMJA — Arquivo de Janáček, Museu Regional da Morávia, Brno: Divisão da História da Música).

36. Enrico Caruso como Cavaradossi na *Tosca*, de Puccini, Metropolitan Opera, 1903. Fotografia de Aimé Dupont (cortesia dos Arquivos do Metropolitan Opera).

37. Geraldine Farrar como Suor Angelica em *Il trittico*, de Puccini, Metropolitan Opera, 1918 (cortesia dos Arquivos do Metropolitan Opera).

38. Lauritz Melchior gravando a Canção do Prêmio de *Die Meistersinger*, de Wagner, em *O rouxinol mentiroso* (Henry Kostner, 1946).

39. Figurino por Erté (Romain de Tirtoff) para Mélisande em *Pelléas et Mélisande*, de Debussy, Metropolitan Opera, 1927 (© 2012 Digital Image the Metropolitan Museum of Art / Art Resource / Scala, Florença).

40. Richard Strauss e Hugo von Hofmannsthal. Silhueta por Willi Bithorn, 1914 (© akg-images).

41. Nadja Michael e Duncan Meadows em *Salomé*, de Strauss, Royal Opera House, 2008 (© Clive Barda).

42. Capa da partitura vocal para *Jonny spielt auf*, de Ernst Krenek, 1927.

43 e 44. Figurinos por Eduard Milén para *A raposinha esperta*, de Janáček, Teatro Nacional, Brno, 1924 (cortesia do Museu da Morávia, Brno: Departamento de Teatro).

45. Cena de *Le Million* (René Clair, 1931).

46. A Deutsche Volksoper em ruínas, Hamburgo, 1945 (© akg-images).

47. *Nixon in China*, de John Adams, Metropolitan Opera, 2011 (© Ken Howard/Metropolitan Opera).

48. *Peter Grimes*, de Benjamin Britten, Teatro Regio de Turim, 2010.

49. *La sortie de l'opéra en l'an 2000*, litografia colorida à mão por Albert Robida, *c.* 1882 (cortesia da Biblioteca do Congresso).

50. A ponte de arco-íris em *Das Rheingold*, de Wagner, Metropolitan Opera, 2010 (© Ken Howard/Metropolitan Opera).

Prefácio e agradecimentos

Não se assume com facilidade a tarefa de escrever uma história da ópera nesta Era da Informação, em especial quando ela visa a cobrir na íntegra um período de quatrocentos anos. Mas se os rastros daqueles que trilharam antes esse caminho são certamente desencorajadores, a concorrência mais recente não é tão intensa quanto pode ter sido uma vez. Embora histórias da ópera fossem comuns um século atrás (quando Richard Wagner era um atrativo, oportuno e abrangente ponto final), as novas narrativas são surpreendentemente poucas. Isso vale também para todas as histórias gerais da música, ao menos as que têm origem na academia. As informações se acumularam, e autores que costumavam professar — no sentido de "professar autoridade" — tornaram-se cautelosos: seus "campos de especialidade" encolheram de maneira inexorável. Além disso, o tema da ópera oferece dificuldades adicionais, sendo uma delas, e não a menor, a de que alguns de seus mais importantes praticantes ainda tiveram suas reputações acadêmicas abaladas. Puccini é aqui um exemplo clássico: imensa e inescapavelmente popular, para muitos quase uma definição do que significava a ópera no início do século XX; mas com uma literatura musicológica que, pelo menos até uma época muito recente, parecia rala mesmo em comparação com os primeiros sinfonistas ou serialistas mais sérios.

Há ainda a persistente questão, agora com mais de um século de duração, da "crise da ópera": a de como abordar o futuro de uma forma de arte que, no melhor dos casos, tem tido uma relação problemática com a modernidade. Se as histórias sempre nos contam um bom pedaço do que é o presente, mesmo quando explicitamente se preocupam com o passado, então esta história tem de refletir o fato de que uma característica óbvia da ópera na atualidade é a obsessão — ao menos entre os críticos — com viabilidade e vitalidade. Em certo sentido, a ópera está florescendo. O número de espetáculos de ópera ao vivo encenados em todo o mundo é muito maior agora do que era há cinquenta anos, e essa expansão não mostra sinais de estar declinando. E também é notável a maneira como a tecnologia moderna (gravações e transmissões, ambas se expandindo por meio da internet bem como por meios mais tradicionais) tornou o desempenho operístico tanto do passado quanto do presente novamente disponível para amplas e globais audiências. A menos que se seja um elitista intransigente, é óbvio que essa proliferação pareceria ser motivo de alegria. Mas os hinos comemorativos são abafados por uma circunstância desafiadora: a expansão da ópera envolveu uma maioria esmagadora de apresentações de obras do passado, com frequência obras que foram alegremente descartadas pelas pessoas para as quais foram produzidas — por sociedades que confiavam em que mais óperas, e talvez melhores, estavam logo por vir. A situação atual muitas vezes é tema de uma elaborada lamentação: muitos dos que poderiam habitar felizes no museu de ópera são propensos a recitar mantras sobre quão urgentemente precisamos de *novas* óperas, e que acréscimos modernos ao repertório são condição crítica para a saúde, até mesmo a sobrevivência, dessa forma de arte.

Nossa posição nesse debate é apresentada de maneira bastante clara no último capítulo; não precisamos antecipá-la aqui. Mas vale a pena ressaltar que dois elementos para a mudança operística — o estabelecimento de um repertório e seu alcance retroativo, por um lado, e por outro a gradual diminuição de obras novas — têm ocorrido juntos, agora já há mais de um século, e há uma clara relação entre eles. Para dizer de outra maneira, seria sentimentalismo, talvez bastante utópico, acreditar que podemos preservar e continuar apegados a um repertório de ópera formado de material histórico e ao mesmo tempo prover o melhor ambiente possível para o surgimento de obras novas. O aspecto crucial aqui, que vamos mencionar mais de uma vez ao longo da obra, é o pessimismo cultural que hoje abastece o repertório, uma postura que faz a cena operística ser tão diferente das formas que lhe são cognatas, como o romance ou filmes ou artes visuais, em que o novo está em constante e vívida competição com o antigo. As energias que dedicamos a uma cuidadosa preservação e renovação das glórias passadas da ópera são agora enormes e, pode-se bem dizer, avassaladoras. É só pensar na competição e emulação em que se envolvem artistas e audiências por seus papéis favoritos e suas óperas prediletas; no constante repensar das tecnologias de palco e nos modos de apresentação; na infindável pesquisa histórica e na proliferação de novas edições críticas, seja para recuperar obras desconhecidas, seja para recondicionar as que conhecemos bem, tornando-as mais impressivas e imponentes. Todos esses empreendimentos, por si mesmos elogiáveis, tornam a questão mais difícil no que concerne a uma obra nova. Como ela espera poder competir? Se na realidade queríamos um presente no qual o novo seja mais excitante do que o antigo, no qual uma première mundial tenha precedência sobre uma reencenação, então precisaríamos aprender a descartar pelo menos parte do passado, recapturar algo dessa velha crença no progresso artístico que impera hoje. Precisaríamos também esquecer a elevação da importância da música sobre a das outras artes no século XIX, recuperar uma postura anterior, na qual a música era quase sempre nova porque os esforços do passado eram na maioria das vezes deixados de lado, por serem considerados de valor pouco duradouro. Esse seria um futuro realmente radical; mas que quase ninguém parece desejar.

Uma questão adicional requer algum debate, por ter consequências óbvias no conteúdo e no tom deste livro. Num estágio muito preliminar, e de modo algum por instância de nossos editores, decidimos que esta história não conteria exemplos musicais. Assim fizemos porque, nesse mesmo estágio, para nós ficou óbvio que — tanto quanto possível — queríamos escrever o livro sem referências a partituras musicais. Esta foi uma atitude mais radical do que a de banir exemplos musicais do livro impresso, e poderia parecer uma renúncia proposital exatamente à expertise que muitos consideram ser a maior força do musicólogo. Por que, afinal, ignorar tão ricos repositórios de detalhes musicais? Em parte, fizemos isso movidos pelo desejo de atingir um público mais amplo, não envolvido nos hábitos e disciplinas da musicologia. Mas, em especial, porque as partituras estimulam uma atenção minuciosa a aspectos particulares de um argumento estritamente musical, e acima de todos, aqueles que envolvem detalhes de harmonia e de melodia, em pequena e grande escala, aspectos que costumavam predominar em demasia nos textos musicológicos sobre ópera. Em outras palavras, as partituras estimulam a ideia de que a ópera é mais um texto do que um evento. A memória, por outro lado, retroage a um evento — a algo que se ouviu bem alto, e que possivelmente também se viu encenado. Daí que as descrições musicais neste livro foram escritas quase totalmente com base na memória, seja em resposta a uma gravação, ou — com muito mais frequência — a partir dos repositórios de nossas experiências operísticas pessoais. Isso, por sua vez, engendrou um certo estilo de descrição musical, no qual vários sustentáculos do léxico musicológico estão em sua maioria ausentes. Os leitores irão buscar em vão por análises abstratas e estruturais da música, ou extensas descrições de como notas interagem umas com as outras: esse tipo de informação, embora seja relativamente fácil — com algum treinamento — extraí-lo de uma partitura, é impossível de extrair quando se ouve ou se assiste a uma ópera. Contudo, abre-se espaço para que surjam outros detalhes; às vezes, aqueles que concernem a efeitos orquestrais; e mais que todos, os que envolvem a voz que canta, seu peso, sua coloração, sua potência. Se com isso se ganhou alguma coisa, se recorrer à memória sonora nos capacitou a falar com mais convicção sobre ópera como um som presente e material, é lógico que caberá ao leitor julgar. Embora a decisão quanto a esse tipo de texto tenha sido às vezes frustrante, e embora a tenhamos ocasionalmente transgredido (por exemplo, num estágio mais avançado, uma passagem ternária do ato 2 de *Tristão* estava auditivamente presente, mas a marcação de seu tempo permaneceu fugidia à memória), mantivemos, no todo, nossa decisão, e vimos que a experiência daí resultante foi sempre provocativa e libertadora.

Um importante corolário da renúncia às partituras, e da confiança na memória musical que a acompanha, é que este livro trata principalmente de óperas cuja presença é firme nos repertórios atuais. Há cinquenta anos, essa restrição teria sido muito mais drástica do que hoje em dia, quando as óperas disponíveis, pelo menos em gravações, são mais numerosas do que jamais foram. No entanto, e apesar dessa nova disponibilidade, os compositores que comentamos mais extensamente são aqueles mais apresentados no repertório global de nossa época; na ordem numérica de sua ubiquidade, Verdi, Mozart, Puccini, Wagner, Rossini, Donizetti, Strauss, Bizet e Händel. De forma astuciosa, não tentamos entrar na consideração de muitas obras que estão fora do repertório central da ópera. Em vez disso, tentamos apresentar maneiras de ouvir e de compreender que podem, esperamos, ser estendidas além das usuais tradições nacionais a repertórios ricos numa multiplicidade de lugares não muito prováveis. É verdade que demos atenção a vários compositores cuja importância histórica supera em muito sua presença nas casas de ópera de nosso tempo — os casos mais óbvios são Monteverdi e, em particular, Meyerbeer, cujas obras mais influentes são muito pouco ouvidas hoje em dia, mas que aqui aparecem com proeminência. Também tentamos arduamente considerar compositores, ou até mesmo gêneros inteiros, que uma vez foram famosos, mas que agora esquecemos, e explicar por que sua fama não sobreviveu. Visamos, em resumo, a cumprir com responsabilidade nosso dever de historiadores. Mas também é verdade que esses nove compositores mencionados acima têm influências nitidamente variáveis na ampla corrente da história operística, desde as mais insignificantes (Händel, Mozart) até as mais [quase] avassaladoras (Wagner, Rossini); concentrar-se neles, portanto, levaria à distorção da narrativa histórica. Pelo menos, contudo, nossas ênfases resultam numa história da ópera que dá atenção a um considerável número de obras (as óperas de Puccini e as de um Strauss tardio são as mais óbvias) que em geral são ignoradas nas histórias da música, mesmo as de produção recente.

Este livro, feito a quatro mãos, teve uma gênese complicada. Tínhamos, antes disso, escrito artigos e editado um livro juntos, e sabíamos que a colaboração, em si mesma, ia funcionar. Além disso, nossa particular combinação de interesses e de conhecimento especializado provavelmente não prejudicou, e de algumas maneiras espelhou com felicidade as energias colaborativas que sempre alimentaram este assunto. Mas logo ficou claro, de certa forma para nossa surpresa nesta era de comunicação digital instantânea, que precisaríamos estar na mesma cidade, e conversar todos os dias face a face, para de fato começar a escrever o livro, e então — ainda mais surpreendente — teríamos de repetir esse contato para contribuir com atualizações de seu conteúdo que fossem mais do que meramente triviais. Quando as casas estão separadas por milhares de quilômetros, e quando escrever um livro destes nunca pode ser a ocupação de uma única pessoa, tais requisitos representam um obstáculo logístico. Mas eles também parecem dar sentido tanto ao projeto quanto à nossa colaboração. No decurso de quase trinta anos de ocasionais trabalhos em equipe, com frequência nos perguntavam, às vezes com incredulidade, como fazíamos para escrever juntos. Acreditava-se geralmente que devíamos ter acertado a divisão das responsabilidades por capítulo ou subtítulo; que um de nós fazia a Itália e o outro a Alemanha, com a França e os fragmentos restantes parcelados em tarefas menores. Na verdade, no entanto, o *modus scribendi* é bem diferente. Para o melhor ou o pior, acabamos por escrever quase tudo juntos, começando com um parágrafo lançado como ponto de partida, que parece atrair outro parágrafo, ou dois, e as coisas se ramificam a partir daí. Devido a esse estranho método, quase não há no livro uma sentença — inclusive esta — sem os traços materiais de ambos os autores. Na maior parte dos casos o autor original deste ou daquele parágrafo desapareceu por completo, substituído por uma voz compósita cuja personalidade parece emergir de forma gradual e muito misteriosamente. Uma tal colaboração precisa que muitas circunstâncias a sustentem, e não é a menos importante delas a disposição de abandonar um controle pessoal sobre aquilo que autores, mesmo escritores de não ficção, consideram com frequência ser de suprema importância: preconceitos e opiniões individuais, convicções firmes, maneiras de pontuar e vocabulários próprios, e muitas outras características de estilo. Mas esse mesmo abandono pode ser também libertador e estimulante.

Durante o tempo que nos levou a escrever este livro, com frequência tivemos de buscar apoio em outros livros e outras pessoas, em particular os especializados em muitas áreas com as quais não estávamos familiarizados e que tivemos de atravessar. Muitos deles são adequadamente mencionados na bibliografia e nas referências. Mas alguns nos prestaram o bom serviço de ler nossa obra enquanto ela avançava. Nossos agradecimentos, pois, a essa gentil plêiade de interlocutores: Harriet Boyd, Chris Chowrimootoo, Elaine Combs-Schiling, Lynden Cranham, Martin Deasy, John Deathridge, Marina Frolova-Walker, Katherine Hambridge, Matthew Head, Ellen Lockhart, Susan Rutherford, Arman Schwartz, Emanuele Senici, David Trippett, Laura Tunbridge, Ben Walton e Heather Wiebe, todos eles leram capítulos (alguns deles, vários) e comentaram com grande generosidade. Flora Wilson deu-nos inestimável assistência na pesquisa de imagens, lendo o texto em seu processo de criação e então colaborando com suas críticas para quase o livro inteiro. Devemos um tributo especial a Gary Tomlinson, que em sua grande gentileza nos emprestou seu incomparável conhecimento dos primórdios da ópera, e continuou lendo grandes porções do restante do livro, deixando nesse processo marcas bem-vindas de sua ampla e abrangente competência. Tivemos também a excepcional felicidade de ter como editores Stuart Proffitt, na Penguin, e Maribeth Payne, na Norton; sua paciência e persistência foram notáveis, assim como seu envolvimento intelectual em todo o empreendimento. No caso de Stuart, esse envolvimento começou nos primeiros momentos do projeto, e nele se incluem comentários editoriais detalhados que foram inspiradores o suficiente para mudar nossos primeiros rascunhos de modo fundamental.

A maior parte do livro foi escrita no Instituto para Estudos Avançados de Princeton, local famoso por seus matemáticos e físicos, mas que também provou ser um cenário agradável e hospitaleiro para a fantasia operística. Nossos particulares agradecimentos ao diretor do instituto, Peter Goddard, por sua excepcional generosidade ao nos acomodar durante prolongados períodos; e a Walter Lippincott, um habitué no instituto e amigo de longa data, cujo entusiasmo pela ópera e cuja hospitalidade não têm limites. Por último, queremos agradecer a nossos alunos ao longo de todos os anos. Nossos seminários de graduação e seus derivados — essas casas a meio caminho entre o ler e o escrever, nas quais pessoas de diferentes idades partilham e às vezes criam ideias, uma sociedade em miniatura com todas as suas complicações e jubilosa comunicação — têm papel central nas ideias que surgiram neste livro.

Um momento duplamente complicado num projeto colaborativo pode ser o da escolha da dedicatória. Em alguns empreendimentos compartilhados essa ação é estranhamente reveladora. F. R. e Q. D. Leavis dedicaram com orgulho sua obra comum sobre Dickens "um ao outro"; mas eles também assinaram capítulos individuais, e assim talvez fosse justificada essa sua desconcertante virada para dentro. Para nós, no entanto, a concordância em relação a isso foi imediata. Há muito tempo tínhamos consciência de que nossas colaborações foram em parte facilitadas pelo fato de que nos desenvolvemos como escritores muitas vezes sob as mesmas influências críticas. Entre estas, a mais significativa tem sido sempre a de Joseph Kerman. Sua monografia *A ópera como drama*, escrita na década de 1950, ainda era *a* obra sobre ópera para a nossa geração e tem — muito notavelmente — preservado sua relevância, desafiando leitores até hoje. O próprio Joe encarregou-se então, com benevolência, do aprendizado de nós dois, como fez com o de muitos outros. Ele publicou cada um de nossos primeiros ensaios sobre ópera em *Música do século xix*; e fez valer o legendário toque de sua mão editorial em nosso primeiro livro em colaboração. Sua presença está em toda parte, nos capítulos que se seguem. Se pelo menos umas poucas páginas chegarem a evocar de longe a sagacidade e a fina crítica de seus escritos sobre ópera, ou a sugerir a generosidade de seu espírito intelectual, então — ao menos para os autores — o projeto terá chegado a um final feliz.

Carolyn Abatte, Princeton, NJ (40° 21' 7.94" N, 74° 39' 25.46" W)
Roger Parker, Havant, Hants (50° 51' 0" N 0° 58' 48" W)
Distância: 5605 quilômetros

1. Introdução

Ópera é um tipo de teatro no qual a maioria ou todos os personagens can-tam durante a maior parte do tempo ou o tempo todo. Nesse sentido, é muito óbvio que ela não seja realística, e com frequência, no decorrer de seus mais de quatrocentos anos de história, tem sido considerada exótica e estranha. Além disso, é quase sempre bastante cara de se encenar e de se assistir. Em nenhum momento da história a sociedade, como um todo, conseguiu sustentar facilmente os custos exorbitantes da ópera. Por que, então, tanta gente gosta dela de maneira tão profunda? Por que dedicam suas vidas a apresentá-la, escrever sobre ela, assis-tir a ela? Por que alguns fãs de ópera atravessam o mundo para ver uma nova produção ou ouvir um cantor favorito, pagando imensas quantias por esse fugaz privilégio? E por que a ópera é a única forma de música erudita que ainda desen-volve de modo significativo novas audiências, apesar de que, no último século ou por volta disso, o fluxo de novas obras, que uma vez foi seu sangue vital, secou até se reduzir a um débil gotejar?

Essas perguntas são mais sobre a ópera tal como ela é hoje em dia: sobre aquilo em que a ópera se tornou no início do século XXI. No que se segue teremos muito a dizer sobre a história de nosso tema, sobre as maneiras em que a ópera se desenvolveu durante sua jornada de quatrocentos anos até nós; mas nossa ênfase será sempre no presente, no efeito que a ópera continua a ter sobre as audiências no mundo inteiro. Nosso objetivo é lidar com uma forma de arte cujas obras mais populares e duradouras foram quase sempre escritas num distante passado europeu, criadas, portanto, em culturas muito diferentes das nossas, mas cuja influência em muitos de nós — e cuja significância em nossa vida hoje em dia — é ainda palpável. A ópera pode nos transformar: física, emocional e intelectualmente. Queremos investigar por quê.

PALAVRAS E MÚSICA

Diz-se muitas vezes que a ópera, sendo essencialmente um teatro cantado, envolve uma batalha entre palavras e música. Óperas inteiras foram escritas sobre essa suposta batalha. Uma das mais famosas (ao menos nos livros de história) é a pequena obra cômica de Antonio Salieri *Prima la musica, dopo le parole* (Primeiro a música, depois as palavras), que estreou em 1786 em plena opulência da Orangerie, luxuoso conservatório numa estufa, no Palácio de Schönbrunn, em Viena. Um poeta e um compositor têm de completar uma ópera em quatro dias. O poeta reclama da indignidade de se pedir a ele que invente palavras para uma música preexistente; o compositor retruca que a ansiedade do poeta é trivial — de qualquer maneira ninguém dá importância às palavras. Os termos básicos do conflito — as linhas de combate entre palavras e música — se apresentam repetidas vezes na história da ópera: *Capriccio*, de Richard Strauss, premiada na Staatsoper, a Ópera Estatal de Munique, durante um dos anos mais sombrios da Alemanha, o de 1942, trata do mesmo tema de um modo — compreensivelmente — mais desgastado e pessimista.

Na superfície, esse sentido de contínua competição pode parecer estranho: as palavras, afinal, proveem a história básica; a música então adiciona a essa história impacto e aura. Embora não seja de admirar que poetas de ópera e compositores às vezes discutam entre si (por uma razão: o relativo prestígio de suas profissões mudou muito no decorrer dos séculos), eles precisam um do outro e sempre precisaram. No entanto, assim que nos aprofundamos um pouco, a razão pela qual a oposição palavras/música é quase sempre tão tensa e ansiosa torna-se mais clara. Num libreto existem pelo menos dois domínios separados. O primeiro diz respeito ao elemento "narrativa", basicamente o enredo e seus personagens; o segundo envolve a representação da narrativa em forma de texto, em palavras específicas (e quase sempre poéticas). Enquanto o primeiro domínio tende a permanecer estável nas apresentações da ópera, o segundo pode ser muito variável. A poesia operística, o texto do libreto, raras vezes é considerada tão requintada como literatura a ponto de suscitar uma atitude reverente a cada vez que é apresentada. Existe, por exemplo, um contínuo e acalorado debate contemporâneo sobre se devemos ou não ouvir ópera traduzida, ou seja, na língua do público e não na língua original da obra. Aqueles que a querem traduzida estão na verdade alegando que o primeiro dos dois domínios do libreto, o que envolve o enredo e os personagens, é mais importante do que o segundo, constituído de determinadas palavras. Para turvar ainda mais as águas desse debate, no entanto, há mais uma circunstância, que o compositor Salieri aponta com bastante crueldade: a de que palavras postas em música tendem a perder boa parte de sua força semântica, e que essa perda é a mais extrema no caso da ópera.

São muitos os motivos para essa perda. O fundo musical — a força dos instrumentos, bem como o tipo de música que eles executam — pode suplantar, tanto como acompanhar, a voz humana. Os compositores podem também usar as palavras como um tipo de fibra que sustenta a música: nos trechos cantados em coloratura, cascatas de ornamentos vocais sobre uma única vogal aberta reduzem o elemento verbal a um mero som, quase como um colorido tonal instrumental. Mas a voz em si mesma, em específico a voz operística, contribui a seu próprio modo para o desaparecimento do senso linguístico. Cantores de ópera, devido às exigências de volume e altura, precisam às vezes emitir sons de uma maneira que obriga a articulação verbal a assumir um papel secundário. As palavras serão obscurecidas, qualquer que seja a língua do libreto. Mesmo em línguas que conhecemos bem, ouvir o texto verbal de uma ópera pode ser frustrante: palavras isoladas ou expressões — *"la vendetta"*, *"das Schwert"*, *"j'ai peur"*, *"I am bad"* — assomarão brevemente à superfície da compreensão, mas o que vier depois será de novo afogado na atividade musical. Ouvintes ávidos podem memorizar longos trechos da poesia do libreto e então, quando estiverem ouvindo, ir buscar na memória as palavras que jazem por baixo daquele balbucio. Mas mesmo isso não significa que estão entendendo as palavras que sabem de cor, assim como cantores, em alguns casos, aprendem suas partes apenas foneticamente, sem ter mais do que uma percepção genérica do que na realidade estão dizendo quando cantam.

Alguns cantores são muito melhores do que outros na articulação verbal — na Alemanha, vem à mente Franz Mazura; na Itália, Giuseppe di Stefano —, mas os exemplos opostos, de cantores que são famosos por sua imprecisão nesse aspecto, são provavelmente mais numerosos e incluem superestrelas respeitadas, como Joan Sutherland. (Não por acaso nossos exemplos de cantores que articulam com precisão são ambos de homens, e o de quem não articula bem é de uma mulher famosa por seu sofisticado canto em coloratura: quanto mais aguda a voz e mais elaborados os voos ornamentais, há menor probabilidade de entender as palavras.) Alguns ouvintes não se importam se as palavras ficam confusas; mas para outros a percepção de que a língua está sendo pronunciada com intenção, paixão e convicção é crucial, mesmo que nem sempre reconheçam ou entendam o que estão ouvindo. Esta última posição é poderosamente expressada pelo historiador Paul Robinson, quando salienta que apesar de as palavras específicas do libreto parecerem quase sempre de pouca importância em meio aos prazeres que a ópera pode proporcionar, ainda assim a verdade é que três horas de um drama no qual os personagens cantassem "lá, lá, lá" seriam intoleráveis.[1] Em outras palavras, faz muita diferença que o significado verbal esteja embutido de alguma forma na ópera, mesmo que o ouvinte nem sempre possa ouvir exatamente quais são as palavras que ocorrem no momento do canto.

O debate sobre o papel das palavras na experiência da ópera ganhou mais uma forma, especificamente contemporânea, nos infindáveis debates atuais sobre legendas super ou suprapostas. Quando os teatros de ópera encenam obras em sua língua original, deveriam eles suprir a plateia de traduções (mostradas acima do palco ou nos encostos das poltronas da fila à frente) de maneira a que *todas* as palavras possam ser claramente compreendidas? Muitos pensam que isso seria decerto um avanço, ao nos devolver o segundo domínio das palavras, que é o de seus significados específicos. Mas outros continuam a se opor ferrenhamente, alegando que uma exposição detalhada demais do aspecto semântico das palavras desviaria a atenção daquilo que é o mais importante na experiência operística. Como define o crítico britânico Rodney Milnes, "vai-se à ópera para escutar e olhar, não para ler". Antes das legendas, o que frequentemente se esperava de um neófito é que fizesse o dever de casa: conhecer de antemão alguma coisa tanto da história quanto da poesia era considerado uma preparação necessária para fruir com prazer a experiência operística (como escreveu Milnes, "você deve ler antecipadamente"). Mas Milnes representa uma atitude historicamente limitada. Por uma razão: ler o libreto *enquanto* se assiste à ópera era uma prática comum em muitos teatros entre os séculos XVII e XIX. Como Samuel Sharp escreveu de Nápoles em 1767, reclamando da falta de velas nos auditórios, "escuras como as caixas são, seriam ainda mais escuras se as pessoas não trouxessem por sua própria conta algumas velas, sem as quais seria impossível ler a ópera".[2] Isso se aplicava ainda mais forçosamente quando se tratava de obras estrangeiras: quando as óperas italianas de Händel foram apresentadas na Londres do século XVIII, foram publicados e disponibilizados libretos bilíngues juntamente com as produções. Mais do que isso, ler o libreto era apenas uma das atividades alternativas de que dispunham os frequentadores da ópera no passado; ainda havia os jogos de azar, jogar xadrez, comer, conversar, paquerar o (ou a) acompanhante de outrem, e, nas chamadas *loges grillées* (compartimentos com persianas), fazer coisas que um cavalheiro muito possivelmente nunca menciona. Em outras palavras, uma devoção exclusiva e absorvente ao que estava acontecendo no palco — que é a atitude que se presume de quem "vai à ópera para escutar e olhar" — não era a norma histórica, e, em grande parte da história da ópera, o ato de experimentar esse evento não estava focado de forma exclusiva no mundo teatral ou musical, nem mesmo nos documentos relacionados a esse mundo, tais como o libreto traduzido num livreto.

Esse debate sobre a compreensão das palavras e do enredo numa ópera pode até mesmo assumir uma modulação ética. A noção de que o prazer se baseia no — ou pelo menos é incrementado com o — conhecimento (o que justificaria o trabalho prévio de adquiri-lo) aparece repetidas vezes na história da ópera. Quando *Der Freischütz*, de Carl Maria von Weber, foi apresentada pela primeira vez em francês, em Paris, no início da década de 1840, Richard Wagner achou que os parisienses, sem a devida informação, seriam tão incapazes de usufruir da obra que acabou escrevendo um elaborado ensaio instruindo-os quanto ao contexto da ópera, seu enredo e seu significado cultural.[3] Em outras palavras, o fato de que o público em Paris estava ouvindo uma ópera em francês não era, para Wagner, garantia de que entenderiam as palavras, e com isso entenderiam a história, e com isso entenderiam o significado da obra e com isso poderiam fruir do pacote inteiro. Legendas sobrepostas pareciam criar um curto-circuito no trabalho preparatório do tipo prescrito por Wagner — na forma de compreensibilidade verbal —, elas provêm um acesso fácil à história e, a partir daí, uma espécie de conexão cultural instantânea, uma sensação de pertinência.

Talvez, então, entender as palavras específicas não seja tão vital quanto pareceria ser para a experiência operística. Os que se opõem às legendas sobrepostas

alegam que esse entendimento poderá até se tornar uma distorção, contraprodu-
cente na absorção do aspecto teatral ou na atenção à música e à voz, que constituem especificamente o ideal da ópera. Podem estar certos; mas, de novo, a história da ópera nem sempre lhes dá razão. No texto que se segue, por exemplo,
teremos muito a dizer sobre absorção e desinteresse, mas logo ficará claro que,
historicamente, as plateias dos teatros passaram por essas experiências de diferentes maneiras em momentos diversos. Certos aspectos da ópera são agora, de forma rotineira — e acrítica —, considerados como pungentes para a alma (em geral
são os componentes musicais), enquanto se considera que outros causam desencanto ou alheamento (uma "má poesia" ou um desempenho insatisfatório). Daí
talvez a persistência, em diferentes períodos, da ideia da ópera como uma *Gesamtkunstwerk* — o famoso termo usado por Wagner —, que significa "uma obra de
arte total" multimídia (palavras, música, cena), a experiência simultânea de vários
registros e tipos de obra de arte.

Podemos continuar a examinar o caso considerando alguns exemplos de real
violência contra a integridade da ligação palavra-música. Não estamos falando
aqui sobre ópera apresentada em sua tradução — mesmo levando em conta que
essa prática em si mesma já demonstra em parte que com frequência as palavras
do libreto original são pouco importantes. Elas se constituem, no entanto, em
conhecidos textos de ária substitutos, que foram escritos para uma música existente, e indecentemente bem-sucedidos nesse seu estado de transposição. Isso
demonstra que pelo menos uma parte da música de ópera é potencialmente mu-
tável e não específica em seu conteúdo, e a música que pareceria corresponder a
um texto de ária sobre (digamos) um amado perdido — para expressar essa emoção à perfeição, para dispor as palavras específicas com sutileza e arte — também
pode funcionar bem com um texto de ária diferente sobre outra coisa. Há notó-
rios exemplos em óperas de Rossini, sendo talvez o mais famoso o da revisão de
sua ópera italiana *Mosè in Egito* (1818) para ser encenada em Paris sob o título
Moïse et Pharaon (1827). Em *Mosè*, a soprano Elcia canta a cabaleta "Tormenti! af-
fani! e smanie!" sobre os tormentos que afligem seu coração ferido. Mas quando
Rossini reciclou a peça para a versão *Moïse* (assumidamente, com algumas mudanças) ele lhe deu outro caráter, um tom alegre que comemora uma feliz reviravolta no enredo: as palavras de abertura são *"Qu'entends-je, ô douce ivresse!"* (O que
estou ouvindo! Oh, doce bem-aventurança!). Os que estiverem tentados a argumentar que esse tipo de mudança só é possível na ópera italiana *d'un certain âge*

terão de explicar como é que uma música que Wagner rascunhou em 1856-7, para terminar o terceiro ato de *Siegfried*, tinha anotado no rascunho "3º ato. Ou Tristão", como indicação de que essa música específica poderia servir muito bem para quaisquer dessas peças.[4] Mas até mesmo textos de ária substitutos para músicas idênticas não chegam tão longe nos casos mais radicais. No início do século XIX, o libreto da ópera alemã de Mozart *Die Zauberflöte* (*A flauta mágica*, 1791) passou por uma fase de impopularidade, sendo tido como inane e ridículo. A música, no entanto, resistiu ao teste do tempo: Mozart já estava começando a ser canonizado. A solução foi enxertar à música um libreto totalmente novo: uma nova narrativa, novos personagens e novas palavras. Anton Wilhelm Florentin von Zuccalmaglio (1803-69), um polivalente literato cuja obra incluía vários volumes de poesia e coleções de canções populares, tinha escrito novos libretos para diversas óperas de Mozart. Em 1834 ele transformou *Die Zauberflöte* em *Der Kederich* (o "Kederich" é um penhasco que se eleva à margem do Reno). A ação da ópera agora tem lugar no Reno e envolve espíritos da água, referências a *Nibelungenlied* (canção dos Nibelungos) e a "Rudhelm" (que era antes chamado Tamino), um cruzado que voltava da Terra Santa. O locutor (o sacerdote que instrui Tamino no primeiro ato) passa a ser "Sibo, Lord de Lorch", e Pamina, agora chamada "Garlina", é sua filha, e não mais da "rainha da noite". A rainha torna-se "Lore von Lurlei", uma sílfide que flutua em seus brancos véus.[5] Em seu todo, o libreto alternativo funciona muito bem. Aqueles que conceberam ou os que apreciaram essa nova ópera devem ser condenados, ou eles sabiam alguma coisa que agora perdemos sobre como uma ópera pode se comunicar?

Essa questão é interessante, mais do que tudo, por evocar, quase duzentos anos depois, uma época histórica cuja atitude cultural ainda é capaz de nos surpreender. E temos de nos perguntar por que ficamos tão chocados, e por que nosso atual temor de estar perdendo algo, nosso pessimismo cultural, transformou o espetáculo operístico numa atividade policiada por uma reverência bem próxima da que se tem por um objeto sagrado — uma reverência que em quase todos os casos não existia quando a obra foi criada. Abordar essas questões pode, por sua vez, nos estimular a fazer perguntas radicais quanto à suposta fusão dos — ou quanto à perfeita correspondência entre os — componentes da ópera (de novo a questão da *Gesamtkunstwerk*), mesmo em obras-primas canônicas. Isso poderá, afinal, sugerir que as apresentações de ópera informadas pela história podem ter sido feitas com muito mais liberdades criativas com o texto publicado

— muito mais irreverência — do que tudo que atualmente se vê. Por exemplo, quase todos os compositores de ópera do século XVIII passaram algum tempo escrevendo árias substitutas para as suas próprias óperas ou de outros compositores: quando uma obra era reencenada com novos cantores, o que seria mais natural do que jogar fora algumas das antigas árias e escrever algumas novas, mais adaptadas aos talentos do novo elenco? Mas quem ousaria ter tal atitude hoje em dia; mesmo — ou, no caso de Mozart, em especial — em ópera escritas exatamente naquela época?

O aspecto mais especificamente musical da ópera também está dividido de um modo ao qual vamos voltar com frequência ao longo deste livro. Por um lado há o que poderíamos chamar de "a música do compositor", como anotada na partitura, um documento que poderia ser reproduzido impresso nesta página, ou, mais importante, que poderia constituir a base para um recital de voz e teclado em nossa sala de estar. Antes de existirem as gravações, essas apresentações em salas eram a forma mais comum de as pessoas apreciarem a ópera quando não no teatro, o que acontecia na maior parte do tempo. Essa partitura, essa música do compositor, é um registro essencial, mas não é isso que a maioria das pessoas entende por (e do que gosta como) ópera; o que ela nos oferece parece ser mais um lembrete daquilo que é a experiência operística. Para ter a coisa verdadeira precisamos de muito mais do que isso — o som de uma orquestra ao vivo, a visão do palco, e assim por diante. Mais importante do que tudo, o que está faltando é a *voz*, a específica e insubstituível qualidade das cordas vocais humanas, essa membrana distendida que cruza a laringe, vibrando na canção. É muito mais difícil falar da voz do que da "música do compositor", em parte porque ela não é representável em símbolos, e assim não se pode registrá-la numa folha de papel. Mas isso não nos deve deter. Temos de ter em mente que a voz humana esteve quase sempre no centro da experiência operística. E assim, ao nos referirmos frequentemente — como historiadores devem fazer — à "música do compositor" neste livro, também estaremos nos lembrando de que as vozes que sustentam a música são da mesma maneira essenciais para a experiência operística da maioria das pessoas.

Aqui, um exemplo pode ajudar. No fim do terceiro ato de *Il trovatore*, de Verdi (1853), a ária cantada por Manrico, "Di quella pira", contém e se encerra com "dós" do tenor, que pouco se coadunam com o restante daquele papel, notas que, como se sabe há muito tempo, pouco têm a ver com esse compositor. Nenhuma partitura de uma época próxima à da primeira apresentação da ópera tem qualquer traço dessa nota. Apesar dessas circunstâncias, esses dós agudos constituem a mais famosa expressão vocal no mundo inteiro. Quando o maestro Riccardo Muti, famoso por se manter preso estritamente ao texto musical tal como escrito, e nada mais, abriu a temporada 2000-1 do La Scala com *Il trovatore*, ele instruiu o tenor a não cantar de forma alguma esses agressivos dós. O tenor estremeceu e obedeceu. Os *loggionisti*, fãs de ópera que frequentam o alto das galerias e que conhecem cada gravação em todos os seus detalhes, ficaram loucos de raiva, e gritos de *"Vergogna"* choveram sobre o palco.[6] Por que isso despertou tamanha paixão? Um jocoso crítico tinha antes tentado defender aquela nota, sugerindo que se ela não tinha vindo de Verdi deveria então ser considerada como um presente do povo italiano *para* Verdi. Seria fácil descartar essa ideia como sentimentalismo, ou mesmo como uma desconsideração propositada das intenções do compositor. Mas sua formulação também poderia estar expressando algo básico sobre a experiência operística, sugerindo que os fãs de ópera podem chegar a sentir que têm direito a determinadas notas, ou então aos específicos limites da voz que essas notas proporcionam.

Exatamente por ser uma experiência tão difícil de se expressar com palavras, as emoções despertadas quando se ouvem as vozes da ópera podem ser imensamente poderosas e levar a sentimentos de devoção que pareceriam irracionais aos outros, os que são insensíveis à ópera. É importante ter essa extrema devoção em mente, porque sem isso a história da ópera e de como ela se comunica pode parecer inexplicável. Aspectos importantes da experiência operística podem ser de muito pouca importância para os que estão presos à emoção criada pela voz. Eles podem não entender o enredo. Podem não entender nem mesmo as palavras (e, como mencionado há pouco, em momentos culminantes da voz as palavras quase sempre desaparecem, como se tivessem sido consumidas). Mas a força da voz humana ainda os sustenta.

Uma exploração vigorosa dessa devoção irracional à voz é apresentada num filme francês de 1981, de Jean-Jacques Beineix, chamado *Diva*. O filme é uma estranha mistura de estilos, parte comédia, parte drama — e para alguns é famoso principalmente por causa de sua espetacular cena de perseguição com motocicletas. Um excerto, logo no início, mostra um jovem carteiro de Paris, Jules, assistindo ao recital de uma grande cantora de ópera americana, cuja peculiaridade é sua recusa a fazer gravações. A devoção dele à sua voz é tão profunda que ele leva um gravador escondido para a sala de concerto. A estrela entra em cena, e assim que começa a cantar Jules entra num estado de transe de tanta felicidade, esquecendo-se do que tencionava fazer: a voz o fizera se desligar da realidade. O interessante, do nosso ponto de vista, é como essa ação de cantar é tratada no filme. Estamos ouvindo a ária de uma ópera italiana do final do século XIX ("Ebben? ne andrò lontana", da obra de Alfredo Catalani *La Wally*, 1892). Obviamente, essa ária tem um texto, mas o filme não se preocupa em sublegendar as palavras; não fazemos ideia de sobre o que ela está cantando, e podemos supor que Jules ignora da mesma maneira — ele não dá importância a isso, nem nós. Mais do que isso, esta não é uma apresentação operística, a ária está fora de contexto, fora do ambiente do enredo, cantada por alguém que não está vestido a caráter, que não finge estar representando um papel. Nada disso parece importar. O que cativa Jules é o canto puro da ópera, destituído de narrativa e talvez mesmo de uma língua. É um caso-limite, é claro, o ponto extremo de um espectro; mas a cena serve como um lembrete de como esse aspecto tremendamente poderoso da música de ópera pode funcionar, de tudo aquilo de que a voz não precisa para fazer seu impacto.

A palavra "impacto" é justificada. Em geral, as heroínas das óperas serão cantadas em vozes de soprano de registro agudo. A cantora deve poder se fazer ouvir acima de uma orquestra de até cem componentes, inclusive (no século XIX e depois) com muitos instrumentos que evoluíram constantemente com vistas a produzir um volume de som incrementado, em especial uma formidável falange de instrumentos recentemente inventados, metais de sonoridade agressiva. Microfones e discretas amplificações são às vezes usados, mas isso quase sempre é tido como vergonhoso, um recurso do qual os verdadeiros cantores de ópera não necessitarão jamais. Assim, a cantora, sem ajuda, pode ter de se fazer ouvir em todos os cantos de um auditório onde estão sentadas mais de 3 mil pessoas — um lugar cavernoso no qual os assentos traseiros dos balcões ficam a muitos, muitos metros do palco. No Metropolitan Opera de Nova York os assentos mais afastados estão a mais de 45 metros do palco, distância que um especialista em acústica teatral chamou de "assombrosa".[7]

É verdade que, desde o século XIX, prevalece a tendência de que a orquestra toque num espaço abaixo do nível da plateia, na frente do (e parcialmente sob o) palco, uma posição que serve para abafar um pouco o som. Mas a presença desse "poço" e a necessidade econômica de se plantarem cada vez mais assentos nos teatros modernos também significa que hoje em dia raramente o palco avança sobre o auditório, como era típico em tempos mais antigos. A cantora, portanto, tem de projetar a voz de um espaço recuado, cujo proscênio em forma de arco tende a bloquear implacavelmente o som. Dependendo do tamanho do teatro, essa façanha de projetar a voz pode aproximar-se do miraculoso.

Quando um novo Metropolitan Opera foi inaugurado em Nova York em 1883, o crítico de arquitetura do *New York Times* aproveitou a ocasião para cantar maravilhas sobre seu "vasto auditório" e para fazer comparações de tamanho entre casas de ópera contemporâneas no mundo inteiro, dando-nos um relance das dimensões do prédios e das de seus maiores congêneres na Europa no final do século XIX.[8] Segundo a informação do *Times*, o auditório em Covent Garden tinha 24 metros de fundo por dezenove de largura; o "novo" teatro do Ópera, em Paris (ou seja, o Palais Garnier, na praça da Ópera) tinha 28 metros por vinte; o auditório do Met (abreviação de Metropolitan) foi descrito como tendo 29 metros por 27. Em Munique (o Nationaltheater, destruído em 1943 e reconstruído no início de 1960) o tamanho do auditório era menor, vinte metros por dezoito; em Viena as dimensões eram (e são) 25 metros por vinte metros. O que também se destaca no Met de 1883 é a *altura* do auditório. Com 25 metros, ele era entre quatro e seis metros mais alto do que qualquer outro dos mencionados, com exceção do San Carlo, em Nápoles, um notório celeiro. Essa altura implica um aumento da capacidade e uma distância maior do palco aos lugares mais altos; na hipotenusa do triângulo (cujos catetos são a distância medida no chão e a altura) isso representa uma distância de 3,48 metros no Covent Garden, em comparação a 38 metros no Met de 1883. No Covent Garden há pouco mais de 2 mil assentos; no Met, cerca de 3 mil. Essas diferenças no tamanho certamente terão consequências na acústica, não importa como seja estruturado o interior. Mais do que isso, terão consequências de percepção na experiência musical do evento, que pode ser próxima e impressionante, ou longínqua e imbuída de (talvez mágica) distância.

O novo Metropolitan Opera, que foi inaugurado em 1966, é ainda maior, embora sua capacidade (3800 assentos) seja menor do que a do Chicago Lyric Opera, que é de 4300. Mas, assim parece, o volume de som pode ser ainda extremamente alto, mesmo longe do palco. Em dezembro de 2006, o Metropolitan apresentou um espetáculo especial de *Die Zauberflöte*, de Mozart, numa versão em inglês, reduzida, para jovens. Quando o crítico do *New York Times* Anthony Tommasini entrevistou essa jovem audiência querendo saber qual fora sua reação, foi-lhe dito repetidas vezes que as vozes estavam muitos altas, e por isso foram desagradáveis.[9] Impressionado com tais comentários de um público acostumado com poderosos amplificadores de palco e fones de ouvido em altos volumes, ele considerou que a percepção de volume não era uma questão de decibéis em si mesmos, mas da percepção de decibéis *humanos* em estado "cru". De um som alto sem "apoio"; de uma percepção daquilo a que um som deva estar próximo. A fisiologia dessa proeza, a dos decibéis humanos, merece que façamos uma pausa para examiná-la. A cantora usa seu diafragma para trazer ar aos pulmões e então impulsioná-lo para fora, projetando sua voz (produzida na laringe) para várias câmaras de ressonância no crânio. Ao mesmo tempo, ela usa os músculos de sua garganta, a mandíbula, os lábios e a língua para fazer variar o som, que então transmite para fora pela boca e pelo nariz. Esse processo é comum na produção do som da voz humana; mas quem canta ópera gera esse som de maneira inigualável, liberando imensas forças acústicas; se o cantor guiar a voz diretamente em sua direção de uma distância próxima, você terá de recuar e tapar os ouvidos. Há muito poucas pessoas que dispõem do equipamento corporal básico — a força e a flexibilidade musculares absolutas — para fazer isso; ainda menos são as que conseguem dominar essas ações bem o bastante para proporcionar a outras um prazer musical.

Seria lugar-comum mencionar que ter essa capacidade não significa de modo algum que a pessoa que a tem possa sempre representar convincentemente uma heroína de ópera, sob o ponto de vista do aspecto visual. Elas podem, por exemplo, ser fisicamente grandes, em todas as direções. Na verdade, uma outra caricatura comum da ópera (que já vem de longe em sua história) é a da grotesca inadequação entre a cantora e a imagem física que o drama faz pretender. O que mais surpreende é que esses descompassos parecem não ter tido grande importância; ou, ao menos, não tiveram durante longos períodos da história da ópera, mesmo em tempos em que essas caricaturas circulavam. A ópera é o único espetáculo — o único "algo ao qual você assiste" — em que a atração física no sentido convencional tem relativamente pouca importância. A comparação com o teatro ou o cinema é óbvia; e o caso também é diferente no que se refere ao balé, que é tão artificial quanto a ópera, de outras maneiras, mas no qual uma bailarina de uma estatura acima do normal, ou um bailarino demasiadamente baixo não seriam tolerados. Só a ópera pode admitir rostos imperfeitos e formas que não seguem a estética da moda, minimizando essas agressões às nossas expectativas visuais, ou até mesmo celebrando-as ao som do canto. É claro que essa tolerância tem tido oscilações. É possível que nossa cultura contemporânea, tão dominada pelo visual, e na qual uma certa imagem de perfeição física é tão obsessivamente valorizada, esteja entre as mais intolerantes para com as formas corporais "erradas". Mas ainda é uma questão de gradação. Os teatros de ópera atuais são lugares em que a aparência de um personagem raramente tem prevalência. Nesse sentido, a ópera pode prover um espaço no qual se pode apreciar uma verdade alternativa e valiosa.

CONTANDO A HISTÓRIA, A QUESTÃO DA REALIDADE

Escrevemos no início deste capítulo que a ópera não era realística. Isso é verdade em relação tanto a suas capacidades narrativas quanto aos que nela atuam. Por exemplo, há sempre uma falta de verossimilhança mesmo nos elementos racionais da ação, a parte que é tirada diretamente de uma fonte literária (com frequência uma peça preexistente). Como os personagens passam seu tempo cantando, eles usam relativamente poucas palavras, e assim enredos e sentimentos têm de ser condensados: o texto fonte é às vezes tão comprimido que se torna ridículo quando retirado do ambiente da ópera. Um bom teste de jogo de salão para um aficionado da ópera poderia ser: descreva o enredo de *La forza del destino* de Verdi (a primeira versão era de 1862; Verdi depois a reviu em 1869) numa só sentença coerente. Denis Forman tentou fazer isso em *The Good Opera Guide*: é aquele em que um marquês é morto no estouro de uma pistola e sua filha vestida de monja descobre que seu amante assassinara o irmão dela bem em frente à porta de sua cela, no mosteiro.[10] É verdade, essa descrição salta grandes trechos no meio da trama (a maior parte da ópera, de fato). Omite também o fato de que a filha também morre, assassinada por seu irmão logo antes de ele expirar; e que, na primeira versão, o amante responde a toda essa carnificina rogando uma praga para a humanidade e se jogando de um precipício próximo. Mas os trechos que faltam nesse resumo realmente não são essenciais. *La forza del destino* é o que Verdi chamava de "uma ópera de ideias",[11] na qual números musicais que satisfazem o grande público são menos importantes do que marcantes assuntos humanos e temas abstratos tais como o "destino" do título. O que resultou disso foi algo perto de uma vasta novela encenada em palco, com todo tipo de gestos extravagantes que não levam a lugar algum. É um caso extremo de impetuosidade narrativa, mas de modo algum a mais improvável. Realmente, entre os elementos essenciais do drama operístico parecem estar a exagerada coincidência, as motivações obscuras e (sendo trágicas) múltiplas mortes. Se se põe a música de lado, as tramas estão bem no ponto para a paródia ou o kitsch; e o texto poético é comumente de segunda classe, no melhor dos casos seguindo fórmulas-chavão. Isso desnudado, resta muito pouco que possa explicar por que a ópera merece ser apreciada, o sentimento que constitui a base do famoso desenho animado de Kim Thompson, *Todas as grandes óperas em dez minutos* (1992). Ela cobre a essência do épico *Der Ring des Nibelungen* de Wagner (1876) — dezesseis horas de apresentação durante quatro noites — em menos de dois minutos. Eis aqui somente as primeiras duas óperas:

> *O anel dos Nibelungos* é na verdade mais uma minissérie, formada por suas quatro óperas completas. Umas jovens num rio têm ouro, e um anão o rouba e faz com ele um anel. O deus Wotan traz o ouro de volta mas há uma maldição no anel e dois gigantes tomam o ouro, um mata o outro e então se transforma num dragão que vai guardar o anel. Wotan quer o anel, e assim decide que seu filho humano ilegítimo, Siegmund, o pegará para ele. Enquanto isso, Siegmund se apaixona por sua irmã, há muito por ele perdida, Sieglinde. Ele vai lutar com o marido dela e assim Wotan manda Brünnhilde protegê-lo, porém muda de ideia e lhe ordena que em vez disso mate Siegmund, mas ela se recusa, e assim Wotan faz com que o marido de Sieglinde o mate e então Wotan mata o marido também, só por diversão. Ele pune Brünnhilde pondo-a para dormir numa montanha, num anel de fogo.

No fim do filme o narrador diz:

> É isso aí. Isso é a ópera. Não se precisa saber mais nada. É só uma porção de gente fantasiada se apaixonando e morrendo. *Yup*, é tudo que é. Oh, com exceção da música. Tem canto também? Olhe só, na verdade eles não dizem nada, e por isso eles cantam tudo. É muita música. *Yup*. Até que algumas delas são bem boazinhas também.

Mas antes de rir e continuar, devíamos admitir que aqui há um problema. Todos os amantes da ópera irão concordar que a história, o elemento narrativo, pode muitas vezes ser risível; mas é também essencial. Podemos parecer não estar confortáveis com ele, mas não podemos viver sem ele. Em outras palavras, narrativa e ópera estão interligadas num incômodo abraço. Nenhuma das duas quer o divórcio, mas uma coabitação tranquila é quase sempre impossível. Nesse sentido, a dimensão da narrativa está mais para dimensão verbal como um todo. É mais um exemplo de como a ópera pode nos fazer esquecer: esquecer que não compreendemos a língua que está sendo cantada; esquecer as medidas físicas do cantor, e o fato de que ele está interpretando um ardente e atlético jovem trovador, embora esteja mais perto dos 62 do que dos 26 anos; esquecer que só temos uma duvidosa ideia daquilo que está acontecendo no palco. A ópera se comunica de maneira estranha, imprevisível; ela apela para algo que está além da estreita dimensão cognitiva.

O que, tudo junto, nos leva àquilo que talvez seja *a* principal improbabilidade na ópera: o fato de que a maioria dos personagens canta a maior parte do tempo. Aqui devemos ter o cuidado de não exagerar: afinal, um drama que é cantado ou recitado é provavelmente mais a regra do que a exceção em toda a história mundial. Mas o tipo de drama cantado que surgiu na Europa Ocidental por volta de 1600 foi, assim mesmo, uma densa e radical peculiaridade que causou consternação desde o momento em que começou. Esses debates sobre ópera, embora quase sempre intensos, nunca conseguiram conter os excessos da ópera, ou ao menos não por muito tempo. Logo logo a ópera estava difundida demais para que escrúpulos de cunho filosófico acabassem prevalecendo. Logo logo qualquer um podia ser personificado num palco de ópera: deuses e cocheiros, piratas e virgens vestais, todos cantando e bem recebidos, ou ao menos tolerados. Embora elementos de desconforto quanto a esses cantares tenham sido recorrentes na história da ópera. Esse desconforto deve-se ao fato de que os personagens operísticos ao longo da história — a começar por Orfeu, um dos primeiros — prontamente acolheram momentos que seriam cantados até mesmo num drama falado, ou, se for possível imaginá-lo, na vida real. A ópera está cheia de serenatas a um amado distante e de canções que acompanham uma bebida compartilhada por aliados no crime ou no amor; todo tenor ou barítono que faz jus a seu salário vai saber entrar vitoriosamente num palco com uma guitarra na mão. O fato de que esses momentos são lugares-comuns na ópera é significativo, e sugerem que todos nós precisamos de um toque de realidade — momentos nos quais possamos relaxar uma (voluntária) suspensão de nossa descrença, deixando, por um ou dois instantes, de nos mantermos na ficção de todos esses personagens que cantam uns para os outros. Mas tais momentos de pausa não deveriam nos desviar de contemplar aquilo em que, afinal, é o que a ópera quer que acreditemos.

Podemos dar um salto na imaginação e pensar por um momento em como seria habitar um mundo todo operístico; um mundo em que transcorre uma vida cotidiana e o tempo passa normalmente, mas no qual tudo — cada ação, cada pensamento, cada discurso — está engrenado numa música que nunca tem fim. Semelhante ao tipo de experimento imaginário explorado no filme *O show de Truman* (1998), de Peter Weir, no qual Jim Carrey aos poucos vai tomando consciência de que sua vida inteira está sendo representada para um programa de TV do tipo *reality show*. Qual seria nosso papel em outro tipo de fantasia criada pelo homem, na qual tudo em torno de nós fosse ópera?

Pensem nas questões metafísicas que esse estado de ópera iria suscitar. Primeiro, e mais importante: quem está fazendo a música? Saberemos que estamos cantando, que estaremos constantemente mergulhados e nadando em sons musicais? Ou vamos manter a ilusão de que o palco-mundo é na verdade bem comum e de que estamos ouvindo música mediante um processo mágico? Quando a música parece ser onisciente e presciente, de quem é a mente que nos está contando seus segredos? Essas especulações podem parecer fantasiosas, ou mesmo ociosas; mas refletir sobre seu significado acaba sendo importante para nossa compreensão da ópera. Os cineastas constantemente têm transformado em capital artístico a manipulação das expectativas do público quanto às origens dos sons nos filmes: eles vêm do mundo dos personagens ou são comentários do cineasta sobre esse mundo? Nossa atitude em relação à narrativa poderá ser mais complexa se essas duas fontes às vezes se confundirem? Exatamente da mesma maneira, os compositores de ópera (e não só os do passado recente) jogaram com a ideia de uma origem musical cambiável, de explorar e enriquecer a experiência operística fazendo-nos refletir sobre a questão básica: *de onde vem a música*?

Pensar nessas questões também enfatiza a existência do "maravilhoso" na ópera; o fato de que tudo isso é, de tantas maneiras, fundamentalmente irrealista, e não pode ser apresentado como um modelo perceptível de como levar a vida ou compreender o comportamento humano. Nenhuma pessoa leva a vida numa canção, nem ouvindo sempre uma música fabulosa em torno dela. Este é um ponto crítico, já que essa fundamental inverossimilhança, mesmo que não acabe restringindo a ópera a certos tipos excepcionais de personagens (um deus ou elfos ou ninfas aquáticas), num sentido mais amplo determina a preferência da ópera por narrativas extremas: momentos de paixão extraordinária e dilemas impossíveis; a magia e o irracional; eventos históricos em nível mundial. O teatro falado também pode chegar a extremos em suas tramas materiais, habitadas por fantasmas e improváveis reviravoltas do destino. Mas nunca poderá se igualar ao irrealismo central da ópera, que é o contínuo cantar. E essa característica fundamental fez com que os libretos de ópera quase nunca tratassem do que é *comum*, coisa que o teatro falado pode bem fazer. Mesmo quando (por breve tempo) os libretos estiveram sob a bandeira do "realismo", no século XIX, sua realidade era imensamente sobrecarregada. Obras modernistas, como *Jonny spielt auf*, de Ernst Krenek (1927), ou *La Voix humaine*, de Francis Poulenc (1959), não contradizem isso, indo de encontro ao gosto histórico da ópera ao incluir cenas de autoconsciente banalidade, a vida cotidiana feita arte: *La Voix humaine* encena, afinal de contas, nada mais do que uma ligação telefônica. O primeiro recitativo de Stravinsky em *A carreira do devasso* (1951) tenta algo semelhante. Começa com as palavras (cantadas) "Ana, minha querida, estão precisando de seu conselho na cozinha", frase que certamente é um deliberado estratagema para nos causar estranheza, para nos dizer que *O devasso* será uma ópera famosa. Caso diferente é *Lulu*, de Berg (1937), onde os pequenos rituais da alta burguesia coexistem num contraponto desencontrado com atos de assassinato e traição. Em *Lulu*, como em outros exemplos do Modernismo alemão, o impulso de encenar fatos mundanos alinhou-se durante a época de Weimar (1918-33) com um populismo estético muito teorizado e politizado: com a ideia de que compositores de obras de arte deveriam produzir *Gebrauchsmusik*, música para uso diário, ou *Zeitopern*, óperas sobre o contemporâneo, sobre temas tópicos.

Mas essas são exceções. Na maior parte de sua história a ópera desprezou eventos e ações comuns; ou, como fez *Lulu* com grande fama, tratou-os como um contraponto surreal de uma mais dramática e violenta hiperexistência. É difícil que um personagem de ópera prepare uma xícara de chá, ou leia um jornal, ou calce as meias; os que o fizessem estariam embebidos num reverso cômico da normalidade, ou estariam, deliberadamente, banalizando. Em *O anel dos Nibelungos* de Wagner, o anão Mime é posto em uma situação ridícula quando cozinha um bom desjejum para o imperioso jovem herói Siegfried, com a implicação de que cozinhar, assim como ler jornal, tomar chá ou calçar meias são, por seu caráter de coisa comum, excluídos das alturas da verdadeira paixão ou de um significado mítico. A ironia em *Siegfried* (que dificilmente foi intenção de Wagner) é que os esforços do próprio Siegfried para reforjar a espada mágica de seu pai Siegmund, acompanhados como são de muita limadura, decantação, avivamento do fogo e medições de temperatura podem, ao ser encenados, escorregar facilmente para uma paródia de atividades domésticas: é como cozinhar um desjejum sob o efeito de um excesso de testosterona.

Em lugar algum a afinidade da ópera com o irreal é mais óbvia do que em seus métodos e meios de manipular o tempo. A ária do terceiro ato de *Il trovatore* cantada por Manrico, com seu dó agudo, novamente, oferece uma nova instância do clássico. Manrico está prestes a se casar com sua amada Leonora quando entra um mensageiro para informá-lo de que sua mãe foi capturada por um inimigo mortal e está a ponto de ser queimada na fogueira. Ele reúne seus companheiros de armas e saca de sua espada; eles têm de ir resgatá-la *imediatamente*. Mas então, em vez de se apressar, Manrico se vira para a plateia e canta duas estrofes (bem longas) da cabaleta "Di quella pira", onde não se excluem prolongados dós agudos e uma elaborada *cadenza* escrita para o coro. No segundo ato de *Os piratas de Penzance*, de Gilbert e Sullivan (1880), que como todas as operetas usam óperas italianas sérias como principal alvo de sua sátira, há uma paródia muito apropriada. Um pequeno regimento de polícia se prepara para o combate no coral "Quando o inimigo desembainha sua espada", número que termina com infindáveis repetições de "Sim, vamos, avante sobre o inimigo, avante sobre o inimigo". O general sai por um momento do contexto da ópera para comentar causticamente: "Sim, mas *não* se está indo".

Exemplos correlatos, mas ainda mais espetaculares, de como a ópera dá pouca importância à realidade, ocorrem frequentemente quando os principais personagens são obrigados a morrer em cena. Exemplo clássico é a última cena de *La traviata*, de Verdi (1853), na qual a cortesã Violetta sucumbe à tuberculose. No enredo, os pulmões da personagem tinham sido destruídos; mas a Violetta operística canta sem qualquer dificuldade perceptível, produzindo um belo e bem sustentado som. Uma soprano que ousasse dar um cunho realístico ao sofrimento de Violetta, pigarreando e tossindo, estaria desconfigurando o espírito da ópera. Pessoas mortalmente feridas que, apesar disso, seguem cantando de forma melíflua são habitantes da ópera em seu estado normal; aceitamos a fantasia sem resistir; na verdade, a realidade é que seria chocante. O caso de Violetta demonstra que a ópera envolve um perpétuo desencontro entre o que, com base em personagens humanas, se supõe ser plausível no mundo real e aquilo que o desempenho musical vai exigir tanto dos cantores quanto das audiências.

Podemos avançar mais nessa questão. A ideia de que a ópera, comodamente, põe de lado uma Violetta moribunda em benefício de uma florescente e poderosa Violetta operística nos leva a uma distinção crítica, que vai aparecer diversas vezes neste livro: a da diferença entre o personagem tal como existe nas palavras do texto, que poderíamos chamar de *personagem do enredo*, e o personagem correspondente que existe na música, o *personagem da voz*.

Um personagem de enredo poderia ser, por exemplo, Wolfram von Eschenbach no *Tannhäuser* de Wagner (1845), um pretendente tedioso e desinteressante que prega uma devoção amorosa casta. No libreto de Wagner, ele é companheiro inseparável de — e por contraste um realce para — Tannhäuser (tenor), o eroticamente sofisticado anti-herói ao qual a heroína não consegue resistir. Mas como personagem de voz, Wolfram (barítono) não é simplesmente um paralelo ou um equivalente; é construído por meio de um amálgama entre a música destinada ao personagem de enredo e as proezas de desempenho que a música extrai do cantor. Na competição de canto do segundo ato entre Tannhäuser e Wolfram, há um momento ímpar na decorosa serenata de Wolfram. Exaltando a grandiosidade do cenário, ele canta "meu olhar se embriaga de ver", numa exótica progressão em harmonia mourisca acompanhada de um longo descenso lírico na melodia do barítono. Esta é a única passagem verdadeiramente sensual em toda a competição de canto, superando tudo em Tannhäuser. Marca o aparecimento de um personagem de voz, de um Wolfram alternativo cujos atributos estão além de, até mesmo em conflito com, os do personagem de enredo. O mesmo contraste aparece na famosa ária de Wolfram no terceiro ano, "Estrela vespertina". As palavras são estudadamente poéticas, sobre um personagem de boa alma, mas a sensualidade que emana da voz conta uma história bem diferente. Talvez devêssemos pensar na estranha reviravolta verbal na serenata de Wolfram no segundo ato — no trecho que fala sobre ficar embriagado pelos sentidos ao se ver o cenário — como uma escorregada na linguagem do personagem de enredo, um momento em que o personagem de voz, por um instante, se manifesta nas palavras.

Poder-se-ia bem apropriadamente argumentar que essa mesma distinção entre personagem de enredo e personagem de voz também ocorre em dramas falados. Quem quer que tenha assistido a um monólogo de Shakespeare ou a uma tirada de Victor Hugo vai perceber que o recitador em questão muda o registro de voz quando chega a esses pontos de transição. Mas na ópera essa distinção é muito mais extrema, muito mais *espetacular*. O Manrico que precisa se apressar para resgatar sua mãe é o Manrico de enredo; o que no meio do palco canta dós agudos é o Manrico de voz. A Violetta de enredo está morrendo de tuberculose e luta desesperadamente para respirar; a Violetta de voz canta de modo robusto, lamentando, mas também em certo sentido *celebrando* na canção sua morte iminente. E essa diferença enfatiza, mais uma vez, que a tensão entre as representações da realidade humana e a música onipresente é uma característica básica da ópera. A preocupação com a verossimilhança é subjacente à tendência geral da ópera por libretos com personagens míticos ou divinos, ou que envolvam uma sobrecarga de magia ou emoção ou de outros extremos: a teoria é que a música pertence mais, ou é mais inteligível nesses casos. No fim, no entanto, a verossimilhança é descartada, seja como for. Afinal, a ópera nunca poderá ser outra coisa que não irreal.

POPULARIDADE E CONVENÇÃO

Como já foi mencionado, a ópera, durante a maior parte de sua história, parecia ser estranha e exótica para a maioria de suas audiências. É importante se dar conta de que isso aconteceu até mesmo na Itália, que foi o berço da ópera, e onde, por essa razão, às vezes considera-se que ela é, ou pelo menos que ela foi, uma forma natural de expressão. E embora sua base financeira tenha gradualmente se ampliado — de entretenimento particular patrocinado pela corte no século XVII para os (quase) livres empreendimentos capitalistas do século XIX e até as instituições muitas vezes em estado precário ou corporativamente financiadas do presente — a ópera em seu formato teatral primordial tem sido tipicamente um território de grupos de elite, só se tornando mais amplamente popular quando tecnologias de vários tipos lhe permitiram se estender das casas de ópera para as ruas e para os lares das pessoas. Foi, supostamente, apenas nos últimos trinta e tantos anos, a era dos três tenores que cantaram juntos "O sole mio" num evento noturno durante uma Copa do Mundo de futebol, que a ópera tornou-se popular, num sentido moderno, e talvez seja mais acurado dizer que, neste caso, partículas de ópera tornaram-se agora icônicos (se também irônicos) objetos da cultura de massa.

Em Hollywood, por exemplo, frequentar ópera é tido frequentemente como sinal de "italianidade" e de excitabilidade ou suscetibilidade emocional, como no filme *Feitiço da lua* (1987), no qual Ronny Cammareri (Nicolas Cage) conquista o amor da colega de classe trabalhadora ítalo-americana Loretta Castorini (Cher) quando a leva para assistir a *La bohème*, de Puccini. Em alguns filmes as casas de ópera tornam-se lugares onde diferentes classes e personagens podem se encontrar, como numa vitrine, seguindo suas muitas agendas e seus muitos prazeres. No filme *Amor na tarde* (1957), de Billy Wilder, os personagens principais vão a uma apresentação de *Tristão e Isolda*, de Wagner, no Opéra de Paris; o mimado playboy Gary Cooper, levado por uma amiga socialite, faz brincadeiras com o programa da ópera, diligentes estudantes de composição do Conservatório regem juntos o Prelúdio enquanto zombam do público comum; somente Audrey Hepburn, apaixonada, parece estar totalmente perdida numa experiência sensual — mas é Gary Cooper, mais do que *Tristão*, quem está conseguindo isso (veja a figura 2). A ironia é que ninguém é aqui representado como motivado pela ópera em si, o que dificilmente seria uma surpresa, dado o autoproclamado desprezo de Wilder por Wagner.

Amor na tarde mostra também como a cultura popular pode fazer da ópera um signo dos privilégios da classe mais alta. A cena de abertura de *A época da inocência*, de Martin Scorsese (1993), tem como centro a apresentação de *Fausto*, de Gounod, no velho Met, em Nova York. Ela fornece o ambiente da trama, mas com uma câmera que se lança — como que movida por embriaguez e pelo sobrenatural — em todo lugar, no teatro inteiro; as classes mais altas, ela nos diz, saem dos trilhos por paixão, como quaisquer outras pessoas. Em *Uma noite na ópera*, dos irmãos Marx (1935), a piada corrente é mostrar como uma audiência de engomados herdeiros de riqueza e posição* pode ser ultrajada pelas travessuras de baixa classe dos irmãos. Em certo ponto estes se esgueiram no poço da orquestra e embaralham as partes dos instrumentos, fazendo com que os músicos (visivelmente contra sua vontade, é claro) comecem a tocar "Take Me out to the Ball Game";** o choque entre a alta e a baixa cultura não poderia ser mais evidente.

* Tradução livre do termo usado no original em inglês *stiff, old-money audience*. (Esta e as demais notas de rodapé são do tradutor.)
** Popularíssima canção de 1908 que se tornou o hino não oficial do baseball nos Estados Unidos.

Outro exemplo, mais sentimental e mais insidioso, vem do filme *Uma linda mulher* (1990), de Gary Marshall, no qual Julia Roberts representa uma prostituta que Richard Gere (um "magnata corporativo bonitão", segundo o folheto de propaganda) apanha no Hollywood Boulevard, e que dele recebe um tratamento digno de Cinderela. Durante a semana em que mantêm o caso, Gere leva Roberts em seu avião particular ao longo da costa até a Ópera de San Francisco, onde ela comete todo tipo de gafes para espanto das socialites que abanam seus leques,* mas também demonstra que é mais receptiva do que elas, mais sensível ao que está assistindo no palco (a ópera em questão é, evidentemente, *La traviata*).

Essas cenas podem enfatizar também a contradição que existe na maneira pela qual encaramos a ópera hoje em dia. Por um lado tem sua identificação de longa data com a aristocracia, a riqueza ostensiva e o exclusivismo. Em paralelo a isso, no entanto, há a percepção de que a ópera pode invocar diretamente nossas emoções. Essas duas atitudes têm expressão em *Uma noite na ópera*: damas da sociedade vão à ópera como se fosse uma obrigação, e ficam injuriadas quando o decoro é violentado. Mas o herói e a heroína do filme — uns pobres-diabos tenor e soprano ajudados pelos irmãos em seus papéis de protagonistas — são mostrados quando cantam triunfalmente na parte final do filme, com imensa alegria e gloriosos sorrisos (mesmo tratando-se da cena do "Miserere", em *Il trovatore*). Eles estão, muito propriamente, comovidos com a ópera: não por uma tola trama operística, mas pelo próprio canto. Esta cena em que esses pobres coitados e cômicos outsiders se transformam com o canto mostra a ópera como tendo um efeito poderoso sobre pessoas de alguma forma tão diferentes — na personagem de Julia Roberts (que se mantém obstinadamente ela mesma, não importa qual seja a opulência do lugar em que se encontra, e que canta uma música de Prince na banheira), ou em corpulentos italianos com seus lenços brancos — pessoas que declararam sua diversidade, sua distância da vida cotidiana e emocionalmente constrita que nos parece ser a vida que levamos agora.

Pelo menos durante seus primeiros 250 anos, a indústria da ópera (assim como a atual indústria do cinema) foi sustentada por um constante fluxo de

* O termo *fan-fluttering* evidentemente se refere aos trejeitos de uma suposta superioridade aristocrática.

novas obras. Não havia um repertório a ser comentado, nenhum acervo de familiares e obras infindavelmente repetidas, como acontece hoje em dia em toda casa de ópera. Por causa disso, as óperas (assim como os filmes) tinham de causar seu impacto imediatamente. Um modo pelo qual elas o faziam era usando um conjunto de convenções: estabelecendo práticas comuns, de ópera para ópera, logo compreendidas e apreciadas. E assim surgiram diferentes tipos de ópera, em geral caracterizados pela linguagem e pelo registro (a ópera-séria italiana ou a ópera-bufa, a francesa *grand opéra* ou a ópera-cômica, a alemã *Singspiel* ou a *romantische Oper*), cada qual com suas peculiaridades e seu próprio código de comunicação.

No entanto, de modo ainda mais básico, os tipos característicos de ópera evoluíram gradualmente para tipos de voz, sendo o registro e o peso da voz atribuídos a um determinado personagem, que poderia então passar de ópera em ópera, e mais tarde à opereta e ao teatro musical. Surgiu um repertório de personagens operísticos: a protagonista feminina (soprano), a mulher de idade avançada, ou de pouca virtude, ou vítima de uma feitiçaria (meio-soprano ou contralto), o heroico protagonista masculino (no século XVIII, em geral um castrato, depois um tenor), o vilão, ou pai, ou companheiro leal até a morte (barítono), o avô, ou sacerdote ou outro símbolo de autoridade patriarcal (baixo). Embora todos esses tipos estivessem sujeitos a alterações (houve sacerdotes sopranos, mas não muitos), muitas vezes é importante saber o que era o convencional, em particular para apreciar como o ato de inverter totalmente uma convenção é em si mesmo uma forma de drama. Um caso em que o tipo de voz e o personagem se contradizem é o de Mefistófeles (o diabo na lenda de Fausto: o do pacto assinado com sangue, um tema operístico favorito). Quase todos os que personificam Mefistófeles no século XIX (são diversos) são baixos, mas no *Doktor Faust*, de Busoni (1925), Mefistófeles é um tenor; ouve-se quando ele chama o nome de Fausto dos bastidores, e o faz num lá natural agudo, A ♮ — e num sussurro. O conhecimento de que isso vai contra o tipo usual é que torna o efeito tão chocante.

A questão que se levanta é se essas escolhas do tipo de voz são naturais ou produtos de convenção. Algumas associações (a do baixo com uma figura autoritária) podem ser tidas como naturais — tanto homens como mulheres são tentados a baixar suas vozes quando querem que se os considere especialmente dignos de atenção e respeito — e talvez seja significativo que esse tipo de voz/personagem tenha estado presente ao longo de séculos de ópera. Na maior parte das vezes a história sugere que o motivo é simples convenção. Por exemplo, no início do século XVIII, na chamada ópera-séria, quase todos os personagens, homens ou mulheres, cantavam em registros agudos. Era muito comum que papéis masculinos fossem cantados por mulheres, ou homens castrados, cujas vozes ficavam agudas para sempre. Há várias explicações para o desaparecimento do castrado e a ascensão do tenor heroico no século XIX, e algumas, plausivelmente, invocam mudanças nos conceitos sobre a subjetividade humana (sobre o que achamos ser o motivo de sermos o que somos). Mas parece que mesmo os heróis tenores nunca foram percebidos como normais. A noção de aberração, de estranheza da ópera, está sempre presente.

As convenções têm rastros profundos na ópera. No decorrer da maior parte de sua longa história (até pelo menos meados do século XIX), os compositores costumavam escrever várias óperas a cada ano. Eles o faziam por necessidade financeira. As obras raramente eram reencenadas (e, se fossem, em geral não estavam protegidas por direitos autorais), e só escrevendo novas obras os compositores poderiam ganhar a vida com sua arte. A consequente necessidade de uma comunicação instantânea com o público tendia a fazer com que tanto o libreto quanto a música se ativessem aos chavões estabelecidos. O termo "chavões" soa agora pejorativo; em nosso estágio culturalmente pessimista tendemos a pensar que apenas o que é original pode ter valor artístico. Não devíamos esquecer, no entanto, que as fórmulas podem ser fonte de prazer, não (como é comum hoje em dia) por conhecer uma peça de trás para diante de tanto ouvir suas gravações, mas por acalentar expectativas de como as óperas serão usualmente apresentadas. Expectativas podem criar uma sensação de conforto e suscitar uma imediata compreensão da ópera, e podem também produzir um frisson quando acontece algo que vai contra o padrão, quando uma convenção é manipulada com criatividade, como quando Busoni subverte as associações de personagem com o tipo de voz.

Devido à importância que têm as fórmulas estruturais da ópera, devemos apresentar algumas das mais básicas de imediato. Elas não surgem ao mesmo tempo, e algumas perderam muita força no século XIX. Mas, apesar disso, têm sido surpreendentemente duradouras e maleáveis, algumas se adaptando às radicais mudanças ocorridas alhures nas linguagens verbal e musical. Os dois termos mais básicos dizem respeito tanto às palavras quanto à música: "recitativo" versus "ária" ou "número". Eles fazem uma distinção entre dois tipos de poesia no libreto, e dois tipos de música para essa poesia. O dualismo existiu desde o início da ópera, não foi rompido até meados do século XIX, e ainda existe, em certa medida, nas óperas que são compostas nos dias atuais. Uma breve cena do primeiro ato de *Don Giovanni*, de Mozart (1787), ilustra bem como funcionam os dois. A cena inclui o lascivo aristocrata Don Giovanni (barítono) e seu empregado Leporello (baixo). O libreto começa com um diálogo. Leporello está ficando irritado com os vários e arriscados estratagemas que está sendo obrigado a fazer em nome de seu patrão:

LEPORELLO
Io deggio ad ogni patto
Per sempre abbandonar questo bel manto!
Eccolo qui: guardate
Con qual indifferenza se ne viene!

DON GIOVANNI
Oh, Leporello mio! Va tuto bene.

LEPORELLO
Don Giovannino mio! Va tuto male!

[LEPORELLO: Aconteça o que acontecer, eu devo/ abandonar para sempre este belo louco!/ Aqui está ele: veja/ com que indiferença ele vem e vai! DON GIOVANNI: Oh, meu Leporello! Tudo vai bem. LEPORELLO: Meu querido Don Giovaninho! Tudo vai mal!]

Essa passagem é tipicamente pensada como um recitativo. É escrita no equivalente italiano do verso branco (os chamados *versi sciolti*), uma mistura livre de linhas de sete e de onze sílabas, com apenas umas poucas e esporádicas rimas e sem acentuações fixas entre as linhas. Concebido para se assemelhar aos ritmos normais da fala, é também bastante comum no léxico que usa, com poucas palavras ou pretensões poéticas. Essa conversa continua por algum tempo, enquanto Don Giovanni e Leporello se preparam para um banquete naquela noite, no qual Don Giovanni (assim ele espera) terá sucesso em sua mal-intencionada abordagem a uma camponesa chamada Zerlina. Ele termina o recitativo jubilosamente e então começa a cantar uma ária, *"Fin ch'han dal vino"* ("Enquanto houver vinho"). Esse número é muitas vezes chamado de "ária da champanhe", mas apesar de o vinho ser mencionado logo na primeira linha, Don Giovanni está muito mais preocupado com as mulheres que comparecerão ao banquete. Numa fantasia desvairada, ele imagina como irá variar as danças de modo que uma se siga à outra caoticamente; na confusão assim criada ele espera acrescentar "pelo menos dez" à sua já considerável lista de conquistas. Seguem-se as últimas cinco linhas do recitativo e depois, com reentrâncias, o texto da ária:

DON GIOVANNI

Bravo, bravo, arcibravo!
L'affar non può andar meglio. Incomiciasti,
io saprò terminar. Troppo mi premono
queste contadinotte;
le voglio divertir finché vien notte.

Finch'han dal vino
Calda la testa
Una gran festa
Fa preparar.
Se trovi in piazza
Qualche regazza,
Teco ancor quella
Cerca menar.
Senza alcun ordine
La danza sia;
Chi 'l minuetto,
Chi la follia,
Chi l'alemanna
Farai ballar.
Ed io fra tanto
Dall'altro canto
Con questa, e quella
Vo' amoreggiar.
Ah! la mia lista
Doman mattina

D'una decina
Devi aumentar!
Os dois saem de cena

[DON GIOVANNI: Bravo, bravo, bravíssimo! / Não poderia ser melhor. Você começa / e eu vou terminar. / Devo me apressar / para essas camponesas; / quero me divertir com elas ao anoitecer. / / Enquanto o vinho / lhes aquece a cabeça / uma grande festa / é preciso preparar. / Se encontrar na praça / algumas garotas, / tente fazê-las / ir com você. / Que sejam as danças / sem ordem alguma; / uma um minueto, / aquela uma *follia*, / outra uma alemanda / as farei dançar. / E enquanto isso, / por outro lado / com esta e com aquela / vou namorar. / Ah! minha lista / amanhã de manhã / de uma dezena / deve aumentar! /]

É fácil notar que o início da ária é marcado por uma mudança na poesia. Agora todas as linhas têm igual comprimento e uma acentuação comum; há também um esquema fixo de rimas marcando uma estrutura de versos de quatro linhas; em outras palavras, o registro poético tem uma aparição decisiva.

Estas são as diferenças mais elementares entre "recitativo" e "ária" como os vemos no libreto; mas embutidas dentro dessas diferenças há distinções importantes que têm a ver com o conteúdo. A mais básica é que o recitativo é o lugar da narrativa, do diálogo informal, da ação cênica: momentos nos quais se desenrola a trama. A ária, por outro lado, é um modo estático. Ela é, fundamentalmente, sobre contemplação, e através da contemplação transmite à audiência um certo humor, um estado de espírito; é o que os poetas chamam de *"musing"*, meditação. Nessa ária, como na maioria das outras, nada externo, nada relacionado com a trama acontece; o que a ária faz em vez disso é caracterizar Don Giovanni, dando-nos a conhecer seu desejo de misturar as danças "sem ordem alguma" para criar o caos, que é o meio pelo qual ele, uma força anárquica, pode ter sucesso. Em certo sentido, então, as árias fazem o tempo parar — não deixam que nada aconteça enquanto elas ocorrem, permitindo-nos experimentar uma espécie de tempo interno, no qual se revela o que vai na mente do personagem. E o que aqui se está dizendo sobre árias vale também para as partes contemplativas da ópera; os duetos, trios e grupos vocais mais amplos. Reconhecidamente, um dos grandes pontos de partida da ópera do século XIX é que todas essas formas fixas estão sujeitas à introdução de ações externas; mas mesmo então com frequência restam ocasiões durante as quais o tempo parece ter sido estancado. A presença, nessas ocasiões, de um tipo particular de canto não vai enfrentar qualquer competição. Um canto que não poderia ter lugar num mundo ficcional tem ainda a capacidade de excluir outros eventos desse mundo.

As distinções musicais entre recitativo, por um lado, e árias, bem como "números" para mais de uma voz, por outro, são óbvias e imediatamente audíveis. Nos tipos mais simples de recitativo, encontrados sobretudo em fins do século XVII e no século XVIII, a linha vocal é "recitada", na maioria das vezes com grande rapidez, acompanhada ou pontuada por uma simples sucessão de acordes, no que comumente se chama de "contínuo"; em geral um cravo, com os baixos reforçados por instrumentos de registro mais baixo, usualmente um violoncelo. Embora esses recitativos simples (às vezes denominados pelo termo italiano, *secco recitativo*) sejam escritos num compasso de tempo fixo, são executados com liberdade, sem qualquer sentido de marcação rítmica regular. As linhas melódicas são rudimentares, há muitas notas repetidas, os tons mais agudos tendem a seguir as entonações da fala. De muitas maneiras esse "recitativo" está mais próximo da fala do que do canto, e tendo em vista a forma mais estudada e musical com que atores dos séculos passados declamavam suas falas num drama falado, o recitativo deve ter sido ainda menos parecido com música quando foi apresentado pela primeira vez. A ária é muito diferente. É dominada por formas de expressão musicais, com óbvios (e em geral recorrentes) conceitos musicais, com uma orquestra para introduzi-la e acompanhar a voz, que canta uma esmerada melodia. Os ritmos regulares da poesia criam (quase exigem) ritmos regulares na música. A menos que a ária seja muito curta, ela também terá seu próprio formato interno: o mais comum era um formato ternário simples (esquematicamente ABA). Na ópera do século XVIII esses formatos ternários se consolidaram nas chamadas "árias *da capo*", porque voltavam a seu trecho inicial depois de um período de digressão ou contraste musicais; em séculos posteriores, tipicamente, os formatos tornaram-se mais complexos.

O que também é óbvio é a significativa diferença entre recitativo e ária no que tange ao modo com que as palavras são tratadas. No recitativo, as palavras são consumidas num ritmo acelerado e quase nunca são recorrentes. Na ária, por outro lado, fragmentos de texto são repetidos com frequência (nesse exemplo de *Don Giovanni*, quase obsessivamente). Como deveríamos esperar, a música corresponde então ao sentido das palavras de maneira individual. A maníaca fantasia de Don Giovanni é evocada na forma de uma música incansavelmente contínua, uma ária na qual quase não há pausas para respiração. Porém, sobretudo depois da primeira apresentação do material musical, as palavras são repetidas *ad infinitum* para corresponder às exigências da textura musical até seu encerramento. Nessa e em muitas árias, o texto literário se dissolve: perde em parte, e mesmo completamente, seu sentido. A música fala além do texto, cujo significado foi reduzido de forma drástica.

Claro que há muitos mais aspectos a serem vistos na ária "da champanhe" de Don Giovanni. Num sentido (como em quase todas as árias) ela está lá em parte para exibir a voz, e frequentemente determinados cantores acrescentam improvisações próprias: notas agudas extras, ornamentos, um riso frenético no fim. Mas até mesmo na partitura impressa, a quebra no texto, as repetições, a maneira como fragmentos de melodia reaparecem obsessivamente, parecem excessivos qualquer que seja o critério retórico. Talvez o que estejamos ouvindo seja um símbolo musical-linguístico desse turbilhão de confusões que Don Giovanni quer criar. Talvez haja também o sentido de que o personagem está sendo mais *arrebatado* por esse redemoinho de ação do que (segundo ele pensa) o controlando — sentido segundo o qual Don Giovanni está à mercê desses obsessivos ritmos musicais. É muito raro que um cantor, no final da ária, não pareça estar ofegante e quase incoerente, como se agora a música é que estivesse conduzindo *a ele*. Quem conhece o restante da ópera de Mozart sabe como Don Giovanni afinal enfrenta seu destino; a percepção de perda de controle criado pela música — e seu intérprete — é um prenúncio sonoro do fim do personagem.

EXPRESSÃO E MONOTONIA

A ária e seu recitativo foram os elementos básicos sobre os quais se construiu a ópera na maior parte de sua história. A partir do século XVII, na Itália e outros lugares, o recitativo conduzia a ação e a narrativa, e foi usado sobremaneira nas conversas entre os personagens. O recitativo tem geralmente má reputação como forma de música; um contemporâneo de Mozart lamentava que houvesse necessidade de recitativo, tão maçante de ouvir quanto menosprezado por compositores e por cantores, e o qual ninguém pensa em ficar ouvindo por muito tempo. Na verdade, sua insipidez e monotonia são insuportáveis.[12] Quando a ópera vernácula (*Singspiel*) começou a se desenvolver na Alemanha nos primeiros anos do século

XVIII, o diálogo falado servia para o mesmo propósito. Mas a música operística envolve muito mais do que apenas uma distinção entre vários tipos de expressão, entre recitativo e ária ou outro tipo de "número". Voltamos aqui a um aspecto que é central na experiência da ópera, mas que é difícil de definir: o que faz exatamente a música quando se torna uma aura em torno da — ou além da — ação, além da emoção expressa no libreto, nos personagens e nas situações? Como pode a música corporificar as coisas maiores, tais como todo o contexto, ou visão de mundo; como é que ela dá vida a esse mundo ficcional que está sendo encenado? Essas perguntas terão quase tantas respostas quantas são as óperas; e para as melhores óperas, cada uma das respostas será bem elaborada.

Um aspecto ao qual se pode dar uma resposta muito pequena à mais elementar versão dessa questão é o da noção que se tem dos signos musicais; conceitos musicais que são compreendidos no âmbito de uma determinada ópera, ou até mais amplamente, de uma determinada cultura, como representando ou dando expressão a uma ideia. A ópera se apoia em pequenos signos para lograr pequenos intentos, e saber como isso funciona ajuda a extrapolar para questões maiores. Um dos signos musicais mais familiares na cultura popular ocidental vem de uma ópera: a Marcha Nupcial do terceiro ato de *Lohengrin* (1848), de Wagner — hoje conhecida por incontáveis milhões como "Aí vem a noiva". Em *Lohengrin* a marcha é tocada para acompanhar o casamento de Lohengrin e Elsa, com a participação do coro. Na Inglaterra vitoriana, a marcha — sóbria, andante e otimista — foi rapidamente adotada, escolhida para ser a música da procissão nupcial nos casamentos da classe média; a marcha mais estática da música incidental de Mendelssohn para *Ein Sommernachtstraum* (Um sonho de uma noite de verão) tornou-se a música tradicional para a saída da cerimônia. O fato de que o casamento de Lohengrin e Elsa acabou se mostrando um dos maiores desastres românticos da ópera é convenientemente deixado de lado.

A melodia de *Lohengrin*, pode-se dizer, é em nossa mente o símbolo de uma cerimônia de casamento. No entanto, imagine por um momento que algo acontece a essa melodia, algo que na realidade nunca acontece numa ópera de Wagner. Imagine que a melodia é transcrita para o tom menor, pontuada por solenes batidas de tambor e envolvida em denso acompanhamento cromático. Agora ficamos em guarda: as predições para esse casamento tornam-se bem mais pessimistas. Aqui temos em ação um complicado sistema social e musical. A melodia em si é um signo que é confiante em termos muito específicos — música equipara-se a casamento. Mas a mudança do tom maior para o menor — de um modo que sugere alegria, otimismo, contentamento e triunfo para outro que sugere tristeza e tragédia — mudou nossa percepção da música e transmitiu, num instante, uma nova e complicada mensagem. Contudo, o importante é que essa mensagem é apenas para nossos ouvidos; ela excede àquilo que está acontecendo na igreja, ou no palco, e excede ao que está sendo dito por qualquer dos personagens em cena. Este mesmo procedimento foi usado nos primeiros acompanhamentos do cinema mudo, devido à percepção total de que um truque fundamentalmente operístico poderia ser usado agora para dizer alguma coisa, na forma de música, ao público do cinema. Como relatou um desses músicos:

> As marchas nupciais de Wagner e de Mendelssohn foram usadas em cenas de [...] brigas entre maridos e mulheres, e cenas de divórcio: simplesmente as tocávamos fora do tom, tratamento conhecido, na profissão, como "azedando o corredor [de passagem dos noivos]".[13]

A combinação de uma associação específica com uma audível distorção musical, que nos permite decodificar o "azedamento do corredor", é uma dupla técnica que os compositores reutilizam em incontáveis circunstâncias da ópera. Poder-se-ia inverter o truque, digamos, com o tema do "ciúme" da ópera *Otello* (1887), de Giuseppe Verdi — um sinuoso tema em tom menor cantado primeiro (no segundo ato) por Iago, sobre uma linha de texto que fala de um "monstro de olhos verdes". O tema se repete instrumentalmente várias vezes durante a ópera, sempre sombrio, e sempre assombrado por seu reboque verbal original. Poder-se-ia, é claro, vestir o tema musical com formas que Verdi nunca utilizou, rearmonizando-o numa espécie de cadência melosa. A nova mensagem poderia ser a de que o problema do ciúme estava resolvido. E essa é uma mensagem que tampouco precisa de palavras, sejam quais forem.

Mas a criação de uma aura por meio de um signo musical não precisa ser específica ou se apoiar em associações decifráveis entre um tema e uma ideia. Por exemplo, num famoso trio do primeiro ato de *Così fan tutte* (1790), de Mozart, as irmãs Fiordiligi e Dorabella (duas sopranos), juntamente com um sarcástico filósofo chamado Don Alfonso (baixo), dizem um triste adeus a seus noivos, que acabam de embarcar para uma jornada marítima (os noivos logo regressarão disfarçados para tentar seduzir, cada um, a noiva do outro; eles fazem isso por causa de uma aposta secreta que fizeram com Don Alfonso, que não tem fé na virtude feminina; mas isso está nos desviando da história). O texto do trio é extremamente curto e desconcertante em sua simplicidade:

Soave sia il vento
Tranquilla sia l'onda
Ed ogni elemento
Beningo responde
Ai nostri desir.

[Suave seja o vento/ tranquilas sejam as ondas/ e possa cada elemento/ responder benignamente/ a nosso desejo.]

Durante a primeira passagem da música por essas palavras, as oscilações das cordas (para um público do século XVIII, seria um signo óbvio das ondas do mar), a harmonia tranquila e o íntimo e vagaroso movimento circular das três vozes evocam um jardim do Éden musical antes do outono. Mas numa segunda sessão, quando o texto é repetido, Mozart cria um efeito especial quando os personagens chegam à palavra "*desir*": há uma harmonia estranha, um repentino aumento de volume e uma estranha sonoridade nas madeiras, como se quisessem se fazer notar; e exatamente nesse momento, as oscilações das cordas, que haviam desaparecido da tessitura, regressam. É como uma linha feita de música a sublinhar a palavra "desejo" para fazê-la alheia ao contexto, e sugerir (de forma bastante adequada, como se verá) que desejos nem tranquilos nem oficialmente permitidos podem estar circulando no subconsciente dos que ali estão.

Uma ênfase desse tipo é comum na ópera, mas não é a única e nem mesmo a principal forma em que a música operística funciona como expressão de ideia ou sentimento; vamos contemplar muitas outras. A música pode, por exemplo, contribuir com uma camada que se adiciona às palavras, ilustrando-as com sua forma e seu contorno. Essa forma de expressão, em geral chamada "pintura das palavras", foi amplamente aceita como teoria de expressão operística durante longos períodos do século XVIII. Mas em outros tempos houve teorias e práticas que se opunham à noção da ênfase individual. Rossini, por exemplo, abraçava a convicção de que a música operística devia ser em certo sentido ideal, autocontida em si mesma, sem buscar expressar qualquer palavra ou texto poético específicos. A troca de texto entre *Mosè* e *Moïse*, já mencionada antes, é uma boa ilustração. Na verdade, há uma percepção segundo a qual o elaborado cantar ornamental que predomina nas óperas de Rossini é radicalmente não simbólico; ele não expressa nada que possa ser verbalizado; ele não diz muita coisa a respeito do personagem ou estado de espírito; está lá apenas para ser belo.

Quando nos dias de hoje vamos assistir, digamos, a uma *grand opéra* francesa do século XIX, ou a uma ópera do início do século XVIII, ambas com a tendência de ser muito longas, poderemos ficar entediados. O tédio pode até nos assaltar durante excelentes desempenhos de uma obra canônica. Rossini foi autor de uma boa ironia sobre Wagner, dizendo que ele foi um compositor que teve "belos momentos, mas maus quartos de hora".[14] Frequentemente uma ópera dura horas e horas, e não há obra operística, nem as maiores, sem seus momentos de tédio. E o que é pior, hoje em dia somos ainda mais estimulados a nos entediar pelas condições nas quais a ópera é apresentada: somos obrigados a ficar sentados no escuro, sem interagir com nossos amigos e vizinhos de poltrona, somos proibidos de deixar o auditório durante a apresentação (e se o fizermos, somos barrados de entrar de volta); além e acima de tudo se exige uma atenção silenciosa como cortesia para com os artistas e os colegas do público — e, estranhamente, porque eles quase sempre estão mortos, como uma cortesia para com os *compositores*. Durante a maior parte da história da ópera, na maioria das tradições nacionais, não era isso que acontecia.

É a Wagner, a suas inovações teatrais e exigências artísticas, que tradicionalmente pensamos dever-se esse modelo de completa absorção (no teatro de Wagner, em Bayreuth, estudantes, até hoje, trancam as portas do auditório assim que se apagam as luzes). A luz é um bom indicador. A iluminação por velas nos teatros do século XVIII pode ter sido mortiça, mas era mortiça no palco e fora dele. Em meados do século XIX a luz a gás permitiu uma iluminação mais intensa do palco, mas a mesma tecnologia foi usada no auditório também, o que significa que os espectadores podiam se ver, uns aos outros, tão nitidamente quanto viam o palco. Wagner foi o primeiro produtor teatral a requerer uma escuridão completa no auditório; e em seus escritos sobre forma de apresentação ele ressaltou inúmeras vezes que os espectadores deveriam ser arrastados avassaladoramente para o mundo ficcional que está sendo encenado, perdendo sua âncora na realidade. A introdução da luz elétrica nos teatros nas últimas décadas do século XIX permitiu por fim que se conseguisse essa escuridão. Antes, frequentar a ópera era primeira e principalmente uma ocasião social; os assistentes interagiam entre si e com os artistas e seus desempenhos, às vezes de forma inusitada. Outra inovação wagneriana que favoreceu esse sentido de absorção foi tirar a orquestra das vistas do público, enviando de fato muitos dos instrumentos mais ruidosos para um "poço" cuja maior parte ficava abaixo do palco. Outros compositores adotaram entusiasticamente as inovações de Wagner. No início de 1870, Verdi escreveu a seu editor, Giulio Ricordi, sobre as condições para a apresentação de sua nova ópera, *Aida* (1871), recomendando que:

> eles se livrassem dessas caixas de palco [...] trazendo a cortina diretamente sobre as luzes da ribalta; e também façam a *orquestra ficar invisível*. Essa ideia não é minha, é de Wagner, e é excelente. Parece impossível que hoje, em nossa época, as pessoas possam tolerar a visão de cansativos vestidos de noite e gravatas brancas misturados com, por exemplo, vestimentas egípcias, assírias ou druidas; e, pior ainda, vendo as aglomeradas fileiras da orquestra, *que é parte do mundo ficcional*, quase no meio das primeiras filas da plateia, entre os assobios ou os aplausos.[15]

Esses sentimentos são, como Verdi foi o primeiro a reconhecer, notavelmente semelhantes aos de Wagner: acima de tudo se devia preservar a qualidade especial do "mundo ficcional" da ópera. Na segunda metade do século XIX, uma atenção silenciosa a esse mundo tornou-se a norma vigente, embora as plateias italianas, em particular, tenham resistido com frequência a essa solicitação. Hoje demandamos que todas as óperas mantenham nossa atenção inabalavelmente focada, mesmo que a maioria da obras operísticas não tenha sido projetada de modo a suportar tal demanda. No século XVIII eram poucos os que se incomodavam que houvesse árias demais ou tediosos prolongamentos. Durante aqueles tempos mais generosos em relação à arte, culturalmente mais confiantes, o público permitia-se ignorar o que achava monótono, ocupando sua mente de outra maneira. Nesse sentido, temos hoje o benefício de que as gravações tornaram possível uma experiência não exclusiva da ópera, experiência que, embora pertença a um presente tecnológico, recriam num domínio alternativo a mesma liberdade de que desfrutavam no passado as audiências ao vivo da ópera. Os ouvintes podem (e assim fazem) avançar a qualquer ponto no DVD ou pré-selecionar as faixas que querem ouvir num CD ou num iPod; vão e vêm à vontade, mergulhando na experiência e mantendo as luzes acesas.

A questão da ópera e da monotonia também desponta como uma grande charada histórica: por que a composição de uma ópera, que durante tanto tempo pertencia ao presente, tornou-se por volta da época da Segunda Guerra Mundial um gesto voltado para o passado? Até cerca de 1800, a maioria das óperas era escrita para uma temporada específica num teatro específico (somente a *tragédie lyrique* francesa tinha algo parecido com um repertório); algumas obras podiam ser reapresentadas em outras cidades um ou dois anos depois, e podiam permanecer em cena ou ser reencenadas por tempo um pouco mais longo, mas em geral se esperava que fossem superadas pela safra do ano seguinte. Em meados do século XIX isso começou a mudar: em paralelo com um peso crescente atribuído à própria ideia de *obra* musical, e com um novo historicismo que buscava e preservava a música do passado, os repertórios operísticos começaram a surgir e depois a se consolidar. Por volta de 1850, era norma que uma ópera da década anterior fosse reencenada e apresentada ao lado de reencenações mais recentes e obras novas, em especial peças encomendadas.

Essa situação perdurava no início do século XX, com a proporção entre as antigas e as novas tendendo inexoravelmente em favor das primeiras; e então, em certo ponto — embora esse ponto não seja exato, com diferentes culturas operísticas negociando essas tendências de diferentes maneiras —, o repertório operístico tornou-se sobretudo um acervo de reencenações de obras canonizadas. Pode-se notar, em paralelo a essa mudança, a presença evidente de outro tipo de monotonia: uma crescente sensação de que o acervo de boas obras é finito e conhecido até demais, mas que um refrescamento virá mais provavelmente do passado do que do presente. Os primeiros exemplos desse processo surgiram mais de cem anos atrás, e em mais de um país, quase ao mesmo tempo; o esforço de Paul Dukas para promover o *Orfeo* de Monteverdi, em 1893, ou a completação, por Gustav Mahler, da ópera inacabada *Die drei Pintos* de Carl Maria von Weber, em 1888. O chamado "renascimento de Verdi" em 1920, na Alemanha, a reaparição das óperas de Mozart na década de 1930, o *revival* do bel canto, na década de 1950, o de Rossini na de 1970 e de 1980, e o de Händel nas duas décadas passadas são, todos, as formas mais recentes dessa paixão historicista.

Aqui há uma convergência interessante: exatamente quando a encomenda de novas óperas se reduziu a um pequeno filete nos anos que precederam à Segunda Guerra Mundial, a encenação de óperas canônicas tornou-se uma arte em si mesma. Antes dessa época, a encenação quase sempre era considerada uma parte importante da conjuntura operística, mas uma parte que envelhecia junto com a obra em questão. Agora, com a abertura no conceito da encenação como um "extra" interpretativo, como uma "releitura" de um texto bem conhecido, surgem novas questões quanto ao papel dos diretores, que parecem arcar com todo o peso de renovar obras que não poderiam ser novas de nenhuma outra maneira. Um caso clássico é o de Wieland Wagner na Bayreuth do pós-guerra. Confiou-se ao neto de Richard Wagner a tarefa de filtrar tanto o festival de Bayreuth quanto as óperas de Wagner da visão de passado neles corporificada, em particular as chamadas encenações realísticas, as quais, embora atualizadas na década de 1930, pouco tinham mudado desde os tempos de Wagner e tinham sido fortemente associadas ao regime nazista. O impressionante minimalismo visual de Wieland Wagner fazia com que as obras parecessem novas; e essa forma de mágica tem sido praticada tanto bem quanto mal desde então. Os diretores assumiram a responsabilidade de fazer as óperas canônicas parecerem novas ou contemporâneas, talvez, quem sabe, para amenizar a monotonia. A encenação tornou-se mais assertiva e mais visível na experiência operística. Isso, por sua vez, levanta questões quanto à importância do desempenho e dos limites (ou das possibilidades infinitas) na produção de ópera no século XXI.

Imagine-se alguém que tenha a sorte de assistir a uma reencenação de *Un ballo in maschera* (1859), de Verdi, em Londres, Milão e Nova York. As apresentações são, como é de esperar, todas diferentes — elencos distintos, regentes, orquestras, equipes de encenação —, mas a expectativa é de que haja tantas coisas em comum quanto há diferentes. Confia-se em que os cantores, em que pesem suas singularidades individuais, cantem um texto musical mais ou menos idêntico. É claro que uma frase aqui ou ali pode ser intercalada para exibir o que se costumava chamar de *"money notes"*;* e — com mais frequência do que se possa imaginar — pode ocorrer uma discreta transposição para facilitar a vida de um cantor atormentado pelos estragos causados pela idade ou pelos nervos; mas essas questões são pequenos detalhes. Também deve-se estar esperando um texto literário mais ou menos idêntico, embora, de novo, possa ocorrer uma variação mais ampla do que a que se poderia esperar para um repertório tão clássico. Em algumas apresentações pode-se resolver substituir a ambientação original sueca, trocando às vezes o nome de um lugar

---

* Jogo de palavras intraduzível, em que *"notes"* podem ser as cédulas de dinheiro ou as notas musicais que valem dinheiro por sua singularidade, sua inovação.

ou de um personagem; e há uma notória linha na primeira cena (o Juiz descreve Ulrica como *"dell'immondo sangue de negri"* — "de imundo sangue negro") — que é muitas vezes censurada. No entanto, espera-se que o maestro e os músicos da orquestra tenham diante de si partituras mais ou menos idênticas às originais — embora, nesse caso também, é rotineiro que os regentes adaptem detalhes para fazê-los se adequar ao espaço teatral e à audibilidade.

Mas e quanto à *encenação* dessas três produções? As expectativas de semelhança ou identidade nesse aspecto, quando se é um assíduo e veterano frequentador de ópera, serão as mais modestas que se possa imaginar, e ainda bem que é assim. Em Londres não há cenário, exceto por uma lâmpada nua (que balança incessantemente), uma cadeira de boneca toda torta e uma cama também torta suspensa pela metade de uma parede nua — uma cama na qual a soprano está perigosamente pendurada para cantar sua ária de abertura. Em Milão, a Estocolmo do século XVIII foi recriada sem economizar despesas: cavalos reais puxam carruagens reais, majestosos navios passam pelo fundo do palco brilhantemente iluminado; em toda parte ouve-se o zumbido de muitos euros. E em Nova York a encenação é o que os conservadores renitentes chamam com orgulho de "tradicional", o que significa que ela se parece com produções que aconteceram quando as pessoas que financiam o espetáculo atual eram jovens o bastante para curtir novidades; uma espécie de pastiche de meados do século XX ou — mais exatamente — meados do século XX congelados em alfazema.

Imagine-se agora um mundo diferente, em que — devido a alguma inimaginável aberração de nossa civilização — o mundo teatral seja tão fixo quanto o musical ou o literário. Exatamente do mesmo modo que existe um libreto e uma partitura musical, que exista agora um "livro" que determina como se deve encenar *Un ballo in maschera*: como devem ser os cenários e os figurinos, quem se posta onde no palco, que gestos e caracterizações se lhes permite fazer. Como no desempenho musical, pequeníssimas variações ou inflexões agora poderiam ser fonte de prazer ou causar indignação. Como é expressivo, como é ousado! Riccardo vestia um collant malva em vez de um collant vermelho! Não tenho certeza o que exatamente isso *significa*, mas de certo modo parecia combinar muito bem com aquela porta quase incolor ao fundo, no cenário do primeiro ato. No entanto, ao final de sua ária no terceiro ato, Renato ergue *as duas* mãos quando se vira para o retrato de Riccardo. Isso simplesmente é ir longe demais. Ele parecia estar estacionando um avião. O texto determina de forma clara que sua outra mão deve estar pousada em sua espada, e há uma boa razão para isso. Esses diretores modernos! Apare minha pena: preciso escrever uma carta para a revista *Opera*.

Essa paisagem, na qual a norma vigente é a da "prática da encenação sempre igual", é, evidentemente, fantasiosa: uma espécie de "Dia da Marmota"* transformado em ópera, no qual as mesmas ocorrências vão acontecendo, repetidamente — mais como uma repassagem de um filme do que como um teatro ao vivo. Mas a estamos invocando porque ela pode acrescentar uma nova perspectiva aos infindáveis debates modernos sobre a encenação "contemporânea" da ópera, em particular quanto a se os diretores devem ser encorajados ou vilipendiados quando oferecem às audiências uma leitura vivamente moderna — e muitas vezes vivamente contraditória — da encenação das óperas clássicas. O ponto é o seguinte: que a *existência* da extravagância visual tem sido quase sempre uma questão crítica na ópera, e o esplendor visual tem sido às vezes mais importante do que as palavras ou a música; mas a natureza exata desse esplendor em qualquer obra específica tem sempre mudado em função das mudanças de tecnologias.

Voltando ao ponto inicial: ópera é uma forma de teatro na qual a maioria dos personagens, ou todos eles, cantam na maior parte do tempo. Esse cantar contínuo é um estranho estado de coisas, e acima de tudo deveríamos nos fixar nessa ideia da estranheza da ópera, uma de suas qualidades especiais. Uma das maneiras com que mais comumente os escritores tentam dar um sentido à ópera é domesticando-a, falando sobre ela de modo a estimular comparações com outras formas de arte, de modo a fazê-la parecer menos estranha. Essa abordagem pode funcionar, e na sequência deste livro às vezes fazemos algo parecido. Mas sempre haverá a persistente pergunta de como uma forma de arte que por quaisquer outros critérios quase poderia parecer absurda pode suscitar emoções tão intensas. Precisamos manter essa pergunta, e essas emoções, sempre diante de nós em nossa jornada pelos quatrocentos anos de história da ópera.

---

* Alusão ao filme *Feitiço do tempo*, no qual, para o protagonista (papel de Bill Murray), o mesmo "Dia da Marmota", dia de um evento folclórico na Pensilvânia, Estados Unidos, se repete exatamente igual, desde o momento em que ele acorda até ir dormir.

2. Primeiro centenário da ópera

Será que podemos encapsular a natureza da ópera, sugerindo que em cada momento de sua história ela teve qualidades duradouras, imutáveis? Essa é uma questão que diz respeito tanto à história quanto a nós — quanto a nossas maneiras de entender a ópera hoje em dia. Embora todas as óperas envolvam os exageros e a suspensão de incredulidade que descrevemos no capítulo anterior, há períodos nessa história que inevitavelmente vão parecer ainda mais estranhos, ou artificiais, e portanto mais distantes. Uma grande linha divisória entre o passado mais distante e o mais acessível, ou assim parecia até muito recentemente, foi representada por Wolfgang Amadeus Mozart (1756-91), em particular suas óperas-cômicas, a começar por *Die Entführung aus dem Serail* (O rapto do serralho) em 1782. Em histórias da ópera do século passado encontramos um relato que gira constantemente em torno da figura de Mozart. No início ele era apenas um gênio intocável, o compositor das primeiras óperas cujas qualidades eram tão aparentes que foram canonizadas na Áustria e na Alemanha não muito tempo depois de terem sido escritas. É claro que — há que admitir — o século XIX não foi uma época favorável a Mozart, em especial em lugares onde a ópera nativa italiana estabelecia o padrão. Mas suas obras mais maduras foram revividas perto do início do século XX, e desde então nunca mais foram relegadas ao passado. Mais recentemente, pesquisas sobre ópera na época que transcorre antes e durante a vida de

Mozart estabeleceram para sua obra um contexto musical e cultural mais rico, mas isso não alterou o consenso de que suas óperas eram de exceção: na verdade, quanto mais eram inseridas num quadro histórico geral, mais imensuravelmente distintas elas pareciam. As obras menores desse período que foram descobertas pertenciam à história. As óperas de Mozart pertenciam a *nós*.

O NASCIMENTO DA ÓPERA

Recuar mais dois séculos e falar sobre as origens da ópera é, inevitavelmente, reevocar ideias preconcebidas: sobre o que sabemos como criaturas formadas por Mozart, por Verdi e Wagner, e por outros repertórios e pontos de referência estéticos que configuram tudo o que modernamente entendemos por história operística. Isso porque, em alguns sentidos, as maneiras de contar o nascimento da ópera têm sido informadas por preconceitos semelhantes aos que caracterizam as referências ao papel central das óperas de Mozart.

Costumava-se pensar na história da ópera como uma espécie de grande caminhão de mudanças que surgia majestosamente numa grande excursão por cidades famosas da Itália, evoluindo o tempo todo em direção à nossa visão atual daquilo que constitui o melhor tipo de drama operístico.[1] Tudo começou, assim nos disseram, em Florença, um viveiro de energia e invenção renascentista, que, em 1600, viu se juntarem vários grupos de eruditos e músicos, formando salões ou "academias", que se dedicavam a imaginar de que maneira se poderia fazer reviver o drama musical grego. Já na década de 1780 circulava amplamente na Europa a noção de que a ópera tinha nascido em Florença, como um *revival* dos objetivos e dos efeitos do drama grego, como é apresentado em 1783 em *La musica*, de Tomás de Iriarte, uma história da música em forma de verso, que situa a invenção da ópera na Grécia antiga, com renascimento moderno em 1600.[2] Em 1927, na *History of Music*, de Waldo Selden Pratt, temos uma versão da história escrita para alunos de escola nos Estados Unidos:

> Por volta de 1575 começou em Florença um movimento que teve importantes consequências. Um nobre rico e instruído [...] reuniu em torno de si um grupo de diletantes em literatura e arte que estavam pesquisando algum método de expressão dramática com uma forma mais intensa do que a que era então conhecida. Sua am-

bição era restaurar o drama grego em toda a sua inteireza [...] o estilo monódico foi imediatamente aplicado em peças musicais com enredos e personagens.[3]

Richard Wagner, em *Oper und Drama* (Ópera e drama, 1851), descreve esse mesmo milagre nativo da Itália por volta de 1600, embora o faça com desdenhosa rapidez (e típico ofuscamento) enquanto acelera através do século XVII para chegar logo a Gluck e a Mozart:

> Com ária, música para dança e recitativo, todo o aparato do drama musical — em sua essência inalterado até nossa ópera mais recente — foi estabelecido de uma vez por todas. Depois disso, os planos de fundo dramáticos subjacentes a esse aparato logo ganhavam uma análoga e estereotipada persistência. Na maioria tomados de um mitologia grega totalmente mal interpretada, formaram uma estrutura teatral da qual estava de todo ausente qualquer capacidade de despertar calor ou interesse humano, mas que, por outro lado, tinha o mérito de se prestar, por sua vez, ao bom prazer de todo compositor.[4]

Nem todos os alemães foram tão desdenhosos. Uma das primeiras histórias da ópera do século XIX, a obra de Gottfried Wilhelm Fink *Wesen und Geschichte der Oper* (A natureza e a história da ópera, 1839), tem um tom mais amigável em relação à Itália:

> Em Florença [...] apareceu uma sociedade que mantinha reuniões regulares; e como por um tempo havia florescido em Florença, acima de tudo, uma simpatia pela Grécia, logo ocorreu a essa sociedade de diletantes a excelente ideia de fazer da natureza da tragédia grega o principal tema de suas pesquisas [...] quantas inovações surgiram na Itália, e quantos inventores![5]

Já no início do século XIX, como proclama Fink, a história estava mais ou menos definida. A ópera foi inventada em Florença ou em suas proximidades; as primeiras óperas datam de um período entre 1598 e 1600, e ideias nobres sobre o teatro grego desempenharam um papel significativo. Os primeiros tempos da ópera, um século ou algo assim, foram marcados por pontos de parada e longas estadas em pitorescos locais da Itália, com o gênero se espalhando gradualmente pela península e depois além dela. Exportada da Itália para a França e a Inglaterra no início da segunda metade do século, e para numerosas cortes importantes da Europa, a ópera logo começou a assumir uma infinidade de formatos locais e nacionais, passando por mutações sob a pressão de novas condições políticas e econômicas e das tradições teatrais vernáculas, em outras línguas e outros domínios culturais.

Foi assim, segundo o relato histórico estabelecido, que a ópera nasceu e deu início a seu progresso de quatrocentos anos. Mas na última parte do século XX, o quadro se modificou em alguns detalhes significativos. Uma pesquisa erudita deu origem a uma descrição mais complexa, quase uma antropologia histórica do fenômeno. Em nenhum lugar isso fica mais evidente do que no relato das primeiras décadas da ópera. A história ainda descrevia o fluir da ópera a partir de um importante momento de mudança na Itália, por volta de 1600, mas os detalhes poderiam nos surpreender: por exemplo, o próprio termo "ópera" não foi empregado consistentemente até muito tempo depois, no século XIX. Uma expressiva lista de termos usados nos libretos e partituras de óperas em vários períodos históricos em vários centros ou várias tradições nacionais podem ser recompilados, e essas diferenças de terminologia refletem variações importantes na própria natureza das obras. Uma recente história da ópera em Veneza no século XVII lista por volta de quinze termos que eram usados nas primeiras décadas, poucos dos quais incluem a palavra "ópera" e somente alguns fazem referência a música. Podia ser *attione in musica*, ou uma *festa teatrale*, um *dramma musicale* ou uma *favola-regia*, uma *tragedia musicale* ou uma ópera-cênica; essa simples e numerosa proliferação fala de um gênero em processo de formação.[6]

Nesta segunda e mais moderna maneira de contar a história da ópera, os precursores e as teorias que servem de base para o seu surgimento estão todos na Itália do século XVI. A ópera transmudou-se pouco a pouco a partir desses elementos ancestrais, mais marcadamente a partir da tradição do drama pastoral com música, já apresentado no final do século XV pelo poeta Angelo Poliziano (1454--94), cujo *Orfeo* (1480) tinha acompanhamento musical (hoje perdido). É verdade que essas academias de eruditos e músicos que tentavam reviver o drama grego em Florença e em outros lugares ainda eram importantes, mas sua corrente era apenas uma de uma imensa série de experimentos que durante séculos se dedicavam a combinar drama, dança, canto e instrumentos musicais. Poder-se-ia até encarar a questão de modo inverso e perguntar se haveria em todo o mundo, antes de 1600, muitos gêneros teatrais que *não* incluíssem música de alguma maneira expressiva. Certamente, nas tradições da elite da Europa Ocidental havia numerosas formas de teatro com música antes de 1600: peças litúrgicas medievais (cantadas e declamadas); peças pastorais do Renascimento com inserção de música incidental e de canções; e, imediatamente antes de 1600, os chamados *intermedi* (música instrumental e canções executadas entre os atos de um drama falado). A ópera aprendeu com todos eles.

Nos anos em torno de 1600, os mais grandiosos desses experimentos músico-dramáticos eram mais do que extravagantes. Quando a família Medici, em 1589, quis celebrar um grande casamento dinástico em Florença, as festividades duraram três semanas e chegaram ao clímax com uma sucessão de *intermedi* numa peça cômica chamada *La pellegrina*. Esses *intermedi* incluíam dança, solos vocais e até mesmo madrigais complicados, todos executados tendo como fundo, no palco, figurações complicadas que insistentemente faziam conexões visuais entre os lugares em que se reuniam os deuses e outros personagens mitológicos encenados e o da nobre audiência que assistia. É certamente significativo que o tema geral fosse na maioria das vezes a música. O objetivo principal era assombrar, e acima de tudo impressionar o público com os profundos efeitos da harmonia (musical, poética e cênica); o enredo (tal como ele era — uma série vagamente relatada de cenas independentes, que poderia ser mais acurada) se autojustificava ao se referir de maneira explícita a esse efeito. Esses espetáculos fabulosos eram fabulosamente dispendiosos. Qual era seu propósito? A mais recente tecnologia (equipamento de palco e cenários magnificamente pintados) se aliava à música e à poesia para projetar uma avassaladora sensação de poder capaz de impressionar patrocinadores e atemorizar opositores. Não é de admirar, então, que os *intermedi* tenham sido cuidadosamente registrados em manuscritos e em livros impressos, permitindo que a posteridade (inclusive nós) pudesse apreciar seu escopo e sua ambição.

Nenhuma narrativa grandiosa única pode vincular tais experimentos uns aos outros ou às primeiras óperas, mas todos eles proporcionaram uma semelhante mescla de ação teatral e música, e continuaram durante as primeiras décadas do século XVII, nunca chegando a algo parecido com um formato-padrão. Além disso, a razão pela qual as academias e suas aspirações filosóficas e classicistas tornaram-se tão importantes para os historiadores tem provavelmente tanto a ver com concepções ulteriores da ópera — sem mencionar ideias sobre aquilo que a ópera deveria aspirar a ser — quanto com a confusa variedade de dramas musicais nos séculos xvi e xvii. No entanto, estabelecer as minúcias do contexto e reconstruir meticulosamente a variedade de gêneros dos quais surgiram e cresceram as primeiras óperas não muda a sensação de que ocorreu um pequeno terremoto — um momento no qual, bem repentinamente, algo novo surgiu e depois prosperou. E esse terremoto de fato aconteceu em Florença, onde um grupo de compositores e poetas frouxamente aliados uns aos outros começou a escrever e publicar substanciais obras de narrativa teatral nas quais todos os personagens cantavam, e cantavam o tempo todo.

A lista dessas obras (algumas apresentadas na corte florentina, algumas talvez escritas mais como uma experiência de um novo gênero) é mencionada na maioria das histórias com uma reverência que se aplica em qualquer acervo de "primeiras" obras sobreviventes. O poeta Ottavio Rinuccini escreveu um libreto chamado *Dafne*, que foi musicado em 1598 por dois compositores, Jacopo Peri e Jacopo Corsi. Depois *Euridice*, de Rinuccini, foi musicado duas vezes em 1600, primeiro por Peri, depois por Giulio Caccini. A versão de Caccini foi a primeira a ser publicada, e assim às vezes figura oficialmente como "a primeira ópera", o que nos dá 1600 como uma bem fundamentada data de nascimento. A *Euridice* de Peri, por outro lado, também representa um marco: ele e Rinuccini desenvolveram na obra o que agora conhecemos como recitativo, uma espécie de declamação musical (eles o chamaram, de forma mais poética, de *recitar cantando*) que seguia estritamente a acentuação da poesia; era um estilo que permitia aos personagens transformá-lo em música, e que seria (como vimos no capítulo 1) essencial para a ópera nos séculos por vir. No mesmo ano, Caccini e outros compuseram música para um libreto chamado *Il rapimento di Cefalo*, do poeta Gabriello Chiabrera. E depois, sete anos mais tarde, em 1607, surgiu uma obra que, quase todos concordam, trouxe uma categoria completamente diferente de realização artística: *L'Orfeo*, subtitulado como uma *favola in musica*, ou "fábula musical", escrita por Claudio Monteverdi (1567-1643) para a corte dos Gonzaga em Mântua. Faz sentido que esse *Orfeo*, especificamente, seja tão especial. Peri, Caccini e companhia eram músicos de prestígio local. Monteverdi já era um compositor famoso na época em que chegou à ópera. Tinha escrito muitas músicas sacras e uma inovadora série de madrigais, nos quais tinha experimentado o que ele chamava de "segunda prática" (*seconda pratica*) na maneira de escrever música, um estilo que se distanciava do modo do contraponto, usual no século xvi. Em outras palavras, ele tinha muita experiência musical a oferecer para o novo gênero.

Todavia, em termos estritamente operísticos, Monteverdi aprendeu com Peri e os outros: sua "fábula musical" é toda cantada, e assim tem uma boa quantidade de *recitar cantando* (talvez demais, para o gosto moderno). Mas, como no caso dos *intermedi*, também continha uma mistura anárquica de danças, madrigais, solos vocais e interlúdios puramente instrumentais, ou "sinfonias". De novo, como muitos dos *intermedi*, concretizava a ideia do poder da música como elemento importante da trama. No entanto, é de surpreender que no início tenha havido tão poucas (e óbvias) preocupações quanto à verossimilhança. Os primeiros debates sobre a ilogicidade da conversão da trama em canção, ou sobre o aspecto surreal de personagens que tratam de seus assuntos e expressam seus sentimentos em forma de música só ocorreram mais tarde, por volta de 1650, quando a ópera já existia havia meio século. Esses debates vão marcar um momento crítico na estética da ópera, momento ao qual temos de nos reportar. Outra surpresa inquietante é que, apesar de hoje celebrarmos o *Orfeo* de Monteverdi como a primeira grande ópera, ela permaneceu quase totalmente desconhecida nos primeiros trezentos e tantos anos de sua existência. É verdade que só foi publicada em 1611; mas depois de algumas reapresentações mergulhou na obscuridade e não foi encenada de novo (nem mesmo muito discutida) até o fim do século XIX. Sua ascensão logo depois disso, como *a Ópera-Ur*,* o melhor que saiu do crisol florentino, nos conta muito sobre a mutante estética da ópera ao longo do tempo histórico.

Corsi, Peri, Caccini, Monteverdi. Por que tantas obras tão parecidas de uma vez só? Uma explicação radical (e hoje muito fora de moda) foi oferecida pelo coro de abertura dos historiadores: de que a ópera foi um amontoado apressado de uma miscelânea que incluía noções sobre o teatro clássico grego, estilos musicais italianos em evolução (e, mais importante, o conceito do *recitar cantando*) e uma grande tenacidade inventiva. Esta é uma suposição histórica bizarra: basicamente, que a ópera surgiu de uma convicção intelectual de que tal coisa *deveria* existir. Relatos sobre o teor dessas linhas ressaltam que os fundamentos filosóficos para o experimento saíram de debates que tinham começado em Florença já na década de 1550, entre as academias (ou agrupamentos mais informais, sem estatutos oficiais) formadas por aristocratas, intelectuais e músicos.[7] O grupo sempre mencionado nessa pré-história (embora oficialmente não fosse uma academia)

* Provavelmente no sentido de "ópera primeva" ou "proto-ópera".

chamava-se "a Camerata" (1573-87), e sua figura central e quem o convocava era o conde Giovanni de' Bardi (1534-1612). No prefácio de sua *Euridice*, Caccini menciona a Camerata, e sua associação com o "nascimento da ópera" provém dessa menção. Entre os que estavam ligados a Bardi inclui-se o teórico da música Vincenzo Galilei, cuja obra incluía a acústica, e cujo famoso filho, Galileu Galilei, herdou do pai o fascínio pela física e pela transmissão do som. Bardi, um polímata e classicista, escreveu textos especulativos sobre a natureza da música na tragédia grega, com muitos exemplos que ele traduziu para o italiano, e propagou ideias que circularam em antigas academias florentinas, inclusive a Umidi — ligada ao teórico Girolamo Mei, outro apaixonado classicista. Debates sobre a natureza da canção antiga também tiveram papel central numa academia conhecida como os Alterati, fundada na década de 1560.

Nas margens de todos esses grupos estavam envolvidos poetas e músicos em atividade — o libretista Rinuccini, ou Caccini, Corsi e Peri —; e pesquisas recentes destacaram o fato de que era nessas margens que a teoria se transformava em prática. À medida que, nos últimos vinte e tantos anos, eruditos continuavam a pesquisar os detalhes da criação das primeiras óperas, repetidamente eles revelam que poetas e músicos, por serem pessoas práticas, voltaram-se para música e materiais literários concretos, e não para a filosofia ou a teoria, como a base para seus experimentos. À luz de toda essa pesquisa, hoje podemos constatar que aqueles primeiros relatos sobre o nascimento da ópera emprestavam um peso excessivo à filosofia e à teoria. Mas isso em si mesmo é significativo. O fato de que historiadores há mais de cem anos voltaram-se para essa praia específica diz algo a respeito da idealização da ópera — como uma nobre e prelapsária* forma de expressão — que caracterizou tantos relatos sobre ela em tantos séculos.

Por que a tragédia grega ou "a canção antiga"? Os acadêmicos florentinos invocaram Aristóteles, em específico uma passagem de sua *Poética* sobre as emoções suscitadas pela tragédia. Os espectadores, nos diz Aristóteles, identificam-se com os personagens a ponto de experimentar uma emoção intensa, que ele chamou de "catarse" — uma espécie de purificação que vem da compreensão daquilo por que passa o personagem. O conde Bardi, em particular, estava convencido de que a poesia, sozinha, não poderia causar essa poderosa reação, e essa convicção o levou a um salto de imaginação: a tragédia clássica tinha obtido esse efeito por-

* Que remonta a antes do pecado original.

66

que as palavras eram cantadas, não faladas; a música constituía um segundo *continuum* dentro do drama, e produzia resultados miraculosos. (Essa teoria tem sido muito contestada, mas os atuais estudiosos do teatro grego parecem acreditar que os coros podem realmente ter sido entoados de forma musical, e que talvez até mesmo as falas fossem entoadas.) Bardi e seu círculo especulavam então sobre o que aconteceria se eles criassem uma forma de teatro que usasse palavras e música ao mesmo tempo. Isso não seria música nos entreatos, ou canções ou danças ou madrigais ali jogados como forma de diversão, no sentido de desvio. Essa música teria palavras, e um pano de fundo e figurinos; mas isso faria com que a música arcasse com a carga essencial do drama.

No entanto, quando atingiram esse ponto, os teóricos chegaram a um impasse. Como poderiam tentar fazer uma recriação moderna daquilo que pensavam ter sido o drama musical grego? Era um quadro ainda em branco: não parecia existir qualquer música que pudesse arcar com o ônus assim imaginado. Ao mesmo tempo, contudo, os músicos praticantes que tinham conhecimento dessas meditações filosóficas experimentavam suas próprias ideias. Tinham muita experiência com as formas musicais existentes: as canções, danças e madrigais que tinham executado nos *intermedi*. Mas o cerne dessa nova forma teatral — a música milagrosa, o segundo *continuum*, aquilo que suporta o drama — era um tanto diferente e inicialmente muito simples: seria uma recitação musical, o *recitar cantando*. O acompanhamento seria rudimentar, pois nada deveria desviar a atenção dos tons cujo único fim era intensificar a fluência emocional da poesia. Os textos entoados que foram inventados com esse propósito vieram primeiro, em sua maior parte, da tradição dos pastorais; eram histórias sobre ninfas, pastores e semideuses, que viviam em jardins maravilhosos ou em fantásticos paraísos campestres, personagens tão excepcionais que se poderia, plausivelmente, se imaginar convertê-los em música. Como podemos ver nos títulos desses "primeiros" florentinos, por volta de 1600, desde o início ficou claro que um determinado enredo seria dominante: o de Orfeu e Eurídice.

ORFEU COMO COMPOSITOR DE ÓPERA

É com certeza significativo que Orfeu tenha sido o primeiro (e mais frequente e recorrente) herói dos primórdios da ópera. Orfeu, filho de Apolo e um dos poetas lendários da Antiguidade, era um semideus cujos poderes mágicos de seu cantar poderia até mesmo suplantar a música letal das sereias. Depois da morte de sua mulher Eurídice, as canções de Orfeu ficaram tão tristes que as ninfas e os deuses permitiram que ele descesse ao inferno para resgatá-la, apenas ordenando que não olhasse para trás quando a estivesse trazendo de volta do mundo inferior. Ele desce com sua lira, comove Perséfone e Hades com seu canto, junta-se a Eurídice e começa a trazê-la de volta. Mas então, aflito com os lamentos dela, ele desobedece aos deuses e olha para trás. Eurídice está perdida para sempre. Orfeu, desolado, renuncia ao amor das mulheres, e por causa disso é assassinado pelas Mênades (mulheres frenéticas, devotas de Dioniso) numa orgia báquica. Ele é esquartejado, sua cabeça e sua lira ficam flutuando no rio Hebro. Mas mesmo depois da morte, sua cabeça decepada continuou a cantar, sua voz ressoava nas pedras, nas árvores e nos rios. Desde então, num notável pressentimento pré-tecnológico sobre como o som musical pode ser amplificado e transmitido, toda a natureza canta em seu lugar.

Para os primeiros criadores de ópera, a cena mais importante nesse mito era um momento de desempenho artístico: Orfeu apresenta-se ante os governantes do mundo inferior para persuadi-los a libertar Eurídice, e ele o faz cantando. Esse momento foi claramente instigante porque era uma representação alegórica: o poder de Orfeu sobre os governantes das sombras, sua capacidade de dominá-los por meio da canção, tem ressonância com o poder da ópera sobre seu público. A música operística pretendia induzir nos ouvintes os extremos da emoção, a ponto de ficarem perdidos, num estado no qual a razão cede lugar ao miraculoso. Para um compositor, uma apresentação bem-sucedida dessa cena seria o desafio definitivo e a decisiva justificação dessa nova forma de arte.

O que é significativo, quatrocentos anos depois, é que as cenas de efetiva criação musical no *Orfeo* de Monteverdi — sejam as canções de pastores ou as improvisações de Orfeu com sua sofisticada coloratura para impressionar os deuses — quase preponderam sobre as cenas nas quais a música funciona como expressão direta da alma, o tipo de coisa que é fundamental em tudo que é novo na ópera. Como destacamos no capítulo 1, a música-dentro-da-ópera (música requerida pela trama) frequentemente proporciona um alívio temporário à sempre impositiva irrealidade do meio, e pode ser também a maneira de o compositor provocar uma reação específica a seus esforços: ele pode pôr em cena ambas as coisas: uma declaração em forma de música *e* o tipo de resposta do ouvinte que espera obter. Mas a música-dentro-da-ópera não é o que constitui o modo básico desta última. Em certo sentido, ela não difere da música-dentro-da-peça, no drama falado — a desvairada Ofélia cantando sobre flores, ou Ariel cantando seu hino à liberdade. O que reconhecemos como sendo necessário à ópera não são essas canções e danças autoconscientes, mas a paixão ganhando voz em forma de canto. Este segundo tipo de canto torna-se assim uma forma mais poderosa de expressão, ao ser a música que existe externamente, ou além dos limites da ficção.

Onde aparece esse modo em *Orfeo*? Uma ocasião clássica é a longa cena em *recitar cantando* do segundo ato, na qual um Mensageiro (soprano) traz a Orfeu (tenor) a notícia da morte de Eurídice, e em que Orfeu chora sua sina e expressa seu desejo de descer ao inferno para trazê-la de volta. É essencialmente um recitativo elaborado, acompanhado por muitos instrumentos que sustentam as harmonias. As palavras são entoadas num ritmo livre que acompanha a fala, com pouco senso melódico óbvio, pouco senso de uma estrutura periódica na parte vocal. A linha vocal segue em parte a entonação das palavras — como um tipo de registro de altura natural —, mas também, de modo mais significativo, acompanhando o sentido simbólico de certas palavras ou das imagens que elas evocam. Há muito pouca música para ser poupada: somos mergulhados num mundo rarefeito no qual cada pequeno gesto melódico e harmônico se destaca, solicitando com seriedade um alto nível de atenção e absorção. No momento exato em que o Mensageiro menciona a súbita lividez de Eurídice, há um cisma harmônico: acordes alternados em mi maior e ré maior são seguidos de um anômalo em sol menor; em termos harmônicos é uma mudança total para um outro lugar. Outro exemplo é a descrição das ninfas correndo em volta e das tentativas de ressuscitar Eurídice, que têm um andamento muito mais rápido do que o de qualquer outro texto — as palavras são proferidas em desordenado pânico. A única vez em que uma palavra é repetida é quando o Mensageiro reproduz o último apelo de Eurídice "Orfeu, Orfeu", mais alto na segunda vez; e depois há um silêncio que consta no libreto, a que se segue a evocação de sua morte, *"spirò fra queste braccia"* (ela expirou nestes braços). Quando Orfeu responde ao relato do Mensageiro, sua aflição o faz repetir palavras, como se não conseguisse compreendê-las: "Você está morta? morta?... você me deixou, me deixou e eu continuo aqui?". No fim dessa lamentação, depois de sua decisão de descer "dentro do abismo" (sua voz vai até a nota mais baixa de sua parte vocal), ele dá adeus à terra, ao céu e ao sol numa linha melódica ascendente que acompanha exatamente o arco ascendente que ele descreve.

São, todos, momentos em que ouvimos traduções musicais coerentes com seu conteúdo poético. São parecidos com os truques que a retórica clássica prescreve aos oradores talentosos: repetição como ênfase; abaixar e erguer a voz; mudar a duração, o "tempo", de certas palavras. Mas outros momentos em *Orfeo* são unicamente musicais. Um dos mais mágicos é o modo como Monteverdi moldou uma imagem sonora do grito de morte de Eurídice. Não ouvimos o som original, mas (assim se sugere) deve ter sido terrível e se recusa a desaparecer. Ele ressoa. Primeiro, temos a imitação e repetição do grito pelo Mensageiro. Depois Orfeu o repete de formas disfarçadas, por exemplo, em seu repetido "Não, não", que também tem registro de voz ascendente. De novo, como nos efeitos de oratória, os motivos para tais momentos podem ser didáticos. Isto é, afinal, uma representação de um som vocal que vem para tocar os que o ouvem; é uma imagem encriptada do poder que a ópera tem de emocionar seus ouvintes.

Quando esta realização, que é o ponto culminante do breve primeiro período da ópera, foi apresentada em Mântua, o espetáculo — como evento e em suas circunstâncias — pouco se assemelhava ao que a ópera viria a ser durante a maior parte de sua história subsequente. *Orfeo* foi primeiramente visto não num teatro, mas numa sala privada (e não muito espaçosa) no palácio do duque de Mântua. A parte principal provavelmente foi cantada por um tenor chamado Francesco Rasi, que era ele mesmo um compositor; a maioria dos papéis femininos, ou talvez todos eles, foram entregues a *castrati*, dos quais o mais famoso era Giovanni Gualberto Magli, um cantor de corte que fora emprestado pelo grão-duque da Toscana. Foi apresentado ante uma pequena audiência que estava muito próxima dos cantores, e certamente não havia um proscênio nem um vazio místico entre os artistas e os espectadores. Segundo um relato contemporâneo, foi reapresentado uma semana depois. Mesmo tendo o duque assistido a muitos ensaios e à estreia, ele ordenou que se fizesse outra apresentação para um público que incluía "todas as damas residentes na cidade"; Magli em particular tinha aparentemente "proporcionado imenso prazer a todos que o tinham ouvido cantar, especialmente 'My Lady'".[8] O caráter íntimo do local do evento constituiu-se numa oportunidade ideal para demonstrar a capacidade que a ópera tem de exercer o poder da música sobre seu público: um âmbito restrito, um pequeno grupo de pessoas, um espaço arquitetônico e uma acústica a permitir que cada palavra fosse entendida, com os ouvintes tão próximos que não poderiam deixar de notar a cada instante cada expressão nos rostos dos cantores, cada variação em sua mensagem musical.

As primeiras óperas emanaram em parte de elevadas noções de catarse teatral e retidão emocional, e neste caso as características do local facilitaram muito a intensidade da experiência. Apreciar algumas de suas mensagens quatrocentos anos depois — digamos, no auditório de 3800 lugares do Metropolitan Opera, em Nova York — requereria um prodigioso esforço de imaginação e comprometeria algumas das missões originais da ópera.

Não é um acaso que muitos dos ideais que destacamos, seja em teorias sobre as primeiras óperas, seja no *Orfeo*, tenham sido redescobertos em períodos posteriores, especialmente por poetas ou teóricos temerosos de que, nesse ínterim, o que era essencial na ópera tivesse sido corrompido por excessos ou frivolidade musicais. Um desses ideais era a simbiose entre a música e a poesia, da qual a narrativa do Mensageiro no *Orfeo* é um exemplo, com sua extraordinária e frugal beleza. De forma surpreendentemente padronizada e repetitiva, apelos pela reunificação de melodia e palavras são recorrentes em diversas polêmicas posteriores sobre essa reforma: é a tônica de escritores tão diversos quanto Jean-Jacques Rousseau — o qual, entre muitas outras realizações, foi um dos filósofos da chamada *Querelle des Bouffons* (Guerra dos comediantes), uma polêmica sobre ópera entre franceses e italianos de meados do século XVIII — e Richard Wagner (em seu tratado *Opera und Drama*, de 1851). O que Rousseau e Wagner partilhavam era a repulsa por uma música que bastasse a si mesma, uma música à qual faltasse o que eles chamavam de conexão "orgânica" com a poesia e o drama. Mais especificamente, eles partilhavam uma aversão — com frequência formulada em termos de moralidade perdida — pelo canto virtuosístico: esses voos através de ornamentos musicais e a detonação de tons agudos nos quais as palavras se esvaecem.

Essas queixas convenceram muitas pessoas de sóbrio discernimento. Mas contrariar com teorias o gosto das audiências por esse canto cheio de beleza, contrapor-se ao fascínio dos ouvintes pelo vocalismo e os voos que ele pode alçar, muitas vezes na história da ópera mostrou ser uma tentativa fútil. Um exemplo admonitório é a divergência entre relatos filosóficos sobre o que é mais nobre no *Orfeo* e a persistente atração dos trechos que envolvem uma apresentação virtuosística. Casos óbvios são a ária de Orfeu "Possente spirto", no terceiro ato, na qual o herói tenta influenciar os deuses do mundo inferior, ou o final do dueto entre Orfeu e Apolo, que também é notável por seu prolongado trinado. Em muitos relatos sobre os inícios da ópera, lemos que Orfeu tenta inutilmente impressionar os deuses com sua coloratura, mas só consegue obter passagem para o mundo inferior quando recorre a um canto mais sincero e emotivo, no qual as palavras são bastante audíveis. Mas essa descrição da cena vacila em diversos aspectos. Um deles é que ela representa incorretamente a trama, ao dizer muito sobre a força da visão antivirtuosística. Orfeu não "seduz" Caronte (baixo) a fazê-lo cruzar o rio Styx; longe disso. Seu canto, de heroico, nada mais faz além de adormecer Caronte, oferecendo assim uma combinação de comédia com uma gravidade altamente mítica, que ainda pode parecer estranha hoje em dia. Contudo, ainda mais seriamente: com que autoridade podemos alegar que as partes virtuosísticas da ária são menos comoventes ou convincentes do que o canto mais simples no final? Para que audiência, com que desempenho, em qual época histórica?

A força de persuasão do puro canto tem muito a ver com a evolução da ópera. Por volta de 1650 o gênero tinha uma tão tênue semelhança com aquelas primeiras óperas pós-Renascimento que alguns eruditos chegaram a argumentar em favor de retirar das *Dafnes*, *Eurídices* e *Orfeus* a própria designação de ópera. A passagem do nobre *recitar cantando* para o ágil vocalismo tem muito a ver com esse argumento. Mas igualmente importante para aqueles que querem traçar uma nova linha de partida foram as considerações econômicas e sociais: as primeiras óperas, com suas fortes ligações com o pastoral e o mito, eram também produto de ambientes de corte e encomendas particulares. Quando teatros públicos começaram a encomendar e a apresentar ópera, as pressões do gosto do público e da prática de negócios interagiu para reformatar o estilo operístico. Dessa vez, o centro era Veneza.

VENEZA E A ASCENÇÃO DO CANTO

Em 1637, o Teatro San Cassiano de Veneza abriu suas portas ao público durante o Carnaval para a apresentação de uma ópera chamada *Andromeda*. O libreto tinha sido escrito por Benedetto Ferrari (1603/4-81), participante de uma companhia itinerante de músicos que se apresentava na cidade; ele também figurava na produção como empresário e era quem executava o baixo contínuo. A música, não mencionada na página de rosto do libreto, era de Francesco Manelli (1595/7-1667). No espaço de quatro anos foram abertos mais três teatros em Veneza. Por volta de meados do século mais de cinquenta óperas já tinham sido apresentadas na cidade; e 25 anos depois, totalizavam 150. Novas obras eram requeridas de forma constante, e era frequente serem modeladas de modo a se parecerem com sucessos anteriores e a fazê-las mais imediatamente compreensíveis ao público que comprava ingressos regulares (assim como filmes populares e novelas hoje em dia). Monteverdi abrangeu os dois mundos: já em idade venerável ele produziu diversas óperas para Veneza, das quais apenas duas sobreviveram (*Il Ritorno d'Ulisse in patria* [O retorno de Ulisses à pátria], 1640, e *L'incoronazione di Poppea* [A coroação de Popeia], 1643). Com esse novo estilo, formou-se uma onda de compositores de ópera que trabalhavam para os teatros de Veneza. Francesco Cavalli (1602-76) e Antonio Cesti (1623-69) destacam-se nessa nova categoria: ambos eram populares, prolíficos — o novo e crítico teste — e recebiam os pagamentos mais altos por novas obras (Cavalli também se fez notar por sua temporada, em 1660-2, na corte de Luís XIV, onde teve papel importante na exportação da ópera italiana para a França). Nos teatros de ópera de Veneza, contudo, os compositores não eram, de forma alguma, as pessoas mais importantes empregadas na nova indústria. Empresários, cooptados por donos de teatros e, em geral, arcando com algum risco financeiro, eram responsáveis por organizar a temporada: contratando um rol de cantores e um pequeno exército de pintores de cenário, maquinistas e músicos; tentando (às vezes em vão) fazer com que os livros contábeis estivessem equilibrados no fim da empreitada. Em 1681, Cristoforo Ivanovich — cujos escritos sobre ópera em Veneza se constituem numa fabulosa cornucópia de detalhes práticos — descreveu as finanças de uma produção de ópera, dizendo que "a primeira e mais considerável [despesa] é a remuneração dos homens e mulheres que cantam, pois suas pretensões tornaram-se excessivas".[9] O que, pelo que sabemos, está bastante mais próximo da situação a que a ópera chegou. Por que isso aconteceu em Veneza? O que era tão especial nessa cidade que levou a este notável florescimento de um novo gênero?

Depois de séculos de criação de mitos literários e depois cinematográficos, mesmo pessoas que nunca puseram o pé em Veneza podem compreender sua singularidade; e suas atrações como um centro turístico dos tempos modernos, uma espécie de legado do tamanho da cidade, já eram então parte do que a fez ser um solo tão fértil para o aparecimento e a ascensão da ópera. Quase todas as óperas que surgiram nas décadas posteriores a 1637 foram apresentadas na época do Carnaval, entre 26 de dezembro até a terça-feira gorda. Durante esse período a cidade se transformava num ímã para os turistas, e, na esteira deles, para a visita de trupes teatrais. A população de Veneza de cerca de 50 mil podia dobrar no

Carnaval, o que garantia o público para esses primeiros empresários de óperas. No entanto, tão importante quanto isso era a estrutura política da cidade. Veneza era, ao menos em teoria, uma república; um lugar no qual um número relativamente grande de famílias nobres tinha influência na eleição de seu governante, e onde a riqueza era melhor distribuída do que o costume. Apesar do declínio de seu poder internacional durante o século XVII, as maiores dessas famílias nobres ficavam ansiosas por competir para o patrocínio das artes, e um dos resultados disso foi a proliferação dos teatros. Contudo, muitas dessas famílias nobres tinham se erguido por meio do comércio e outras atividades empresariais, e não estavam querendo sacrificar dinheiro apenas para impressionar os outros. Assim, o novo gênero que era a ópera se tornou um negócio, algo que podia ser realizado por empresários e atrair um público pagante que poderia até mesmo arrendar um camarote pela temporada inteira, consumindo o produto mais uma vez e mais uma vez. Em outras palavras, a ópera tornou-se um gênero com tal sucesso de público em Veneza porque, em parte, ela podia ostentar uma planilha financeira equilibrada.

Essas circunstâncias fomentaram um novo tipo de entretenimento operístico, muito diferente da *favola in musica* de Monteverdi. É verdade que guardava certas semelhanças com espetáculos de corte anteriores, como os de Peri, Caccini e outros, em Florença. Às vezes (decerto com mais frequência do que eles gostariam) as famílias nobres que eram proprietárias dos teatros tinham de socorrer o empresário e subsidiar a temporada, fazendo com que o empreendimento ficasse com um caráter mais próximo ao modelo de entretenimento de corte. Havia também continuidades artísticas. Esses novos dramas musicais venezianos continuavam a usar a ideia do *recitar cantando*, como sempre entremeado de canções, interlúdios instrumentais e dança; e havia ainda a ênfase no espetáculo cênico baseado em "choque-e-espanto" (embora, por razões financeiras, nunca na mesma escala daqueles *intermedi* dos Medici). Mas todo o gênero precisava agora satisfazer uma audiência mais diversificada e em alguns aspectos mais exigente; em resposta a isso, ele captou algo do espírito do Carnaval de Veneza — dos excessos, da pompa e do desregramento que o Carnaval celebra.

Essa postura de orientação livre é evidente em novos tipos de trama operística. Já pelo menos por volta de 1650, muitos aspectos na escrita dos libretos tinham estabelecido rotinas. Uma definição-padrão do gênero começou a ser usada: a tendência agora era chamar a ópera de *dramma per musica* (drama para, ou por meio de, música; uma peça teatral escrita para que lhe fosse acrescentada música).

Um formato de três atos e um prólogo tornou-se também a norma. Embora a mitologia antiga ainda estivesse presente nas tramas (os prólogos frequentemente envolviam divindades discursando sobre as fraquezas humanas), romances históricos e eventos políticos da Antiguidade clássica — histórias nas quais os personagens humanos predominavam — excluíam os deuses, as deusas, os pastores e as ninfas. Além disso, o âmbito das tramas se expandiu. Agora encontramos histórias nas quais, assim como amantes a se lamentar contra um fundo pastoral, empregados podem zombar de seus patrões, em que as virtudes não serão necessariamente recompensadas à medida que se desenrola a trama; na qual, em resumo, toda essa confusa questão da falibilidade humana é explorada. Embora a ópera exclusivamente cômica só tenha tido início mais para o fim daquele século, inserções de comédia tornaram-se importantes meios pelos quais a ópera ampliou seu tom. Assim como na cena entre Orfeu e Caronte no *Orfeo* de Monteverdi, são os registros contrastantes — monotonia e mito, suicídio e farsa, crise existencial e bufonaria — que permanentemente nos sobressaltam nos primórdios da ópera italiana. Foi apenas no início do século XVIII que surgiu uma divisão mais nítida entre o que é farsesco e o que é trágico.

Logo ficou claro que uma grande atração nesta nova e encenada versão dos excessos carnavalescos seria o virtuosismo vocal, a voz cantante em toda a sua exuberância. Os livros que contam essa história deixam isso evidente. A indústria da ópera pode ter sido abastecida por libretistas e compositores, e pode ter sido decorada por pintores de cenário e engenheiros cênicos, mas os maiores salários iam para (e continuam com) os grandes solistas vocais, artistas que não só representam o papel de um deus ou uma deusa, mas que por um breve momento tornam-se um deles, ou uma delas, pela simples força do virtuosismo vocal. Em 1658 Cavalli, um notoriamente bem-remunerado compositor, ganhou quatrocentos ducados para escrever sua nova ópera, *Antioco*. Mas a soprano protagonista ("Signora Girolama") recebeu 750 ducados para cantar o papel. E as remunerações dos cantores continuaram a subir em espiral. Em 1685, uma cantora de primeira linha (Margherita Salicola) pôde cobrar uma remuneração individual que cinquenta anos antes teria financiado a produção inteira.[10] Esses cantores virtuosísticos, treinados para um desempenho de um nível de dificuldade sem precedente na história da música, também começaram a ter poder e influência sobre os eventos que estrelavam. A ópera começou a apresentar árias mais elaboradas, com uma música cujo desenho formal tornou-se a plataforma para a coroação de sua glória.

O virtuosismo vocal não é apenas o caso de uma voz pura com apelo direto à emoção pura, há um aspecto de magia que também entra em questão. Uma vez que os cantores estejam treinados para superar os limites do que era considerado possível — em termos de altura, velocidade, agilidade, potência e duração —, eles vão além do que seria plausível o público imaginar ser possível fazer, até um ponto em que os ouvintes não conseguem fazer uma ligação entre um esforço humano normal e aquilo que estão ouvindo. Uma sempre repetida história sobre Farinelli, um dos mais famosos e talentosos cantores do século XVIII, era que tinha sempre um apito ou uma flauta mecânica em seu bolso, e que suas notas mais longamente sustentadas eram produzidas por esse instrumento. Ninguém podia acreditar que um ser humano pudesse ter tal fôlego.[11] A moral dessa história é clara: o apelo dos cantores não era, no limite, muito diferente do dos artistas de circo, mágicos, atletas profissionais, ou seja, de todos os artistas que parecem estar superando as capacitações físicas de seres humanos reais, ou indo além das limitações físicas da realidade.

Quem eram esses cantores, e como eles ganhavam a vida? Os dois tipos mais populares nesse estágio inicial, e por algum tempo mais, tinham ambos vozes com registro agudo: um era o de uma cantora mulher; o outro era o de um homem cirurgicamente modificado, o de um castrato, como Farinelli. Esse fenômeno do castrato suscitou e continua a suscitar um fascínio horrorizado e criou mitos de assombrar. Resumidamente (vamos tratar mais desse assunto no próximo capítulo): a prática de castrar rapazes com vozes promissoras antes que atingissem a puberdade, preservando assim seu registro agudo na maturidade, era quase exclusiva da Itália. No início era adotada para prover de vozes agudas a Igreja, já que lá as mulheres eram proibidas de cantar; só floresceu na ópera em segundo plano, e aí se tornou inaceitável no início do século XIX, enquanto a variedade que se destinava à Igreja, os chamados "capões sagrados", continuou até inícios do século XX. A aceitação dos *castrati* na ópera veneziana — muitas vezes no papel do protagonista masculino, mas às vezes travestido na protagonista feminina — é com certeza mais um exemplo de "desregramento carnavalesco", mas as audiências do século XVII estavam muito menos preocupadas com o realismo, tal como o entendemos em nosso sentido moderno. O travesti era facilmente aceito tanto em situações sérias como cômicas; com frequência mulheres se alternavam com os *castrati* na representação de protagonistas masculinos.

Porque o gênero ainda era uma novidade, ser cantor de ópera não podia ser a única atividade; não obstante as altas remunerações dos artistas mais procurados, ninguém em Veneza poderia esperar ganhar a vida só com isso. Assim, os cantores tinham um emprego alternativo. Os *castrati* podiam encontrar trabalho num dos muitos coros de igreja na cidade e em outros lugares, e frequentemente tanto eles quanto as mulheres contavam com um protetor nobre — um patrocinador que podia lhes prover moradia e emprego como "cantor de corte" numa família aristocrática. Bom exemplo disso é a família Manelli, que em 1637 foi em grande parte responsável por aquela produção inaugural de *Andromeda*, no Teatro San Cassiano. Francesco Manelli, o compositor, também cantou em dois papéis; sua mulher Maddalena, uma romana, cantou em outros dois. Depois de *Andromeda*, eles e sua trupe embarcaram em outros projetos operísticos, mas ao mesmo tempo tinham outras ocupações. Francesco começara a vida como cantor de igreja, e em 1638 tornou-se um baixo na igreja mais famosa de Veneza, a de San Marco; Maddalena ocupou uma série de posições na corte (notadamente, com a família Orsini, em Roma). Alguns anos depois de *Andromeda*, embora ainda ocasionalmente envolvidos com óperas, os Manelli mudaram-se para Parma. Francesco e seu filho (também um cantor) empregaram-se num coro de igreja, Maddalena era intérprete na corte ducal.[12] Quando o mercado para a ópera se expandiu, podia haver uma tensão entre essas várias ocupações (sendo umas o produto de uma economia parecida com a moderna economia de mercado, outras antigas e intimamente relacionadas com aristocratas ou com privilégios eclesiásticos). Esses conflitos de interesses podiam levar a indisfarçadas ameaças. Quando, em 1667, o duque de Savoia chamou de volta dois cantores que tinham dado uma escapada para cantar ópera na temporada do Carnaval de Veneza, ameaçou um deles (um castrato) com "os efeitos de nossa justa indignação", acrescentando num tom sinistro que "príncipes como nós têm braços longos".[13]

SOBREVIVÊNCIA DOS QUE MELHOR SE ADAPTARAM

É impossível recriar as vozes desses cantores tais quais eram. O que podemos colher dos (raros) relatos daquela época em geral é tão vago quanto simplesmente frustrante. Uma famosa cantora do início dessa fase veneziana, Anna Renzi (*c.* 1620-após 1661), tinha todo um volume dedicado a ela, em 1644. Entre os numerosos encômios genéricos, há passagens com surpreendentes detalhes, mas repousam sobre noções de biologia humana que hoje são estranhas:

> Ela tem uma língua fluente, uma pronúncia suave, não afetada, não apressada, uma voz cheia e sonora, nem áspera nem rouca, e nem incomoda você com uma sutileza excessiva; que emana de um temperamento do peito e da garganta, segundo o qual a boa voz precisa de muito calor para expandir as passagens, e bastante umidade para amaciá-la e torná-la suave.[14]

Mais surpreendente, a música que esses cantores apresentavam desapareceu em sua maior parte. Nosso conhecimento musical desse novo *dramma per musica* veneziano limita-se a algumas obras entre as literalmente centenas que sabemos terem sido apresentadas: mesmo as dos mais famosos e bem-sucedidos compositores, como Monteverdi, Cavalli e Cesti, perderam-se quase todas. As partituras musicais desse período não são consideradas de grande valor; foram o equivalente do século XVII aos roteiros de filmes de hoje, constantemente mudadas ou substituídas para se adaptarem a novas circunstâncias. Poucas pessoas as imaginam como *obras*, em nosso sentido contemporâneo, e menos ainda as consideram merecedoras de uma preservação cuidadosa. Eram meios para alcançar um fim — o desempenho operístico, ao vivo, no teatro. Uma vez atingido esse fim, elas eram dispensáveis.

Claro que houve exceções. Certas óperas conseguiram algo próximo ao status de integrar um repertório, sendo reencenadas e apreciadas em várias temporadas. Mas apenas duas óperas conseguiram estabelecer uma presença firme no repertório moderno, e são as duas que sobrevivem entre as obras de Monteverdi. Nenhuma das duas é inteiramente típica da ópera veneziana no período, e talvez tenham sido no início revitalizadas devido à fama do compositor em outros gêneros. Em 1613, Monteverdi deixou Mântua para ser *maestro di capella* na igreja de San Marco, que era, durante séculos, a sede de uma magnífica tradição musical. Durante sua longa carreira em Veneza ele confirmou ainda mais sua reputação, escrevendo música de vários gêneros, ao que acrescentou várias peças teatrais, a maior parte das quais está agora perdida. Na época em que a "ópera pública" tomou conta de Veneza, no fim da década de 1630, ele estava na casa dos setenta anos e era um eminente dignitário sênior da música italiana. Tanto mais notável, então, que ele tenha abraçado o novo gênero, escrevendo três óperas (uma se perdeu) para os teatros de Veneza. A última delas, *L'incoronazione di Poppea*, estreou durante a temporada do Carnaval de 1642-3 no teatro ss Giovanni e Paolo, que fora construído pela e era propriedade da famosa família Grimani, uma das mais nobres de Veneza. Foi o segundo lugar a encenar ópera em Veneza (depois do Teatro San Cassiano) e foi descrito como o mais magnífico da cidade, ostentando seus 77 camarotes em quatro fileiras, a maior parte deles arrendada a ricos patrocinadores da temporada inteira. *Poppea*, como *Orfeo*, é hoje uma ópera de repertório. Apesar de mergulhada na obscuridade durante séculos, os *revivals* da ópera começaram no início do século xx e têm continuado até os dias atuais.

Como muitos do novo gênero veneziano, o libreto de *Poppea*, de Giovanni Francesco Busenello, não trata principalmente dos personagens mitológicos que, antes disso, estavam presentes nos entretenimentos da corte; em vez disso, quem pisava no palco eram figuras históricas. A trama se passa em Roma, em 65 d.C.; Nero é o imperador. A presença dos personagens históricos deve ter sido, provavelmente, opção de Monteverdi, e isso tem implicações para o drama. Numa carta ao colega compositor Alessandro Striggio, em 1616, Monteverdi deixa claros seus sentimentos em relação ao que ele valorizava na caracterização musical:

> Como posso eu imitar a fala dos ventos, se eles não falam? E como posso eu, com tais meios, despertar as paixões? [...] Orfeu nos comove porque ele era um homem, não um vento. A música pode sugerir, sem quaisquer palavras, o ruído dos ventos e o balir dos carneiros, o relincho dos cavalos e assim por diante; mas não pode imitar a fala dos ventos porque tal coisa não existe.[15]

Isso soa notavelmente moderno, e nos faz cientes de que Monteverdi queria escrever óperas que, assim como nos assombram com seu esplendor cênico, fazem uma tentativa aristoteliana de "despertar simpatia" — de nos convencer, através do poder da música, a sentir alguma afinidade emocional com os personagens no palco.

A ópera segue a norma veneziana e se divide em três atos, e envolve uma intricada rede de laços emocionais e dinásticos. O imperador Nero (Nerone, no original) é casado com Otávia (Ottavia) mas ama Popeia (Poppea) e quer fazê-la imperatriz. Esses são os principais personagens, e todos os seus papéis são de soprano (Nero provavelmente foi representado por um castrato, Otávia foi representada primeiro por Anna Renzi). A trama fica ainda mais enredada com outras complicações amorosas e com a desaprovação moral de um filósofo, Sêneca (baixo). Depois, Nero precipita o suicídio de Sêneca, manda todos os outros para o exílio e coroa Popeia imperatriz, o que permite que os dois amantes cheguem ao fim da ópera em ditosa união. Essa mixórdia estranhamente amoral suscita, não obstante, uma ampla gama de emoções humanas, particularmente essas que fazem a melhor música: amor, ódio, ciúme, medo e (por último, e de forma alguma não menos importante) um furioso desejo sexual. Tão importante quanto isso, as quizilas entre os nobres são relatadas periodicamente, e com frequência ridicularizadas por uma camada de personagens cômicos das classes mais baixas, o que, se pode interpretar, são o elemento carnavalesco do enredo. Além de soldados sonolentos e de passagens descaradamente atrevidas, esse ângulo satírico é representado por Arnalta (alto, ou talvez um tenor agudo travestido), a antiga ama de Popeia, que nunca deixa de enxergar o lado grotesco dos encontros amorosos de seus superiores.

A cena no primeiro ato entre Nero e Popeia é uma boa introdução para os maneirismos musicais da ópera. Há uma boa quantidade do *recitar cantando* de Peri. As palavras são lugares-comuns e, a maioria delas, não poéticas — simplesmente palavras de dois amantes que não suportariam se separar —, mas o diálogo é constantemente interrompido por intromissões de fragmentos melódicos e interlúdios musicais. Além disso, a mistura de estilos musicais está intimamente ligada ao relacionamento que se desenvolve entre os amantes. A cena termina com uma notável passagem de *recitar cantando*. Popeia fica repetindo a instigante pergunta *"Tornerai?"* (Você vai voltar?); Nero parece quase desesperado por tranquilizá-la. E então, no fim, tem lugar um diálogo mais rápido com fragmentos verbais que terminam com uma lenta e langorosa troca da palavra *"addio"*, entremeada de ofegantes repetições dos nomes amados: "Nerone, Nerone", "Poppea, Poppea". As cadências musicais simples são carregadas de conteúdo erótico e são expressas com uma explicitude que, mesmo hoje em dia, é um tanto chocante.

É muito típico da ópera que, logo em seguida a essa cena íntima, venha um longo diálogo entre Popeia e Arnalta, no qual toda essa ardente sedução é impiedosamente satirizada. De fato, o cômico se mistura de modo tão implacável com o sério que, a essa distância em que estamos no tempo, muitas vezes é difícil interpretar corretamente o tom de *Poppea*. O tratamento que é dado a Sêneca é um exemplo claro. Na maior parte do tempo ele dá conselhos sentenciosos, e num momento culminante, mais adiante no primeiro ato, há um tremendo confronto com Nero. Mas alguns momentos antes dessa cena Sêneca foi caricaturado de maneira cômica numa passagem bastante atrevida, que até zomba musicalmente da tediosa elocução do filósofo. Podemos ver nisso outro exemplo do desregramento do Carnaval, a ópera como reflexo da temporada veneziana no qual ele se realiza. Mas há momentos nos quais podemos, não obstante, ficar confusos. Por exemplo, na cena da morte de Sêneca, no segundo ato, o recitativo de abertura parece comportar uma reconfortante e simples relação entre palavras e música. *"Breve angoscia è la morte"* (A morte não é mais do que um breve tormento), canta o filósofo, e coerentemente afunda no registro mais baixo, mas então *"ses ne vola all'Olimpo"* (voamos para o monte Olimpo), e a palavra *vola* realiza um longo voo com ornamentos vocais cada vez mais altos. O coro de amigos que o segue (somente três deles) assume resolutamente seu tom solene. No que deve ter parecido na época ser um estilo musical antiquado (e talvez por esse motivo particularmente sombrio), o de um madrigal em contraponto, os amigos entoam uma dolorosa linha cromática: *"Non morir, non morir Seneca"* (Não morra, Sêneca, não morra). Uma poderosa cena trágica, assim parece, está sendo criada. Mas então acontece algo extraordinário. O trecho intermediário do coro de amigos muda por completo de tom, tanto verbal quanto musicalmente. Numa figuração musical que soa moderna e plena de *nonchalance*, eles confessam a seu amado sábio: *"Eu* certamente não ia querer morrer; a vida é tão doce, o céu é tão claro; toda amargura, todo veneno é, afinal, bem insignificante". E então, depois desse animado interlúdio, o trágico madrigal regressa, e a cena termina com mais um pressagioso recitativo de Sêneca. O que podemos deduzir desse coro? A configuração que Monteverdi dá à sua seção intermediária (que é longa e desenvolvida com carinho) parece ser mais uma sátira, mais um desvio do sério, mais um gesto carnavalesco, desta vez incomodamente inserido no meio do trágico. Os artistas e produtores atuais devem tomar suas próprias decisões sobre a melhor maneira de apresentar essa passagem, mas suas dificuldades servem para nos lembrar de que nunca devemos ter certeza quanto à carga emocional de uma música tão distante de nosso tempo.

O debate sobre o quanto *não* sabemos sobre uma obra historicamente tão famosa como *Poppea* poderia se estender, e não é surpresa que, durante a temporada do Carnaval de Veneza de 1642-3, ninguém tinha a menor ideia de quão permanente o novo gênero poderia ser. Embora Monteverdi fosse em geral considerado o mais famoso compositor vivo da Itália, ninguém pensou em fazer um registro permanente de sua música para *Poppea*. Se a ópera não tivesse sido reencenada em Nápoles na década de 1650, poderíamos não ter qualquer partitura dela. Mais do que isso, nenhum dos dois manuscritos que registram sua música dá muitos sinais de quais instrumentos deviam executar quais linhas musicais, a maioria anotada somente como uma melodia e um baixo. Sabemos, por vários documentos, que os teatros venezianos da época tinham vários instrumentos de *continuo* (especialmente cravos e grandes alaúdes), e dada a preponderância do *recitar cantando* na ópera, essa variedade de instrumentos era certamente necessária. Mas só é possível supor quais instrumentos deveriam executar os solos.

A dúvida mais séria de todas gira em torno da questão fundamental da autoria. Temos nos referido até agora a *Poppea* como atribuída a Monteverdi, mas a evidência de que ele realmente a compôs é muito tênue (nenhuma fonte impressa contemporânea o menciona, e as cópias do manuscrito da música, que o fazem, são de uma década depois).[16] A imprecisão das fontes que sobreviveram nos conta muito do status relativamente baixo do qual desfrutavam os compositores na economia operística. O que está particularmente em dúvida é se o mais famoso número de *Poppea*, o dueto de amor entre Popeia e Nero que encerra a ópera, é de Monteverdi ou de um de seus jovens contemporâneos. Quem quer que o tenha escrito, a presença desse dueto está provavelmente ligada às emergentes convenções operísticas: duetos amorosos de encerramento haviam se tornado formas populares de terminar as óperas venezianas daquele período, e por razões muito práticas. Tendo, como sempre, a consideração econômica como fator importante, essas óperas raramente incluíam corais, e, assim, terminar com um dueto era a maneira mais óbvia de encerrar um drama com algum tipo de clímax sonoro. Essa moda de encerrar com dois amantes decerto tinha a ver com o simples prazer de ouvir duas vozes de alto registro se entretecerem uma na outra para terminarem em ditosa união. Amantes, em especial nas óperas, frequentemente cantam sobre "fundirem-se um com o outro", e o dueto de encerramento em *Poppea* é uma maravilhosa descrição musical dessa perda final de identidade. E assim, seja quando *Poppea* foi apresentada pela primeira vez, seja quando foi reencenada depois da morte do compositor, um dueto amoroso de encerramento tornou-se seu *finale*. Não sabemos com certeza quem o escreveu, nem mesmo se era destinado a encerrar especificamente essa ópera; não sabemos quais instrumentos deviam acompanhá-lo ou como foi encenado ou por quem foi cantado pela primeira vez. O que sabemos é que ele dá ensejo a um desses momentos que nos fazem voltar à ópera — uma oportunidade de ouvir a simples e sensual beleza de vozes que se entrelaçam.

Por volta de 1650, começaram a aparecer as primeiras objeções sérias às óperas quanto a seu realismo.[17] Por que os personagens estariam cantando? Não seria ridículo, ou repulsivo, ver acontecer algo tão fora de lógica? Em 1670, Charles de Saint-Évremond, ao escrever sobre óperas italianas a que tinha assistido em Paris (dentre as quais várias de Cavalli), deu expressão a esse desconforto:

> Há mais uma coisa nas óperas que é contrária à natureza, e com a qual não posso me conciliar; é o cantar a peça inteira, do início ao fim, como se as pessoas representadas se encaixassem nisso ridiculamente, e tivessem concordado em tratar com música tanto os mais corriqueiros quanto os mais importantes assuntos da vida. Pode-se imaginar que um patrão chame seu empregado, ou o mande levar uma mensagem, cantando; que um amigo partilhe um segredo com outro, cantando; que homens deliberem num conselho, cantando; que ordens no campo de batalha sejam dadas, cantando; e que homens sejam melodiosamente mortos com espadas e flechas?[18]

Os franceses foram especialmente pressurosos em objetar o componente fundamental da falta de realismo da ópera italiana — sua música contínua. Mas esse desconforto era mais amplo, e também se relaciona com as diferenças entre as primeiras óperas de Caccini, Peri e Monteverdi, e as das fases veneziana e pós-veneziana. Árias em que o virtuosismo prevalecia sobre a clareza característica dos recitativos, nas quais a emoção era adaptada às exigências de um determinado gênero, parecem ter se tornado, de fator irritante, à origem de novos conceitos estéticos para a ópera.

Além disso, a composição vocal — tanto seu virtuosismo quanto (logo) a maior complexidade formal das árias que são sua vitrine — mudou em resposta a múltiplas pressões, nem todas estritamente musicais. Um ponto que os modernos frequentadores de ópera tendem a esquecer é como as audiências de então eram barulhentas. Em Veneza, relatos daquela época mencionam repetidamente a turbulência e grosseria do público; em muitos teatros os camarotes eram equipados com persianas, de modo que seus ocupantes podiam se fechar e se divertir à vontade, falando tão alto quanto lhes conviesse. Uma maneira de ver a evolução das fórmulas da ópera pode, portanto, ser a da busca de um meio de sobrepor a *música* ao *barulho*. A preferência por vozes agudas continuaria na ópera-séria italiana até o início do século XIX, e pode ter sido mais uma arma na batalha acústica da ópera. Sabemos, por exemplo, que opor a voz ao barulho ambiental era um fator importante nas apresentações ao ar livre de óperas e oratórios em Roma; para aumentar o volume, era possível fazer com que vários cantores cantassem uma ária, todos juntos em uníssono. Os cantores também aprendiam a ter um desempenho mais elaborado; as árias tornaram-se joias que seus executantes tinham de polir individualmente, permitindo que sua música competisse pela atenção do público numa arena barulhenta.

De fato, um aspecto-chave da ópera de 1650 até o fim de seu primeiro século de existência é a maneira pela qual compositores, libretistas, cenógrafos e artistas negociaram (uns com os outros, mas também — e isso é crucial — com um público que estava pagando pelo menos parte da fatura) uma série de *convenções* operísticas: formas-padrão de comunicação, algumas das quais iriam durar séculos. A mais importante delas só aparece fugazmente em *Poppea*: o surgimento gradual de uma distinção mais óbvia entre o recitativo e a ária — distinção entre os momentos em que a trama pode ter prosseguimento e ocorre uma conversação musical, e aqueles em que se pode apreciar o canto virtuosístico. Esse processo tem em seu fundamento a questão da verossimilhança. Monteverdi era um conservador: há passagens líricas em *Poppea*, mas elas tendem a fluir, desassociadas, dentro e fora do *recitar cantando*, nunca interrompendo a ação por muito tempo. A geração seguinte (na qual Cavalli é proeminente) abre espaço para possibilidades dramáticas adicionais, nas quais já é aceitável um canto solo prolongado; poderia haver, por exemplo, solos em momentos que naturalmente fossem propícios ao canto, como canções de ninar ou encantamentos. Contudo, ainda mais significativo foi o constante aumento dos monólogos, nos quais os personagens podiam ser liberados dos diálogos para refletir interiormente, e com isso era aceitável que pudessem se permitir momentos musicais mais regulares. Esses momentos foram situados nos finais das cenas, permitindo que o cantor saísse depois desse instante de reflexão solitária. Assim, esse instrumento do século XVIII e início do século XIX, a chamada ária de saída, gradualmente ganhou forma.

Como era de esperar, a configuração formal dessas árias foi, a princípio, extremamente variada. Uma das primeiras favoritas foi a do tipo ABB: as últimas linhas do texto sustentando uma sequência musical mais desenvolvida na qual a melodia podia ser expandida e repetida, com determinadas palavras e frases estendidas ao longo da tessitura musical. Essa expansão musical baseada no final das cenas encaixou bem com a ideia da ária como uma expansão do momento final de um monólogo. Mas o tipo ABB lentamente deu lugar a algo com ainda mais possibilidades de desenvolvimento musical: o tipo ABA, ou o formato ternário, que se tornaria padrão no século XVIII. Essa ideia — a de se fazer uma declaração musical, passar para um elemento contrastante e voltar à primeira ideia — fazia evidente sentido em termos de equilíbrio puramente musical, e tinha sido usada durante muito tempo na música instrumental; mas no início não parecia adequada às árias de ópera, ao menos em contextos mais sérios. Personagens cômicos, assim se pensava, podiam se aventurar em tais construções musicais obviamente estáticas; mas para aqueles que tinham como objetivo comover os ouvintes, tal rendição a uma certa elaboração musical parecia demasiado frívola. Mais tarde, contudo, as atrações que a expansão musical e a repetição exerciam sobre os cantores e suas audiências fizeram das árias ABA a convenção, e quando assim se tornaram, sua carência de verossimilhança era quase sempre esquecida. A elaboração musical ganhava um novo baluarte nos palcos da ópera.

Esse processo — no qual se aceitava a estranheza do continuado (e ainda mais elaborado) drama cantado — testemunhou o surgimento de muitas convenções, e não só a do formato da ária. Havia também padrões cênicos: a ação da ópera transcorria tendo ao fundo cenários cada vez mais sofisticados, que poderiam, se necessário, ser reciclados e se tornarem alvo de renovada admiração. Esmeradas pinturas em perspectiva nos bastidores e no fundo do palco mostravam jardins, ou florestas, ou palácios; por meio da nova tecnologia de planos móveis rapidamente substituíveis, esses cenários podiam ser trocados com grande velocidade. Os interiores típicos das óperas eram em geral cenas de corte, à maneira dos antigos *intermedi*, para cativar as plateias ao envolvê-las num mundo de imperturbável magnificência. Numa produção especialmente exuberante (*Bellerofonte*, de Nolfi, Veneza, 1642), a própria cidade de Veneza era orgulhosamente apresentada à audiência — os patrocinadores puderam ver sua cidade exibida numa forma idealizada, tornada esplêndida e inovadoramente sedutora por sua apresentação na cena operística. Como foi relatado na época, "todos aclamaram (essa apresentação) como um grande trabalho: o olho foi iludido pela Piazza, com seus prédios públicos imitados com grande realismo, e se deliciava cada vez mais nessa ilusão, quase esquecendo onde realmente estava, graças a essa ficção".[19]

Novas convenções foram surgindo nos formatos de situações consideradas especialmente suscetíveis a elaborações musicais e cênicas. Já mencionamos o dueto amoroso final em *Poppea*, de Monteverdi, um tipo de final que se tornou procedimento-padrão e manteve viva na ópera italiana uma forma de canto conjunto, quando o canto solo (árias), em vez disso, ganhava cada vez mais terreno. Outras situações de repertório incluíam a da cena arrebatada, em que qualquer medida de efeito vocal extravagante poderia ser aceita como pertencente à vida real; ou cenas no mundo inferior, que ganharam um tipo especial de poesia e uma bateria de instrumentos não usuais. O mundo inferior e as cenas de magia regressaram tanto quanto os *intermedi*, e foram certamente elementos centrais em todas essas óperas "de Orfeu". Elaboradas lamentações, com personagens abatidos pelo sofrimento, foram primeiro apresentadas como *recitar cantando*, mas passaram a ser árias em meados do século, tornando-se gradualmente momentos em que uma vocalização extravagante era a norma. Uma vez que essas cenas e esses números tornaram-se de rigor, libretistas e compositores tiveram sua vida facilitada. Fazer uma ópera passou a ser análogo a fazer uma sequela cinematográfica, ou escrever o próximo romance policial numa série na qual seu detetive já tem suas peculiaridades e atratividade estabelecidas. A sequela pode ainda ser maravilhosa, mas o conteúdo foi industrializado. É tudo mais rápido.

Giasone (Jasão, 1649), de Cavalli — libreto de Giacinto Andrea Cicognini, baseado na história de Jasão e do velocino de ouro —, inclui uma boa medida desse tipo de conteúdo, e desempenha um papel central nos relatos do que é mais extravagante na ópera italiana do século XVII.[20] Dado o fato de que há quatro amantes de certa forma intercambiáveis, temos múltiplos duetos amorosos. Medeia, por ser uma feiticeira, tem acesso especial às artes negras e as usa em sua cena de encantamento no primeiro ato, onde um coro de outro mundo lhe dá suporte. Há uma cena de loucura no segundo ato (embora Isifile, a mulher enlouquecida em questão, esteja mais enraivecida do que doida). Há também cenas de sono, nas quais esse dormitar proporciona as mesmas oportunidades para a estranheza musical que são propiciadas pela insanidade ou pelo sobrenatural. No entanto, há uma maravilhosa excentricidade na dramaturgia: aparições de deuses (ao estilo de um mestre titereiro) não restritas (como seria usual) ao prólogo, ou algum *finale* com um *deus ex machina*. No meio do segundo ato, Giove (Júpiter) e Eolo aparecem, encontrando-se na "Caverna dos Ventos" para discutir se deveriam intervir na trama. Isso tira o foco da trama dos fazeres do elenco humano, criando uma pausa para a respiração, na qual a música soa diferente de qualquer outra na ópera, já que os deuses têm uma licença especial para cantar como quiserem, em especial numa caverna onde os furacões vão se encontrar. A ideia de que os deuses se interessam pelos mortais vem da fonte mítica, e como sempre, nesses mitos, tem a função de universalizar as tribulações dos mortais. Essa mesma postura, uma meia retirada de Jasão e companhia, é usada no filme de 1963 *Jasão e os argonautas*, no qual um análogo espaço para respiração, desta vez no Olimpo, mostra Zeus e Hera (Niall MacGinnis e Honor Blackman) jogando uma partida de xadrez em que as peças são os mortais — numa demonstração de que a dramaturgia de efeitos se repete através dos séculos.

As partes componentes que entram na feitura de algo como *Giasone* continuaram a constituir uma robusta moeda operística durante décadas, e sua descendência sobrevive nas óperas do século xx. Elas nos lembram que as convenções artísticas têm incríveis longevidade e persistência, mais do que tudo quando servem a todos aos quais dizem respeito — libretistas, compositores, produtores, cantores e audiências. E elas demonstram que a paixão pela ópera das primeiras audiências de Veneza tem algo em comum com a nossa.

POSLÚDIO: A DIÁSPORA

Veneza, que teve papel central no primeiro estabelecimento de um público de ópera, não conservou para si um mínimo lugar na história. Em primeiro lugar, o público de ópera encontrou outro abrigo feliz em Roma (embora as mulheres estivessem proibidas de aparecer no palco como cantoras, o que levou a uma estrita hegemonia de gênero na formação dos elencos). O Palácio Barberini, terminado em 1639, incluía um espaço para apresentações de ópera onde caberiam mais de 3 mil espectadores, o que o faz se equivaler ao Teatro di San Carlo, em Nápoles, também com mais de 3 mil, e aos grandes salões do século xx, como o antigo e o novo Metropolitan Opera de Nova York. A produção de óperas em Roma foi modelada pelo gosto dos prelados e pelas restrições da Igreja, uma interessante mistura que produziu exoticidades notórias como *Sant'Alessio* (Santo Aleixo, 1632), ópera sobre um tema católico com um libreto de autoria do futuro papa Clemente ix. Como relatou uma testemunha ocular de sua primeira apresentação, escândalo não faltou, embora não fosse em qualquer parte do irrepreensivelmente casto enredo ou na tranquila estética musical:

Todo o espetáculo foi recitado em música com esses *stili recitativi* que se usam na Itália, e se entendiam as palavras tão distintamente como se elas fossem apenas faladas. Todas as vozes eram excelentes, os músicos eram a elite do Palácio e de Roma. Os atores que representavam mulheres eram bonitos, jovens pajens ou jovens *castrati di capella*, e, assim, ouviam-se na sala suspiros abafados, cuja admiração e cujo desejo se projetavam dos peitos de pavão; os homens de púrpura,* por terem mais autoridade, comportavam-se com mais liberdade, tanto que os cardeais San Giorgio e Aldobrandini, com lábios franzidos e frequentes e sonoros estalidos de língua, convidavam esses atores imberbes para virem ser beijados.[21]

Roma aqui se apresenta como um lugar no qual a concupiscência eclesiástica e a decadência operística se encontram e se abraçam — o que se tornaria um clichê literário. É nisso que se baseia o romance *Sarrasine* (1830), de Honoré de Balzac, cujo enredo central é o seguinte: um escultor francês ingênuo e impressionável vai para Roma em 1758, apaixona-se por uma linda cantora de ópera (aparentemente) mulher, mas é advertido de que o cardeal Cicognara é seu protetor; "ela" é na verdade um cantor castrado que é travesti, quando representa e quando não; o escultor é assassinado pelos capangas do ciumento prelado, e em tudo se expressa um horror generalizado pelos inqualificáveis gostos do prelado e pelos modos iníquos de Roma, os *castrati* como seus espécimes.

A ópera floresceu também (embora menos vividamente) em Nápoles, no pequeno Teatro San Bartolomeo (construído em 1620), onde óperas provenientes de Veneza foram aproveitadas em produções locais. Na própria Veneza, um declínio econômico na última parte do século XVII acrescentou mais tensão às finanças operísticas. Como o demonstra a diatribe de Saint-Évremond,** havia uma continuada desaprovação da arrogante desconsideração da ópera veneziana pelo realismo, em especial seu afastamento do disponível, elegante, intimamente expressivo *recitar cantando*, para a extravagância das árias prolongadas. Antes do fim do século XVII, a desaprovação aumentaria para assumir um tom de contestação e protesto, o que levou à primeira das futuras e periódicas reformas da ópera que viriam em sequência.

* Referência a bispos ou cardeais.
** Referência ao texto do ensaio *Sur les Opéras* (1677), no qual Charles de Marguetel de Saint-Denis-le-Guast, Sieur de Saint-Évremond, critica a ópera como um atentado ao teatro.

Mas seja como for, a ópera estava em movimento, levada a outras cidades italianas por trupes itinerantes, cruzando fronteiras para a França e depois para a Inglaterra e ainda além, para encontrar suas mais famosas casas em outras cidades prósperas. Na maioria desses novos locais, modificada ou não pela reforma, a ópera adquiriu suas próprias peculiaridades e tradições locais. Os países de língua alemã foram os menos rebeldes, geralmente dando boas-vindas às incursões italianas: Viena criou, para as óperas, adaptações de corte que mantinham a língua italiana, assim como fizeram Munique e outros centros. Num processo paralelo, no entanto, a ópera em alemão ia ganhando audiência. Por muito tempo se disse que historicamente a "primeira" desse gênero foi *Dafne* de Heinrich Schütz, em 1627. Se essa obra (hoje perdida) é ou não um candidato autêntico àquele título ainda é uma questão em debate, e o fato de que os eruditos ainda discutam isso mostra quão profundamente a história da ópera se entrelaça com um sentido mais amplo de nacionalismo cultural (o que está em jogo no caso de *Dafne* é a identidade do "inventor" da ópera alemã, e o fato de Schütz ter sido um bem--estabelecido mestre de uma severa música sacra fazia dele um candidato atraente).[22] Mas merecendo ou não o grande Schütz esse título, o desenvolvimento da ópera alemã no século XVII foi sempre oscilante.

Muito mais marcantes foram as várias soluções encontradas na França, onde uma relação de amor e ódio curiosamente produtiva com a ópera italiana ocorreu durante séculos. Em Paris, a corte de Luís XIV primeiro acolheu bem essa exótica importação da Itália; o cardeal Mazarin (ele mesmo italiano, nascido Mazzarini) promoveu seis óperas entre 1645 e o início da década de 1660. Cada uma fez algumas modificações para se adequar ao gosto francês, e uma delas, não a menos importante, foi a introdução do balé (que havia muito se estabelecera na França como um gênero trágico), e, em alguns casos, a substituição dos *castrati* por barítonos. Contudo, com a morte de Mazarin em 1661, a boa sina da ópera italiana teve um declínio. A cena foi logo dominada por Jean-Baptiste Lully (1632-87), um exilado italiano que progrediu para a ópera a partir da música instrumental e depois do balé, neste último através de uma colaboração com Molière. Lully e Molière produziram uma série de *comédies-ballets*: peças que introduziam canto e dança em peças cômicas e que foram um precursor na França (e depois na Alemanha) do tipo de ópera-cômica que misturava números musicais com drama falado. Em 1672, Luís concedeu a Lully os direitos exclusivos para uma "Académie Royale de Musique", o que na prática permitia que ele, pessoalmente, inventasse e patenteasse o gênero da ópera-séria em língua francesa. Essa categoria altamente distintiva foi chamada de *tragédie en musique* ou *tragédie lyrique* e (como sugerem esses nomes) era bastante influenciada pela poderosa e prescritiva tradição francesa do drama falado.

Um dos importantes aspectos nos quais a ópera francesa se distinguia da versão italiana — sem contar os balés integrais — foi na questão da verossimilhança (como veremos no próximo capítulo, a discussão quanto a esse tópico era muito mais comum na França do que na Itália, e com frequência girava em torno da diferença entre o drama falado e o cantado). A *tragédie lyrique* lullyana tendia a evitar árias longas e elaboradas com acompanhamento instrumental, em geral apresentando uma distinção muito menos rígida entre o recitativo e a ária, e desconfiando de tudo que fosse próximo do virtuosismo vocal italiano. Isso também favorecia mais as vozes naturais do que a dos *castrati*, e faz a trama avançar por meio de longos recitativos que se esforçavam por preservar os ritmos da linguagem falada (ao menos como essa linguagem era declamada no drama "clássico" francês). Cada ato dessa categoria de "ópera sem ária", ou, no mínimo, de "ária tímida", era então animado por um *divertissement* (como diz o nome, um divertimento) no qual a trama era abandonada em benefício de um elaborado balé sobre um tema mitológico, a dança acompanhada de esplendores cênicos que muitas vezes rivalizavam com os antigos *intermedi*. O próprio rei dançava nesses balés em muitas ocasiões, enquanto Mazarin obrigava a corte inteira a assistir até o fim. Outra característica permanente desse enfático entretenimento de corte era um longo prólogo no qual, apesar de o tema tratado ser ostensivamente mitológico, se fazia uma homenagem explícita ao rei. Como implica essa breve descrição, muitos dos desenvolvimentos da ópera veneziana foram invertidos na *tragédie lyrique* de Lully, que não tinha de satisfazer o gosto das massas que constituíam o público e podia concentrar-se em manter o decoro clássico adequado à glorificação da dinastia real. As obras de Lully continuaram a ser apresentadas mesmo depois de sua morte, em 1687; por mais quarenta anos elas não tiveram competidor sério, e permaneceram no repertório até a década de 1770.

O terceiro país a abrir suas portas à ópera foi a Inglaterra, mas aqui (como na França) a forte tradição do teatro falado fez com que a aceitação do drama totalmente cantado fosse lenta: os ingleses mantiveram uma posição ambígua em relação à ópera, em especial em suas manifestações mais vistosas. No entanto, o período jacobiano* testemunhou um grande florescimento dos *masques*,** uma extravagância parecida com o *intermedio*, que misturava canto, dança e elaborada encenação, muitas vezes vagamente baseada em algum tema alegórico. Muitos deles foram agraciados com respeitabilidade literária, devido ao envolvimento do grande dramaturgo Ben Jonson, que no prefácio de um *masque, Lovers Made Men* (1617), escreveu que o *masque* era cantado "à maneira italiana, *stile recitativo*",[23] o que sugere que os desenvolvimentos na Itália já estavam tendo alguma influência. Houve, no entanto, mais um aspecto no cenário inglês que posteriormente fez da capital um excelente lugar para promover um entretenimento teatral extravagante, mas que também levou a seu periódico declínio: o relacionamento entre a nação e sua monarquia. Muitos estados pequenos na Itália tinham governantes cujo papel era muito importante em vários tipos de configuração artística, e os espetáculos de ópera empreendidos por Luís xiv foram lendários; mas a família real inglesa tinha passado por uma catastrófica guerra civil em meados do século xvii, entre os que apoiavam a Coroa e súditos rebelados. No clímax desse conflito, em 1649, Carlos i foi decapitado e a posição simbólica de sua função acabou sendo drasticamente reduzida. A despeito da Restauração real, por meio da qual seu filho Carlos ii reassumiu o trono em 1660 depois de um período de governo que nominalmente foi uma república, nada jamais seria o mesmo no que concerne à influência do rei, sob o aspecto cultural ou outro qualquer.

Talvez não fosse surpresa, dada a força da tradição do drama falado, que a questão da verossimilhança da ópera — os personagens cantarem em vez de falarem — se mostrasse especialmente perturbadora na Inglaterra, e que a forma preferida de drama com música durante a maior parte do século xvii tenha sido ou a dos *masques*, ou a das chamadas "semióperas", nas quais a música não tinha de suportar toda a carga da narrativa dramática, e se podia reservá-la para cenas especiais, tais como as que representavam o sobrenatural. *The Siege of Rhodes* (O cerco de Rodes), de William Davenant (apresentada durante o período republicano, em 1656), é comumente tida como a primeira ópera inglesa de duração total, e foi posta em música (hoje perdida) por Henry Lawes e Matthew Locke, dois dos mais famosos compositores do período. Mas esse experimento do que se chamou de *"Recitativ Musick"* parece ter sido criado como forma de evitar a interdição da

---

* Relativo a ou que ocorreu durante o reinado de Jaime i.
** Espetáculo teatral de corte, típico do período jacobiano na Inglaterra.

república ao entretenimento teatral, e não teve uma descendência significativa até quase o fim do século. Um desses descendentes, de fato um dos mais famosos exemplos da ópera em língua inglesa, é *Dido and Aeneas* (1689?), de Henry Purcell (1658?-95). É muito difícil classificar *Dido*, pois a versão que sobreviveu é um arranjo para ser apresentado por um internato de meninas em Londres. Embora haja sinais de influência tanto francesa quanto italiana (a primeira num prólogo alegórico, cuja música se perdeu; a segunda no formato e no estilo de algumas das árias, especialmente o famoso "Lamento" que Dido canta já perto do fim, "When I am laid in earth" (Quando eu estiver estendido na terra), em que a música é incomumente simples em comparação com outras criações de Purcell na mesma época. Houve até quem sugerisse que *Dido* pode ter começado como um entretenimento de corte muito diferente (e mais elaborado); mas qualquer evidência quanto a isso é frustrantemente incompleta.

No final de seu primeiro século de existência, a ópera tinha criado raízes, primeiro em toda a Itália, depois fora dela. Na França, na Inglaterra, em vários lugares de língua alemã e da Europa Central, e na Espanha. Na maioria desses lugares ela assumiu uma forma local para se adequar ao terreno novo. Embora seu desenvolvimento dos primeiros tempos como entretenimento de corte tivesse sido tênue, a mutabilidade e adaptabilidade do modelo veneziano, o pioneirismo das trupes teatrais-musicais itinerantes, que a exportaram por todo o país, agora se faziam valer. O progresso histórico da ópera ainda daria muitas voltas durante os trezentos anos seguintes; mas durante a maior parte de sua história ela manteria algumas daquelas características já encontradas em seu primeiro centenário. Essas características fizeram com que cortes e famílias nobres, e depois o público pagante, pagassem improváveis quantias para testemunhar façanhas vocais sem precedentes integrando deslumbrantes momentos de esplendor visual: para usufruir do prestígio e, que nunca esqueçamos, do puro prazer oferecido por uma nova forma de drama, em que uma história fantástica era contada e cantada.

3. Ópera-séria

Quando a primeira casa de ópera pública abriu em Veneza, em 1637, os que frequentavam essa nova forma de arte não alimentavam muitas expectativas. Embora alguns dos estilos musicais fossem familiares de outros gêneros, os eventos operísticos, até aquele momento, abrangiam pouco mais do que uma coleção de entretenimentos de corte, com seu formato muito condicionado pelos acontecimentos que celebravam. Apenas algumas décadas depois, a ópera já podia ostentar muitos feitos, os quais iria conservar na maior parte de seus quatrocentos anos de história. Mais importante, ela se estabeleceu como um gênero — um produto cultural com um elenco de características que seus consumidores esperavam que se repetissem. Por volta de 1650 essas características foram além das primeiras alternâncias entre "recitativo" e "ária", para compreender situações dramáticas costumeiras: a ária cômica, a cena em que se dorme, a invocação, a cena de loucura. Duetos amorosos finais, como o de *L'incoronazione di Poppea* (1643), de Monteverdi, são um bom exemplo. Ouvir dois amantes cantando ao final de uma noite em que se alternaram recitativos e solos de árias tornou-se uma expectativa — algo pelo qual valia a pena esperar, algo que iria juntar sensualmente um par das principais vozes da época. E era um dueto assim que fechava *Poppea*: escrito talvez por Monteverdi ou por um compositor mais jovem que preparava a ópera para ser apresentada na longínqua Nápoles; acrescentado, seja como for, por alguém que ignorou a integridade da obra para corresponder criativamente aos desejos do público.[1]

Enquanto a ópera se expandia geograficamente, ela quase sempre conservou algo da natureza pública que havia descoberto em Veneza. Mas na maioria dos lugares esse aspecto relativamente democrático teve de se acomodar com uma cultura de corte prevalecente. Em Florença, a família Medici abraçou o novo gênero mas adaptou-o a seus propósitos propagandísticos, usando apresentações de ópera para comemorar nascimentos e casamentos de modo parecido com os dos antigos *intermedi*; o vice-rei da Espanha em Nápoles fez algo semelhante; as autoridades papais em Roma relutavam em permitir casas de ópera públicas, mas obras de caráter cômico e pastoral eram apresentadas privadamente em residências da nobreza. Muitos outros lugares, no entanto, contribuíram para o constante crescimento dos teatros públicos. Os últimos anos do século XVII conheceram audiências maiores e mais diversificadas, cujos gostos muitas vezes se inclinavam mais para a prodigalidade do que para a contenção. Não coincidentemente, o período também é marcado pelo surgimento dos cantores *virtuosi* profissionais; artistas estelares, treinados para encantar e espantar seus ouvintes ao cantar num nível de dificuldade sem precedente nos séculos anteriores.

A PROFISSÃO DE CANTOR

Os mais bem-sucedidos desses cantores consolidaram a influência que tinham alcançado no final do século XVII, e continuaram a ganhar mais do que qualquer um dos outros participantes, inclusive compositores. Alguns destes se lamentaram por isso, aberta e longamente, mas a crescente disparidade de pagamento entre os cantores e os outros era previsível. A existência de qualquer coisa que se parecesse com um repertório operístico ainda tinha um longo caminho a percorrer; a reencenação de óperas não era uma norma, e quando elas aconteciam (como na versão napolitana da *Poppea* de Monteverdi, na década de 1650) eram frequentemente adaptadas para acompanhar novas condições e mudança nos gostos. A parte musical de uma ópera era descartável, substituível com facilidade. A tendência era que o cachê dos libretistas fosse um pouco maior. Eles eram, afinal, homens de letras — profissão um pouco mais respeitável do que a dos músicos — e se fossem bem-sucedidos poderiam ter suas criações musicadas várias vezes. Mas os grandes centros operísticos fizeram-se excepcionais acima de tudo por causa de seu rol de vocalistas estelares. Não é de surpreender, então, que esse fenômeno, de cantores cuja carreira centrava-se exclusivamente no mercado operístico, tenha começado no fim do século XVII. A existência dessa nova classe profissional teve pelo menos uma ramificação social: talvez pela primeira vez na história, mulheres que trabalhavam recebiam pagamento igual, e às vezes maior, ao de homens que realizavam a mesma tarefa. As mulheres tinham a possibilidade de se tornar independentes e ricas por meio de seu talento.

Nem sempre esse caminho foi fácil. Uma estreita proximidade profissional com um mundo predominantemente masculino trouxe seguidos problemas, em especial no que tange à reputação. Como disse um funcionário em Nápoles, em 1740:

> Elas (mulheres cantoras) nunca foram tidas como respeitáveis, uma vez que a profissão de cantor traz consigo a premente necessidade de interagir com muitos homens: compositores, instrumentistas, poetas e amantes da música; quem quer que presencie esse ir e vir na casa de uma mulher logo vai concluir que ela é imoral, seja ela de fato ou não.[2]

Mas a recompensa, em especial numa economia mista em que os teatros públicos também usufruíam de apoio da nobreza ou da realeza, podia ser sem precedentes. No fim do século XVII, um cantor de primeira grandeza poderia ganhar numa temporada de Carnaval em Veneza o equivalente a todo um ano de salário numa igreja ou numa capela ducal; trinta anos depois, os grandes cantores de ópera na corte de Dresden podiam ganhar bem mais do que mil libras por temporada. Era muito dinheiro.[3]

O único grupo que ficou próximo das solistas mulheres em termos de remuneração foi o dos *castrati*. A sua aceitação nos palcos de ópera foi uma característica central da essencial artificialidade da ópera no início do século XVIII; é também o motivo pelo qual muitas óperas do período não podem ser encenadas hoje como eram encenadas então. Os *castrati* desapareceram para sempre. Deve-se, contudo, ter em mente que relativamente poucos deles ganhavam a vida cantando ópera. A ocupação principal da maioria era como cantores na Igreja católica, onde as vozes femininas tinham sido banidas. Em outras palavras, essa prática tinha começado e continuado mais a serviço de Deus do que para o prazer da ópera. No entanto, como vimos por alto no capítulo anterior, os *castrati* também estavam presentes na ópera desde quase o começo. Um castrato cantou o Prólogo do *Orfeo* de Monteverdi, e *castrati* representavam dois dos papéis femininos da ópera. Eles se apresentavam frequentemente na ópera veneziana, representando personagens tanto masculinos quanto femininos. Ao início do século XVIII tinham se tornado uma exuberante e mesmo característica presença no palco operístico, ao menos nas óperas-sérias, e eram famosos acima de tudo por representarem o *primo uomo*, o herói masculino protagonista.

A natureza exata da operação que criava um castrato esteve por muito tempo envolta em mistério, mas o processo básico era tão simples quanto brutal. Meninos que tinham promissores talentos musicais eram operados antes da mudança de voz, sendo seus testículos ou removidos por meios cirúrgicos ou amarrados tão apertadamente que murchavam por falta de irrigação sanguínea. A voz assim preservada continuaria num registro agudo (embora às vezes caísse para a faixa de alto), e além disso podia ser sustentada com uma duração incomum — uma nota podia ser mantida por muito tempo numa só respiração. Os efeitos hormonais da operação causavam mudanças físicas significativas. Os *castrati* podiam se tornar anormalmente altos, com caixas torácicas expandidas (e aí a explicação para as notas longamente mantidas), uma conformação dos dedos que lembrava uma aranha, e outras características estranhas. Um horrorizado cidadão francês escreveu em 1739:

A maioria deles fica muito grande, e tão gordos quanto capões, seus quadris, nádegas, braços, garganta e pescoço tão redondos e roliços quanto os de uma mulher. Quando os encontramos numa reunião social, é espantoso ouvir a voz de uma criancinha saindo de um tal colosso quando eles falam.[4]

Embora fossem aceitos no palco e às vezes elaboradamente cultuados devido a seu potencial vocal, os *castrati* foram sempre tidos como exóticos, mesmo no auge de sua disseminada presença na ópera. Mitos criados em torno deles, em especial os que diziam respeito a suas supostas proezas sexuais, eram lugar-comum no século XVIII. Muitas dessas histórias estavam ligadas ao fato de que os *castrati* haviam se tornado símbolos da extravagância da expressão artística, em termos genéricos, uma clara demonstração de sua fundamental irracionalidade. Corria frequentemente o rumor — se tinha ou não fundamento é difícil saber, embora o testemunho da medicina moderna o ponha em dúvida — de que os *castrati* ainda podiam manter relações sexuais, e essa suspeita causava consternação, em parte porque poderiam buscar livremente seus prazeres sexuais sem medo de provocar gravidez. Um panfleto anônimo publicado em 1728 em Londres contém uma epístola em verso inventada, como se fosse de Faustina Bordoni, uma das maiores sopranos de ópera de seu tempo, a Senesino, um famoso castrato. Bordoni ressalta sucintamente as vantagens de um amante castrato:

> *Safely they give uninterrupted joys,*
> *Without the genial Curse of Girls and Boys.*

[Com segurança eles nos dão alegrias não fugazes, / Sem a suave maldição das moças e rapazes.]

No mesmo panfleto, um dueto de amor imaginário entre soprano e castrato é descrito como estímulo para um notável florescimento de atividade homossexual (ou mesmo de sexo solitário) tanto entre mulheres quanto entre homens do público:

> *The Fair have wished their lovers warm as me,*
> *The Men themselves caress'd instead of Thee.*

[A bela ia querer seus amantes tão quentes quanto eu sou, / E o homem, em vez de a ti, outro homem acariciou.]⁵

O horrorizado francês antes citado tinha captado esses rumores e os usou para passar adiante um gracejo bem cruel:

Alguns [*castrati*] são muito bonitos: com as damas bonitas eles são convencidos e vaidosos, e, a acreditar em maldosos boatos, muito requisitados por seus talentos, que são ilimitados; porque são muito talentosos. Diz-se até que um desses semivarões* apresentou uma petição ao papa Inocêncio XI, pedindo permissão para se casar,

* O termo usado em inglês, provavelmente de época, é *demivirs*.

com base no fato de que a operação não tinha sido completamente bem-sucedida; o papa escreveu à margem: *Che si castri meglio* (Eles precisam castrar melhor).[6]

Essa história licenciosa sugere que a vida sexual dos *castrati* (imaginária ou real) era às vezes símbolo desse tipo de vida hedonista que a própria ópera parecia representar. Aqueles que se empenharam por atacar a ópera muitas vezes tornavam essa conexão explícita: os excessos vocais da ópera — as séries de notas sem palavras, seu apoio em trinados e outros ornamentos — eram, no século XVIII, símbolo de luxo, de energia vital sendo desperdiçada. O que poderia ser mais grotescamente apropriado para o gênero do que um palco povoado por criaturas que dispunham de uma sinistra aptidão para flertar com o sexo feminino sem o risco da reprodução — isto é, comprazer-se com a mais perigosa e socialmente demolidora forma de luxúria que se possa imaginar?[7]

Não surpreende que a pós-vida dos *castrati* tenha sido extraordinariamente rica. Eles continuaram a participar em coros de igreja em algumas regiões da Itália, durante a maior parte do século XIX, e foi somente em 1903 que o coro da Capela Sistina finalmente os baniu, por intermédio de um *motu proprio*. Sua moda na ópera chegara ao fim por volta de 1830. Numa época em que os papéis de cada gênero se tornavam cada vez mais diferenciados, e as transgressões de suas fronteiras cada vez mais policiadas, eles suscitaram um sentimento mais de aversão do que de excitação. Já citamos o romance *Sarrasine* (1830), de Honoré de Balzac, no qual o herói, um jovem artista, se apaixona por uma soprano de ópera chamada La Zambinella, para descobrir, horrorizado, que seu ideal de mulher era na verdade um castrato. Muito mais próximo de nossa época é o filme *Farinelli il castrato*, de Gérard Corbiau (1994), um extravagante filme biográfico sobre o castrato mais famoso de todos, Carlo Broschi (apelidado "Farinelli", 1705-82). Aqui, a opulência cinematográfica é combinada com um feito incomum da moderna tecnologia do som, para criar uma ilusão da voz do castrato — que se perdeu —, já que o canto de Farinelli foi gerado no computador, misturando as vozes de uma soprano, um falsetista masculino e um contratenor.

Cronologicamente entre esses dois exemplos, em 1902 e em 1904, vieram as extraordinárias gravações de Alessandro Moreschi (1858-1922), às vezes anunciado como "o último castrato", que cantou no coro da Capela Sistina de 1883 até os primeiros anos do século XX, e que, devido a uma série de estranhas oportunidades, fez várias gravações. Moreschi estava apenas na casa dos quarenta anos quando foi gravado. Ele cantava não com o que imaginamos ser uma contenção típica do século XVIII, mas com o estilo vocal de *seu* tempo, o que significa ataques vocais, declamação e uso da chamada "voz de peito", que associamos mais aos cantores da época de Puccini e Mascagni. Uma voz masculina aguda, música sacra, a adoção do estilo do verismo — é uma mistura bizarra para a qual não existe um nome adequado. Em essência, a impressão que hoje temos é a de uma voz envelhecida antes do tempo, trêmula mas ainda penetrante, assexuada, amedrontadoramente inclassificável.[8] Os *castrati* estavam sempre envolvidos numa ansiedade racional. Ainda, e até mesmo, no século XVIII, cada castrato tinha de se munir de uma conveniente história do infortúnio em sua juventude que fizera sua operação ser necessária. O grande Farinelli admitia às vezes que tinha caído de um cavalo; outros atribuíam à mordida de um porco selvagem a causa de sua mutilação. Por volta de meados do século XIX essas desculpas se tornaram uma espécie de ritual. Uma autoridade no assunto nos diz, com uma implacável evidência documental, que durante aquele período "os *castrati* sobreviventes da Capela Sistina aparentemente tinham sido todos vítimas de porcos".[9]

REFORMADORES DA ÓPERA

Na época em que os *castrati* alcançavam preeminência no cenário da ópera, nas últimas décadas do século XVII, a ópera italiana passou por uma de suas reformas periódicas. Houve tentativas de domesticar sua exoticidade e irracionalidade; em especial, de torná-la mais conforme com as regras que tinham regido o drama falado no final do século XVI, e que agora se buscava reafirmar. A história da ópera está pontuada por essas polêmicas, muitas das quais, quando consideradas a certa distância, parecem ser notavelmente similares. Quase sempre a "reforma" acontece porque advém uma percepção (em geral entre homens letrados) de que a ópera saiu do controle: de que suas perpétuas extravagâncias se tornaram extravagantes *demais*; de que os sóbrios valores literários e estéticos do drama falado foram ignorados de forma demasiado evidente; de que a música, e frequentemente o espetáculo cênico, tinham adquirido uma importância além da medida e ameaçavam abafar o drama; de que os cantores tinham ficado poderosos demais. Essas críticas à ópera existiram durante toda a sua história, e existirão enquanto florescer essa forma de arte. Mas em certos momentos a polêmica ganhou uma força peculiar, e levou a mudanças materiais — em geral um regresso ostensivo àquilo que se declarava serem os valores "clássicos".

Frequentemente essas polêmicas têm sido sobre um elitismo que se perdeu: sobre temores de que a ópera estava se tornando popular demais. Na década de 1680, Cristoforo Ivanovich, que ouvimos reclamar, no capítulo anterior, das remunerações pagas aos cantores, estava preocupado acima de tudo com o declínio da ópera para a popularidade, com a invasão que tinha sofrido um gosto antes especial e refinado:

No início duas vozes primorosas, um pequeno número de deliciosas árias e umas poucas mudanças de cena eram suficientes para satisfazer a curiosidade. Agora fazemos objeção se não ouvimos uma voz que não está de acordo com os padrões europeus; esperamos que cada cena seja acompanhada de uma mudança de cenário e de máquinas trazidas de um outro mundo.[10]

Duas décadas mais tarde, outro crítico, Giovanni Crescimbeni, entrou em mais detalhes ainda. Crescimbeni era um grande apreciador de *Giasone* (Veneza, 1648), de Cavalli, mas via essa ópera como o começo de um triste declínio. Este é o tom e a linguagem que vamos ouvir frequentemente na história da ópera:

Para estimular ainda mais com novidades o exaurido gosto dos espectadores, igualmente enjoado do aspecto vil das coisas cômicas e da seriedade das trágicas, o inventor do drama uniu os dois, misturando reis e heróis e outros personagens ilustres com bufões e servos e os mais baixos dos homens, com monstruosidades nunca antes conhecidas. Essa mistura de caracteres foi o motivo que levou à ruína total das regras da poesia, que entrou em tal desuso que nem mesmo a locução pôde ser considerada, a qual — forçada a servir à música — perdeu sua pureza e ficou cheia de idiotices. O cuidadoso emprego de figuras de linguagem que enobrecem a oratória foi negligenciado, e a língua foi restrita a termos encontradiços na fala comum, o que é mais apropriado para a música; e finalmente as sequências desses versos curtos, em geral chamadas *ariette*, que são borrifadas à mancheia ao longo das cenas, e a suprema impropriedade de os personagens falarem cantando, tiraram das composições o poder das emoções, e os meios de transmiti--las aos ouvintes.[11]

Aí temos. A ópera é simplesmente extravagante demais. Ela não obedece às "regras da poesia"; é um perigoso nivelador social, permitindo que todas as pessoas de todas as classes se misturem no canto. A música, a causa de todos esses males, está destruindo uma nobre forma de arte.

Antes do fim do século XVII, a ópera italiana havia se tornado um importante item de exportação artística, mas, como a poesia ou o drama, tinha a fraqueza do junco. Já na década de 1670, uma figura literária tão venerada quanto Charles de Saint-Évremond reclamava que nunca tinha assistido a uma ópera italiana que "não parecesse ser desprezível quanto à manipulação seja do assunto, seja da poesia".[12] Poetas italianos, para quem escrever libretos se tornara uma das ocupações principais, eram, devido a seus esforços, alvos de um disseminado desprezo. Em reposta a esta e a muitas outras polêmicas, houve realmente uma reforma, na qual a chamada Academia da Arcádia em Roma (grupo formado por volta de 1690) teve muita influência. O patrocinador dos arcadianos, cardeal Pietro Ottoboni, também tinha tentado reformar os libretos, e seu projeto visava à purificação e racionalização de todas as artes, sendo seu alvo principal a ópera do anárquico tipo veneziano. O conceito básico do drama cantado era agora geralmente aceito. Assim como uma divisão entre o simples recitativo, musicalmente rudimentar e com o domínio das palavras, e a ária, mais complexa em termos musicais, também era aceita. Nas árias, as palavras eram menos importantes, ou mesmo desapareciam por completo sob o peso dos ornamentos musicais. Mas os arcadianos queriam um reequilíbrio, uma ópera que estivesse mais sob controle dos libretistas do que dos músicos ou dos cenógrafos. Esses homens letrados também tentaram insistir em que a questão da temática fosse compatível com o papel de condutor de um ideal moral, típico da Antiguidade romana ou grega. Personagens cômicos perturbadores deveriam desaparecer. Um número reduzido de personagens se restringiria então a um infindável exame das complexidades da emoção humana, com frequência vivenciando os conflitos entre os sentimentos pessoais e os deveres públicos de modo equilibrado e classicamente sereno. Mesmo os mais intransigentes críticos admitiram que a ária, musicalmente luxuriante, viera para ficar; mas precisava, diziam eles, ser mais controlada e estruturada com mais cuidado. Houve, nessa e em todas as subsequentes reformas, um elemento de meio-termo: todos compreenderam que a básica extravagância da ópera e sua carência de verossimilhança acabara se tornando a coroa de sua glória, e deveria ser mantida; mas seus elementos essenciais, pensavam, deveriam ser restringidos e ordenados de modo mais lógico.

A NOVA ÓPERA: ÓPERA-SÉRIA

O julgamento da história não tem sido, ao menos até muito recentemente, muito generoso com esse novo tipo de ópera, ao qual muitas vezes se faz referência com o impreciso termo genérico de ópera-séria. Verdade seja dita, os sentimentos e objetivos dos reformadores arcadianos, em especial daqueles que lamentavam e esforçaram-se por restringir a influência dos cantores, têm sido às vezes objeto de aplauso. Mas a música que veio em sua esteira permaneceu, em sua maior parte, nos livros de história, estranha à cena moderna. O famoso livro de Joseph Kerman, *Opera as Drama* [A ópera como drama], publicado primeiramente em 1956, chegou ao ponto de etiquetar todo o período transcorrido desde Monteverdi até o aparecimento de Mozart como "a idade das trevas", da ópera.[13] Ainda hoje é possível interpretar assim. Considere-se o ambiente operístico reconstruído com tanta minúcia em *Farinelli il castrato*. O teatro na penumbra, à luz de velas, os espectadores dando atenção principalmente uns aos outros — flertando, trocando acenos, comendo —, tudo menos assistindo ao drama que acontece no palco, que se desenrola numa vasta amplidão de recitativos desinteressantes em termos musicais. Os únicos momentos de relativa atenção são aqueles em que um cantor virtuosístico vem até a ribalta para encantar a todos com uma bela ária.

Sim, pelos padrões do século XX tal desprezo por uma obra de arte é sinal de incultura. E depois há a típica trama da ópera-séria, um pot-pourri situado em algum lugar antigo, povoado por um pequeno número de personagens que passam muito de seu tempo tentando ou assassinar ou seduzir uns aos outros (nos recitativos) e então, periodicamente, intercalam momentos de prolongada angústia (nas árias), quando lamentam o fato de que seus nobres ideais estejam comprometidos. A única certeza, além do fato de que eles irão expressar suas emoções conflitantes com muitas volatas e trinados virtuosísticos, é a de que na última cena serão perdoados por algum antigo déspota, muitas vezes uma figura abertamente modelada num déspota da vida real e que domina toda a ação operística. E então, como se todos esses monstruosos *castrati* não fossem o bastante, há essa inveterada atração da ópera-séria por tramas nas quais homens se vestem de mulher, ou (até com mais frequência) mulheres se vestem de homem. Quase todos os papéis principais eram escritos para vozes agudas, sopranos ou altos, mulheres ou *castrati*. Quase toda parte para voz aguda podia ser atribuída tanto a um homem quanto a uma mulher, não importa qual fosse o gênero daquele personagem ficcional.

A ópera-séria reformada do início do século XVIII, embora oferecesse travestis em grande profusão, tinha assim mesmo muito menos personagens, e menor variedade de formas musicais, do que *Poppea* e óperas venezianas posteriores. Personagens de pouca importância tinham sido descartados, e com eles desapareciam os aspectos cômicos do enredo. O corte "carnavalesco" subjacente na ação séria, que era uma característica da ópera veneziana, tinha sido substituído por um constante propósito de moralização e de seriedade. A ópera-cômica, como veremos no capítulo 5, adquiriu uma forma própria, que mais tarde chegou a rivalizar com o gênero sério. No que diz respeito à música, a racionalização era ainda maior: a rica profusão de formas que se amontoavam na Veneza do século XVII reduziu-se a dois tipos básicos de comunicação operística, o recitativo e a ária. O recitativo ficou muito mais simples e mais preso a uma fórmula do que era o *recitar cantando* das primeiras óperas. Chamado *recitativo semplice* ou *recitativo secco*, usualmente só tinha o acompanhamento de um instrumento de cordas baixo e de um cravo, ficou muito próximo de uma declamação falada e era por seu intermédio que se desenrolava quase toda a ação sobre o palco. A ária, no entanto, tornou-se cada vez mais um prolongado, musicalmente elaborado, congelado momento de reflexão por parte de um dos personagens. As óperas do início do século XVIII sempre alternavam recitativo e ária; duetos e outros conjuntos vocais eram raros; o coro com frequência era totalmente banido.

A interminável alternância entre recitativo e ária pode parecer mais presa a uma fórmula, mais previsível e acima de tudo menos exuberante do que a variedade que florescia na Veneza de meados do século XVII. Contudo, foi esse tipo de ópera que provou ser o mais prestigiado e duradouro no século XVIII, e que desencadeou a extraordinária disseminação desse gênero. Por volta de 1690, quando começou a reforma, a ópera, fora da Itália, podia ser encontrada em cerca de vinte principais cortes da Europa; cem anos depois a ópera-séria estava em toda a Europa — nas cortes e nas cidades, da Espanha e Portugal até a Rússia Ocidental, no leste. Por que teve tanto sucesso?

Um aspecto a se ter em mente é que a ópera-séria, malgrado sua tendência à contenção, mostrou-se pouco empenhada em limitar o prazer visual do público. Um importante libretista da reforma, Apostolo Zeno (1668-1750), admitiu numa carta de 1701 que "no que tange ao conteúdo dramático da ópera, muitos anos de experiência levaram-me a considerar que é preciso ter a mão pesada se se quiser atingir seu objetivo essencial, que é o prazer".[14] Os libretos de Zeno também eram notáveis por apresentar novos fatores de entusiasmo artístico, como o orientalismo e o exotismo, com uma arquitetura histórica diferente das da Grécia e de Roma (China, Pérsia e Índia estavam entre esses cenários). A ópera-séria tinha duas vantagens adicionais. Enquanto a desenfreada anarquia de *Poppea* de Monteverdi fazia qualquer significado político ser no melhor dos casos ambíguo, os novos enredos, mais simples, podiam transmitir diretamente mensagens morais e políticas, alinhando-se com uma época na qual a arte era tida como didática e um fator de progresso. Além disso, essas mensagens morais e políticas em sua maior parte felicitavam e bajulavam as classes governantes, mostrando sua racionalidade e beneficência, mas também demonstravam que tinham um lado humanitário e que podiam experimentar sentimentos tão intensos quanto os dos mais simples mortais. A outra vantagem era que esse tipo de ópera permitia um argumento musical mais complexo. A glória musical do drama, a ária em solo, desenvolveu-se a um ponto em que a música propiciava uma maior complexidade ao personagem e provia o cantor estelar com recursos ainda mais elaborados, para o deslumbramento do público.

O rol dos compositores durante esse período é em grande parte obscuro: quem nos dias de hoje ouviu falar de Gasparini, Pollarolo ou Ziani, todos os quais atuaram em estreias dos libretos de Zeno? A maioria das obras desapareceu logo depois de ter sido apresentada (como quase todas as óperas dos séculos XVII e XVIII), e quase nenhuma teve até agora qualquer reencenação moderna digna de nota. O nome mais famoso é o de Alessandro Scarlatti (1660-1725), que viveu exatamente no período da reforma e cujas mais de sessenta óperas foram mudando com o tempo, em particular com o incremento da complexidade das árias e a correspondente redução em seu número. Scarlatti nasceu e cresceu em Roma, uma cidade na qual a ópera sempre passou por momentos bem difíceis devido à desaprovação e à interferência do papa; mas ele foi fator de decisivo impacto em Nápoles, que durante a maior parte desse período rivalizou com Veneza como centro proeminente da ópera italiana. Em parte, isso aconteceu ao se fazerem típicos acordos com as classes governantes: as óperas eram apresentadas publica-

mente em teatros, mas também tinham apresentações especiais no palácio vice-
-real dos governantes espanhóis da cidade. Talvez igualmente importante,
contudo, foi a presença em Nápoles de um certo número de florescentes conservatórios, instituições nas quais o estilo operístico logo se tornou parte fundamental do ensino, e que produziu uma corrente constante de compositores e cantores
de primeira grandeza que fizeram a ópera de Nápoles ser respeitada em toda a
península e além dela. Mas o compositor de ópera-séria mais representativo para
nós, hoje em dia, não foi de Nápoles, nem mesmo italiano.

HÄNDEL E LONDRES

Georg Friedrich Händel (1685-1759) nasceu em Halle, na Alemanha, e com
dezoito anos mudou-se para Hamburgo, que tinha a única casa de ópera pública
(isto é, não patrocinada) de uso regular na Alemanha. De lá ele partiu para uma
longa viagem para a Itália, e em 1711 chegou a Londres, onde se instalou para o
resto de sua vida. Händel, então na casa dos vinte anos, já tinha adquirido alguma
experiência operística na Alemanha e na Itália. Uma de suas óperas (*Agrippina*) tinha obtido grande sucesso na temporada do Carnaval de Veneza de 1709-10.
Portanto, Händel chegou à ópera italiana com uma vivência musical variada —
assim como as influências italianas, ele tinha experiência no sofisticado contraponto alemão e em formas instrumentais, e suas aberturas nos dizem que ele
também tinha algum conhecimento sobre os estilos da dança francesa. Com
Händel, a ópera-séria tornou-se decididamente internacional; seu ecletismo musical decerto deve ter contribuído para o seu enorme (conquanto precário) sucesso em Londres.

Os motivos que levaram Händel a Londres em 1711 não são claros. Embora
fosse então a maior e mais rica cidade da Europa, a atração de Londres como lugar em que um compositor poderia ganhar a vida com a ópera italiana não era de
maneira alguma óbvia; a despeito de algumas tentativas nas décadas anteriores, o
gênero quase não achara incursão na vida metropolitana. Como mencionado no
capítulo anterior, as ricas tradições do drama falado na Inglaterra foram um obstáculo, assim como a posição enfraquecida da Coroa inglesa depois da guerra civil
em meados do século XVII. Contudo, não muito tempo depois do início do século
XVIII a ópera italiana finalmente entrou no cenário musical de Londres. Os teatros

londrinos operavam tipicamente numa economia mista: como tinham apoio limitado de patrocinadores da realeza e da nobreza, precisavam ser financiados por companhias de capital aberto. Quando esses empreendimentos iam bem, a receita que geravam poderia competir com a de qualquer um no mercado internacional: Londres podia, e por algum tempo realmente o fez, contratar os mais caros cantores e cenógrafos, e se tornou a capital musical da Europa no que dizia respeito aos artistas. Mas a produção de óperas dessa maneira era um empreendimento frágil em termos financeiros: bolhas financeiras podiam ser criadas e então estouradas, muitas vezes com resultados catastróficos.

A primeira ópera de Händel, *Rinaldo* (1711), entrou diretamente nesse mundo. Na primeira década do século XVIII, o arquiteto e dramaturgo Sir John Vanbrugh conseguiu a ajuda de patrocinadores nobres e muitos acionistas para a construção de um lugar para a ópera, o King's Theatre, no Haymarket. Basicamente, a proposta visava a ser rentável. Por meios que hoje não são claros, Vanbrugh negociou um acordo com o governo, propondo uma legislação que assegurava a seu teatro um monopólio para eventos operísticos. Com isso ele obteve uma vantagem decisiva em relação a seu principal rival, o teatro em Drury Lane. Embora esse monopólio não tivesse durado muito, houve alguns anos nos quais o King's Theatre floresceu, ajudado por uma série de óperas de Händel e um rol estelar de cantores internacionais.

A ópera em Londres sempre teve de tatear seu caminho pelo denso matagal do capitalismo em seu início. A gravura de William Hogarth *Masquerades and Operas (or the Bad Taste of the Town)* [Bailes de máscara e óperas (ou o mau gosto da cidade)], datada de 1724, é uma maravilhosa e econômica descrição da oposição que alguns ingleses sentiam em relação a esse novo gênero (veja a figura 6). À esquerda temos o King's Theatre, com o empresário, numa janela de cima, convidando as multidões. Embaixo, o público é arrebanhado por um demônio e um louco. Acima deles há um pôster que supostamente retrata uma cena operística típica: uma soprano e dois cantores enormes vestidos a caráter (estes são *castrati*, caricaturados, como era comum, num tamanho exageradamente acima do normal); à direita estão três patrocinadores nobres, de joelhos, dizendo: "Por favor, aceitem 8 mil libras" — parodiando a enorme quantia que os cantores podiam receber. No primeiro plano da figura principal há um par de "homens simples" do campo, não tocados pela loucura urbana que os cerca, um deles coçando a cabeça, de tão confuso. Há também uma figura desesperada que conduz um carrinho de mão, levando embora as pérolas da tradição dramática inglesa (os agora considerados inúteis e fora de moda): Shakespeare, Congreve, Dryden e Ben Jonson; o dístico sobre o carrinho diz "restos de papel para lojas" (alusão ao poema satírico de Dryden *MacFlecknoe*: "*From dusty shops neglected authors came, / Martyrs of pies, and relics of the bum*" [De lojas poeirentas vieram autores abandonados, / mártires de tortas e rejeitos de traseiro"]).* Mais à direita outra multidão se aglomera em torno de uma versão em pantomima barata do Dr. Fausto. Ao fundo, há três patrocinadores aristocratas numa postura de preguiçosa admiração do novo cenário cultural e de sua luxuosa arquitetura italiana. Pode-se ver nesse quadro um pano de fundo para os debates que sempre foram travados em torno da ópera, debates que se intensificaram ainda mais na Londres de Händel pelo fato de a ópera ser lá, de modo tão flagrante, uma importação do exterior.

RINALDO E OS PARDAIS

Acompanhando a multidão que se aglomera e entra no prédio à esquerda vamos nos encontrar no mundo operístico de *Rinaldo*, que estreou no King's Theatre em 24 de fevereiro de 1711. Para a primeira apresentação de Händel em Londres, o gerente do teatro, Aaron Hill, planejou algo excepcional. Seria a primeira ópera italiana composta especialmente para o palco londrino (os poucos esforços anteriores tinham sido dramas improvisados, montados com a junção de obras musicais preexistentes); não se economizaria nenhuma despesa. Hill escreveu um sagaz prefácio para o libreto impresso, expondo com clareza as falhas das tentativas operísticas anteriores, em comparação com sua própria e nova produção:

> Ao me aventurar num empreendimento tão arriscado como a direção de óperas em seu atual estamento, resolvi não economizar esforço ou custo que possam ser necessários para fazer esse empreendimento florescer em sua grandeza própria, de modo que pelo menos não será omissão minha se, de agora em diante, faltar à cidade diversão tão nobre.
>
> As deficiências que encontrei, ou que acho ter encontrado, nessas óperas italianas

---

* Os livros não vendidos em lojas poeirentas (portanto, de "autores abandonados") são usados para embrulhar tortas e como papel higiênico para os "rejeitos de traseiro".

na maneira com que foram introduzidas entre nós são, *primeiro*, que foram compostas para gostos e vozes diferentes dos dessas que seriam cantadas e ouvidas na cena *inglesa*; e, *segundo*, que na ausência das máquinas e decorações que conferem tão grande beleza à sua apresentação, foram ouvidas e vistas com considerável desvantagem.

Para remediar imediatamente ambos os infortúnios, resolvi adaptar algum drama, que, com diferentes incidentes e paixões, possam permitir que o campo musical varie e mostre toda a sua excelência, e encha os olhos com as mais encantadoras perspectivas, e, assim, dar imediatamente aos dois sentidos o mesmo prazer.[15]

As prioridades estão aqui expostas com clareza. Apesar de estar circulando na Itália o ar da reforma operística, que em certa medida influenciou o formato da ópera de Händel, Hill alegou saber exatamente do que o público iria gostar, e jactou-se de saber como ia atender a isso. Os mais preeminentes cantores teriam músicas escritas especialmente para eles, o que, com seu virtuosismo, resultaria num deslumbramento ainda maior. O efeito disso seria incrementado com maravilhas cênicas que suplantariam tudo que houvera antes no cenário operístico britânico. Era realmente uma ousada visão de futuro, e Hill estava certo ao procurar tirar o máximo disso. O libreto publicado continha o texto completo da ópera, em italiano e em inglês; como a maior parte do público iria entender pouco do italiano, tal ajuda era importante. As pessoas podiam comprar o libreto nas ruas em torno do teatro e depois, munidos de suas velas individuais no salão fracamente iluminado, poderiam acompanhá-lo durante a apresentação.

Os personagens principais de *Rinaldo* formam uma constelação típica da ópera naquele período, todos eles alardeando que era necessário um emaranhado de emoções e lealdades para estimular uma multiplicidade de solilóquios angustiados. A ação transcorre durante a primeira cruzada, no século XI; os cristãos estão fechando o cerco a Jerusalém, e entre eles estão Goffredo (contralto feminino), o comandante do exército, seu irmão Eustazio (um alto, castrato) e sua filha Almirena (soprano). Almirena está noiva de um jovem guerreiro chamado Rinaldo (soprano castrato). Seus oponentes incluem Argante (baixo), o rei de Jerusalém, que ama uma feiticeira chamada Armida (mais uma soprano). Num relato muito simplificado das complexidades do enredo, no primeiro ato cada um deles é apresentado e tem uma ária ou duas, onde mostra suas motivações e suas paixões. No fim do ato, Argante e Armida tentam atingir a causa cristã sequestrando Almirena. No segundo ato Rinaldo vem em busca de sua amada e é capturado. Nesse ponto a trama se complica, porque Argante se apaixona por Almirena, e Armida se apaixona por Rinaldo. Argante descobre tudo sobre a nova afeição de Armida e não fica nada satisfeito. De fato, a essa altura, nenhum dos personagens está feliz. No terceiro ato todas as dificuldades são rapidamente resolvidas. Rinaldo e Almirena são libertados por meio de uma aplicação de mágica cristã; trava-se uma batalha com a vitória dos cristãos. Tudo acaba bem. De modo verdadeiramente esclarecido, Argante e Armida convertem-se ao cristianismo e são perdoados.

Por que, poderá alguém perguntar, o enredo é tão complicado? Não é um problema que só diz respeito ao público de hoje. As pessoas daquela época também reclamavam disso. Mas as confusões da trama são resultado direto de uma estrutura musical mais ampla. A todos os personagens principais deve caber uma série de árias, espalhadas ao longo da ópera, e com isso, em *Rinaldo*, há entre três e oito árias por personagem. Essas árias devem contrastar entre si quanto à atmosfera, o que vai conferir um sentido de ordem e de equilíbrio ao perfil de cada personagem, mas também oferecerá aos cantores a oportunidade de demonstrar várias emoções. Seguindo essas regras, pode-se ter ao fim da ópera uma noção do que (de modo um tanto anacrônico) pode ser chamado de um personagem "composto". Havia também a convenção — já bem desenvolvida na Veneza do fim do século XVII — de que os cantores em geral saíssem do palco depois de suas árias, o que lhes conferia um máximo efeito. Esses imperativos musicais constituíam o mecanismo que manipulava o enredo em suas várias oscilações e reviravoltas. Era em torno dos cantores que se construía a trama, e não em torno da trama que se construíam os cantores. E essa situação traz à baila a ideia de que os libretistas e outros homens de letras foram a força que deu direção à reforma da ópera na virada do século XVIII. Sob o ponto de vista dos cantores, o libreto não era confuso em sentido algum, já que proporcionava exatamente o que eles queriam: uma progressão ordenada de árias contrastantes, espaçadas ao longo de uma noite de entretenimento.

Assim que examinamos detalhadamente qualquer uma dessas árias, fica bem claro que sua estrutura interna também era formada levando em conta principalmente o cantor. Quase todas são no formato *da capo*: uma seção inicial "A" ressalta o modo básico; é seguida de uma seção "B", provavelmente diferente em algum aspecto, quase sempre em contraste com o modo musical de "A"; por fim, há uma repetição da seção "A", onde se espera que o cantor improvise elaborados ornamentos numa segunda passagem. Era esse "a mais", esse imprevisível e virtuosístico acréscimo a algo que já fora ouvido antes, que emprestava um sentido altamente dramático e de suspense ao evento. Um bom exemplo da ária *da capo* em sua maior simplicidade é o primeiro número de *Rinaldo*. O cenário mostra a cidade de Jerusalém cercada, com soldados prontos para a batalha. De um lado estão os acampamentos do exército cristão. Num breve recitativo de abertura, Goffredo diz a seu clã que eles devem esperar a vitória, e então vem a ária:

GOFFREDO
Delle nostre fatiche
Siam prossimi alla meta, o gran Rinaldo!
Là in quel campo di palme
Omai solo ne resta
Coglier l'estrema messe.
E già da' lidi eoi
Spunta più chiaro il sole,
Per illustrar co' rai d'eterna gloria
L'ultima di Sion nostra vittoria.

[ária: seção "A"]
Sovra balze scoscesi e pungenti
Il suo tempio la gloria sol ha.
[seção "B"]
Né fra gioie, piaceri e contenti
I bei voti ad apprender si va.
[repetição da seção "A"]
Sovra balze etc.

[Grande Rinaldo, por nossos esforços/ estamos próximos de nosso objetivo!/ Lá nesse campo de palmas/ O que apenas nos resta/ é reunir a derradeira colheita./ E já das terras do leste/ o Sol brilha mais claro/ Para iluminar com raios de glória eterna/ Nossa vitória final de Sion.// Somente em penhascos íngremes e aguçados/ a glória construirá seu templo./ Não é com alegrias e prazeres/ que ela pode ser conquistada.]

O recitativo apresenta as premissas da narrativa e está, como sempre, no equivalente italiano do "verso branco", essa mistura de versos de sete e de onze sílabas a que nos referimos no capítulo de abertura. O texto da ária é típico, com seu mais regular e previsível esquema de métrica e rima dos versos (linhas de dez sílabas cada uma, esquema rítmico tipo ABAB). Os sentimentos expressos também são característicos, e podem nos dizer algo importante sobre o modo básico de funcionamento da ópera-séria. Assim como o libreto, como um todo, a poesia é basicamente sentenciosa e moralizadora. Somos informados, de maneira sumamente complicada, de que o caminho para a glória é difícil, mas que essa dificuldade confere maior brilho ao objetivo. A mensagem moral abstrata é expressa na seção "A", nas primeiras duas linhas, por meio de uma elaborada metáfora que tem como palco o mundo natural. As vívidas imagens de penhascos (*balze*) que são íngremes (*scoscesi*) e aguçados, pontudos (*pungenti*), nos levam ao templo (*tempio*) e sua glória (*gloria*). Isso é muito direto, até mesmo ingênuo, em sua mensagem, e essa direiteza é ecoada na composição musical, que faz tudo que pode para fazer com que essas imagens se expressem na música, e assim as transmitindo à audiência tão vividamente quanto possível. São ritmos e linhas melódicas abruptos e aguçados para essas rochas íngremes e denteadas; e depois longas e sustentadas notas, agudos repetidos com obstinação e elaborados trechos de passagem para o templo e sua glória — *tempio* e *gloria* são expandidos e prolongados para ressaltar sua importância. O texto da seção "B" provê o obrigatório contraste. Ele acentua que o prazer não o levará à glória. Händel muda aqui a tonalidade da variação musical, mas aqueles ritmos aguçados ainda ecoam na orquestra, para nos fazer lembrar seu propósito didático. Vem então a repetição de "A", oportunidade para admirar os ornamentos musicais dos cantores e de novo apreciar como seus gestos desenham as palavras que proferem.

A orquestração dessa primeira ária é esquemática, só um violoncelo, um contrabaixo e um cravo (o chamado grupo de "contínuo") para o recitativo, e depois cordas e oboés para a ária. Como na maioria das árias de Händel, há um pouco do sentido de ingenuidade orquestral, de mudanças nos sons dos instrumentos em prosseguimento à mensagem musical, compasso a compasso. Esse é um processo mais mecânico, no qual cordas e oboés ou tocam juntos ou apenas se alternam. Há, é certo, sons orquestrais que não são usuais nas óperas de Händel, mas eles fazem seu efeito pelo fato de serem excepcionais. A orquestração, como no desenho formal das árias, é concebida de modo que o solo do cantor seja a parte mais importante de toda a tessitura. Replicando o conceito poético do texto, a música da ária se esforça por imitar a natureza, e com isso tê-la sob controle. A ópera handeliana é, dessa forma, irremediavelmente triunfalista: ela nos faz lembrar, ária após ária, a superioridade do homem sobre o mundo natural que ele habita.

Considerando sua fundamental similaridade de forma, o expressivo acervo de árias em *Rinaldo* é notável. Quando a outra facção do elenco aparece (os que se opõem ao exército cristão), é acompanhada por um esplendor cênico, essas "máquinas e decorações" de que se jactava Aaron Hill:

> Argante, da cidade, é conduzido através do portal numa carruagem triunfal, com seus cavalos brancos guiados por mouros negros armados. Ele avança, assistido por grande número de guardas a cavalo e a pé, e descendo de sua carruagem se dirige a Goffredo.

Uma carruagem de verdade, completa com seus cavalos brancos, realmente parece excessivo; mas um crítico da época menciona que Argante na verdade veio a pé, talvez por imposição de considerações financeiras.[16] Seja como for, para acompanhar esse esplêndido quadro no palco temos uma súbita injeção de colorido musical: trompetes e tambores surgem pela primeira vez na ópera. De novo o texto da ária, *"Sibillar gli angui d'Aletto"*, é uma coleção de vívidas imagens, dessa vez o sibilo das serpentes de Alecto e o ladrar faminto da Scilla de seis cabeças. E outra vez a música cumpre seu dever ilustrativo, o sibilo traduzido como uma sequência ascendente de escalas nos violinos, o ladrar numa linha angular e saltante do contrabaixo. Mais um exemplo dessa música cênica vem logo depois, quando Armida aparece. A descrição da cena diz: "Armida, no ar, numa carruagem puxada por dois enormes dragões, de cujas bocas saem fogo e fumaça" (o crítico acima citado menciona que o fogo e a fumaça eram produzidos por um menino escondido dentro da boca do dragão, e que às vezes era visto pelo público presente).[17] E de novo há uma óbvia imitação musical na ária "Furie terribili": as fúrias em volta são descritas por um repetido salto de uma oitava na voz e nas cordas; uma máquina que produz o efeito de trovões trabalha o tempo todo.

Esses momentos de sangue-e-(literalmente)-trovão são habilmente inseridos na ópera, e sempre alternam com inspirações mais suaves. Mas a ideia central da música imitando a natureza está sempre lá. Depois de todos os arquejos e bufos de Argante e Armida, e em contraste claro com eles, vem a ária para a filha do general cristão, Almirena. Ela acontece num delicioso arvoredo, onde se ouve o cantar dos pássaros, que são vistos voando, adejando entre as árvores. Começa com uma familiar imagem pastoral:

Augeletti, che cantate,
Zeffiretti che spirate
Aure dolci intorno a me,
Il mio ben dite dov'è!

[Passarinhos que cantam,/ brisas gentis que sopram/ doce aura à minha volta,/ digam-me onde está meu amor!]

Os passarinhos e as brisas gentis são convenientemente combinados para ajudar a configurar uma questão simples. Também nos fazem lembrar que o século XVIII foi uma grande época de paisagens — de tentativas de figurar a natureza numa ordem coerente. O prazer da simetria, com colinas levemente arredondadas, carneiros arrumados com bom gosto e cursos d'água murmurantes, encerra uma visão da natureza de modo tão firme quanto o fazem as outras árias de *Rinaldo*, com suas imagens de oceanos agitados, ou penhascos escarpados que foram domesticados sob o controle da música.

Aaron Hill não se satisfazia com o fato de essa ária ter um pano de fundo cênico com obedientes chafarizes, trilhas bem direcionadas e aviários arrumados. Ele decidiu que a natureza poderia ser feita teatral de modo muito mais imediato. Joseph Addison, num artigo da época no jornal *The Spectator*, conta a história:

Quando eu andava pelas ruas, há umas duas semanas, vi um sujeito comum carregando no ombro uma gaiola cheia de passarinhos; e enquanto eu me perguntava aonde ele os levaria, ele, por sorte, encontrou um conhecido meu que teve a mesma curiosidade, e perguntou o que tinha sobre os ombros. Respondendo, ele lhe contou que tinha comprado pardais para a ópera. Pardais para a ópera, diz meu amigo, lambendo os lábios, como? vão ser assados? Não, não, diz o outro, eles vão entrar lá para o fim do primeiro ato, e sobrevoar o palco.[18]

Realmente um paraíso, em que o espaço ao ar livre seria transportado para dentro do teatro, e no qual o belo canto ia competir com a natureza pela supremacia. Händel fez o melhor que pôde para juntar-se ao projeto, e convocou, para imitar o cantar dos pássaros, um órgão portátil e um flautim. Como que para enfatizar essa "naturalidade", essa ária não é *da capo*, mais parece obedecer aos caprichos da natureza. No entanto, pássaros reais soltos no teatro real constituíam um sonho avançado demais. Um comentarista posterior de *The Spectator* pôs em termos bem simples que a natureza indomada ainda teria o poder de desfazer as fantasias arcadianas mais cuidadosamente planejadas:

> Tem havido tantas revoadas [...] soltos nessa ópera, é de temer que o teatro nunca possa se livrar deles; e que em outras peças eles venham a fazer sua entrada em cenas muito erradas e impróprias [...] além das inconveniências que as cabeças dos espectadores poderão sofrer por causa deles.[19]

Rinaldo foi reencenada quatro vezes nos seis anos seguintes das temporadas de Londres, e apareceu também numa tradução alemã em Hamburgo (1715), uma das poucas excursões das óperas de Händel ao exterior. À medida que surgiam novos cantores em Londres, Händel adaptava a obra para que se adequasse a suas vozes. Quando, numa reencenação de 1717, o papel de Argante, antes atribuído a um baixo, foi dado a um alto castrato, Händel compôs, devidamente, três árias novas para ele. Quando a ópera voltou à cena no início de 1730, ele fez novas revisões substanciais para adaptá-la a novos membros do elenco e também reagiu às condições mais austeras, reduzindo o espetáculo cênico. Resumindo, não há nenhuma versão definitiva de *Rinaldo* (na verdade, de quase nenhuma ópera do período); cada partitura era parte de uma obra em plena progressão, à espera de novas condições de desempenho para estimular configurações mais frescas.

A POSTERIDADE HANDELIANA

Rinaldo foi um momento crucial na história da ópera em Londres — um evento cujo sucesso mudou o rumo da vida operística na cidade durante cerca de vinte anos, e com isso mudou a carreira de Händel. Mas o caminho nunca foi fácil, com suas endêmicas crises financeiras. Para sobreviver, a ópera precisava dos melhores cantores italianos. Mas, então como agora, esses astros sabiam qual era seu valor. Nicolini, o castrato para quem foi escrito o papel-título de *Rinaldo*, recebia oitocentos guinéus numa temporada (não as 8 mil libras que Hogarth sugeriu em sua gravura, mas ainda assim uma quantia assombrosa). Os patrocinadores pagavam meio guinéu por um ingresso — preço exorbitante pelos padrões da época. O apogeu foi na década de 1720, quando a chamada Academia Real (de novo: uma companhia de sociedade por ações, sob alvará real e financiada por uma mistura de patrocinadores da realeza e acionistas) permitiu que Händel produzisse uma torrente constante de óperas. Seu estilo pouco mudou ao longo desses anos. Ele e seu público permaneceram fiéis ao ideal da ópera-séria, que ele tinha herdado; ele se contentou em continuar a encontrar novas músicas para vestir o formato básico da ária *da capo*.

Em suas quarenta e tantas óperas há altos e baixos. *Giulio Cesare* (Júlio César, 1725) foi muito reencenada e apreciada, em parte por sua descrição de Cleópatra ter se mostrado popular, assim como as sopranos que a protagonizaram. Na década de 1730 Händel tinha mais liberdade para escolher seus libretos, e produziu uma série de óperas mais inovadoras. *Orlando* (1733), baseada em *Orlando furioso*, de Ariosto, e, escrita para o famoso castrato Senesino, tinha elementos do sobrenatural e uma cena de tremendo desvario. O herói imagina uma jornada como a de Orfeu ao mundo inferior para resgatar sua amada perdida, e, enquanto o faz, seu discurso musical se fragmenta, trechos do recitativo e da ária *da capo* se sucedem uns aos outros numa mistura anárquica. Em *Alcina* (1735), o sobrenatural tem um papel ainda maior, e as formas musicais usuais são animadas por uma série de danças e por rebuscados movimentos corais, numa clara demonstração de que Händel, sempre cosmopolita, tinha sido influenciado pelos modelos franceses. Mesmo assim, por mais marcantes que possam ser tais desvios, seria um erro dar demasiada atenção a ocasionais violações do convencional. Cada uma das óperas de Händel é mais ou menos moldada como uma sucessão contínua de árias *da capo*, e, assim, composta de números em que, ao menos formalmente, ele obedecia às regras — nos quais ele mais *usou* convenções formais do que tentou delas se evadir.

Na Londres da década de 1730, ganhar a vida como compositor de ópera tornou-se subitamente muito mais difícil. O teatro de Händel enfrentou uma desastrosa concorrência com uma companhia italiana rival, a chamada Ópera da Nobreza, inicialmente sediada num teatro situado em Lincoln's Inn Fields.* Mais

* A maior praça pública de Londres.

grave ainda, os teatros que apresentavam entretenimentos musicais em língua inglesa estavam vendo suas audiências se esvaírem. Em 1728, *The Beggar's Opera* (A ópera dos mendigos) de John Gay alcançava enorme sucesso, em parte por sua sátira, ao estilo de Hogarth, das extravagâncias da ópera-séria. Causa tristeza ler num relato da época sobre a apresentação de *Orlando* que "o público era muito reduzido, e assim creio que não arrecadaram o bastante para pagar os instrumentos da orquestra".[20] Como sempre, a ópera pública vivia no fio da navalha quanto ao aspecto financeiro; neste caso, o número de entretenimentos em oferta era simplesmente grande demais para um limitado patrocínio. Por volta do início da década de 1740, Händel desistiu da ópera, concentrando todas as suas prodigiosas energias em oratórios na língua inglesa. Nesse processo ele se tornou um monumento nacional, mas seu mero sucesso no novo gênero, mais popular, tornou a situação da ópera italiana ainda mais precária.

Uma questão hoje intrigante diz respeito à posteridade de Händel. Quando ele parou de compor óperas, em 1740, suas obras muito cedo saíram de cena e mergulharam em densa obscuridade. Conquanto alguns de seus oratórios (*Messias* mais do que todos) tenham se tornado parte integrante do universo musical, sobrevivendo a todos os tipos de mudanças da moda musical, as óperas foram rapidamente consideradas obsoletas e inaceitáveis. Continuaram a não ser apresentadas (com exceção de algumas poucas árias que sobreviveram como peças de recital vocal) na maior parte do século XIX e no século XX: um silêncio de duzentos anos. Quando, mais tarde, houve reapresentações (primeiro, como curiosidades históricas, no fim do século XIX e início do século XX, na Alemanha), os reapresentadores sentiram que era preciso submeter as obras a mudanças bem fundamentais, tão estranha e alienada tinha se tornado sua linguagem dramática. Barítonos e baixos assumiram os papéis dos *castrati* (e se esforçaram em vão por dominar uma escrita ornamental agora desconhecida para seus alcances vocais); o *recitativo semplice* foi condimentado com exclamações orquestrais; as onipresentes árias *da capo* foram frequentemente tosquiadas de suas repetições (consideradas de pouca ou nenhuma dramaticidade pelas gerações trazidas à ópera por Wagner). Mas esses drásticos ajustes musicais tornaram-se depois desnecessários; as audiências começaram a aceitar as obras como algo mais próximo de seus próprios termos. Agora, trezentos anos depois das primeiras apresentações, o *revival* operístico de Händel está em pleno vigor, e ainda mais óperas suas têm lugar nos repertórios atuais. São abastecidas pela nova percepção estilística do movimento da "representação histórica"; por uma geração de cantores (homens e mulheres) que estão à vontade com o virtuosismo de Händel; e (mais surpreendente que tudo) por uma nova geração de audiências que não se sentem mais desconfortáveis com os formatos operísticos e modos de expressão de Händel.

É fácil perceber como as óperas tornaram-se datadas: mesmo para as audiências do fim do século XVIII a incessante sucessão de solos de árias parecia artificial; tornou-se impossível haver representações regulares no século XIX, malgrado a continuada popularidade de Händel no oratório. O que houve para ocasionar sua meteórica ascensão durante as últimas poucas décadas? Em parte, houve razões práticas. A insistência do movimento da representação histórica em interpretações mais leves e mais rápidas da música do século XVIII faz com o que o drama avance com mais rapidez; recitativos podem sair a galope, árias da mesma forma; e uma nova geração de cantores abraçou essa nova estética de apresentação. E também, como mencionado no capítulo 1, a virtual ausência de novas obras adicionadas a nosso repertório criou a necessidade de escavações ainda mais profundas no passado em busca de novidades. Nesse sentido, Händel foi um grande beneficiário do colapso da ópera no fim do século XX, como tinham sido, um pouco antes, os compositores da ópera italiana do início do século XIX, tais como Rossini, Donizetti e Bellini.

Talvez tão importante quanto isso é que os diretores aprenderam a lidar com a sucessão de árias *da capo*, com a "galeria de retratos" representada pela ópera-séria de Händel. Eles faziam isso frequentemente ao ignorar aspectos da estética que era subjacente àquele modelo, injetando uma energia de direção que mantinha em movimento a ação sobre o palco, mesmo quando a forma musical era repetitiva. O espetáculo era feito de maneira a parecer sempre em alerta e rico em eventos, mesmo que funcionando *contra* a música. Muitos lamentaram com veemência essa prática (de maneira alguma restrita a Händel apenas, mas talvez mais comumente aplicada a suas óperas), mas é provável que as audiências dos dias modernos não prefiram um Händel "autêntico" na encenação, na qual quase as únicas grandes movimentações no palco são as saídas dos personagens ao terminarem suas árias. Relacionado com isso há o caso do elenco. Somos ainda mais cautelosos quanto a replicar a notável indiferença que a ópera-séria de Händel atribuía ao gênero dos personagens. Embora não mais se exija que barítonos se esforcem em papéis de *castrati*, hoje é típico que se usem contratenores, aparentemente porque a presença de seus corpos masculinos é mais importante do que o

fato de não serem suas vozes (conquanto virtuosísticas) adequadas às partes modeladas para *castrati* — em especial nos registros mais baixos, nos quais os *castrati*
eram sobretudo fortes e onde os contratenores são tipicamente fracos.

Mas essas escolhas de tipo de desempenho mudam o tempo todo, e na medida em que mais óperas de Händel entram para o repertório, elas continuam a
evoluir. E além disso, estão aparecendo agora alguns dos contemporâneos de
Händel, remodelados; admite-se que a maioria das sessenta e tantas óperas de
Alessandro Scarlatti ainda aguardam sua vez, mas as de Antonio Vivaldi (1678-
-1741) mostram sinais de vida, e elas são (segundo as contas do compositor, possivelmente exageradas) 94, para se escolher entre elas as que se queiram. Uma coisa
é certa: em nosso atual universo operístico as óperas-cômicas de Mozart não são
mais o divisor de águas — aquilo que no capítulo anterior chamamos de linha divisória entre o passado distante e o acessível. As óperas de Händel podem, agora
sabemos, trazer novos significados, depois de terem sido negligenciadas durante
séculos — isto é, enquanto houver cantores que consigam transformar o já ouvido em ousada proeza de elaboração vocal, assombrando-nos com sua coragem.

4. Disciplina

A ópera é extravagante, absurda, barulhenta e, acima de tudo, criada pela voz humana. Como já vimos, quase sempre se achava que ela carecia de disciplina, e às vezes esses pensamentos se tornavam ação. Não há praticamente uma década sequer no século XVIII (a época de ouro do panfleto polêmico) na qual não tenha havido um debate filosófico sobre os males da ópera — com frequência, sendo a natureza humana o que é, os males das óperas dos outros, não os das suas.

O ano de 1762 presenciou um terremoto mais poderoso e duradouro do que a maioria deles. Ele marcou a estreia de mais uma ópera *Orfeu* italiana, dessa vez apresentada em Viena. Depois de mais de um século de um tempo relativamente duro para Orfeu, um poeta italiano chamado Ranieri de' Calzabigi (1714-96) escreveu um novo libreto sobre ele; foi musicado por um compositor alemão, Christoph Willibald Gluck (1714-87). *Orfeu e Eurídice* de Calzabigi e Gluck foi amplamente considerado como espantoso, revolucionário tanto na forma quanto no estilo. Gluck continuou a escrever obras de grande originalidade, em italiano e em francês, entre as quais *Alceste* (1767), *Iphigénie en Aulide* (Ifigênia em Áulis, 1774) e *Iphigénie en Tauride* (Ifigênia em Táuris, 1779). Os temas eram todos derivados da mitologia grega, e, o que é mais significativo: Gluck e seus libretistas demonstraram que o fervor neoclássico poderia caminhar de mãos dadas com uma vontade de reprimir os excessos operísticos, acima de tudo o do estilo elaborado de cantar. Uma geração depois, e da mesma maneira, as túnicas de inspiração grega e os cachos simples e naturais, modelados em imagens de antigas ânforas, iriam substituir em cena as malcheirosas e empoeiradas perucas e as imensas anquinhas das roupas com corte do século XVIII.

O novo tipo de ópera trazido por Gluck teve enorme influência: ele é uma das figuras operísticas ancestrais de Mozart, e seu nome era um talismã quando já decorria avançado o século XIX. Basta ler o *Traité d'instrumentation* (Tratado de orquestração, 1843) de Berlioz, ou suas *Mémoires* (1870), com sua obsessão por Gluck, ou as polêmicas que cercaram seu *revival* de *Orfeo*, em Paris, em 1859, ou o *Orfeo* de Liszt em Weimar alguns anos antes, para perceber como os nomes tanto do compositor quanto de suas obras continuaram a ser influentes. Assumir aquilo que Gluck propunha era acenar para o elevado plano moral da ópera, reivindicar um nível de pureza e abstração musical que a desordenada e corriqueira prática teatral parecia nunca poder atingir. Encenar *Orfeo* com tão nobres intenções e uma redescoberta contenção clássica sempre foi a sinalização de uma reação contra a extravagância teatral. Na Alemanha, as produções da ópera com esse *revival* grego nas primeiras décadas do século XX deram lugar a reações de exasperação contra o expressionismo decadente na ópera. A Elektra de Richard Strauss podia berrar de maneira estridente, encolerizar-se e pular para cima e para baixo em seus sujos andrajos, esforçando-se por se fazer ouvir acima de uma enorme e estrondosa orquestra; mas não importa, o Orfeu de Gluck, trazido de volta à cena para cantar sua dor num ensolarado dó maior, restaurou a tão necessária contenção. Como este estranho novo Orfeu chegou a acontecer? Que correntes lhe deram forma?

Para responder a essas perguntas precisamos recuar algumas gerações. As elevadas aspirações que criaram *Orfeo* em 1762 tinham sido preparadas, na visão de alguns intelectuais, por décadas de insultos às audiências. As causas das dificuldades da ópera-séria handeliana, analisadas no capítulo anterior, eram óbvias, e continuaram com a geração seguinte de compositores de ópera-séria. Na visão das posturas éticas que levaram ao novo caminho que Gluck traçou para a ópera, a poesia do libreto ficara amarrada a fórmulas, e suas emoções foram mantidas à distância por infindáveis metáforas — infindáveis maneiras pelas quais os sentimentos humanos não só eram comparados a fenômenos naturais, mas pelas quais esses fenômenos naturais se tornaram o foco da expressão musical. Além disso, os enredos tendiam a revisitar os mesmos arquétipos: o perturbado mas afinal iluminado rei, o herói confuso, o amante desprezado, o maléfico conspirador; política e dever público eram infindavelmente contrapostos a amor e laços de família; erros de identificação eram facilitados pelo som uniforme de personagens sopranos, tanto homens quanto mulheres. A trama transcorria num simples recitativo, uma mera declamação musical a que poucos pareciam dar atenção ou mesmo ouvir. O drama — a sensação de suspense e de alívio, os investimentos emocionais que constituíam o preâmbulo essencial do prazer da ópera — ancorava-se exclusivamente numa pertinaz sucessão de solos de árias. E cada ária repetia a mesma configuração formal (o chamado formato *da capo*), cuja *raison d'être* só se percebia quando em execução, no "algo mais" que era oferecido na forma de ornamentos vocais improvisados quando se repetia a seção "A". O caso não era só que os espantosos vestuários e cenários num só plano tendiam a pôr no palco uma sucessão de personagens fabulosos, emplumados e reluzentes; era que os cantores que representavam todos esses personagens produziam um canto de tão imediato e espetacular virtuosismo — seja numa ária lenta e patética, seja numa eletrizante cascata de notas rápidas — que todos os outros aspectos retrocediam.

Os intelectuais e homens de letras resmungavam contra isso, em especial porque os cantores e suas plateias pareciam saber, infalivelmente, onde se situava a tragédia e onde o triunfo. Há uma história famosa sobre dois preeminentes *castrati* do período anterior a 1750, Senesino e Farinelli, contada pelo grande historiador da música britânico do fim do século XVIII, Charles Burney:

> Senesino e Farinelli, quando estavam juntos na Inglaterra, atuando em teatros diferentes na mesma noite, não tinham oportunidade de ouvir um ao outro, até que, devido a uma dessas repentinas revoluções cênicas que acontecem frequentemente, mas que sempre são inesperadas, foram contratados, ambos, para cantar no mesmo palco. Senesino tinha de representar o papel de um furioso tirano, e Farinelli o de um infeliz herói acorrentado: mas no decurso da primeira canção ele enterneceu de tal maneira o empedernido coração do tirano que Senesino, esquecendo seu personagem em cena, correu para Farinelli e o abraçou.[1]

O abraço de Senesino em Farinelli é uma maravilhosa e teatral demonstração (na verdade, se acreditarmos na história de Burney sobre essa cena) de como ouvintes podem se deixar transformar por um momento de canto ao vivo. Também sugere, ao lado de muitos outros relatos de encenações de ópera no início do século XVIII, que o "abandono de um personagem" era um lugar-comum, e não necessariamente considerado um pecado teatral, como seria hoje em dia, em nossos auditórios escurecidos e constantes chamadas para uma absorção silenciosa do desdobramento dramático. John Rosselli, um dos melhores historiadores de ópera mais recentes, relata um acontecimento em Ferrara em 1722: um cardeal está sentado num camarote de palco (isto é, ele assiste à ópera de um lugar literalmente sobre o palco, e à plena vista da maioria dos outros espectadores); no momento em que uma soprano entoa as palavras "Deem esmolas a um pobre peregrino" ele estende a mão e lhe entrega uma bolsa com ouro. Segundo comenta Rosselli, ao fazer tal gesto o cardeal estava "combinando dois dispositivos barrocos favoritos, ao demonstrar publicamente beneficência e ao brincar com a ilusão teatral".[2] Mas a questão, no que se refere a esta história e à história sobre Farinelli e Senesino, é também que uma grande parte da essência da ópera-séria era efêmera, e não pode ser recriada agora. Isso vale, claro, para toda ópera; mas seu alcance no início do século XVIII era excepcional. Muito do que era musical e dramaticamente mais importante era improvisado na hora; não podia ser escrito, menos ainda gravado; não temos acesso a ele. Tudo que se pode fazer quando hoje se recriam as óperas é estar ciente dessa perda. Hoje ficamos sentados no escuro; só se pode enxergar o palco. Estamos isolados uns dos outros e das reações de cada um. Não nos sentimos livres para comentar, e só podemos vaiar ou aplaudir em momentos predeterminados. Nem nos sentimos livres para ignorar totalmente o espetáculo se assim preferirmos; não podemos fechar as persianas de nosso camarote e jogar cartas quando começa o recitativo, ou comprar laranjas nos corredores, ou atravessar o palco para dar uma bolsa com ouro ao cantor cujas palavras, momentânea e magicamente, dão sentido a esse nosso magnânimo gesto.

Como arqueólogos do teatro, devemos dizer que essa ópera-séria do início do século XVIII hoje está relativamente silenciosa, uma vez que o que contrabalançava essas tramas estilizadas — essa poesia inarredavelmente bem-comportada e nenhuma estrutura que não fosse a das árias — estava presente num tipo de representação que hoje desapareceu por completo. O que se foi não são somente os itens mais óbvios, como a voz dos *castrati*, que se tornou tão importante fonte de fantasias. No grande romance epistolar da década de 1740, de autoria de Samuel Richardson, *Pamela, or Virtue Rewarded* (Pamela, ou a virtude recompensada), que foi publicado exatamente quando a carreira operística de Händel chegava ao fim, um personagem diz a outro, desesperançado: "Mas o que disse eu, o que posso dizer, de uma ópera italiana? — Somente, mesmo sendo fora de propósito, pergunto-me como fui capaz de dizer tanto assim: Pois quem é que pode descrever o som? Ou que palavras se acharão para personificar o ar?".[3] É uma lamentação que todos os arqueólogos da ópera podem ecoar. Na era da internet, dizemos que os trabalhadores que produzem texto e ideias são "as pessoas do conteúdo"; não ocupam posição muito elevada na escala das remunerações, não importa quanto respeito inspirem na qualidade de "autores". Os compositores do século XVIII conheciam muito bem essa sensação. Há uma famosa história, talvez inventada, sobre Händel ameaçando jogar a famosa prima-dona Francesca Cuzzoni (1696-1778) pela janela quando ela se recusou a cantar uma ária de *Ottone* (Otto, 1723), que não tinha sido escrita expressamente para ela.[4] Repetida muitas vezes, essa história alimenta nossa percepção moderna de hierarquia: compositores *deveriam* ser briosos assim e ter esse controle. Mas a realidade econômica e prática conta outra história; Händel, com toda a sua fama, era basicamente uma "pessoa de conteúdo"; quaisquer que fossem seus rompantes ocasionais, usualmente era ele quem pendia das janelas, à mercê de sopranos e de *castrati* para cuja exibição ele criava sua música.

No século XVIII, o ressoar da revolta contra esse estado de coisas veio de uma perspectiva tanto prática quanto crítico-literária. Ela aconteceu em duas fases. A primeira dizia respeito às palavras, a segunda às palavras e à música — o tipo de música que os cantores deveriam ser incentivados ou forçados a favorecer ou a evitar. Grande parte do ímpeto por essas mudanças, embora elas parecessem ter origem junto a panfleteiros e outros, veio do que estava acontecendo, em termos operísticos, em outros lugares. Por exemplo, o relativo decoro da *tragédie lyrique* francesa, seja nos libretos seja na música, teve silenciosa influência na regulamentação da ópera-séria italiana. Com a forte tradição de seu drama falado altamente clássico, a França dispunha de regras teatrais que se estenderam aos — e dominaram os — libretos desde seu início na década de 1670. E os estilos franceses de composição por volta da virada do século XVIII, tanto na música instrumental quanto na vocal, dependiam mais da instrumentação e riqueza harmônica — ao menos na visão dos franceses — do que de uma linha melódica em constante desdobramento e da desenfreada coloratura do estilo italiano. Nunca se fez muita questão de tentar isolar uma tradição operística das linguagens alternativas que a alimentavam ou eram alimentadas por ela, fossem essas linguagens outros gêneros ou formatos de ópera, ou os sons de instrumentos musicais contemporâneos. Há aspectos nos quais a ópera-séria italiana e a *tragédie lyrique* francesa têm traços semelhantes, assim como há aspectos nos quais as árias *da capo* se parecem com concertos e outras formas instrumentais.

Foram trocas recíprocas: reformadores franceses da música em meados do século XVIII buscavam a relativa simplicidade e o lirismo da ópera-cômica italiana. Em suas *Confessions* (Confissões, 1770), Jean-Jacques Rousseau atribui forças reveladoras à ópera-bufa italiana. Na Veneza de 1744 ele ouviu uma ópera chamada *La finta schiava* (A falsa escrava, um *pasticcio*, uma colagem, ou seja, uma ópera feita da montagem de árias de uma série de obras preexistentes). As ruidosas e brilhantes árias não tiveram grande efeito sobre ele, mas uma simples melodia cômica o fez despertar: suas "orelhas e ao mesmo tempo os olhos" se abriram. Ele alude repetidamente a dormir e acordar, a ária trazendo-o à consciência. Ansioso por recapturar a experiência, ele foi consultar a música, só para descobrir que as notas na página não são as mesmas que ouvira.[5] Descrevendo como, em 1752, ele decidira escrever seu próprio intermezzo cômico, *Le Devin du village* (O adivinho da aldeia), Rousseau mais uma vez deixa claro que a ópera-cômica italiana libertara seu espírito. Depois de uma longa conversa noturna com um amigo sobre a ópera-bufa — só falando sobre isso —, Rousseau não conseguiu dormir e no dia seguinte, "numa espécie de câmara abobadada que havia na extremidade do jardim", ele rabiscou duas árias e o dueto final de *Le Devin du village*.[6] Seja qual for o aspecto mitológico aqui envolvido — e ele não está ausente —, a conexão é clara. *Le Devin du village* e óperas similares que se seguiram em sua esteira, com seus maneirismos italianados, ricochetearam de volta sobre a ópera francesa; a leveza de seu candor musical trouxe, depois da década de 1750, sabores alternativos tanto à ópera-cômica quanto à *tragédie lyrique*. E então, para completar o ciclo, a ópera-cômica — ostensivamente italianada mas, não obstante, um gênero francês com seu próprio elenco de convenções musicais — reinfletiu sobre a ópera-séria, por intermédio de Gluck.

O CÓDIGO METASTASIANO

No capítulo anterior vimos uma fase importante da reforma operística, cuja origem remonta aos arcadianos, em Roma; mas mesmo enquanto Händel e seus cantores estelares encantavam audiências em Londres, novas ondas de reforma varriam a Itália. Como sempre, a Grécia antiga era rotineiramente evocada. O tratado de Pier Jacopo Martello *Della tragedia antica e moderna* (Sobre a tragédia antiga e a moderna, 1715), escrito por uma segunda geração arcadiana, construiu uma elaborada fantasia na qual Aristóteles aparece diante dele na estrada para Paris e o instrui (longamente) a enfrentar o problema do libreto. Já tínhamos lido as recomendações de Aristóteles quanto aos recitativos e as árias, mas aqui há muito mais. A torrente de amistosas recomendações do filósofo satirizam a maioria dos supostos males da ópera: "não muitas florestas, pois os troncos de árvores e os galhos folhosos não são assunto para os pintores de teatro [...] deve-se ter o cuidado de escolher uma história fabulosa composta de uma mistura de deuses e heróis, ou uma história de heróis verdadeira". Os *castrati* deviam ser sempre "elegantes, não grosseiros". "Deixe que a maneira pela qual os fatos acontecem careça de verossimilhança", recomenda secamente o filósofo, "deixe que haja reconhecimentos e reviravoltas do destino. Nos reconhecimentos, deixemo-nos enganar facilmente por uma súbita troca de vestuário, por certos objetos que se acham no berço do personagem quando ele era criança." Poetas, ele concluiu, são adestrados pela ópera a "sujeitar a si mesmos e renunciar a suas próprias vontades".[7] Cinco anos depois, outro satirista, o compositor de ópera Benedetto Marcello (1585-1739), escreveu um fantástico e às vezes surreal panfleto chamado *Il teatro alla moda* (O teatro da moda, 1720), no qual cataloga, capítulo por capítulo, o que considerava os excessos da cena italiana: compositores e empresários bajulando cantores (e, ainda mais degradante, as mães dos cantores e outros "protetores"), enredos absurdos, cenários desnecessariamente exuberantes, o status de escravos dos poetas. Esses dois reformadores nos dão uma percepção imediata do ímpeto para afastar a ópera desses vertiginosos excessos, das máquinas espetaculares e dos ainda mais espetaculares virtuoses; e, juntamente com isso, introduzir noções de contenção e de equilíbrio característicos dos maiores teatros falados. O Aristóteles de Martello cita explicitamente a tragédia grega como modelo, como é de esperar, mas também evoca o drama clássico francês, um tributo à francofilia do autor.

Pedro Metastasio (1698-1782) foi o poeta que com mais sucesso se deixou influenciar profundamente por essa segunda onda de crítica reformista. Era amigo íntimo do castrato Farinelli (abriam as cartas que escreviam um ao outro com a saudação *"Caro gemello"* — Caro gêmeo), e tornou-se de longe o mais famoso poeta italiano do século XVIII — seus trinta e tantos libretos de ópera-séria foram os encenados com mais frequência em toda a história da ópera. Ainda no início do século XIX os compositores, Rossini entre eles, retomavam ocasionalmente seus dramas. Seus libretos eram austeros e equilibrados o bastante para preencher um específico buraco negro cultural — a ausência de obras sérias de teatro falado italiano para concorrer com as grandes tragédias faladas da França. Como observou judiciosamente Charles de Brosses em 1739,

> para tragédias em forma de ópera, eles [os italianos] têm um excelente autor ainda vivo, Metastasio, cujas peças são cheias de espírito, intriga, dramáticas reviravoltas no enredo, e de interesse, e que sem dúvida não conseguiriam grande efeito se fossem representadas como simples tragédias faladas, deixando de lado todo esse negócio de pequenas "arietas" e dispositivos operísticos, que seriam facilmente removidos.[8]

Metastasio tinha trabalhado sobre a obra de Zeno e a refinado. Temas complicados — todas aquelas crianças abandonadas depois reconhecidas como príncipes, ou subtramas bobas que eram necessárias para dar a personagens secundários um suprimento de árias — eram de novo expurgados; o número de personagens foi diminuído ainda mais. E o que foi crucial, ele acompanhou Zeno na eliminação dos personagens cômicos. A pureza do gênero — não misturando tragédia e farsa — era um ideal aristotélico que ressoava com as obsessões generalizadas do século quanto às classificações. A ironia foi que os personagens cômicos afastados do elenco — todos aqueles jardineiros e empregadas, burgueses libertinos, velhas criadas, amantes rústicos e funcionários bêbados — receberam em compensação uma casa de ópera própria, primeiro na forma de interlúdios cômicos, e depois numa totalmente formada ópera-bufa. Em outras palavras, o primeiro passo em direção a uma obra do tipo *Le nozze di Figaro* (As bodas de Fígaro, 1786), de Mozart, foi um ato de banimento. Mais irônico ainda, a presunçosa adesão dos reformadores a códigos de um ideal tão elevado depositaria mais tarde a ópera-séria num grande e imponente pedestal em estilo clássico, um pedestal que as audiências, os cantores e as casas de ópera durante as décadas seguintes sentiram-se livres para ignorar, ou tratar com serena indiferença.

E qual era a situação da ópera-séria italiana por volta de 1750? Os libretos tinham ficado imponentes. Metastasio, filho do racional século XVIII, prescrevia um código moral no qual a virtude seria eternamente recompensada e o pecado eternamente castigado, ou, melhor, perdoado de forma magnânima depois de uma tremenda expiação. Menos pessoas morrem e todas se levantam no final para cantar juntas um coral. Ninguém comete suicídio, ou assassina seu ou sua descendente, e a exceção é sempre Medeia. Além disso, a poesia operística começa a se engajar seriamente, até mesmo filosoficamente, com questões de significação política. Uma dessas questões é a natureza da realeza, de monarcas absolutos em dificuldades com suas coroas ou realizando repentinos, desesperados, de último minuto atos de clemência (*La clemenza de Tito*, de Metastasio, 1734, depois preparada por Mozart, é um exemplo clássico). Libretos da ópera--séria desse tipo têm sido considerados importantes alegorias sociais, mesmo como prescrições para o verdadeiro papel do governante absoluto. Sob esse aspecto, foi totalmente lógico Metastasio ter se tornado poeta de corte do imperador austríaco (Carlos VI), como fora Zeno antes dele. Mais ainda, essa posição — efetivamente a de um servidor da corte de libré — era totalmente aceita por Metastasio. A descrição, que faz numa carta, de seu primeiro encontro com o imperador é uma expressão perfeita das hierarquias sociais que os libretos celebram incessantemente:

> Falei com uma voz que temo não ter sido bastante firme, expressando esses sentimentos: "Não sei o que é maior, meu contentamento ou minha confusão, ao me achar aos pés de Vossa Majestade imperial. É um momento pelo qual ansiei desde criança, e agora me encontro não somente diante do maior dos monarcas da Terra, mas com o glorioso título de ser seu presente servidor".[9]

Enquanto o espírito desses libretos metastasianos, especialmente a maneira direta com que celebravam o statu quo político, era uma novidade, certas características estruturais continuaram a ser a dos libretos anteriores, mais desregrados. Em outras palavras, as ondas da reforma eram antes de tudo literárias, não se dirigindo centralmente aos modos pelos quais a música é mudada por alterações na poesia. Em certa medida, isso refletia o maior prestígio e longevidade do componente literário da ópera. Os libretos de Metastasio eram famosos por toda a Europa numa época em que suas numerosas composições musicais eram na maioria concebidas para um determinado elenco de cantores. Era mais fácil encomendar uma nova composição do que dar nova vida a uma antiga quando se reunia um novo elenco. O próprio Metastasio não tinha dúvida quanto à hierarquia relativa entre as partes constituintes da ópera. Numa carta a um camarada reformador, Francesco Algarotti, ele escreveu:

> Essas partes da ópera que requerem somente que os olhos e as orelhas dos especta-dores as advoguem e julguem sempre reúnem mais votos do que as outras partes, cujos méritos só podem ser avaliados pela inteligência e pelo raciocínio. Todo mun-do pode ver, todo mundo pode ouvir, mas nem todos compreendem e nem todos raciocinam.[10]

Mas o desprezo dos poetas imperiais por aqueles que apenas olhavam e ou-viam não pode ocultar o fato de que as audiências, o público pagante, continuava a preocupar-se principalmente com seus "olhos e orelhas", com o espetáculo e com a música. E embora seu prestígio junto aos intelectuais possa ter sido baixo, os com-positores da geração da estirpe-Metastasio e pós-Händel continuaram a fazer ajus-tes musicais, embora muito menos alardeados do que o de seus companheiros libre-tistas. Os mais famosos entre eles, Leonardo Vinci (1696-1730) e Johann Adolph Hasse (1699-1783), talvez em resposta ao novo senso de contenção literária, mas também refletindo mudanças mais amplas no gosto musical, conceberam óperas com os mesmos contornos básicos formais da geração handeliana (séries de árias *da capo*), mas com uma superfície musical menos elaborada. Suas melodias tornaram--se mais simples e ritmicamente mais previsíveis, as linhas básicas mais funcionais (notas repetidas no baixo, uma espécie de marcação de tempo harmônica, eram lugares-comuns desse estilo). Em resumo, eles produziram o início daquilo que, pela primeira vez, foi chamado de música *galante*, e que depois se tornou conhecido como estilo clássico. Charles Burney (que aprovava muito essas características mo-dernas) elogiou particularmente Vinci por assim simplificar a música e a "despojar da fuga, da complicação e de um trabalhoso artifício".[11]

Foi esse estilo *galante* que Gluck herdou, e não era para todos os gostos. Al-guns da velha guarda o contestaram. Burney relatou que Händel disse, quando Gluck visitou a Inglaterra em 1745, que "ele não conhece mais de contraponto do que o meu cozinheiro" (embora o cozinheiro em questão fosse um tal de Gusta-vus Waltz, que era violoncelista e cantor, e pode ter sido bem capaz de fazer algu-mas incursões na fuga).[12] Mas apesar de alguma resistência local, essas mudanças musicais-estilísticas tiveram significância duradoura, e um grande impacto nas formas musicais que então surgiam, particularmente a do quarteto de cordas e a

1. Cena de *Um sonho de liberdade*, filme de Frank Darabont lançado em 1994. Prisioneiros de uma rude prisão nos Estados Unidos ficam em silêncio e ouvem atentamente quando um deles se apodera do sistema de comunicação e toca "Sull'aria", o dueto para dois sopranos do terceiro ato de *Le nozze di Figaro* (As bodas de Fígaro), de Mozart.

2. *Tristão e Isolda* no Opéra de Paris, no filme *Amor na tarde*, de Billy Wilder, lançado em 1957. Abundam os elementos de dispersão: Audrey Hepburn avista Gary Cooper embaixo, nos lugares mais caros, enquanto seu colega do conservatório examina minuciosamente o maestro e consulta a partitura. Atrás deles, o público regular de ópera assiste ao espetáculo.

3. Reconstrução, do ponto de vista dos artistas, da sala do palácio do duque de Mântua em que a ópera *Orfeo*, de Monteverdi, foi apresentada pela primeira vez, em 1607. Alguns dos assentos para membros da plateia têm a forma de um trono, mas o espaço é relativamente íntimo.

4. *Le nozze degli dei* (O casamento dos deuses), uma *favola* de Giovanni Carlo Coppola, apresentada em Florença por ocasião de um casamento real em 1637. O desenho de Stefano della Bella retrata as maravilhas cênicas que se podiam produzir nesses mitológicos entretenimentos da corte.

5. Após dois séculos de quase total esquecimento, o extraordinário *revival* de apresentações de óperas de Handel durante os últimos trinta anos tem se equiparado ao estilo das sensacionais produções pós-modernas. Esta cena é da produção de *Tamerlano*, por Graham Vick, em 2010, na Royal Opera House.

6. No século XVIII, muitos londrinos expressaram resistência à ópera, que invadia a cultura britânica. A gravura de William Hogarth *Masquerades and Operas (or the Bad Taste of the Town)*, de 1724, mostra a multidão afluindo a um espetáculo em que atuam extravagantes *castrati*; em primeiro plano, uma mulher leva embora numa carroça os agora descartados tesouros da literatura inglesa.

7. Dois famosos *castrati*, Senesino e Gaetano Berenstadt, aparecem ladeando a igualmente famosa soprano Francesca Cuzzoni, possivelmente numa apresentação de *Flavio* (1723), de Handel. A tendência de aumentar o tamanho dos *castrati* e desfigurá-los é aqui cruelmente exagerada.

8. Rosalie Levasseur (1749-1826), uma das cantoras favoritas de Gluck, que representou o papel de Eurídice na estreia francesa de *Orphée* (1774) e o papel-título em *Alceste* (1776), além de ter protagonizado várias de suas outras óperas francesas.

9. Pauline Viardot (1821-1910) como Orfeu num *revival* de 1859 da ópera de Gluck em Paris. Seu figurino austero e sua pose contida sugerem que a severidade clássica da reforma operística de Gluck ainda eram atraentes um século depois.

10. A figura pública. Mozart como um altivo e emperucado funcionário da corte. Este retrato feito por Barbara Krafft é datado de 1819, quase vinte anos depois da morte do compositor, mas baseia-se em fontes contemporâneas.

11. O homem privado. Com aspecto bem mais moderno que o de Krafft, este desenho a ponta de prata feito por Doris Stock data de 1789. Foi considerado pelos que o conheceram bem como um dos mais fiéis à aparência do compositor.

12 e 13. Imagens quase contemporâneas de Papageno e Sarastro em *A flauta mágica*. Essas gravuras em cores de 1793 são extraídas de um conjunto de doze ilustrações por Johann Salomon Richter (1761-1802). Papageno parece muito mais humano que passeriforme e carrega nas costas uma gaiola extremamente grande. Sarastro, com barba branca, sandálias, túnica e ornamentos solares, é um sacerdote/mágico maçônico-egípcio, refletindo as muitas fontes históricas do libreto de *A flauta mágica*.

14. Charles Edward Horn (1786-1849) como Caspar numa apresentação em inglês de *Der Freischütz*, de Weber (Londres, 1824), carregando um rifle, uma trompa de caça e (um tanto superfluamente) uma espada. O *The Musical World* (23 de março de 1850), relembrando o evento muitos anos depois, disse que "Horn não tinha voz, mas fez correções a essa deficiência com gestos e atitudes".

15. Wilhelmine Schroeder-Devrient (1804-60) como Fidélio, no segundo ato da ópera de Beethoven. Vestida como homem, tensa e pronta para combater a tirania, ela é um dos muitos símbolos femininos da "liberdade nas barricadas" do início do século XIX.

16. Caroline Ungher (1803-77), num retrato em gravura muito mais convencional. Nascida em Viena, Ungher cantou na primeira apresentação da Nona sinfonia de Beethoven, mas atingiu sua maior reputação na Itália, na nova, vigorosa, não totalmente do bel canto linhagem de sopranos operísticas.

17. Rossini como *merchandise*. A cena do tiro à maçã de *Guillaume Tell* (1829), a mais impactante da ópera, capturada em porcelana de Sèvres.

18. Rossini como cultura popular. Mickey Mouse rege a abertura *Guillaume Tell*, em *O grande concerto da banda do Mickey* (1935). A abertura é constantemente interrompida pela melodia popular "Turkey in the Straw", assim como "Take Me Out to the Ball Game" interrompe *Il trovatore* no filme dos irmãos Marx *Uma noite na ópera* (também de 1935).

da sinfonia. Contudo, ao menos no início, a ópera metastasiana não quebrou regras estruturais. Se olhamos para o acervo de seus libretos, musicados por numerosos compositores (inclusive Gluck) entre 1730 e 1760, o que resultou em literalmente milhares de números operísticos, o que encontramos é pouco mais do que uma parada festiva de árias *da capo* — algumas encantadoras, outras tediosas — às quais deram vida, com maior ou menor qualidade, os cantores dos quais dependia seu destino.

O descontentamento dos panfletos com os males da ópera se origina não apenas no ascetismo — uma martelada filosófica* que pode parecer ridícula quando dirigida a cantores, cenários, orquestras e entretenimento público. A poesia e a música operísticas, e até mesmo o canto, corriam o risco permanente de ser ignorados pelas audiências que acorriam para assistir às apresentações: no final do século XVIII, especialmente na Itália, o comportamento era ainda magnificamente informal, apesar das reformas já empreendidas. O impronunciado desejo que animava os escritos da reforma no século XVIII pode ter sido o de ver a audiência absorvida e emocionada pela arte, o desejo do mito de Orfeu tornado realidade.

Em Nápoles, trinta anos depois que De Brosses jogava xadrez durante os recitativos, o público continuava alarmantemente malcomportado. Um visitante inglês, Samuel Sharp, irritou-se com o caos:

> Há alguns que afirmam que os cantores poderiam ser ouvidos muito bem se o público fosse mais silencioso, mas é tão da moda em Nápoles, e na verdade, por toda a Itália, considerar a ópera um lugar de rendez-vous e de visita, que eles não parecem de modo algum prestar atenção à música, mas riem e falam durante toda a apresentação, sem qualquer restrição, e pode-se imaginar que uma reunião de tantas centenas de pessoas conversando tão alto deve cobrir totalmente as vozes dos cantores. Eu já estava prevenido quanto a esse costume antes de deixar a Inglaterra, mas não tinha ideia de que era levado a tais extremos [...] não obstante o barulho do público durante toda a apresentação da ópera, no momento em que começam as danças há um silêncio universal e mortal, que dura enquanto durar a dança.[13]

As comparações começam a transmitir a noção de que as audiências não eram as mesmas em toda parte; nesse caso, a de que o público inglês fica mais

---

* É de Nietzsche a expressão "martelada filosófica".

absorto nas apresentações do que o italiano. Sharp foi ferozmente atacado por uma resposta italiana, de Giuseppe Baretti em *An Account of the Manners and Customs of Italy* (Um relato sobre os modos e costumes da Itália, 1768), que reclamou da

> severidade de sua repreensão, como se estivéssemos cometendo um assassinato quando estamos conversando no fundo da plateia, ou nos organizando em grupos de carteado nos camarotes. Nossos cantores, então, embora não estejamos querendo ouvi-los, se mostrariam muito impertinentes se não cantassem o melhor possível, uma vez que são pagos para o que estão fazendo; e logo se ensinaram a Carafello melhores maneiras quando ele resolveu não fazer sua obrigação no palco em Turim sob o pretexto de que o público não prestava atenção a seu canto. Foi levado à prisão em suas vestes macedônias, onde passou várias noites assim que a ópera acabou, e trazido toda noite da prisão ao palco, até que, depois de repetidos esforços, fez jus à aclamação universal.
>
> Mr. Sharp também se admira de que *não seja moda na Itália, como é na Inglaterra, trazer uma pequena vela ao teatro, para que se possa ler o libreto.* Uma observação muito perspicaz, como é usual; sobre a qual nada tenho a dizer, a não ser que os italianos não são de tão boa índole quanto os ingleses, que têm paciência bastante para acompanhar atentamente um estúpido amontoado de disparates enquanto um eunuco idiota tritura uma vogal em mil partículas invisíveis.[14]

Foi contra esse pano de fundo que teve lugar a revolução gluckiana. Num polêmico prefácio a uma partitura da *Alceste* de Gluck, publicada em 1769, Calzabigi refere-se aos libretos de Metastasio como "selas para todos os cavalos", sendo os cavalos em questão os sopranos masculinos e femininos, criticados na mesma medida. Segundo Calzabigi, os reis e rainhas de Metastasio podem ter sido inovadoramente sérios e inovadoramente contidos; mas suas paixões ainda estavam congeladas em metáforas convenientes demais, que com muita facilidade eram então traduzidas em ornamentos vocais quando a seção "A" da ária *da capo* era reiniciada. Os invictos cantores estavam vencendo uma vez mais, e vencendo em termos ainda mais exuberantes. A histeria em torno de figuras como a de Farinelli era sem precedentes; rapsódias para trompetes prata, vozes divinas, rouxinóis, deuses e deusas em forma de mortais, se mudaram, foi para se tornarem ainda mais intensos. Metastasio pode ter adejado orgulhosamente na posição de servidor do maior monarca sobre a Terra, mas seus salários, comparados aos de seu "caro gêmeo" Farinelli, eram uma ninharia.

TRAGÉDIA LÍRICA

É bom lembrar que a ópera trágica francesa (*tragédie lyrique* ou *tragédie en musique*) tinha conhecido pouco desses excessos italianados. Recitativos elaborados e lentos acompanhados por toda a orquestra transformavam-se em breves árias formais; o ornamento era considerado vulgar, ao menos aquelas volatas de tipo italiano, extravagantes e em cascata (havia bastantes ornamentos menos exuberantes nas linhas melódicas). Os *castrati* causavam arrepios, e nunca se lhes abriam as portas. A sensualidade sonora — que é marca fundamental da ópera — era partilhada entre a melodia vocal e a sonoridade instrumental, esta última significando tanto o som do acompanhamento quanto a combinação de harmonias em torno do canto. A execução orquestral na França do século XVIII era o *nec plus ultra* da realização instrumental. A preeminência da França nesse domínio durou até o século XIX, com a orquestração da ópera francesa demonstrando desde o início muito mais variedade do que sua contrapartida italiana. As óperas de Jean-Philippe Rameau (1683-1764), também um famoso teórico da harmonia, aparecem como um espantalho nas *Querelle des Bouffons*, a grande batalha de panfletos do início da década de 1750 em Paris, na qual a *tragédie lyrique* (que enfrentava tempos difíceis) era contraposta à ópera-cômica italiana. A tendência era classificar as obras de Rameau, dependendo de qual partido se estava tomando, ora como a obra definitiva de nobreza e dignidade gálica, ora como um ônus nacional a ser suportado com gemidos de enfado. Algumas das ressalvas nas *Querelle* adotaram posições mais matizadas: como disse um dos panfleteiros, Rameau, na qualidade de "inovador sacrílego" trouxe "harmonias desconhecidas" para as orelhas parisienses, pressagiando assim a "profanação" de uma sublime instituição por palhaços italianos e por uma insuportável leveza; "os eventos fatídicos com que Rameau nos ameaçou finalmente aconteceram".[15] Em retrospecto, a música de Rameau, embora claramente um avanço em relação aos predecessores na ópera francesa, parece ser um suspeito incomum de crimes tais como o sacrilégio e a iconoclastia; mas palavras como "tagarelice" e "monstruosidade" foram brandidas livremente por seus críticos durante as *Querelle*.

Não há dúvida de que a *tragédie lyrique* estava em declínio quando Rameau começou a compor; o repertório das óperas de Lully, sustentado pela corte, tinha afinal (depois de meio século) se provado musicalmente fora de moda, e Rameau era visto como alguém que oferecia uma mudança revolucionária. Sua primeira ópera-séria, a *tragédie en musique* chamada *Hippolyte et Aricie* (Hipólito e Arícia, 1733), é típica daquilo que ele tinha a oferecer. Embora mantivesse os adornos externos do protótipo lullyano (a estrutura em cinco atos, os balés, o obsequioso prólogo etc.), ela acrescentou camadas de interesse em quase toda área musical. Os recitativos tendiam a ter uma elaboração orquestral incrementada, as harmonias eram mais densas e mais complexas, e — em particular — os monólogos de personagens individuais tornaram-se extremamente elaborados. Segundo Voltaire, Rameau resumiu tudo isso em poucas palavras: "Lully precisava de atores, mas eu preciso de cantores".[16] Vemos esse tipo de ópera em seu melhor no celebrado final do quarto ato de *Hyppolite*, no qual Fedra (personagem fortemente relacionada com a famosa heroína de Racine) lamenta o que ela supõe ser a morte de Hipólito (um monstro acabou de emergir do mar e o carregou com ele). O lamento de Fedra, contido num recitativo de grande densidade, é pontuado por lamentos corais de grande pungência — uma celebração de efeito orquestral, declamação e harmonia que está tão longe quanto se possa imaginar da interminável hegemonia melódica da ópera-séria.

O final do século xx viu as partes conflitantes dos movimentos de reforma do século xviii chegarem a uma coexistência pacífica. As óperas de Rameau começaram a ser encenadas em maior número na década de 1990, num processo mais ou menos paralelo ao do *revival* de Händel, como se algumas *querelle* de franceses contra italianos tivessem reencarnado em outra época. Como antes mencionado em relação a Händel, o que necessariamente acompanhou esse renascimento de Rameau tem sido, até agora, que os diretores e coreógrafos iriam apresentar a *tragédie lyrique* como um espetáculo pós-moderno de gloriosa alienação. Embora usualmente sustentada por um desempenho musical historicamente informado, essa estética operística, que hoje em dia não é familiar, tornou-se a base de um cênico festival de delícias com aspecto estranho e bizarras declarações da moda em vigor. O que falta geralmente é a percepção de que os gêneros italiano e francês eram considerados tão diferentes do século xviii, e seus defensores tão irreconciliáveis quanto os fãs de Callas e de Tebaldi na década de 1950. Essas diferenças são apagadas pela agradável bricolagem na produção da ópera contemporânea

— pelo prazeroso senso de alienação que os diretores pós-modernos tão confiante-mente proporcionam. No século XVIII, as diferenças perceptíveis, a paixão filosófica que elas inspiravam, explicam por que essa fertilização cruzada foi tão refrescante. O que a *tragédie lyrique* infundiu na ópera-séria foi um som alternativo: não só a ca-dência e o potencial de um recitativo mais sério, mas o maciço som de coros e *ensem-bles* e, é claro, umas férias do canto, proporcionadas por números de danças.

Uma palavra mais sobre essas férias. Em algum momento, quem quer que esteja assistindo a uma ópera sente a necessidade de descansar um pouco do can-to. Não há por que negá-lo. Foi por isso que os hábitos de jogar cartas, de comer, de conversar e de jogar xadrez duraram tanto tempo. Os compositores tinham às vezes bom senso o bastante para oferecer esse descanso, e em outros tempos fo-ram constrangidos a fazer isso por tradição e por costume. No século XVIII, os in-terlúdios com balé eram uma característica universal da ópera-séria em francês, um gênero que ganhou vida com as *comédies-ballets* de Molière e Lully. De fato, a tradição de requerer uma pausa por meio da dança foi refrão recorrente na produ-ção de ópera francesa até o século XIX. Em 1861, quando *Tannhäuser*, revista por Wagner (tinha estreado em Dresden, 1845), foi apresentada na Opéra de Paris, pediram ao compositor uma cena de balé maior e melhor, e ele não atendeu com-pletamente, apenas expandiu uma cena no primeiro ato, em vez de fornecer a usual grande e arrasadora cena do segundo ato. Sua ópera foi devidamente vaiada por membros do tradicional Jockey Club (amantes de balés tradicionais) e foi reti-rada de cartaz depois de três noites tumultuadas.

Na ópera francesa, os interlúdios dançados ocorriam dentro do âmbito do drama; na ópera-séria italiana, as danças constituíam entreatos ou um entreteni-mento pós-ópera, quase sempre desconectadas, em termos dramáticos, da ópera que as circundava ou precedia. As danças também apimentam a ópera-bufa, no século XVIII e depois dele; às vezes, como em *Don Giovanni*, de Mozart, são traba-lhadas como *finales* nos quais as danças fazem parte da trama, os personagens sussurrando de lado ou gritando por socorro, sobressaindo sobre uma orquestra situada no palco. No entanto, fundamentalmente, a dança em ópera é quase sem-pre um *divertissement* — uma diversão, uma distração. Como quaisquer quadros visuais sofisticados (e como os atuais efeitos especiais do CGI,* ou as sequências de perseguição de carros nos filmes) são como um lugar para nele se admirar a vista,

* *Common Gateway Interface*, tecnologia para geração de páginas dinâmicas na internet.

sem o ônus dos diálogos. E a dança foi um dos vários aspectos da ópera francesa que Gluck — também um experiente compositor de balés — importou entusiasticamente para as suas óperas italianas da reforma.

De acordo com as tradições francesas, as cenas de dança em *Orfeo ed Euridice* tinham alguma relevância dramática, consistindo de ritos fúnebres para os funerais de Eurídice ou de movimentos demoníacos das Fúrias no segundo ato. Seu coreógrafo, Gasparo Angiolini, era ele mesmo um reformador da dança; alegava ter reconstruído os ritos fúnebres de Virgílio, acrescentando com isso uma pátina de historicidade a seu projeto, que já era autoconscientemente neoclássico. Até os dias de hoje o *Orfeo* de Gluck atrai os coreógrafos, como candidatos não só para disputar as danças, mas como diretores de ópera, a cargo de tudo. A coreógrafa alemã Pina Bausch encenou *Orfeo* em Wuppertal, em 1975, com dançarinos solistas personificando Orfeu e Eurídice. Os infelizes cantores eram quase sempre relegados a ficar desanimadamente na extremidade direita ou esquerda do palco, cantando longe dos refletores. Em 2007, Marc Morris dirigiu a nova produção da Metropolitan Opera, abrindo mão de usar substitutos dançantes para os principais papéis de canto — mantendo assim cantores no centro do palco, que é o seu lugar — e configurando o coro — que, afinal, é o mais sujeito a sair de suas fileiras se tiver de se mover no palco — como um grupo fantasmagórico acima do palco, olhando para baixo para ver o que nele se passa. A tentação que *Orfeo* representa para os coreógrafos não é difícil de entender, uma vez que Gluck compôs uma brilhante música dramática para as partes dançadas da ópera, desde os quase dolorosos suspiros cromáticos do lamento-minueto do primeiro ato até as repetidas escalas das Fúrias, anuladoras de qualquer melodia. É difícil superestimar a força dessa paisagem sonora alternativa no reino da ópera italiana, dominada durante tantas gerações pelos tons monocromáticos de uma única e aguda voz.

COMPORTAMENTO MELHOR

Calzabigi escreveu com a convicção de um disciplinador — em nome de Gluck — sobre o que tinha dado errado com a ópera-séria italiana, e o que Gluck tinha feito para corrigir:

Decidi destituí-la totalmente de todos os abusos que, introduzidos ou pela inapropriada vaidade dos cantores ou pela expressiva indulgência dos compositores, desfiguraram por tanto tempo a ópera italiana [...]. Creio que deveria restringir a música à sua verdadeira função de servir à poesia na expressão e nas situações da história, sem esfriá-la com o uso de ornamentos inúteis e supérfluos [...]. Decidir não interromper um ator no calor do diálogo, obrigando-o a esperar o fim de uma tediosa introdução instrumental, nem fazê-lo parar no meio de uma sentença por causa de uma vogal favorável, nem exibir a agilidade de sua bela voz com uma longa passagem ornamental, nem deixar a orquestra dar-lhe tempo para recuperar o fôlego para a *cadenza*. Não me senti obrigado a me apressar na segunda parte de uma ária, mesmo sendo a mais apaixonada e significativa, para poder repetir quatro vezes as palavras da primeira parte, terminando a ária onde seu sentido fica inacabado, para que assim o cantor possa ter tempo disponível para demonstrar as muitas maneiras com as quais ele pode variar como queira uma passagem ornamental.[17]

Quanta veemência dirigida contra os cantores! Esse excerto vem do prefácio à partitura de *Alceste*, publicada em 1769, mas representa preceitos subjacentes em *Orfeo* em 1762, uma ópera que incorpora a "bela simplicidade", "clareza" e expressão natural que Calzabigi menciona serem os objetivos de Gluck.

O prefácio de Calzabigi a *Alceste* ecoa e também prefigura os resmungos de muitos. Por exemplo, Francesco Algarotti, em seu famoso *Essay on Opera* (Ensaio sobre a ópera, 1755):

Árias estão sobrecarregadas e desfiguradas pelos ornamentos com os quais são cada vez mais floreadas. Os ritornelos que as precedem são longos demais e frequentemente supérfluos. Em árias que expressam raiva, por exemplo, a verossimilhança é levada a um ponto de ruptura: como pode um homem num acesso de raiva esperar com as mãos na cintura até que se conclua o ritornelo da ária para dar vazão à paixão que lhe arde no coração?[18]

Ou Antonio Planelli, em *Opera* (1772):

Se se examinar qualquer música teatral rica em páthos, ver-se-á que ela contém menos notas do que até mesmo esses insuportáveis trinados que estão atualmente tão em moda. Além disso, nunca vai acontecer que uma canção feita com tantas notas crie algum páthos no teatro, ou reforce a carga emocional das palavras.[19]

Ou Rousseau, em *Confessions* (1770): "Um dia, no Teatro San Giovanni Crisostomo, eu adormeci profundamente como se estivesse em minha própria cama. As ruidosas e brilhantes árias não me despertaram".[20]

Como iremos ver, a ópera-séria em italiano não conseguiria viver segundo essas austeras prescrições antivirtuosismo, seja naquela época, seja nas décadas que se seguiram. A chamada por contenção e o ressentimento em relação à vocalização têm um sabor anti-italiano, e poucos compositores italianos correram às barricadas quando eles surgiram: Rossini e seu constante derramamento de excessos vocais, uma moda que conquistou a Europa, seguiu-se a Gluck com uma diferença de menos de cinquenta anos. No entanto, em seu projeto para *Orfeo*, Gluck e Calzabigi tiveram a sorte de poder recrutar para a sua causa um famoso cantor, fazendo com que *Orfeo*, em certo sentido, fosse um autêntico caso de esforço colaborativo. O cantor que criou o papel de Orfeu em 1762 foi Gaetano Guadagni (1729-92), um alto castrato e virtuose muito festejado, cuja voz tinha o forte registro baixo de muitos *castrati*. Mas dizia-se de Guadagni que ele tinha aparência masculina mais normal, o que de certa forma é confirmado (ao menos nas histórias) por suas muitas conquistas românticas de mulheres. Embora pouco saibamos sobre as circunstâncias em que *Orfeo* foi composta e de suas primeiras apresentações, uma história persiste segundo a qual Guadagni estava querendo cooperar com Gluck porque poderia com isso emprestar seu gênio a um idioma musical que era atípico para um castrato: um estilo lírico, controlado, e como Calzabigi/Gluck registraram em seu ulterior prefácio, com muito poucas oportunidades para uma ornamentação improvisada. Burney descreveu os gestos de Guadagni como "tão cheios de graça e propriedade que dariam excelentes estudos para uma estatuária";[21] e nos conta que ele depois caiu no desagrado do público britânico porque (transgressão mais para um não castrato) se recusou a fazer reverência e a repetir árias, por sentir que tal comportamento interromperia a seriedade do drama que estava sendo encenado. Guadagni na verdade tinha sido treinado em gestual e expressão dramáticos em Londres, e por ninguém menos que David Garrick; sua autenticidade, como ator cantante, era impecável.[22]

Muitos mitos foram criados por histórias desse tipo, que acrescentam a essa mistura a incerteza cultural quanto à ópera-séria e sua legitimidade ou frivolidade.

Uma elocução famosa sobre a importância histórica de *Orfeo* e o papel de Guadagni para o seu sucesso foi escrita pelo teórico da música e crítico alemão A. B. Marx em 1863, um século depois da primeira apresentação da ópera. Essa passagem do livro de Marx sobre as óperas de Gluck é notável porque é uma das poucas fontes para uma fantasia, hoje popular, de que os *castrati* tinham vozes particularmente *vigorosas* — em contraposição à noção de que eram refinadas ou flexíveis:

> Com a operação a que eram submetidos os *castrati*, o desenvolvimento dos órgãos vocais — mais precisamente, a laringe — era interrompido. É esse desenvolvimento, que começa na puberdade, que converte a voz de soprano ou de alto de um menino numa voz de tenor ou de baixo. Mas o ulterior desenvolvimento do corpo [...] continua normalmente. O peito e os pulmões do menino alcançam a potência e a flexibilidade que têm num adulto; a cavidade vocal atinge o tamanho e a ressonância do homem viril maduro. A força masculina ressoa com extrema violência dentro de órgãos vocais que permaneceram infantis. Em comparação com a voz de um menino, obtém-se um maior aumento de volume quando esse som penetra a cavidade vocal madura. Essa é a razão da maior potência da voz do castrato, e de sua qualidade violentamente penetrante [...]. Nenhuma alto feminina é, em termos de qualidade de voz, capaz de substituir um castrato.[23]

Mais uma vez, tanta ansiedade! Tantas referências a homem, masculino, viril, maduro, força, potência, tamanho, violência e penetração. Mas Marx não poderia ter ouvido Guadagni (que morreu na década de 1790); como todos os de sua época, ele teve pouca oportunidade de observar diretamente os *castrati*, exceto, talvez, em coros de igreja italianos, que foram seu último refúgio. O que é mais importante, essa polêmica tem um foco muito preciso. Marx, um violento misógino, estava protestando, sem dizê-lo explicitamente, contra o recente e espetacular sucesso da meio-soprano Pauline Viardot no papel-título de *Orphée* (a versão francesa do *Orfeo* de Gluck, 1774), que foi reencenada para ela por Berlioz em Paris, em 1859.

Quais foram os resultados musicais da experiência do *Orfeo*? Uma delas, a declamação estética recuperada por Calzabigi e Gluck — o *recitar cantando* — como fonte de expressão tanto em recitativos quanto (ainda mais radicalmente) em árias. No recitativo prolongado do terceiro ato, no qual Eurídice enfim convence o atormentado Orfeu a se virar, para depois cair morta, a intensa prosa de Orfeu é vividamente retratada na orquestra (cordas em trêmulo, mudanças rápidas de textura), enquanto a súbita queda de Eurídice mal arranha a tessitura musical. Quando usado dentro das árias, o ideal declamatório está aqui muito longe dos voos de coloratura dos heróis e heroínas da ópera-séria tradicional, na qual o derramamento de um puro som vocal ameaça constantemente romper o significado verbal. Assim como o libreto de Calzabigi se afastara da poesia eivada de metáforas de Metastasio, assim também Gluck visava a um estilo mais coloquial, no qual uma sílaba, individualmente, raras vezes recebia mais de única nota. As duas famosas árias do herói — "Chiamo il mio ben così" (primeiro ato) e "Che farò senza Euridice?" (terceiro ato) — adotam ambas a linguagem mais simples. Essas reformas, obviamente, não vieram do nada. Gluck já era um atarefado compositor de ópera durante cerca de vinte anos antes de escrever *Orfeo*, e mesmo sendo suas primeiras obras decididamente do molde metastasiano, ele — como diretor musical do teatro francês em Viena — também escreveu várias óperas-cômicas, nas quais essa declamação simples, quase de formato popular, era a norma. Na verdade, "Che farò" foi adaptada de uma das óperas-cômicas de Gluck, e "Chiamo il mio ben" caiu tanto no agrado de um compositor de ópera-cômica, Philidor, que ele a roubou para uma de suas próprias produções em Paris.

A cena primordial de *Orfeo* é uma modesta obra-prima para o cantor protagonista. O confronto no segundo ato entre Orfeu e as Fúrias que guardam a entrada do mundo inferior é sempre espantoso com seu efeito de terror — o primeiro exemplo do aspecto sobrenatural da ópera. Os habitantes do inferno dançam selvagemente, primeiro muito devagar, depois, durante alguns compassos com uma rapidez vertiginosa, antes de cantar um coral que amiúde pede uma resposta à mesma miserável pergunta: quem é o mortal que ousa vir a este lugar terrível? Cantam cada parte dessa pergunta no mesmo ritmo ternário, com três longos e uniformes golpes verbais seguidos pelo estalo de três curtos:

Chi mai dell'Erebo
Fra le caligini
Sull'orme d'Ercole
E di Piritoo
Conduce il piè?

[Quem entre as névoas/ do Érebo,/ nas pegadas de Hércules/ e de Piritoo/ pisa aqui?]

Depois de dançar novamente, eles repetem a pergunta. Volta o mesmo ritmo, com mais ênfase no que tange aos detalhes repugnantes do inferno, a ira da Fúrias, o uivo de Cérbero — com uivos dos instrumentos se elevando da orquestra, os violoncelos tocando fortes e enfáticos legatos. A mensagem é simples. O inferno é barulhento. Tudo isso é também repetitivo, com a fala entoada reduzida a um único tique rítmico, como se o desespero desses condenados a uma labuta tóxica e eterna tivesse ganhado um formato musical. Quando Orfeu começa a cantar tendo como fundo esse barulho, uma segunda orquestra, composta de harpas e de cordas dedilhadas, torna-se o som da lira que ele traz consigo. Ele canta seu apelo duas vezes, inteiro, e depois repete as linhas 2-4 uma terceira vez:

Deh! placatevi con me,
Furie, larve, ombre sdegnose,
Vi renda almen pietose
Il mio barbaro dolor!

[Deus! Aplaque comigo, / fúrias, fantasmas, sombras desdenhosas, / ao menos fazei--os ter piedade / de meu bárbaro sofrer!]

Diferentemente dos guardiães do mundo inferior, ele tem o dom e a capacidade de provocar mudanças, e assim, quando o texto poético é repetido (as Fúrias continuam a gritar: "Não!"), a música decola em diversas direções: há uma variação melódica e harmônica no primeiro passo, mas nunca sua repetição literal. Gluck compôs um solo que muda constantemente, traduzindo em notas a ideia de que Orfeu está improvisando, experimentando diferentes sabores da melodia e, com seus deslizamentos do registro alto ao baixo, calibrando-a de maneira muito efetiva. E na mesma cadência da música que se vai fazendo em cena, a resposta de seus ouvintes em cena nos diz qual deveria ser nossa reação. O repetido "Não!" das Fúrias, na mesma nota, aguda e alta, finalmente se suaviza num "Não" harmonioso em quatro segmentos, as vozes se unindo num acorde consonante em tom maior que poderia, por um instante, ser o amigável cantarolar de um quarteto de barbearia.* É o primeiro sinal de que as

* Os *barbershop quartets*, no início do século xx, nos Estados Unidos, eram grupos vocais a quatro

Fúrias irão capitular. A linha vocal de Orfeu evita melismas elaborados — a nenhuma sílaba do texto se atribuem mais de duas notas. Mas se consultarmos gravações dessa cena com vários desempenhos, vamos ouvir a maioria dos Orfeus acrescentar algum ornamento pessoal, pelo menos à cadência final dessa seção. É como se, apesar da polêmica de Calzabigi contra os cantores, a ilusão da improvisação e da autonomia que emana da melodia de Orfeu, tal como foi escrita, encoraje acréscimos de livre inspiração à letra do texto. Depois dessa primeira salva, com as Fúrias ainda não convencidas, Orfeu continua com um segundo verso poético e uma música totalmente nova. Depois de mais uma segunda recusa, há uma terceira vez: Orfeu parece dispor de uma imaginação sem limites. O que é mais triste com respeito a essa cena é que, mesmo quando finalmente elas se comovem com seu canto, as Fúrias nunca se libertam de seus grilhões rítmicos, condenadas que estão à mesmice. "Que se abra o portão, gemendo em seus negros gonzos!" Orfeu é autorizado a passar, e essa referência final ao barulho do inferno assume uma forma tranquila, um longo esvaecimento em dó menor, de piano a pianíssimo.

Essa cena ficou famosa desde o início, e seus sons ecoaram nas óperas e composições instrumentais durante décadas a partir de então. A abertura orquestral para *"Deh! placatevi con me"* — uma tríade arpejada em dó menor, começando *in media res* com si-ré-sol, depois, dó-mi bemol-sol antes de continuar daí — é ecoada no trágico coral "O voto tremendo", no terceiro ato de *Idomeneo*, de Mozart. Também assombra o primeiro número de *Don Giovanni*, quando aquilo que começa inequivocamente como uma ópera-bufa se transmuda abruptamente em tragédia. O comendador está morrendo. Don Giovanni e Leporello o lamentam, em choque, e temos o mesmo modo menor e tríades, a mesma abertura *in media res*. E então, por intermédio desse trio de Mozart, ela migra para o primeiro movimento da "Sonata ao luar", op. 27, n. 2, de Beethoven, cujas tríades arpejadas parecem um eco de Mozart e de Gluck, para tecê-las (um semitom acima) na famosa atmosfera dessa peça de piano. E esta não foi a única ocasião em que Mozart lembra *Orfeo*. No terceiro ato, o momento fatal de Eurídice é escrito como um elaborado recitativo orquestral, no qual ela repreende Orfeu por ele se recusar a olhar para trás para vê-la. A Eurídice de Gluck, temperamental megera que é,

---

vozes, geralmente de negros, que se reuniam (iconicamente, nas portas de barbearias) para cantar sem acompanhamento instrumental.

tendo atraído seu olhar, "ergue-se com tremenda força e mais uma vez desaba no chão", dizendo *"io manco, io moro"* (Desmaio, morro). No primeiro ato de *Don Giovanni*, quando Donna Anna encontra seu pai, o comendador, morto, ela desmaia com quase idênticos sons.

Orfeo eletrizava as pessoas diferentemente de Mozart? As audiências silenciavam, chocadas, e seria esse novo tipo de ópera duradouro? Burney relata em 1772 como Gluck lamenta quanto trabalho fora envolvido na produção de *Orfeo* em Viena, o quanto tinham sido resistentes os gostos e os hábitos entrincheirados.[24] Gluck foi, de fato, uma força polarizadora. Uma das grandes guerras de panfletos sobre música da década de 1770, ocorrida em Paris e totalmente forjada, baseava-se numa suposta rivalidade entre Gluck e Niccolò Piccinni (1728- -1800). No entanto esse conflito pouco tinha a ver com *Orfeo*, ainda menos com o estilo antigo e arriscado da coloratura em oposição à austeridade de Gluck. Piccinni tinha escrito um único sucesso de ópera-cômica, *La Cecchina, ossia la buona figlioula* (Cecchina, ou a boa moça, 1760), e seu estilo preferido era melodioso e simples. Foi a leveza sonora de Piccinni que formou a antítese à *gravitas* de Gluck, ao Gluck como o compositor de quem o historiador Marmontel disse espirituosamente: "Deve-se admitir que ninguém jamais fez os trompetes ribombarem, as cordas zumbirem ou as vozes berrarem como ele".[25] No entanto, do que sabemos sobre as reações do público ao *Orfeo* de Gluck, pareceria haver realmente uma diferença significativa entre os barulhentos e indiferentes espectadores italianos e as audiências em outros lugares. Calzabigi escreveu em 1778 sobre os frequentadores de teatro italianos: "Como pode alguém querer apresentar uma tragédia grega diante de tão desordenado público?".[26] Mas em Viena e na França a situação tinha sido diferente. Lá Gluck realizou uma revolução no formato operístico, uma nova maneira de escrever ópera que tinha o poder de suscitar nos ouvintes uma ruptura e uma absorção sem precedentes. Na década de 1770, em Paris, como evidenciado pelo choro e por uma devoção solitária e silenciosa ao que ocorria em cena, uma nova "profundidade e intensidade" daquela experiência, "inconcebível nas plateias anteriores", estava sendo atribuída a Gluck.[27]

Nas primeiras décadas do século XIX, na Áustria e nos estados alemães, as óperas maduras de Gluck gozavam de uma reputação de genialidade que Mozart então só começava a atingir. A história de E. T. A. Hoffmann "Ritter Gluck" (O cavalheiro Gluck, 1809) é uma sucinta miniatura nessa paisagem, e dá uma noção da reverência com que Gluck era visto por aqueles que mais repugnavam a ópera italianizada. Em Berlim, conta o narrador, as óperas de Gluck são constantemente encenadas, e uma figura excêntrica e antiquada perambula pelas ruas reclamando de suas apresentações:

> Uma vez fui ouvir *Iphigenia in Tauris*. Quando entrei no teatro, ouvi a orquestra tocando a abertura de *Iphigenia in Aulis*. Pensei, hum, então eles estão tocando *essa Iphigenia*. Mas aí fiquei espantado quando começou o Andante e a subsequente Tempestade [primeiro número coral de *Iphigénie en Tauride*]. Um oceano tranquilo, depois uma tempestade, e então os gregos são varridos até a praia — era essa ópera! O quê! Será que o compositor anotou na partitura que se pode fazer o que se queira com ela, como se fosse uma bagatela para trompete?[28]

Esse excêntrico, no típico estilo hoffmannesco, vem a ser o fantasma do próprio Gluck, condenado a vagar impenitente, por razões misteriosamente inexplicadas, uma vez que o Gluck real não cometeu pecado maior (assim nos contam) do que se comprazer em beber além da conta já no fim da vida. O que é interessante nessa história é a maneira pela qual a polêmica reformista de Gluck, em especial suas afirmações da autoridade composicional *contra* as pressões e exigências do desempenho, são convertidas aqui numa suposta fúria de Gluck contra uma casa de ópera que mistura e emparelha aberturas. Mas essa mistura e emparelhamento, substituindo números ou os rearrumando, era um fato comum na vida operística (inclusive a de Gluck). Embora Hoffmann não soubesse, o próprio Gluck tinha reutilizado longos trechos de sua música de balé para *Semiramis* (1765) na *Iphigénie en Tauride*, e reciclado outras músicas de seus balés e óperas-cômicas em suas óperas-sérias. Mozart também gostava de prover árias substitutas para suas óperas (e de outros compositores) para agradar novos cantores em *revivals*. Muitas pessoas respeitáveis e interessadas — o que inclui muitos dos filósofos que debateram sobre a ópera durante o Iluminismo — reclamaram disso que faziam os músicos praticantes quando se dedicavam à ópera durante muito tempo. Os mesmos brados de ofensa contemplaram Cecilia Bartoli, por exemplo, quando ela cantou duas árias substitutas de Mozart em *Le nozze di Figaro* no Metropolitan Opera em 1999. Os críticos estavam determinados a castigá-la pelos supostos pecados que tinham durado no palco uns poucos e efêmeros minutos. O espírito de Gluck, não fosse aquilo que ele efetivamente praticava, estaria entre eles.

GRANDE PAIXÃO E EFEITO

No primeiro ato de *Iphigénie en Tauride*, Ifigênia conta um sonho horrível a suas donzelas reunidas: ela está novamente no palácio de seu pai, Agamemnon, e o vê fugindo de sua assassina, que é a mãe dela, Clitemnestra. Ela é então compelida a matar seu irmão, Orestes. Essa terrível história da Casa de Atreu é resumida num recitativo que começa com um som espantoso, um repetido fá sustenido pianíssimo nos metais e nas madeiras: um som de trombeta irrompendo, mas muito longe ou há muito tempo. Enquanto Ifigênia relata detalhes meteorológicos — "fogo ardia no ar, e relâmpagos caíam no palácio em chamas, envolvendo-o e o devorando!" —, a orquestra perde seu senso musical; as tonalidades se sucedem uma após outra mais de acordo com seu efeito inquietante do que com qualquer sentido funcional; com o sino de alarme em fá sustenido, agora alto e claro, voltando à extinção do palácio.

Uma atividade orquestral como essa é típica no recitativo trágico francês e faz contraste com as contidas árias, onde o simples fato de haver um só personagem — representado por um potencialmente genioso solista — parece inspirar os compositores a manter os personagens sob rigoroso controle. Gluck relaxou as coisas para os duetos — a reprimenda e o remorso no dueto de Orfeu e Eurídice, ou a extraordinária cena com Orestes e seu amigo Pilades em *Iphigénie en Tauride*, em seu fúnebre dó menor. Os dois homens declaram seu desejo de morrer um pelo outro, com arroubos que falam de uma "amizade apaixonada" que hoje em dia, no século XXI, talvez seja inevitavelmente apresentada como homoerotismo (a produção da New York City Opera de 2003 ficou famosa por esse dueto, em que Orestes e Pilades aparecem seminus). Duetos apaixonados pelo par "errado" são uma das grandes complicações da ópera, números nos quais personagens vocais que declaram amor por meio de música cheia de paixão são entregues a personagens ficcionais da trama, e os tabus relativos a estes devem ser mantidos rigorosamente separados.

Essa última formulação soa ultramoderna em relação a Gluck, mas irá se tornar (como veremos no capítulo seguinte) quase uma rotina para Mozart. Será principalmente na ópera-bufa que a propensão de Mozart para essa confusão chega a seu ponto máximo. Na ópera-séria, com a qual Mozart esteve especialmente envolvido em sua juventude, ele se mostrava em seu mais convencional. A ruptura veio com *Idomeneo* (1781), uma história de destinos reais que se cruzam durante as guerras de Troia, em que uma princesa troiana, Ília (soprano), foi capturada por Idomeneo, rei de Creta (tenor), e se apaixona pelo filho dele, Idamante (soprano castrato). Sem dúvida esta ópera expõe a grande dívida que Mozart tem com Gluck: em muitos momentos adota claramente os princípios da ópera da reforma, com destacado emprego do recitativo orquestral, maravilhas cênicas frequentes, elaboradas peças para conjuntos (em especial o famoso quarteto do terceiro ato "Andrò, ramingo e solo") e um uso dinâmico do coro. Essa dívida é tão óbvia que se tornou de certa forma um clichê, trazendo com ele a sugestão de que o compositor atingiu sua maturidade operística com *Idomeneo* exatamente porque nela embebeu uma boa dose da disciplina gluckiana. Há nisso alguma verdade, mas *Idomeneo* tem uma outra história a contar. A ópera também é cheia de solos de árias: números cuja elaboração musical é sem precedentes; números que celebram, assim, sem pejo, as glórias do canto sem restrições que a reforma de Gluck foi tão zelosa em banir.

Considerando a profusão de árias, não será surpresa constatar que Mozart enfrentou algumas dificuldades para se assegurar de que *Idomeneo* fosse cuidadosamente adequada às qualificações de seu primeiro elenco, mesmo que o resultado não contribuísse para o sentido dramático ideal. O caso mais óbvio é o do próprio Idomeneo, papel escrito para um tenor da antiga escola que já envelhecia, Anton Raff, papel que Mozart modelou cuidadosamente de forma a que as capacidades declinantes de Raff e suas percepções antiquadas não aparecessem tanto. Assim, no papel central desse drama da reforma posta-se (e canta) uma relíquia do passado, uma emperucada presença metastasiana a qual, nas palavras de Mozart, "fica parado lá como uma estátua",[29] e canta como uma também. Isso é duplamente desconcertante porque muitas das outras árias vão na direção exatamente oposta — oferecendo um tipo de elaboração musical que olha mais para a frente do que para trás.

Uma das melhores e mais complicadas dessas árias de estilo novo é a de Ília "Se il padre perdei", no segundo ato, na qual Ília, com inquietante e incomum sensualidade, diz a Idomeneo que ele agora tem de ser seu pai adotivo. Para nossa sorte, há uma carta de Mozart sobre essa ária, com instruções a ser passadas ao libretista, Giovanni Battista Varesco. Mozart é extremamente claro quanto a suas prioridades. O texto original que lhe tinham oferecido continha um "aparte" (um comentário a ser sussurrado para a plateia). Mozart quis eliminá-lo. Apartes, ele diz, são bons para diálogos (ele se referia a algum tipo de recitativo), "mas numa ária — onde as palavras devem ser repetidas — causam pouco efeito". Outra maneira de expressar isso seria dizer que as árias são pensadas como *música*: mudanças de registro verbais não devem ser introduzidas. O que também fica claro é que Mozart já tinha mentalizado a música para essa ária: ele a queria "natural e fluente", e, mais ainda, com um elaborado acompanhamento instrumental, de modo que ela se prestasse também para ser apresentada em forma de concerto.[30] Já estamos aqui a uma considerável distância dos rigores musicais do estilo de Gluck.

A ária mesma expressa isso em notável grau. As palavras que nela irão surgir encaixariam bem no antiquado formato *da capo*. Pode-se imaginar uma suave, talvez pastoral, seção "A" (o primeiro verso); alguns contrastes musicais na seção "B", na qual Ília relembra seus problemas no passado (segundo verso), e depois uma reprise ornamental:

Se il padre perdei,
La patria, il riposo,
Tu padre mi sei,
Soggiorno amoroso
È Creta per me.
Or più non rammento
Le angoscie, gli affanni.
Or gioia, e contento,
Compenso a miei danni
Il cielo mi diè.
Parte

[Se perdi meu pai, / minha pátria, meu descanso, / você é um pai para mim, / uma estadia amorosa / para mim é Creta. / Agora não mais lembro / da angústia, das ânsias. / Agora alegria, e felicidade, / consolo para meus danos / deu-me o Céu. / *Sai.*]

A concepção musical de Mozart para esse texto convencional acrescenta novas complicações. Para começar, ela inclui quatro instrumentos de sopro chamados *obbligato* (flauta, oboé, fagote e trompa), cada um dos quais requer seu próprio espaço musical, soando individualmente ou em grupo enquanto o cantor se prepara. Esse tratamento musical é então enxertado numa ária que tem poucos traços do formato *da capo*. Em vez disso, o texto inteiro é declarado duas vezes, e tratado com grande fluidez. Por exemplo, as duas estrofes musicais são interrompidas por uma nova e interrogativa figura nas madeiras, logo antes da linha *"soggiorno amoroso"* (estadia amorosa), e essa nova ideia parece precipitar o repentino e desconcertante mergulho no modo menor e uma injeção de figuras suspirosas vocais quando Ília menciona suas *"angoscie"* (angústias) passadas e suas *"affanni"* (ânsias). O que resulta dessas súbitas e imprevisíveis mudanças de modo é o que agora podemos chamar de "complexidade emocional", uma sensação na qual a superfície pastoral descrita com tanta simplicidade no início pode ocultar tendências complexas. Como para ressaltar isso ainda mais, o recitativo de Idomeneo que se segue começa com uma sombria repetição dessa interrogativa figura das madeiras, em modo menor, como se a ária, depois de tudo isso, não tivesse conseguido amenizar por completo as suas próprias dúvidas internas.

Mozart tinha estado em Paris no auge da batalha de panfletos entre os que apoiavam Gluck e os que apoiavam seu pacato rival italiano, Piccinni — um conflito que um venerável musicólogo caracterizou como sendo entre uma ágata e uma esponja.[31] Embora a influência de Gluck em *Idomeneo* seja irrefutável, a simultânea adoção por Mozart das árias expandidas e de irrestrito lirismo o situaria afinal entre os piccinnistas — fato frequentemente ignorado pelos historiadores da ópera que querem construir narrativas robustas ancoradas na reforma e povoadas por figuras fortes. Por esta e outras razões pode ser difícil saber onde encaixar Gluck na reforma da ópera. A associação do compositor com uma vanguarda que era agressivamente articulada e que se autopromovia, com Calzabigi a liderá-la, pode nos levar a ignorar o fato de que a revolução dele não foi muito imitada. Durante a última década de sua vida (morreu em 1787) Gluck foi uma figura venerada, mas não teve seguidores imediatos. Sua última ópera parisiense (*Echo et Narcisse*, 1779) foi um fracasso; ele deixou a capital, perseguido pelos ataques do piccinnistas, e terminou seus dias em Viena. Para compreender a importância de Gluck como símbolo da contenção operística devemos olhar para a ópera italiana do século xix e depois dele, e acima de tudo para Berlioz e Wagner. Como veremos no próximo capítulo, o auge da glória operística no fim do século xviii teve de fato Viena como centro, e exatamente durante aqueles anos da década de 1780 em que Gluck era uma idosa celebridade que residia na cidade. Mas essa glória veio com um tipo muito diferente de ópera, que mal foi tocado pelos grandes manifestos musicais de Gluck.

5. A ópera-bufa e a linha de beleza de Mozart

É assim que um assassino no cárcere apresenta a questão:

Até hoje não faço ideia de sobre o que essas duas senhoras italianas estavam cantando. Na verdade, não quero saber. Algumas coisas são melhor nem dizer. Gostaria de pensar que elas estavam cantando sobre algo tão belo que não pode ser expresso em palavras, e fazem seu coração doer por causa disso. Estou lhe dizendo, essas vozes se elevam mais alto e mais longe do que qualquer pessoa num lugar tão sombrio ousaria sonhar. Foi como se um lindo pássaro esvoaçasse para dentro de nossa escura gaiola e fizesse todos esses muros se dissolverem, e, por um brevíssimo momento, mesmo cada um dos últimos homens em Shawshank sentiu-se livre.

O assassino é Ellis Boyd Redding (Morgan Freeman), o narrador em *Um sonho de liberdade* (1994), um filme sobre a vida na prisão baseado num romance de Stephen King. Aqui se ouve a voz de Ellis fora de cena, nos contando como Andy Dufresne (Tim Robbins), um banqueiro erroneamente condenado por assassinato, transmite um trecho de uma gravação da comédia de Mozart *Le nozze di Figaro* (As bodas de Fígaro) pelo sistema de alto-falantes da prisão. Andy trabalha na biblioteca. Com isso ele tem acesso ao que os alemães chamam de *Kulturgut* — propriedade altamente cultural — e decide praticar esse ato público de desafio para proporcionar um alívio no coração de seus colegas de condenação. Ouvir o dueto de Mozart realmente transfigura o grupo de endurecidos criminosos, e numa cena que poderia ter sido de Ovídio, a música paira sobre o pátio da prisão e aqueles habitantes do inferno interrompem sua faina infernal fazendo uma pausa para ouvir algo além da dor e do sofrimento (veja a figura 1).

O dueto que Ellis descreve vem do terceiro ato de *Figaro*. As "duas senhoras italianas" são na verdade uma austríaca e uma suíça, as sopranos Gundula Janowitz e Edith Mathis, na gravação de Karl Böhm, de 1962. Ou talvez sejam ambas espanholas que vivem numa aristocrática propriedade perto de Sevilha: a condessa de Almaviva e uma jovem criada chamada Susanna. Mas sobre o que elas *estão* cantando? No terceiro ato da ópera (mais tarde abordaremos a trama mais ampla), Susanna e a condessa imaginam um plano para complicar o marido da condessa, um insensível mulherengo. A condessa se vestirá como Susanna e, assim disfarçada, marcará um encontro com seu esposo. Por meio desse ardil ela o surpreenderá em flagrante num ato de ilícita libertinagem. Para tal fim, a condessa dita uma carta sedutora, que Susanna vai escrevendo. O texto do dueto são simplesmente as palavras da carta ecoadas a cada linha:

RECITATIVO

CONDESSA: *Eh, scrivi dico; e tutto*
Io prendo su me stessa.
"Canzonetta sull'aria…"
SUSANNA: *"… sull'aria".*

DUETTINO

CONDESSA: *"Che soave zeffiretto…"*
SUSANNA: *"Zeffireto…"*
CONDESSA: *"Questa sera spirerà…"*
SUSANNA: *"Questa sera spirerà…"*
CONDESSA: *"Sotto i pini del boschetto."*
SUSANNA: *"Sotto i pini…"*
CONDESSA: *"Sotto i pini del boschetto."*
SUSANNA: *"Sotto i pini… del boschetto…"*
CONDESSA: *El già il resto capirà.*
SUSANNA: *Certo, certo il capirà.*

[RECITATIVO *Condessa*: Escreve o que eu digo; eu assumo/ a responsabilidade por tudo./ "Canzonetta sull'aria…"[Uma pequena canção ao vento…]/ *Susanna*: "… sull'aria// DUETINO *Condessa*: "Que suave essa pequena brisa…"/ *Susanna*: "Pequena brisa…"/ *Condessa*: "[que] Respiramos esta noite…"/ *Susanna*: "Respiramos esta noite…"/ *Condessa*: "Sob os pinheiros no pequeno bosque."/ *Susanna*: "Sob os pinheiros…/ *Condessa*: "Sob os pinheiros no pequeno bosque."/ *Susanna*: "Sob os pinheiros… no pequeno bosque…"/ *Condessa*: E o resto ele entenderá./ *Susanna*: Certo, certo, ele entenderá.]

Esse texto é depois repetido para receber um canto adicional. Somente essas poucas palavras, e elas não são sinceras: clichês poéticos sobre brisas suaves e arvoredos de pinheiros numa carta pretendiam enganar e humilhar. Mas aí entra a música. O duetino junta duas sopranos de um modo que faz suas duas vozes serem indistinguíveis uma em relação à outra. A melodia funde-se com ecos e sobre-ecos, as duas linhas se enredando e se rodeando. No fim, as palavras tornaram-se sons abstratos; perderam seu significado. *"Aria"*, afinal, quer dizer "ar", e todas essas brisas, respirações e suaves correntes no texto se transmudam, via Mozart, em ária cantada e elevações vocais; muito, muito lindos — sons que, agora queremos crer, poderiam por breve momento transformar um bando variado de prisioneiros brutalizados em suspirosos estetas.

O que tem a beleza em tão exaltado grau a ver com comédia? Essa é a charada das óperas-cômicas italianas de Mozart. São tantas as respostas. Talvez a beleza pura do duetino tenha o intento de representar a astúcia das mulheres, e o engraçado é que nós, ouvintes, não importa o quanto sejamos cínicos, nos deixaremos levar mais e mais uma vez; afinal, assim é que é o mundo da ópera. Talvez sejamos encorajados, por meio de parábolas sentimentais como a de *Um sonho de liberdade*, a atribuir à ópera um exagerado poder transfigurador, e a piada está em que Mozart estava ocupado demais ganhando a vida para se preocupar com transfiguração e lançava números como que despretensiosamente. Mas tem sido consenso moderno quanto às óperas-cômicas de Mozart o de que elas envolvem mundos sônicos ricos que estão além da simples farsa, assim como seus melhores libretos — os três escritos por Lorenzo da Ponte — contêm elementos profundamente sérios junto com outros bem tolos.

Lorenzo da Ponte era um brilhante italiano que se tornou um dos mais bem-sucedidos libretistas de ópera-bufa em Viena antes de emigrar para a América em 1801, a fim de fugir de seus credores. Terminou seus dias (depois de ter sido dono de uma taberna em Nova Jersey) como professor de italiano na Universidade Columbia, em Nova York, e suas memórias ainda são uma leitura bem interessante. Sua contribuição ao sucesso de Mozart não deve ser subestimada.

Nas três óperas "Da Ponte" de Mozart, *Figaro*, *Don Giovanni* (1787) e *Così fan tutte* (1790), há momentos musicais que, para muitos aficionados, parecem valer uma vida de espera, momentos cuja fama está atualmente além de todos os caprichos da moda operística. Um deles vem no final do quarto ato de *Figaro*, no qual o conde pede perdão à sua mulher ("Contessa perdono") com um esplêndido porém ardiloso apelo de bel canto. Ela responde com uma melodia que é ao mesmo tempo simples cadência — forma previsível de sinalizar um final musical — e, em sua simplicidade, uma censura. Este exemplo de graça e de promessa de futuro é no mesmo instante ecoado num *crescendo* coral cantado por todos os outros personagens. Outro momento vem no *finale* do terceiro ato de *Don Giovanni*. Um jantar festivo é visitado por uma fantasmagórica efígie de pedra, a estátua andante de um homem que Don Giovanni assassinou no primeiro ato. A entrada dessa efígie deslancha uma contenda entre os dois adversários, um deste mundo, outro do além. Ele ocorre em meio a uma música severa em tom menor, dominada por uma obsessiva figura rítmica, ao longo de imitações instrumentais da palavra "Não!", disfarçadas como acordes em *fortissimo* que irrompem subitamente.

Um fantasma; uma discussão filosófica sobre redenção; o perdão; uma visão clara, sofisticada, tristemente aceita sobre a infidelidade; tudo isso imbuído de uma supercarga de ressonância emocional por meio da música. Perguntar como, exatamente, é levantar uma questão impossível. As óperas mais tardias de Mozart, como muitas grandes obras de arte, em certo sentido simplesmente *aconteceram*, e não se dá uma noção de seu poder apenas explicando o contexto local e a linhagem genética. No entanto, há também o fato de que a ópera-bufa italiana, como gênero, foi o terreno de base necessário para essas três obras de Da Ponte, terreno que estava se tornando cada vez mais fértil, por volta da década de 1760, quando Mozart começou a escrever óperas. No século anterior ele ainda não existia; cinquenta anos antes, mal começava a ganhar forma. Um pouco de história sobre ele será um útil ponto de partida.

Como vimos, no século XVII, havia personagens cômicos misturados com ópera-séria, mas sua presença numa tragédia foi vista como incongruente por libretistas posteriores, que os dispensaram. Isso tirou muito da graça, embora preparasse para a austeridade de Gluck e sua austeridade vienense da ópera-séria. Quase duzentos anos depois, Richard Strauss e seu libretista Hugo von Hofmannsthal reviveram esse momento histórico em sua ópera *Ariadne auf Naxos* (Ariadne em Naxos, 1912; versão revista, 1916). No prólogo é apresentado um compositor que tinha escrito uma ópera-séria sobre um tema clássico cuja estreia seria naquela noite. Logo depois desse elevado entretenimento, uma trupe cômica iria improvisar uma ópera-bufa, e a noite inteira terminaria com um espetáculo de fogos de artifício. Mas o patrocinador aristocrata, a fim de manter o horário e ressaltar a austeridade clássica da criação do compositor, anuncia no último minuto que a ópera-cômica deve ser integrada na ópera-séria. "Simultaneamente?", arqueja o horrorizado compositor. O restante da ópera de Strauss compreende uma apresentação desses dois eventos num só, no qual a "ópera-séria *Ariadne auf Naxos*" e seus presunçosos cantores são interrompidos, empalados e finalmente levados para um plano mais elevado da existência pela trupe de cômicos. *"Es gibt ein Reich, wo alles rein ist: Totenreich"* (Existe um reino onde tudo é puro: o Reino da Morte), canta Ariadne, que vê a cena ser roubada por um alegre Arlequim que lhe informa que "Dançar e cantar é tão bom para acabar com as lágrimas!". O que Hofmannsthal parecia evocar no início do século XX em Viena era a estética purificadora do século XVIII. Depois dessa época, a livre mistura de desespero com ampla farsa, de morte com descuidada dança, raramente feriu a nobreza operística.

No entanto, o ridículo foi uma característica central nas primeiras óperas-cômicas, que usualmente tinham o modesto formato de intermezzos: peças curtas, frequentemente para apenas um par de personagens, apresentadas entre os atos de uma ópera-séria em centros tais como Veneza, Nápoles e Roma, cujos títulos e compositores hoje estão em sua maior parte esquecidos. Seu alvo, não raro, era a ópera em si mesma, os excessos, absurdos e hábitos musicais que se haviam instalado mais ou menos no fim do século XVII. Nas primeiras décadas do século XVIII, as óperas-cômicas napolitanas já haviam estabelecido um elenco de convenções para os personagens e tipos de enredo. Muito dele era inspirado nos grupos de comédia acrobáticos e paródicos da *commedia dell'arte*, uma tradição teatral popular italiana com séculos de existência já então. Essa tradição forneceu os enredos convencionais e o acervo de personagens que povoaram a ópera-bufa em seu início — o pedante miserável, o empregado intrigante, o marido enganado, os virtuosos jovens amantes —, bem como sua inclinação para um humor cru e físico. Nosso termo *slapstick** se refere ao bastão carregado por Arlequim, o criado-palhaço armador de intrigas; o criado Leporello, em *Don Giovanni*, de Mozart, é seu descendente direto. Embora a ópera-bufa não admita a improvisação, que em geral caracterizou a *commedia*, assim mesmo ela se apoia fortemente no aspecto físico e na pantomima de seus atores. O francês Charles de Brosses ouviu uma das primeiras óperas-bufas em 1739 e ressaltou a extraordinária atuação física de suas estrelas: "Esses comediantes choram, riem impetuosamente, gesticulam, fazem todo tipo de exibições idiotas sem perder um só tempo de seu ritmo".[1] Ainda mais importante foi o fato de que o acervo de personagens e tipos de enredo da *commedia* foram atualizados, assegurando-lhes um potencial de crítica social e cultural que os distantes heróis e heroínas da ópera-séria só poderiam reivindicar por intermédio de alegoria.

Muitas das primeiras óperas-cômicas não sobreviveram, circunstância que não nos deve surpreender, dado seu status inicialmente baixo no mundo operístico. Mas uma que sobreviveu, e — o que é ainda mais surpreendente — ainda é encenada hoje em dia, é *La serva padrona* (A criada patroa, 1733), de Giovanni Battista Pergolesi (1710-36). Esta peça em duas cenas estreou em Nápoles como um intermezzo entre atos de uma ópera-séria também de Pergolesi. *La serva padrona* gozou de enorme popularidade por toda a Europa. Depois de ser apresentada em Paris no início da década de 1750, ela estimulou um prolongado e polêmico debate sobre os respectivos valores da ópera italiana e da ópera francesa, a *Querelle des Bouffons* — Guerra dos comediantes — brevemente comentada no capítulo 4. Essa guerra estava intimamente ligada ao estabelecimento da ópera-cômica francesa.

Ainda mais significativos foram os desenvolvimentos em meados do século,

* Corresponde em português a "comédia-pastelão", em que a pancadaria é elemento de humor.

que novamente puseram Veneza na vanguarda da história da ópera. Então os *intermezzi* tinham se expandido e assumido a plena escala de dramas. A figura-chave para isso foi o dramaturgo veneziano Carlo Goldoni (1707-93). Seus libretos, que não eram mais do que lucrativos desdobramentos de seus dramas falados, ajudaram a levar a ópera-cômica a um território musical muito diferente do de seus primos mais sérios. Goldoni e seus primeiros colaboradores musicais, em particular outro veneziano, Baldassare Galuppi (1706-85), experimentaram duas mudanças significativas. Primeiro, fizeram uma importante distinção entre personagens sérios e cômicos, no que tange à maneira pela qual se expressam operisticamente, acrescentando um terceiro tipo, chamado *mezzi caratteri* — personagens mistos. Os personagens sérios continuariam com suas ornamentadas árias *da capo* e seus sentimentos elevados; os personagens cômicos tendiam a formatos mais simples, mais diretos — árias que podiam até mesmo mudar em tempo e métrica se o contexto mudasse. A segunda mudança crítica foi o aumento do número e da extensão dos conjuntos musicais, em especial os que participam nos finais dos atos, os quais agora podiam incluir ação *dentro* de números fixos, e podiam desencadear toda uma série de movimentos musicais semi-independentes, um sucedendo ao outro tão rapidamente quanto exigisse a ação.

O novo tipo de ópera-bufa era muito diferente de seus predecessores do início do século XVIII. Ele se tornou imensamente popular, logo tomando o lugar da ópera-séria como o gênero preferido de todos os círculos, exceto os mais elevados. Um bom exemplo é *Il filosofo di campagna*, 1754, de Goldoni e Galuppi, que começou em Viena mas logo se espalhou por toda a Europa; houve cerca de vinte produções nos primeiros dez anos. Em 1819, com uma perspectiva de meio século, a *General History of Music* [História geral da música], de Thomas Busby, ainda conferia à ópera-bufa de Galuppi um lugar de destaque em relação à de Mozart, uma vez que tinha sido uma coqueluche em Londres anos antes. O italiano é elogiado por seu "gosto, gênio e imaginação", e *Il filosofo di campagna* é singularizada como uma "ópera-cômica, cujo mérito musical superou o de qualquer outra *burletta* apresentada na Inglaterra". Busby escreve que para o casamento e coroação de George III e a rainha Sophie, em 1761, uma ópera-séria de "mérito limitado" foi encomendada para a ocasião e apresentada no King's Theatre, mas George II ordenou que se completasse com uma apresentação de *Il filosofo di campagna*, para alegria geral.[2]

Essa história nos faz lembrar que a ópera-bufa era cada vez mais representada nos mesmos lugares da ópera-séria, e era capaz de transmitir uma mensagem igualmente forte, conquanto diferente, povoada que era por um elenco menos monolítico de personagens. Acima de tudo, tinha como elemento catalisador o retratar uma mistura social mais ampla; embora os criados tendessem a se expressar de formas diferentes às de seus patrões e patroas, no fundo todos falavam a mesma língua, tratada no mesmo âmbito lírico. Havia uma gama mais ampla de tipos de voz: baixos cômicos, barítonos sedutores, tenores trêmulos como idosos cidadãos, altos que eram damas de certa idade, meios-sopranos de calças representando rapazes, sopranos ingênuas. Além disso, na evolução dos movimentos do grupo e — especialmente — nos *finales*, em seus movimentos múltiplos e em grande escala, empregados e aristocratas podiam se misturar musicalmente de um modo que desafiava as antigas divisões e hierarquias. Da Ponte trabalhara diretamente nessa tradição, acrescentando referências ao glorioso passado literário da Itália para enriquecer seus versos.

Em outra expansão importante, os tipos de trama se diversificaram, especialmente nos gêneros "burguês" ou "sentimental" adaptados das peças francesas e dos romances ingleses como *Pamela*, de Richardson (uma história de virtude feminina recompensada que foi reformulada em forma de ópera diversas vezes no final do século XVIII, sendo a versão mais famosa a de Piccinni, para um libreto retrabalhado de Goldoni chamado *La Cecchina, ossia la buona figliuola* — Cecchina, ou a boa moça, Roma, 1760). Nessas obras, o gênero cômico afastou-se dos quadros divertidos para as lágrimas e para a educação moral, enquanto as encenações contemporâneas do enredo asseguravam que as obras fossem percebidas pelas audiências e pelos críticos como comédia e não como tragédia. Que não se esqueça, o século XVIII foi uma época de rigorosa classificação na arte: críticos de alto nível podiam tolerar expansão e mudanças no gênero mais baixo (a comédia) mais do que no mais elevado (a tragédia), onde a continuidade e a estase podiam ser ferrenhamente defendidas. Assim como acontecera com gêneros de pintura e de drama doméstico, a ópera tornou-se um campo experimental para visionários da cultura na segunda metade do século.

Na medida em que se expandia seu campo de ação musical e dramático, a ópera-bufa tornava-se mais internacional tanto no estilo quanto na difusão. Compositores italianos eram usualmente tidos como os mais adeptos, sendo o famoso sistema de conservatório napolitano o maior fornecedor de nomes famosos. Obras de sucesso ficaram ativas durante anos ou até mesmo décadas. Exemplo disso poderia ser Gaetano Latilla (1711-88), cuja *Gismondo* foi apresentada pela primeira vez em Nápoles em 1737. Numa versão revista, como *La finta cameriera* (A falsa criada), ela viajou a quinze outras cidades italianas por volta de 1747, e também foi assistida em Graz, Leipzig e Hamburgo em 1745, graças a uma trupe itinerante veneziana. Apresentações em Londres (1749) e Paris (1752) ocorreram logo depois. Aconteceu também que as dificuldades econômicas do final do século XVIII fizeram com que muitas cortes além dos Alpes migrassem da ópera-séria para a ópera-cômica, esta última quase sempre muito mais acessível às bolsas. Já em 1750 as produções de ópera-bufa superavam em número as da ópera-séria. Nem todas as estreias eram na Itália. *Il barbieri di Siviglia* (O barbeiro de Sevilha, 1782), pelo compositor de formação napolitana Giovanni Paisiello (1740-1816), que foi vista pela primeira vez na longínqua São Petersburgo, estava entre as mais populares; *Il re Teodoro* (O rei Teodoro, 1784), do mesmo compositor, que competiu com o *Barbieri* em popularidade, teve sua estreia em Viena. Compositores de outras nacionalidades também trabalharam o gênero, frequentemente o enriquecendo com características de seus estilos musicais nativos. Como é usual, a maneira com que o Norte via essa jovialidade italiana era em parte apreciativa, em parte horrorizada. Goethe foi assistir a uma ópera-bufa em Veneza, no Teatro San Moisè, em maio de 1786, e escreveu em seu *Italienische Reise* (Viagem a Itália, 1816-7) que "não era muito boa", mas que "as duas mulheres se esforçaram para atuar bem e se apresentarem agradavelmente. Isso pelo menos é alguma coisa. As duas têm belas figuras e boas vozes, e são encantadoras, pequenas figuras joviais e atraentes".[3] Por mais que queiramos resistir à inevitável conclusão pró-germânica, a ópera-bufa experimentou uma estimulante sacudida quando os alemães e os austríacos trouxeram sua experiência em música instrumental — novos gêneros como a sinfonia e o concerto clássico — para aumentar o charme dos tornozelos bem torneados e das doces vozes. Um desses compositores foi Mozart.

ÓPERA VIENENSE

Figaro, Don Giovanni e *Così fan tutte* parecem nos transportar para um novo e agora familiar mundo operístico: alternâncias rápidas e fluentes entre ação e reflexão, riqueza emocional e complexidade moral. As óperas-bufas de Mozart, particularmente *Don Giovanni*, encontraram lugar significativo até mesmo na literatura e na filosofia dos séculos XIX e XX. Isso poderia parecer estranho. Viena constituía um contexto social e político instável e em constante mudança contra o qual todas as óperas da maturidade de Mozart foram escritas. Mas Viena no século XVIII era, a um primeiro olhar, lugar improvável para o surgimento da complexidade moral ou do desafio filosófico. O centro da Viena antiga, estreitamente circunscrito e separado dos subúrbios, era um lugar que tinha um inequívoco potentado — de fato, o arquétipo do déspota esclarecido, progressista e autocrático em igual medida —, o imperador José II. A classe dominante era composta da antiga nobreza. É verdade que aspirantes ricos agora podiam adquirir acesso à nobreza, mas o preço era exorbitante e era grande a tensão entre o dinheiro antigo e o novo. Também é verdade que o início do reinado de José, em 1780, testemunhou um período de reforma social, mais um sintoma da mudança de conceitos que acompanhou a ascensão da ópera-bufa. O poder da nobreza e da Igreja foi reduzido, a liberdade intelectual e religiosa foi incrementada, e os esmagadores impostos arrecadados dos pobres tornaram-se menos severos, em especial à custa dos ricos proprietários de terras. No entanto, na segunda metade da década de 1780, na esteira das desastrosas aventuras militares e das inquietantes notícias sobre a revolução na França, essas reformas foram, em sua maioria, revertidas.

Porém foi nessa mesma Viena que Mozart e Da Ponte conseguiram produzir, sem problemas significativos com as autoridades, *Le nozze di Figaro*, cuja vertente antiaristocrática é muito acentuada. O libreto para *Figaro* baseia-se numa peça de Pierre-Augustin Caron de Beaumarchais (1732-99), *La Folle Journée, ou Le Mariage de Figaro* (O dia maluco, ou As bodas de Fígaro, 1778, primeira apresentação em 1784). Beaumarchais tinha sido um dos primeiros proponentes do drama burguês, ou "sentimental", na França, durante a década de 1760, mas daí em diante mudara gradativamente de um didatismo sério para uma mais mordente crítica social e de equívocos morais. *La Folle Journée* foi a segunda peça numa trilogia carregada de ideologia sobre a classe social, que usava um elenco recorrente de personagens — o barbeiro Fígaro, sua amada Susanna, o conde de Almaviva e sua mulher Rosina, seu pajem Cherubino e diversos outros. A primeira peça (*Le Barbier de Seville*, 1775) constituiu a base para a ópera de Paisiello, assim como para a de Rossini, sua versão mais famosa, duas décadas depois (1816). A terceira — *La Mère coupable, ou L'Autre Tartuffe* (A mãe culpada, ou O outro Tartufo, 1792) — foi escrita muitos anos depois e é decididamente um *drame moral* mais pessimista. Também tem um descendente operístico, *Chérubin* (1905), de Jules Massenet, que consegue banir o aspecto sombrio da peça ao evitar grande parte de sua trama.

Esses personagens, Fígaro, Susanna, Cherubino, o conde e a condessa, todos passam a girar dentro da ópera do século XVIII, e nunca a deixam de verdade. *La Mère coupable* reemerge na ópera de John Corigliano *The Ghosts of Versailles* (Os fantasmas de Versalhes, 1991), na qual Beaumarchais e Maria Antonieta se encontram depois de sua morte. O dramaturgo evoca essas criaturas operísticas — lá está Fígaro com seu gorro listrado! Lá está Susanna com seu avental! — para consolar a rainha assassinada. Por volta de 1991, essas figuras representavam não muito mais do que seu próprio e quase místico lugar na história da ópera, e isso obviamente significa um considerável acréscimo ao melancólico sentimento de nostalgia. *The Ghosts of Versailles*, com todos os seus momentos jocosos, é uma ópera triste, não por todo o páthos de Maria Antonieta, mas porque fazer Fígaro e Susanna regressarem ao palco não é o mesmo que trazer de volta algo que se pareça com as realizações de Mozart.

Essas realizações se baseavam em oportunidades que se apresentavam em Viena. Como outras cidades principais do vasto império austríaco, Viena abrigava três tipos de ópera. Ao lado da ópera-bufa havia a pródiga ópera-séria, que sempre fora o bastião das riquezas mais antigas e das classes dominantes. Como vimos no capítulo anterior, sua temática não mudara muito desde a época de Händel, com os enredos mitológicos e do mundo antigo ainda preferidos, sendo a ação provavelmente uma celebração do statu quo — que durava a noite inteira: a cortina final se fechando enquanto um governante absoluto cobre seus humildes súditos com sua ilimitada sabedoria e benemerência. Em termos operísticos formais havia também continuidade. Embora a prevalência de solos de ária tivesse sido reduzida, com um número maior de duetos e outros números realizados por conjuntos, e com a participação ativa do coro, a norma era ainda a de uma postura estatuesca na elocução do solo de ária. Na outra extremidade do espectro social, Viena tinha ainda a *Singspiel*, a ópera em língua alemã, com diálogo falado em lugar de recitativo, e com mais apelo francamente popular: algo mais próximo do teatro falado em vernáculo, com uma enorme gama de enredos, muitas vezes com encenações fantásticas ou exóticas, para divertir a multidão.

Mozart trabalhou em todos os três gêneros antes de se mudar para Viena. Sua primeira ópera, uma *Singspiel*, foi *Bastien und Bastienne* (1768). *La finta giar-*

diniera (A falsa jardineira), uma ópera-bufa sobre um libreto de Goldoni, estreou em Munique em 1775. Mas ele se envolveu sobretudo com a ópera-séria. Há motivos para achar que ele esteve sempre mais interessado na comédia, muito possivelmente porque ela lhe dava mais oportunidades para usar seu talento de compositor de gêneros instrumentais. Porque Mozart, à diferença de muitos compositores de ópera italianos natos, não era de forma alguma um especialista em ópera, e escreveu de bom grado em todos os formatos musicais populares. A comédia também o atraía por causa da variedade de idiomas disponíveis. Numa carta a seu pai de 1783, ele definitivamente se revela quanto ao tipo de libreto que queria:

> O mais essencial é que em seu todo a história deve ser realmente cômica: e, se possível, ele [o libretista] deve introduzir dois papéis femininos igualmente bons, um deles para ser *seria*, o outro *mezzo carattere* [...]. A terceira *personagem* feminina, no entanto, deve ser totalmente *buffa*, assim como todos os masculinos, se necessário.[4]

Resumindo, ele queria literalmente uma ópera-bufa goldoniana, embora com uma preferência de ópera-séria por vozes de registro alto, e talvez com uma nascente imaginação de como essas vozes agudas poderiam às vezes contrastar e às vezes se mesclar sedutoramente, como fazem naquele duetino "Sull'aria" de *Figaro*.

O libreto de Da Ponte para *Figaro* ostenta muitas das marcas da ópera-bufa típica do final do século XVIII. Basicamente, é a história de dois casais: um é infeliz, o outro, feliz; um da aristocracia, o outro da classe dos servidores. A ação tem lugar no decurso de um dia agitado. O casal aristocrático é o do conde (barítono) e da condessa (soprano). Seu casamento é infeliz porque o conde está sempre atrás de uma aventura amorosa. Logo no início da ópera fica claro que ele está de olho na criada da condessa, Susanna (soprano), que está prestes a se casar com o valete do conde, Fígaro (baixo). As coisas ficam ainda mais complicadas com a intervenção de Cherubino (meio-soprano, num chamado "papel de calças"), o jovem e excitável pajem do conde. Cherubino ainda é um calouro na testosterona, e está apaixonado por Susanna, pela condessa e por todas as damas atraentes que encontra. Há mais personagens menores atuando em subtramas. Durante quatro atos o conde realiza múltiplas tentativas de sedução, mas — isso se estabelece na "Sull'aria" — é depois enganado pela condessa e por Susanna, que trocam de roupa e expõem assim sua tentada infidelidade. O final feliz é inevitável: o conde, humilhado, pede perdão. Depois disso todos vivem felizes para sempre; ou assim esperamos, mas de certo modo duvidando, dada a complexidade de seus sentimentos recíprocos. (Em *La Mère coupable*, encenada alguns anos depois da época do *Figaro*, vemos que um Cherubino mais velho, não mais um tão tenro querubim, seduziu a condessa e a engravidou antes de ir embora — fatalmente, como depois se esclarece — em busca de glória no campo de batalha.)

Mesmo deste resumo fica claro que se pode ler o *Figaro* de Da Ponte através do prisma político da Viena da década de 1780. Uma abordagem típica poderia ver o libreto como uma mensagem velada de apoio à reforma dos privilégios da aristocracia levada a efeito por José II, expressa, pondo em termos simples, na humilhação imposta à classe do conde. No entanto, é difícil achar uma sustentação histórica para tal interpretação. Certamente não há evidência de que a classe governante — da qual faziam parte, que fique claro, os principais patrocinadores da ópera-cômica — se considerasse com isso ameaçada. Uma leitura alternativa mais plausível é a de que a ópera poderia parecer afinada com a época, mas como uma afirmação mais pessoal e social do que política. De acordo com esse modo de pensar, *Figaro* é uma história na qual as relações entre os personagens principais são um comentário sobre a nova mobilidade social que era motivo de tensão em Viena e no resto da Europa, e sobre o novo sentido de relações pessoais que simultaneamente vinha à tona. Seja qual for a maneira com que se encare isso, a ópera tem repercussões profundas nos ideais do Iluminismo, esse grande movimento de reforma que abrangeu toda a Europa durante o século XVIII, no qual a razão e o conhecimento competiram contra a autoridade absoluta reivindicada pela aristocracia, a Igreja e o Estado.[5]

"CONSTANZE!" — A FELICIDADE CASADA

O casamento do próprio Mozart parece ser às vezes a chave de suas preferências operísticas. Naquela carta de 1783 sobre o libreto ideal, pode-se perceber a atenção que Mozart dava às personagens e vozes femininas, e as nuances e plausibilidade emocional de suas mulheres operísticas eram notavelmente intensas para a época. Essa simpatia artística pelo sexo feminino tinha como base sua experiência na vida real? Quando, em *Die Entführung aus dem Serail* (O rapto do serralho,

1782), o herói tenor canta o nome *"Constanze! Constanze!"* com tão grande anseio, não será uma alusão autobiográfica? Esse é, obviamente, o tipo de pergunta que sempre se faz a respeito de artistas criativos, e no caso de Mozart ela é muito difícil de se responder. Em parte porque sua biografia foi mais profundamente afetada do que a maioria das "Vidas e Obras" pelos mitos românticos que circulavam em torno dele durante o século xix. Muitos desses mitos dizem respeito aos últimos dez anos de sua vida, quando ele renunciou à provinciana Salzburgo, e à proteção de seu pai compositor Leopold, para mergulhar no mais amplo e mais incerto mundo de Viena. Esses mitos se mostraram extraordinariamente persistentes, e foram injetados com uma nova vida na peça de Peter Shaffer *Amadeus* (1979) e no filme de Milos Forman com base na peça, em 1984. O verniz de chocante realismo de Shaffer e Forman não disfarça sua reiteração daquilo que é em essência um retrato do século xix de Mozart — o anjo menino e musical que desceu até nós na forma de um homem fraco e falível.

Os fatos biográficos básicos podem ser facilmente relatados. Depois de sua mudança de Salzburgo para Viena em 1781, com 25 anos, Mozart encetou uma lucrativa carreira como músico freelancer. Ganhava dinheiro com alunos particulares de piano, com encomendas de óperas, vendendo músicas para editores e, mais do que tudo, na qualidade de compositor-pianista, organizando concertos nos quais ele atuava como solista de suas próprias peças para piano. Por volta de 1785, com sucesso em todas as frentes, ele se instalou num apartamento espaçoso no centro de Viena, saindo-se realmente muito bem. O ano de 1786 trouxe-lhe ainda mais prestígio: encomendaram-lhe a composição de *Le nozze di Figaro* para a Ópera da corte. Mas os anos que se seguiram foram de acentuado declínio. Uma guerra desastrosa com a Turquia fez com que muitos de seus aristocráticos patrocinadores deixassem Viena, e em consequência disso sua carreira de concertista virtualmente desabou. Novas encomendas de óperas aportaram-lhe quantias consideráveis: *Don Giovanni* e *La clemenza di Tito* (uma ópera-séria, 1791) para Praga; *Così fan tutte* e *Die Zauberflöte* (uma *Singspiel*, 1791) para Viena. Obteve também uma modesta nomeação na corte e continuou a vender sua música instrumental para editoras. Mas sua renda decresceu, às vezes verticalmente; foi obrigado a mudar-se para os subúrbios e a pedir, cada vez mais, dinheiro emprestado a amigos. Ele pode ter contribuído para suas agruras financeiras ao adquirir dívidas de jogo. Por volta de 1790, no entanto, sua estrela voltou a brilhar: estava pagando as dívidas, considerando ofertas lucrativas de empresários em outras capitais. Sua doença fatal em dezembro de 1791, provavelmente um tipo de febre reumática, foi súbita e inesperada. Foi enterrado numa vala comum, sem acompanhamento de enlutados, não porque morreu na obscuridade — longe disso, sua reputação internacional estava sempre crescendo —, mas devido ao draconiano tipo de racionalismo de José II. Assim como banira espartilhos, o toque de sino durante tempestades e a feitura de bolos de mel, o imperador tinha deixado rigorosamente claro como se devia economizar na deposição dos restos mortais dos mortos de Viena.

Apesar desse retrato mais acurado da vida de Mozart e da época em Viena, sua personalidade continua a ser um tanto enigmática. Comparem-se dois diferentes retratos seus (figuras 10 e 11). A primeira, uma pintura a óleo de Barbara Kraft, apresenta uma figura pública, severa, completa em sua peruca e insígnias de corte. A segunda, um desenho a ponta de prata feito por Dora Stock, mostra um relance de uma personalidade mais privada. Onde está o verdadeiro Mozart? Suas opiniões, colhidas em sua correspondência familiar, parecem frequentemente apresentar o que um pai distante, cuidadoso e profundamente conservador gostaria de ouvir, uma projeção do Mozart de corte do primeiro retrato. Por exemplo, embora o casamento de Mozart com Constanze Weber em 1782 pareça familiar em termos do que se poderia chamar, de modo anacrônico, um caso de identidade emocional, ao descrever sua futura noiva a Leopold, Mozart pintou um retrato nitidamente à moda antiga:

> Toda a sua beleza consiste em dois pequenos olhos negros e numa bela figura. Ela não é espirituosa, mas tem bom senso bastante para lhe permitir cumprir seus deveres de mulher e de mãe. É uma grande mentira que se incline a ser extravagante [...]. Diga-me se eu poderia desejar uma esposa melhor?[6]

Retratos de época de Constanze podem ajudar. Uma pintura a óleo de Joseph Lange de 1782 concorda com a descrição menos do que muito lisonjeira de Mozart. Mas um retrato posterior, uma pintura a óleo de Hans Hansen de 1802, uma década depois da morte de Mozart, parece apresentar uma figura diferente, e acima de tudo — o contraste é chocante — um caráter muito mais forte. Qual dessas era Constanze? É tentador especular que em parte foi a morte extemporânea de seu marido que fez Constanze crescer tanto em estatura moral, mas todo argumento em favor desta ou de qualquer outra suposição será frustrantemente frágil.

Assim, no caso tanto de Mozart quanto da mulher com quem ele passou seus anos em Viena, só nos restam enigmas. Por um lado, temos evidências pictóricas que propiciam uma percepção de distanciamento histórico; por outro, traços de caráter que parecem próximos a nós, mesmo que essa proximidade seja mais esperada do que genuína. Descrevemos antes as óperas de Mozart como estando à beira de um mundo musical mais familiar. Mas essa familiaridade, que tem algo a ver com o sentimento de realismo emocional projetado por seus personagens, envolve alquimias que resistem à análise. Não é apenas o subproduto dos gostos literários de Mozart ou Da Ponte, nem vem de se alçar os modelos existentes de ópera-bufa a um plano mais elevado, ou dos talentos de Mozart como compositor instrumental, nem de sua personalidade, com todos os seus aspectos desconhecidos. Somar as partes não vai resultar no todo.

A ÓPERA COMO AÇÃO

Pisamos em terreno firme quando abordamos as óperas-cômicas de Mozart diretamente. Um aspecto da ópera-bufa que se soma a seu duradouro fascínio tem a ver com a natureza do drama que existe dentro da comédia: ele está muito mais centrado na ação, na farsa física e nos confrontos entre os personagens. O monólogo — autoexame estático ou autoapresentação por pessoas nobres, importantes — ocasionalmente ainda está presente, mas com menor importância. Isso tem consequências imediatas na música. Os libretos cômicos desse período dão lugar a conjuntos, não somente de cordas, ou solos de árias; o que é mais importante, os conjuntos implicam ação, não apenas meditação ou descrição psicológica. Mozart e Da Ponte herdaram essa percepção da tradição bufa, mas seus antecedentes particulares foram determinantes para o resultado. Isso diz respeito ao fato de que Mozart já era um compositor experiente e inovador de obras puramente instrumentais tais como a sonata, o quarteto e a sinfonia: quando essas habilidades músico-instrumentais se juntaram às ideias dramatúrgicas de Da Ponte, os resultados foram notáveis.

É um truísmo afirmar que nas óperas-cômicas de Mozart a ação dramática é reinscrita em termos musicais, como mescla ou choque de harmonias, ideias temáticas, tratamentos de voz e modelos formais. Tem-se dito frequentemente que Gluck (o herói de nosso capítulo anterior) teve o infortúnio de amarrar a música operística às palavras — ao ritmo da declamação e ao decurso do tempo real — quando Mozart exatamente a liberou disso.[7] Embora simplista demais, essa equação tem certa medida de verdade. Como já vimos no caso de *Idomeneo*, o apego de Mozart a recursos puramente musicais para acompanhar e refletir a ação que está sendo encenada permitia muitas vezes uma expansão temporal e sonora que tinha sido descartada por Gluck. Em outras palavras, frequentemente Mozart proporcionava à sua música a exuberante autonomia de ser prazerosa em seus próprios processos — que ocorriam ao mesmo tempo na música instrumental — enquanto, ao mesmo tempo, se valia de suas possibilidades para servir ao drama de novas maneiras. Motivo de permanente espanto é a maneira econômica com que ele o fez. Depois de *Die Entführung*, quase nunca há números nos quais sintamos que a lógica musical esteja ditando a duração de uma certa elocução. As árias e os conjuntos se desenvolvem com um *timing* musical tão impecável que ficamos sempre com um sentimento paradoxal: gostaríamos que pudesse ter durado mais, mas sabemos que o certo é assim como está.

Tome-se, por exemplo, a maneira com que *Figaro* começa. O primeiro número é um dueto entre Fígaro e Susanna. Ele acontece assim que termina a abertura, sem qualquer recitativo preparatório, e Da Ponte, claramente, foi buscar o texto num curto diálogo no início do texto original. A peça de Beaumarchais tem início num quarto parcialmente mobiliado; Fígaro tem um instrumento de medir na mão, Susanna está ao espelho, experimentando um chapéu ornado de flores:

> FÍGARO Cinco metros e oitenta, por oito.
>
> SUSANNA Veja, Fígaro, meu toucado. Acha que agora está melhor?
>
> FÍGARO (tomando as mãos dela nas suas) Infinitamente melhor, meu amor. Meu Deus! O que esse ramo de flores — tão bonito, tão virginal, que combina tanto com a cabeça de minha amada garota — pode fazer com um amante na manhã de seu casamento!

De maneira descomplicada nos são dadas várias peças de informação: que Fígaro e Susanna vão se casar naquele mesmo dia, que Fígaro compara sua mulher a flores virginais, que não há problemas no horizonte. Da Ponte floreia o diálogo:

FÍGARO (*misurando*)

Cinque… dieci… venti… trenta…
trentasei… quarantatre.

SUSANNA (*specchiandosi*)

Ora sì ch'io son contenta;
Sembra fatto inver per me.
Guarda un po', mio caro Figaro,
Guarda adesso il mio capello.

FÍGARO

Sì, mio core, or è più bello,
Sembra fatto inver per te.

FÍGARO E SUSANNA

Ah, il mattino alle nozze vicino
Quanto è dolce al mio/tuo tenero sposo
Questo bel cappellino vezzoso
Che Susanna ella stessa si fe'.

[FÍGARO (*medindo*): Cinco… dez… vinte… trinta…/ trinta e seis… quarenta e três.//
SUSANNA (*se olhando no espelho*): Sim, agora estou satisfeita;/ Parece que foi feito para
mim./ Olhe um instante, querido Fígaro,/ olhe o meu chapéu agora.// FÍGARO: Sim,
meu coração, agora está mais bonito,/ parece que foi feito para você.// FÍGARO E SU-
SANNA: Ah, na manhã de nosso casamento/ como é doce a meu/seu amado noivo/
este belo e encantador chapéu,/ que Susanna fez para si.]

Não teríamos um tal número numa ópera-séria, onde esse tipo de conversa
aconteceria num recitativo, escrito em versos brancos e imediatamente seguido
de um solo de ária para um ou outro personagem. Aqui, a poesia normal, com
ritmo, nos chama a atenção para o fato de que, como agora se pode esperar
numa ópera-bufa, o diálogo vai ocorrer dentro de um número musical. A ação
é basicamente a mesma na peça de Beaumarchais. Fígaro está fazendo uma
coisa; Susanna lhe pede que faça outra; Fígaro obedece; ambos estão felizes.
Pode-se notar também na mudança da métrica poética que Da Ponte imaginou

que as quatro linhas de canto simultâneo dos dois, no fim, teriam uma nova música, e pode-se imaginar facilmente para o número, como um todo, uma execução musical simples em dois movimentos; o primeiro (*"Cinque… dieci…"*) um diálogo divertido entre os amantes, o segundo (*"Ah, il matino"*) talvez um dueto rústico (o ritmo dos versos é típico de movimentos pastorais em compasso 3 por 8 ou 6 por 8). Esse é exatamente o formato musical de um famoso dueto no primeiro ato de *Don Giovanni*, "Là ci darem la mano" (o qual vamos analisar mais tarde), onde a mudança da métrica poética na seção final cria uma estrutura musical mais rápida, dançante, para uma passagem de canto simultâneo [de duas vozes].

Quando a isso se soma a música de Mozart, no entanto, as coisas ficam mais complexas. A introdução orquestral contém dois temas muito diferentes: o primeiro, na figura simples de uma nota repetida pelas cordas; o segundo, um motivo circular nas madeiras. Quando os personagens começam a cantar, fica claro que o primeiro tema pertence a Fígaro e a suas atividades — ele canta enquanto mede, e as notas repetidas são a mímica dos passos que ele vai contando pelo aposento. O segundo tema claramente pertence a Susanna — ela canta sobre seu chapéu, e o movimento circular do tema evoca sua passagem em círculos pelo espelho, indo e vindo. Tudo bastante simples: há uma óbvia representação musical do texto e das ações cênicas. Mas a continuação no dueto é mais complicada. Para começar, Fígaro não responde de imediato a Susanna quando ela anuncia seu tema; em vez disso, ele continua contando os passos. Susanna, não é de surpreender, lhe pede com crescente insistência que ele olhe para ela. Fígaro acaba olhando, fazendo comentários sobre seu chapéu na mesma melodia circular. Mas ele canta num registro baixo e inconvincente. Estará só pronunciando as palavras, sem olhar realmente para ela? Será que ele — maridos são acusados disso até os dias de hoje — simplesmente *não a está escutando*? Como que para confirmar que este é realmente o caso, Susanna continua a lhe pedir que olhe para o seu chapéu, mesmo depois que ele supostamente tinha comentado isso, usando o tema dela.

Depois disso podemos assumir que ele realmente presta atenção, e eles se juntam naquelas quatro linhas finais. Mas em vez de dar uma melodia nova a essa seção final, Mozart ignora a mudança na métrica do poema e faz os dois cantarem, em consonância, o tema de Susanna. O que, então, era um pedaço de diálogo na peça e no libreto se transformou num pequeno drama musical, a sugerir que o que Fígaro e Susanna fizeram não foi manter brevemente uma simples troca de palavras, mas negociar um arranjo no qual Susanna saiu-se vitoriosa, e Fígaro ficou contente por ela tê-lo feito. Para falar de outra maneira, o que se ofereceu à audiência foi uma educação sentimental em miniatura, uma ilustração de como homens e mulheres interagem livremente e podem — com um pouco de insistência, com um pouco de flexibilidade — resolver suas diferenças. Mais do que isso, essa educação se faz usando-se técnicas que são empregadas na música instrumental contemporânea, que é a execução de temas contrastantes — a serviço do drama operístico.

Há ainda um outro nível de comunicação musical que é importante nesse dueto de abertura e, em geral, nas óperas de Mozart. Susanna e Fígaro são diferenciados em seus acompanhamentos orquestrais. Fígaro, em sua tarefa simples, prática, é na maior parte acompanhado só pelas cordas; o encantamento de Susanna com seu chapéu suscita adiante o colorido adicional do grupo das madeiras. E há ainda um minúsculo detalhe que será significativo: um toque de trompa que se destaca no fim da primeira introdução orquestral. Ouve-se novamente esse toque no fim do dueto inteiro. Pode-se imaginar isso como um verme orquestral, um trocadilho com a palavra *horn** (em italiano, *corno*), que aparece periodicamente em *Figaro*. Incontáveis histórias que remontam à Antiguidade descrevem o corno, o marido cuja mulher é infiel, e que por esse motivo lhe cresceu um par de chifres na cabeça. Um caso famoso ocorre em *Othelo*, de Shakespeare, quando o marido ciumento diz à sua mulher, Desdêmona: "Minha testa está doendo, aqui". Não há muitas dúvidas de que aqueles sons de trompa em destaque são um símbolo de ciúme sexual em *Figaro*, onde a infidelidade, tanto a imaginária quanto a real, está sempre a espreitar de algum canto. No quarto ato, no fim da ária de Fígaro sobre as artimanhas das mulheres, "Aprite un po' quegl'occhi" (Abra um pouco seus olhos), uma verdadeira tempestade de trompas emite os sinais de suas ansiedades ciumentas. Na ária de Susanna do quarto ato, "Deh vieni, non tardar" (Oh, venha, sem demora), Susanna, vestida como a condessa, canta uma canção para um amante ausente. Para Fígaro, que está escutando às escondidas, parece que sua mulher anseia pelo conde. Mas Susanna, sabendo que Fígaro está ouvindo, canta esse número para ele, seu verdadeiro amado, *e também* para atormentá-lo com suas dúvidas. Sua última linha é "Vou coroar você com rosas", e no arran-

* Trompa, o instrumento musical, em inglês.

jo de Mozart a palavra "coroar" (*coronar*) é estendida por alguns segundos, em cruel provocação. Vou coroar você, sim, mas com o quê? Talvez, novamente, com o pavoroso chifre.

TRIPLA COROA

As três óperas de Mozart com Da Ponte têm, como seria de esperar, muitos pontos de contato. Num momento famoso do *finale* do segundo ato de *Don Giovanni*, uma orquestra em cena que toca no jantar festivo de Giovanni irrompe com uma melodia famosa de *Figaro*. Ao ouvir a ária, o criado de Giovanni, Leporello, faz um comentário mal-humorado: *"Questo si conosco poi troppo"* (Sim, esta eu conheço muito bem). O cantor que representou Leporello em Praga em 1787 era o mesmo homem, Francesco Benucci, que tinha sido Fígaro em Viena no ano anterior. Essa referência foi, em outras palavras, uma dessas brincadeiras internas que parece terem abastecido a colaboração entre Mozart e Da Ponte. Temos de dizer "parece" porque os dois homens trabalharam juntos em contato pessoal e direto, e infelizmente deixaram poucas cartas ou outros documentos que pudessem ser a chave da química que havia entre eles. No entanto, outro ponto de conexão entre as três óperas vai ainda mais fundo, e tem a ver com as ideias sobre tipos de personagens que havia no século XVIII, com papéis que se encaixam em âmbitos equivalentes porque têm status equivalentes na hierarquia social. Susanna e Despina (a criada em *Così*) estão claramente relacionadas quanto a isso, como estão Donna Elvira (*Don Giovanni*) e Fiordiligi (*Così*), duas mulheres da classe alta, sofredoras, cientes de sua sensualidade. Leporello e Fígaro são personagens *basso buffo,* criados, cômicos e baixos. Até mesmo o conde de Almaviva e Don Giovanni, o yin e o yang dos predadores aristocratas, cantam de maneiras comparáveis.

Todos esses pares poderiam jantar juntos sem tensões; eles se reconheceriam como socialmente iguais, e é em parte por essa razão que têm fisionomias vocais similares. Às vezes foram, como no caso de Benucci, atribuídos ao mesmo cantor. Personagens da classe alta cantavam em geral uma música mais elevada, com um páthos e uma virtuosidade, ou desenhos rítmicos complexos, derivados da ópera--séria. *Don Giovanni*, que é essencialmente a clássica história de Don Juan, com múltiplas tentativas de sedução e a famosa descida ao inferno por meio de uma vingativa efígie de pedra, começa com um número de ação de partes múltiplas, uma introdução em que esses marcadores musicais/sociais se tornam evidentes. A primeira seção, na qual Leporello lamenta sua vida de criado, tem uma marcação na maior parte cômica, uma sílaba por nota, exceto quando Leporello canta *"Voglio far il gentiluomo"* (Quero representar o gentil-homem) — ponto no qual sua voz se prolonga por um instante em longas notas sustentadas e ritmos variáveis que denotariam musicalmente esse status mais elevado. Quando Don Giovanni aparece — com sua visada vítima, Donna Anna (soprano), o perseguindo como uma fúria — as coisas ficam mais ornamentadas, como convém a personagens bem-nascidos. Leporello, observando à distância, enfatiza isso com seus comentários feitos como fundo, na marcação ritmada. Numa terceira seção, o pai de Anna, o comendador (baixo), chega e desafia Giovanni para um combate mortal; passa-se às possibilidades mais sombrias do modo menor e de um tremolo nas cordas. Com a entrada do comendador, não se tem certeza de onde se está. Se alguma vez se supôs que isso era uma comédia, certamente agora não é mais. No trecho final em fá menor (que, como vimos no capítulo anterior, é mais do que uma insinuação da contenção gluckiana), as três vozes dos baixos, agora indiferenciadas, se entrelaçam num lamento que momentaneamente transcende as diferenças e inimizades, por terem sido eles capturados numa reação comum aos trágicos acontecimentos.

Don Giovanni tem sido sempre a irmã sombria dos trigêmeos de Da Ponte. Até mesmo o título de seu gênero é diferente: Da Ponte a rotulou como um *drama giososo*, um drama jocoso. O protagonista, uma força da natureza com seu desprezo pela moralidade, tem um apelo no qual a simples ambivalência é parte de sua atração intelectual. Essa força socialmente anárquica precisa, obviamente, ser punida: ela vai para o inferno. Mas mesmo a moral dessa conclusão é posta em questão. A reação de Da Ponte, que se valeu de várias peças e libretos sobre Don Juan então em circulação, ao personagem central anárquico foi escrever um libreto com estrutura menos formal. *Don Giovanni* é feito de vinhetas, centrando-se nas tentativas de sedução e nas blasfêmias do personagem-título, juntamente com subtramas envolvendo o luto de Anna por seu falecido pai e o adiado noivado com Don Ottavio (o tenor), e um romance entre dois camponeses, Zerlina e Masetto (soprano e baixo). As cenas são justapostas sem muita preocupação com conexão interna. A ação ocorre principalmente à noite. Não se enxerga muito bem, e muitas vezes os personagens estão mascarados.

A insuficiência geral da iluminação e o concomitante desnorteamento refletem uma confusão moral que atinge quase todos os personagens. Anna é misteriosa em sua dor: por quem ela realmente anseia? Uma antiga paixão de Giovanni, Donna Elvira (soprano) se apresenta como uma protetora da virtude mas, não obstante, ela é seduzida mais e mais uma vez. Leporello é um feliz despreocupado, mas também gosta de ser cruel. Zerlina cede facilmente a lisonjas. Os aristocratas estão preparados para matar Giovanni, e sua tencionada vítima os induz a isso. O libreto parece ressuscitar também uma antiga tolerância, muito conhecida na *commedia dell'arte*, pelo contraste entre extremos: assassinato e farsa, sofrimento e cínico gracejo misturam-se livremente. Além disso, o aspecto sobrenatural da história — o comendador ressurrecto como uma efígie vingadora — assegurava a reputação da ópera por sua numinosa gravidade em pleno século XIX, quando a maioria das outras óperas de Mozart atravessava tempos difíceis. A febre do *Don Giovanni* produziu alguns estranhos sintomas. Na década de 1850, a celebrada meio-soprano Pauline Viardot-García adquiriu uma partitura da ópera autografada por Mozart. Ela imediatamente encomendou uma caixa de joias para guardá-la, depositou-a como um relicário em sua sala de música particular e convidava seus melhores amigos a se ajoelhar em sua presença. Incidentes dignos de sessão espírita sucederam-se ao longo dos anos. Em 1886, Tchaikóvski (que reconhecidamente nutria uma paixão incomum por Mozart) escreve: "Não posso expressar o sentimento que me sobrevém quando olho para esse objeto musical sagrado — é como se eu tivesse apertado a mão do próprio Mozart e conversado com ele".[8]

Até mesmo a famosa abertura mistura as coisas. Ela começa com um trecho ominoso em tom menor, dois fortes acordes sustentados, cada um deles emoldurado por um silêncio. Esses acordes visam a nos fazer prestar bastante atenção; é importante se lembrar deles. São seguidos de ritmos de marcha, do tipo fúnebre, em tempo *largo*, e de sinuosas escalas das madeiras, ascendentes e descendentes. Mas todo esse modo trágico é, depois de uns poucos instantes, subitamente abandonado em benefício de um alegro-padrão de ópera-bufa. Aqui se impõe uma questão musical — o que significa essa repentina mudança? É uma questão que permanece em aberto durante a ópera. Somente muito mais tarde, um pouco antes de Don Giovanni sair para sempre, por um alçapão, para o inferno, percebemos que aqueles fortes acordes que deram início à abertura estavam carregados de significado. Eles voltam no segundo ato para a chegada da efígie de pedra, e soam mais uma vez alguns minutos depois, assim que Don Giovanni canta um

"Não! Não!" final para o seu indesejado visitante. A própria orquestra, agora entendemos, começa desafiadoramente com um "Não!" orquestral que recusa o consolo da aceitação. Mas é também para lembrar, no entanto, que essa celebração da singularidade do indivíduo não é puramente heroica e certamente não é uma receita para o comportamento humano sobre a Terra. Muitos comentários literários e críticos sobre a ópera, a começar com E. T. A. Hoffmann em 1812, ignoraram esse pensamento sensato, preferindo se aliar à indissoluta febre de *Don Giovanni*.[9] Agora, no século XXI, podemos nos sentir a uma certa distância dessas recorrentes rapsódias a Giovanni como epítome de um vigor masculino antiburguês.

A ALIANÇA ERRADA

Don Giovanni, inequivocamente, presta um serviço: explora a ideia de se deixar seduzir para fazer a aliança emocional errada. Para a ópera, esta é uma charada fundamental e uma tentação recorrente: quando a música atropela o bom senso e a moralidade, a resistência vai embora. Mozart declarou sua lealdade à verdade musical — acima e além de enredo ou personagem — vezes e vezes seguidas. Escrevendo para o seu pai em 1781, quando trabalhava em *Die Entführung*, ele deixa isso claro:

> Numa ópera, a poesia simplesmente tem de ser uma filha obediente da música. Por que as óperas italianas, apesar de seus deploráveis libretos, têm tanto sucesso em toda parte, até mesmo em Paris, como eu próprio testemunhei? É porque a música reina suprema, e tudo o mais é esquecido. Uma ópera deve agradar ainda mais se o enredo foi bem trabalhado e as palavras foram escritas para a música, e não enfiadas ali para obter algumas pobres rimas aqui e acolá.[10]

Boa poesia, sim, e um enredo persuasivo, mas a posição soberana da música significa que se *ela* é que é a sedução, então o personagem que a canta será um objeto de desejo. Pouco surpreende, então, que um dos fios condutores nas óperas de Da Ponte seja uma sequência de três "duetos de sedução" paralelos, todos no tom de lá maior, todos descrevendo uma cena na qual um personagem masculino tenta, na opinião dele com sucesso, conquistar uma relutante virtude feminina. As diferenças e semelhanças podem nos contar algo interessante sobre as três óperas, e também algo sobre o que se poderia chamar de moralidade operística e sua contracorrente musical.

A palavra "seduzir" fez uma longa viagem no decurso dos últimos séculos, adaptando-se às mudanças de postura em relação à propriedade, à diferença entre os gêneros e até mesmo à natureza da subjetividade humana — aquilo que pensamos que somos, e quão independentes, individual e emocionalmente nos sentimos ser. Nestes tempos de revolução pós-sexual, parece que a palavra é usada com um tom irônico e um toque arcaico. "Oh, o vil sedutor!" Como condiz com ideias que hoje têm conotação de artificiais, esse termo tem se abrigado principalmente no reino das metáforas. Uma pessoa real hoje em dia tem menos possibilidade de nos seduzir do que um anúncio na TV, ou um passeio de gôndola pelo Grande Canal, ou (no tema que está sendo abordado) um dueto de Mozart sobre uma carta, cantado por dois sopranos. Nem sempre foi assim. Mesmo já no século XVIII, seduzir uma moça inocente era roubar sua castidade, e não só da moça em questão, mas também de seu pai ou senhor. Outra maneira de encarar isso, durante o mesmo período, era como um atravessar perigoso de fronteiras. Giovanni tinha feito isso logo antes de a cortina subir; tinha entrado na casa do comendador clandestinamente, e tentado uma invasão semelhante de sua filha, Anna. Mas frequentemente esse ato é uma transgressão dupla, no sentido de que as fronteiras atravessadas também serão sociais, sugerindo um contato que muitos, no tempo de Mozart (em especial os que possuíam "dinheiro antigo"), consideravam uma ruptura da ordem civil. Outra vez, Giovanni é um bom exemplo. Ele é um sedutor aristocrata que não liga para divisões sociais, e que deseja — no calor da caçada — se lançar sobre uma moça camponesa com tanta disposição quanto teria em relação a uma dama bem-nascida. Como canta Leporello em sua famosa "ária de catálogo" no final do primeiro ato, *Purché porti la gonnella, voi sapete quel che fa*" (Se ela usa uma saia, você sabe o que ele fará).

O dueto de sedução no primeiro ato de *Don Giovanni* é exatamente um exemplo do cruzamento de fronteiras sociais, e é também o mais simples e mais conhecido de nossos três duetos "de sedução". "*Là si darem la mano*" (Lá nos daremos as mãos), canta o *cavaliere* Giovanni para a *contadina* (jovem camponesa) Zerlina, e a simplicidade da melodia e do acompanhamento demonstram com que habilidade ele pode se adaptar ao que tem de fazer. Nem há muita resistência, pelo menos em termos musicais, da parte de Zerlina; só a gradual sensação de uma proximidade cada vez maior. Giovanni dá início. Zerlina pode responder à primeira declaração dele com as palavras *"Vorrei, e non vorrei"* (Eu talvez sim, talvez não), mas sua melodia é apenas uma versão ornamentada da dele — num importante nível musical, isso quer dizer que a proposta dele já foi aceita. Há uma pequena sequência cromática enquanto ela pensa em seu noivo Masetto, mas quando Giovanni traz de volta sua ideia inicial ela já está mais perto dele, dessa vez partilhando sua melodia. E finalmente, num rústico compasso 6/8, os dois cantam juntos em descomplicadas terças paralelas. Essa progressão musical simples — primeiro, Zerlina repete a melodia de seu sedutor, depois os dois a dividem entre eles, depois cantam juntos — é obviamente um reflexo musical do que está acontecendo em cena; e a ingenuidade do quadro musical com certeza é parte do jogo — daquilo que é, por enquanto, um *innocente amor*. Mais adiante neste ato, Zerlina terá de desenhar fronteiras *reais*, quando Giovanni pressiona para avançar em sua conquista; e ela o faz não com frases que são o espelho de outras, mas com um grito melodramático de fora do palco. Incidentemente, o dueto também mostra que a força de persuasão de Don Giovanni na ópera é, repetidas vezes, incorporada em sua voz ao cantar. Isso se pode ver também no trio do segundo ato, quando mais uma vez persuade Donna Elvira de que ele a adora; ou até mesmo em sua breve e delicada serenata do segundo ato, na qual, postado sob um balcão e dedilhando um bandolim, ele representa um outro arquétipo, o de um trovador. Para o grande filósofo dinamarquês Søren Kierkegaard, escrevendo em 1843, "é esta vida musical de Don Giovanni, absolutamente centralizada na ópera, que lhe permite criar uma força de ilusão que nenhuma outra ópera é capaz de criar, de modo que sua vida transporta as pessoas para a vida que transcorre na peça".[11] Em outras palavras, nós, como audiência e ouvintes, somos arrastados totalmente para dentro dela. Quando Otto Jahn completou em 1856-9 o que seria a primeira grande biografia de Mozart na história, ele repetiu o conceito de Kierkegaard quanto ao erotismo musical em *Don Giovanni*, comentando a ideia de que Don Giovanni faz com que o público fique do seu lado sem considerar que tais alianças podem tender a ser dúbias.[12]

O dueto "de sedução" paralelo em *Figaro*, entre o conde de Almaviva e a criada Susanna no início do terceiro ato, é mais complexo. O conde pode pensar que tem o controle da situação, mas os espectadores sabem que Susanna está meramente fazendo sua parte para pegar numa armadilha o pretenso sedutor. Uma espiada no libreto não deixa dúvida quanto às duas posições opostas. Da Ponte insere uma brincadeira, que se repete diversas vezes na composição musical, na qual Susanna se confunde com a ardente pergunta do conde e diz "não" quando quer dizer "sim", e "sim" quando quer dizer "não". No entanto, mais uma vez, a música de Mozart faz com que um caso potencialmente simples fique mais equívoco. O conde começa com um tom muito aristocrático, num grandioso e fingidamente patético tom menor (*"Crude! perché finora"*), com uma elaborada repetição de palavras. No entanto, em vez de expressar em alto nível sua resistência e seu ultraje, Susanna vai ao encontro dele com uma suave aceitação e uma esperta mudança para tom maior. No início ele mantém o tom de seu discurso, quase como se não a tivesse ouvido. Depois, no entanto, a aquiescência de Susanna é totalmente inferida, e ele irrompe numa celebração de vitória em tom maior (*"Mi sento dal contento"*). Essa melodia é muito bonita — sedutoramente bela, pode-se dizer —, muito mais do que a severa ideia pseudobarroca de sua abertura. Como em qualquer outra parte de *Figaro*, o conde se comporta muito mal como personagem do enredo, mas é perturbadoramente aprazível como personagem de voz. Não é de admirar que, depois de ele se pronunciar em tão bela melodia, Susanna fique tão atrapalhada e comece as respostas erradas a algumas de suas perguntas. Pode até surgir a pergunta: que resposta ela estava *querendo* dar? Também pode ser significativo que, no fim do dueto, a dupla desajustada em termos sociais pareça ser musicalmente quase unânime, com Susanna a cantar a bela melodia do conde com uma certa paixão, ela também. Em outras palavras, a música de Mozart pode estar apontando para algo bem subversivo, que é o fato de que cruzar fronteiras é assustadoramente fácil na ópera, onde a música é uma grande niveladora de pretensões sociais. Por meio de suas transformações musicais, Susanna revela ter fragilidades profundas e humanas que suas palavras dificilmente sugerem.

Esses dois duetos representam o que afinal são questões tangenciais no enredo de seus respectivos dramas. Nosso terceiro exemplo, de *Così fan tutte*, fica bem no coração de sua ópera. O dueto do segundo ato, "Fra gli amplessi", entre Ferrando (tenor) e Fiordiligi (soprano), é um dos mais importantes e mais complexos números de *Così*, o que condiz com esse crucial encontro entre os principais personagens da ópera. Fiordiligi está noiva de Guglielmo (barítono), assim como sua irmã Dorabella (meio-soprano) está de Ferrando. Don Alfonso (baixo), um cínico profissional que o libreto chama de "velho filósofo", aposta com os homens que suas respectivas noivas podem ser facilmente induzidas à infidelidade. Os dois amantes fingem partir para a guerra, e voltam disfarçados, cada um procurando a noiva do outro. Num dos casos, isso é facilmente provado: Dorabella sucumbe a Guglielmo num recitativo simples. Mas a rendição de Fiordiligi é muito mais momentosa, da mesma forma que seus prévios protestos de constância tinham sido mais grandiosos. É típico dessa última ópera-bufa de Mozart que, enquanto na superfície o mecanismo do enredo possa parecer banal e previsível, os níveis das prováveis ambiguidades são mais densos do que nunca. À diferença do que acontece em *Figaro* e *Don Giovanni*, não há barreira social entre os personagens principais deste dueto de *Così*, o que significa que, perigosamente para ambos, eles podem conversar numa linguagem musical partilhada e complicada.

O contexto imediato é importante. Fiordiligi percebe que os dois pretendentes que invadiram sua residência à beira-mar são mais perigosos do que havia antes imaginado (o recitativo precedente começa: *"Come tutto congiura a sedurre il mio cor"* — Como tudo conspira para seduzir meu coração). Ela toma subitamente uma decisão: vai vestir as roupas de seu amado Guglielmo e se juntar a ele no campo de batalha. Ela tira seu toucado — uma preparação para se travestir — e começa o que parece ser uma ária heroica, cheia de gestos masculinos, para estimular sua decisão. Ela mal se aqueceu para a tarefa quando ocorre, no entanto, uma súbita interrupção: Ferrando irrompe em cena, captando sua melodia e a dirigindo para seus próprios propósitos. O choque é considerável. Assim como a mudança de tom e melódica, algo mais básico no discurso operístico foi violado, uma ária foi invadida, e inesperadamente transformada em dueto. Nada parecido com isso aconteceu a Zerlina ou Susanna, e não é de surpreender que todo esse número entre agora num estado de absoluta fluência, mudando rapidamente em suas texturas orquestrais e em suas direções tonais. Mas de modo gradual ele torna a se envolver no tom original com que Fiordiligi o começara, e é nesse tom que Ferrando lança seu pleito final. Esse *larghetto*, *"Volgi a me"* (Volte para mim), é, como se poderia esperar, um regresso tonal, uma espécie de recomposição da abertura de Fiordiligi, mas conquanto sua melodia fosse masculina nos gestos, é um dos mais suaves, mais belos trechos líricos de toda a ópera, o menos heroico que se possa imaginar. A beleza conquista Fiordiligi, e ao som de um sinuoso solo de oboé, ela capitula, o que se enuncia num trecho de conclusão convencional no qual eles cantam juntos, paralelamente com o mesmo intervalo. A conexão entre ação e música é inescapável. Fiordiligi tentou fugir de Ferrando vestindo-se de homem e assumindo um estilo vocal masculino e heroico. No grande jogo da sedução, ele então a subjugou usando o mais simples dos meios — ao se tornar, em *"Volgi a me"*, a essência da beleza e do lirismo femininos.

Sofisticados jogos de tonalidade, metamorfoses de motivo, orquestração fluente e espirituosa, todos esses detalhes nos fazem lembrar mais e mais uma vez que as óperas de Mozart foram enormemente enriquecidas pelo fato de o compositor ser também um mestre da música instrumental. Os austro-alemães já eram famosos por terem trazido sua perícia nesse gênero ao campo da ópera, e isso às vezes podia lhes causar problemas. Uma das histórias sobre Mozart repetidas com mais frequência é sobre um comentário supostamente feito pelo imperador José II, depois de ouvir *Die Entführung*: "Belo demais para os nossos ouvidos e com notas demais, caro Mozart".[13] Em geral, considera-se que essa citação suscite um sentimento de superioridade — afinal, é bom sentir-se culturalmente superior a um imperador —, mas a observação de José pode também nos fazer lembrar que o tipo de ópera de Mozart, com influência de música instrumental, apresentava dificuldades para os seus contemporâneos, educados num menu italiano mais simples. O que se provou ser crucial na mistura mozartiana foi que ocorreu uma alquimia: que os novos níveis de complexidade musical não simplesmente adicionaram mais detalhes a formatos antigos, mas os transformaram em objetos mais dinâmicos, permitindo, nesse processo, que os personagens operísticos se tornassem mais complexos num sentido moderno, psicologicamente mais interessantes.

Esse avanço, esse enriquecimento do tecido operístico, é uma parte importante daquilo que faz de Mozart uma figura tão central para muitos amantes da ópera de hoje; mas, no entanto, isso pode estar sendo superenfatizado, em particular aos olhos dos que tendem a posturas acadêmicas. Porque, em primeiro lugar, isso destaca a questão da beleza musical, parte tão presente na experiência mozartiana. O que é essa beleza, como se pode defini-la? Será que Fiordiligi, como nós, ou os homens na prisão de Shawshank, está sendo seduzida por uma ária de Mozart numa tarde-noite de verão? Se assim for, podemos ter um sentimento de proximidade confortador com esses estranhos personagens operísticos que cantam tão lindamente mas que agem segundo regras que agora achamos estranhas a nós, e difíceis de entender. Ao menos devíamos pôr em questão essa proximidade, lembrarmos os complexos códigos que estão em ação, a história da ópera-bufa que precedeu (e em certa medida propiciou) as realizações de Mozart, a maneira pela qual ele constantemente jogou com bem estabelecidas convenções operísticas. Mas às vezes a experiência da ópera fará essas questões se esvaecerem, por alguns momentos, enquanto somos transportados por breves canções, levados por um maravilhoso vento musical.

6. Canto e fala antes de 1800

As rivalidades entre as óperas italianas e francesas, e mais tarde entre as italianas e alemãs, são bem antigas, mas as histórias que se contam sobre elas têm persistente apelo. Em seu tratado *Oper und Drama* (1851), Richard Wagner declarou desgostar de todas as três escolas nacionais, ao chamar a alemã de "pudica", com pouca sensualidade, a italiana de "coquete", sempre atormentando seus aficionados seguidores (o público) com sua frivolidade e temperamento, e a francesa de "cortesã", sem alma e só interessada em dinheiro — ele evitou os termos mais explícitos e na época impublicáveis que sem dúvida tinha em mente.[1] Por mais útil que seja fazer às vezes distinção entre as três tradições, devemos nos lembrar de que essas separações se fizeram sentir em diversos domínios e em diferentes épocas, e que as percepções estéticas e os recursos musicais que fluíam entre essas três tradições operísticas dominantes podiam muitas vezes apagar essas diferenças. No século XVIII, compositores dos estados alemães e do império austríaco escreveram óperas em italiano e em francês. A carreira de Gluck é um bom exemplo. Os compositores italianos frequentemente ganhavam a vida em cortes estrangeiras. Em 1776, Giovanni Paisiello deixou Nápoles pela Rússia para ser *maestro di cappella* na corte de Catarina II e escrever óperas para a prestigiosa companhia italiana que ela financiava em São Petersburgo. Compositores franceses e homens de letras (sendo o mais famoso deles Jean-

-Jacques Rousseau) quase sempre assumiam a causa da ópera italianada. Todos os três estilos nacionais costumavam fluir de um para outro, enquanto carruagens carregadas com artistas e compositores e materiais musicais cruzavam incessantemente o continente.

Mozart é o caso mais famoso. Desde que era muito criança, como menino prodígio e objeto de exibição, ele frequentemente viajava para a Itália, a França, a Inglaterra, para principados alemães de menor importância. Aos nove anos de idade, um dos números de sua apresentação era improvisar um recitativo e uma ária em italiano, transformando em palavras e em música qualquer paixão operística que fosse sugerida pelo público. O fato de ele poder fazer isso de improviso pode nos deixar pasmos (como deixava seu público do século XVIII); mas não há dúvida de que ele já teria tido a necessária aprendizagem. Aonde quer que fosse ele ouvia ópera, em italiano, em alemão, em francês. Em Paris ele apresentou no Opéra uma amostra do repertório da *tragédie lyrique* (da qual seu pai, Leopold, não gostava), assim como da menos austera ópera-cômica. Mais tarde na vida ele iria ouvir ambas, a ópera-séria e a ópera-bufa em Viena, às vezes no mesmo teatro. Mas sua experiência dificilmente pode ser considerada única; mesmo com o nacionalismo e os Estados emergentes do século XIX, não era incomum haver compositores de ópera bi ou trilíngues. Quase todo compositor de ópera do século XIX, e Wagner não foi exceção, aspirava a escrever uma obra em francês para o Opéra de Paris. Quem, afinal, iria desdenhar o prêmio Nobel do mundo operístico, com os melhores cantores e a melhor orquestra do mundo, e com um orçamento para cenários e figurinos que enfrentaria o desafio até mesmo da fantasia wagneriana?

No entanto, uma diferença importante separa as formas dominantes da ópera-cômica francesa e alemã do século XVIII da ópera-bufa italiana (ao menos em seu formato mais tardio e mais elevado), que é a presença do diálogo falado. Na França, a ópera-cômica surgiu quando já passara a primeira metade do século. Seus principais antecedentes foram peças cômicas, muitas vezes representadas em palcos provisórios montados em feiras, e nas quais se tinham inserido canções preexistentes. De forma gradual, esse tipo de entretenimento cruzou as fronteiras da "peça com canções" para as da "ópera com diálogo falado", e ao novo gênero se atribuíram várias designações, sendo a mais comum a de *comédie mêlée d'ariettes*, algo que obedecia às regras do drama falado (a *comédie*), mas que periodicamente passava a ser música e que, cada vez mais, empregava números musicais mais complexos do que as "pequenas árias" que aquela designação poderia sugerir. Aproximadamente depois de 1750, essa nova forma de ópera tornou-se muito popular e, como a ópera-bufa, ampliou o âmbito dos assuntos de que tratava, favorecendo os enredos sentimentais ou fantásticos. Tornou-se o gênero preferido dos compositores franceses que valorizavam as frases simples e as melodias periódicas da ópera italiana.

Em resumo, a ópera-cômica francesa era tida, em geral, como o oposto da ou a alternativa à *tragédie lyrique*. A ópera em alemão, por outro lado, não tinha, virtualmente, uma tradição séria; por isso ela logo se aproximou da comédia, e permaneceu cômica durante o século XVIII, até mesmo farsesca. Na maioria das vezes era chamada de *Singspiel*, termo que junta num só *Sing*, "canto", e *spiel*, "representação" (teatral). Quando falamos de *Singspiel* atualmente, em geral estamos nos referindo à ópera-cômica alemã com diálogos falados. Mas a palavra tem sido usada desde o século XVII para abranger um amplo âmbito de teatro com música, inclusive apresentações em língua alemã de óperas italianas ou francesas, e peças alemãs com música incidental. Os dicionaristas teutônicos tiveram um prato cheio com suas definições e nuances. E nisso, com a mesma frequência, Mozart é o pivô, especificamente sua última ópera, *Die Zauberflöte* (A flauta mágica, 1791), ainda chamada de *Singspiel*. Essa obra com a dupla face de Janus, que começou como parte de uma tradição mais humilde, foi uma força crucial que ajudou a ópera-cômica alemã a chegar ao nível mais elevado e ambicioso da *romantische Oper* do século XIX. Graças à reputação que seu compositor tinha adquirido como compositor instrumental, *Die Zauberflöte*, a despeito de suas origens, finalmente conseguiu realizar sua ambição (sempre frustrada no século XVIII) de se incluir na tradição da ópera-séria na Alemanha.

Mas isolar a ópera-cômica alemã do século XVIII como um mero gênero local, um patoá claramente atribuível às camadas mais baixas das cortes alemãs, ou aos teatros públicos, seria subestimar sua relação com a ópera-cômica francesa: cruzamentos entre as duas sempre foram muito comuns, e foram obviamente ajudados pelo fato de que o diálogo falado pode expressar ideias e sentimentos com muito mais simplicidade do que o recitativo cantado. Alguns belos (e também pouco conhecidos) exemplos vêm de Georg Benda (1722-95) que em 1750 foi nomeado *Kapellmeister* na corte de Frederico II, de Saxe-Gota, e que fez experiências com elaborados *Singspiels* de influência italiana e francesa, tais como *Romeo und Julie* (segundo Shakespeare, 1776). Além disso, a ideia de escolas nacionais rigidamente distintas atenua a cisão que o *Singspiel* compartilha com a ópera-cômica. Essa cisão é o momento em que a fala, a linguagem cotidiana do teatro falado, dá lugar à música, quando os personagens param de falar seus pensamentos e começam a cantá-los. Isso marca um choque sonoro e estético que se repete reiteradamente em qualquer apresentação, e todos os gêneros de ópera que misturam diálogo falado com canto — mais tarde viriam as operetas, e mais tarde ainda os musicais — tiveram de trabalhar com isso e em torno disso. Esse choque, admite-se, não foi igual em todos os gêneros. Nos primeiros casos, por exemplo, as palavras podem ter sido pronunciadas de modo mais ou menos estilizado, e as canções apresentadas com relativa naturalidade, diminuindo com isso a lacuna estilística entre elas. Mas o movimento entre uma e outra era, mesmo assim, um complicador na teoria de sua escrita, que se tornou mais acentuado nos últimos anos do século XVIII. Em 1775, Christoph Martin Wieland, em seu *Versuch über das deutsche Singspiel* (Relato sobre o *Singspiel* alemão), defendia a eliminação do diálogo falado: ter música o tempo todo seria, claramente, superior. Parte da crítica fraternidade francesa também foi eloquente quanto a esse tópico. No início do século XIX, esse choque era para muitos intolerável. E. T. A. Hoffmann escreveu em 1816 que "uma ópera feita em pedaços pelo diálogo é uma coisa monstruosa, e só o toleramos porque estamos acostumados com isso".[2]

Por essa razão, faz sentido referir-se à "ópera dialogada" como um gênero amplo e indisciplinado, e ter em mente o fluxo entre as variedades francesa e alemã, que continuou no século XIX. Pouco tempo antes disso, o elemento cômico da ópera dialogada estava se esvaecendo ou mudando em alguns tipos, com os libretos que incluíam diálogo falado tornando-se mais sentimentais, ou sérios (*Romeo und Julie* é um bom exemplo). O imponente experimento operístico de Beethoven, *Fidelio* (cuja primeira versão foi representada em 1805), tinha aspirações filosóficas elevadas — conquanto notoriamente simplistas — e muita música enlevada; ela alardeia muitos sentimentos sérios sobre o amor conjugal e a liberdade política; mas também tem diálogo falado. Luigi Cherubini (1760-1842), que foi um grande modelo para Beethoven, tinha tentado algo semelhante na década de 1790; sua *Elisa, ou Le Voyage aux glaciers du Mont St-Bernard* (Elisa, ou a viagem às geleiras do monte St. Bernard, Paris, 1794) apresenta um par de malfadados amantes, um dos quais é arrastado por uma avalanche mas sobrevive milagrosamente para celebrar um final feliz. Em 1875, Georges Bizet escreveu uma ópera que termina de forma trágica, com um assassinato violento em pleno palco. Pode até haver elementos cômicos, e mesmo farsescos, em *Carmen*, mas Bizet a chamou de ópera-cômica porque tem fala, além de canto.

O CHOQUE ACÚSTICO

A opereta, os musicais e sua prole hollywoodiana desde o início da era do cinema sonoro tiveram de negociar as fronteiras entre a fala e o canto. Eles o fizeram frequentemente por meio da prática, que o tempo consagrou, de fazer os números musicais serem realísticos em relação ao enredo: estamos dançando e cantando porque estamos encenando um espetáculo aqui no celeiro. Estamos cantando e dançando porque estamos nos apresentando numa seletiva para um papel num musical; estamos dançando porque a orquestra do hotel está tocando ao fundo, e enquanto isso cantamos porque o maestro quer que o façamos. Como ressaltaram os historiadores dos musicais, o momento de transição da fala para o número musical é reconhecido há muito tempo como perigoso — uma junção capaz de perturbar o processo de absorção do público. Tudo quanto é tipo de dispositivo foi desenvolvido para torná-lo mais suave, inclusive um literal, em que a fala é introduzida sobre o número cantado e então vai assumindo a forma de canção ao se tornar gradualmente mais ritmada ou entoada. Os críticos de cinema às vezes chamam a transição de uma forma a outra de "sutura": uma é costurada à outra de um modo que não seja muito perceptível. Essas suturas fala/música foram na maior parte herdadas da ópera. Mas como é de esperar — um filme está sempre comprometido com um relativo realismo e a ópera está espetacularmente *não* comprometida com ele —, os criadores de ópera têm tendido a ser mais atrevidos e ousados ao apenas deixar a música surgir, sem explicações ou preparativos.

Um exemplo notório pode mostrar como. Em *Die Entführung aus dem Serail* (O rapto do serralho, 1782), de Mozart, o personagem mais exaltado não é representado por um cantor, mas por um ator: Paxá Selim, um déspota esclarecido (embora mais tendendo para déspota do que para esclarecido, até o *finale* da ópera), não canta uma nota sequer. Esse paxá exclusivamente falante liberta depois a heroína Konstanze (soprano) — que ele tinha aprisionado, e a quem desejava há muito tempo — para o noivo Belmonte (tenor), que a procura, dando como explicação para a sua benemerência que seu desprezo pelas crueldades ocidentais é grande demais para que ele consiga imitá-las. Mas num momento crítico do segundo ato ele é decididamente menos conciliatório. Cansado da constante rejeição de Konstanze a seus avanços, ele ameaça mudar de tática, para uma postura mais robusta. Ele vai forçar a situação "não matando você! Mas por meio de tortura — *tortura de todo tipo concebível!*" ("Martern aller Arten"). O ator pode resmungar ou gritar, sussurrar ou grunhir essa última frase; alguns, talvez na ambição por maiores papéis, usam uma combinação de todos os quatro. Mas o que quer que façam esses paxás, a orquestra irrompe com sopros e tambores, e com um motivo melódico de seis notas que repronunciam seu lema em formato instrumental, *Mar*-tern, *al*-ler *Ar*-ten. Por enquanto, tudo bem: a ameaça, o choque das palavras, transformaram-se no choque do súbito som instrumental: a introdução orquestral para a ária de Konstanze, que ela cantará em desafio à ameaça do paxá, está a caminho.

De modo incidental, essa introdução vai se estendendo mais e mais, com substanciais e intricadas contribuições de não menos que quatro solistas que se destacam da orquestra, flauta, oboé, violino e violoncelo. Temos, efetivamente, um "verso" completo (sessenta compassos) da ária antes de Konstanze começar a cantar. É provável que para Mozart essa longa introdução à maneira de concerto tivesse um significado dramático, sinalizando a dignidade e a posição social da heroína, bem como adicionando ênfase e peso à iminente defesa de sua castidade. Mas em tempos modernos esse potencial é abafado por outra questão: o que cada pessoa no palco deveria estar fazendo enquanto isso. O estilo de direção de uma apresentação atual de *Seraglio* pode ser avaliado ao se assistir a esse momento. Um comentarista recente dessa ópera descreve "Martern aller Arten" como *show-stopping*,* e pode-se assumir que isso tem duplo significado. Se os solistas da orquestra e a soprano têm bom desempenho, os aplausos vão interromper o espetáculo quando a ária termina: é um dos maiores desafios no cânone operístico.[3] Mas "Martern aller Arten" também quase literalmente interrompe o espetáculo (ou pelo menos sua ação): no que tange à ação em cena, nada acontece por um período muito longo. Hoje em dia os diretores da ópera tendem a não simpatizar com tão elaborados derramamentos musicais. Eles ficam nervosos; pior ainda, eles se

---

* O termo se refere a um momento num espetáculo em que o público irrompe em aplausos, interrompendo a continuidade da apresentação.

sentem supérfluos. Para a ária, isso com frequência quer dizer más notícias. Numa produção recente do Royal Opera House,[4] a fiel e constante Konstanze usou a introdução orquestral para demonstrar mais do que uma reconsideração aos atrativos do cruel paxá. Sua tentativa inicial de abraçá-la se prolonga de forma significativa; quando a flauta, o oboé, o violino e o violoncelo terminam de fazer sua parte, Konstanze está ajoelhada diante dele com uma face amorosamente pressionada contra sua coxa trêmula. Ela então canta a ária. E a ação continua.

Além de representar um dilema para os diretores de cena, "Martern aller Arten" ilustra o problema da fala versus música no *Singspiel* e na ópera-cômica. O que motiva a presença da música? Que fronteira se está atravessando quando se vai do som da fala para o som da música? O que a música representa? Nesse sentido, a ópera dialogada reapresenta continuamente essa questão operística central da verossimilhança e dos níveis de realidade, questões sobre a motivação para a música que constituíram um problema de definição teórica e dramatúrgica a partir de meados do século XVII. As primeiras óperas-cômicas em francês, as *comédies-ballets* de Lully e Molière na década de 1670, na maioria das vezes confinavam a música a situações realísticas: alguém, dentro da ficção, tinha de se expressar com uma canção ou uma dança. Mas à medida que as audiências se habituavam ao gênero, essa restrição rígida foi inevitavelmente desafiada, tanto em *Singspiels* quanto em óperas-cômicas. Irromper num canto imotivado poderia servir, e servia, como paródia de formas mais elevadas da *tragédie lyrique*, ou ópera-séria, e tais inversões eram comuns enquanto a ópera-cômica era considerada uma espécie de antiópera. O desconforto teórico permaneceu, mas era uma batalha perdida.

Johann Wolfgang von Goethe (1749-1832) escreveu alguns libretos de *Singspiel*, e para ele o fundamento racional para a presença da música era um permanente enigma. Numa carta ao compositor Philipp Christoph Kayser, em 1779, escrita enquanto trabalhava em seu libreto *Jery und Bätely* (a ser musicado por Kayser), Goethe deu expressão a suas ansiedades em relação às motivações para a música em cena. A música real dentro do drama — "canções que supostamente a pessoa que canta decorou de alguma maneira, e agora a apresenta numa ou outra situação" — não representa problema. Mas a outra música operística, sejam árias que expressam paixões ou "diálogos rítmicos" em conjuntos musicais, precisam de um motivo para estar lá. Nas árias, a música flui do coração dos personagens, e por isso expressa algo que as palavras não podem expressar. Para Goethe, as cenas de diálogo requerem música para lhe transmitir cadência, são "um anel liso, dourado, no qual as canções e as árias se assentam como pequenas pedras preciosas".[5] Em outras palavras, elas são meias músicas, uma maneira de apressar ou desacelerar a fala, e, assim, não muito distantes do simples recitativo italiano.

O debate sobre a motivação dramática para a música no *Singspiel*, e como a música deveria ser classificada de acordo com o fundamento lógico para a sua existência, era uma preocupação intelectual menor entre os ensaístas alemães do século XVIII, como Goethe. Mas a partir de aproximadamente 1780, o debate se deu no terreno abstrato, visto que a prática cotidiana do *Singspiel* seguia seu caminho, tornando-se, em particular, mais italianizada. E a teorização tinha lugar sobretudo na Alemanha do Norte e Central. O *Singspiel* em Viena, o tipo herdado por Mozart, era produzido num ambiente que, a julgar por sua correspondência, era menos carregado de manias intelectuais. Mozart escreveu muitas e detalhadas cartas enquanto compunha *Die Entführung*, mas nenhuma delas contém qualquer indício de que se angustiasse com as questões com as quais Goethe, ou qualquer outro paladino do *Singspiel*, se preocupava. E como que para demonstrar sua despreocupação, em Mozart há música imotivada por toda parte — até mesmo em sua primeiríssima ópera alemã, *Bastien und Bastienne* (escrita quando ele tinha doze anos, em 1768). A música de ópera na concepção italiana — ópera-séria com suas infindáveis cascatas de música antiverossímil — tem sido comum em países de língua alemã desde as proximidades do início do século XVIII. Mas, como se fosse em teimosa recusa, a ideia da canção dentro da realidade continuou a ser crítica para o *Singspiel* e a ópera-cômica, e resultou num modelo para uma forma particular de ária, a canção em estrofes, imitação de *folk*, ou canção simples; o caso paralelo, para canto em conjunto, era um "vaudevile" (um belo exemplo disso é a conclusão de *Die Entführung*), no qual cada personagem canta um verso simples emoldurado por um refrão em grupo.

Sendo assim, a segunda cena no primeiro ato de *Die Entführung* mescla os três registros potenciais da ópera dialogada — a música de ópera, a canção como parte da encenação e o texto falado — num único e fluente número. O guarda de harém Osmin (baixo) aparece no muro do serralho e canta uma canção em estrofes sobre as fraquezas das mulheres e a necessidade de protegê-las de jovens amorosos; Belmonte, que está escondido embaixo, faz perguntas faladas, em voz alta, nas pausas entre os versos, perguntas que Osmin ignora. No fim, Belmonte consegue a atenção de Osmin roubando-lhe a melodia e cantando de volta para ele: "*Verwünscht seist du samt deinem Liede!*" (Malditos sejam você e sua canção!). A essa altura acaba o canto realístico: os dois personagens trocam mais insultos em música, e de repente estamos na ópera em seu sentido mais moderno, num dueto que termina com duas vozes masculinas cantando simultaneamente. Mas a maneira brilhante, sutil e inconsútil com que é feita a passagem de um registro a outro é testemunho tanto da força contínua exercida pela brecha existente entre os dois quanto, obviamente, da ponderação do compositor quanto à maneira de criar uma ponte sobre ela.

Pode-se até perceber como o problema do choque auditivo deu forma às tramas no *Singspiel* alemão. A maioria dos relatos do final do século XVIII ressalta suas diferenças literárias em relação à ópera-bufa, em particular seu gosto por personagens orientais ou exóticos em confronto com os europeus, seus enredos de contos de fadas e folclóricos. Em certa medida, a ópera-cômica compartilhou essas preferências de ficção (como na peça de conto de fadas *Zémire et Azor*, André Ernest Modeste Grétry, 1771), enquanto abraçava também fábulas sentimentais (*Le Roi el le fermier*, O rei e o lavrador, de Pierre-Alexandre Monsigny, 1762 — apresenta um monarca no obrigatório papel de um déspota esclarecido). No *Singspiel*, no entanto, os libretos envolvendo instrumentos musicais mágicos ou grotescos foram, em alguns lugares — a Viena de Mozart, por exemplo —, quase a norma. *Die Zauberflöte* foi, em seus primeiros anos, apenas uma de uma longa tradição que incluiu obras como *Die Liebe im Narrenhause* (O amor no manicômio, 1787), de Karl Ditters von Dittersdorf, na qual um louco que acredita ser Orfeu carrega consigo um violino e nele toca músicas mágicas.

Tais libretos ofereciam numerosas possibilidades de motivação para fazer música. Pessoas exóticas tendem a ter instrumentos exóticos, e podem ser representadas pelos sons estranhos que produzem: os favoritos eram os instrumentos "turcos", como o flautim, os triângulos, os pratos e o bumbo. E os personagens mais rústicos não perderam nada de sua utilidade como criaturas que são naturalmente melodiosas ou propensas a cantar. Enfim, instrumentos mágicos cênicos podem introduzir sons melodiosos no silêncio musical que, não fosse isso, reinaria durante os diálogos falados, ou podem até mesmo ser tocados por cima do texto falado. Em *Die Zauberflöte*, ouvimos enigmáticas fanfarras de metais de fora do palco durante momentos especialmente solenes do diálogo, e o herói Tamino várias vezes é instado a tocar sua própria flauta.

Como vimos, a ópera-cômica desenvolveu-se no século XVIII como um penduricalho — com frequência um penduricalho abertamente irônico — da ópera-séria; uma forma menos dispendiosa e mais simples cuja produção envolvia menos exigências. O *Singspiel*, por exemplo, em particular nas províncias do norte da Alemanha, era muitas vezes produzido em teatros públicos por atores--empresários. Em Paris, o talento dos cantores para representar era tão importante quanto seu talento vocal. E não havia *castrati*, como na ópera-bufa italiana. Seu treinamento os tornava caros demais para serem desperdiçados em comédia, e de qualquer maneira eles eram indelevelmente associados à fundamental artificialidade da ópera-séria. O rol dos tipos de voz que hoje tendemos a imaginar como padrão na ópera — heroína soprano, herói tenor, com os registros mais baixos masculinos e femininos divididos entre o elenco de apoio — surgiu na ópera dialogada francesa e alemã, e era normal na época em que Mozart escreveu *Die Entführung*. Osmin, o bufão cômico, tem uma voz de baixo grave que soa em contraste com o alto registro de soprano de Blonde, a criada inglesa que rejeita suas afeições. Mas os atores na estreia dificilmente poderiam ser considerados talentos simples e naturais. Blonde atinge o mi mais alto em sua ária, e a parte de Konstanze, como já vimos, exige um virtuosismo tão estrênuo quanto na ópera-séria.

Die Entführung foi encomendado pelo imperador José II, que havia criado um espaço na corte para o *Singspiel* nacional em 1778, para estimular a composição de novas óperas alemãs — projeto que teve de lutar para obter um acervo suficiente de obras e que entrou em colapso em 1783, quando uma companhia de ópera--bufa tomou seu lugar. Os cantores de Mozart, eram, assim, artistas de corte treinados em repertório italiano, e nesses se incluía Catarina Cavalieri, para quem Mozart escreveu o papel de Konstanze. Enquanto trabalhava na ópera, Mozart admitiu para o seu pai que ele tinha "sacrificado" algumas de suas próprias ideias para a primeira ária, "Ach, ich liebte" — em benefício da "garganta flexível" de Cavaliere, uma frase anatômica cheia de insinuações.[6] A capacidade de mobilizar cantores desse nível teve um efeito profundo na música de *Die Entführung*, a qual, como todas as óperas mais tardias de Mozart, não está amarrada a nenhum tipo operístico, apresentando uma desorientadora miscelânea. Temos os longos e elaborados números de conjunto da ópera-bufa; as prolongadas árias características da ópera-séria; simples cantigas à maneira de canções populares; alegres incongruências orientais, tais como "Vivat Bacchus", um canto de libação com orquestração janízara; e árias que são sérias no ânimo mas não têm nada do elaborado virtuosismo e da astúcia do tipo séria — momentos cuja candura emocional supera Gluck mesmo em sua manifestação mais exaltada.

A segunda ária de Konstanze, "Traurigkeit" (Tristeza), um ensaio patético em tom menor, com o som da orquestra obscurecido por clarinetes contraltos, é um exemplo maravilhoso desse último tipo. Ela é executada onde, no libreto, entra o clichê de um vento que carrega os suspiros dos amantes, invertendo a imagem no segundo verso:

Selbst der Luft darf ich nich sagen
Meiner Seele bittern Schmerz,
Denn, unwillig ihn zu tragen,
Haucht sie alle meine Klagen
Wieder in mein armes Herz.

[Não posso dizer nem mesmo ao ar/ a dor amarga de minha alma,/ porque, não querendo suportá-la/ o ar sopra todos os meus lamentos/ de volta a meu pobre coração.]

Isso é sobre não ser capaz de falar: sobre uma mulher que, se confidenciar ao vento, terá o alento com que falou, junto com a dor que ela expressa, apenas impelidos de volta à sua garganta. Há estranhos silêncios embutidos na configuração musical, sinais de mudez, e essas pausas são sempre seguidas por um único e baixo sopro das madeiras, sopro de vento mandando as vozes de volta ao lugar de onde vieram. Mas a linha vocal mais intensa de Konstanze vem depois desses sons das madeiras, e acompanha aquela mesma linha que descreve sua mudez, e como o vento "sopra todos os meus lamentos" de volta a seu coração.

Ressaltamos a importância dos tipos de voz para a ópera dialogada, em parte porque os dois grandes *Singspiels* de Mozart — *Die Entführung* e *Die Zauberflöte* — envolvem um elaborado simbolismo acústico ao longo do âmbito de registros dos tipos de voz naturais. Isso é especialmente verdadeiro em *Die Zauberflöte*, cujo libreto expressa ideias firmes quanto ao bem e o mal, a luz e a escuridão, o dia e a noite, e cujo âmbito de personagens é organizado por Mozart — com exceção do par central de amantes, Tamino e Pamina — de acordo com seus registros de voz. A Rainha da Noite nos é apresentada como uma monarca gentil e sofredora, cuja filha Pamina foi raptada por um mágico vil chamado Sarastro. Tamino, um príncipe que sai à sua procura, é enviado pela rainha e pelas três damas que a servem para resgatá-la; ele é acompanhado por Papageno, meio pássaro, meio homem, uma criatura naturalmente mágica de pouco intelecto mas grande apetite. Contudo, na altura da metade do primeiro ato, Tamino descobre que foi enganado. Sarastro é na verdade o bondoso governante do Templo da Sabedoria, e está apenas protegendo Pamina da rainha, que visa à derrubada do Templo. Um personagem menor, Monostatos, o Mouro, abandona Sarastro pela rainha, que lhe promete Pamina em troca dessa traição. No fim, prevalece o bem. Os amantes são reunidos, e a rainha, suas damas e Monostatos são banidos para as profundezas. Na paleta de Mozart para essa ópera, as vozes de registro alto tornam-se o signo da decadência e da fúria. As damas da rainha, que posam de mulheres tentadoras na primeira cena, quando aliciam Tamino para a causa da rainha, no segundo ato estão meramente bicando, tagarelando e buzinando. Monostatos tem uma voz de tenor alta e trêmula, talvez uma depreciativa paródia de um castrato decadente. A Rainha da Noite, como é notório, tem as notas de mais alto registro do repertório operístico, atingindo o fá acima do dó mais agudo, em ambas as suas virtuosísticas árias. Sarastro é seu oposto polar, um profundo e tranquilizador baixo.

No meio desse pequeno exército de excentricidades teatrais, o que pode uma simples voz sem artifícios, num registro humano e normal, vir a significar? A parte de Papageno foi escrita pelo libretista de Mozart, Emmanuel Schikaneder, um ator-empresário, tipo familiar na história da ópera dialogada do século XVIII, para quem, como para os atores na ópera-cômica, apresentar textos falados era importante, e cujo canto (ele era barítono) ficava nitidamente num nível de subvirtuosismo. Mas essa simplicidade, que era sempre ardilosa, agora não era apenas a consequência de considerações quanto à economia ou à preferência da plateia, e não mais somente o subproduto das origens distantes do *Singspiel* na comédia rústica e improvisada. A simplicidade havia se tornado mais uma convenção a ser manipulada com fins de dramaticidade.

Mais para o fim do século XVIII, já tinham sido estabelecidas as convenções para aquilo que antes chamamos de "canção dentro da realidade" na ópera-cômica e no *Singspiel*. A canção como parte da cena representada é anunciada e preparada por diálogo falado e/ou a situação dramática, e quase sempre envolve um instrumento de apoio e é invariavelmente estrófica. A mesma música (ou muito semelhante) se repete a cada estrofe no texto — nos casos mais simples o número pode ser escrito na forma de várias estrofes de texto para um único verso musical, como num hinário ou numa coleção de canções folclóricas. Exatamente por ser essa noção tão clara e intuitiva, o potencial de elaboração — a canção transbordando em implicações além de seu próprio âmbito — é significativo. Uma famosa instância desse transbordamento é a romança "Une Fièvre brûlante" (Uma febre ardente) em *Richard Cœur-de-Lion* [Ricardo Coração de Leão] (1784), de Grétry. No segundo ato, o trovador Blondel (barítono) vagueia pelas vizinhanças da torre em que Ricardo Coração de Leão (tenor) foi aprisionado. Acompanhando-se em seu violino, ele canta uma canção que Ricardo tinha composto há muito tempo para a sua amada Marguerite. Ricardo, reconhecendo a canção e seu intérprete, junta-se a ele. Blondel descobrira seu mestre perdido localizando sua voz. O transbordamento em questão envolve elaboradas antecipações dessa música no primeiro ato. Blondel, numa conversa com Marguerite (soprano), toca a romança em seu instrumento nas entrelinhas de seu diálogo falado, ao que exclama Marguerite: "Oh céus! O que estou ouvindo? Meu bom senhor, onde pode ter aprendido a melodia que está tocando tão bem em seu violino?".

Grétry demora-se neste tema axial em sua *Mémoires* (1797), demonstrando nesse processo suas próprias e peculiares preocupações em relação à fala e ao canto:

> Dizem que nunca um tema foi mais adequado à música do que esse de *Richard Cœur-de-Lion*. Compartilho essa opinião no que tange à situação principal da representação, refiro-me a essa na qual Blondel canta a romança "Une Fièvre brûlante", mas deve-se admitir que o tema como um todo não se presta a ser musicado mais do que qualquer outro. Digo ainda mais: o drama na verdade deveria ser falado; porque, se a romança, por sua própria natureza, tem de ser cantada, nada mais deveria ser, exceto esse número, porque então produziria um efeito ainda maior. Lembro que fi-

quei tentado a não deixá-lo ser precedido por qualquer outra música no segundo ato, e somente por essa razão; mas considerando que em toda situação durante o primeiro ato tinha havido canto, desisti de minha ideia inicial, sem nunca duvidar, outrossim, de que os espectadores, pelo poder da ilusão, ouviriam a romança como se fosse a única peça de música em toda a obra.[7]

Grétry continua explicando que teve de se esforçar para fazer com que "Une Fièvre" fosse musicalmente distinta, escrevendo-a num "estilo antigo, de modo a que pudesse se destacar do resto"; de novo um experimento nos limites entre a canção e a "canção dentro da realidade". Porém, quaisquer que fossem suas hesitações, a música é um elemento crítico na ficção, tendo-lhe sido atribuídos poderes tanto de memória restauradora quanto de salvação. Como Grétry orgulhosamente proclama, ela volta não menos do que nove vezes na ópera, a cada vez com ligeiras variações para se adequar à situação dramática. E se tudo isso soa estranhamente protowagneriano, devemos lembrar que Grétry defendia que a orquestra fosse oculta, e que o teatro fosse destituído de decoração (um tipo de Bayreuth em construção). Como em Wagner, a mera simplicidade nos ornamentos teria a intenção de estimular uma nova seriedade de propósitos, e um novo sentido na absorção das verdades emocionais e morais retratadas no drama.

"Une Fièvre brûlante" é deliberadamente simples, tanto no ritmo quanto na melodia. Como Grétry sabia muito bem, ela precisava ser reconhecida de imediato para cumprir seu papel no drama, para absorver toda a carga de reminiscência que lhe era atribuída. Essa simplicidade não é um pré-requisito da canção dentro da realidade. Na outra extremidade da escala está a romança de Mozart para Pedrillo, no terceiro ato de *Die Entführung* ("Im Mohrenland"), que é uma das peças mais misteriosas e musicalmente desorientadoras jamais compostas. A história que ela conta — de uma jovem e linda donzela de pele alva que está aprisionada em terras mouras e é resgatada por um galante jovem cavaleiro — claramente reconta em miniatura toda a trama da ópera, mas seu formato em tranquilizadoras estrofes é disposto de maneira torta, harmônica e melodicamente; tanto assim que parece começar no meio e se extingue no fim sem um encerramento, suas fugazes e exóticas harmonias funcionando como alçapões para as nossas suposições a respeito do chamado estilo "clássico" de Mozart. Mais uma vez, há uma explicação relacionada ao drama. A romança de Pedrillo é misteriosa porque está envolta numa incerteza noturna; os jovens aguardam ansiosamente que a costa clareie para que eles possam resgatar do harém as suas amadas. O momento é, pois, tão pleno de ansiedade quanto a música; mais tarde ela se atenua quando Pedrillo vê a janela de Konstanze se abrir e sabe que eles podem prosseguir.

As árias estróficas escritas em *Die Zauberflöte* para Papageno nos trazem mais para perto do território convencional, tendo sido de fato consideradas como o epítome do explícito, e frequentemente são apontadas como sendo expressões diretas de uma espécie de nobre selvagem à maneira de Rousseau. Isso pode ser particularmente verdadeiro no que tange à primeira delas, "Der Vogelfänger bin ich ja" (Sou eu o passarinheiro), que ocorre no início do primeiro ato. Ela é pontuada por flautas de Pã e os violinos repetem a voz em toda ela. Mas a ária de Papageno no segundo ato, "Ein Mädchen oder Weibchen" (Uma namorada ou uma esposinha), pode conduzir uma mensagem mais complicada: com o acompanhamento de um mágico xilofone, há aqui alusões (presentes em outras partes da ópera) de um mecanismo congelado e de uma repetição enervante e obsessiva. E quando incumbe Sarastro, o nobre personagem, de cantar simples árias estróficas, a convenção transcendeu claramente sua origem. Embora seja possível exagerar na leitura da humildade musical de Sarastro — o salto de um Sarastro que canta em formato estrófico à emancipação universal, à Revolução Francesa e aos princípios de igualdade entre os homens tem sido com frequência muito curto e fácil — há, apesar disso, algo de impressionante na decisão de Mozart de lhe atribuir uma música tão simples, e não menos por imitar hinos maçônicos cujos sentimentos estavam indissimuladamente afinados com estes tão elevados sentimentos.

A simplicidade é evidente em sua segunda ária. "In diesen heil'gen Hallen" (Nestas salas sagradas), cantada no segundo ato para consolar Pamina depois que ela viu qual era a verdadeira índole de sua mãe. Mas tomada como um todo, a ária é assim mesmo extraordinária. O texto do primeiro verso é do tipo das vagas e sentenciosas declarações que são características da ópera:

In diesen heil'gen Hallen
Kennt man die Rache nicht.
Und ist ein Mensch gefallen,
Führt Liebe ihn zur Pflicht.
Dann wandelt er an Freundes Hand
Vergnügt und froh ins bess're Land.

[Nessas salas sagradas/ não se conhece a vingança./ E se alguém cair,/ o amor o guiará ao dever./ Então ele viaja, mãos dadas com um amigo,/ alegre e feliz numa terra melhor.]

A composição musical parece no início meramente dar suporte a esse tom, com um acompanhamento simples de cordas, cada frase rodeada de um floreio nas madeiras, sem ilustrar com obviedade as palavras. Mas quando Sarastro chega às duas linhas finais, com sua imagem do pecador arrependido que viaja para uma terra melhor, a música toma forma e o acompanhamento entra numa relação mais complicada com as palavras. Essas duas linhas são repetidas três vezes por Sarastro, cada vez de maneira diferente. No primeiro enunciado, a "viagem" é claramente expressa no espocar das cordas interiores, e na propositail elevação da linha de Sarastro. No entanto, numa textura orquestral muito estranha, ele é obscurecido pelos primeiros violinos, que tocam uma oitava acima; e quando ele chega ao ponto mais alto de seu registro e daí baixa graciosamente num floreio, os violinos continuam a se elevar ainda mais, como se em sua ascensão tivessem se livrado do ônus de retratar o sentido das palavras, e como se eles mesmos fossem o viajante, buscando aquela terra melhor, na figura de um suspiro quando atingem seu ponto mais alto. A segunda e a terceira repetições levam então a efeito uma notável mudança; na segunda, Sarastro canta a melodia, agora novamente mais simples, mas com ecos desses violinos "viajantes"; e depois, na terceira, ele assume o papel de acompanhamento (ou melhor, a parte de um baixo) enquanto a melodia é tomada pelos violinos e por um solo de flauta. No momento em que a ária chega ao final, há, assim, uma dúvida considerável sobre quem está encarregado de conduzir a música, e existe até mesmo uma percepção na qual a orquestra, e particularmente os violinos, e a flauta, assumiram esse encargo. Para usar termos introduzidos lá atrás neste livro, o "Sarastro-voz" de certa forma desapareceu no segundo plano, e uma orquestra falante ocupou seu lugar.

IMAGINAÇÃO MELODRAMÁTICA

Talvez nessa ária escrita para Sarastro, e certamente em outras partes de *Die Zauberflöte*, Mozart revela a influência de uma mais complexa e audaciosa forma de ópera falada, forma que ganha proeminência no final do século XVIII. Em sua manifestação pura, essa forma foi mais ousada ao propor uma *combinação* do diálogo falado com música instrumental como a base de uma obra inteiramente teatral. Essa nova forma de teatro em música recebeu uma enxurrada de nomes, como era comum num século XVIII obcecado com gêneros; mas ulteriormente ficou conhecida na França como *mélodrame* e em regiões de língua alemã como *Melodram** (termos que não devem ser confundidos com o *melodramma* italiano, que é apenas outra designação para ópera, ou com a palavra do inglês *melodrama*, que descreve uma sensacional forma de teatro que floresceu no século XIX). Consta usualmente que o termo *Mélodrame* começou na França com *Pygmalion*, de Jean-Jacques Rousseau (texto escrito por ele em 1762, musicado por vários compositores) e que depois se espalhou por toda a Europa nas décadas seguintes. Rousseau descreveu seus objetivos dizendo que "as frases faladas são de certa maneira anunciadas e preparadas pelas frases musicais",[8] e o gênero tornou-se sobretudo popular nas terras de língua alemã, onde essa música instrumental "falante" estava na moda.

O papel de mestre desse formato foi concedido a Georg Benda, com quem já nos deparamos antes como compositor de *Romeo und Julie*, e cujos exemplos mais famosos de *Melodram* foram *Ariadne auf Naxos* e *Medea*, ambas em 1775, e ambas compostas para uma trupe de teatro alemã na corte de Gotha. Essas duas obras foram encomendadas como veículos para os exuberantes e emocionalmente explícitos estilos de representar de duas das principais atrizes alemãs, Charlotte Brandes (a primeira Ariadne) e Sophie Seyler (Medea). Assim como no *Pygmalion* de Rousseau, não se cantava uma nota sequer. Consistindo em grande parte de monólogos dramáticos no estilo shakespeariano, os textos ofereciam amplas oportunidades para que Brandes e Seyler exagerassem em sua interpretação de mortes violentas; enquanto isso a música orquestral tornava ainda mais vívidas as imagens do texto, assim como sustentava os gestos físicos dos atores e cambiantes estados emocionais. Ideias expressas em música raramente duram mais do que alguns segundos antes de ser interrompidas pela próxima exclamação verbal, mudando quando solicitadas a representar um suspiro, ou um pôr de sol, ou o disparo de um relâmpago, ou uma mudança da esperança ao desespero. Sempre desafiado dessa maneira, Benda recorreu em *Medea* a métodos de criação de uma

---

* Note-se que o termo alemão *Melodram* será mantido em itálico, não se traduzindo como "melodrama", e que se refere, como expressam seus étimos, ao drama com música (mel(o)-).

coerência puramente musical. Ele associou ideias melódicas a personagens ou conceitos, e as modificou de acordo com os desenvolvimentos no drama. Foi assim preservada a ambição de Rousseau, ao criar o gênero; em lugar algum, nem mesmo no antigo *recitar cantando* dos primeiríssimos compositores de óperas, a música estivera mais intimamente conectada à representação da vida interior dos personagens, e seu modo particular de expressão.

Apesar das realizações de Benda, e talvez sem constituir surpresa, o gênero tinha seus próprios problemas de verossimilhança. Em regra, a música flui e reflui num ritmo muito mais lento do que o das palavras faladas; o tempo requerido para se apresentar até mesmo um pequeno fragmento musical é significativo, comparado com o tempo que leva o drama falado. Essa é uma das razões pela qual a pantomima se tornou tão importante. Como naquela produção de *Die Entführung* na Royal Opera House, em que os gestos dos atores significativamente se sobrepõem à pausa dramática resultante do desenvolvimento musical. Contudo, críticos do gênero perceberam que a música do *Melodram* substituía a exposição formal e o desenvolvimento temático com mera acumulação e sequência. Diante de tais desafios, compositores depois de Benda recorreram ou a trechos de música e texto simultâneos ou aos familiares truques operísticos de introduzir "música dentro da cena" para permitir sequências musicais mais longas enquanto se mantinha o ritmo do drama falado. Bandas militares fora de cena se transformaram virtualmente numa necessidade. E na medida em que o *Melodram* se tornava mais operístico, os compositores de ópera tomaram consciência de seu potencial dramático e substituíram o *recitativo secco* — cada vez mais percebido como a coisa mais tediosa da ópera — por recitativo com acompanhamento orquestral (chamado *accompagnato*) e, tão importante quanto, fechando a brecha (o choque auditivo) entre as palavras faladas e a ária na ópera-cômica e no *Singspiel*.

Esses últimos desenvolvimentos serão o tema do próximo capítulo. Fossem quais fossem as atrações do *Melodram* no século XVIII (e em sua forma mais pura ele teve duração relativamente curta), tem-se mostrado difícil promover seu *revival* como teatro ao vivo em épocas mais recentes; a elocução em volume alto, ritmada, necessária para destacar as linhas faladas acima do som do acompanhamento instrumental, é muitas vezes impalatável aos ouvidos modernos — pode parecer apenas pomposa e arquitetada, acostumados que estamos hoje em dia com uma fala menos conscientemente melódica dos atores e com a nuance do *sotto voce*. Existem alguns exemplos famosos do século XX (*Pedro e o lobo* de Prokofiev e *A história do soldado* de Stravinsky são os que vêm à mente), mas em cada caso parece ser importante o fato de que a voz falada é a do narrador e não a de um personagem, pois a voz falada é então imediatamente distanciada da narrativa musical. Decerto uma razão principal para o nosso atual desconforto é que o formato tecnológico do *Melodram* de hoje — o fundo musical na trilha sonora de um filme, onde a tecnologia moderna pode fazer com que um sussurro seja ouvido acima de uma banda de metais a pleno volume — tornou-se agora um padrão. Em outras palavras, o *Melodram* moderno é agora tão comum que sua forma original é, proporcionalmente, exótica.

Um eventual admirador do *Melodram* foi o jovem Mozart. Significativamente, no entanto, e apesar de ele ter tentado alguns exemplos em que personagens falam se sobrepondo ao comentário orquestral, seu encontro com a *Medea* de Benda de pronto fê-lo dar um salto de imaginação na prática operística. Como ele escreveu em 1778, depois de ouvir a ópera de Benda: "Penso que mais recitativos de ópera deveriam ser tratados dessa maneira — só sendo cantados em certas ocasiões, quando as palavras *puderem ser perfeitamente expressas pela música*".[9] No mundo da ópera-bufa ou da ópera-séria, tal aspiração seria utópica — acabar com o *recitativo secco* seria quebrar uma tradição já com mais de um século de duração, e também correria o risco de revitalizar aqueles problemas de verossimilhança que perseguiam a ópera desde seus inícios. Mas obviamente não havia essa barreira na ópera *falada*: as palavras normais poderiam ser faladas, e então — como efeito especial — um recitativo novo, mais substancial musicalmente, poderia surgir, que rivalizasse com o *Melodram* em sua ressonância apaixonada entre os gestos verbal e musical.

O mais claro exemplo desse novo estilo em Mozart vem num episódio de fala com elaborado acompanhamento orquestral no primeiro ato de seu *Singspiel* inacabado chamado *Zaide* (1780), no qual os experimentos harmônicos estão entre os mais estranhos de toda a sua carreira. Mas sua mais ousada adaptação dessa técnica surge no ponto crucial de *Die Zauberflöte*, o momento em que Tamino descobre a verdade — quando se dá conta de que sua jornada para resgatar Pamina o levou não a um malévolo tirano, mas ao Templo da Sabedoria. Essa cena crítica é apresentada como um elaborado recitativo com acompanhamento orquestral, bem diferente do tipo usual numa ópera-séria. Tamino tenta entrar no Templo e é repelido em dois portões; mas no terceiro, o Portão da Sabedoria, ele encontra um velho sacerdote, hoje em dia usualmente chamado "o locutor" (baixo), que o informa da verdadeira natureza de Sarastro. A cena começa com simplicidade, com exclamações orquestrais rotineiras, mas à medida que evolui ela assume uma surpreendente variedade de modos musicais, sons orquestrais e excursões tonais. O *tempo* flutua freneticamente: alegro e alegro *assai* quando Tamino tenta passar pelos portões; adágio no momento solene no qual aparece o locutor; andante e depois adágio em seu prolongado diálogo; finalmente mais uma vez andante quando Tamino vai prosseguir em seu caminho. Mais surpreendente é a maneira com que os motivos musicais da orquestra acompanham com tanta minúcia a progressão das palavras. Às vezes isso é óbvio, como no tema de duas notas que ao mesmo tempo acompanha e imita ritmicamente a ordem *"Zurück!"* (Volte atrás!) quando Tamino é repelido dos dois primeiros portões; mas outros momentos, como a figura delicada e sincopada nos violinos que começa a seduzir Tamino para que mude de ideia (ela ocorre pela primeira vez depois do desespero de Tamino em *"So ist denn alles Heuchelei!"* — Então tudo é falso!), podem sugerir que, assim como na ária de Sarastro acima comentada, a orquestra é a principal voz "locutora", e que sua música conduz a conversa adiante.

Ao final dessa cena extraordinária o locutor parte, deixando Tamino com sua nova busca, expressa numa solene copla:

> *So bald dich fürht der Freundschaft Hand*
> *In's Heiligum zum ew'gen Band.*

[Assim que uma mão amiga o conduziu/ ao santuário de eterna união.]

A música adquire um portentoso tom menor; uma melodia com fraseado regular e ritmo marcadamente pontuado assume nos contrabaixos. É como se o espírito musical de Sarastro (que ainda não foi visto na ópera) já esteja no ar. Tamino entoa mais um breve recitativo, perguntando: "Quando meus olhos encontrarão a luz?", e sacerdotes fora do palco respondem: "Breve, breve, jovem, ou nunca!", com a mesma melodia de baixo acompanhando como fundo, repetida mais uma vez quando as vozes dizem a Tamino que Pamina realmente está viva. Essa estabilidade melódica persiste: Tamino celebra sua liberação tocando uma melodia em sua flauta; ela é logo capturada pela flauta de Pã de Papageno e conduz a um dueto com Pamina, e então mergulhamos no *finale* do primeiro ato, com sua música contínua. É como se, junto com a gradual mudança de direção na busca de Tamino, com o gradual surgimento de sua ilustração, Mozart tenha também tramado o surgimento da música: da fala, ao recitativo acompanhado do tipo *Melodram*, e daí para a música em sua forma total. Mas essa progressão específica da fala para a música não acarreta aqui aquele problema tão comum. Em vez disso, Mozart fez com que a transição se fizesse em torno do ponto de inflexão da trama (a constatação por Tamino de qual deveria ser sua verdadeira busca) e também a associou à metáfora que domina a ópera inteira, a da iluminação, a de encontrar a ilustração e o verdadeiro caminho. Ao problema da voz em forma de música num mundo falado foi dado, subitamente, um notável e sem precedentes uso operístico.

Nesse contexto não é surpresa que a cena do locutor tenha sido das mais elaboradas e elogiadas passagens em *Die Zauberflöte*, na verdade em toda a obra operística de Mozart. Para expressar isso em termos simples, a fluidez incomum com que música e palavras se combinam foi muitas vezes chamada de "um olhar para o futuro", um indício do tipo de "prosa musical" que afinal será consagrado por (ninguém menos que) Richard Wagner e sobre o qual se apoiará o vistoso edifício de árias e configurações vocais que sustentaram a ópera durante tanto tempo. Em outras palavras, os que destacam a cena do locutor para um louvor especial têm uma visão nitidamente antecipatória, e talvez se mostrassem consternados de ver Konstanze ali postada com o paxá a ouvir um enorme ritornelo orquestral para depois chilrear as centenas de compassos de "Martern aller Arten". Por outro lado, um defensor da ópera do século XVIII poderia sugerir que a cena do locutor, embora tenha momentos de grande efeito, tem também momentos que, francamente, são bem enfadonhos — passagens nas quais o entusiasmo de Mozart pela novidade de um conceito abstrato o obrigou a recorrer aos antigos clichês de recitativo, uma simples declamação de texto com acompanhamento básico, mas depois o fez dispor esses clichês num contexto musical que iria estimular ou até mesmo necessitar uma ponderosa enunciação. Por mais antecipatória e protowagneriana que fosse essa cena — como frequentemente se diz de Wagner —, poucos a desejariam mais longa.

Mais do que isso, há momentos em *Die Zauberflöte* nos quais esse sentido de uma música que se emula na ideia de Rousseau (a música anunciando e preparando as palavras) é tratado de maneira diferente. Um desses momentos envolve mais uma vez Tamino, e ocorre em sua primeira ária, "Dies Bildnis ist bezaubernd schön" (Este retrato é encantadoramente belo), que ele canta enquanto admira o retrato de Pamina que as pérfidas três damas da rainha lhe mostraram. O texto é em si mesmo uma espécie de aula-objeto de um processo de ilustração racional:

Dies Bildnis ist bezaubernd schön,
Wie noch kein Auge je geseh'n!
Ich fühl' es, wie dies Götterbild
Mein Herz mit neuer Regung füllt.
Dies' etwas kann ich zwar nicht nennen,
Doch fühl' ich's hier wie Feuer brennen.
Soll die Empfindung Liebe sein?
Ja, ja, die Liebe ist's allein.
O, wenn ich sie nur finden könnte!
O, wenn sie doch schon vor mir stände!
Ich würde, würde, warm und rein,
Was würde ich?
Ich würde sie voll Entzücken
An diesen heissen Busen drücken
Und ewig wäre sie dann mein.

[Este retrato é encantadoramente belo, / como nenhum olho jamais viu! / Eu o sinto, como esse retrato divino / enche meu coração com uma emoção nova. / É algo que não posso mesmo definir, / embora eu o sinta aqui como fogo ardente. / Esse sentimento pode ser amor? / Sim, sim, só pode ser amor. / Oh, se apenas eu pudesse encontrá-la! / Oh, se ela pudesse estar aqui diante de mim! / Eu vou, eu vou, calorosa e castamente, / o que vou fazer? / Eu em êxtase a apertaria / contra esse peito caloroso / e ela então seria minha para sempre.]

Há uma lógica firme e paciente com a qual o Tamino-enredo encontra sentido em seus sentimentos. Primeiro vêm os fatos, depois a análise, depois a conclusão: este retrato é belo (linhas 1-2); ele me faz sentir algo novo (3-4); não sei que sentimento é este, mas é muito forte (5-6); poderia ser amor? (7); sim, poderia (8); se eu pudesse encontrá-la (9-10); o que eu faria? (10-11); eu a apertaria contra mim e a faria minha para sempre (12-14). Embora esteja em êxtase, Tamino conhece as regras da lógica e as segue impecavelmente.

A configuração musical de "Dies Bildnis" é tão radical quanto a da cena do locutor, mas dessa vez o argumento está firmemente inserido dentro da ária. Ela é, no entanto, uma ária na qual concorrem vozes estranhas. Temos um indício disso logo no começo, no qual o "choque auditivo" da passagem de palavras faladas para a canção é administrado pela orquestra. As cordas pulam à frente em dois acenos que depois parecem irromper no primeiro pronunciamento de Tamino, como se os instrumentos representassem, de algum modo, suas emoções ainda incipientes, seus sentimentos antes que eles recebam substância verbal e vocal. Isso tem uma exploração mais excitante quando esses sentimentos são examinados argumentativamente. Tamino canta as palavras *"ich fühl' es"* (eu o sinto) num distinto formato musical de três notas, mas o ritmo desse formato já soara duas vezes na orquestra, e é então, de maneira instigante, ecoado pelas cordas num diálogo com a voz. Outros momentos dão continuidade a esse processo: a quinta linha de Tamino, *"Dies' etwas"*, introduz um novo estágio nesse argumento, e a mudança é como que apresentada formalmente por uma nova tonalidade e uma nova melodia orquestral executada por dois clarinetes, quase como se um novo personagem tivesse entrado em cena. Depois, ainda, Tamino descobre que a emoção que sente é realmente amor, *"die Liebe"*, e para fazer com que a conexão musical seja explícita, as três sílabas de *"die Liebe"* são cantadas como um regresso daquela figura de três notas, agora em ordem inversa para se tornarem mais uma declaração do que uma pergunta, e, novamente de maneira instigante, postas num diálogo com a orquestra.

Momentos como este — momentos nos quais a execução de motivos musicais entre a voz e a orquestra está em constante mudança à medida que a argumentação de Tamino prossegue — continuam ao longo da ária. Mais radical do que tudo, há um compasso inteiro de silêncio depois da pergunta final, *"Was würde ich?"* (O que vou fazer?). Esse silêncio é tão estranho e musicalmente desorientador que poucas vezes ele é observado por completo numa apresentação: a tensão do silêncio (afinal, *a* demonstração mais perturbadora que um compositor pode fazer) é grande demais, o regente é compelido a abrir mão de seu senso rítmico e a entrar prematuramente com o som da orquestra. De maior alcance ainda é o que poderíamos chamar de "vida póstuma da ária", o modo com que fragmentos ressoantes dela se dispersam pela ópera. Um pequeno exemplo ocorre na ária que se segue logo depois. A Rainha da Noite está em plena ação, persuadindo Tamino, com alarmantes voos de coloratura, de que ele deve resgatar Pamina do malévolo Sarastro. Na altura da última linha de sua ária há um sutil eco da ária de Tamino. Ele cantou *"Und ewig wäre sie dann mein"* (E então ela seria minha para sempre); a rainha agora promete: *"So sei sie dann auf ewig dein"* (Que ela então seja para sempre sua). E antes de ela cantar essa linha, na segunda frase de peroração final de Pamina, o tema de Tamino *"die Liebe"* ressoa repetidamente nos violinos. Um fantasmagórico (ou seria mágico?) eco, a fala da orquestra lhe serve de lembrete; sua coragem é sustentada por reminiscências alucinatórias de emoções passadas.

Como sempre, há muito mais a dizer sobre *Die Zauberflöte*, a última ópera de Mozart. Já estará bem claro a essa altura que, apesar de escrita num gênero indiscutivelmente popular, suas experimentações de como música orquestral, música vocal e palavras poderiam interagir são muito diferentes daquelas das óperas italianas, onde um maior peso da tradição significava que as relações entre esses meios permaneciam relativamente estáveis. Nesse sentido, e em muitos outros — seu uso dos temas, sua periódica solenidade, seus momentos de prosa musical prolongada, e assim por diante —, ela teve um profundo efeito na cultura alemã do século xix. Beethoven achava que ela era a maior das óperas de Mozart e escreveu algumas variações deliciosas para violoncelo e piano com base no dueto entre Papageno e Pamina; veremos no próximo capítulo outros exemplos mais diretos de como os efeitos operísticos de *Zauberflöte* o afetaram. No outro extremo do século, Freud a mencionou em *A interpretação dos sonhos*, e, embora ele não estivesse seguro quanto à música, achou que os versos eram profundos (infelizmente não entrou em detalhes). Enquanto isso ocorriam inúmeros atos de homenagem e de imitação. Goethe, a quem, como já vimos, não eram estranhas as formas mais modestas de *Singspiel*, até escreveu um libreto que era uma sequela de *Zauberflöte*. Mas ele deveria ter adivinhado — nenhum compositor assumiria tal empreitada, as comparações seriam demasiado cruéis. E assim *Die Zauberflöte* continua, sozinha, sendo a maior instância do que poderia ser alcançado em mais de um século de experimentos com a fala e o canto.

7. O problema alemão

Segundo um compositor tardio da maior proeminência concebível, foi uma garota de dezessete anos empunhando uma pistola que garantiu a Ludwig van Beethoven (1770-1827) seu lugar na história da ópera. A garota em questão foi Wilhelmine Schroeder-Devrient, que em 1822 fez sua estreia numa produção de *Fidelio*, de Beethoven, em Viena. O momento marcante da ópera é um quarteto no qual a heroína, Leonore (soprano), disfarçada como um rapaz chamado Fidélio, enfrenta o diretor da prisão, Don Pizarro (baixo), que estava fazendo uma visita especial às masmorras para assassinar o marido dela, Florestan (tenor), injustamente aprisionado. Quando Pizarro ameaça Florestan de morte, Leonore usa o próprio corpo como seu escudo, cantando: "Primeiro você terá de matar sua mulher!". Pizarro e seu relutante cúmplice, seu velho e enrugado criado, Rocco (baixo), gritam em resposta: "Sua *mulher?*". Pouco depois ela saca a pistola contra eles, mas o fato de eles agora estarem na extremidade errada de uma pistola carregada parece ser nada em comparação com o choque de constatar que Fidélio, que eles tinham empregado como um confiável funcionário da prisão, era um travesti. Uma famosa gravura da época mostra Schroeder-Devrient vestida com gibão, calções e collant (somos poupados de ver uma braguilha também); suas pernas estão contraídas como se estivesse pronta para lançar-se à frente, e ela aponta a arma com assustadora intenção (veja a figura 15). Esta tornou-se uma imagem icônica em seu tempo. Maria Malibran, uma das maiores Leonores da década de 1830 e famosa rival de Schroeder-Devrient, dobrou a parada sacando *duas* pistolas.[1]

A gravura de Schroeder-Devrient foi reproduzida amiúde em relatos sobre *Fidelio* e sobre a ópera na era napoleônica. Aparece até em biografias de Richard Wagner (a eminente fonte da história acima contada), cuja admiração pela cantora era, segundo ele mesmo, profunda. Em *Uma peregrinação a Beethoven*, de Wagner, o narrador descreve sua experiência:

> Uma donzela muito jovem representava o papel de Leonore; mas apesar de jovem como era, essa cantora parecia já estar imbuída do gênio de Beethoven. Com que brilho, que poesia, que profundidade de efeito ela retratou essa mulher extraordinária! Ela se chamava Wilhelmine Schroeder. É dela a grande distinção de ter apresentado essa obra de Beethoven ao público alemão; naquela noite eu vi aqueles mesmos vienenses superficiais serem levados ao mais intenso entusiasmo. No meu caso, os céus se abriram para mim; fui transportado, e adorei o gênio que me carregou — como Florestan — da noite e dos grilhões para a luz e a liberdade.[2]

Como Wagner nos faz lembrar, o sucesso de *Fidelio* depende enormemente da cantora que representa Leonore, papel em geral atribuído a sopranos que, fora isso, atuam em óperas de Wagner e como as heroínas mais pesadas de Strauss. Schroeder-Devrient seria depois Agathe, em *Der Freischütz* (1821), de Carl Maria von Weber — este mais um papel que tem como especialidade a exaltação, o ímpeto, até mesmo a obsessão. Para resumir, Leonore foi a primeira soprano dramática na ópera alemã, e nessa qualidade teve muitas herdeiras.

Fidelio não tem esse efeito em todos os ouvintes. Foi, realmente, cultuado com reverência por muitos; mas outros o consideraram uma guinada, um paradoxo, escrita por um compositor que estava precisando de uma prática operística maior. Mesmo seus cultuadores afirmam que *Fidelio* é uma obra na qual momentos isolados têm tendência a prevalecer sobre a continuidade. Ela começa como uma farsa. A pequena Marzelline (soprano), irmã gêmea de Rocco, está apaixonada por Fidélio, e espera casar-se com ele. O fato de Fidélio não demonstrar interesse e estar estranhamente preocupado parece incomodá-la muito pouco. Marzelline é uma dessas mulheres doidivanas que são familiares nas óperas-cômicas do século XVIII, e ela e seu desesperançado namorado Jaquino (tenor) parecem, no início, ser figuras importantes. O estranho, no entanto, é que eles desaparecem depois dos primeiros quarenta e tantos minutos, só voltando para emprestar anonimamente suas vozes ao volume vocal dos *finales*. Essa anomalia é, em geral, imputada ao libreto de *Fidelio*, que foi adaptado de uma ópera-cômica francesa de Jean-Nicolas Bouilly, *Léonore, ou l'Amour conjugal* (1798). *Léonore* reúne os registros combinados que eram típicos da ópera com diálogo falado por volta de 1800; ação mortal e elevação filosófica livremente misturados com criadinhas espevitadas e identidades trocadas. Mas enquanto *Die Zauberflöte* (1791) de Mozart parecia, sem esforço aparente, buscar um equilíbrio entre esses registros, Beethoven, o arquis-sério e heroico compositor se deu melhor com os momentos mais elevados, e mesmo então aos trancos e barrancos. E, além disso, ele mudava de ideia. Há três versões bem diferentes da ópera (1805, 1806 e 1814) e nada menos do que quatro aberturas. Numa continuação daquele momento em que se sacam pistolas, no quarteto do segundo ato um trompete fora de cena sinaliza que chegou a salva-ção: o benévolo Don Fernando (baixo), um "ministro e nobre espanhol", é anun-ciado de longe. Ele faz uma entrada majestosa, com assistência do coro, liberta Florestan, prende Pizarro e, em geral, põe ordem no mundo. Beethoven inseriu esse toque de trompete na intricada música sinfônica das três aberturas que de-pois rejeitou, mas o omitiu da final, a da versão de 1814. A essa altura os três per-sonagens meramente cômicos tinham sido pouco a pouco cortados e Beethoven também tinha trabalhado em algumas músicas de peças corais anteriores, de-monstrando mais uma vez que — na ópera assim como em todos os gêneros líri-cos — a mesma música pode, quando obrigada a entrar em serviço, se adequar a textos desconcertantemente distintos.

Para aumentar a confusão, a versão-padrão de *Fidelio* desde 1814 está agora ameaçada pela consciente ressurreição de suas duas sombras anteriores, ambas as quais (em geral chamadas pelo título alternativo da ópera, *Leonore*) contam com apaixonados defensores. Mesmo antes de essas versões serem ressuscitadas, havia formas alternativas de apresentar o *Fidelio* de 1814. Embora hoje em dia se costu-me franzir o sobrolho para elas — em nossos tempos austeros, qualquer acrésci-mo ou mudança não sancionados pelo compositor tende a ser automaticamente execrado —, produtores de anos passados, ansiosos por embutir em *Fidelio* até a última gota da seriedade de Beethoven, às vezes poderiam inserir no segundo ato uma execução completa de uma ou outra das três aberturas rejeitadas — mais fre-quentemente a sublime "Abertura Leonore nº 3". Às vezes era assim que acontecia:

depois do quarteto, Pizarro e Rocco partem para oficiar a chegada de Don Fernando, deixando Leonore e Florestan a cantar em êxtase o dueto "O namemlose Freude" (Oh, inominável alegria!). Suas vozes ressoam em poderosos arpejos e curtos, quase ofegantes estalos melódicos, num canto, segundo qualquer critério, veemente e vigoroso. O que seria mais natural, então, depois de terminar o dueto, do que um homem e uma mulher que acabaram de ser reunidos ficarem sonolentos e se deitarem para uma soneca nas masmorras, e o que seria mais adequado do que fazer com que a pausa daí resultante seja preenchida com a "Abertura Leonore nº 3", executada por uma orquestra que parece ter se estabelecido na vizinhança? Ao terminar a abertura, os amantes despertam revigorados; a trama de *Fidelio* pode continuar a transcorrer, embora acrescida de um ímpeto na música instrumental, para nos fazer lembrar a maior glória de Beethoven.

Toda essa confusão entre os hábitos que regem registros e versões e produções concorre para a reputação de *Fidelio* como uma obra de um gênio errático, uma ópera com maravilhosas passagens individuais e um menos maravilhoso sentido em seu todo. E temos ainda a pervasiva estranheza das linhas vocais, que parecem às vezes mais o clangor de metais em fanfarras triádicas do que vozes humanas a se elevar em arcos líricos e melódicos. Não obstante, *Fidelio* aí está como um íngreme monumento ao estado confuso da ópera alemã num momento de transição. Por que essa mudança brusca das travessuras com livre percurso do *Singspiel* do século XVIII para as trágicas óperas alemãs do século XIX? Em resumo, por que a ópera na Alemanha tornou-se tão subitamente *séria*?

UM NOVO ANTAGONISMO

O termo "ópera romântica alemã" abrange grande parte desse repertório sério, em que "romantismo" é um fenômeno amorfo e geograficamente difuso. Na cultura alemã, como em todas as outras, ele não surgiu de forma pontual em 1800. *Orlando*, de Virginia Woolf, tem uma maravilhosa descrição gótica da meia-noite de 31 de dezembro de 1799:

O relógio deu a meia-noite, nuvens cobriram o céu a partir do norte, soprava um vento frio, a luz de mil velas douradas se extinguiu, e, subitamente, aqueles que estavam vestidos com diamantes e calções de seda branca e rendas prateadas e cetim cor de pêssego se envolveram em sombrios veludos e ornamentos feitos de contas de âmbar negro. O século XIX tinha chegado.

A imagem dessa instantânea transformação meteorológica e indumentária enquadra num conceito perfeitamente literário as convulsões de várias décadas. A Europa mudou de modo radical entre 1789 (começo da Revolução Francesa) e 1814-5, quando o Congresso de Viena, orquestrado pelo príncipe Metternich, determinou o futuro mapa da Europa, enquanto a aventura napoleônica chegava a seu sangrento fim na batalha de Waterloo. A aterrorizadora sequência da Revolução Francesa; a ascensão de Napoleão ao trono imperial e suas subsequentes conquistas na Europa, suas derrotas e seu exílio, tudo isso aconteceu nesse intervalo. Durante esse tempo, houve também mudanças muito grandes na cultura musical, inclusive uma acentuada aceleração da morte, até então em câmera lenta, do patrocínio aristocrático como suporte para o entretenimento operístico, e uma redefinição de compositores mais como artistas do que como empregados. É por isso que a imagem do "artista faminto" tornou-se um acessório tão tentador no folclore romântico. Tendo de sustentar a si mesmos com a publicação de obras-primas duradouras, e/ou tornando-se trabalhadores migrantes, escrevendo óperas por encomenda de empresários aqui e ali, os compositores poderiam agora ficar consideravelmente ricos; mas também poderiam ficar espetacularmente pobres. As leis de direitos autorais mal ganhavam força, e, de qualquer maneira, variavam de estado a estado. A França, pouco a pouco, liderou o processo na questão dos royalties, mas a ideia de "propriedade intelectual" era destinada sobretudo ao futuro. No início do século, muitas vezes um compositor cedia sua partitura de ópera ao teatro que a apresentava primeiro. A pirataria era tão comum no teatro quanto em alto-mar, e escaramuças quanto a quem era dono do que continuaram durante todo o século.

Beethoven tornou-se a figura musical que define esse período na esfera da língua alemã. Sua posição entre o Iluminismo e o Romantismo é em vários aspectos paralela à de Gioachino Rossini (1792-1868) no mundo italiano, apesar de Rossini ser uma geração mais jovem do que Beethoven. Mas em geral esses dois grandes homens têm sido vistos como opositores, com Rossini, o conquistador da ópera, supostamente demonstrando pouca aptidão para a música instrumental ou para a postura heroica, e Beethoven, o gênio que reina na sinfonia e no quarteto de cordas, mostrando da mesma maneira pouca aptidão para a ópera.

Rossini escrevia óperas com enorme velocidade, às vezes quase como se fosse com um piloto automático, e podia fazer isso porque era um profissional, conhecia os truques do ofício. Beethoven era diferente, e o admitia, chegando, mais tarde na vida, a fazer vagos elogios a seu jovem e presunçoso rival. Numa carta rabugenta a um colega compositor, ele escreveu que a música de Rossini era

> a tradução do espírito frívolo que caracteriza nossos tempos; mas Rossini é um homem talentoso e um melodista experimentado. Ele escreve com tanta facilidade que para ele compor uma ópera leva tantas semanas quanto levaria em anos para um alemão.[3]

Beethoven, apesar de todos esses anos de trabalho em *Fidelio*, cometeu erros de amador: ao se esquecer de Marzelline e Jaquino; ao não dar para o seu vilão Pizarro cantar uma parte mais próxima daquilo que seria suficiente; atribuindo ao benévolo Don Fernando, que só aparece na última cena e cujo papel por isso não pode ser assumido por um cantor principal, uma das músicas mais magníficas da noite. Todos esses erros talvez tenham nascido de uma sinceridade moral: Marzelline e Jaquino pertencem ao mundo da ópera-cômica no qual a ópera começa, mas depois rejeita; vilões liricamente atraentes com suas vozes soturnas eram, assim sentia Beethoven, errados do ponto de vista étnico, e não ligava nem um pouco para o fato de que constituíam um dos grandes prazeres da ópera; e apesar de Don Fernando de fato aparecer tão desesperadamente tarde, assim mesmo isso faz sentido com tudo, talvez até mesmo um sentido musical.

Acontece que, ou pelo menos assim se dizia, Beethoven e Rossini conversaram em 1822, quando Rossini veio a Viena para uma apresentação de sua ópera *Zelmira*. Num período que foi mais tarde apelidado de "a era de Beethoven e Rossini",[4] a esse encontro foi atribuído o status de um mitológico choque de titãs. Não temos noção real do que se passou, pois parece que Rossini só contou a história em 1860, durante um encontro com ninguém menos do que Richard Wagner. O debate posterior foi relatado (com uma precisão sobre a qual só podemos fazer suposições) por Edmond Michotte, um amigo belga de Rossini, que tinha apresentado os dois. Regressar ao que Rossini e Beethoven podem ter dito ou sinalizado um ao outro em 1822, por meio do registro das lembranças de um cidadão idoso, ao discutir alegremente com Wagner em 1860, é impossível. Poderia Beethoven de fato ter dito em italiano (como Rossini teria contado a Wagner segundo o anotador, Michotte, em seu estilo próprio): "Ah, Rossini, você é o autor de *Il barbiere di Siviglia*? Parabéns; é uma excelente ópera-bufa. Eu a li com prazer, e me diverti. Enquanto existir ópera italiana, ela será apresentada"? Detalhes atmosféricos sobre a chuva que podia pingar entre as brechas no teto de Beethoven, ou os comentários de Rossini sobre a aparência de Beethoven soam como autêntica ficção:

> O que nenhum estilete de água-fortista podia expressar era a indefinível tristeza que se estampava em sua fisionomia, em que sob espessas sobrancelhas seus olhos brilhavam como que no interior de cavernas e, apesar de serem pequenos, pareciam perfurar e atravessar alguém.[5]

Esse mítico encontro é posto mais ainda em dúvida em outras histórias sobre Rossini, que circularam livremente depois da morte do compositor. Segundo uma fonte, perguntaram a Rossini se ele tinha se encontrado com Beethoven em Viena. "Não", respondeu Rossini, "ele era um grande mau-caráter, e recusou-se a me receber; ele detestava minha música. O que não o impede", acrescentou com um sorriso, "de ser o maior compositor do mundo."[6] Um aspecto contextual importante para o relato de Michotte é que por volta de 1860 a música alemã e a italiana tinham assumido identidades fixas e opostas, identidades que eram mesmo então fáceis de parodiar como grave, importante e mundialmente histórica, no caso da primeira (a alemã), e leve, melódica e prazerosa, no caso da outra (a italiana). Voltando atrás a partir de 1860, a mesma distinção aparece no tratado de Wagner *Oper und Drama* (1861) e na revolucionária obra em italiano *Filosofia della musica* (Filosofia da música, 1836), de Giuseppe Mazzini; até mesmo *De l'Allemagne* (Da Alemanha, 1810), de Madame de Staël, trata do problema. Se os debates sobre o estilo italiano oposto ao francês constituíam o quebra-cabeça estético que definia a ópera do século XVIII, depois de 1800 a história se volta inexoravelmente para o confronto entre italianos e alemães.

O que os compositores alemães tinham feito para que isso acontecesse? O interregno entre a morte de Mozart em 1791 e a década de 1800 foi um tempo crítico para a ópera alemã. Em parte isso foi resultante da transformação social. A velha guarda aristocrática, que por tanto tempo controlara a ópera, tinha aspecto sobretudo cosmopolita, uma fraternidade internacional que não dava muita importância a fronteiras nacionais. Mas a crescente emergência da burguesia como força social e política viu o início de um nacionalismo mais ardente no que tange à arte operística alemã, e também uma nova xenofobia cultural que surgira na literatura e a partir dela teve expressão nos libretos das óperas. Por volta da década de 1810, começaram a circular rumores de que Mozart não tinha morrido de morte natural, e sim envenenado por um rival, o compositor de ópera italiano Antonio Salieri (1750-1825); essa caluniosa invenção foi exaltada por Aleksander Púchkin, que a transformou numa peça em 1831. O bem-sucedido mas na realidade medíocre italiano destrói perfidamente o austríaco cujo gênio ele inveja; a paranoia em relação a rivais do outro lado dos Alpes não poderia ser mais clara.

Seria simples e engenhoso demais considerar a morte de Mozart como o evento que marca o fim de uma tradição na qual os compositores austro-alemães se movimentavam com fluência para dentro e para fora dos mundos das óperas italiana e francesa. A carreira operística de Beethoven é um excelente caso a estudar. Quando começou a pensar sobre possíveis temas para óperas, ele se matriculou num curso que ensinava redação em italiano — e escolheu como seu tutor ninguém menos do que o respeitado *Hofkappelmeister* (grão-mestre de capela) de Viena, Salieri, ambos, felizmente, ainda ignorantes do que seria o vergonhoso futuro de Salieri na história da música. Beethoven, com zelo, produzia obras como seu dever de casa, inclusive um dueto para soprano e tenor, "Ne' giorni tuoi felice", sobre um texto antediluviano de autoria de — entre tantos outros tinha de ser ele — Pietro Metastasio. Sua incursão em território italiano provou mais tarde ser algo como um beco sem saída, mas quase ao mesmo tempo seus ouvidos captaram um novo e importante estilo operístico vindo da França, que alcançou enorme popularidade em Viena. Esse novo estilo, que parecia emergir diretamente do grande acontecimento político da década anterior, mais uma vez traz a ópera francesa à cena.

FAITS HISTORIQUES

O turbilhão revolucionário da década de 1790 estimulou a atividade operística na França de uma forma que revoluções mais tardias não iriam conseguir, ao menos não abertamente. Essa repentina politização da ópera refletia em parte a natureza teatral da própria revolução, em particular o fato de que os chamados *faits historiques* — amplas encenações ao ar livre dos feitos revolucionários — foram um meio primário de propaganda do Estado nos primeiros anos depois de 1789. Também importante foi um gesto ousado por parte da Assembleia Constituinte de 1791. Depois de décadas de estrito controle sobre os privilégios do teatro (*tragédie lyrique* somente no Opéra, obras cômicas no Opéra-Comique, e assim por diante), a Assembleia, radicalmente iconoclasta na cultura, assim como em muitas outras esferas, proclamou que qualquer gênero de ópera poderia ser apresentado em qualquer tipo de teatro. Esse pronunciamento revolucionário não durou muito. A primeira década do século XIX, anos do Consulado (1799-1804) e depois do Império (1804-14/15), testemunharam um recuo na posição da Assembleia Constituinte, e em 1807 o imperador Napoleão restaurou muitos dos antigos privilégios teatrais. Apesar desse reentrincheiramento, um novo tipo de ópera havia nascido no ínterim. A década de 1790 vira uma grande quantidade de óperas abertamente propagandísticas, numa proliferação de gêneros, desde a ópera-cômica até o vaudevile e a pantomima. Histórias republicanas, nas quais os feitos heroicos da Revolução eram alegorizados, subiram aos palcos parisienses, muitas vezes na forma das chamadas "óperas de resgate", nas quais heróis e heroínas cercados eram salvos miraculosamente de perigo mortal no último momento da trama.

A onda de inovação na ópera-cômica durante a década de 1790 e depois dela, que fez a grande tradição da *tragédie lyrique* no Opéra parecer um tanto menos excitante, produziu vários compositores que influenciaram Beethoven. Um deles foi Étienne-Nicolas Méhul (1763-1817), que fez seu nome na década de 1790 tanto como compositor de ópera quanto em suas contribuições de *faits* revolucionários. Tendo feito amizade com ninguém menos do que Napoleão, Méhul continuou a criar obras bem-sucedidas durante o Império, entre elas óperas-cômicas das quais alguns personagens tinham origem em compositores italianos tais como Paisiello. Mas Méhul também tinha compromisso com a inovação, e eruditos modernos têm se interessado mais por sua ópera de culto a Ossian,* *Uthal* (1806), que já explorava um veio de prematuro romantismo que se revelaria profético. Não foi um simples caso de escolha de tema: *Uthal* omitiu violinos na orquestra, numa tentativa de propiciar um sabor mais sombrio, mais romântico (não é de surpreender que Berlioz tenha mencionado Méhul com admiração em seu livro *Les Soirées de l'orchestre* — Noites da orquestra, 1852).

---

* Fictício poeta guerreiro irlandês, inventado em 1762 pelo escocês James MacPherson, cujos poemas de exaltação heroica, supostamente autênticos, foram depois provados como fraude.

Contudo, mais importante foi o compositor nascido na Itália Luigi Cherubi-ni (1760-1842), que tinha granjeado fama considerável na década de 1790 com obras híbridas como *Lodoïska* (1791) e *Médée* (1797), ambas apresentadas no Théatre Feydeau de Paris (que se fundiu com o Opéra-Comique em 1801). O maior sucesso popular obtido por Cherubini foi com *Les Deux Journées* (Os dois dias, 1800), uma *comédie lyrique* em três atos, também com um libreto de Bouilly, o qual Beethoven estudou com algum detalhe quando se preparava para escrever *Fidelio*. A primeira produção da ópera em Paris teve mais de duzentas apresentações, e também se tornou popular em países de língua alemã, onde ainda era reapresentada na década de 1840. Um luminar do calibre de Goethe elogiou seu libreto. Assim como o libreto de Bouilly *Léonore* (ou seja, assim como *Fidelio*), conta uma história de resgate e de triunfo humanitário. Apesar de composto no século XVII, o enredo visava claramente a estar em ressonância com os gostos revolucionários do público, caracterizando personagens com virtudes abstratas marcadamente definidas. Conta a história de um aguadeiro saboiano que esconde um parlamentar e sua mulher do cardeal Mazarin. Assim como acontece em muitas dessas "óperas de resgate", o parlamentar é por fim perdoado: a ópera termina lembrando a todos que *"le premier charme de la vie c'est de servir l'humanité"* (o principal prazer da vida é servir à humanidade).

De muitas maneiras *Les Deux Journées* é uma típica ópera-cômica da época. Faz pleno e dramático uso de seus vários formatos de apresentação, desde o diálogo falado até o *mélodrame* (gênero caracterizado por palavras faladas sobre acompanhamento musical, como comentado no capítulo anterior), até o recitativo com acompanhamento, até a ária e depois o conjunto musical. Mas há um desequilíbrio entre estes dois últimos: as únicas árias da ópera são seus dois primeiros números depois da abertura (de um total de quinze), e ambas são simples, estróficas peças "características" — uma balada narrativa e uma prece — que reaparecem em momentos-chave da trama. O resto da obra é feito de coros e conjuntos, e os mais ambiciosos desses últimos são multitonais e têm múltiplos tempos, não muito diferente de um *finale* de ópera-bufa mozartiana. A ópera de Cherubini, e na verdade todas as outras obras em língua francesa que celebravam o impacto da Revolução Francesa, hoje são pouco vistas, mas sua força na ópera do século XIX foi duradoura e intensa, sobretudo em terras alemãs. Felix Mendelssohn (1809-47), frequentemente ambivalente em relação à ópera, assistiu a *Les Deux Journées* em Düsseldorf em 1834 e escreveu a seu pai: "Foi a noite mais pra-

zerosa que tive num teatro durante muito tempo, porque participei da apresentação como um espectador, sorrindo e batendo palmas durante, e gritando bra-
vos".[7] Seu entusiasmo, que fazia par com suas contínuas preocupações quanto ao
futuro de sua própria ópera nacional, era sintomático. A postura à maneira de
oratório e os grandes gestos sinfônicos de Don Fernando na cena final de *Fidelio*,
que hoje podem parecer tão absolutamente beethovenianos e alemães, são primos dos hinos corais à liberdade da Revolução Francesa, que eram lugar-comum
na ópera de Cherubini.

A RESPOSTA ALEMÃ

Ao mesmo tempo que *Fidelio* passava por sua agoniada gênese multinacio-
nal, começavam a circular novas — e mais estreitas — ideias de qual poderia ser o
significado de "alemão". Neste mundo cada vez mais xenofóbico, qualquer um
que, sem esforço, passasse de sua cultura nativa para uma estrangeira estava sujeito a ser considerado uma pessoa dúbia e enganosa. Ser bilíngue tornava alguém
imediatamente suspeito. Para exemplificá-lo, não é necessário, por exemplo, ir
além da polêmica que Wagner sustentou com Giacomo (Jakob) Meyerbeer, um
compositor alemão rival que escreveu óperas italianas e francesas, e cujo grande
sucesso em Paris nas décadas de 1830 e 1840 vamos comentar num capítulo posterior. O que subjaz na polêmica em oposição a Meyerbeer de Wagner é em
grande parte antissemitismo, mas a xenofobia alemã no início do século XIX também tem raízes alhures. Foi alimentada pelo trauma das invasões napoleônicas e
a ocupação dos estados alemães, e pela subsequente imposição do código napoleônico, que emancipou vários residentes que eram considerados estrangeiros,
inclusive os judeus. O espectro da invasão, o medo de que uma pátria que estivera
protegida fosse violentada, tornou-se um tema dominante na literatura romântica alemã depois de 1800. Suas consequências culturais no século XIX foram frequentemente gloriosas; suas repercussões no século XX, de uma violência e tragi-
cidade sem precedentes.

Fator importante na saga da ópera alemã foi *Die Zauberflöte* (1791), que se
tornou imensamente popular na década que se seguiu à morte de Mozart e foi
muitas vezes considerada a obra que originou um novo gênero: o da ópera-séria
em alemão, que, apesar dos resquícios do diálogo falado do *Singspiel*, aspirava à

grandiosidade, até mesmo a um status transcendental. Mozart tornou-se objeto de culto logo depois de sua morte, e *Die Zauberflöte* foi tida como algo muito distante do *Singspiel*, na verdade como uma elevada forma de arte. Um momento importante nessa elevação, brevemente mencionado no final do capítulo anterior, aconteceu em 1794, quando Goethe planejava um libreto de continuação à ópera, *Die Zauberflöte zweiter Teil* (A flauta mágica parte II). Goethe escreveu essa curiosa peça, junto com vários ensaios em louvor de *Die Zauberflöte* e de *Don Giovanni*, com um propósito específico: demonstrar que esses mágicos e sobrenaturais temas de óperas podiam ser vistos como um lugar de encontro entre o humano e o transcendente, ou numinoso. Ele alegava, em outras palavras, que as obras de Mozart tinham elevado o uso de enredos sobrenaturais e mágicos, tirando-os do âmbito da farsa e tornando-os nobres e sérios. Apesar de, compreensivelmente, não ter havido compositores que quisessem assumir a sequela de Goethe, os libretistas alemães das primeiras décadas do século XIX dispunham de novos tomos de histórias mágicas para usar, inclusive as primeiras coleções de *Contos maravilhosos infantis e domésticos* (1812-4), dos irmãos Grimm, e sua obra companheira, *Deutsche Sagen* (Sagas alemãs, 1816-8).

Os irmãos Grimm tinham chegado relativamente tarde na onda de coletar e inventar contos de fadas, que começara na França do século XVII e na Alemanha um pouco mais tarde. Esses contos já tinham sido a base para muitos libretos de ópera com diálogos falados em francês, alemão e inglês. Mas a diferença agora era a trágica gravidade associada à mágica. Tome-se o caso de E. T. A. Hoffmann (1776-1822), do qual ouvimos dizer que foi um mordaz crítico musical, cuja ópera *Undine* (1816) se baseia num conto de fadas literário de Friedrich de la Motte Fouqué. O escritor Hoffmann foi um famoso bardo do insólito, cujas histórias sobre o embate entre os mundos humano e não humano são exemplo típico dos aspectos inquietantes e pessimistas da literatura romântica alemã em seu início. Undine (soprano) é um belo espírito das águas, adotado na infância por um casal humano. Ela se apaixona por Huldbrand (barítono), e ficam noivos, mesmo depois de Undine ter advertido Huldbrand de que, se ele lhe fosse infiel, ela teria de voltar a seu elemento natural e se tornaria um perigo para ele. A obrigatória e sinistra figura do tentador com voz de baixo aparece na forma de Kühleborn, um poderoso espírito das águas que representa a tentação do reino invisível. É bastante óbvio que, pelas maquinações de Kühleborn, Huldbrand acabe sendo levado a se declarar a outra moça e Undine torna a mergulhar em seu reino aquático. Mas ela ressurge na forma de uma fonte na celebração do noivado e arrasta Huldbrand para as águas.

DER FREISCHÜTZ: O LIVRO DOS FANTASMAS

Undine representa o arquétipo das óperas românticas alemãs com enredos sobrenaturais. O contexto é normal — a sociedade humana autodelimitada, com suas pequenas emoções e estruturas familiares estreitamente costuradas — mas os visitantes que vêm de fora, os violentos invasores desse espaço seguro, não são normais. Um espírito feminino sedutor faz um homem virtuoso cair numa armadilha; a variedade masculina, ainda mais detestável, busca convertidos, ou noivas, ou vítimas (às vezes noivas e vítimas são a mesma coisa), seduzindo alvos mortais. A ordem humana sempre é restaurada no fim, mas com frequência depois de um sacrifício considerável. E apesar de as versões cômicas dos enredos mágicos continuarem, junto com as chamadas "óperas turcas", em que (como vimos em *Die Entführung aus dem Serail,* 1782, de Mozart, comentada no capítulo anterior) ocidentais espertos levam a melhor sobre orientais ardilosos, os libretos sobrenaturais sérios e semissérios representam a base dominante. A ópera mais famosa desse novo gênero foi *Der Freischütz* (1821), de Weber, uma cornucópia operística na qual o gênero do conto de fadas vai de encontro à ansiedade social e ao paroquialismo. Até mesmo o título é tão local que é impossível traduzir com precisão. *Freikügeln* são, literalmente, "balas [projéteis] livres", e *Freischütz* seria "franco--atirador", mas a palavra *frei* tem aqui o sentido de "mágica" ou "encantamento". Um *Freischütz* é "um caçador que vendeu sua alma em troca de balas magicamente infalíveis", mas isso seria um título longo demais. Não somente por este motivo, hoje em dia é bem raro encontrar produções de *Der Freischütz* fora da Alemanha, e as que vêm a ocorrer são quase sempre alienantes e críticas, pois seu caráter folclórico e sua fobia a estranhos seriam, do contrário, problemáticos demais. Mas, como um todo, a ópera de Weber foi um sucesso no início do século XIX, sucesso que dependia de sua reputação de ser autenticamente exótica e alemã. Como foi mencionado no capítulo 1, quando *Der Freischütz* foi reapresentada em Paris na década de 1840, Wagner sentiu que deveria escrever uma nota esclarecedora para inocentes frequentadores de ópera franceses que poderiam não entender sua seriedade alemã; no entanto, a maneira fácil com que a ópera se difundiu

— com apresentações na Cidade do Cabo, no Rio e em Sydney, todas antes de 1850 — sugere que a nota de Wagner refletiu pouco mais do que um desprezo secreto do compositor pelo caráter francês.

Gespensterbuch, "O livro dos fantasmas", foi a coletânea que o libretista de Weber, Johann Friedrich Kind, explorou para escrever a história de *Der Freischütz*. O protagonista é Max (tenor), um caçador e bom atirador, cujas balas ultimamente estavam todas errando o alvo. Quando começa a ópera ele está em desespero: se não vence a competição de tiro que se realizará no dia seguinte, não poderá se casar com sua amada Agathe (soprano). Caspar (baixo), outro caçador, sugere uma solução temerária: Max deveria ir com ele naquela noite à "Ravina do Lobo", onde um demoníaco Caçador Negro chamado Samiel (papel declamado) o ajudaria a forjar balas mágicas que nunca erram o alvo. Depois de dois atos inteiros e de muitos números melodiosos de Agathe, de sua agitada prima Aennchen (meio--soprano), de Max e de vários outros (Samiel aparece às vezes, silencioso, nos momentos cruciais), Max encontra Caspar na Ravina do Lobo, onde Samiel fala pela primeira e única vez na ópera. Caspar, descobre-se pelo caminho, vendera sua alma a Samiel e agora tencionava empurrar Max como seu substituto. As balas são devidamente fundidas em meio a muitos trovões. A competição de tiro se realiza no terceiro ato; Samiel dirige a sétima bala de Max em direção a Agathe, mas ela se salva por milagre e Caspar é quem morre em seu lugar. Max é perdoado, e tudo acaba bem.

Bastaria essa descrição para deixar claro que a dramaturgia de *Der Freischütz* range tanto quanto uma troca de cenários na noite de estreia, e o nível de pantomima do diálogo falado traz o problema adicional de que falar sobre competições de tiro e de acertar um veado macho de dezesseis pontos* é o mesmo que preparar um campo minado de duplos sentidos. Olha-se ao acaso para o libreto e se encontra *"Leid oder Wonne, beides ruht in deinem Rohr"* (Sofrimento e alegria, ambos residem no cano de sua arma). Porém, há mais aspectos preocupantes subjacentes. O que, por exemplo, está em jogo num libreto tão saturado de ansiedades com relação a coisas que estão à espreita na floresta, e com gente diabólica (os Caspares deste mundo) que pode estar se infiltrando em nossa sociedade enquanto parece ser parte dela? Esta segunda fobia — em relação ao nativo que fala co-

---

* Um veado de dezesseis pontos, na terminologia da caça, é um que tem dezesseis pontas em sua galhada, o número máximo.

nosco mas que na realidade é outra coisa — era ao mesmo tempo um clichê genérico e especificamente uma preocupação antissemita. Quando os judeus alemães se assimilaram e se tornaram cidadãos seculares da classe média e da classe alta, seria perigosamente pouco marcá-los apenas como diferentes; a especial astúcia desses estrangeiros e alienígenas seria a de serem indistinguíveis dos alemães na voz e na aparência. Houve numerosas explicações sociológicas e psicológicas para essa nova obsessão dos românticos alemães com o que era diferente e incomum. Freud, como é sabido, psicanalisou Hoffmann e seus confrades retrospectivamente, descobrindo todo um elenco de patologias mentais em suas preferências por aterrorizantes *Doppelgänger* (dublês de si mesmos), figuras sombrias que estão sempre voltando e pés que dançam sozinhos. Mas as histórias — em especial quando envoltas em música — nem sempre são em preto e branco. Em *Der Vampyr* (O vampiro, 1828), de Heinrich Marschner, o protagonista morto-vivo, uma figura quase byroniana chamada Lord Ruthven (barítono), ganha muitas das melhores músicas. *Der fliegende Holländer* (O holandês voador, ou O navio fantasma), de Wagner, tem uma dívida musical com a partitura de Marschner, e em Wagner o sinistro rebelde sobrenatural torna-se um anti-herói romântico e ídolo trágico de matinês, que será comiserado e adorado, e a quem, é claro, se darão grandes músicas para cantar.

Der Freischütz foi chamada de *romantische Oper* em sua página de rosto, mas seu legado de *Singspiel* e de ópera-cômica pode ser ouvido em toda parte, antes de tudo naquele perigoso diálogo falado. Quando foi apresentada no Opéra de Paris, Hector Berlioz foi convocado para configurar os diálogos como intermináveis recitativos, prolongando significativamente o tempo de apresentação, e, na opinião de Wagner, adicionando firulas desnecessárias: "Se você substitui um diálogo ingênuo e muitas vezes humorístico por um recitativo que sempre se arrasta ociosamente na boca do cantor, não acha que está apagando o traço de espontaneidade que marca as cenas dos rústicos boêmios?".[8] Mas essa era a regra. Quando *Carmen*, de Bizet, foi apresentada no Opéra em 1883, também estava escorada em recitativos adicionais (como acontecera em muitos outros casos respeitáveis, onde só a fala não ia funcionar). Contudo, *Der Freischütz* também tem conexões, nem todas totalmente felizes, com a tradição cômica. São especialmente acentuadas na personagem da criadinha Aennchen, mais uma rapariga doidivanas, a qual, num dueto com Agathe no segundo ato, descreve sua visão da vida da seguinte maneira: "Pessimismo não é meu estilo!

Dançar pela vida com o coração leve é o que mais me convém. Você precisa banir seus cuidados e seus desgostos!". Essa leveza na maneira de ser nos informa que ela definitivamente *não* é a dama principal; mas o soturno contraponto de Agathe a Aennchen é de absoluta solenidade, que Aennchen espicaça no terceiro ato, quando canta uma balada gótica de zombaria.

Se por um lado os libretos dessas óperas românticas alemãs parecem ser quintessencialmente locais — no sentido de que suas ansiedades e (em geral) suas fontes literárias são alemãs —, é difícil que isso possa ser considerado verdadeiro para a música. Os compositores de óperas alemães no início do século XIX discutiam com veemência quanto à superioridade do produto local; em 1816 Weber referia-se a Rossini como "o vento siroco que sopra do sul, cujo calor logo será resfriado".[9] Mas assim como seus contemporâneos Hoffmann e Louis Spohr, Weber tinha ouvidos atentos e ávidos por tudo que estava acontecendo alhures, em especial na Itália; gostassem ou não, estavam se habituando a uma música cosmopolita. No segundo ato de *Der Freischütz*, Agathe canta uma ária famosa, "Leise, leise, fromme Weise" (Suavemente, suavemente, piedosa canção). Começa com um verso lento cuja abertura melódica é recapitulada até o fim. Há então uma interrupção, uma transição à guisa de recitativo, na qual Agathe observa a paisagem do lado de fora de sua janela e, por fim, avista Max, que se aproxima à distância. "Oh, céus! Oh, felicidade nova concedida", ela canta, e então entramos num enlevado, virtuosístico, rápido movimento final. Em outras palavras, todo esse número é uma ária lenta-rápida-multimovimentada, muito próxima da maneira italiana estabelecida pelo desdenhado Rossini. Não é que toda ária que começa lenta e termina rápida é automaticamente rossiniana; uma ária desse tipo, em duas partes, estava em voga desde o século XVIII; Mozart tem vários exemplos famosos. Mas o estilo da ária de Agathe, assim como seu formato, sugere fortemente que Weber tinha seus próprios momentos de siroco.

Por outro lado, canções estróficas na ópera romântica alemã apresentavam, tipicamente, idiomatismos populares tranquilizadores, como no *Singspiel* que remontava a meados do século XVIII. Mas sabemos, a partir de exemplos em *Der Zauberflöte*, que o formato estrófico também começava a assumir significados mais complexos: longe de afirmar apenas uma simplicidade rústica, as estrofes podiam agora representar uma ordem tranquilizadora, uma antítese musical ao caos ou à imprevisibilidade. No terceiro ato de *Der Freischütz*, numa taberna local, os caçadores cantam uma canção estrófica ("Was gleicht wohl auf Erden des Jägers Vergnügen"), acompanhada em cena por trompas de caça, e que fala dos prazeres de sua profissão: "Que prazer na terra pode se comparar às alegrias do caçador? Para quem mais a taça da vida é tão borbulhante e cheia?". A forte e densa harmonia das vozes masculinas e o ressoar das trompas criam uma surpreendente figura auditiva; o momento em que o ambiente seguro e caseiro da taberna com sua camaradagem masculina parece se derramar em forma de puro som, como um instantâneo da Voz coletiva do Povo. Mas hoje é extremamente difícil encenar essa cena (ou assistir a ela) com uma fisionomia impassível. É difícil não pensar em Gaston, o rústico caçador de *A bela e a fera* (1991), da Disney, que canta com exuberância similar: "Eu uso galhadas em todas as minhas decorações!". Por mais divertido que possa ser esse som, já vimos demasiados corais masculinos em seus paletós justos fazendo esse tipo de coisa — seu estilo, de fato, deriva dos *Gesangsvereine* (sociedades corais) masculinos, que eram populares na Alemanha no tempo de Weber e depois dele. Mesmo tendo sido bem-sucedida, *Der Freischütz* também foi, desde o início, propícia à paródia e à zombaria.

Contudo, a canção estrófica já transcendia suas origens populares, e não somente na tradição alemã. Por volta da década de 1820, a apresentação de um número na forma de um tipo específico de balada estrófica estava se tornando onipresente em óperas com enredos sobrenaturais. Um personagem é instado, ou se voluntariza, a contar uma história em forma de canção. A história é sobre uma figura sobrenatural que assombra um terreno humano; e a balada de conto de fadas vai representar, em seu microcosmo, o próprio enredo da ópera. Vimos antecedentes disso no capítulo anterior: em *Die Entführung*, de Mozart, a serenata de Pedrillo no terceiro ato narra uma história sobre o resgate de moças num harém, que é exatamente o que Pedrillo está fazendo. E há também respeitáveis seguidores desse recurso, e não somente na tradição alemã. Em *La forza del destino* (1862), de Verdi, a ópera que é de longe a mais gótica do compositor, a *balatta* do vingativo barítono Don Carlos, no segundo ato ("Son Pereda, son ricco d'onore"), nada mais é do que uma reapresentação cômica e zombeteira do enredo da ópera até ali; não é de admirar que quando *La forza* tornou-se uma ópera cult na Alemanha da década de 1920, uma versão traduzida dessa ária, marcadamente do Norte, era particularmente favorita.

Voltando à década de 1820, as complicações culturais e literárias nos enredos góticos vieram a primeiro plano tanto na poesia quanto na música desses números em forma de balada. Tome-se o caso de *La Dame blanche* (A dama branca,

1825), uma ópera-cômica de Adrien Boeildieu (1775-1834). Sob o nome de *Die weisse Dame*, a ópera ganhou enorme popularidade na Alemanha na década de 1830 e depois dela. O texto era de Eugène Scribe, o mais importante libretista francês do início do século XIX, e foi extraído, como tantos outros libretos românticos, dos romances históricos de Sir Walter Scott. No decurso do primeiro ato, uma personagem de menor importância chamada Jenny canta uma canção estrófica ("D'ici voyez ce beau domaine"), sobre a lenda da Dama Branca, um fantasma benigno que vela pela família Avenel, e que uma vez os salvou dos inimigos que a importunavam. Como era de esperar, a mesma coisa acontece na ópera (embora a Dama Branca acabe se revelando uma mulher real: a prestimosa pupila de Avenel, Anna, que habilidosamente se disfarçou com um lençol branco). Marschner também incluiu um notável número de balada em *Der Vampyr*: uma das futuras vítimas de Ruthven informa o público, numa canção, sobre as infelizes garotas que tiveram aquela mesma sina que está prestes a alcançar a *ela*. Em todos esses números há uma tensão fundamental em ação. O padrão musical e poético, sendo estrófico, tem o mais alto grau de ordenamento, é repetitivo e previsível. Mas o conteúdo da história descreve uma ruptura da vida e da ordem de seres humanos, causada por todos esses insurgentes sobrenaturais. Nesse sentido, é como se a música se recusasse a reconhecer a narrativa. Permanecendo tão fechada em si mesma e simples, ela se distancia; uma visão de perigo é mantida à distância, acuada, ou, melhor do que isso, faz-se ouvir através de um filtro de proteção. A balada de Marschner, no estranho tom de si bemol menor, tem um refrão em coro no fim de cada verso, cuja música parece vir de um passado perdido, uma estranha gavota cantada por um hipnotizado círculo de ouvintes.

DER FREISCHÜTZ: MÚSICA CÊNICA

A ópera de Weber também é revolucionária em seu avançado gosto pela "música cênica", música (puramente instrumental ou cantada) escrita para acompanhar algum acontecimento em cena, seja um processo rotineiro, seja um épico desastre. Como vimos no capítulo 4, esse hábito tem raízes no século XVIII, inspirado sobretudo no gosto operístico francês por espetáculos visuais. De fato, rara era uma *tragédie lyrique* em que não houvesse uma tempestade, seja no mar ou em terra, acompanhada de efeitos musicais. Um dado da música cênica na ópera é que ela pode ser muito mais desordenada, muito menos formalmente previsível do que seria, no caso, uma peça somente instrumental. Afinal, a música tem uma responsabilidade adicional: ela tem de transmitir as irrupções da natureza, ou combinar com o grande espetáculo de gente que vem e que vai, e se coisas incoerentes têm lugar visualmente, então coisas incoerentes e surpreendentes também devem acontecer no plano musical. Basta somente comparar as cenas de tempestade em *Il barbieri di Siviglia* (1816) de Rossini, ou de *La Cenerentola* (1817), com as equivalentes e musicalmente muito mais bem-comportadas passagens na *Sinfonia Pastoral* (1808) de Beethoven para sentir a diferença.

A música cênica estabeleceu uma colaboração estética entre o visual e o musical que daria suporte a uma considerável carga de significados operísticos durante os cento e tantos anos seguintes, em especial na ópera alemã. Mais uma vez, Weber era o líder. Uma das mais espetaculares tempestades em ópera — na verdade, um dos maiores exemplos da música cênica — ocorre no final do segundo ato de *Der Freischütz*, a cena da fundição das balas na Ravina do Lobo. Ela se tornou um marco da extravagância visual-musical, e um dos primeiros momentos protocinematográficos da ópera. Em sua melhor definição, é um verdadeiro engavetamento* musical. Mistura diálogo falado com *Melodram* (fala que tem como fundo música orquestral, comentada no capítulo anterior), canto e música cênica instrumental, num número de múltiplas seções, que inclui instruções de que devem parecer prodigiosas, e, em 1821, o uso de efeitos especiais que eram mais ou menos irrealizáveis. Estamos nas profundezas da floresta à meia-noite; Samiel — fora esta cena é um personagem mudo — está agora firme em seu elemento e com isso capacitado a falar. Mas nunca a cantar. Uma hierarquia é estritamente mantida: quando interage com Samiel (que é muito mau), Caspar (não tão mau) canta enquanto Samiel fala; somente Max (quase sempre bom) chega e começa a cantar. Caspar passa do canto para a fala. Mas depois que Max realiza a cerimônia da fundição das balas, ele também não pode mais cantar. Obviamente, e para dar prosseguimento à ópera, tanto Caspar quanto Max recuperam sua aptidão para a melodia durante o intervalo que vem depois da cena na Ravina do Lobo: precisa-se deles no terceiro ato.

O que acontece no *finale*? A cortina se abre para uma cena descrita no libreto

---

* No sentido de engavetamento de veículos numa colisão múltipla.

com um detalhamento extraordinário, uma verdadeira lista de chamada para marcadores visuais do Romantismo alemão:

> Um terrível arvoredo numa ravina toda plantada com pinheiros e cercada de altas montanhas. De uma delas se precipita uma cascata. A lua cheia brilha palidamente. Duas tempestades com trovoada estão se armando em direções opostas. Perto de nós uma árvore atingida por um raio e ressequida apodreceu por dentro e parece reluzir. Num galho retorcido, no outro lado, há uma enorme coruja, com olhos ardentes e perscrutadores. Em diversas árvores, corvos e outras aves de floresta. Caspar, sem chapéu nem casaco, mas com uma sacola de caça e um facão, está dispondo pedras negras num círculo, em cujo centro há uma caveira; à distância de alguns passos há um par de asas de águia, uma concha para fundir metais e um molde de bala.

Um coro fantasmagórico (um fá sustenido, em *sustenuto*, com gritos ocasionais) canta sobre lua de leite* e noivas assassinadas; um relógio bate ao longe a meia-noite; Caspar crava seu facão de caça na caveira, ergue-a, gira três vezes e conjura Samiel; Samiel aparece e pergunta a Caspar o que ele quer; Caspar canta um monólogo (em dó menor, *agitato* e sensual, um momento vigoroso para um baixo) pedindo uma revisão do contrato, caso ele consiga em troca entregar Max a Samiel. Samiel concorda mas, antes de desaparecer, faz uma alusão à sétima bala e a Agathe; Caspar fica aflito com relação a Max (*Melodram*, com a orquestra reagindo nervosamente). A música passa pela primeira vez a um tom maior (mi bemol maior) e um toque metálico de um quarteto de trompas anuncia a chegada de Max — primeiro ele é visto num pico rochoso acima de uma cascata, espiando a ravina lá embaixo; ele começa a descer hesitante, parando várias vezes e expressando sua relutância; Caspar grita para incentivá-lo; várias visões aparecem no ar, inclusive o fantasma da mãe de Max, advertindo-o de que deve ir embora, e por fim, cortesia de Samiel, Agathe vestida como uma doida ("cabelos estranhamente enfeitados com folhas e palha") e em postura de quem vai cometer suicídio (tom menor, e *molto agitato*); Max finalmente chega até Caspar. Há uma breve pausa, depois da qual Caspar descreve os ingredientes necessários para as balas (vidro moído oriundo de um vitral de igreja, o olho esquerdo de um lince, e assim por diante) e benze a infusão.

* A lua cheia do mês de maio.

Caspar começa a fundir as balas. "O preparado no almofariz começa a fermentar e a borbulhar e a emitir um brilho branco-esverdeado. Uma nuvem passa sobre a lua, e com isso os arredores estão iluminados apenas pelo fogo, os olhos da coruja e o toco apodrecido das árvores." Quando Caspar está contando as balas dentro dos moldes, coisas estranhas começam a acontecer. Primeiro ("Uma!") as aves da floresta comportam-se de modo estranho, ao som de murmúrios e arremetidas da orquestra; em "Duas!", um javali preto corre de um lado para outro com acompanhamento de bizarros portamentos ao estilo de trombones, executados por violoncelos, contrabaixos e fagotes; em "Três!" começa uma tempestade e as árvores se agitam ao vento (as cordas sobem e descem, dissonantes); em "Quatro!", rodas fantasmagóricas com aros de fogo rolam para dentro e para fora da cena, ao mesmo som. Em "Cinco!", temos de usar a imaginação, pois nenhuma encenação pode fazer isso acontecer: uma horda de caçadores mortos passa em cavalgada pelo céu noturno enquanto cães de caça ladram; eles cantam rimas sinistras ao mesmo tempo que sopram suas trompas desafinadas (marcado na partitura como *sempre tutto fortissimo possible*); em "Seis!" vêm os trovões e os relâmpagos quando as tempestades se encontram, árvores caem, uma imensa tormenta em dó menor, com cordas, madeiras, metais, tímpanos, maestro, todos em marcha acelerada, presto e fortíssimo. Então Caspar, ao não conseguir manipular a sétima bala, grita "Samiel! Socorro!", e suas palavras voltam para ele num eco — momento em que ("Sete!") Samiel, que é a pior perturbação que pode ocorrer, muito pior do que as tempestades com trovões, volta e vai em busca da mão de Max, uma aparição que provoca uma bizarra modulação musical de dó menor para fá sustenido menor; tonalidades em oposição polar que não se encaixam em nenhum lugar que seja próximo de uma e de outra. Max faz o sinal da cruz e desaba no chão. O relógio fora de cena bate uma hora, mas pouco mais de quinze minutos de apresentação tinham se passado, e está terminado.

É claro que música arca com grande parte do ônus de fazer tudo ser convincente quando a cena é levada ao palco. Na estreia de 1821, na Schauspielhaus de Berlim, os efeitos visuais foram obtidos em parte por meio de "lanternas mágicas": projeções de imagens em cores e transparentes, que na Alemanha eram chamadas de *Phantasmagoria*. Atualmente, a Ravina do Lobo é sempre uma "cena de assinatura" de um diretor. Alguns tentam adequar um som ambiente do século XIX a efeitos visuais com qualidade IMAX, do século XXI. Numa produção de David Pountney para a English National Opera em fins da década de 1990, as balas mágicas foram preparadas, com muita violência, na boca de uma sonâmbula (ou imaginada) Agathe, e depois extraídas dela com espasmos e gemidos de clímax sexual; ao fundo, várias cenas de época eram apresentadas, entre elas a de uma dançarina nua que está sendo caçada por alguns extras de aspecto bem obsceno. Todo o episódio se encerrava com um coro de soldados da Primeira Guerra Mundial com equipamento de trincheira completo — considerando a quantidade de fumaça colorida que envolve o palco, eles poderiam precisar de máscaras contra gases. Isso pode parecer marcadamente moderno, mas outros diretores questionam com maior profundidade o gosto do público por essa proeminência da ilusão gótica. Numa produção recente em Hamburgo, o *finale* terminava com as luzes de emergência do teatro se acendendo e o cintilar das luzes vermelhas de (ostensivas) ambulâncias estacionadas em frente ao teatro. O público (como registrado no DVD) era deixado num estado de indecisão, metade temeroso de que irrompera um incêndio ou de que alguém tivesse morrido, metade suspeitando de que tudo isso era programado e exibindo um largo sorriso. O fato de que a música de Weber possa propiciar essas duas imagens é um imenso tributo a seu desprendimento em relação a regras e à sua energia visionária.

O ousado *finale* de Weber, no sentido de que ele simplesmente deixa tudo se precipitar de uma vez, é um momento notável na história da ópera. O fato de que os artistas nunca esperam poder passar por ele com total acerto ou precisão — como dizem alguns regentes, você só fecha os olhos e reza — é parte integrante do efeito da cena, de todas as suas sugestões de desordem e de forças inumanas. Há um famoso efeito especial embutido na música, cujas implicações são exatamente as mesmas. Ao se olhar para as tonalidades que são centrais em vários trechos do *finale* — fá sustenido menor no início e no fim, dó menor no monólogo de Caspar e na sequência da tempestade, lá menor para a manifestação de Agathe e mi bemol maior para a entrada de Max —, nota-se que Weber usou de um truque. Antes, na ópera, ele tinha pontuado referências a Samiel e à ameaça do mundo inferior que ele representa com uma sonoridade harmônica particular, um "acorde diminuto" formado por uma superposição de terças menores. A intenção de associar ideias musicais aos elementos proeminentes do drama e depois retomá-las em momentos cruciais já era conhecida de antes, de maneira especial nas óperas francesas, como *Richard Cœur-de-Lion*, de Grétry (já comentada no capítulo anterior). Essa ideia, através dos exemplos franceses, tinha se tornado popular na ópera alemã: Weber pode ter sido sobretudo influenciado por *Faust*, de Spohr, que ele ajudou a encenar em 1816 e a qual elogiou por usar "algumas melodias apropriadas e acertadamente concebidas, que se entretecem como delicados fios no todo, e os mantêm artisticamente juntos".[10] Mas na cena da Ravina do Lobo ele levou o processo cênico um passo adiante. As notas que formam o acorde diminuto de Samiel (fá sustenido, lá, dó, mi bemol) se espalharam no tempo e se enterraram profundamente na música: elas se tornam as notas fundamentais sobre as quais se compõe a jornada harmônica do *finale*. Esse recurso alcançou certa notoriedade. É o símbolo subliminar da dominação de Samiel, e os rascunhos de Weber sobre a ópera demonstram que ela foi cuidadosamente planejada e trabalhada, quase à maneira de um movimento sinfônico. Mais uma vez, como vimos no caso de Mozart, no capítulo 5, os compositores alemães estavam trazendo para a ópera algumas técnicas de harmonia e orquestração usadas nos gêneros em que, cada vez mais, eles eram considerados os mestres. Isso viria a ser uma abertura para muitas experiências posteriores. Mas as origens francesas do "tema remanescente", e, nesse aspecto, da espetacular música cênica de Weber, demonstra que o Problema Alemão era também uma questão de simbiose entre, de um lado, o cosmopolitismo de Beethoven e de Weber e, de outro, a existência de ouvidos ávidos por trocas vantajosas entre os dois lados do Reno.

8. Rossini e transição

Ninguém se expressou com mais certeza do que o romancista francês Stendhal (1783-1842), que escreveu em 1824 um livro inteiro sobre sua paixão pelas óperas de Gioachino Rossini (1792-1868): "Napoleão está morto; mas um novo conquistador já se mostrou para o mundo: e de Moscou a Nápoles, de Londres a Viena, de Paris a Calcutá, seu nome aflora constantemente em cada língua".[1] De acordo com o comentário de Stendhal, sempre citado, Rossini foi um revolucionário que mudara o aspecto da ópera italiana tal como a tinha herdado, no final do século XVIII, uma ópera exemplificada por compositores como Domenico Cimarosa (1749-1801) e Giovanni Paisiello. Cerca de duzentos anos depois de Stendhal essa percepção pode parecer estranha, se não alienada. Rossini como *revolucionário*? Possuidor do poder e da convicção de um *Napoleão*? A declaração de Stendhal parece ser tão hiperbólica que nos inclinamos a ter dúvidas não somente quanto a Rossini, mas também quanto às paixões e obsessões pessoais que possam inspirar tamanho exagero crítico.

O modo pelo qual Rossini pertencia a seu tempo constitui em si mesmo uma questão difícil. A ideia de Stendhal sobre o compositor, ao vê-lo como um novo Napoleão, tem pelo menos alguma evidência cronológica: a derrota de Napoleão e os vários editos do Congresso de Viena que se seguiram a ela coincidiram quase exatamente com a época em que Rossini ascendeu à fama na Europa, por volta de

225

1813-5. Essas convulsões políticas anunciam um período comumente chamado de "Restauração", que de costume é considerado uma equivocada (ou ao menos malsucedida) tentativa de neutralizar a ameaça de uma renovada revolução pelo restabelecimento do statu quo político, em particular devolvendo ao poder um pequeno exército de monarcas e outros governantes absolutos, cujos direitos tinham sido comprometidos ou extintos pela Revolução Francesa e por sua sequela napoleônica. No contexto dessa grande reestruturação, de cima a baixo, do mapa político, surge uma questão: alguma coisa *operística* foi restaurada na Restauração? Por exemplo, o relógio operístico andou para trás para acompanhar os editos contrarrevolucionários do Congresso de Viena? Não há dúvida de que Rossini era o portador do padrão operístico do período, e à primeira vista poderia parecer que havia uma conexão entre a história da ópera e a história política. Voltando à era napoleônica, vamos encontrar uma inequívoca mensagem política de uma ópera como *Fidelio*, de Beethoven, obra nascida à sombra de Napoleão, e cujo comprometimento revolucionário é perfeitamente expresso em sua violenta e espontânea mistura de uma antiquada linguagem de ópera-cômica e uma nova música com compromisso libertário. Considerada sob esse aspecto, *Fidelio* tem um grande apelo revolucionário não somente em seu enredo, mas também em seu aspecto musical; além disso, é bem conhecido o complexo relacionamento de Beethoven com os ideais revolucionários e com Napoleão, a quem dedicara originalmente a sinfonia *Eroica*. Compare-se isso com Rossini, o homem da Restauração, cuja ausência de radicalismo político se espelha tanto em sua notória disposição para reutilizar a música cômica em enredos sérios e vice-versa — uma prática que gostamos de pensar que seria inimaginável para Beethoven — e por sua inveterada tendência de encharcar cada linha vocal (não importa quais os sentimentos que ele queria expressar) em ornamentos vocais hedonísticos.

Seja qual for a força dessas caricaturas, não há dúvida de que, tanto para nós quanto para as audiências da época, o período de Restauração foi, na ópera, caracterizado por Rossini. Um de seus contemporâneos italianos, Giovanni Pacini, pesarosamente mencionou em suas memórias que durante o apogeu rossiniano todos tinham de se tornar seus imitadores, pois não havia outro modo de ganhar a vida.[2] Rossini nasceu em Pesaro, no litoral do Adriático, numa família de músicos, e — depois de estudar contraponto em Bolonha — ainda relativamente jovem já era parte de uma florescente tradição operística no norte da Itália, compondo sobretudo óperas-cômicas e farsas para teatros em Milão, Roma, Bolonha e, com mais frequência, Veneza. O momento de mudança, quando Rossini adquiriu proeminência nacional e depois internacional, foi em 1813, com uma ópera-cômica, *L'italiana in Algeri* (A italiana na Argélia), e uma séria, *Tancredi*, ambas com estreia em Veneza. Em 1815 ele se mudou para Nápoles, e lá produziu uma sequência de óperas-sérias, na qual se incluem *Otello* (1816) e *La donna del lago* (A dama do lago, 1815). Continuaram a aparecer obras cômicas, notadamente *Il barbiere di Siviglia* (1816) e *La Cenerentola* (Cinderela, 1817). Em termos de receptividade, no entanto, houve uma diferença crucial entre as obras cômicas e as sérias. Algumas (não todas) das óperas-sérias foram a princípio populares, e em certa medida influenciaram a geração seguinte. Mas a moda que se criou com *Il barbiere* e *La Cenerentola* era de ordem totalmente diferente: elas se tornaram e permaneceram os esteios de qualquer repertório, presença fixa nas casas de ópera do mundo desde suas primeiras apresentações.

Rossini foi, então, o primeiro elemento essencial na gradual formação, durante o século XIX, daquilo que hoje chamamos de repertório operístico, um corpo de obras que têm sido reapresentadas um sem-número de vezes em inumeráveis e diferentes locais. Como já vimos, algumas das óperas de Lully e de Rameau tinham conseguido o mesmo na França dos séculos XVII e XVIII, assim como algumas de Gluck e de Mozart em vários países durante o período da Restauração. Mas, com a parcial exceção de *Don Giovanni*, de Mozart, essas obras não conseguiram manter esse curso no século XIX, e foram depois revividas no século XX. Uma crucial mudança, que foi a gradual emergência de um repertório, começou por volta da segunda e da terceira décadas do século XIX, e suas primeiras manifestações foram as óperas-cômicas de Rossini, cuja posição permanente em todo o mundo da ópera foi então igualada por algumas obras favoritas, de Bellini, Donizetti e as primeiras de Verdi. Por volta da década de 1840, o termo "ópera de repertório" era de uso comum na Itália, e bem rápido se espalhou para outros lugares; as convulsões políticas de 1848-9 deixaram muitos teatros em tais dificuldades financeiras que eles foram obrigados a se valer cada vez mais de *revivals* de obras passadas; os sucessos internacionais das óperas do período intermediário de Verdi, e um pouco mais tarde os de Meyerbeer, consolidaram esse processo.

As óperas-sérias de Rossini eram acidentes de repertório: pouco a pouco foram deixadas de lado, e no fim do século XIX estavam quase completamente esquecidas. Em 1892, George Bernard Shaw, que poderia ter um critério melhor, celebrou o centenário de Rossini proclamando-o de modo irônico "um dos maiores mestres em conquistar aplausos que jamais existiu",[3] e havia muito mais lá de onde isso veio. Tanto mais que, há não muito tempo, a caricatura mais comum de Rossini seria a de um afetado compositor profissional que, a despeito de seu heroico esforço como especialista, era apreciado não pelas óperas que lhe deram fama na época de Stendhal, mas por pratos decididamente mais leves. O mais famoso de todos era *Il barbiere* e sua ária "Largo al factotum", que teve uma rica pós-vida na cultura popular do século xx. O barbeiro bufão Nicki Papaloopas, parodiando a ária no filme *Melodia da Broadway*, de 1938, é um exemplo icônico. Em *O coelho de Sevilha* (1950), versão em desenho animado de Chuck Jones, o coelho Pernalonga canta a ária com um considerável talento. Outros momentos notáveis na receptividade a Rossini durante o século xx poderiam incluir o uso da abertura de *Barbiere* (que frequentemente expressa uma "italianidade" mórbida, porém cômica, como no filme sobre a máfia *A honra do poderoso Prizzi* (1985) e, é claro, a abertura de *Guilherme Tell*, conhecida por milhões como a música tema de *O cavaleiro solitário* (o Zorro), série de tv da década de 1950. Para pessoas com certa idade e educação, mesmo que sejam hoje músicos com boa formação profissional, será difícil ouvir o rápido final dessa abertura sem evocar a visão do cavaleiro mascarado cavalgando nas planícies e gritando "Hi-yo, Silver!". Mais do que isso, *Il barbiere* e várias outras óperas-cômicas de Rossini continuam a ser genuinamente populares no palco. Produtores podem se ver em conflito com suas equipes financeiras e com o público quando propõem *Tancredi*, mas *Il barbiere* nunca precisou de uma argumentação especial a favor.

Durante o final do século xx a imagem de Rossini ficou mais complicada. Um extraordinário *revival* pode ser considerado um sintoma disso. O Metropolitan Opera de Nova York tinha apresentado *Semiramide* (1823), a última ópera italiana séria de Rossini, por três temporadas em 1892-5 (Adelina Patti e depois Nellie Melba cantavam o papel-título). Quase cem anos se passaram até ser novamente apresentada, em 1990, e seu reaparecimento é testemunho de que uma moderna indústria rossiniana estava sendo criada por mudanças complexas na cultura operística. Essas obras encontraram lugar nas casas de ópera em parte porque agora há espaços livres e disponíveis no repertório. Muito poucas óperas do final do século xx despertaram um entusiasmo duradouro, o que estimulou a pesquisa do passado para renovar e expandir o repertório. As óperas-sérias de Rossini estão entre os principais beneficiários dessas escavações. O que há em sua qualidade de drama musical que uma vez foi tão inaceitável e agora parece novamente atraente?

Há razões externas que ajudaram nesse renascimento. Rossini foi inteiramente um homem de seu tempo ao adequar cuidadosamente a música aos talentos dos cantores virtuoses que iam criar qualquer determinado papel. Nesse sentido, a criadora do papel-título de *Semiramide*, a soprano espanhola Isabella Colbran (1785-1845), que se tornou a mulher de Rossini em 1822 e para quem ele escreveu nada menos do que dez papéis principais, é um exemplo primordial. Colbran notabilizou-se pela potência de sua voz em seu registro mais baixo, e também por sua presença no palco. Stendhal descreveu uma notável transformação de um porte normal para um clássico e majestoso:

> Feições nobres que, em cena, irradiavam majestosidade; um olho como o de uma donzela circassiana, dardejando fogo; e para coroar tudo isso, um verdadeiro e profundo instinto para a tragédia. Fora de cena, ela tinha mais ou menos a dignidade de uma assistente de chapeleira; mas quando pisava nas tábuas [do palco], a fronte circundada por um diadema real, ela inspirava um involuntário respeito, mesmo àqueles que, um ou dois minutos antes disso, conversavam com ela, com intimidade, no saguão do teatro.[4]

O *revival* de Rossini foi igualmente ajudado por artistas, virtuoses interessados em repertórios mais novos. Por que o Met escolheu *Semiramide* em 1990? Sem dúvida um motivo de peso foi que eles consideraram a ópera um excelente veículo para uma de suas mais destacadas cantoras, Marilyn Horne, cujo poderoso registro baixo e cuja formidável presença no palco já tinham àquela altura demonstrado seu valor em vários dos papéis que Rossini tinha escrito para Colbran. Desde a década de 1990, a causa de Rossini tem sido realçada por tenores ligeiros, ágeis — músicos como Juan Diego Flórez, cujas cordas vocais não tinham tido sua elasticidade distendida e comprometida em papéis mais pesados. E por trás desses *revivals* jazem os labores musicológicos que estão produzindo uma edição completa de Rossini, e o negócio em grande escala referente ao grande festival de Rossini em Pesaro, que entre outras coisas faz o lançamento dessas edições em nível mundial. Mas, repetindo, todo esse empenho prático mal seria suficiente se não houvesse algo novo a atrair artistas e audiências para os caminhos da ópera rossiniana.

Voltemos por um momento à ideia de Rossini como *revolucionário*. Stendhal lhe atribui esse papel porque ele pensava que Rossini tinha decididamente mudado a música italiana. Mas alguém quase contemporâneo seu põe as coisas de modo bem diferente. O ativista político italiano Giuseppe Mazzini escreveu um famoso tratado chamado *Filosofia dela musica* (Filosofia da música, 1836) que declara o seguinte:

> Rossini não ultrapassou as fronteiras da era que hoje proclamamos estar morta ou prestes a expirar. A missão de seu gênio era abranger e somar, não dar início. Ele nem destruiu nem transformou as características da antiga escola italiana, ele as reinaugurou. Não introduziu qualquer elemento novo que cancelasse ou mesmo modificasse muito o antigo: ele trouxe este a seu mais alto grau de desenvolvimento.[5]

Essas duas posturas, a de Stendhal e a de Mazzini, resumem as reações a Rossini predominantes até mesmo nos dias de hoje. Alguns, como Stendhal, veem sua música como a injeção de toda uma nova vitalidade numa fórmula já desgastada, como para despertar gente adormecida; outros, como Mazzini, podem apreciar a beleza e o equilíbrio, mas também ouvem uma fórmula, a infindável repetição e previsíveis (embora encantadoras) convenções. Um pouco mais adiante em sua *Filosofia*, Mazzini descreve a música de Rossini como "uma música sem sombra, sem mistério, sem penumbra".[6]

Será que podemos nos juntar a Mazzini e considerar Rossini um falso romântico, um compositor de um classicismo muito, muito tardio, que traz consigo um desbotado ambiente de calções até o joelho e perucas? De que maneira o olhar de Rossini está voltado para o século XVIII? Alguns de seus libretos certamente se voltam para o passado, com seus temas extraídos da Antiguidade. *Semiramide* é um deles, a história edipiana de uma rainha babilônia que usurpa o trono de seu marido morto e se apaixona por seu (não reconhecido) filho adulto. Metastasio fez uma versão dessa história na década de 1740, e Gluck a musicou como uma ópera-séria; o tema remonta ao século XVII, sendo um dos enredos de libreto mais populares nos primeiros 150 anos da ópera. E temos também *La donna del lago*, calcada na obra de Walter Scott *A dama do lago* — um libreto inspirado numa novela romântica, abrindo caminho para *Lucia de Lammermoor* (da obra de Scott *A noiva de Lammermoor*), musicada por Donizetti duas décadas mais tarde.

O mais claro e menos ambíguo sinal da ligação de Rossini com o século XVIII está no alcance vocal de seus trágicos heróis. Quase sempre eles têm vozes agudas. Rossini herdou esse padrão acústico para o protagonismo masculino das convenções da ópera-séria, e de um mundo sonoro no qual os *castrati* personificavam príncipes, reis e guerreiros. Nesse sentido, o ano de 1800 não foi nenhuma linha divisória na ópera italiana, e a preferência pelo som agudo e suave de um robusto guerreiro ou de um amante apaixonado não morreu imediatamente na época em que os *castrati* — que cada vez mais inspiravam piedade e abominação — começaram enfim a declinar. Ao contrário, tudo aconteceu de maneira gradual. Até as décadas de 1820 e 1830 os compositores ainda escreviam as partes masculinas para *castrati*; Giovanni Battista Velluti (1780-1861), o mais famoso soprano castrato do século XIX, ainda cantava na década de 1820. Ele figurou em óperas tais como *Aureliano in Palmira*, de Rossini (1813), e nas de compositores hoje pouco lembrados, como Simon Mayr (1763-1845), Stefano Pavesi (1779--1850) e Giuseppe Nicolini (1762-1842), todos os quais fizeram a ponte entre os séculos XVIII e XIX. Giacomo Meyerbeer (1791-1864), a figura central da *grand opéra* francesa durante várias décadas a partir da de 1830 e tema de um capítulo posterior, escreveu um papel de soprano masculino para Velluti em sua ópera italiana *Il crociato in Egitto* (O cruzado no Egito, 1824). Mas depois de 1830, todas essas ambiguidades de gênero seriam eclipsadas por tenores heroicos, cujas notas agudas se tornavam ainda mais vociferantes, e por uma nova fixidez na voz e nos tipos de personagens da ópera italiana.

O CÓDIGO ROSSINIANO

Os nomes dos contemporâneos italianos de Rossini que foram esquecidos põem sob uma nova luz a questão da inovação versus regressão. Como a história da ópera tem sido com tanta frequência escrita como um progressivo processo de mutação de formas musicais, falar sobre Rossini significa necessariamente rever seu uso dos tipos fixos e convencionais que ele partilhou com seus contemporâneos e deixou como legado a seus seguidores. Como foi comentado antes neste livro, a rígida alternância entre recitativo (envolvendo diálogo e ação cênica) e uma ária de um só movimento (envolvendo monólogo e reflexão) no início do século XVIII já tinha sido contestada nas últimas décadas do século; mas por volta da época de Rossini houve a emergência do "número" de movimento múltiplo como uma esperada unidade formal. Essa unidade tendeu a ser mais previsível nas óperas italianas, mas constituiu a espinha dorsal de muitas obras em outras línguas também. O número continha dentro dele movimentos tanto estáticos quanto cinéticos, nos quais novos eventos precipitavam novas disposições. Durante as primeiras décadas (com mais duração na ópera-cômica), o recitativo ou diálogo falado com acompanhamento contínuo alternava com esses números; mas o recitativo foi ganhando pouco a pouco um acompanhamento orquestral, e assim foi estilisticamente absorvido nas seções cinéticas de um número.

Talvez tenha sido uma das chaves para o sucesso de Rossini, uma razão para o seu domínio sobre o emergente repertório da década de 1820, o fato de que seus números de movimentos múltiplos eram geralmente menos aventurescos do que os dos italianos mais velhos, como Mayr. Embora ele não fosse o inventor de tais formas, nas mãos de Rossini surgiu uma matriz de padrões formais recorrentes — uma espécie de código rossiniano — que iria influenciar as várias décadas seguintes na Itália. O elemento-padrão era o solo de ária, composto tipicamente por um recitativo introdutório seguido por três movimentos: um primeiro movimento lírico, em geral de andamento lento e com frequência chamado de *cantabile*; uma passagem cinética de ligação estimulada por algum acontecimento em cena, e chamada de *tempo di mezzo*; e uma cabaleta de conclusão, geralmente mais rápida do que o primeiro movimento e usualmente exigindo agilidade por parte do cantor. O grande dueto e os extensos números executados por conjuntos tinham formatos idênticos, mas com um movimento de abertura antes do *cantabile*, quase sempre com trocas de palavras à guisa de diálogos entre seus personagens. A ópera inteira seria formada por esses números, com um coro ocasional, uma ária executada por um conjunto ou com um único movimento, para proporcionar alguma variedade.

O esquema aqui descrito não era seguido de forma rígida. As soluções operísticas de Rossini muitas vezes diferiam desse esquema, em especial nos números de conjuntos de suas óperas italianas mais tardias, nas quais estava mais propenso a experimentá-las. Às vezes, como no segundo ato de *Semiramide*, ele expandia o alcance de um número por meio de uma técnica "aditiva", fazendo com que uma sequência de números de um só movimento respondesse mais de imediato às peculiaridades da situação dramática. Mais radical ainda é o ato final de *Otello*, uma audaciosa tentativa de transpor o que era então considerado a temática romântica do drama de Shakespeare para os termos da ópera italiana. Formatos fixos quase desapareceram em favor de números breves e tocantes, repentinos contrastes e injeções de colorido local. Mas *Otello* foi um caso extremo: com mais frequência Rossini manteria os números de múltiplos movimentos, mas os expandindo e modulando. Um caso clássico é o assim chamado *terzettone* (termo do próprio Rossini, significando um enorme *terzetto*, ou trio) do primeiro ato de *Maometto II* (1820), no qual a cena inteira, com elaborada ação cênica, está inserida no formato usual de múltiplos movimentos.

Apesar das frequentes manipulações, as formas fixas ajudaram a comunicação teatral de duas importantes maneiras. Primeiro, isso deu aos cantores principais um variado e elaborado leque de possibilidades para exibir sua arte, e com isso reivindicar a identificação do público; segundo, isso assegurava um nível de expectativa no público que poderia então ser aproveitada para um efeito dramático. O mesmo pode-se dizer de alguns toques com a assinatura de Rossini que tornavam sua música instantaneamente reconhecível: os ritmos enérgicos de seus temas orquestrais, com suas típicas marcações pontuais e acentos inesperados; ou suas melodias líricas delicadamente sentimentais e finamente equilibradas. Tudo isso junto aparece com frequência em suas aberturas, com uma melodia sentimental na lenta introdução e uma ideia ritmicamente marcante como primeira melodia principal. A abertura é também o lugar principal do mais famoso de todos os truques rossinianos, o "crescendo de Rossini", no qual uma sequência de oito ou dezesseis compassos será seguidamente repetida, a cada vez com uma orquestração e um nível dinâmico mais intensos. Nesses crescendos, a repetição era, claramente, uma parte do prazer: o fato de todos saberem desde o início como um crescendo ia se desenvolver estimulava a antecipação e seu efeito visceral, em vez de amortecê-los.

TANCREDI

Essa conversa sobre forma e truques característicos pode explicar apenas um elemento do sucesso sem precedentes de Rossini: é bastante típico da época na qual ele compunha que Stendhal quase não mencione "forma" em seu absurdamente longo e exaustivo livro sobre o compositor. Para ir mais fundo, precisamos examinar mais de perto alguma música, e um bom lugar para começar é o norte da Itália em 1813, ano da primeira grande ópera-séria de Rossini, *Tancredi*, que estreou no Teatro La Fenice, de Veneza. Baseada numa peça de Voltaire escrita em 1760, *Tancredi* situa-se no século XI, no tempo das cruzadas. O herói, Tancredi, tem a usual relação agoniada com a heroína, Amenaide (ele a crê infiel, mas na verdade ela está sendo obrigada a um casamento político). Rossini fez uma revisão da ópera para apresentações em Ferrara apenas algumas semanas depois da estreia em Veneza. Perto do final do segundo ato da versão revista, Tancredi confronta Amenaide e lhe diz que vá para o campo de seu rival:

AMENAIDE	*Ecco amici Tancredi.*
ARGIRIO	*Tancredi...*
TANCREDI	*Il nome mio...*
	Tu qui? Perfida! e vai
	Di Solamiro al campo?
AMENAIDE	*Oh! mio Tancredi, esci d'errore omai...*
TANCREDI	*Taci, è vano quel pianto, orror mi fai.*
	(ai cavalieri)
	Sì, con voi pugnerò, con voi; la patria
	Salverò col mio sangue. Il mio destino
	Si compia allor.
	(ad Amenaide)
	T'invola!
	Penai, piansi per te, lo sai, lo vedi:
	Vanne, infedele, morto è per te Tancredi.

[AMENAIDE: Eis aqui, amigos, Tancredi. / ARGIRIO: Tancredi... / TANCREDI: Este é meu nome... / Tu, aqui? Traidora! E tu vais para o campo de Solamiro? / AMENAIDE: Oh, meu Tancredi, não continue nesse erro... TANCREDI: Silêncio, tuas lágrimas são em vão, tu me causas desgosto. / (aos cavaleiros) Sim, lutarei convosco, convosco; salvarei a pátria com meu sangue. Meu destino agora se completou. (a Amenaide) / Vai embora! / Sofri, chorei por ti, tu o sabes, tu o vês: vai, infiel, para ti Tancredi está morto.]

Deste breve excerto pode-se reconhecer o verso de recitativo típico do século anterior e de antes dele: uma mistura livre de linhas de sete e de onze sílabas, algumas delas divididas entre dois personagens. A música do recitativo tem acompanhamento orquestral, mas em sua maior parte é semelhante à antiga variedade do século XVIII, com acompanhamento de contínuo. Compreende alguns acenos rítmicos para dar contorno a declarações verbais, um acorde sustentado para imprimir páthos à lamentação de Amenaide *"Oh! mio Tancredi!"*, e alguns arpejos marciais quando Tancredi se dirige aos *cavalieri*. As linhas vocais seguem inteiramente uma fórmula, exceto por um floreio de Tancredi já perto do fim. Em outras palavras, essa seção é quase toda preparatória. Num mínimo de tempo espaço musical, ela explica as motivações emocionais e físicas dos protagonistas, os artistas que estão prestes a nos encharcar de canção.

A cena "de citação"* que se segue começa com um solo por Tancredi; é chamada de rondó (nome que sugere uma complicada e bastante ornamentada peça de arremate). Como era de esperar a essa altura, o texto se torna mais ritmicamente marcado e previsível, e também com mais elevação poética:

TANCREDI

Perché turbar la calma
Di questo cor, perché?
Non sai che questa calma
È figlia del dolor!

[Por que perturbar a calma/ deste coração, por quê?/ Tu não sabes que esta calma/ é a filha do sofrimento!]

A primeira seção musical é em duas partes, e em ambas o texto faz uma declaração completa, com repetições internas. Na primeira parte, como é comum em Rossini, as palavras são declamadas com clareza, com um acompanhamento orquestral simples e relativamente pouca ornamentação vocal, exceto no fechamento das frases. A segunda parte começa com uma mudança notável: ela é dominada por um acompanhamento em ritmos resfolegantes, e pela repetição insistente de uma breve figura descendente na orquestra, e cuja figura de "suspiro" final talvez tivesse sido concebida como uma ilustração da súplica expressa no texto. Mas então o ritmo resfolegante e a figura do "suspiro" cessam e a declamação ornamentada é retomada. Veja-se mais uma vez o texto:

* O termo em inglês, que sempre será traduzido (embora não com total precisão) como "citação", é *set piece*, e se refere a um trecho de filme, peça (no caso), ópera etc., que tem uma estrutura ou um modelo marcantes como expressão de algo, modelo que é usado sempre que se quer criar esse efeito.

"Tu não sabes que esta calma é a filha do sofrimento?". A formulação de Tancredi encerra a ideia de que a emoção profunda se esconde sob uma superfície serena — uma fórmula poética que poderia ser tomada quase como um resumo da estética musical rossiniana.

Poderíamos recuar e levantar nossas próprias questões quanto a essa perfeita construção melódica. O que falta nela — a despeito de sua extraordinária beleza — é alguma qualidade heroica, no sentido moderno, alguma percepção de que o personagem-voz está afligido por um sofrimento insuportável que, num esforço de autocontrole, está sendo guardado sob os mesmos envoltórios musicais que lhe dão expressão. Em vez disso, existe algo que é mais como um estado de dissociação musical, no qual o personagem-voz se refugia da aflição numa calma que, apesar da metáfora poética, não tem implicações musicais atreladas ao sofrimento ou ao desespero. Uma passagem como essa é muito mais inquietante do que a musicalmente aplaudida cabaleta que encerra a "cena de loucura" do terceiro ato em *Lucia di Lammermoor*, onde contamos com a insanidade para explicar a lacuna entre o que o libreto afirma e o que a música faz com essa afirmação. Muitos rossinianos céticos (em particular os que são do tipo que pensa no futuro) fizeram eco a essa percepção de dissonância, mesmo quando as óperas estavam na moda. Mazzini de novo: "A música expressa paixões incontestáveis, energicamente sentidas — raiva, sofrimento, amor, vingança, alegria, desespero — e são todas definidas de tal maneira que o espírito de quem as ouve fica totalmente passivo".[7]

O rondó de Tancredi traz, no entanto, mais revelações, numa demonstração de que os floreios vocais podem propiciar um significado adicional em circunstâncias dramáticas. A equilibrada primeira seção chega a um final suave, e então, bem repentinamente, Tancredi fica zangado com Amenaide, levando-a às lágrimas. Mas ele também fica tomado pela dúvida: será ela a traidora que ele imagina ser? A dúvida leva ao remorso, mas então há mais ação, quando entra o coro para lembrar a Tancredi que deveria estar em seu caminho para a guerra. Agora ele está completamente confuso: *"Ove son io?"* (Onde estou?), ele se lamenta. Debate-se entre duas ideias, entre dar expressão à sua dor e se lançar na batalha junto com o coro.

Traditrice, io t'abbandono
Al rimorso, al tuo rossore;
Vendicar saprà l'amore

La tua nera infedeltà.

Ma tu piangi... gemi... piangi...

Forse?... oh! dio! tu...

CORO	*Vieni al campo!*
TANCREDI	*Ove son io!*

[Traidora, eu te deixo / com o remorso, com tua vergonha; / o amor saberá vingar / tua negra infidelidade. / Mas estás chorando... gemendo... chorando... / Por quê? oh, Deus! Tu!... / / CORO: Vem ao campo de batalha. / TANCREDI: Onde estou!]

A entrada do coro suscita uma mudança no tempo (de andantino para alegro), uma modulação súbita, uma transição musical. A orquestra ganha força temática, repetindo alguns dos arpejos marciais que localizamos no início do recitativo. Tancredi volta a uma declamação mais simples com poucos ornamentos. Mas quando vê as lágrimas de Amenaide, outra modulação — e mais uma, uma melodia orquestral mais expressiva liricamente —, intervém. O coro marcial fecha então a seção assumindo, outra vez, a ação musical. O contraste entre "Perché turbar la calma" e esta nova passagem é enorme. As primeiras quatro linhas, que falam de sofrimento, expressam passividade, mas são objeto de cada vez mais incrementados voos ornamentais. Na música que começa com *Traditrice* é como se o impulso para a canção pura esteja em conflito com o impulso para a ação pura. O ornamento se tornou um sintoma, traindo o grau ao qual a ação está reivindicando que ele se atenha.

É possível descrever o rondó de Tancredi nestes termos — como uma forma que está sendo inventada em resposta às deixas do texto e a um impasse dramático. Mas essa descrição estaria encobrindo uma coisa importante sobre a fórmula em ação — os lentos e líricos versos de "Perché turbar la calma", a dramática reviravolta que afasta o personagem da autopiedade, e a peroração mais agitada e repetitiva de "Traditrice, io t'abbandono". Uma fórmula específica está sendo codificada e (nas palavras de Mazzini) reconsagrada. Nos termos dos padrões antes mencionados, a música até aqui constituiria os dois primeiros movimentos de uma ária de múltiplos movimentos, com "Perché turbar la calma" como um *cantabile* reflexivo e "Traditrice" como o *tempo di mezzo* cinético, a tradicional chamada à ação na qual a ação cênica e texturas orquestralmente dominadas são a norma.

Para completar a fórmula, o movimento final é uma cabaleta:

Non sa comprendere
Il mio dolor
Chi in petto accendersi
Non sa d'amor.
Sì: la patria si difenda;
Io vi guido a trionfar.

[Ninguém pode compreender/ minha dor/ quem, ardendo em seu peito,/ não co-
nheça o amor./ Sim, temos de defender a pátria;/ eu os levarei ao triunfo.]

Como é usual, a cabaleta tem duas estrofes musicais. A primeira abrange as
quatro linhas de abertura do texto e é notavelmente simples e tranquila,
dissolvendo-se numa rápida figuração até o fim. As duas linhas finais sustentam
então outro interlúdio marcial enquanto Tancredi reafirma suas intenções béli-
cas. Então se repetem as primeiras quatro linhas na segunda estrofe, desta vez
com o acréscimo do coro e com (assim se presume) ornamentos inventados pelo
cantor. Uma vibrante coda leva ao final de todo o número. Como foi mencionado
antes, a força desses recorrentes esquemas formais (também poderiam ser chamados de padrões retóricos recorrentes) ficará evidente durante pelo menos as
duas gerações seguintes de compositores de ópera italianos; seu padrão de *canta-*
bile lírico de três movimentos, um *tempo di mezzo* dominado pela orquestra e inje-
tado de ação, e uma floreada cabaleta de dois versos será invocado como modelo
para a maior parte dos números operísticos. Mas a questão essencial não é que
isso seja um pressuposto em relação ao qual todo número deva ser zelosamente
balizado. Mas sim de que tais formatos previsíveis poderiam e deveriam ser esquecidos; eles se tornam lugares-comuns e assim não dignos de nota, permitindo que
o artifício da ópera se comunique através do canto.

O que hoje é mais interessante para nós é a estranheza estética desse número, a "candura virginal" (a famosa expressão de Stendhal, *candeur virginale*)[8] ou o
que Mazzini designou como "sem sombra". Para as audiências de hoje, a imagem
de um personagem humano sofredor embebida em imperturbada perfeição melódica, controlada e representada pela fina arte do canto, pode parecer muito
amaneirada. E conquanto o controle intenso que se requer do artista no *cantabile*

e na cabaleta de Tancredi — o cantar suave, o sussurrar da orquestra a permitir que se ouça cada passagem ornamental do *cantabile*, a torrente de semicolcheias na cabaleta — possa ser interpretado como simbólico, refletindo o autocontrole do próprio Tancredi, ele agora também suscita uma sensação de estranhamento entre o personagem ficcional e sua representação musical. Rossini tão raramente escreveu momentos vocais em que, segundo nossa estética atual, irrompem um verdadeiro páthos musical e uma desesperadora emoção, que as poucas passagens que visam a esse registro se destacam como estranhas e inquietantes.

Esse páthos estranho está com certeza presente, em seus últimos momentos, na versão de Ferrara do *finale* de *Tancredi*. Enquanto o *finale* original tem um improvável final feliz, neste o herói morre nos braços de Amenaide numa passagem final à guisa de recitativo, cujo formato de livre fluência e extrema agonia poderia ter sido parte da reforma gluckiana da ópera. O que se destaca é a medida em que esses últimos e trágicos compassos não apelam para os prazeres de uma apresentação virtuosística — a linha vocal de Tancredi é em certo sentido uma brincadeira de criança, não abrange mais do que uma oitava, entre o registro mais baixo e o médio da voz. Dada essa contenção, não é surpreendente que essa versão tenha caído nas graças de comentaristas modernos (e em geral é a preferida nas apresentações da ópera). Na época em que Rossini a escreveu, no entanto, havia maior contestação. Um crítico contemporâneo escreveu que "A nova cena e a ária para Malanotte [que é o rondó de Tancredi] foram muito apreciados, mas não a morte de Tancredi, que foi introduzida ali, com a qual o público não está querendo se acomodar".[9] Como a ecoar essa rejeição, não houve mais apresentações do *finale* de Ferrara até muito recentemente. As audiências continuaram a preferir a versão original de Veneza, ou revisões posteriores feitas por Rossini, uma das quais tinha uma espetacular ária toda floreada para Tancredi e um espetacular dueto floreado para Tancredi e Amenaide.

As audiências do início do século XIX podem sair-se mal nessa história de tragédia rejeitada — em especial quando nela se incluem seus excessos nos elogios às duas cantoras. Nas apresentações originais enfaticamente *não* trágicas de Veneza, por exemplo, um crítico relatou na última noite da temporada:

Apesar de louvores poéticos serem frequentemente nada mais do que filhos de um entusiasmo individual, a profusão e variedade que foram oferecidos em muitas noites seguidas aos eminentes cantores Malanotte (Tancredi) e Manfredini (Amenaide)

— acompanhados do usual lançamento de pombos e canários, e, na última noite, de uma coroa de flores descendo do alto, escoltada por dois pombos artificiais — demonstram quão impaciente a plateia estava para demonstrar, por este e outros meios, seu sentimento geral de arrebatamento.[10]

Um relato desses pode incentivar alguns a se sentirem superiores em relação ao passado, orgulhando-se do fato de que a versão trágica de Ferrara tenha redescoberto Voltaire em toda a sua simplicidade e contido apelo emocional. A versão original de Veneza foi, afinal, celebrada por seus buquês de flores baixados do teto no dorso de pombos falsos. Mas a total extravagância desses pássaros artificiais poderia contar uma outra, e mais positiva, história sobre os entusiasmos dessa celebração, de um público cuja propensão a ficar maravilhado diante do virtuosismo vocal é algo que não mais podemos restaurar com a mesma maneira exuberante e criativa.

Assim, talvez haja aqui uma moral, e uma moral que não se congratula tão automaticamente com nossa preferência contemporânea pela tragédia contida. Talvez as plateias de Rossini — ostensivamente favoráveis a um *finale* de *Tancredi* mais resplandecente e não trágico em termos vocais — celebrassem algo que era valioso para elas e invisível para nós: que, em vez de ser dissociado ou bizarro, é extraordinariamente sensual, mesmo erótico, quando a paixão é mantida à distância e sublimada na melodia. Permitir que uma alta emoção ficcional se entrelace, sem costuras, com sua representação musical — como no *finale* trágico, o qual era ao mesmo tempo vanguardista e retrospectivo — representa tanto perdas quanto ganhos.

AUDIÊNCIAS, ORNAMENTOS

As distintas reações aos *finales* de *Tancredi* podem nos fazer perguntar por que e como as audiências iam à ópera na Itália e outros lugares durante a Restauração. Pense nesses compositores, em incontáveis cidadezinhas de alto a baixo na península produzindo óperas muito parecidas com as de Rossini no que tange a temas do libreto e formas musicais; ou lembre-se da declaração de Pacini já antes citada, de que essa era a única maneira de ganhar a vida. Ou considere todas essas óperas, apresentadas repetidamente durante uma certa temporada, com os componentes do público — em particular os ricos e aristocratas — adquirindo ou alugando camarotes e os usando sobretudo como espaços sociais. Stendhal foi peremptório ao afirmar que os aficionados poderiam assistir a uma ópera de Rossini inúmeras vezes sem ficarem entediados, e outros relatos confirmam que a experiência, em especial a de cantores famosos repetindo árias famosas, poderia assumir o caráter de um ritual tranquilizador. Quando se assiste à mesma obra vezes seguidas, a peça em si mesma, se sempre esteve no primeiro plano da consciência, começa a retroceder. O que se nota é o desempenho: o modo com que um cantor maneja uma dificuldade específica ou realiza coisas diferentes, renovando ou deixando de renovar alguns ornamentos improvisados. Sob tais condições, poderá possivelmente existir um ideal teatral mais moderno de uma total fusão operística? Poderá o cantor tornar-se o personagem e a música tornar-se um fluir inconsútil de uma alma ficcional para uma audiência extasiada? Para os seus primeiros assistentes, o aspecto mais arrebatador da ária de Tancredi pode ter sido o de que um cantor favorito a estava cantando, um cantor cuja presença era motivo de prazer noite após noite. Uma maneira de entender a estética de Rossini é que ela simplesmente prepara o terreno para essa situação, e garante que nada interfira nessa infindável melodiosa musicalidade ornamentada que emerge da apresentação vocal.

Poderíamos ir além e insistir em que a maneira de fruir as óperas de Rossini (ou de qualquer outro) nunca foi uniforme. É arriscado proclamar com certeza moral que uma solução musical para determinada situação do enredo, independente do desempenho, é dramaticamente superior a outra. Na história *Massimilla Doni* (1839), de Honoré de Balzac, consta no enredo uma apresentação de *Mosè in Egitto* (Moisés no Egito, 1818), de Rossini. A cena situa-se no La Fenice, em Veneza, num camarote no qual um médico francês junta-se a uma duquesa italiana (a protagonista Massimilla Doni) e um príncipe — os dois estão secretamente apaixonados. Os personagens dão vívida expressão às maneiras pelas quais se pode fruir Rossini, para ser amado ou odiado. A duquesa, uma adepta articulada, exalta cada nota, em comentários detalhados que ela vai fazendo a seus acompanhantes durante a apresentação:

Mas os amantes são subitamente interrompidos pela voz exultante do povo hebreu à distância [...]. "Que delicioso e inspirador alegro é o tema dessa marcha, quando os israelitas saem para o deserto! Ninguém a não ser Rossini pode fazer os instrumentos de sopro e os trompetes dizerem tanto. E a arte que pode expressar em duas frases todo o significado de 'terra natal' não está com certeza mais próxima do céu do que as outras? Esse toque de clarim sempre me comove tão profundamente que não consigo encontrar palavras para dizer-lhes o quanto é cruel para um povo escravizado ver os que são livres irem embora!" Os olhos da duquesa se enchem de lágrimas quando ela ouve o grande movimento, que na verdade coroa a ópera.

Isso nos diz que até o mais embevecido ouvinte do século XIX sentia-se inclinado a falar, mesmo baixinho, durante a música. Mas a rapsódia da duquesa é interrompida por um contratempo em cena:

"Mas o que está havendo? A plateia está insatisfeita!" "Genovese está zurrando que nem um burro", replicou o príncipe.
Na verdade, esse primeiro dueto com La Tinti foi estragado pelo colapso total de Genovese. Seu excelente método, que lembra o de Crescentini e o de Velutti, pareceu abandoná-lo por completo. Um *sustenuto* no lugar errado, um adorno levado ao exagero, estragaram o efeito; ou, novamente, um clímax a plena voz com um indevido crescendo, uma irrupção de som que parecia água jorrando por uma comporta aberta de repente, demonstraram um total e intencional descaso com as regras do bom gosto. A plateia estava na maior excitação. O público veneziano acreditava que havia uma deliberada trama entre Genovese e seus amigos. La Tinti foi chamada ao palco e freneticamente aplaudida, enquanto Genovese teve um ou dois sinais de advertência quanto ao sentimento hostil da audiência.

Audiências são difíceis de controlar e ficam mais ruidosas quando as vozes falham: nem mesmo a duquesa pôde manter sua absorção do gênio de Rossini sob tais circunstâncias. Essa interrupção dá ao médico francês, que já tinha sido acusado de racionalismo e desprovimento de alma, sua oportunidade para criticar a música:

Durante essa cena, altamente divertida para um francês, enquanto La Tinti era chamada ao palco onze vezes para receber sozinha os aplausos frenéticos da casa — Genovese, que só recebia assobios, não ousava oferecer-lhe a mão —, o doutor fez à duquesa uma observação sobre o *stretto* [ou seja, a cabaleta] do dueto. "Neste ponto", disse ele, "Rossini deveria ter expressado um profundo pesar, e o que eu encontro é, ao contrário, um movimento etéreo, um tom de alegria inoportuno." "Você tem razão", ela disse. "Esse erro é o resultado de um costume tirânico ao qual os compositores são obrigados a obedecer. Ele estava pensando mais na prima-dona do que em Elcia [a personagem] quando escreveu este *stretto*. Mas esta noite, mesmo se La Tinti não esteve em seu momento mais brilhante, eu consegui me jogar tão completamente na situação que esta passagem, mesmo sendo tão vivaz, para mim é cheia de tristeza."

O médico, atentamente, passou o olhar do príncipe para a duquesa, mas não conseguiu adivinhar a razão que os mantinha apartados, e de acharem que esse dueto era de partir o coração.

O doutor francês de Balzac formulou sua crítica à cabaleta de Rossini em termos quase idênticos aos nossos, e mesmo uma adepta fanática como a duquesa não só concorda, como identifica a causa na priorização do virtuosismo. Mais significativo do que tudo, sua capacidade de "se jogar na situação" — a despeito da "vivacidade" da música — é afinal ditada por uma situação social completamente divorciada da obra de Rossini ou de sua apresentação: a proximidade de seu amante, o príncipe.

A descrição de Balzac também nos faz lembrar o papel que o ornamento e, em geral, a decoração vocal desempenhavam nas apresentações de Rossini. Esperava-se dos cantores do século XVIII que improvisassem livremente ornamentos, e essa prática continuou (embora pouco a pouco fosse diminuindo) até meados do século XIX e um tanto além. Há uma antiga história, muitas vezes repetida, de como Rossini ouviu sua música sendo executada com ornamentos livres por um cantor da velha escola do século XVIII (por acaso, um castrato) e jurou que desse momento em diante ia deixar totalmente registrados por escrito todos os seus ornamentos vocais. Essa caprichosa história é hoje desacreditada: embora as primeiras óperas de Rossini tenham menos ornamentos escritos por ele, não houve uma mudança brusca em seu estilo. Não há dúvida, no entanto, que a tendência de Rossini a anotar ornamentação vocal com tantos detalhes é uma marca significativa da época. Demonstra quão importante ele achava que era esse aspecto do desempenho vocal; mas ilustra também como os artistas perderam no século XIX seu direito de criar. A notação musical tornou-se ainda mais detalhada, e cada vez mais se esperava que os cantores meramente obedecessem às (todo-

-poderosas) instruções dos compositores. Vamos ouvir mais sobre esse processo à medida que o século avança.

Os ornamentos anotados por Rossini não se originaram apenas de uma vontade de controlar artistas numa atividade muito apreciada. Por trás de todo o magnífico fluir de um som vocal há uma espécie de estética constante, que é o fato de que Rossini continuou a acreditar teimosamente na voz que canta como o meio pelo qual a beleza e a expressividade enfim se unem. O fato de que tantas de suas melodias sejam festonadas com tantas notas é um traço que pode parecer — em particular se nosso centro de gravidade operístico se situa em outro lugar — mecânica, ou até mesmo superficial. Mas para Rossini e o público que o adora, essa escrita florida, os infindáveis grupetos, trinados e volatas, não eram *ornamentos* no sentido moderno, nem decorações de uma melodia básica que lhes subjaz. Mas, sim, eram os próprios meios pelos quais uma bela melodia podia comunicar sua mensagem especial. Essas longas e carinhosamente buriladas sequências de notas sem palavras *eram* expressão. Stendhal o resumiu no final de seu livro sobre o compositor. A música de Rossini, ele admitiu, estava "sempre escorregando à beira do ressoante abismo do virtuosismo como plataforma de concerto"; mas isso também "nos traz a cada dia mais próximos do estado mental em que, afinal, poderemos ser dignos de ouvir os tons da *autêntica paixão*".[11]

DEPOIS DE *TANCREDI*

Depois de *Tancredi*, o sucesso de Rossini estava assegurado. Ele continuou, e escreveu mais trinta óperas, tanto sérias quanto cômicas, culminando a fase italiana de sua carreira com *Semiramide*. Mudou-se então para Paris, a Meca de tantos compositores italianos bem-sucedidos, e passou a escrever óperas em francês. A última de suas obras em língua francesa, a grande ópera *Guillaume Tell* (Guilherme Tell, 1829), é uma peça que Stendhal não poderia ter conhecido quando escreveu sua biografia em 1824. É extraordinária, nada parecida com as óperas italianas — a tal ponto que vamos adiar o comentário para um capítulo posterior. Mas depois de *Guillaume Tell*, Rossini, então com 37 anos, parou de compor óperas; ele ainda viveu quase quarenta anos, primeiro em Bolonha, depois em Florença, depois em Paris, um conhecido contador de anedotas e gourmand (há uma receita famosa que leva seu nome, "à Rossini", um prato extravagantemente substancioso com filé-mignon, foie gras e trufas pretas). Por que teria desistido? Com certeza tinha alcançado segurança financeira e não precisava escrever continuamente novas obras. Mas também é significativo que nos anos em torno de 1829 já surgiam modos novos e mais diretos de escrever ópera italiana, modos que ele não queria emular.

E assim Rossini simplesmente resolveu parar de escrever óperas. Já mais velho escreveu algumas primorosas peças religiosas, como o *Stabat mater* (1831) e a *Petite Messe solennelle* (1864), e entreteve seu salão parisiense com miniaturas instrumentais e vocais jocosamente chamadas *Péchés de vieillesse* (Pecados da velhice). Entre as mais pungentes destas últimas há várias composições para voz e piano de um antigo texto de Metastasio, "Mi lagnerò tacendo della mia sorte amara" (Choro em silêncio minha amarga sina), decerto um comentário em código sobre seu longo silêncio, delicadamente equilibrado, como sempre, entre o irônico e o sentimental. Sua escolha de Metastasio para essas declarações "confessionais" torna mais premente uma questão antes apresentada: para qual direção Rossini estava voltado? Para o século XVIII com sua frieza arcadiana, ou para o mais vago porém emocionalmente mais explícito futuro romântico? Já no fim da vida, quando compunha seus *Péchés*, ele às vezes lamentava o moderno gosto operístico, dizendo que a decadência começara com a saída de cena dos *castrati*, cantores cujos corpos tinham sido mutilados na busca de algum ideal de pureza vocal. Na música de Rossini há outros aspectos de uma óbvia continuidade com o século XVIII: os conjuntos de ação farsesca nas óperas-cômicas; a similaridade de seu gosto orquestral com o que Mozart praticava. Uma das principais maneiras pelas quais a geração seguinte de compositores italianos se diferenciava dele (e eles foram devidamente criticados por isso) era sua orquestração "barulhenta", embora alguns críticos tivessem, antes disso, acusado Rossini de cometer o mesmo pecado. Rossini, em sua velhice, mantinha um busto de Mozart em cima do relógio de seu quarto, e o mencionava em termos adulatórios, muitas vezes como um gênio que tinha superado a oposição italiana-alemã. Consta ter ele dito que "nós, do Sul, fomos derrotados em nosso próprio terreno, pois Mozart eleva-se acima de ambas as nações: ele combina toda a magia da cantilena da Itália com a profunda e sentida interioridade da Alemanha", mas quem relatou isso foi um compositor alemão (Emil Nauman, 1827-88), e essa "profunda e sentida interioridade" pode ter sido uma interpretação própria.[12] Por outro lado, a influência mozartiana em sua composição mais madura é quase sempre superficial — pode haver uma semelhança estética no modo pelo qual surge a inspiração melódica, mas não em como essa inspiração é subsequentemente desenvolvida. Rossini, por temperamento, sempre evitou o grau de elaboração harmônica e orquestral pelo qual Mozart fora para sempre atraído.

A diferença entre Mozart e Rossini é uma questão que vale a pena continuar abordando. As óperas italianas de Mozart foram ocasionalmente reapresentadas na Itália durante a primeira metade do século XIX, e em geral foram consideradas muito difíceis — tanto melancólicas como atordoantemente densas, demasiado cheias de detalhes harmônicos, de contraponto orquestrais. Como vimos no capítulo anterior, suas obras, e certas obras de outros compositores (*Der Freischütz*, de Weber, em particular), foram tema de infindáveis debates sobre a ópera alemã versus a ópera italiana. Para os italianos (e Rossini estava veementemente a seu lado, embora fizesse uma exceção para Mozart), os compositores de ópera alemães eram dominados pela harmonia e por uma orquestração complexa: suas obras teatrais deveriam ser apenas para orquestra, com vozes opcionais. Um importante (e um dos primeiros) autor sobre Rossini, Giuseppe Carpani, compartilhava do gosto do compositor, e o expressou assim em 1824:

> Se, então, o compositor dispõe do mais belo texto poético para pô-lo em forma de música, ele não deve tratá-lo de maneira tão servil que o faça perder de vista seu principal dever, que é o de oferecer prazer *musical*. A expressão deve ser, portanto, seu objetivo secundário, e ele deve sempre tratar a ideia musical, ou a cantilena, como sua meta primária, como o sine qua non de sua ciência. Desafio o mais ardente apoiador de *Gluck* a argumentar de modo diferente.
>
> Uma música que não é uma aliada, mas uma escrava da palavra; uma música de batidas, de embates, de caprichos, a qual, sendo arrastada pela inconstante progressão das paixões, quase não lhe permite um indício de uma bem costurada e esboçada canção, e cujas subidas e descidas lembram o mar numa tempestade; uma canção que não é canção, mas o ininterrupto desejo por canção — numa palavra, algo como *Fidelio* de Beethoven [...] declamação orquestral, permeada aqui e ali de belos pontos de luz, mas nunca uma ópera, porque a canção almeja estar onde a música clama por ela.[13]

Não poderia haver melhor resumo do código de Rossini, um código no qual as palavras devem ser sempre subservientes à música, e no qual o objetivo é um

prazer estético sem palavras. De modo semelhante, os efeitos orquestrais simbólicos de Weber, a noção de que a orquestra deve "falar", foram ridicularizados por
Stendhal: por que, ele perguntou, você precisaria da orquestra para lhe contar o
que a voz que canta deve lhe transmitir? Stendhal até tinha uma teoria sobre as
origens dessas diferenças nacionais: "o alemão, que devido ao clima gélido do
Norte tem uma fibra corporal mais grossa, precisa que sua música seja mais *barulhenta*; e além disso, esse mesmo frio [...] conspirou, junto com a carência de vinho, a destituí-lo de uma voz que cante".[14] Essa polêmica, que ficou mais movi-
mentada com a onda rossiniana, continuaria a circular em torno da ópera durante
o século XIX, embora a opinião de nível mais elevado se voltasse decididamente a
favor do campo alemão à medida que se sucediam as décadas. As óperas-sérias
italianas de Rossini, que eram o mais puro exemplo do ideal vocal, tornaram-se
vítimas no longo desenrolar desse processo.

Mas suas óperas-cômicas sobreviveram, e até prosperaram. O que há em
Rossini que lhe permitiu imprimir sua visão humorística tão permanentemente
no firmamento operístico? A obra que talvez seja a mais próxima de Mozart, tanto em termos musicais quanto no espírito, também estava entre as mais bem-
-sucedidas. *La Cenerentola*, assim como *Il barbiere*, sempre manteve seu lugar na
imaginação do público desde a primeira apresentação, somente com um breve
hiato no início do século XX, quando foi difícil encontrar uma meio-soprano para
o papel de sua heroína. Sua primeira apresentação foi em Roma, em 1817,
seguindo-se à estreia de *Il barbiere* naquela cidade, no ano anterior. Sua nova versão da história de Cinderela é imediatamente impactante e significativa. Não
contém nenhum dos elementos mágicos que caracterizam a famosa versão de
Charles Perrault para a história (nenhuma fada madrinha, nenhuma abóbora
nem camundongos transformados em carruagem e cavalos, nenhum sapatinho
de vidro). Em *La Cenerentola*, a desprezada heroína é perseguida por suas irmãs e
seu *padrasto* (um desmazelado aristocrata, ironicamente chamado Don Magnifico, baixo *buffo*), primordialmente pressionado por necessidades financeiras; a
transformação dela na noiva de um belo e jovem príncipe (Don Ramiro, tenor) é
obra do tutor do príncipe, um filósofo racionalista chamado Alidoro (baixo). Estão presentes os habituais extras da ópera-cômica, um criado muito mais sensato
do que seu patrão etc.; mas o tom dominante — e aqui a conexão com Mozart é

mais forte — é o de uma comédia sentimental, ou talvez, mais exatamente, de algo à beira de uma comédia.

Estranhamente, dada a popularidade da ópera e seu entusiasmo pela maioria das obras rossinianas, Stendhal expressou persistentes dúvidas a respeito de *La Cenerentola*, que ele difundiu amplamente e com um prazer que beirava a maldade. Com bela exibição de um viés liberal, por exemplo, ele sugeriu que se poderia achar uma explicação provável para os defeitos da ópera no local de sua estreia: escrita expressamente para os cidadãos de Roma, ela atendia àqueles "de cujos comportamentos todo traço de dignidade e refinamento tinha sido banido por três séculos de governo papal".[15] Sua principal objeção — a falta de *idealismo* na partitura, uma certa frieza e ausência de sentimento — era menos fantasiosa. Como ele resumiu: "Duvido que haja realmente dez compassos seguidos em que se escape à depravação dos sórdidos quartinhos de fundos na Rue Saint Denis ou do gordo financista intoxicado de ouro e de ideias banais".[16] O que deu errado, alguém pode perguntar, da *"candeur virginale"* para a sordidez da Rue Saint Denis nos quatro anos que separaram *Tancredi* e *La Cenerentola*?

Outro aspecto de *La Cenerentola* é uma heroína que, de maneira inusual para Rossini, muda acentuadamente seu caráter vocal quando muda a situação dramática. No início, tratada como simples copeira por suas irmãs e seu padrasto, ela canta uma melancólica melodia em tom menor, "Una volta c'era un re'" (Era uma vez um rei). Não há qualquer traço de ornamentação orquestral nessa fantasia triste: com sua mensagem melódica direta, tem um apelo que evoca a música folk e é notavelmente não rossiniana em sua simplicidade. O tema, que se repete várias vezes como símbolo do desconsolo de Cenerentola, constitui uma parte do problema de Stendhal. Ele o achou enternecedor, mas de um modo completamente diferente:

> A canção de Cenerentola [...] contém algumas passagens "tocantes", mas são para ser classificadas com essas cenas "tocantes" similares que formam uma parte tão indispensável do nosso bom e velho melodrama de classe média, onde o público é levado a derramar tépidas lágrimas por esses lugares-comuns em matéria de infortúnios.[17]

Quando Cenerentola encontra o príncipe pela primeira vez, ela assume uma persona vocal mais convencional no dueto de amor à primeira vista "Io vorrei saper perché", mas o inédito da situação ainda mantém sua linha vocal incomumente simples segundo os padrões rossinianos. Mais uma vez Stendhal não ficou impressionado, julgando que "a considerável impertinência da música ainda é de certo modo um remanescente de algum pequeno chapeleiro da Rue Vivienne".[18] No entanto, na altura da ária final da heroína ("Nacqui all'affanno") ela domina totalmente a cena, e arrasta tudo que está à sua frente numa torrente de ornamentação vocal. Só agora Stendhal admite que, para ele, há "um lampejo de sinceridade e de real emoção".[19]

Poder-se-ia ver essa acumulação de virtuosismo vocal — que ocorre quando Cenerentola se transforma numa princesa —, em termos muito simples: o de uma personagem que vai crescendo musicalmente à medida que cresce emocionalmente. Mas outra maneira, mais próxima do espírito do drama rossiniano, é enxergar o surgimento desse processo como marcado pela gradual libertação do jugo da palavra verbal e um simultâneo abraçar do musical. A clara mensagem emocional e o sentido de um caráter folk em sua melodia de abertura sofrem no final da ópera uma reviravolta — transformados em algo menos pessoal, muito mais uma celebração da música em si mesma. Alinhado com essa leitura é o curioso silêncio dos outros personagens no fim da ópera. O que esperamos de uma comédia, afinal de contas, é que termine com uma reconciliação, reatando as pontas soltas. Mas logo antes da virtuosística conclusão de Cenerentola com "Nacqui all'affanno" há uma curiosamente inócua interação entre ela e seu pai. Ao ver o agora elevado status dela, Don Magnifico tenta alguma forma de reaproximação (ou ao menos uma tentativa de cair nas graças de uma figura que acabou de adquirir poder) caindo de joelhos abjetamente diante dela. Isso poderia ter engendrado um gesto musical de transformação, lembrando o conde ajoelhado diante da condessa no fim do *Figaro* de Mozart. Mas esse momento virtualmente desaparece. Cenerentola responde a seu pai num recitativo simples:

DON MAGNIFICO: *Altezza... a voi si prostra...*
CENERENTOLA: *Né mai udrò chiamar la figlia vostra?*

[DON MAGNIFICO: Vossa Alteza... Curvo-me diante de vós.../ CENERENTOLA: Nunca o ouvirei me chamar de sua filha?]

E então há silêncio; Don Magnifico não responde. O recitativo continua em sua solene progressão em direção à ária de encerramento. Nem mesmo o belo príncipe Don Ramiro tem um número de encerramento, nenhum momento que

249

marque sua parceria com a nova personagem que canta de maneira tão elaborada, e à qual ele agora está ligado. É verdade que todos cantam juntos no coral de encerramento, mas suas contribuições são apenas as de um coro indiferenciado. Produtores modernos, que gostam de encerramentos visuais e verbais, quase sempre ficam insatisfeitos ou pouco à vontade com esses momentos finais. O que se espera que outros personagens *façam*? A resposta é simples, e ignora os refinamentos da motivação dramática. Basicamente, espera-se que esses supranumerários teatrais apenas ouçam, que admirem um ideal abstrato de beleza musical, a beleza da voz, como se desdobra ante eles na voz de Cenerentola.

Outro episódio revelador, semelhante em sua combinação de perda de comunicação seguida de elaborada celebração musical, ocorre no primeiro ato. Alidoro chega à casa de Don Magnifico para convidar todas as mulheres casadouras a irem ao castelo do príncipe para uma seleção. Sua lista o informa que aqui há três filhas, mas Don Magnifico o corrige:

ALIDORO

Qui nel mio codice

Delle zitelle,

Con Don Magnifico

Stan tre sorelle.

Or che va il Principe

La sposa a scegliere

La terza figlia

Io vi domando.

DON MAGNIFICO

Che terza figlia

Mi vai figliando?

ALIDORO

Terza sorella.

DON MAGNIFICO

Ella morì.

ALIDORO

Eppur nel codice
Non è così.

CENERENTOLA

(Ah, di me parlano!)
(Ponendosi in mezzo, con ingenuità)
Non, non morì.

DON MAGNIFICO

Sta zitto lì.
Guardate qui.
(Balzandola in un cantone)

RAMIRO, DANDINI

Dunque, morì?

DON MAGNIFICO

(dopo un momento di silenzio)
Altezza, sì.

[ALIDORO: Em minha lista/ de mulheres solteiras,/ com Don Magnifico/ lá vivem três irmãs./ Agora que o Príncipe/ vai escolher uma noiva,/ eu lhe pergunto/ pela sua terceira filha.// DON MAGNIFICO: Que terceira filha/ você quer me imputar?// ALIDORO: A terceira irmã.// DON MAGNIFICO: Ela morreu.// ALIDORO: Mas não é isto que se diz/ na lista.// CENERENTOLA: (Ah! Estão falando de mim!) (*Pondo-se entre eles, e ingenuamente*) Não, ela não morreu.// DON MAGNIFICO: Fique quieta aí./ Olhe aqui. (*Empurrando-a num canto*)// RAMIRO, DANDINI: E então, ela morreu?// DON MAGNIFICO (*após um momento de silêncio*): Vossa Alteza, sim.]

No libreto, com suas rimas rápidas e o tiquetaquear de suas linhas, pode-se imaginar facilmente essa troca de palavras como uma razoável comédia, e a maneira com que Rossini a tratou até a última linha de fato segue essa veia, com linhas melódicas simples e em tríades, e uma melodia orquestral incisiva que era uma de suas marcas registradas. Esse tom é mantido até mesmo para a "ingênua" contestação de sua própria morte por Cenerentola. Mas então, de modo bastante inesperado, na última linha de Don Magnifico há uma impactante mudança no ritmo da orquestra, com sinistras figuras de morte (uma imitação de tambores fúnebres) nas cordas, uma precipitada modulação para o tom menor, uma lenta linha cromática descendente e um encerramento solene. O que se deve concluir disso? O que se deve supor que estejam sentindo os personagens quando soam nesse momento os solenes sons da orquestra? Estarão eles envolvidos emocional-mente com essa música lúgubre e essa súbita mudança de tom, ou isso visa apenas ao ouvinte? Nenhuma dessas perguntas é respondida pelo que se segue. Há uma prolongada pausa, que prepara para outro dispositivo rossiniano favorito, um quinteto de confusão recíproca. Outro enigma está sendo criado por um excesso da música rossiniana, um dilúvio de som que parece esmagar os personagens.

Assim, volta mais uma vez a questão: por que a moda de Rossini agora? Por que há hoje em dia no repertório mais óperas suas do que jamais houve antes? Como dissemos, há razões práticas: o festival internacional em Pesaro; a presen-ça, lá e em outros lugares, de grandes cantores que acham que são adequados para as exigências dos papéis. No entanto, e particularmente tendo em mente aqueles estranhos momentos de *La Cenerentola*, um cínico poderia não achar sur-presas em Rossini como um compositor perfeito para a segunda metade do século xx assim como fora para o período da Restauração. O que devem ter sentido os italianos em 1815? Uma década antes tinham emergido, emperucados, de um sé-culo xviii no qual tinham sido governados por déspotas (esclarecidos ou não) dig-nos de Metastasio, para se encontrarem, subitamente e pela força das armas, na luz resplandecente da aurora napoleônica. Suas leis, sua visão de mundo e suas certezas estavam abaladas. Mas então, em 1815, Napoleão foi derrotado e volta-ram os déspotas, suas roupas um pouco mais surradas, sua autoridade e seu con-trole do poder mais frágeis, mas novamente no governo. Seria possível fazer o relógio andar para trás, pôr os males de volta na caixa de Pandora? Com esse tipo de questões no ar, e com uma prevalente incerteza quanto até mesmo crenças tão básicas como a da existência de uma nação para alguém, pode de repente parecer plausível que a voz musical característica da época estava na posse de Gioachino Rossini, com suas emoções ambíguas e sua face de Jano, voltada ao mesmo tempo para trás, para o passado, e para a frente, para o futuro. Mas agora, aproximadamente dois séculos depois? Uma razão deve ser a de que nós nos libertamos, ou ao menos estabelecemos alguma distância, das formas operísticas do final do século XIX, com sua "música de batidas, de embates, de caprichos". Com a ajuda dessa distância, podemos mais uma vez saborear o prazer de tragédias melífluas e bem--comportadas; e, mais importante, podemos apreciar de novo as ambiguidades e o frenético escapismo, a energia e o ornamento e o puro fascínio musical que Rossini trouxe tão infalivelmente ao drama operístico.

9. O tenor assume a maioridade

Em maio de 1911, no fim do mundo, um grupo de exploradores da Antártida tem de inventar um jeito de acordar a guarda nas altas horas da noite. Tinham sido enviados numa missão ao cabo Adare por Robert Falcon Scott, cujo empenho em chegar ao polo Sul acabaria em desastre em março de 1912. O grupo do cabo Adare tinha esquecido seu relógio despertador, e foi oferecido um prêmio a quem conseguisse inventar um substituto que fosse ao mesmo tempo impactante e seguro. O ganhador construiu um dispositivo chamado "carusofone":

> À meia-noite, o último membro do grupo entrou, e antes de fazê-lo acendeu uma vela no "carusofone". Ela ardeu sem apagar durante duas horas, enquanto todos dormiam o sono dos justos, até duas horas [...] o fio que passava pelo pavio tinha queimado todo. Então a mola de bambu, libertada pelo rompimento do fio, pulou para trás e puxou a alavanca de partida do gramofone. O prato e o disco começaram a girar, aumentando pouco a pouco a velocidade, acompanhados de um barulho que beirava o infernal, e que fora calculado para despertar o grupo inteiro [...]. O disco que cumpria esse honroso dever todas as noites [era] a "Canção da Flor", de *Carmen*, cantada pelo *signor* Caruso, não, temo eu, devido a nosso gosto clássico em música, mas porque era o que soava mais alto entre todos os que tínhamos.[1]

Essa anedota, além de documentar a engenhosidade da Marinha britânica, dá expressão a várias verdades concernentes à ópera. Enrico Caruso (1873-1921) era *a* grande estrela operística dos primeiros sons que foram gravados, famoso por um timbre limpo, penetrante, que atravessava, cortando, qualquer e toda excrescência acústica. O tipo de voz que Caruso possuía, o do tenor italiano heroico, era potente de uma maneira que transcende uma pura questão de decibéis — de alguma forma tinha mais volume do que todas as melodias dançáveis, canções sentimentais e militares que eram as preferidas dos exploradores da Antártida. Quando esse tipo de tenor atinge uma nota aguda — em geral definida como qualquer uma acima do lá da escala de dó mediana — e a atinge com uma voz de peito (ou seja, sem sinal de falsete), a explosão acústica resultante é uma força da natureza que representaria uma irresistível paixão masculina. Esse tipo de voz é agora considerado a quintessência, o pré-requisito para fenômenos como os Três Tenores e Andrea Bocelli, para a caricatura da ópera italiana como uma disputa entre sopranos e tenores que competem na corda bamba, e para tantos outros dados concernentes ao gênero em lenda e canção. Mas devemos lembrar que essa voz de tenor heroico não existia até o século XIX. A aparição dessa voz e o terreno especial que foi preparado para isso nas novas óperas das décadas de 1830 e 1840 foram desses eventos sísmicos que apimentam a história operística.

Uma emergente nova voz de tenor coincidiu com o adeus de Gioachino Rossini à composição de óperas, em 1829, quando ele ainda não tinha quarenta anos, e no auge de sua fama na Europa. Rossini, lembremo-nos, escreveu apenas um único papel para um tenor heroico, e isso foi numa grande ópera francesa, *Guillaume Tell*. No entanto, o rol de óperas no Scala de Milão em 1829 demonstra que tanto suas óperas-sérias quanto as cômicas ainda dominavam o repertório. A temporada do Carnaval que começou em 26 de dezembro de 1828 foi aberta como sempre com uma ópera-séria — sua *L'assedio di Corinto* (O cerco de Corinto, cuja primeira apresentação, como *Le Siège de Corinthe*, fora em Paris em 1826, embora esta já fosse uma remontagem de uma ópera italiana anterior, *Maometto II)*; a ópera apresentada logo em seguida foi sua *Zelmira* (Nápoles, 1822); uma ópera mais antiga sua, *Demetrio e Polibio* (Roma, 1812), também fez parte da temporada. Mais tarde, no mesmo ano, três de suas óperas-cômicas, *Il barbiere di Siviglia* (1816), *La pietra del paragone* (A pedra de toque, Milão, 1812) e *La gazza ladra* (A pega ladra, Milão, 1817), também foram reencenadas. Nenhum outro compositor chegou, nem remotamente, perto desse total de seis óperas no mesmo ano. Mais do que isso, esse predomínio se repetiria quase sempre onde quer que se apresentassem óperas. A febre de Rossini foi contínua nas principais capitais da Europa, como Londres, Paris e Viena; e, cada vez mais, em partes da América do Sul e outros lugares em todo o mundo. Em meados da década de 1830, já se tinham encenado óperas italianas em Nova York e várias outras cidades dos Estados Unidos, em Buenos Aires, Valparaíso e Rio de Janeiro, em Calcutá e muitos outros lugares remotos que pudessem ser alcançados por intrépidas trupes viajantes. Em quase todo lugar, Rossini era a figurinha carimbada.

As razões pelas quais Rossini decidiu se aposentar nesse momento específico, quando sua estrela estava em tal ascensão, são complexas. Ele pode inicialmente ter parado de compor por motivos pessoais, como uma doença ou depressão. Mas também foi significativo o fato de estarem acontecendo mudanças importantes na ópera-séria italiana exatamente nessa época, mudanças que decerto não eram do gosto de Rossini. Para completar, quando ele se aquietou, o horizonte operístico havia se alterado tão abruptamente em relação a ele que qualquer pensamento no sentido de adaptar seu estilo às exigências de um gosto em mutação deve ter se tornado muito amedrontador.

No entanto, uma das mudanças que ocorreram de súbito foi relativa a uma nova matriz de tipos de voz nas óperas-sérias italianas: uma mudança no registro de voz que se fez sentir em grande parte da Europa. Por volta de 1830, os *castrati*, já em declínio no final do século XVIII, quase tinham desaparecido da ópera-séria. Seus últimos dias foram realmente sombrios — bem distantes daquele tempo, um século antes, quando os teatros celebravam seus feitos vocais com gritos de *"Evviva il cotello!"* (E viva a faca!). Já na década de 1790 corriam rumores de estranhas reversões físicas. Uma persistente história era a de um homem que tinha nascido sem testículos, e que como adulto ganhava a vida cantando como castrato. Mas então aconteceu um desastre: num momento em que cantava com paixão, seu corpo até então escondido emergiu espontaneamente. Uma versão do fato escrita no fim do século XVIII descreve assim a ocorrência:

O homem tinha nascido sem qualquer sinal visível dessas partes que são extraídas na castração [...]. Um dia, ele se esforçou de maneira tão incomum ao cantar uma arieta, que de modo totalmente repentino essas partes, que durante tanto tempo a natureza tinha ocultado, caíram em seu lugar apropriado. O cantor no mesmo ins-

19. Espectadores de ópera no palco e fora dele. Natalie Dessay como a Lucia de Donizetti no Metropolitan Opera em 2007, dirigida por Mary Zimmerman. Em sua famosa cena de loucura, Lucia aparece à frente da companhia reunida, depois de apunhalar o marido, Arturo, em sua noite de núpcias. O forte contraste do vestido branco com as mãos ensanguentadas tem o poder de causar impacto.

20. Caricatura da década de 1860, de Gustave Doré, na qual as grotescas contorções faciais e corporais dos cantores enfatizam a tensão e o empenho que se tornaram típicos nas apresentações de ópera em que o heroísmo vocal superava a elegância.

21. *Le Bal de l'opéra*, litografia em cores de meados do século XIX, por Eugène Charles François Guérard (1821-66). De 1821 a 1873, o baile do Opéra de Paris se realizava na Salle Le Peletier, onde participantes mascarados ficavam mais do que felizes em deixar de lado suas inibições.

22. A famosa cena com o palco dividido do terceiro ato de *Rigoletto* (1851), como ilustrado num cartão de propaganda do extrato de carne Liebig. Os cartões da Liebig com temas de ópera foram publicados em alemão, francês e várias outras línguas de 1872 até boa parte do século XX. A companhia fabricante do extrato de carne tomou liberdades com o enredo, uma vez que Rigoletto é retratado ao lado do assassino Sparafucile, e não com sua amada filha Gilda.

23. Cortejo no funeral de Verdi, em Milão, 1901, com a relatada presença de 300 mil pessoas, mais da metade de toda a população da cidade. Embora as primeiras óperas da década de 1840 tivessem sido, no melhor dos casos, só esporadicamente consideradas políticas, seu compositor tornou-se poderoso símbolo da nacionalidade italiana no final do século XIX.

24. Terceiro ato de *L'Africaine* (1865), de Meyerbeer, no Opéra de Paris. O esplendor cênico exigido nesse teatro é evidente, assim como o especial gosto por cenários operísticos que parecem estar precariamente equilibrados e longe do *juste milieu* ao qual estão associados os anos da metade do século XIX.

25. O concurso de canções de *Tannhäuser*, no castelo de Wartburg, como encenado no Metropolitan Opera em 2004. Esta pródiga produção, projetada por Günther Schneider-Siemssen, cita e recria a riqueza luminosa das pinturas românticas alemãs do século XIX, conjurando uma idealizada e há muito perdida Idade Média.

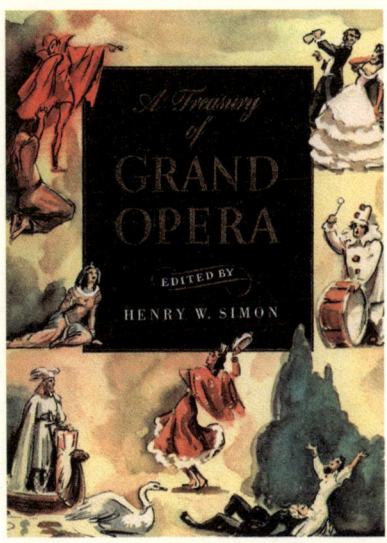

26. Capa de *A Treasury of Grand Opera* (1946), com uma montagem de cenas de obras famosas que são apresentadas no miolo em arranjos fáceis para piano, transpostos para vozes amadoras. Note-se a posição central da cigana mais famosa da ópera.

27. *Faust* (1859), de Gounod, foi uma das óperas mais populares do início do século XX. Aqui, em 1931, está arranjada e muito condensada para solo de piano, com texto do libreto auxiliar, em inglês, escrito acima da partitura musical.

28. Risë Stevens, uma Carmen famosa, num anúncio da década de 1948. A mensagem — sugerindo que Stevens prefere os cigarros Chesterfield porque é "cuidadosa" com sua voz — é mais um testemunho de uma época que já passou.

29. Sophia Loren como a heroína no espetacular filme de Clemente Fracassi sobre *Aida*, de Verdi. Loren faz sincronia labial e gestual enquanto o papel principal é cantado por Renata Tebaldi.

30. Emma Calvé (1858-1942) como Carmen, um de seus papéis mais famosos. Sabe-se que Calvé pesquisou os aspectos mais profundos de seu papel, passando pela Espanha e até mesmo por acampamentos ciganos. George Bernard Shaw disse que ela tinha "despido Carmen do último farrapo de romance e respeitabilidade".

31. Dois ladrões e cúmplices num *revival* de 1857, em Londres, de *Fra Diavolo* (1830). Um crítico ressaltou que eles eram a "própria encarnação dessa mescla do terrível com o ridículo que cria perfeitos espécimes do grotesco". Outro destacou que "sua maquiagem era irresistível".

32. Jacques Offenbach numa caricatura por André Gill, usando uma guirlanda na cabeça, montado em seu violoncelo com uma batuta na mão e cercado de imagens de suas obras famosas. No desenho de *La Belle Hélène* (em cima, à dir.), a cabeça de Offenbach é enxertada no corpo de Hélène.

33. O anti-herói wagneriano: o baixo americano Carl Cochems (1877-1954) como Hagen em *Götterdämmerung, c.* 1910. A atmosfera da fotografia está em contraste marcante com os falsos, heroicos retratos de cantores contemporâneos de Wagner em papéis como Siegfried, Brünnhilde ou Wotan.

34. *Verdi, o Wagner latino*, caricatura de Carl von Stur publicada em 1887. Esta era uma imagem conhecida de um Verdi envelhecido. Ele está com seu tambor e seu realejo, e, ao fundo, há uma Aida
berrante. A boina e o cisne com aspecto irado (que provavelmente escapou de *Lohengrin*) marcam a
inescapável influência de Wagner.

tante perdeu a voz, o que se tornou perceptível naquela mesma apresentação, e com ela perdeu toda perspectiva de sua subsistência futura.[2]

Essa história fantástica impressiona porque descreve, como se fosse uma ocorrência corporal (literalmente) dramática, algo que aconteceu pouco a pouco com toda uma cultura: condensados num único momento estão os anos durante os quais o castrato foi desaparecendo, para ser substituído pelas vozes de canto masculinas que conhecemos hoje.

A maneira pela qual isso aconteceu foi inevitavelmente menos espetacular, mas sua subitaneidade ainda surpreende. O principal castrato desses anos de ocaso foi Giovanni Battista Velluti, que chegou a desfrutar de fama internacional na década de 1820, cantando papéis criados para ele por, entre outros, Rossini. Em meados da década de 1820 ele assinou um contrato com um teatro de Londres, e no início teve sucesso. Mas nos últimos anos da década as audiências se voltaram contra ele, seus concertos eram inundados de uivos de escárnio (falsetistas amadores nas galerias tinham um dia cheio), sua mera presença tornou-se fonte de horror e repugnância. Quando o jovem Mendelssohn o ouviu cantar em Londres, em 1829, a experiência foi literalmente matéria para pesadelos: "A voz dele provocou tanta aversão em mim que me perseguiu em meus sonhos naquela noite".[3] Um crítico britânico do mesmo período descreveu o canto de Velluti como "o lamento espectral de um ser fantasmagórico".[4] Incapaz de superar tal rebaixamento para o submundo, Velluti voltou para a Itália, mas mesmo lá sua carreira logo se encerraria. Ele se aposentou, preservando toda dignidade que conseguiu reunir, e passou seus últimos anos em bucólica reclusão.

Os papéis heroicos com os quais os *castrati* tinham uma vez eletrizado audiências a essa altura tinham migrado. Primeiro, nas mãos de Rossini, eles amiúde constituíram o domínio dos chamados "papéis para calças" (sopranos ou meios-sopranos travestidas como homens), preservando o gosto do século XVIII por vozes agudas, e também alguma coisa da atitude de *laissez-faire* daquela época em relação à representação dos gêneros na cena operística. Mas em torno da época em que Rossini se aposentou a própria soprano travestida tornou-se uma figura improvável e até mesmo difamada, pelo menos em papéis heroicos. Ela assomaria de novo durante a parte final do século XIX com vários novos aspectos, mas tendendo a ficar na periferia, e cômica por natureza — um pajem cativante ou outro tipo de repertório. Uma soprano de calças ou capacete não mais seria suficiente para personificar o líder romântico, o ardente trovador ou o galante cavaleiro. Como expressou um crítico em 1833:

> Sempre vemos a mulher que se veste como homem no palco [...] como uma figura feminina em vestimentas masculinas, como se fosse numa brincadeira, ou num baile de máscaras. Ela nunca assume o caráter e a aparência [de um homem]. [...] Como poderemos nos enganar, vendo um conquistador, um temível guerreiro, sendo representado por essas figuras durante a apresentação inteira?[5]

Esse crítico, aliás, era um ex-tenor (Nicola Tacchinardi). Tinha, portanto, um interesse profissional no que diz respeito a essa questão. Para personificar o "temível guerreiro" de peito arquejante e espada sempre pronta, uma presença significativamente mais viril era agora tida como necessária. O tenor romântico assumia a maioridade.

Tenores tinham estado em cena desde o começo da ópera italiana, mas raramente estavam na primeira linha dos personagens. Na ópera-séria do século XVIII eles na maior parte das vezes apareciam como cidadãos importantes da metrópole, talvez de origem nobre, mas improváveis de se enredarem nas tramas emocionais centrais. Como vimos no capítulo 4, o Idomeneo de Mozart, papel escrito especialmente para um tenor idoso da efêmera escola metastasiana, é bastante compatível com esse quadro. Mesmo na ópera-bufa, que favorecia vozes naturais, os tenores tendiam a ter o cheiro da redundância, embora na maioria das vezes com um compensatório encanto lírico. Temos aqui, outra vez, um clássico exemplo mozartiano: o ineficaz Don Ottavio de *Don Giovanni* é um personagem que se prolonga em sua bela cantilena tanto quanto é breve em sua ação decisiva. Nas óperas italianas de Rossini, o principal tenor está em seu elemento no gênero cômico. Mas nas óperas-sérias, com exceção de certas óperas escritas para Nápoles, onde havia pouca oferta de heróis femininos, as mulheres que brandem espadas mantiveram seu território. *Otello* é o contraexemplo napolitano mais óbvio; tem nada menos do que três papéis principais para tenor, e, em parte por essa razão, permaneceu no repertório por muito mais tempo do que a maioria das óperas-sérias de Rossini.

A chegada do tenor viril é, em si mesma, transformada algumas vezes numa cena primordial, representada pelo famoso cantor francês Gilbert-Louis Duprez (1806-96), numa reapresentação em 1837 de *Guillaume Tell* (1829), de Rossini, no

Opéra de Paris. Duprez relembraria depois que sua interpretação das "inflexões viris" na ária de Arnold no quarto ato "Suivez-moi" o fizera atacar os dós agudos desse número (que tradicionalmente deveriam ser emitidos com voz mista, com elementos de falsete) numa voz toda de peito.[6] Rossini ficou horrorizado com esse extremo machismo vocal; ele tentou emascular essa inovação de Duprez a descrevendo como "o grasnar de um capão com a suave garganta cortada" (com alusão aos *castrati* nessa referência ao "capão").[7] Mas o Rubicão tinha sido atravessado. Depois do Arnold de Duprez, pelo menos assim continua a história, nada foi mais o mesmo; gostassem ou não, a estrada para Caruso e aqueles Três Tenores estava pavimentada e sinalizada.

Como dá para imaginar, este simples relato de mais um momentoso evento numa cena da história vocal está caprichado demais. Tenores (inclusive Duprez, como veremos) ficaram experimentando durante algum tempo uma emissão vocal mais "obscura", mais potente, e com notas de peito mais agudas. Além disso, as notas da voz mais suaves, "flutuantes" e agudas de forma alguma desapareceram da noite para o dia: como todo adepto de antigas gravações deve saber, essas notas continuaram a ser parte importante de quase todo o mais implacavelmente robusto arsenal tenoriano, já bem dentro do século XIX. Mas os anos em torno de 1830-40 marcaram mais uma importante mudança estética. Um tipo de som vocal que para as gerações anteriores poderia parecer extremo, até mesmo animal (como testemunha o capão), tornou-se singularmente excitante. Compositores italianos que haviam chegado ao primeiro plano quando Rossini se aposentou, acima de todos Donizetti, mas também Bellini e Saverio Mercadante, foram rápidos na exploração de seu potencial.

O surgimento do tenor heroico esteve muito relacionado com outras alterações no universo operístico por volta de 1830. O paralelo óbvio foi o surgimento do barítono dramático, que se tornou o clássico antagonista do tenor ("Sou o irmão/pai/tio dela; enquanto eu respirar ela *nunca* será sua"), ou mesmo — embora raramente até cerca de 1850 — o protagonista absoluto. Essas duas novas vozes masculinas têm uma coisa em comum: elas sacrificaram a flexibilidade em favor da pura potência. O típico baixo ou tenor rossinianos podia e iria ornamentar sua ária com tanta destreza e vistoso virtuosismo quanto o de sua contrapartida feminina; na verdade, em toda a história da ópera até e incluindo Rossini, as qualidades vocais exigidas de homens e mulheres diferiam apenas de forma marginal. Mas por volta de 1830 isso começou a mudar. Algumas sopranos e meios-sopranos acompanharam os tenores e barítonos, especializando-se numa emissão de som mais "obscura", mais potente. Mas a maioria não fez isso. Uma linha vocal floreada tornou-se pouco a pouco domínio exclusivo de cantoras. Em vez daquela beleza carregada que Rossini e suas audiências queriam ouvir em todos os personagens da ópera, a música vocal floreada ficou feminilizada, tal como os espartilhos e as crinolinas que agora envolviam, constrangiam e adornavam o corpo feminino. Os cantores, por outro lado, adotavam cada vez mais o equivalente vocal das cartolas e ternos escuros, que rapidamente se tornavam o uniforme masculino obrigatório na sociedade. Isso não quer dizer que suas próprias roupas tenham mudado muito — em termos de indumentária os homens no palco permaneceram amplamente presos a collants e gibões, muitas vezes com uma quantidade alarmante de acessórios e bijuterias. Não, a nova vestimenta da ópera era de natureza auditiva. As "inflexões viris" de Duprez eram *de rigueur*; homens de verdade não faziam mais trinados ou esboçavam volatas, cantavam as palavras com simplicidade, de modos que pudessem ser entendidas; e, como default, as cantavam bem alto. A diferença entre o gênero masculino e o feminino, por muito tempo ignorada ou deliberadamente confundida na cena operística, agora chegava para se vingar.

Essas alterações nos tipos de voz operísticas não se confinaram à ópera-séria italiana, mesmo tendo sido aí percebidas de forma mais aguda. Elas podem ser associadas a mudanças maiores na sociedade, mais obviamente às novas maneiras com que os homens sentiam a necessidade de se diferençar das mulheres, como demonstrado pelas novas modas. Mas existem também explicações mais restritas ao aspecto teatral. Esses anos testemunharam um inexorável incremento nas orquestras de ópera. Desenvolvimentos tecnológicos na fabricação de instrumentos, junto com preferências estéticas oriundas dos gêneros instrumentais, fizeram aumentar o volume dos instrumentos de sopro da orquestra, um processo que, em contrapartida, exigiu que as seções de cordas se expandissem em número; além disso, combinado com a nova extravagância temática do enredo da ópera, o centro de gravidade da orquestra de ópera italiana ficou mais baixo, com nova importância atribuída aos metais mais graves (particularmente os trombones). Isso não constituía um problema para as sopranos, cujas vozes podiam se elevar acima desse som orquestral mais obscuro, mais pesado; mas para as vozes masculinas, obrigadas a se fazerem ouvir no mesmo nível desses instrumentos em sua nova potência, a competição acústica era rigorosa. Eles reagiram da única maneira possível, obscurecendo suas vozes, e fazendo-as, no processo, mais potentes mas também menos flexíveis. Outra explicação pode associar a transferência de sopranos e altos heroicos para tenores e (mais tarde) barítonos heroicos a uma nova percepção do realismo operístico. A ópera ficou mais próxima dos modos do drama falado quando as vozes que cantam se distinguiram de maneira similar a como se diferenciam as vozes faladas nas peças teatrais. A vontade de um novo realismo foi, por sua vez, satisfeita pela tecnologia. A iluminação a gás chegou aos teatros por volta de 1820. Assim como (um pouco) mais seguro do que os dispositivos anteriores de chama a descoberto, que com frequência redundavam em incêndios que queimavam teatros, o gás também permitiu uma maior sofisticação nas ilusões apresentadas no palco.

AMOR VIOLENTO

Como soaram os primeiros exemplos dessa nova ópera-séria? Os melhores vieram dentre as aproximadamente setenta óperas produzidas por Gaetano Donizetti (1797-1848), um dos dois compositores italianos pós-rossinianos (o outro foi Vincenzo Bellini), cujas óperas mais famosas permanecem no repertório até os dias de hoje. Donizetti passou a primeira década de sua carreira — a de 1820 — escrevendo óperas (tanto cômicas quanto sérias) que na maior parte são despudoradamente rossinianas no estilo. Há quem diga às vezes que sua maturidade veio com *Anna Bolena* (1830), uma ópera que lhe trouxe um novo prestígio nacional, depois internacional. Em termos formais, *Anna* de fato demonstra uma reunião de elementos de libertação do código rossiniano, em particular ao investir maior significância emocional a um recitativo intensificado. Mas o modo vocal básico da ópera continuou antiquado, especialmente em seu uso contínuo da ornamentação rossiniana para todos os personagens.

Um desligamento de tipo mais radical veio numa ópera um pouco mais tardia e menos conhecida, *Parisina*, estreada em Florença em 1833. O libreto foi escrito por Felice Romani (1788-1865), tido comumente como o mais talentoso poeta teatral da época, mas alguém que, por causa disso, assumia compromissos além da conta. Apesar de frequentes reclamações e cobranças, as últimas partes do libreto de *Parisina* chegaram à mesa de Donizetti pouco mais de um mês antes da data marcada para a estreia. Em termos de enredo — e não surpreendente-

mente, considerando as pressões do cronograma —, *Parisina* é muito convencional: concebida numa temática típica da Idade Média, ela se baseia no consagrado
triângulo amoroso de soprano, tenor e barítono. Mas pelos padrões rossinianos, a
história — extraída de um longo poema de Byron — é incomumente violenta e
árida. O aristocrático e encanecido Azzo (barítono) é casado com a jovem Parisina
(soprano); mas ela nutre uma paixão secreta, correspondida com ardor, por Ugo
(tenor). Azzo fareja essa paixão, mas então descobre que Ugo é seu filho, de uma
mulher anterior. Isso complica a situação, mas não por muito tempo: consumido
pelo ciúme, Azzo faz com que Ugo seja assassinado. Na cena final, ele apresenta a
Parisina o corpo de seu amante, a cuja vista ela cai já sem vida. Essa horripilante
história foi dividida numa sequência de números musicais conformes com os padrões da época: árias de entrada com movimentos múltiplos para cada um dos
personagens principais, uma série de duetos que os põe em confronto, e um
grande *finale* central.

Dado esse previsível aspecto exterior, as resenhas da estreia são uma leitura
curiosa. *Parisina* foi em geral um sucesso de público, mas os críticos estiveram divididos. Mesmo os mais positivos tinham restrições. A música, um deles advertiu,
era "extremamente austera, e cansativa tanto para os cantores quanto para os
instrumentalistas".[8] Houve elogios à poesia, embora alguns achassem a história
repulsiva em termos morais. A crítica mais intensa, no entanto, foi em reação ao
novo tipo de emissão da voz. O *finale* do primeiro ato foi "mais barulhento e irritante para os ouvidos do que instrutivo e prazeroso para a alma"; algumas outras
cenas eram "intensas e prolongadas demais"; a alguns pareceu que essa ópera estava sendo "gritada mais do que cantada". Um crítico relatou uma discussão que
se abrira no teatro:

> Um grito trovejou do palco. "Bom!", clamou-se de alguns lados. "Ruim!",
> murmurava-se de outros. O primeiro grupo dizia: "Em certas situações terríveis,
> um grito pode ser um canto elevado ao nível do sublime". O segundo replicava:
> "Um grito é sempre um grito e nunca um canto". "Mas", acrescentava o primeiro,
> "na natureza, quando a alma se atormenta, o homem grita."

Ao assistir a *Parisina* hoje em dia, pode ser que achemos esses comentários
difíceis de entender. As óperas de Donizetti, afinal de contas, são tidas agora como
a essência do bel canto, ou seja, de um belo canto, mas fica claro que para os que

as ouviam em 1833 com ouvidos de Rossini, sintonizados com o passado operístico, alguma coisa estava errada.

Esse enigma pode em parte ser explicado ao se considerar os cantores que criaram os principais papéis. Donizetti, como todos os bons compositores de ópera da época, formatou sua música cuidadosamente para os talentos de seus primeiros intérpretes, e por muito boas razões — se eles tivessem sucesso, então sua ópera teria sucesso também. E os intérpretes escolhidos para isso na Florença de 1833 foram extraordinários. Caroline Ungher (Parisina) era uma meio-soprano austríaca que viera para a Itália em meados da década de 1820. Famosa sobretudo como uma atriz-cantora, sua voz não era bonita no sentido convencional, especialmente em seus registros mais altos, um tanto forçados. Bellini, que pertencia à velha escola vocal, disse que "todo som que ela emite é como uma estocada de um estilete";[9] Rossini, só um pouco mais gentil, disse que ela tinha "o ardor do Sul, a energia do Norte e pulmões de bronze".[10] Domenico Cosselli (Azzo) começara a vida como um baixo rossiniano, mas agora, tendo percorrido a metade de sua breve carreira, especializara-se em papéis de registro mais alto, mais potentes, tornando-se um dos membros de um grupo de cantores que criou o novo tipo de voz do barítono. Ugo foi vivido por Duprez, cuja voz nesse momento estava em transição. Começara a vida em Paris, como um tenor leve, rossiniano, mas nesses anos na Itália sua voz tinha se obscurecido e se tornado mais potente. Em suas memórias ele menciona *Parisina* como o ponto de inflexão, de uma mudança crucial para um tipo diferente de produção de voz, tipo que — como vimos — o levaria a se tornar o icônico "tenor viril" do final da década de 1830.

Olhando para *Parisina* do ponto de vista desses cantores — como uma tentativa de Donizetti de criar um novo estilo de drama musical a partir de intérpretes que dispunham de novos meios de expressão —, vamos encontrar uma ópera que, embora convencional em sua aparência exterior, é radical na maneira com que trata os principais papéis. Um bom exemplo aparece no segundo ato, quando Azzo se introduz furtivamente no quarto de dormir de Parisina e a ouve murmurar num sonho o nome de Ugo. Ele a acorda e a confronta, ela admite seu amor e o dueto termina com uma furiosa imprecação da parte dele e apartes desesperados com alusão a suicídio da parte dela. Tudo isso constituía um ingrediente-padrão operístico na década de 1830. O que é extraordinário é o quanto essa cena se baseia mais em declamação do que em melodias bem afinadas, sem qualquer indício do convencional "repouso" lírico por meio de um movimento lento. A parte do tenor é ainda mais incomum. Donizetti talhou para Duprez um papel que mistura livremente seu estilo de canto antigo com o novo. Em sua ária do segundo ato, por exemplo, a seção lenta tinha uma boa quantidade de trechos floreados, remanescentes do passado rossiniano (a estreia de Duprez, em 1825, foi em *Il Barbiere di Siviglia*). Sua tessitura alcançava notas muito agudas, com abundância de dós e mesmo um ré agudo na cabaleta. Mas o contexto musical e as marcações na partitura deixam claro que a intenção de Donizetti era que muitas dessas notas agudas fossem declamadas com vigor, em vez de flutuarem numa voz tinindo em falsetes. Então, na mesma época em que Duprez estava em transição, assim também estava a própria linguagem da ópera-séria italiana. Novas demandas surgiam na alquimia entre intérpretes, compositores e audiências.

Parisina situa-se hoje numa posição marginal nos repertórios, mas seu novo estilo foi com certeza um sucesso popular, tanto na Itália quanto na cena operística internacional, sempre em expansão. Um sinal claro da popularidade de Donizetti nessa nova abordagem foi o fato de que óperas dele de caráter similar abriram a temporada de Carnaval no La Scala em nada menos do que três anos seguidos, em meados da década de 1830 (*Fausta* em 1832, *Lucrezia Borgia* em 1833 e *Gemma di Vergy* em 1834). Mas *Parisina* é duplamente radical — e diferente das outras três óperas — ao lançar esse estilo vocal novo, mais obscuro, para soprano assim como para tenor. Como antes mencionado, sopranos potentes do tipo de Ungher eram relativamente raras; em geral, Donizetti foi incentivado por suas principais intérpretes femininas a manter o estilo antigo, mais suave, mais ornamental.

O caso clássico vai se apresentar na ópera de Donizetti de mais duradoura popularidade, *Lucia de Lammermoor* (1835), obra que permaneceu no repertório durante aproximadamente dois séculos de mudança na moda. *Lucia*, mais uma vez, tem como centro o clássico triângulo vocal. Edgardo, o tenor heroico, ama e é amado por Lucia, a soprano trágica. Sua união tem a oposição implacável de Enrico, o detestável barítono, que é irmão de Lucia e que por razões financeiras e de antiga rivalidade familiar quer que ela se case com quem ele escolheu, o gentil e pacato Arturo (tenor). Lá estão as costumeiras complicações e os trágicos mal-entendidos. Lucia, pensando que Edgardo a abandonou, acaba ficando noiva de Arturo e é publicamente acusada por Edgardo, que surge de repente no exato momento em que ela está assinando o contrato nupcial. Essa ocorrência enseja o famoso sexteto de *Lucia*, um grande momento estático (os italianos o chamam de *concertato*), no qual todos os personagens principais, acompanhados por um coro de espectadores chocados, olham um para o outro e cantam juntos sua dor, sua raiva e sua confusão. No último ato Lucia assassina seu novo marido no leito nupcial, entra numa elaborada loucura vocal e morre. Na cena final, Edgardo é informado de sua morte. Dando ao espírito dela um apaixonado adeus, ele apunhala a si mesmo em cena e então expira, cantando até o último momento. Donizetti definiu sucintamente seu gosto quanto a libretos: *"Voglio amor, e amor violento"*[11] (Quero amor, e amor violento); *Lucia di Lammermoor* fornece isso com abundância.

Edgardo foi escrito para Duprez, agora bem estabelecido em seu segundo e mais robusto formato vocal. A cena final, à noite, entre os túmulos dos antepassados de Edgardo, é, assim, um bom lugar para situar o novo tenor heroico em seu hábitat. Como quase todos os solos e duetos da ópera, a cena tem o formato-padrão dos múltiplos movimentos: um recitativo com acompanhamento orquestral leva a um movimento lento (no qual Edgardo, pensando ter sido rejeitado por Lucia, decide se matar); uma mudança no andamento anuncia o *tempo di mezzo*, em que o coro traz a notícia da morte de Lucia; o que leva à cabaleta, durante a qual o herói comete suicídio. O movimento lento "Fra poco a me ricovero" (Logo encontrarei refúgio) mostra o quanto nos distanciamos do ornamento vocal rossiniano. Os primeiros sons parecem mais um recitativo; só depois Edgardo se expande numa melodia lírica e alguns efêmeros melismas; no fim, ele regressa à declamação, repetindo o moto da abertura. O que entra como substituto, na ausência do floreio vocal, é bem simples: a parte de Edgardo é eivada de notas veementes e agudas — momentos nos quais ele pausa para dar vazão a seus sentimentos de perda e desespero.

O anúncio da morte de Lucia é marcado por uma incursão nos clichês da descrição de funerais em óperas: uma súbita volta ao tom menor numa marcha lenta, pontuada por solenes batidas de tambores na orquestra. Mas enquanto o coro dá início à sua narrativa dos últimos momentos de Lucia, há uma espantosa mudança de atitude. A música muda para um brilhante tom maior e para uma leveza vocal de harmonia total, como se adotasse a linguagem da heroína cuja morte está sendo descrita. O contraste com a reação angustiada de Edgardo não poderia ser mais óbvio. Sua cabaleta "Tu che a Dio spiegasti l'ali" (Tu que abriste tuas asas a Deus), em que ele se imagina juntando-se à sua amada do céu, parece a princípio assumir um pouco da delicadeza do coro; mas logo, quando ele repete as palavras *"bell'alma innamorata"* (bela, amada alma), Edgardo volta aos limites agudos de sua voz. Entre as duas estrofes da cabaleta ele aplica em si mesmo o golpe fatal, e na segunda estrofe sua melodia é secundada por um lacrimoso solo de violoncelo. Mas o último alento que lhe resta é mais uma vez preservado para notas agudas e apaixonadas. No fim, o ornamento desapareceu, e mesmo a periódica melodia lírica ficou fragmentada. O tenor fica reduzido a seu essencial, as notas agudas cantadas num longo e estendido *Ah!*, o grito desesperado do novo homem viril.

A famosa cena de loucura de Lucia, que precede esse *finale*, é exatamente neste mesmo formato de múltiplos movimentos (recitativo com acompanhamento orquestral, movimento lento, *tempo di mezzo* e cabaleta), mas seu estilo vocal não poderia ser mais diferente. No recitativo, a perturbada heroína é assediada por temas orquestrais. Alguns deles são remanescentes de números anteriores, mas em seu estado de desordem mental ela é incapaz de responder a eles de forma adequada. O movimento lento "Ardon gl'incensi" (O incenso arde) parece no início repetir esse modelo, com a melodia sendo sustentada pela orquestra e Lucia respondendo numa declamação fragmentada. Mas quando chega em "Alfin son tua" (Finalmente sou sua), quando ela se retrai em fantasias de um casamento feliz com Edgardo, as expressões vocais de Lucia tornam-se progressivamente mais floreadas até que, no fim, ela parece ser pouco mais do que um instrumento ela mesma, uma produtora mecânica de sons vocais, libertada dos constrangimentos da palavra. A cabaleta "Spargi, d'amaro pianto" (Asperge com lágrimas amargas) repete essa trajetória; as cadências finais também são marcadas pela desintegração num mundo fechado de puro som vocal.

Uma pequena indústria se desenvolveu em torno da loucura de Lucia, com produtores e outros árbitros da moda operística buscando todos nos dizer exatamente o que essa extravagância vocal poderia significar. Alguns nos lembram que tanto o mundo real quanto a loucura em ópera no século XIX eram característicos de uma "doença feminina". A vocalização maníaca de Lucia é, assim, o sinal de seu aprisionamento num cruel mundo masculino. Ela é prisioneira de um cantar belo e ornamental assim como é prisioneira da sociedade de um modo geral.[12] Outros, achando essa leitura deprimente demais, fizeram uma leitura oposta. Segundo eles, os fantasiosos voos vocais de Lucia são uma vitó-

266

ria do feminismo, uma orgulhosa recusa de obedecer às regras da convenção. Seu excêntrico *finale* vocal marca agora uma triunfante *libertação* da autoridade masculina.[13] O fato de ambas as interpretações usarem como evidência exatamente a mesma música sugere que ambas tentam definir com precisão uma relação entre as notas e seu significado cultural. A mensagem da cena de loucura de Lucia talvez tenha uma explicação melhor e mais básica. Já se foi o tempo em que, na ópera, o elaborado ornamento vocal era o terreno de todos os personagens; agora, na ópera da era romântica, o canto floreado se tornou, como as vestimentas coloridas, uma marca feminina. Não é de admirar, então, que aqueles que contraírem a "doença feminina" exibam como sintoma primário um incontrolável exagero no cantar.

A cena da loucura em *Lucia* teve uma fascinante sobrevida no palco, assim como entre os comentaristas acadêmicos. Eruditos que estudam as partituras autografadas de Donizetti (os manuscritos que contêm os rascunhos da ópera inteira de seu próprio punho) descobriram que o movimento lento, "Ardon gl'incensi", foi concebido originalmente com o acompanhamento de uma harmônica de vidro, o que teria acrescentado um timbre estranho, mesmo exótico, à cena. Mas parece que os virtuoses de harmônica de vidro residentes em Nápoles se envolveram num impasse contratual com o teatro, e Donizetti (como sempre, pragmático no tocante a esse tipo de problema) riscou essa parte e a substituiu por um solo de flauta. Apresentações modernas repõem às vezes a harmônica de vidro, que é uma forma de inovar numa passagem hoje em dia muito conhecida. Mas uma variação mais importante dessa cena ocorreu cerca de trinta anos depois da morte de Donizetti. Por volta de 1880, a soprano australiana Nellie Melba começou a executar uma prolongada estrofe com um solo de flauta ao final do movimento lento, uma passagem incrivelmente eletrizante em que a soprano entra numa competição com a flauta do tipo "tudo que você pode tocar eu posso cantar mais alto". Essa desvairada estrofe tornou-se o momento mais famoso da ópera, e hoje é fielmente reproduzida pela maioria das sopranos, apesar de refletir uma concepção do vocalismo da soprano muito posterior a Donizetti.[14] O que devemos fazer em relação a esses acréscimos ao texto da ópera? Os puristas poderiam dar automáticas boas-vindas à "autêntica" harmônica de vidro e de imediato denunciar a estrofe com flauta ulterior. Mas o fato de que as sopranos continuem testando a si mesmas (e uma à outra) com essa estrofe extremamente difícil poderia ser também algo a celebrar — se não por outro motivo, como mais uma demonstração de que, pelo menos na ópera, o intérprete ao vivo ainda pode exercer seu poder sobre o compositor morto.

Em parte devido a adições e alterações como as da estrofe na cena de loucura, *Lucia di Lammermoor* sobreviveu a momentosas mudanças na moda operística, mudanças que poderiam, em outras circunstâncias, terem feito toda a ópera, pouco a pouco, parecer ridícula. Uma primeira indicação de que seus violentos contrastes estavam ficando datados é captada numa das mais famosas cenas de romance que acontecem numa casa de ópera. Em *Madame Bovary* (1857), de Flaubert, a heroína adúltera, Emma Bovary, e seu insípido marido, Charles, vão assistir a uma apresentação de *Lucia di Lammermoor* (ou melhor, de sua versão francesa, *Lucie de Lammermoor*) na provinciana Rouen. Vem então muito à baila a artificialidade do desempenho e das premissas dramáticas na apresentação da ópera — Flaubert, na linha de frente do realismo literário, claramente desaprovava esse comportamento antiquado. O sexteto do segundo ato é descrito com toda a famosa precisão de linguagem do romancista e seu olho para detalhes:

Os instrumentos e os cantores começam o sexteto. Edgar, chispando de fúria, domina todos os outros com sua voz mais clara; Ashton proferia ameaças homicidas contra ele em notas graves; Lucie lançava seu estridente lamento, Artur a um lado com seus tons modulados no registro do meio, e a voz baixo do ministro ressoava como um órgão, enquanto as vozes das mulheres repetiam suas palavras em delicioso coro. Houve toda uma repetida gesticulação, e a ira, a vingança, o ciúme, o terror e a estupefação foram exalados de uma só vez de suas bocas semiabertas. O amante ultrajado brandia sua espada nua; seu babado de guipure subia espasmodicamente com os movimentos de seu peito, e ele andava de um lado para o outro em largos passos, fazendo tilintar nas tábuas do chão as esporas prateadas de suas botas, que se projetavam dos tornozelos.

Mas então, muito de repente, os ridículos esforços físicos dos cantores tornam-se sem importância quando Emma se deixa envolver pelo espetáculo operístico, em particular na órbita do herói tenor:

Ele, ela pensou, deve ter um amor inesgotável para esbanjá-lo diante de uma multidão com tão grande efusão. Todas as suas pequenas críticas esvaeceram ante a poesia daquele papel, que a absorvia; e, atraída para esse homem pela ilusão do personagem, ela tentou imaginar como sua a vida dele — aquela vida ressonante, extraordinária, esplêndida, e que poderia ter sido sua se o destino assim o quisesse. Eles deveriam ter se conhecido, amado um ao outro. Com ele, por todos os reinos da Europa, ela viajaria de capital em capital, partilhando de suas fadigas e de seu orgulho, apanhando as flores a ele atiradas, ela mesma bordando os enfeites de sua roupa. Então, a cada noite, no fundo de um camarote, atrás da gelosia de treliça dourada, ela beberia avidamente as projeções dessa alma que cantaria somente para ela; do palco, mesmo enquanto representasse, ele olharia para ela. Mas assaltou-a a louca ideia de que ele estava olhando para ela; com certeza. Ela quis correr para os seus braços, se refugiar na força dele, como se fosse a encarnação do amor em si mesma, e dizer a ele, exclamando: "Leva-me embora, leva-me contigo! vamos embora! É teu, teu! todo o meu ardor e todos os meus sonhos!".[15]

A trajetória é reveladora: os vistosos porém baratos detalhes dramáticos são postos de lado, eles desvanecem "ante a poesia daquele papel"; então, "atraída para esse homem pela ilusão do personagem", Emma constrói uma fantasia elaborada sobre uma vida alternativa que ela poderia ter — não com o herói operístico, mas com o tenor que o personificava. Antes, vimos neste livro um castrato ou soprano causando o mesmo efeito; mas desta vez as repercussões são mais insidiosas. Aquelas "inflexões viris", nos é dado imaginar, agiram sobre Emma Bovary de um modo que seria imprevisível. O estado de espírito que nela se criou naquela noite a levaria a decisões que mudaram sua vida desastrosamente, e para sempre.

Lucia entrou com sucesso no repertório operístico, mas a maior parte das setenta e tantas óperas de Donizetti tinha sido esquecida até as décadas finais do século XX, quando começaram a ser reapresentadas num "Renascimento de Donizetti" que se seguiu desde então, e depois rivalizou com a explosão contemporânea das apresentações de Rossini. Esse renascimento fez com que ficassem disponíveis várias obras extraordinárias, em particular de sua fase final e criativa no início da década de 1840, quando tinha sua base de operações em Paris. Lá e em Viena, onde teve uma posição na corte a partir de 1842, ele produziu uma série de obras inovadoras numa surpreendente matriz de gêneros, desde a *grand opéra* em escala total até a ópera-cômica, e até as óperas italianas sérias e cômicas. Uma deste último gênero, *Maria di Rohan* (1843), é influenciada pelo *mélodrame* francês, a ponto de condensar os formatos italianos costumeiros e se focar em momentos de intensa tensão teatral nos quais a música é às vezes pouco mais do que um fundo musical para criar uma atmosfera. Por outro lado, *Linda di Chamounix* (1842) enquadra-se na tradição da ópera-semisséria, em que injeções liberais de colorido local enriquecem um enredo que entremeia o trágico, o sentimental e o inequivocamente cômico.

Uma terceira ópera, *Don Pasquale* (1843), é essa *avis rara*, uma ópera-bufa de meados do século XIX que prosperou e se tornou duradoura. Por que isso é tão raro? Lembremo-nos de que na maior parte de sua história, a ópera italiana séria teve a acompanhá-la, volta e meia a satirizá-la, sua gêmea cômica. Compositores tendiam a escrever nos dois gêneros, e na época de Rossini havia às vezes pouca coisa que distinguisse o estilo musical de uma do da outra. Por volta de 1830, no entanto, isso também tinha começado a mudar. Compositores se especializavam cada vez mais num ou noutro gênero (Bellini e Verdi se dedicaram amplamente a obras sérias), e embora continuassem a ser compostas óperas-bufas, depois de 1840 elas raramente desfrutavam do prestígio das óperas-sérias. Mais uma vez o repertório do La Scala o corrobora. Até por volta de 1830, o número de óperas-cômicas superava, em muito, o de óperas-sérias, apesar de que sempre era uma ópera-séria que inaugurava a nova temporada do Carnaval (o mais prestigiado evento do ano). Mas na década de 1840 o número de óperas-cômicas caiu drasticamente: em 1842 somente duas óperas-bufas foram encenadas durante o ano inteiro e ambas eram clássicos antigos — *Il barbiere*, de Rossini, e *Le convenienze ed inconvenienze teatrali*, de Donizetti (1827), uma obra cômica que satirizava explicitamente a ópera-séria. Em parte como resultado dessa perda de apreço, a ópera-cômica tornou-se estilisticamente um tanto estagnada — já na década de 1850 novas óperas do gênero ainda podiam repetir velhos clichês rossinianos, como crescendos da orquestra e tudo o mais.

Donizetti foi o último grande compositor italiano a ignorar essa tendência. Ele continuou a escrever óperas-cômicas com a mesma disposição com que escrevia sérias, e exceleu nos dois gêneros mesmo no final de sua carreira, quando essa versatilidade ia contra as tendências prevalentes. Parte dos motivos pelos quais ele fez isso foi porque em suas mãos a própria ópera-cômica estava em mutação, tornando-se mais consistentemente matizada por uma veia sentimental — um tom que tinha emergido só em certas ocasiões em décadas anteriores. Essa nova atmosfera está presente já em seu *L'elisir d'amore* (O elixir do amor, 1832), outro duradouro sucesso. Mas em *Don Pasquale* as inovações vão mais além. A trama dificilmente poderia ser mais farsesca; em essência, ela faz desfilar os infalíveis tipos de *commedia dell'arte*, um velho rico (Don Pasquale, baixo), enganado por um casal de jovens amantes (Norina, soprano, e Ernesto, tenor) com a ajuda de um velho e sábio amigo (dr. Malatesta, barítono). Mas a *música* de *Don Pasquale* é tudo menos antiquada; de fato, é tão imbuída de toques sentimentais e até mesmo sérios que isso periodicamente põe em questão o fato de ser identificada como comédia. A esse respeito, é revelador que Donizetti tenha tentado insistir em que na estreia parisiense (realizada no Théâtre Italien) os principais personagens se vestissem com roupas contemporâneas, no que foi vencido pela maioria dos cantores e pelo libretista, que insistiram "em perucas e em roupas de veludo".[16]

Os novos pontos de partida são sinalizados assim que a cortina sobe. De maneira muito óbvia, não há um coro de abertura, nenhum mundo social mais amplo do qual possam surgir os principais personagens. A concentração aqui, e ao longo de toda a ópera, será em indivíduos, aumentando de imediato a possibilidade de haver um tipo de identificação do público, em geral reservado para temas sérios. No coração dessa introdução que abre a ópera, embutida em seu aspecto exterior de ópera-bufa, há uma ária *cantabile* de Malatesta, "Bella siccome un angelo" (Bela como um anjo), que faz poucas concessões ao estilo cômico. O *cantabile* de Ernesto, "Sogno soave e casto" (Suave e casto sonho), segue a mesma veia. Não há uma dissolução para o jargão *buffo*, pois a melodia admite pouca interrupção ou deflecção. Em vez disso as frases são poderosamente construídas em direção a uma libertação lírica, quase à maneira do período intermediário de Verdi. Oscilando entre o cômico e o sentimental, a música de Donizetti nos estimula a acreditar na capacidade que o elenco tem de nos emocionar: seus trejeitos cômicos em cena tornam-se apenas uma superfície, como se os *personagens* (e não os atores) estivessem representando seus papéis. E com certeza foi por isso que a ópera sobreviveu (na verdade prosperou), apesar de seu enredo ser um clichê. A superestrutura cômica é na realidade apenas um pretexto, fazendo com que o caminho à frente para o *Falstaff* de Verdi (1893) seja mais claro do que o caminho de volta para *Il barbiere* de Rossini.

Considerando esta leitura da última ópera-cômica de Donizetti, se encaixa melhor o fato de que a passagem mais celebrada da partitura é a ária de Ernesto no segundo ato "Cercherò lontana terra" (Buscarei uma terra distante). O prelúdio orquestral apresenta um longo, lindo e tocante solo de trompete. Quaisquer que sejam as associações a ela contemporâneas, o estranho efeito dessa suave e melancólica melodia executada no mais improvável dos instrumentos pode representar para nós um símbolo da ambiguidade da ópera como um todo. Não é de admirar que essa passagem tenha fornecido um modelo tão transparente aos maiores mestres modernos em ambiguidade musical. No segundo ato de *A carreira do libertino* (1951), uma obsedante recomposição do prelúdio de Donizetti se faz ouvir quando Anne Trulove chega à casa de Tom Rakewell. Ela ergue a mão para bater à porta, mas hesita:

> *Que estranho! embora o coração ouse tudo por amor,*
> *A mão recua e não encontra*
> *Um impulso de coragem. Londres! Sozinha! parece ser tudo o que ela é capaz de dizer.*

A hesitação está lá na música, nas arrepiantes dissonâncias na abertura de Stravinsky e — mais do que tudo — na delicada presunção que permite que o trompete, o de Donizetti, faça ressoar uma canção de isolamento e solidão.

O desolado solo de trompete em *Don Pasquale* poderia servir como competente trilha sonora dos últimos anos de Donizetti, que foram realmente trágicos — trancado num asilo e cada vez mais paralisado pela sífilis que contraíra muitos anos antes. Condizentes com a época, os homens de letras a ele contemporâneos envolveram sua enfermidade em camadas de narrativa romântica. O editor francês Léon Escudier deixou um memorando informando ao mundo que Donizetti tinha enlouquecido por causa de uma imperiosa prima-dona do Opéra de Paris, que o tinha obrigado a fazer adaptações de composição em sua *grand opéra* final. A história, na verdade, carece de fundamento, mas é repetida até os dias de hoje, tão bem ela combina com uma corrente de crítica operística que vê os cantores como constantes inimigos potenciais dos compositores.[17] Quando Donizetti definhava no asilo, às vezes amigos iam visitá-lo, e um até mesmo tentou fazê-lo ouvir algumas passagens da cena de loucura de *Lucia*, na vã esperança de que a música pudesse despertar o músico doente à razão.[18] Heinrich Heine traçou um quadro surreal do compositor, sempre sob cuidados:

> Enquanto suas melodias encantam o mundo com sua feliz jocosidade, enquanto são cantadas e murmuradas em toda parte, ele mesmo, uma terrível imagem da imbecilidade, está num sanatório perto de Paris. No que concerne apenas à sua aparência ele tem, até recentemente, preservado alguma consciência infantil, e se apresenta

com aprumo, todos os dias, em traje de noite completo, o paletó adornado com todas as suas condecorações; e é assim que fica sentado imóvel, desde a manhã cedo até tarde da noite.[19]

A fantasia de Heine alude sutilmente a dois estereótipos alemães sobre a ópera italiana durante esse período: sua carência essencial de seriedade e sua "feliz jocosidade", e a disposição de seus compositores para agradar a todo custo, a estar sempre à espera de uma nova encomenda ou do aplauso do público chamando-os a subir ao palco. Mas a carreira de Donizetti e sua música contam uma história diferente. É verdade que ele parecia escrever inconscientemente, e fez disso seu negócio, adaptando suas inspirações tanto aos talentos de seus intérpretes quanto ao gosto de suas audiências. Mas por estas mesmas razões, suas maiores obras articularam com paixão e precisão um momento de tumultuada mudança na ópera italiana.

MORRER ATRAVÉS DO CANTO

Vincenzo Bellini (1801-35) foi vítima de seu trágico destino, morrendo jovem. As primeiras óperas de Bellini, como as de Donizetti, demonstram uma inevitável influência rossiniana, apesar de seus professores em Nápoles adotarem uma linha antiquada, contra Rossini. Para eles, Rossini era, em sua escrita musical, artificial e elaborado demais, até mesmo "alemão" demais. Mas *Il pirata* (O pirata, 1827) e *La straniera* (A estrangeira, 1829) sinalizavam que Bellini tinha algo diferente a oferecer, algo que amiúde era chamado de "romântico", ou até "filosófico", por críticos contemporâneos dele. Essas denominações pouco tinham a ver com os enredos. Embora ambas as óperas tivessem tido a influência, como tiveram algumas de Donizetti, do gosto então em moda pelo gótico, foi a escrita altamente individual de Bellini para os solos de voz que foi entendida como "romântica". Seu talento foi imaginar a melodia, arcos e linhas estendidos que podiam levar vozes humanas a quebrar corações na enunciação da menor das frases. Essa era sua marca única, a fonte de sua força criativa, e ela fez com que ele fosse imediatamente distinguido de Donizetti.

Este elemento importante da originalidade de Bellini desenvolveu-se a partir de seu estreito relacionamento com o libretista de todas as suas obras mais maduras, com exceção da última, o mesmo Felice Romani que tinha entregado a um frenético Donizetti o libreto de *Parisina* apenas algumas semanas antes da estreia. Mas Bellini escrevia muito mais lentamente do que Donizetti — ele produziu em média apenas uma ópera por ano durante sua curta carreira — e não iria tolerar essas confusões de última hora. Seu método preferido era o de se envolver extensamente na preparação do libreto, insistindo com frequência em fazer revisões e em assegurar que o texto fosse exatamente aquele de que a música precisava. Com esse ritmo mais lento de produção, ele não teria a possibilidade de se equiparar a toda a popularidade e todo o alcance de Donizetti; mas várias de suas óperas tornaram-se instantaneamente clássicas, permanecendo no repertório até hoje.

Il pirata foi a primeira ópera que Bellini escreveu com Romani, e seu primeiro grande sucesso. Situado na Sicília do século XIII, seu enredo centra-se, mais uma vez, num clássico triângulo amoroso. Ernesto (malvado, ciumento, barítono) e Gualtiero (bom, heroico, tenor) disputam a mão de Imogene (gentil, frágil, soprano), que obviamente ama Gualtiero mas é chantageada a casar-se com Ernesto, depois que Gualtiero foi exilado e levado à pirataria. Gualtiero aparece (pós--naufrágio) no castelo de Ernesto e o mata num duelo. Imogene enlouquece. Por causa das individualidades dos cantores para os quais Bellini escreveu e também devido à sua particular sensibilidade, que sempre tendia ao suavemente sentimental, ele procurou evitar a nova e mais robusta voz de tenor que Donizetti tinha empregado com tamanho efeito. Em *Il pirata* tanto o barítono quanto o tenor são agraciados com razoável grau de ornamentação, em particular nos movimentos lentos. Gualtiero foi escrito para um dos maiores famosos cantores da época, Giovanni Battista Rubini (1794-1854), que começara a vida como tenor rossiniano e nunca fez a transição pela qual passara Duprez, mantendo em vez disso sua extrema flexibilidade e aptidão para cantar na estratosfera com uma voz mista, pontilhada de falsetes. O papel é tão cuidadosamente moldado aos talentos particulares de Rubini que hoje é muito difícil achar quem o desempenhe.

Mas se as vozes principais continuam a ser, num sentido, rossinianas, a novidade em *Il pirata* está na medida em que a música que elas entoam respondem às nuances individuais das palavras, tanto nos recitativos quanto nas árias formais. Essa atenção extrema produziu uma superfície fragmentada, em que o modo musical pode mudar a qualquer momento. Para Donizetti essa abordagem era de um efeito excepcional — como, por exemplo, na cena de loucura de Lucia, quando ela é perseguida por uma música do passado. Mas em Bellini a sensação de fragmentação está mais próxima de um estado contínuo. Nos recitativos, interjeições orquestrais — muitas vezes mimetizando os movimentos ou os sentimentos dos personagens — são presença quase constante. Nas árias, em vez dos padrões melódicos simétricos de Rossini, Bellini anunciou sua diferença com melodias longas e um tanto esparramadas, nas quais a linha melódica é amiúde quebrada por pequenas e expressivas pausas, e separando breves motivos musicais de maneira que frases-chave do texto, ou mesmo palavras isoladas, sejam comunicadas de modo muito mais direto do que aquele que Rossini acharia ser o mais agradável. A cena de loucura de Imogene, que constitui o *finale* da ópera, é um bom exemplo. Começa com uma elaborada preparação orquestral, a música coreografando os passos vacilantes da heroína pelo palco e pontuando seu recitativo de abertura. Mesmo em sua cabaleta de fechamento, "O sole! ti vela di tenebre oscure" (Oh, sol, encubra-se de sombras escuras), a ornamentação é periodicamente interrompida por transições bruscas para o registro mais baixo (em "sombras escuras") e por passagens de declamação mais lenta, mais silábica.

Enquanto *La straniera* deu continuidade às inovações de *Il pirata*, as duas óperas seguintes, *I Capuleti e i Montecchi* (Os Capuleto e os Montéquio, 1830, uma versão da história de Romeu e Julieta) e *La sonnambula* (1831), parecem voltar ao modo rossiniano, tanto no tipo de enredo quanto numa incrementada ornamentação vocal, embora surja outra vez a tendência de Bellini de se estender expressivamente em determinados momentos verbais/vocais. Assegurada sua fama, ele pôde agora escrever apenas para os melhores cantores da época. O mais importante deles foi a soprano Giuditta Pasta (1797-1865), que criou os papéis-título em *La sonnambula* e em suas duas óperas seguintes, *Norma* (1831) e *Beatrice di Tenda* (1833). *Norma* foi uma das mais amadas e mais influentes óperas de seu tempo. Situada na Gália durante o domínio romano, sua versão do triângulo amoroso é um pouco fora do comum. Norma (soprano) é uma sacerdotisa druida que lidera uma rebelião contra os romanos, mas ela também ama Pollione (tenor), o procônsul romano, e secretamente deu à luz dois filhos dele. Ele uma vez já tinha correspondido a seu amor, mas agora ansiava pelo amor de Adalgisa (soprano). A ópera termina com Pollione sendo capturado pelos galeses e condenado à morte; Norma decide sacrificar-se junto com ele.

A ária mais famosa em *Norma*, que foi infindavelmente reciclada em diferentes arranjos durante o século XIX, é "Casta diva", cantada pela heroína no primeiro ato, na qual Norma invoca a deusa da lua. Por meio dessa ária podemos imaginar o incomparável talento de Pasta, e a adulação que ela suscitava, assim como a química especial em ação entre sua voz e a invenção musical do compositor. Um dos maiores e mais loquazes fãs contemporâneos de Pasta, Stendhal, salientou que ela era "extremamente discreta em seu uso de fioritura, só recorrendo a ela quando isso pode contribuir para a expressividade dramática da música".[20] Essa descrição valeria também para a própria "Casta diva". Embora Bellini tenha no início deixado sua marca diferençando seu estilo do de Rossini, na época de *Norma* ele pôde apresentar de novo os ademanes vocais de Rossini; no entanto — exatamente como Stendhal pensava sobre Pasta —, ele usaria tais ademanes com moderação, sempre interrompendo a linha melódica com um expressivo prolongamento declamatório e com as pausas que se tornaram sua marca registrada.

A abertura de "Casta diva" é uma demonstração do que Bellini poderia conseguir de melhor nesse estilo. Frequentemente tem sido celebrada como um exemplo clássico daquilo que Verdi, muito mais tarde, louvaria como essas "longas, longas, longas melodias que ninguém tinha feito antes dele";[21] mas as propriedades peculiares a essa ária, o sentido de seu lento desenvolvimento, são ditados pela situação dramática, como um encantamento sacerdotal. As palavras de Romani são dispostas para transmitir formas poéticas, mas também são incomumente diretas:

Casta Diva, che inargenti
Queste sacre antiche piante,
A noi volgi il bel sembiante,
Senza nube e senza vel!

[Casta deusa, que prateia/ essas antigas e sagradas árvores,/ volte seu lindo rosto para nós,/ sem nuvem e sem véu!]

Fiel ao padrão já antes estabelecido em *Il pirata*, Bellini repete livre e individualmente palavras e frases, mas essa repetição está longe de ser mecânica, de preencher apenas as frases musicais. Se fossem separadas de sua música, as palavras de fato soariam como uma repetitiva algaravia: *"Casta diva, casta diva, che inargenti, queste sacre, queste sacre, queste sacre antiche piante"*; mas, quando integram as frases musicais, cada uma dessas repetições verbais contribui para aumentar a intensidade. As primeiras sílabas de *"casta diva"* e *"queste sacre"* são prolongadas e depois ornamentadas, a ponto de obscurecer seu significado literal; mas então as insistentes repetições asseguram que o sentimento essencial que elas expressam seja transmitido. Apesar da fragmentação — as momentâneas pausas que articulam cada uma das pequenas frases musicais —, essa "longa, longa, longa" melodia avança para um notável clímax em *sembiante*, cujas notas agudas culminantes, de lá a si bemol, repetem uma oitava acima as duas notas de abertura de toda a melodia.

O comentário de Verdi sobre a extensão das melodias de Bellini é amiúde citado, mas também vale lembrar sua continuação, muito menos conhecida: "E quanta verdade e poder na declamação, como, por exemplo, no dueto entre Pollione e Norma".[22] Ele aqui está se referindo ao dueto já perto do final da ópera ("In mia man alfin tu sei", Finalmente você está em minhas mãos), no qual Norma tenta uma última vez afastar Pollione de Adalgisa e, ao falhar, clama pela destruição dele e dela. Rossini também elogiou esse dueto, dizendo que "As palavras se confundem tanto com as notas e as notas com as palavras que juntas elas formam um todo completo e perfeito".[23] É um primeiro exemplo do fato de que Bellini tinha muito mais do que simplesmente um dom para a melodia. Ele podia, como em "Casta diva", usar a melodia para articular situações dramáticas, e fazê-lo de um modo que exerceu uma inegável influência sobre a geração seguinte.

O começo de "In mia man", que se desenvolve em muitos modos e movimentos, é o exemplo mais notável. Como muitos desses "longos, longos" solos de ária, é precedido por uma lenta introdução instrumental. A linha vocal se desdobra então em três declarações que seguem a melodia principal, uma inspiração que — mais uma vez, como "Casta diva" — é formada por fragmentos de melodia que se elevam pouco a pouco até um clímax melódico e então, mais abruptamente, descem ao registro inicial. Na primeira declaração, Norma estabelece seu domínio numa fragmentada série de enunciações: "Finalmente... você está em minhas mãos... ninguém pode romper... seus vínculos. Eu posso fazê-lo". Essa declaração final, as quatro sílabas de *"Io lo posso"*, é sincronizada com o momento do clímax melódico, e sua eclosão estimula um diálogo: o restante da melodia se articula numa apressada troca de palavras entre Norma e Pollione. A segunda declaração é toda de Norma, quando ela apresenta sua barganha: "Por seus deuses... por seus filhos... você tem de jurar que de agora em diante... Adalgisa... não o verá mais". As quatro sílabas do odiado nome da rival, "A-dal-gi-sa", constituem agora o clímax melódico, e seu nome parece tirar do rumo e estender a melodia, que agora gira em torno de repetições temáticas e verbais. A primeira frase da terceira declaração é pronunciada por Pollione, *"No: sì vil no sono"* (Não: não sou tão covarde assim), mas sua recusa é ignorada por Norma, que "com reprimida fúria" responde "Jure, jure!". Segue-se um diálogo mais rápido, e a melodia, cujos contornos até agora controlaram o diálogo, é rompida, com a intervenção de modulações e de novas ideias melódicas.

Verdi admirou a "verdade e o poder da declamação" desta notável passagem. Ela se articula por intermédio de uma bela melodia, mas também é um *diálogo*: cada frase está intimamente ligada a suas palavras, e essas palavras têm um efeito imediato no interlocutor. Neste sentido, trata-se de um drama musical que poderia remontar às primeiras óperas (obras que Bellini com certeza desconhecia), e que era incomum no geralmente extrovertido contexto italiano do início do século XIX. Outro compositor e entusiasta de Bellini, que geralmente desdenhava dos defeitos da ópera italiana, tinha isto a dizer: "Entre todas as criações de Bellini, [*Norma* é] a mais rica na maneira profundamente realista com que uma verdadeira melodia se integra com a mais íntima paixão".[24] Foi isso que Richard Wagner, que regeu a ópera em seus anos de aprendizado em Riga, em fins da década de 1830, escreveu na época extensiva e entusiasticamente sobre Bellini, e (de forma mais surpreendente) manteve essa apreciação mesmo em idade avançada. Seu elogio foi um excelente exemplo do fato de que a individualidade de Bellini, em especial sua extrema concentração nos mínimos detalhes da relação entre palavra e música, permitiu que suas óperas cruzassem as fronteiras nacionais — fronteiras que se tornariam cada vez mais bem policiadas à medida que avançava o século XIX.

A ópera final de Bellini, *I puritani* (Os puritanos, 1835), cuja estreia, como a de *Don Pasquale*, foi no Théâtre Italien, em Paris, foi mais um sinal de que a capital francesa tinha se tornado a Meca para os compositores italianos de ópera com aspirações internacionais. Ele tinha então rompido com Romani, cujos atrasos tinham comprometido seriamente *Beatrice di Trenda*; para *I puritani*, então, ele foi obrigado a trabalhar com um iniciante no teatro, o revolucionário exilado conde Carlo Pepoli. Mas para nossa grande felicidade, isso fez com que ele tivesse de pôr no papel, na forma de cartas para o libretista, alguns fatos básicos concernentes à natureza da ópera. Donizetti, como já vimos, insistia no "amor violento". Bellini prescreve sons ainda mais drásticos:

> Grave em sua cabeça em letras adamantinas: *A ópera tem de fazer as pessoas chorarem, ficarem horrorizadas, morrerem através do canto.* É errado querer escrever todos os números da mesma maneira, mas todos eles devem, de alguma forma, ser modelados de maneira a fazer com que a música seja inteligível por sua clareza de expressão, ao mesmo tempo concisa e impactante.[25]

A segunda sentença é bastante clara, e um indício do que Bellini estava tentando atingir em *Norma*; também sinaliza que, embora precisando variar em seus formatos dramáticos, ele não foi — assim como Donizetti — um revolucionário formal: ele constantemente apelava para uma poesia que se modelasse de forma clara (e fosse, assim, inteligível para o público), segundo os modelos-padrão rossinianos. Mas o que devemos entender dessa "adamantina" declaração de abertura? Sua violência propicia uma concepção de drama musical que está em desacordo com a imagem de Bellini que agora tendemos a preservar, a de um gênio sentimental das nuances vocais. Ela constitui um saudável lembrete do que era esse novo e pós-rossiniano mundo da ópera, e — ainda uma vez — da energia criativa de Bellini e da sensibilidade que nela havia.

Em *I puritani* há uma famosa cena de loucura: sua heroína, Elvira (soprano), acredita que foi abandonada por seu amante, Arturo (tenor), e torna-se presa de elaborado desconsolo. Essa passagem é muitas vezes comparada com a cena de loucura em *Lucia*, e sua popularidade é outra indicação de que o surgimento do tenor "viril" coincidiu com uma intensificação de outros tipos de diferenciação entre gêneros, um dos quais era fazer da loucura, pelo menos a do tipo teatral, uma doença feminina que poderia ser elaboradamente caracterizada por uma voz que canta. Há muitos aspectos comuns entre as duas cenas, entre os quais (e não o menos importante) o de que Elvira, como Lucia, acaba entrando em ornamentos ainda mais elaborados, uma libertação da palavra em favor de um excesso vocal cujo significado, claramente, é o de que ela perdeu a razão. Também similar ao caso de Lucia é o fato de que ela é assediada por música antes ouvida na ópera, parecendo que tais reminiscências vêm de sua mente perturbada. Mas no início da cena entra mais uma das "longas, longas" melodias de Bellini, novamente com sua característica tendência à fragmentação melódica, com repetição de pausas e palavras.

Qui la voce sua soave
Mi chiamava, e poi sparì;
Qui giurava esser fedele
E poi crudele, ei mi fuggì.

[Eis que sua voz suave/ me chamava, e depois sumia;/ eis que ele jurava ser fiel/ e depois, cruelmente, me abandonou.]

Os sentimentos são de novo diretamente expressos, e as primeiras duas linhas são apenas declamadas, seguindo as palavras com acurácia: uma melodia contínua para a primeira linha, depois dois ansiosos fragmentos para a segunda. Mas nas linhas 3 e 4 essa direiteza some, as palavras começam a se repetir e a melodia perde a direção, despencando cromaticamente enquanto Elvira busca um sentido para o que houve. Assim como no dueto Pollione-Norma, o enunciado melódico é tão intimamente associado ao personagem que, quando sua razão oscila, seus meios básicos de comunicação também parecem estar lhe fugindo.

Logo depois de *I puritani*, Bellini morreu em circunstâncias trágicas: tinha apenas 35 anos, estava no auge da fama e sucumbiu a uma doença (muito provavelmente amebíase) num subúrbio de Paris. E Heine compareceu mais uma vez com uma nota meio romântica, meio irônica. Sua história "Noites florentinas" contém um extenso e multicolorido retrato de Bellini como uma criança prodígio:

Seu cabelo era penteado segundo a melancólica moda romântica; suas roupas se ajustavam languidamente a seu corpo frágil, e ele carregava sua bengala de rotim de maneira tão idílica que sempre me fazia lembrar os jovens pastores de nossas peças pastorais com seus cajados adornados com fitas e seus calções e jaquetas em tons pastel. E seu andar era tão virginal, tão elegíaco, tão etéreo. A criatura inteira parecia um suspiro em sapatilhas de dança.[26]

Heine, que se autodeclarava o "jovem alemão", deixa claro que os italianos não devem, afinal, ser levados totalmente a sério; e que o amor à ópera é um sintoma de sua condição. Em outro ponto dessa história ele escreve que "a vida inteira dos belos italianos se nos revela quando os vemos na ópera": para uma proeminente linha no pensamento teutônico do século XIX, os naturais, ensolarados e risonhos italianos eram diferentes dos sombrios, sérios e masculinos praticantes da arte alemã. Nos capítulos seguintes vamos ouvir muito mais sobre essa antítese.

É duplamente irônico que Bellini tenha provado ser o único compositor italiano depois de Rossini a ter influência mais abrangente na cultura musical europeia — uma cultura que valorizava cada vez mais a música instrumental em relação à ópera, pelo menos em teoria (na prática, nas bilheterias, a ópera manteve seu prestígio, apesar de todo o solene palavreado). Mas as melodias de Bellini foram sempre poderosas. Seu impacto sobre Chopin é óbvio, e muito comentado. Alguns dos mais preeminentes compositores alemães deram continuidade à atitude ambivalente de Heine, sendo o mais notável e volúvel entre eles, como já vimos, Richard Wagner. Já em agosto de 1872, depois de ele ter composto a maior parte de suas óperas mais maduras, sua mulher, Cosima, conta que ele cantarolava "uma cantilena de *I puritani*"; ele observou que "Bellini escreveu melodias mais belas do que os sonhos de alguém".[27]

Considerando a influência que grandes cantores tiveram sobre as inspirações musicais de Bellini, é inteiramente adequado que o *revival* de seus sucessos em meados do século XX fosse incentivado por uma nova geração de intérpretes de primeira linha. A mais famosa foi a soprano greco-americana Maria Callas (1923-77). Óperas como *Norma* nunca tinham desaparecido por completo do repertório, mas quando Callas se apresentou no papel-título no início da década de 1950, ela fez a ópera se tornar popular outra vez, e inspirou uma prospecção nas obras menos conhecidas de Bellini. Nunca vamos saber como soava a voz de Giuditta Pasta na "Casta diva", mas o que Callas conseguiu fazer com a ária naqueles primeiros anos de sua fama está preservado com exatidão nas gravações. Revisitando-as hoje, a consciência, à la Bellini, que Callas tinha dos detalhes continua sendo extraordinária. Ela dá minuciosa atenção às sutis mudanças na melodia, variando seu vibrato e modo de ataque para fazer com que a sucessão das notas expressem volumes de som. Essa foi a sorte de Bellini: a de os cantores garimparem suas longas, longas linhas melódicas, através dos séculos, para conseguir o mais puro ouro operístico.

10. O jovem Verdi

Em meados da década de 1840, Bellini já estava morto havia dez anos e a doença impusera a Donizetti uma retirada prematura. Como vimos no último capítulo, ambos tinham feito importantes mudanças no "código" rossiniano, que se difundiram por toda a Itália (e depois ao resto da Europa) na década de 1820; mas — embora os conservadores contemporâneos deles frequentemente tivessem reservas quanto a isso — nenhum deles foi considerado um revolucionário. Por um motivo: nenhum dos dois desafiou os contornos formais que haviam se consolidado durante o período rossiniano. Suas individualidades se expressaram de modos diferentes, sobretudo alterando os formatos por dentro — ao mudar a forma pela qual os sentimentos eram enunciados —, mas deixando o exterior quase intacto. Na década de 1840, isso queria dizer que a ópera italiana tinha começado a se mostrar conservadora. Enquanto a ópera em outros países tornava-se cada vez mais ousada, e os gêneros instrumentais adquiriam maior importância no universo musical, os italianos, teimosos, continuaram a trilhar os velhos caminhos, ampliando a lacuna entre eles e os compositores de outros lugares (de ópera ou de outros gêneros). Esse conservadorismo não prejudicou muito seu apelo popular, mas fez com que a ópera italiana fosse perdendo aos poucos seu prestígio estético, seu pedigree de progressividade. Por volta da década de 1860, e pela primeira vez na história operística, a hegemonia da maneira italiana de fazer ópera estava sendo questionada.

É paradoxal que essa perda de prestígio tenha coincidido com a carreira de Giuseppe Verdi (1813-1901). O paradoxo é tão evidente que muitas vezes Verdi é visto como alguém que lutava perpetuamente para superar seu legado, para se livrar de todas as restrições da tradição italiana e emergir fulgurante nas liberdades do século XIX. Relatos que se tornaram padrão nos dizem que Rossini tinha criado essa sucessão contínua de formas em movimentos múltiplos, que terminam com a eterna cabaleta, em seu espetacular virtuosismo exigido pela eternamente imperiosa prima-dona. Donizetti e Bellini, conquanto esporadicamente, tentaram se livrar dessa tirania, mas eles eram gentis e flexíveis românticos, e por isso permaneceram sob sua sedução. A ruptura veio com Verdi, o revolucionário com sua grande barba. Equipado com poderosos implementos e uma firme decisão, ele conseguiu se livrar desses grilhões, renegando as cabaletas e outros clichês que buscavam agradar cantores e atrair aplausos.[1]

Há algo de verdade nessa história. A ópera em todas as línguas e tradições nacionais tornara-se menos previsível durante o século XIX, e as óperas de Verdi não foram exceção. A substituição dos solos de ária por duetos e outras formas de diálogo musical, que já estava em processo desde pelo menos a metade do século XVIII, assumiu um ritmo mais acelerado; e esses episódicos diálogos tornaram-se menos susceptíveis a se acomodarem com modelos preestabelecidos, como o dueto rossiniano de múltiplos movimentos. Mas, apesar disso, permanece o desafortunado fato de que, no amplo contexto europeu dessa inovação formal, as primeiras óperas de Verdi foram reacionárias, e não revolucionárias. Num certo sentido, a ideia da revolução fica mais desconfortável quando aplicada a ele do que quando Stendhal, como é notório, a aplicou a Rossini. É verdade que, em termos epistolares, Verdi foi adepto extremoso de uma postura inversa. Ele confidenciou ao libretista de *Il trovatore* (1853) que: "Se na ópera não houvesse cavatinas, duetos, trios, coros, *finales* etc., e se toda a obra consistisse [...] de um único número, eu a acharia mais correta e adequada".[2] Essas são belas palavras, frequentemente citadas. Mas *Il trovatore* acabou sendo uma das óperas mais convencionais de Verdi — em alguns sentidos uma *celebração* triunfante de velhos formatos —, e isso não é o pior. Na maior parte, e a despeito de suas exortatórias declarações do contrário, Verdi manteve-se fiel ao código rossiniano. Mais do que ninguém, ele foi responsável por manter a ópera italiana distinta dos estilos que surgiam em outros países. Quando, no meio e no fim de sua carreira, ele seguiu todos os ou-tros ao desprender-se dessas formas, estava se rebelando contra restrições às quais ele mesmo tinha propiciado uma nova prorrogação.

AS PÁGINAS SE ABRIRAM

Com seus bem delineados duetos e árias de movimentos múltiplos, o primei-ro grande sucesso de Verdi, o drama bíblico *Nabucco* (Nabucodonosor, 1842), é, de muitas maneiras, mais próximo a Rossini do que as obras tardias de Donizetti ou Bellini. Não é difícil achar o motivo: remendar o código de Rossini, tornando me-nos nítida a distinção entre recitativo e ária, não era, nesse estágio, tão importante para ele quanto um tipo mais básico de imediação dramática. Quando, mais tarde, instruía um maestro sobre como deveria reger *Nabucco*, ele foi inequívoco. "Quan-to aos andamentos", disse, "não devem ser estendidos demais. Todos devem se movimentar."[3] Mesmo sendo isso um exagero (obviamente há em *Nabucco* mo-mentos de relaxamento lírico), Verdi demonstrou desde o início um caráter direto do enunciado vocal que torna suas óperas inconfundíveis. Sim, ele às vezes escre-veu passagens com uma ornamentação remanescente de seus predecessores, mas essas eram exceções. De modo mais característico, Verdi refreou qualquer mera sugestão de elaboração vocal, restringindo seus cantores a se comunicar dentro de uma rígida sequência de frases simétricas. Quase nunca deparamos com movi-mentos como os da cena de loucura em *Lucia*, de Donizetti, na qual a progressão musical parece estancar durante maciças torrentes de ornamento. Verdi quis, aci-ma de tudo, modelar a progressão do tempo musical. Ele queria que seus ouvintes tivessem consciência de sua presença controladora, como compositor.

O coro dos escravos hebreus no terceiro ato de *Nabucco*, "Va pensiero", a melodia mais famosa da ópera, de fato uma das mais famosas de todas as óperas, é um caso ilustrativo, apesar de ser um coral e apesar de avançar num ritmo cons-tante. A poesia fornecida pelo libretista Temistocle para esses escravos, cativos na Babilônia e olhando nostálgicos em direção à sua pátria, está cheia de ingênuas descrições de paisagem e de ecos do salmo 23:

Va pensiero sull'ali dorate,
Va ti posa sui clivi, sui colli,

284

Ove olezzano libere e molli
L'aure dolci del suolo natal!
Del Giordano le rive saluta,
Di Sïonne le torri atterrate...
Oh mia patria sì bella e perduta!
Oh membranza sì cara e fatal!

[Vão, pensamentos, sobre asas douradas, / vão pousar sobre encostas, colinas, / onde sopram, suaves e amenas / as doces brisas da terra natal! / Do Jordão as margens saúdam, / De Sion as torres derrubadas... / Oh, minha pátria tão bela e perdida! / Oh, lembrança tão cara e fatal!]

Esse convite ao sentimentalismo e a uma antiga forma de expressão verbal é assumido pela introdução orquestral. Mas quando entra o coro, acabam as filigranas. A melodia é simples a ponto de ser desarmante, uma série de frases simétricas sem surpresas rítmicas ou harmônicas, somente uma constante alternância de ritmos e tríades sobre um acompanhamento em balanço. Ainda mais surpreendente é que o coro canta sobretudo em uníssono, como se tivesse uma só voz coletiva (Rossini chamou a peça de "uma grande ária cantada por sopranos, contraltos, tenores e baixos").[4] Quando passam a cantar em harmonia, fazem-no em simples terças paralelas, o que é típico da música folclórica italiana.

Essa nova e hiperdireta voz, com sua marca de radical simplicidade, tomou conta, tempestuosamente, do mundo da ópera italiana. Em poucos anos *Nabucco* tinha sido apresentada em toda a Itália e em muitos e longínquos países por todo o mundo. Alguns anos mais e Verdi superava seus rivais e seus predecessores, tornando-se (e continuando a ser até hoje) o mais famoso e popular compositor de óperas italiano. Há muitas razões para essa fama, mas é importante começar com as essenciais. Verdi foi, como todos os grandes compositores de ópera, em sua essência um dramaturgo musical. Ele se comprazia em escrever no linguajar musical que era o padrão naquele momento, em idiomas com os quais sabia que ia se comunicar prontamente com suas audiências; mas por intermédio desses formatos previsíveis ele transmitia um agudo sentido do tempo dramático e — objetivo dos meios que usava — uma invariável percepção de direção musical.

Como muitos compositores do século XIX, Verdi também provou ser um competente manipulador da história de sua vida. Num esquete sobre sua juventude, publicado algumas décadas depois das ocorrências que descreve, ele definia "Va pensiero" como nada menos do que a pedra angular de toda a sua carreira, dizendo que um primeiro olhar de relance àquelas palavras o haviam arrastado de volta do abismo, e o salvado para a posteridade. Esse esquete era, até certo ponto, sombrio e melancólico, combinando com um artista romântico a enfrentar dificuldades. Verdi tinha experimentado um embaraçoso fiasco com sua ópera anterior, uma desajeitada obra cômica rossiniana chamada *Un giorno di regno* (Rei por um dia, 1840), e isso, juntamente com uma tragédia pessoal, segundo ele, tinha o levado a decidir que nunca mais iria compor. Essa decisão foi mantida com firmeza até que, num encontro casual com um empresário, foi-lhe apresentado à força o libreto de *Nabucco*. Relutantemente, ele o levou consigo:

> No caminho senti uma espécie de vago desconforto, uma suprema tristeza, uma angústia a crescer no coração! [...] Fui para casa e, num gesto violento, joguei o manuscrito sobre a mesa e fiquei ali de pé, diante dele. Ao cair, as páginas se abriram por si mesmas; sem saber como, meus olhos se fixaram na página que estava à minha frente, e apareceu-me esta linha:
>
> *Va pensiero, sull'ali dorati...*
>
> Dei uma olhada nas linhas seguintes e fiquei profundamente impressionado com elas [...]. Li uma passagem, li duas, ainda firme em minha intenção de não compor, usando minha força de vontade forcei-me a fechar o manuscrito e fui para a cama! [...] Não foi bom [...] *Nabucco* martelava em minha cabeça! [...] Levantei-me e li o libreto, não uma vez, mas duas, três vezes, tantas vezes que pela manhã poder-se-ia dizer que eu sabia todo o libreto de Solera de cor.[5]

O aspecto mais notável desse esquete não é que as pessoas tenham acreditado nele na época. Foi publicado pela primeira vez em 1879, quando a Itália era uma nação muito nova e ansiosa por se escorar em mitos nacionais. A época era propícia a biografias "anedóticas" e autobiografias, com justificativas artisticamente floreadas, confissões tão generosas em seu talento narrativo quanto carentes de fundamentação documental. O espantoso é que eruditos modernos tenham continuado a citar o relato de Verdi, tratando-o como um registro confiável de um fato histórico. Eles assim fizeram mesmo quando se sabe que em outros pontos do esquete Verdi tinha feito grandes manipulações. Ele modificou, em muitos anos, as datas de morte de seus dois filhos jovens, fazendo parecer que eles e sua jovem esposa tivessem morrido a poucos meses uns dos outros para intensificar o aspecto patético de sua história. Tais lapsos parecem não importar, no entanto, quando o tema de Verdi passa a ser "Va pensiero". Aquele momento numinoso da miraculosa aparição do texto "certo" foi perfeito demais: "Ao cair, as páginas se abriram por si mesmas; sem saber como, meus olhos se fixaram na página que estava à minha frente".

O que estava, o que está acontecendo aqui? A resposta é que a música primeva de Verdi tornou-se, e em certa medida ainda se mantém, entrelaçada com uma fascinante história sobre ópera e política, um laço claro a unir uma à outra. De acordo com essa história, "Va pensiero" e outros coros de óperas subsequentes de Verdi, como *I Lombardi alla prima crociata* (Os lombardos na primeira cruzada, 1843), *Ernani* (1844) e *Attila* (1846), foram um brado de chamamento no que veio a ser conhecido como "o *Risorgimento*". Supõe-se que essa nova postura — com a ajuda de sugestões no texto (*"la mia patria si bella e perduta"*) que eram facilmente compreendidas pelas audiências como referência à sua situação atual — tenha energizado uma surgente nação italiana, encorajado as massas a ir às barricadas nas revoluções de 1848 e funcionado como um fundo musical na formação do estado nacional na década de 1860. No que concerne à década de 1840, quase não há evidência histórica que confirme essa história. Apresentações de ópera na Itália foram às vezes cenário de demonstrações públicas durante os eventos que se seguiram logo depois das revoluções de 1848, mas a música de Verdi não era especialmente propícia a desencadear tais demonstrações. Vários outros compositores, em particular o suave e romântico Bellini, se demonstraram mais relevantes como incendiários baseados em teatros. As consequências das revoluções de 1848, que fracassaram miseravelmente, evidenciam uma história diferente e mais prosaica. No caso de Milão (o centro das atividades de Verdi durante esse período), as autoridades austríacas, que tinham sido expulsas da cidade em março de 1848, logo voltaram ao poder, e nas duas temporadas de ópera seguintes no La Scala (Carnaval de 1849 e Carnaval de 1850) elas aprovaram reencenações de vários dos grandes sucessos de Verdi, *Nabucco*, *Ernani* e *Attila* inclusive. Nessas circunstâncias, é inconcebível que qualquer dessas obras fosse associada à revolução fracassada.

Se assim é, por que a ideia de uma conexão entre Verdi e o levante político tornou-se tão forte? Já apareceram algumas vezes neste livro pontos de conexão entre a história da ópera e a história política, mas o século XIX é seu fulcro. Um divisor de águas político tão óbvio quanto o de 1814-5 e o colapso do império napoleônico, ou a revolução de 1848 de amplo âmbito europeu também são apontados como momentos importantes na história da ópera (nós mesmos o faremos no próximo capítulo). E é certamente verdade que, em seu sentido mais amplo, as revoluções de 1848 deslancharam um processo que impactou a indústria da ópera até o âmago. Elas representaram uma terrível ameaça para muitos daqueles pequenos principados e lugares de governo absolutista que tinham tido tão grande papel na lubrificação das engrenagens da ópera. Mas no curto prazo esses eventos históricos parecem ter interrompido a continuidade da produção e do consumo de um prazer operístico de modo apenas superficial. De fato, o teatro era um importante lugar de encontro para a burguesia urbana — em alguns lugares, fora a igreja, virtualmente o único lugar de encontro. Às vezes, as apresentações eram arrebatadas pelas grandes revoluções burguesas do século. Porém mais frequentemente eram lugares nos quais, como tinha sido padrão ao longo da história da ópera, as classes governantes podiam contar com estabilidade e com uma oportunidade de exibir magnificência e poder. À medida que o século avançava e os movimentos revolucionários assumiam um espectro socioeconômico mais amplo, um segmento cada vez maior da população, supostamente revolucionário, era excluído de todos os eventos operísticos, com exceção dos mais modestos. Mesmo na Itália, as apresentações de ópera no século XIX nunca foram "populares" no sentido que teria esse termo no século XX. Essa forma de arte continuou sendo um entretenimento relativamente elitista, do qual a maior parte da população estava banida apenas por lhe faltarem recursos econômicos. Por isso, qualquer revolução que fosse apresentada em cena, ou alegorizada na música, era apenas um espetáculo, e seu valor como entretenimento era equivalente ao de todos os outros componentes básicos da ópera, a loucura feminina ou o patológico ciúme masculino.

Contudo, por volta das décadas de 1860 e 1870, quando a Itália tornou-se uma nação e buscava com veemência monumentos nacionais que simbolizassem a nova ordem, a música primeva de Verdi lá estava, disponível e (com a ajuda anedótica do próprio grande homem) considerada eminentemente adequada a esse propósito. Parece provável que sua imagem, a de um bardo do protesto político, foi a princípio articulada, quase de forma acidental, com a breve voga do acróstico VIVA V.E.R.D.I. (viva Vittorio Emanuele Re d'Italia, aclamando o monarca piemontês que se tornaria o primeiro rei da Itália unificada) em fins de 1858 e início de 1859. Essa imagem recebeu depois mais estímulo durante a (relutante) passagem de Verdi pelo primeiro parlamento italiano, no início de 1860. Deste e de outros fragmentos surgiu o mito do "Va pensiero" e alguns outros coros de Verdi, mito que permaneceu em obstinada vigência desde então. Esse número coral serviu como fundo que acompanhava incontáveis grupos desejosos de afirmar um sentido de "italianidade", da mais benigna à mais destrutiva. Um exemplo dessa última ocorreu no regime de Mussolini, que foi um grande propagador do Verdi patriota, por óbvias razões nacionalistas. Em 1941, a despeito de sérias distrações de caráter militar, ele financiou extensas comemorações do quadragésimo aniversário da morte de Verdi. Uma das mais importantes publicações que marcaram 1941 foi uma iconografia da vida e da época de Verdi, que apresentava em sua última página um retrato do Duce deliciando-se com seu Verdi, sentado no meio da plateia, mas sobre uma plataforma especialmente construída.[6] As apropriações políticas do "Va pensiero" antecedem e sucedem a esse momento sombrio, antecedem nas tentativas que Verdi empreendeu para inflar seu significado na história de sua própria vida, e sucedem em sua recente aparição como o "hino padaniano" (l'inno della Padania), do grupo separatista no norte da Itália, o Lega Nord.

Nada disso representa uma negação de que a ópera esteve, de várias maneiras, no início do século XIX, vinculada à ideia de nação e de representação nacional; nem de que a música operística no período que levou a 1848, inclusive a de Verdi, às vezes delineava em seus contornos uma nova postura, que glorificava a energia do público e sua possibilidade de ação, embora visando mais ao entretenimento do que a provocar um real engajamento político. Veremos expressivos exemplos dessa postura adiante, neste capítulo e nos seguintes. Nem é uma negação de que "Va pensiero" seja uma extraordinária peça de música coral: ela não seria erigida à sua posição, tanto no presente quanto no passado, não fosse essa poderosa mistura de sinceridade e simplicidade melódica e apelo popular. Mas eventos políticos e eventos operísticos são muito diferentes, as relações entre eles muito complexas e muitas vezes subterrâneas. Neste caso, a reputação de Verdi como "o bardo do Rissorgimento italiano" foi bem real, mas em sua maior parte construída na segunda metade do século XIX, quando uma jovem e recentemente consolidada Itália precisava de monumentos culturais que cimentassem um sentido de identidade nacional, para o qual "Va pensiero" supriu uma inebriante lembrança de tempos mais simples no passado.

O efeito explosivo da presença de Verdi no cenário operístico italiano a princípio restringiu-se sobretudo à metade setentrional da península, mas em meados da década de 1840 já tinha impacto mesmo no Sul, e também ganhara reputação (no início fortemente contestada) em terras alemãs, na França e na Grã-Bretanha. Sua nova e distinta voz foi parte da razão pela qual se formou ulteriormente sua fama de "revolucionário". E embora essa voz se pronuncie de modo claro na poderosa simplicidade de "Va pensiero", ela foi, para as audiências contemporâneas, pelo menos tão óbvia quanto aquela em sua música para cantores solistas, então e sempre no centro da comunicação operística. Embora o jovem Verdi pouco tenha feito para desafiar os dispositivos formais de seus predecessores, a forma como tratou os vocalistas foi além da deles. Sua quinta ópera, por exemplo, *Ernani*, mostra variações importantes em algo tão básico quanto o clássico "triângulo vocal". O tenor viril era agora uma figura fixa da ópera. Enquanto Donizetti apenas flertou com esse novo tipo de herói romântico, Verdi foi virtualmente inabalável em sua adesão a ele. Para contrabalançar o tenor vieram vozes mais escuras, antagônicas e com frequência mais complexas em termos psicológicos: o barítono verdiano, cujos máximos alcances vocais Verdi forçou sem remorsos; e o troante baixo verdiano, a voz do patriarca, o símbolo do poder político ou religioso.

Esses compromissos com novos formatos vocais eram controvertidos. Embora a popularidade de Verdi no norte da Itália logo ganhasse ímpeto, não foi este o caso no sul; menos ainda no exterior, onde sensibilidades nacionais e outras estavam frequentemente em jogo. Um dos mais vociferantes antiverdianos foi o crítico de longa data do *The Times* de Londres, James William Davison. Apresentações de *Nabucco* em 1850 estimularam uma de suas muitíssimas lamúrias:

> Nunca um escritor de óperas foi tão destituído de real espírito inventivo, tão destituído de poder ou tão carente de talento musical. Sua única arte consiste em tecer melodias de balada — nunca encontramos qualquer melodia em suas canções — em coros, os quais, cantando em uníssono, fazem um grande barulho; ou construindo um *finale* por meio de um tremendo choque de metais, tambores e címbalos e vozes que gritam no ponto mais alto de seu registro.[7]

Os três motivos principais para os críticos considerarem Verdi tão problemático são dispostos aqui claramente diante de nós: ele era popular demais (as melodias "de balada"), numa época em que as divisões entre música "de elite" e "popular" só estavam começando a se formar; ele fazia barulho demais, tanto no coro quanto na orquestra, que habitualmente fazia uso dos novos instrumentos mais barulhentos (em particular os metais); e usava as vozes mal e cruelmente, obrigando os cantores a gritar mais do que cantar.

Embora Davison não o mencione, uma das mais impactantes inovações de Verdi, presente tanto em *Nabucco* quanto em *Ernani*, envolvia a voz de soprano. Suas óperas da década de 1840 apresentavam mulheres de dois tipos distintos. O primeiro era o de heroínas de caráter convencionalmente feminino, com muito alvoroço e muitos desmaios em meio a torrentes de ornamento vocal. Verdi conseguiu administrar isso quando suas sopranos se mostraram incapazes de algo mais robusto; ele o fez, no entanto, recorrendo a uma linguagem musical bem antiquada. Ficava mais à vontade com um tipo oposto e totalmente novo — sopranos que sacrificavam a beleza da melodia e do ornamento no altar do poder puro da expressão vocal. Essas novas espécies adotavam o que se tornaria a marca registrada de Verdi: uso liberal do registro baixo, "de peito", preferência por enunciados curtos e intensos em vez de longas linhas líricas; e uma escrita ornamental que, longe de embelezar o verso, se integrava com ele e se continha com rigor. Uma música como essa, que exige força e agilidade, mostrou-se muito difícil de cantar, e virtualmente impossível de cantar lindamente; ela visava a um efeito dramático, às expensas de uma boa postura vocal.

O enredo de *Ernani*, baseado num drama do arquirromântico escritor francês Victor Hugo (1802-85), foi recontado plausivelmente, em termos vocais neoverdianos abstratos, como a história de uma soprano assediada por três vozes masculinas.[8] Quanto mais alto o registro de uma dessas vozes, mais jovem e mais romanticamente bem-sucedido é seu possuidor; mas, como é tão frequente em ópera, a expectativa de vida diminui muito à medida que se sobe na escada vocal. No mais alto degrau masculino está o tenor, Ernani, um nobre que se tornou bandido, amado pela soprano, Elvira; logo abaixo está o suave barítono, Don Carlo, o rei da Espanha, a quem Elvira trata com cauteloso respeito; resmungando lá no fundo está o baixo, Silva, velho, nobre, vingativo e maldoso, que Elvira odeia e de quem está noiva. Há depois uma reviravolta. Embora a Elvira do enredo seja o clássico tipo da mulher passiva em torno da qual circulam todos esses amantes enquanto lançam uns aos outros pesadas imprecações, a Elvira-voz está longe de ser tão passiva quanto se possa imaginar; ela é de fato a presença musical mais poderosa da ópera. Tal é a alquimia que a música de ópera pode operar com os estereótipos do gênero.

As duas árias de abertura de *Ernani*, de movimentos múltiplos, ilustram com perfeição o novo regime vocal. Nos termos do libreto, uma cena com um possante, dinâmico e trágico Ernani é seguida por outra com a passiva, desiludida do amor, trágica Elvira. Mas a música inverte tudo isso. Ernani tem seu quinhão de notas altas e vívidas síncopes, mas a ária de Elvira tem um nível totalmente diferente de energia musical — é na verdade um exemplo clássico da nova voz verdiana. Longe de se dissolver em virtuosismos vocais à maneira dos predecessores italianos de Verdi, os dois movimentos de sua ária continuam a utilizar a ornamentação em frases periódicas. Cria-se assim a energia tão típica das primeiras óperas de Verdi — por meio de um maior rigor formal associado a uma intensificação do conteúdo expressivo. O fato de o contraste entre tenor e soprano ser tão perceptível também combina com a mudança das qualidades vocais de uma nova geração de intérpretes femininas: Verdi, como seus predecessores, foi cuidadoso ao adaptar sua escrita vocal aos talentos de seus primeiros intérpretes, como ademais fizeram todos os compositores de ópera. Nesse caso, o papel de Elvira foi criado pela formidável Sophie Loewe (1812-66), uma soprano alemã cuja clareza no enunciado vocal teve sem dúvida uma grande influência na configuração da "nova mulher vocal" de Verdi.

No trio final do quarto ato de *Ernani*, essa nova intensidade de enunciado vocal torna-se extraordinária. Elvira e Ernani estão prestes a se casar, o problema constituído pelo interesse de Don Carlo em Elvira muito provavelmente desapareceu quando ele foi escolhido para ser o sacro imperador romano, no terceiro ato. Mas o velho Silva ainda está à espreita algures — Ernani tinha feito com ele um fatídico pacto, em consequência do qual sua vida pode ser confiscada no momento em que Silva decidir reclamá-la. Os preparativos para o casamento são interrompidos pelo toque distante de uma trompa, sinal de Silva de que ele está reivindicando sua parte do pacto. O aparecimento de Silva deslancha então o trio final, "Ferma, crudel, estinguere" (Pare, malvado, anule). Como em "Va pensiero", uma simples alternância entre tríades e figuras pontuadas* cria uma concen-

---

* Na notação musical, um ponto aplicado a uma figura (notação que representa uma duração de tempo, como mínima, semínima, colcheia etc.) aumenta sua duração em metade de seu valor.

tração de registros cruciais e de formatos melódicos — e quase nenhuma ornamentação ou outra possibilidade de beleza convencional do canto. O trio torna-se assim uma exploração, sem remorsos, de um desespero vocal, com a orquestra projetando a voz adiante por meio dos impulsos de seu padrão de acompanhamento. A soprano e seus dois antagonistas masculinos são, como vozes, notavelmente similares, sem sinal das distinções de gênero que as óperas de Donizetti enfatizaram. Ao contrário, Elvira nada deve a Ernani em termos de veemência na declamação, e o baixo se lhes equipara em fervor. No trio final de *Ernani*, *todos* cantam como o novo tenor viril.

FELICE VARESI, BARÍTONO FEIO

Na década que se seguiu a *Ernani*, Verdi produziu uma sucessão constante de óperas (cerca de uma por ano), e sua fama mundial tornou-se ainda maior. Sua personalidade musical básica pouco mudou (sempre a mesma força e o mesmo dinamismo), mas quase cada uma de suas obras abria um novo terreno. *Ernani* tinha feito uso efetivo de um tema recorrente, uma melodia solene associada a um pacto entre Ernani e Silva; em sua ópera seguinte, *I due Foscari* (Os dois Foscari, 1844), Verdi experimentou um sistema mais amplo de temas recorrentes, sendo dada a cada um dos personagens principais uma "etiqueta" musical que era anunciada toda vez que eles entravam.

Como vimos em capítulos anteriores, temas remanescentes tinham sido usados em óperas francesas e alemãs, e podiam ser efetivos se fossem guardados para momentos especiais — de interrupção nos procedimentos operísticos normais. O problema em *Il due Foscari* é que os temas recorrentes são mais numerosos, mas não se desenvolvem à medida que os personagens se movimentam ao longo da ópera: eles simplesmente são reiniciados, como se fossem uma espécie de "cartões de visitas" apresentados em cada entrada de cada um deles. Rapidamente os temas começam a soar redundantes: a música apenas replica o que nossos olhos já captaram, e quem é que precisa de um cartão de visitas na *segunda* visita? Esses temas também são restritivos, parecendo que os personagens estão para sempre presos à postura que essa música sugere. Esse experimento ensinou a Verdi uma lição valiosa. A maneira com que mais tarde tratou os temas recorrentes nunca seria de novo tão sistemática, e ele encontrou outras formas de injetar conexões musicais em suas óperas. Mas *I due Foscari* levanta uma questão que apesar de tudo tornou-se premente no século XIX: quanta conexão musical uma ópera deve se empenhar para ter? Intensificava-se a pressão sobre os compositores de óperas para que utilizassem os recursos sinfônicos, na medida em que o prestígio da música instrumental crescia ainda mais, com sua tessitura musical de conexão — como esses temas sendo submetidos a um elaborado desenvolvimento e voltando periodicamente.

Depois de *I due Foscari* Verdi continuou a fazer experiências, às vezes voltando ao grande estilo coral ouvido pela primeira vez em *Nabucco*, às vezes tentando temas mais íntimos de grande sofisticação literária. O mais ambicioso foi *Macbeth* (1847). Cultivando de longa data um interesse por Shakespeare, Verdi dedicou um esforço especial a essa ópera, e mais tarde desaconselhou sua apresentação como uma *opera di ripiego* (um tapa-buraco no repertório caso a produção de outra ópera, mais importante, fracassasse). No entanto, o mais revelador foi o comentário que ele fez bem mais tarde, em 1875, numa época em que — para sua grande contrariedade — ele era bombardeado com perguntas sobre Richard Wagner. Uma entrevista em Viena girou em torno desse inevitável tópico, e relata-se que Verdi fez um comentário da maneira mais surpreendente:

> Quando nossa conversa chegou em Wagner, Verdi ressaltou que seu grande gênio tinha prestado à ópera um incalculável serviço, porque ele tivera a coragem de se livrar da tradição da ópera-ária. "Eu também tentei mesclar música e drama, em meu *Macbeth*", ele acrescentou, "mas, à diferença de Wagner, não fui capaz de escrever meus próprios libretos."[9]

O que será que Verdi quis dizer? O experimento mais importante em *Macbeth* é a nova maneira pela qual os modos musicais definem dois elementos do mundo da ópera, dando-lhes o que mais tarde Verdi chamou de *tinte*, ou seja, um colorido que os identifica. O primeiro elemento pertence às feiticeiras, e está confinado às cenas de abertura do primeiro e terceiro atos, e que, nas palavras de Verdi, deveriam ser "triviais, mas de maneira extravagante e original".[10] Ambas as cenas mudam do tom menor para o maior, e ambas empregam recursos musicais semelhantes para descrever as feiticeiras: repentinas mudanças de ritmo e textura, rápidas passagens mendelssohnianas, em terças, para as cordas; obscuras sonoridades nos sopros. O segundo elemento das *tinta* está associado a Macbeth (barítono) e Lady Macbeth (soprano), e é mais disseminado. Aqui há um tema proeminente e recorrente: uma simples alternância entre o dó de registro médio com a nota um semitom acima, que acompanha as palavras de Macbeth *"Tutto è finito!"* (Tudo está acabado!) quando ele volta depois de assassinar o rei Duncan, logo antes de seu dueto com Lady Macbeth no primeiro ato. Esse recurso foi muito diferente dos cartões de visita em *I due Foscari*; a ideia de *tutto è finito* é simples bastante para realizar seu propósito sem ostentação, e flexível bastante para funcionar de modo sub-reptício, em especial quando desaparece, encoberta pelas figuras do acompanhamento.

Mas *Macbeth* oferece mais do que apenas um sentido adicional de coerência musical. Para fazer justiça a esse excesso — em particular à mistura livre do cômico com o sério — que o século XIX encontrou em Shakespeare, Verdi foi ainda mais intransigente no que concerne à rigorosa expressão vocal de sua mensagem dramática. Um indício disso está numa carta de Emanuele Muzio, aluno de composição e uma espécie de faxineiro musical de Verdi, ao qual se podia confiar a tarefa de repetir sem qualquer comentário as opiniões de seu mestre. Escrevendo para um amigo, Muzio ressaltou o inusitado uso, em *Macbeth*, do barítono protagonista, papel que eles esperavam fosse cantado por Felice Varesi (1813-89), um dos maiores cantores-atores da época (ele foi mais tarde o criador de Rigoletto e do *père* Germont, em *La traviata*):

> Agora tudo depende da resposta de Varesi; se Varesi concordar em cantar em Florença [...] então [Verdi] vai compor *Macbeth*, em que só há dois personagens principais: [Lady Macbeth] e Macbeth — Loewe e Varesi. Os outros papéis são secundários. Nenhum ator na Itália é capaz de fazer um Macbeth melhor do que Varesi: por causa de sua maneira de cantar, por causa de sua inteligência e até porque ele é pequeno e feio. Talvez você diga que ele canta desafinado, mas isso não tem nenhuma importância, porque o papel é quase totalmente declamado, e nisso ele é muito bom.[11]

As cartas do próprio Verdi a Varesi são mais circunspectas, mas os sentimentos que expressam são os mesmos. Também é significativo que Verdi tenha pensado em Loewe, de presença tão poderosa em *Ernani*, para o papel de Lady Macbeth. Ela, afinal, não estava disponível, mas Verdi foi inflexível quanto a dispor de alguém que fosse uma parceira compatível com o pouco sedutor mas dramaticamente insuperável Varesi. Quando uma das maiores sopranos da época, Eugenia Tadolini, foi sugerida para o papel de Lady Macbeth, Verdi recusou do modo mais explícito:

> As qualidades de Tadolini são boas muito além da conta para este papel [...] Tadolini tem uma bela e atraente aparência, e eu gostaria que Lady Macbeth fosse feia e malvada. A voz de Tadolini tem uma qualidade angelical; e eu gostaria que a voz da Lady tivesse algo de diabólico! Os dois números principais da ópera são [...] o dueto entre a Lady e seu marido, e a cena do sonambulismo. Se esses números falharem, toda a ópera terá fracassado. E essas peças não devem ser cantadas: devem ser representadas e declamadas com uma voz muito abafada e velada; de outra forma, não serão capazes de fazer qualquer efeito.[12]

Essa era uma surpreendente reviravolta nos valores que tinham sustentado a ópera italiana durante o século XVIII até Rossini, em que a beleza da emissão vocal havia conquistado tudo na expressão do drama. A beleza vocal, a qualidade que tinha representado santos da mesma forma que pecadores durante tanto tempo, de súbito não era mais suficiente. A voz agora devia se adequar ao personagem.

O tipo de música que Verdi compôs para esses intérpretes extraordinários está bem ilustrado na "Gran Scena e Duetto" do primeiro ato, que ele cita como um dos "principais números" da ópera. Seu envoltório externo, como é tão frequente no Verdi iniciante, segue o antigo modelo rossiniano de quatro movimentos; mas internamente há um mar de mudanças, das quais não é a menos importante ter o dueto como introdução um notável recitativo com acompanhamento, "Mi si affacia un pugnal?!" (É um punhal isso que vejo à minha frente?!), quando Macbeth se enrijece para assassinar Duncan. Essa passagem é excepcionalmente rica em invenção musical, como figuras cromáticas que deslizam, sacudidas por harmonias distorcidas de simulada religiosidade e fugidios remanescentes da música das feiticeiras. Ela põe em ação um fluido argumento musical que nem tanto *introduz* os movimentos formais do dueto quanto estabelece seu tom; em outras palavras, a linguagem do recitativo torna-se um modelo vocal para o que vem a seguir. O primeiro tempo fixo do movimento começa com o regresso de Macbeth, depois de assassinar o rei, para se encontrar com Lady Macbeth. Como já mencionado, o primeiro pronunciamento de Macbeth, *"Tutto è finito!"*, apresenta então, em seu formato simples, um tema recorrente que se torna crítico na tessitura do dueto. Como para demonstrá-lo, seus distintivos contornos musicais imediatamente migram para o material que compõe o acompanhamento. Acontece então uma inversão crucial. Na superfície, o primeiro movimento envolve uma rápida conversação entre os personagens, com ênfase numa declamação tipo recitativo com um escoramento orquestral; mas a contribuição orquestral está impregnada do tema de *"Tutto è finito"*. A orquestra não só comunica um típico senso de agitação, como tem suas próprias associações semânticas. Em outras palavras, ela desempenha um papel narrativo.

Apesar de esse dueto ser convencional por ser concebido no formato de movimentos múltiplos, ele é não convencional ao fazer poucas distinções no comportamento vocal entre um movimento e o seguinte. Ambos os personagens se expressam principalmente em frases abafadas. Nos dois primeiros movimentos, Macbeth faz tentativas esporádicas de introduzir ideias líricas mais tradicionais (no primeiro movimento ele lembra os criados adormecidos de Duncan, no segundo, em "Com'angeli d'ira" — Como anjos de ira); mas em ambas as ocasiões ele é confrontado, até mesmo silenciado, pelas quebradiças irrupções ornamentais de Lady Macbeth, que zombeteiramente chama as dúvidas dele de *"follie"* (loucura); o fato é que seus enlouquecidos recursos de coloratura em três do quatro movimentos é em si mesmo incomum, contribuindo para o sentido de que o dueto inteiro constitui um único movimento musical. Também importante, no entanto, é que Verdi usa o virtuosismo vocal dela para fins não ortodoxos. O que tradicionalmente era tido como decorativo e ornamental aqui é uma marca da histeria, ou ao menos de uma forçada e inconvincente alegria. Em outras palavras, neste carregado mundo da declamação, o ornamento vocal torna-se dissonante, eivado de significado negativo. O movimento final do dueto — tradicionalmente o lugar em que o ornamento transborda, seja como for — torna isso ainda mais claro: todo ele é abafado e amortecido, terminando com exclamações isoladas em staccato, nos registros baixos dos cantores.

Uma marca adicional à significância de *Macbeth* foi Verdi ter concordado em acrescentar música de balé numa reencenação planejada para o Théâtre Lyrique de Paris em 1865; ele também decidiu fazer mudanças substanciais em alguns trechos que eram, como ele os chamou, "ou fracos ou carentes de caráter".[13] Neles se incluem uma nova ária para Lady Macbeth no segundo ato ("La luce langue"; A luz está mais fraca) e a substituição da cena da morte de Macbeth por um final que soava à francesa, "Inno di vittoria" (Hino de vitória). A versão de Paris é a que hoje comumente se ouve, a despeito das dissonâncias estilísticas que a revisão de Verdi criou. "La luce langue" não tenta se adaptar ao ambiente musical à sua volta, na realidade é um dos trechos de música mais radicais (tanto orquestral quanto harmonicamente) que Verdi tinha escrito, já em meados da década de 1860. Outro exemplo é o "Inno di vittoria". A cena da morte de 1847, que ele substitui, era fiel à personalidade vocal de Macbeth, sendo quase toda declamada e voltando de maneira eletrizante à tonalidade e ao ambiente temático do dueto com Lady Macbeth no primeiro ato. O "Inno", por sua vez, é um animado coro de celebração, com uma virtual citação de *A Marselhesa* no fim (o que era uma garantia de que os franceses se poriam de pé, aplaudindo). Essas revisões suscitam outra vez a pergunta apresentada várias vezes neste livro, e crucial no século XIX e depois dele: o quanto necessita a ópera de coerência musical? Em 1847 Verdi revestiu partes de *Macbeth* com muitas tessituras musicais conectivas (recorrentes combinações orquestrais, temas que aparecem periodicamente em contextos diferentes etc.); em 1865 ele sacrificou parte disso para atualizar sua ópera e torná-la mais palatável ao gosto parisiense. Hoje temos acesso a ambas as versões; podemos (ao menos em gravações) misturar e comparar, talvez com a inclusão de "La luce langue", mas conservando também a antiga cena da morte. E as escolhas podem muito bem ser revigorantes, fazendo-nos lembrar que os textos operísticos do passado não precisam ser considerados objetos sagrados, mesmo numa cultura de museu contemporânea.

VILÃO RISONHO, BUFÃO CHOROSO

Em 1847, o ano de *Macbeth*, Verdi transferiu-se para Paris e lá permaneceu na maior parte dos dois anos seguintes. Foi uma mudança importante, pois a maioria de suas óperas subsequentes deixava entrever óbvios maneirismos parisienses, inclusive árias no estilo francês e um maior refinamento da escrita orquestral. Muito disso veio de sua exposição a Meyerbeer e outros compositores da *grand opéra*; mas Verdi também assistiu a eventos teatrais mais modestos. Em seu *Stiffelio* (1850), a cena final sofre a influência do melodrama falado, então imensamente popular nos teatros do bulevar parisiense. Em algumas cenas, um intenso confronto pessoal é apresentado em pantomima ou declamado sobre um frugal e atmosférico fundo orquestral, de modo muito similar ao que estava acontecendo no teatro falado. Era um estilo que Verdi usaria com efeito ainda maior nas óperas do início da década de 1850, em particular em *Rigoletto* (1851), que marcou uma nova etapa em seu longo desenvolvimento musical.

As primeiras cartas de Verdi sobre a encenação da peça de Victor Hugo *Le Roy s'amuse* (O rei se diverte, 1831, outro drama romântico no estilo de *Ernani*) transbordam de entusiasmo. "Há um personagem que é uma das maiores criações de que o teatro de todos os países em todos os tempos pode se ufanar";[14] "[Rigoletto] é uma criação digna de Shakespeare!"[15] Essa comparação em alto nível deveria nos alertar. Como Hugo, cujo prefácio a *Le Roy s'amuse* ele certamente tinha lido, Verdi encontrou em seu novo protagonista uma divisão trágica que apresentava novos desafios musicais. Mesmo os maiores personagens de suas óperas passadas haviam pendido para o unidimensional. Como seus antecessores do século XVIII, eles podem ser cruelmente dilacerados por emoções conflitantes (amor romântico, dever filial ou responsabilidades pessoais e públicas); mas essas aflições lhes são impostas pelo mecanismo do enredo, não por eles terem falhado consigo mesmo. Seu comportamento sob coerção é sempre decididamente previsível. Rigoletto seria diferente. As sementes de sua destruição estão fundamente incrustadas em sua própria psique. Em sua aparência exterior ele é deformado, um bobo da corte corcunda que estimula um depravado e inescrupuloso governante. Secretamente, no entanto, ele sustenta uma filha querida que é inocente do mal que a circunda. Como descreve Hugo, com uma economia que não lhe era característica: "Tribolet (o nome que Hugo atribuiu a quem viria a ser o personagem Rigoletto) tem dois pupilos, o rei, a quem ele instrui no vício, e sua filha, a quem ele erige em virtude. Um irá destruir o outro".[16]

O enredo é fácil de se contar. Rigoletto (barítono) é um bobo da corte do duque de Mântua (tenor), um conhecido namorador. O último alvo do entusiasmo do duque é uma jovem mulher chamada Gilda (soprano); ele a deseja ardentemente, depois de ter entrado de maneira ilícita no jardim murado onde ela está enclausurada. Seus cortesãos descobrem que ela está sob a proteção de Rigoletto (eles supõem que ela é sua amante) e, no *finale* do primeiro ato, a raptam. No segundo ato Rigoletto tenta resgatar Gilda, mas descobre que ela foi seduzida pelo duque; ele jura vingança. No final do ato Rigoletto contrata um assassino, Sparafucile (baixo), para assassinar o duque, mas Gilda tem conhecimento do plano e — tendo se apaixonado por seu sedutor — deixa-se matar em seu lugar. Rigoletto transporta num saco o que ele pensa ser o cadáver do duque, mas então ouve o sempre libidinoso aristocrata cantando, ao longe, seu amor; ele abre o saco para encontrar sua filha à beira da morte.

Verdi viu esse complexo protagonista barítono como outra experiência operística, cuja influência poderia se estender a todos os personagens principais. Em parte *Rigoletto* foi, como em *Ernani* e *Macbeth*, uma peça contínua com personagens-voz. Rigoletto foi, outra vez, modelado para e criado por Felice Varesi, cujo tamanho mirrado e feiura o faziam muito adequado para o papel, e cuja melodramática aparência exterior como o personagem "errado" (deformado e, assim — segundo os códigos melodramáticos da época —, maligno) poderia então ser contradita por sua presença dramática e seu talento para comover audiências. Mas houve outras mudanças além destas. Gilda começa a ópera como uma soprano da moda antiga: sua ária de entrada no primeiro ato, "Caro nome", é uma peça famosa de exibição de virtuosismo. Mas à medida que as coisas lhe acontecem, e particularmente depois de ter sido seduzida, ela passa por uma mudança vocal, adotando um estilo mais direto — até mesmo se equiparando, no terceiro ato, ao modo declamatório de seu pai. A inovação mais surpreendente está no papel do tenor. Na maior parte do tempo, a linguagem musical do duque namorador está próxima à da ópera-cômica: o duque-voz é, em outras palavras, encantador e persuasivo, e combina com quase todas as melodias famosas da ópera. Mas o duque do enredo é sempre negativo. Assim como o virtuosismo vocal de Lady Macbeth adquirira um novo e sinistro significado, aqui também toda a fachada de canto leve e lírico é questionada: é posta a serviço de um libertino, um homem cujo fascínio exterior combina errada e grotescamente com um cinismo interior.

Há mais um e importante aspecto na inovação de *Rigoletto* no que tange às personas vocais. Os personagens anteriores de Verdi tinham sido diferençados pelo tipo de voz e modo de cantar, mas todos tinham se expressado por veículos amplamente idênticos — as árias de movimentos múltiplos, duetos e conjuntos que, embora um tanto divergentes das tendências internacionais, continuaram a ser os blocos sobre os quais se assentavam as óperas de Verdi. Mas em *Rigoletto* Verdi, pela primeira vez, faz uma distinção entre os personagens principais pelo modo com que se engajam nesses formatos. Rigoletto é o centro emocional do drama, mas não canta árias de movimentos múltiplos. Ele canta, tipicamente, num estilo declamatório livre, o que permite que a trágica divisão em seu caráter seja manifestada musicalmente de imediato. Por outro lado, o papel do duque reside em números triviais e formais, o que faz com que seu encanto e sua superficialidade se projetem por esse sentido de convencional previsibilidade, assim como seu melífluo tenor parece ter emigrado de algum paraíso perdido do bel canto. Apanhada entre os dois, sempre correspondendo ora a um, ora a outro, é Gilda quem se movimenta de uma extrema convencionalidade a uma extrema fragmentação, à medida que ela amadurece, dolorosamente, ao longo do drama.

Nesse sentido, é bem adequado que o número mais celebrado de *Rigoletto* seja o quarteto do terceiro ato "Bella figlia dell'amore". Rigoletto tinha trazido Gilda a uma remota hospedaria para lhe mostrar que o homem que ela ama continua a ser um namorador. No quarteto todos os cantores principais cantam juntos, mas eles permanecem crucialmente divididos: Rigoletto e Gilda estão do lado de fora da hospedaria, espiando o duque, que está cortejando sua mais recente conquista, Maddalena (contralto). Verdi realizou aqui uma experiência radical, fazendo da diferença entre as vozes a característica mais marcante do quarteto. O duque (que conduz a principal linha melódica) é ardente, lírico e totalmente convencional, apresentando sua corte amorosa com um uma previsibilidade rítmica que beira o banal, pontuada por acordes em staccato nas madeiras e pela tagarelice de Maddalena depois de cada frase. Rigoletto, no polo oposto, é obstinadamente *não* lírico, sua linha é composta de irrupções declamatórias, amiúde numa única nota. E Gilda está sempre entre esses dois, expressando-se em fragmentadas e "soluçantes" figuras. Um dos primeiros comentaristas descreveu a contribuição dela para o quarteto como *canto spezzato*[17] — um canto quebrado de um coração quebrado e dividido.

Essas inovações musicais no quarteto de *Rigoletto* muitas vezes têm sido exaltadas — o número é icônico nas histórias da ópera italiana. Menos frequentemente se menciona que Verdi acompanhou Hugo quando pôs o quarteto dentro de um quadro cênico inovador:

> Palco dividido. Uma margem deserta do Mincio. À esquerda há uma casa de dois pavimentos, semidestruída, cuja fachada, de frente para a plateia, revela através de um grande arco o interior de uma hospedaria rústica no andar térreo. Uma escada grosseira leva a um sótão, no qual, através de um balcão sem persianas, se vê um catre. No lado do prédio que dá para a rua há uma porta que se abre para seu interior; a parede, além disso, está tão cheia de frestas que de fora pode-se ver facilmente o que ocorre lá dentro.

Como demonstram muitas ilustrações de época dessa cena — era uma favorita dos gravadores e apareceu nos frontispícios de muitos libretos e partituras vocais —, as personagens do quarteto são depois separadas por essa divisão no palco. O duque e Maddalena flertam no interior calidamente iluminado; Rigoletto e Gilda, no exterior escuro, espiam pelas frestas na parede. Não poderia haver uma representação mais expressiva do radicalismo dessa divisão, do abismo entre os personagens, as impossíveis brechas que preenchem sua marcha para o destino.

Qual é exatamente a natureza dessa brecha? Assim como esses conflitos fazem o personagem título ser tão estimulante para Verdi, da mesma forma essas fraturas representam, em meados do século XIX, uma versão dessa divisão entre o exterior e o interior, entre o mundo público e o privado. Rigoletto é a figura pública, o bobo da corte que esconde dentro de si um intenso mundo privado — o mundo de Gilda, trancado longe das vistas. É então, perto do final do primeiro ato, que esses dois mundos colidem, quando o duque se esgueira para o jardim de Gilda em sua busca de aventuras e depois, quando seus cortesãos a sequestram, quando a tragédia entra em ação. No segundo ato, Rigoletto aparece no palácio ducal, procurando sua filha perdida, ainda representando sua persona pública de bobo da corte. Mas ele logo se dá conta de que, além do espaço público limitado pelo cenário no palco, do outro lado de uma porta lateral, sua filha está sozinha com o duque — que algo que ele chamaria de sedução e que nós chamaríamos de estupro está acontecendo. *"Cortigiani, vil razza dannata"*, ele vitupera (Cortesãos, raça vil e amaldiçoada). Essa explosão não é nem um pouco parecida com uma ária, no sentido convencional, é mais uma série fragmentada de emoções que terminam num pleito. Desnudando suas emoções íntimas e camufladas, ele implora por ter acesso ao espaço oculto onde está ocorrendo a verdadeira ação da ópera.

"Estes tempos estão fora dos eixos", diz Hamlet depois de ver seu pai, que pertence a outro mundo, diante dele nas ameias da muralha. A frase poderia ser um mote para *Rigoletto*. O público e o privado se entrelaçam de forma perturbadora. As emoções e posturas dissimuladas do mundo público podem penetrar e danificar irremediavelmente os lugares privados nos quais se abrigam os verdadeiros sentimentos. Não é de admirar que Verdi tenha considerado seu protagonista "digno de Shakespeare" e não é de admirar que *Rigoletto* tenha marcado um novo e importante estágio em sua carreira operística.

As primeiras óperas de Verdi são, de muitas maneiras, previsíveis. Como

Donizetti e Bellini, ele preferiu seguir os antigos formatos e mudar os maneirismos da ópera de dentro, neste caso ao elevar, com tal e declarado objetivo, a temperatura emocional, impondo às vozes modos novos e mais declamatórios. Mas, depois de *Rigoletto*, esse primeiro estilo não voltou mais. Desde então, nunca mais seria possível confiar nas velhas certezas — de personagens, de circunstâncias, de convenções musicais que pudessem configurar personagens em padrões previsíveis. Verdi às vezes voltou ao velho código rossiniano, e o usou com grande efeito. Mas a escolha não era de forma alguma automática. Formatos operísticos, como o espaço e os personagens operísticos, tinham se tornado subitamente mais imprevisíveis.

11. A grande ópera*

Em 1946, a editora norte-americana Simon & Schuster publicou uma anto-logia musical chamada *A Treasury of Grand Opera* (Um tesouro da grande ópera). Visando a amantes da ópera que também poderiam aspirar a ser músicos, o livro inclui excertos de sete óperas, todas em partituras vocais simplificadas, com tra-duções em inglês sob as linhas vocais na pauta, para um acesso imediato. As lín-guas originais são apresentadas somente em itálico, abaixo do inglês, e todas as árias que contêm notas agudas em nível profissional são transcritas para um tom mais baixo e mais confortável, às vezes em drásticos intervalos. Cada ópera tem seu capítulo próprio, os excertos musicais precedidos de uma sinopse ilustrada com desenhos a carvão e pastel (veja a figura 26). Essa coleção pós-guerra marcou o ponto final de uma longa tradição histórica de adaptar e publicar ópera para in-terpretação amadora, em casa. Tais arranjos remontam a pelo menos o século XVIII, e comumente eram feitos para voz e/ou teclado, ou adaptações para outros

---

* No texto em inglês, *grand* tem o sentido de "grandioso", que é também uma conotação de "gran-de", em português. Mais adiante, os autores referem-se ao termo em francês *grand opéra*, no sentido de "grande em tamanho". Isso soa redundante ao leitor brasileiro, que já assim entendia a "grande ópera", como "grande" ou "grandiosa". Mas para manter o sentido do texto original, optou-se por manter diferenciados, como no original, os significados de *grand* em inglês "(grandioso") e *grand(e)* em francês e português ("grande" ou "grandioso").

instrumentos. Quando Wagner morava em Paris, no final da década de 1830, ele tirava parte de seu magro sustento adaptando óperas populares francesas em várias combinações — e não era de forma alguma o único compositor novato a se valer de um trabalho tão vulgar. No final do século XIX, no auge da música em casa, as óperas populares apareceriam em dúzias de formatos instrumentais. Um paciente bibliógrafo desenterrou cerca de quatrocentas publicações diferentes que forneciam excertos de *La traviata* para consumo amador. Existe até mesmo uma versão da ópera inteira para clarinete, uma desanimadora perspectiva para aquela modorrenta noite de domingo na sala de visitas.[1] A maior parte dessa atividade caseira teve lugar antes do advento do gramofone e do rádio, naqueles dias serenos em que a maneira de levar ópera para casa era num formato que você pudesse tocar ou cantar você mesmo. Entre tudo que este livro conta de teatros e estreias, temos aqui um ponto importante: levar ópera para casa tem sido sempre parte do prazer que ela proporciona. Durante quase todo o tempo em que tem havido apresentações ao vivo, a paixão por repetir essa experiência de alguma maneira — indo buscá-la longe do teatro e de seus profissionais — continuou a ser cativante.

O que se entendia por Grande Ópera, nos idos de 1946? *Don Giovanni*, *Lohengrin*, *La traviata*, *Faust*, *Aida*, *Carmen* e *Pagliacci*. Essas palavras eram imensamente populares na Grã-Bretanha e na América nos anos que antecederam a Segunda Guerra Mundial. Eram produtos obrigatórios em teatros de elite como o Covent Garden e o Metropolitan, mas também eram servidos (e às vezes em versões reduzidas) em inumeráveis e mais modestos lugares. Muitas vezes sofriam distorções para melhor se encaixarem nos moldes locais: *Lohengrin* poderia ser apresentada em italiano, ainda a língua-padrão da ópera; isso sem mencionar como era tratado o repertório-padrão; *Carmen* e *Faust* em geral eram equipadas com recitativos, em vez de diálogo falado. Mas um ponto que esta antologia ressalta insistentemente é que a Grande Ópera tinha poucas limitações. Podia ser escrita por compositores franceses, italianos ou alemães, e embora mormente consistisse de obras trágicas do século XIX, sempre se podia abrir uma exceção para Mozart. E nem sempre a Grande Ópera nos condenava a ficar assistindo hora após hora, e ato após ato. *Pagliacci* segura sua audiência por não mais de 75 minutos. Nem ela exige necessariamente um desempenho virtuosístico: *Carmen* não faz tais exigências. Pode apresentar coros massivos e impactantes espetáculos visuais (a cena triunfal de *Aida* está, nesse aspecto, entre as maiores e melhores); mas nem sempre, pois além de umas poucas cenas de festa, *La traviata* e *Don Giovanni* são, em comparação, obras de câmera. A julgar pelo *Treasury*, a Grande Ópera em 1946 não era tanto um gênero quanto algo que se associa a uma tia-avó há muito falecida, carinhosamente relembrada por seus colares de pérolas, seu casaco de mink e o leve cheiro de naftalina. É um repertório, uma atitude e uma marca de status reunidos numa coisa só, envolta em convenções de encenação e costumes cujo realismo sentimental é tão perfeitamente captado nessas ilustrações a carvão.

Grande Ópera não significa, pois, apenas uma grandeza ou um glamour operístico. Já vimos muito disso nos enfáticos repertórios pré-*Treasury*. A ópera do século XVII em Versalhes nos deu os cinco atos espetaculares de Lully, com seu cenário fantástico e ultrajante adulação do monarca; assim como a ópera-séria do século XVIII, com seus reis e imperadores, seus guerreiros e máquinas voadoras, com a imponência de suas idas e vindas. Mas mesmo que a Grande Ópera tenha sido tão ampla quanto afirma o *Treasury*, a maior parte de seu repertório (Mozart foi sua grande exceção), no entanto, tem uma dívida para com um gênero muito específico e limitado. Este segundo e estrito sentido do termo começou na França, e é melhor expresso por sua designação em francês *grand opéra*, termo que descreve certas obras escritas para o Opéra de Paris entre o fim da década de 1820 e o fim da de 1860. É importante lembrar que em francês a palavra *grand* também significa "de grande extensão" [em inglês, *big*], de modo que *grand opéra* é, ao mesmo tempo, uma ópera faustosa e, muito simplesmente, uma ópera que raras vezes acaba muito antes da meia-noite. A grande ópera, no sentido mais amplo endossado pelo *Treasury*, é sobretudo um fenômeno do final do século XIX e do século XX; mas, como veremos mais tarde neste livro, formou-se mormente pela difusão dos efeitos e das convenções do formato francês, da *grand opéra*.

AS PESADAS TARTARUGAS

Os anos intermediários do século XIX em Paris foram extraordinários, criando um microclima operístico que nunca havia ocorrido antes, e isso propiciou o surgimento da *grand opéra*, permitido por subsídios estatais sem precedentes segundo os padrões do século XIX. O *directeur-entrepeneur* de teatro no final da década de 1830 e na de 1840 recebia em regra 600 mil francos por ano, além de poder fazer livre uso do teatro.[2] Os custos de preparar uma nova produção eram astronômicos. A fatura pela encenação de *Les Huguenots*, de Giacomo Meyerbeer, foi de mais de 100 mil francos só por cenários, roupas e acessórios. E depois havia o problema dos cada vez mais altos salários dos cantores principais (os melhores entre eles, como o tenor Adolphe Nourrit ou a soprano Julie Dorus-Gras, estavam ganhando 25 mil francos por ano, com seus "honorários por apresentação" no topo da lista). Os oitenta membros do coro, oitenta elementos da orquestra e trinta dançarinos do balé também eram um escoadouro permanente, apesar de os mais desqualificados receberem uma ninharia. Em 1836, o ano de *Les Huguenots*, o tocador de triângulo, um tal de Dauverné Júnior, recebia um salário anual de trezentos francos (o do líder da orquestra, François-Antoine Haberneck, era de 8 mil francos); algumas das mulheres do *corps de ballet* ganhavam tão pouco que não podiam pagar por alimento e moradia, e se voltaram para a prostituição.[3]

Todo esse dinheiro era carreado para criar um evento operístico internacional cujo esplendor cênico, vocal e orquestral era sem precedentes. Tanto que a complexidade que havia por trás das cenas tornou-se notória. Uma observadora dispéptica, cujo parceiro compositor estava mais familiarizado com o tipo italiano de encenação, com soluções de última hora e orçamentos remendados, mas que tentava uma grande jogada financeira com uma *grand opéra* em Paris, reclamava das "tartarugas do Opéra".[4] Ela estava se referindo às várias pessoas encarregadas dos detalhes da encenação, que podiam — assim disse ela — discutir durante 24 horas se num determinado gesto o cantor precisava usar um dedo ou a mão inteira. A encenação e a movimentação não mais eram deixadas ao acaso ou ao capricho dos cantores, como tinham sido na maior parte da história da ópera. Era como se os princípios da coreografia estivessem fluindo dos balés, que foram durante muito tempo parte integral da ópera-séria francesa, para o modo de dirigir as cenas cantadas. A obsessão de criar uma imagem, a ideia de gerenciar meticulosamente quadros cênicos, era nova e significativa. O efeito nas plateias era inegável. Quando isso funcionava (o que não acontecia o tempo todo), essa espécie de ópera capturava a imaginação de tal forma que seu impacto era sentido em toda a Europa. Estrangeiros ficavam perpetuamente extasiados com a exuberância do espetáculo. Como um americano, olhos arregalados, comentou em 1838:

Eles chamam essa ópera francesa, a "Academie Royale de Musique", [...] a "Grande Ópera"; essa última denominação porque ela tem uma quantidade maior de trovões e relâmpagos, de mares de papelão, de tempestades de neve feitas de papel e de dragões que cospem fogo; também uma suntuosidade de guarda-roupa e de cenários que não tem similar em nenhum teatro da Europa. Certamente seu *"corps de ballet"* pode superar em dança o mundo inteiro reunido. Misericórdia! Como somos deficientes em nosso país no que concerne a essas realizações elegantes.[5]

Libretistas, compositores e cenógrafos, de Catânia a Estocolmo, de Lisboa a Moscou, também sentiram seu poder e tentaram imitá-lo. Quase nenhum conseguiu. O triste fato foi que, além de Paris e de seus subsídios oficiais, ninguém achou uma maneira de pagar as contas.

Quais eram os ingredientes essenciais da *grand opéra*? Nossa metáfora culinária, a ideia dos ingredientes de uma receita, é intencional. Não menos que a ópera-séria handeliana, ou a comédia rossiniana, a *grand opéra* tinha seus requisitos, projetados para atender a um elenco de expectativas do público que pareciam permanecer totalmente inalterados ao longo de várias décadas. Para merecer a designação de *grand opéra* tinha-se de conceber* algo em grande escala, sério, francês, e quase sempre em cinco atos. Uma história com dimensão monumental fornecia o material para a trama, muitas vezes a história de um conflito religioso: judeus ou muçulmanos contra cristãos, talvez, ou protestantes contra católicos. Enquanto a ópera trágica envolvia amiúde o choque entre tribos de algum tipo, os libretistas que escreviam para o Opéra definiam essas tribos como nações, ou crenças, inteiras, e não só Montéquios e Capuletos. Era preciso haver um grande balé, um balé que, com desesperada ingenuidade, teria de se entrelaçar com o enredo. Carlos Magno (ou algum outro grande personagem histórico) está angustiado na véspera de uma batalha importante? Neste caso, o que poderia ser mais adequado do que o súbito aparecimento de uma trupe de bailarinas, personificando ciganas que vivem nas proximidades, para alegrar sua melancolia com a dança? Para se aventurar na *grand opéra* também é necessário dispor de grandes forças corais em vários atos. O libreto se localizaria num período histórico mais ou menos remoto, de preferência a Idade Média ou um pouco depois dela. E se teria de escrever, é óbvio, para o Opéra de Paris, uma instituição que sobreviveu à Revolução Francesa e cuja mudança de nomes no decurso do século acompanha a tumultuada história política da nação: Académie Royale de Musique (durante as

---

* O termo em inglês *concoct*, que significa "misturar ingredientes de uma receita culinária" e também "inventar" [uma história], faz, intraduzivelmente, a ligação com a "metáfora culinária".

restaurações dos Bourbon), Académie Impériale de Musique (quando vários Napoleões estavam no poder) e a Académie Nationale de Musique (durante a época republicana).

Qualquer lista de seus compositores mais bem-sucedidos revela de imediato que, embora a *grand opéra* sempre tenha sido cantada em francês e com frequência produzida pela primeira vez em Paris, ela foi em muitos sentidos um gênero internacional, com compositores italianos, franceses e alemães misturando e adaptando modos, todos eles importantes na miscelânea estilística. Além disso, seus principais praticantes faziam questão de ser musicalmente internacionais, tão adeptos da exploração harmônica e da nuance orquestral alemãs quanto eram da declamação e dos delicados toques programáticos franceses, ou do lirismo vocal e da extravagante ornamentação italianas (embora este último modo, tipicamente, fosse reservado à soprano protagonista, e a ninguém mais). Todos esses estilos seriam necessários durante o longo entretenimento noturno. Um influente crítico da época, Joseph d'Ortigue, foi ainda além, anunciando que uma primeva *grand opéra* de Meyerbeer, *Robert le diable*, 1831, tinha inaugurado um novo gênero eminentemente francês, que fundia o bel canto rossiniano com o sinfonismo de Beethoven.[6] Essa formulação, embora seja mais um exemplo da emergente oposição ítalo-alemã que comentamos nos capítulos anteriores, com certeza era exagerada: nenhum dos extremos musicais de D'Ortigue seria compatível com o delicado equilíbrio da *grand opéra* em seu melhor. Mas seus sentimentos, e o alto nível de ambição que ele proclamava, eram característicos. Além disso, o pretensioso internacionalismo do gênero era um fator mais de enriquecimento do que de mera confusão. A grande variedade de modos e tons na *grand opéra* fazem com que comparações com o romance histórico, o gênero literário dominante no século XIX, sejam difíceis de evitar.

Como sempre acontece com novidades artísticas, houve resistência à *grand opéra*, sobretudo por parte daqueles que perceberam tratar-se de algo grandioso demais, e que o encantamento do público com o espetáculo cênico estava se sobrepondo a todos os outros aspectos. Heinrich Heine, cujas condescendentes caricaturizações de Donizetti e Bellini já vimos no capítulo 9, sugeriu que "nada excede em luxo a grande ópera, que hoje se tornou um paraíso para o deficiente auditivo".[7] Wagner expressa isso de forma mais rude quando, no contexto de um ataque que faz a Meyerbeer, ele fala de "efeitos desprovidos de causas".[8] Mas não havia como retroceder. A *grand opéra* conquistara seu lugar, com uma paisagem acústica mais densa, mais rica, com instrumentos mais sonoros e uma orquestração mais complexa, e vozes que podiam se fazer ouvir tendo como fundo tão incrementada concorrência sônica. Essas exigências tornar-se-iam no decorrer das décadas subsequentes pré-requisitos para compor óperas-sérias em qualquer língua, sendo a transição para vozes mais pesadas especialmente significativa. Do final do século XVIII até a década de 1840, o som do canto operístico se transformaria de muitas maneiras. Já vimos como, na ópera italiana depois da década de 1820, os tenores heroicos suplantaram altos e sopranos (fossem *castrati* ou mulheres) nos papéis masculinos. Embora as vozes leves e suaves que tinham dominado o canto operístico não tivessem mudado da noite para o dia para as clarinadas de Brünnhildes ou o rosto vermelho [pelo esforço] de Manricos, a difusão da *grand opéra* aumentou a percepção, que já se tinha na Itália de Donizetti e de Verdi, de que a potência, com ou sem agilidade, era a nova moda.

O fim da década de 1820 em Paris foi, então, uma significante conjuntura na história das vozes operísticas. Não menos importante, ele presenciou o início de um novo regime visual. Uma crucial mudança foi a formação de um comitê de encenação no Opéra, o chamado *Comité de mise-en-scène*, do qual participavam os encarregados de pintar os cenários, os responsáveis pelos acessórios e a direção geral de cena. Isso tornou manifesta uma recém-estabelecida seriedade no que tange às práticas da encenação (que os franceses chamam de *mise-en-scène*); quando combinadas com elaborados quadros cênicos e com maquinaria, essas práticas fizeram de Paris o centro de tudo que é visual, no que concerne à ópera. Ponto--chave para esses desenvolvimentos cênicos foi a ideia de que a burguesia em expansão em Paris, esse novo público que lotava o Opéra, precisava de uma nova e mais sofisticada forma de apresentação teatral, na qual os antigos e improvisados clichês históricos não seriam mais aceitáveis. Como disse Jean Moynet, um cenógrafo do Opéra:

> Sob a influência do Romantismo, o estudo do colorido local tornou-se uma necessidade. Ninguém iria mais se contentar com os dispositivos "aproximados" ou antigos que tinham servido até então [...]. Exigia-se do teatro que fizesse seus personagens viverem no ambiente real em que seus intérpretes viviam.[9]

Além disso, a variedade de estilos e de efeitos que era tão importante para a música da *grand opéra* também se tornou crítica no domínio do visual. O papa da cenografia naquele início era Pierre-Luc-Charles Cicéri (1782-1868), um pintor de paisagens cuja preocupação com o realismo fê-lo visitar os Alpes suíços quando se preparava para montar os cenários de *Guillaume Tell* (Guilherme Tell, 1829), de Rossini. Pelos padrões daquela extravagante década de 1830, a tendência era que cada ato de uma ópera tivesse seu próprio caráter cênico, que era encomendado a ateliês de especialistas que se encarregavam da intricada arquitetura e dos interiores, ou dos efeitos da luz na água, ou de contrastes românticos.[10]

FIQUE COMPLETAMENTE IMÓVEL

Como que seguindo uma deixa, a *grand opéra* viu surgirem as primeiras e duradouras obras de seu repertório exatamente naquela época: em *La Muette de Portici* (A muda de Portici, 1828), música de Daniel Auber (1782-1871) para um libreto de Eugène Scribe (1791-1861); e, logo no ano seguinte, em *Guillaume Tell*, de Rossini. Vale nos determos em *Tell*, que foi a última ópera de Rossini. A diferença em relação a seu estilo italiano anterior tem muito a ver com a influência que as condições parisienses locais podia exercer sobre os compositores. O libreto não era particularmente francês e com certeza não italianizado: baseava-se numa peça do poeta e dramaturgo alemão Friedrich Schiller (1759--1805), que foi amigo de Goethe e um escritor reverenciado pelo Romantismo. As peças de Schiller tornaram-se importante fonte para óperas no século XIX, embora não em alemão — assim como Goethe, os libretistas alemães evitaram transformar monumentos literários nacionais em forragem para sopranos. Nem a peça de Schiller nem o libreto de Rossini são trágicos, antes um drama político que se passa na Suíça do século XIII. Os austríacos tinham ocupado a Suíça e oprimiam seu povo; isso cria o cenário para o clássico conflito entre o amor e o dever que é devidamente evocado quando Arnold (tenor), um ardente patriota suíço, se apaixona por Mathilde (soprano), uma princesa austríaca. O vilão da peça é Gesler (baixo), uma autoridade austríaca local que assassina o pai de Arnold (em reapresentações da peça de Schiller, o papel de Gesler é o principal, e sempre vai para o ator masculino número um). Guilherme Tell (barítono), que também é um ardente patriota suíço e exímio atirador com uma besta, resgata um amigo que tinha matado um soldado austríaco que tentava estuprar sua filha. Isso deixa Tell em dificuldades, e na cena mais famosa da ópera (terceiro ato, cena 2), Gesler, com sadismo, testa a frieza de Tell obrigando-o a acertar uma maçã posta sobre a cabeça de seu filho Jemmy. Tell acerta, para júbilo geral, mas Gesler assim mesmo o prende como traidor. Nas cenas finais, Arnold, Tell e a população suíça se revoltam. Tell acerta Gesler, libertando o cantão do domínio austríaco.

A cena do disparo na maçã tornou-se um clássico. Wagner, que exceto por isso tinha poucas coisas boas a dizer de Rossini, não economizou elogios. Parece até que *Guillaume Tell* lhe assombrava o sono: numa entrada em seu diário no final da década de 1850, ele conta um sonho no qual está cercado por antagonistas que cantam e o fazem se lembrar de Gesler.[11] O que concorre para o poder dessa cena? A frieza e a habilidade com a besta demonstradas por Tell são apenas uma parte de um *finale* com múltiplas seções, no qual Rossini usa uma música livre e declamatória. Quem quer que esteja familiarizado com os voos, ornamentos e frases comuns em suas óperas italianas vai achar esse estilo quase irreconhecível. O cantar, em si mesmo, foi relegado a um plano secundário. O solo de Tell dirigido a seu filho, "Sois immobile" (Fique imóvel), é introduzido por um solo de violoncelo cuja melodia e cujo timbre antecipam a linha vocal, como se dissesse que vozes heroicas como a de Tell descendem da orquestra, são comunitárias e não individuais. A mensagem é clara: o que está em questão é importante demais para qualquer ideia que seja, mesmo remotamente, frívola ou narcisista no que tange ao aspecto vocal. Nesse sentido, é significativo que "Sois immobile" dê o ar de sua graça no famoso encontro entre Wagner e Rossini em 1860 (comentado no capítulo 7). Os dois compositores estavam discutindo sobre estilo melódico em ópera. Wagner, como se podia esperar, em favor do flexível e declamatório; Rossini considera isso, também de modo previsível, como "uma oração fúnebre para a melodia". Mas Wagner insiste, citando, do próprio Rossini, "Sois immobile" como um exemplo daquilo a que se está referindo. Uma jogada ardilosa, poder-se-ia pensar. Mas Rossini, mais esperto do que parece ser em suas fotografias já em idade avançada, o contesta com um gracejo mordaz: "Então eu fiz a música do futuro sem saber".[12] Se Wagner ficou desarmado ante tal farpa, não se sabe; de certa forma, é de duvidar.

No entanto, nessa cena há mais força do que inovação musical. Num certo sentido, Guilherme Tell torna-se um herói não porque ele arrisca a vida de seu filho, mas porque demonstra sua aptidão física e perícia num único momento de intensa concentração e sangue-frio. Em outras palavras, é um ato icônico. O menino, a maçã, o arco e a flecha são captados e ficam por um momento imóveis, congelados; a ópera só volta à vida quando a corda do arco é finalmente liberada. Quase não há música quando Tell ergue seu arco para o tiro, somente um único ataque das cordas em trêmulo, e isso é significante. O quase-silêncio e a quase-estase são o epítome de uma tensa antecipação, permitindo que a plateia se concentre no que está vendo mais do que no que está ouvindo. Este quadro congelado que comprime a ideia da rebelião heroica numa só imagem torna-se uma inspiração simbólica para uma revolta política das massas, e esse processo de uma parte que representa o todo — o que os gramáticos chamariam de "sinédoque" — acaba sendo uma técnica importante para o gênero inteiro. A *grand opéra* francesa foi famosa por sua atração pelos momentos visuais icônicos, imagens ou quadros cênicos congelados que, captados em litografias e amplamente distribuídos por meio da mídia impressa de Paris, podiam representar ou evocar o som maciço lento, o tempo sonoro que envolvia a cena em sua apresentação em tempo real.

Guillaume Tell e sua predecessora, *La Muette de Portici*, outra grande ópera "quadro", tinham significativas similaridades, uma das quais foi o uso de bem caracterizadas locações geográficas (em francês, *couleur locale*, a cor local) e do Povo como uma nova força dinâmica — força bem diferente daqueles rotineiros e encenados coros das décadas anteriores. Mas também tinham seus notáveis traços individuais, novamente a sugerir a variedade estilística que a *grand opéra* poderia acomodar. *La Muette* termina com uma extravagante e catastrófica cena, na qual a heroína se joga na lava do Vesúvio em erupção, e a simplicidade da música nesse momento de clímax (nada mais do que uma sequência de escalas mecanicamente repetidas) é parecida com o frugal tremolo na cena em que Tell atira na maçã. A ausência de um maior interesse musical ressalta o fato de que se pretende que o elemento visual se sobreponha a tudo. Por outro lado, coisa que não acontece em *La Muette*, as ambições musicais e as glórias passadas de Rossini fizeram com que *Tell* tivesse muito mais do que isso. Seu maior momento de puro esplendor visual — a descoberta de uma magnífica paisagem alpina no *finale* — é acompanhado de uma música que visa a traduzir o sublime efeito cênico em som, parecendo que seus amplos formatos musicais tornam mais lenta a própria passagem do tempo enquanto o homem contempla a natureza.

Nas décadas de 1830 e 1840 um pequeno número de obras semelhantes juntou-se a *La Muettte de Portici* e *Guillaume Tell*, dominando com estas o repertório do Opéra de Paris por várias décadas. Três desses grandes sucessos foram compostos por Meyerbeer, um alemão expatriado que tinha um prenome italianizado (seu nome de nascença era Jakob Liebmann Meyer). As aspirações internacionais da *grand opéra* estão sintetizadas na carreira de Meyerbeer. Depois de um aprendizado musical convencional na Alemanha, ele passou uma longa temporada na Itália; lá se tornou, inevitavelmente, um seguidor de Rossini, mas em sua última ópera italiana, *Il crociato in Egitto* (O cruzado no Egito, 1824), ele já demonstra sua emancipação do estilo rossiniano, em sua tendência a uma orquestração mais complexa. Ele se muda então para Paris, onde ficou até o fim da vida, em 1864. A primeira ópera francesa de Meyerbeer, *Robert le diable*, foi iniciada já em 1827 mas não chegou ao palco do Opéra antes de se passarem quatro anos. Nesse período, com *La Muette* e *Tell* a mostrar o caminho, Meyerbeer mudou suas partituras de três atos da ópera-cômica para as da autêntica *grand opéra* de cinco atos. Nesse último formato ele foi muito bem-sucedido e, como vimos no comentário de D'Ortigue sobre sua fusão de Rossini e Beethoven, foi reconhecido como um importante marco no caminho da ópera. Por volta de 1835, *Robert* tinha sido exportada para dez outros países, criando uma voga que rivalizava até mesmo com Rossini. Durante as próximas décadas, Meyerbeer definiria a *grand opéra* clássica. Suas obras seguintes no gênero, *Les Huguenots* (1836) e *Le Prophète* (1849), atingiram um status no repertório só comparável ao de *La Juive* (A judia, 1835), de Jacques Fromental Halévy, e *La Favorite* (1840), de Gaetano Donizetti. Para ninguém menos que Chopin, *Robert* era "uma obra-prima da nova escola, onde os demônios cantavam na voz dos trompetes e os mortos levantavam-se de seus túmulos", uma obra que tinha tornado Meyerbeer "imortal".[13] Na década de 1850 ele era rotineiramente aclamado, a despeito de Verdi, como o maior compositor de ópera vivo.

Há uma certa tentação de ver a ascensão e queda da *grand opéra* na França como uma questão de barômetros sociais. Documentos da época nos lembram mais e mais uma vez que o que definia a *grand opéra* não era exatamente o formato das obras, mas o das audiências — suas necessidades e suas fantasias. Louis Véron, que foi nomeado *directeur* do Opéra em 1831, e que administrou o lugar como se fosse empreendimento privado (embora com subsídios oficiais e suas auditorias ainda mantidas), foi inequívoco quanto ao que considerava sua missão social, na esteira da revolução de 1830: "A Revolução de julho é o triunfo da burguesia: essa burguesia vitoriosa estará desejosa de aproveitá-la, de se divertir; o Opéra se tornará sua Versalhes".[14] Segundo Véron, a imagem dessa classe dominante em sua corte moderna tem também uma função diplomática, anunciando ao mundo que a imagem da França como fonte de uma revolução violenta chegou ao fim: "Apresentações exitosas de obras-primas musicais precisam atrair estrangeiros ao Opéra, onde eles devem ver camarotes ocupados por uma sociedade elegante e despreocupada. Os sucessos e receitas do Opéra precisam contradizer os tumultos".[15] Ver e ser visto, exibir status social num palco público, era crucialmente importante nas aspirações desse público. Não é de admirar que uma das características centrais desse novo e amplo espaço público do Opéra fosse a presença de grandes espelhos, nos quais o público podia ver a si mesmo e aos outros refletidos em todo o seu refinamento.

Se a *grand opéra* foi um barômetro, de que meios ela usou para ler as pressões de sua época e os gostos de seu público? Quais foram suas principais características, e que valor isso tem para nós agora, no início do século XXI? Quase todas as *grands opéras* de maior êxito tinham pelo menos um grandioso quadro cênico ou momento visual icônico, que se destinava a provocar espanto e ruidoso aplauso. Um dos mais falados foi o da grande procissão imperial no primeiro ato de *La Juive*. Antes do aparecimento do imperador, já se viam guardas montados a cavalo, corneteiros, porta-estandartes, vinte besteiros, cardeais, bispos, membros de guildas, abades, vinte pajens, cem soldados e assim por diante. Críticos de jornais listaram zelosamente todos esses extras, e um deles gracejou escrevendo que "se não tivermos cuidado, o Opéra se transformará num poder capaz de lançar seus exércitos para desequilibrar a Europa".[16] Essa observação revela uma bela expressão de ironia francesa, mas também dá voz a um processo peculiar: o de vivenciar a apresentação com reverente admiração, porque ela extrapola os sentidos, mas quando ela passa fica-se sóbrio outra vez, e se percebe o exagero — um pouco ridículo e absurdamente caro. O efeito do durante e do depois é característico da assimilação da *grand opéra* nos presentes dias. No entanto, talvez hoje estejamos mal-acostumados com o cinema, que pode fazer coisas (de novo, muito caras, mas para multidões sem precedentes de espectadores) com as quais Meyerbeer não poderia sequer sonhar.

Um elemento que diferencia a *grand opéra* até mesmo das mais elaboradas óperas-sérias italianas era a decoração em seu sentido mais lato, não somente a ornamentação vocal que durante tanto tempo tinha agraciado a ópera italiana, mas uma plêiade muito maior de efeitos que podiam tornar mais vívida e intensa a experiência. Havia, é claro, acessórios em profusão e um arrastão de extranumerários, mas tão importante quanto isso eram os números musicais que existiam apenas como enfeite, não como veículos da trama ou expressões diretas de emoções. O mais óbvio desses objetos decorativos eram elaborados balés precariamente inseridos no centro da trama. Eram apenas uma guloseima visual para os cavalheiros do público, dos quais os mais privilegiados (os que tinham bilhetes de assinatura da temporada completa) tinham acesso livre aos bastidores e, em especial, ao chamado *foyer de la danse*, onde podiam encontrar as bailarinas e usufruir de seu visual, e depois talvez de outros prazeres. Mas na maioria das *grands opéras* havia também coros e até mesmo solos de ária que eram pouco mais do que extensões do cenário.

Muitos historiadores da ópera a desaprovam quando ela se torna muito fácil para os olhos; eles temem que, se a música cair muito e sair do foco, seu prestígio se perderá.[17] Isso serve, então, para também nos lembrar periodicamente de que sempre que a ópera se torna mais voltada para o visual, quando o canto diminui ou se orienta para uma colorida massa coral, a oportunidade de alimentar a vista é também uma oportunidade de a audição relaxar. Isso pode ser muito importante, e os compositores (tanto os franceses quanto os demais) raramente foram cegos a essas vantagens. Já mencionamos que as convenções da *grand opéra* ressurgiram em sua diáspora internacional em muitas décadas subsequentes, em episódios como a marcha triunfal de *Aida*, que parece ter sido diretamente extraída do libreto de Meyerbeer. Tal cena não é mais balé do que é a extravagância coral, processional, de uma banda em marcha: um tour de force de vinte minutos, cujas confortantes qualidades deviam ser evidentes até para o crítico mais austero.

Na *grand opéra*, mais abundantemente em Meyerbeer, também encontramos conexões, em pequena escala, entre o visual e formas musicais simbólicas, conexões que mais tarde foram consideradas características de Wagner. Em *Robert le diable* uma balada narrativa ("Jadis reignait en Normandie", Uma vez reinava na Normandia) simultaneamente estabelece um fundo contextual para o enredo, descrevendo o vilão e seu filho (o anti-herói da ópera, Robert) e conecta a história a determinados temas musicais. Os temas apresentados na balada serão recorrentes não só para acompanhar alusões verbais aos personagens, mas também para anunciar o aparecimento desses personagens em cena. Esse é um formato primordial que ficou conhecido como leitmotiv, o "tema condutor" — essa tão importante conexão entre um fragmento musical e uma manifestação visual ou verbal. E conquanto estivesse presente em compositores anteriores como Weber, o leitmotiv foi manipulado e organizado por Meyerbeer de um modo que prefigura os hábitos wagnerianos. A balada de Senta em *Der fliegende Holländer* (1843), cuja melodia também é recorrente no transcorrer da ópera, seria impensável sem o modelo de *Robert*. Além disso, ao usar pequenas e recorrentes unidades visuais--musicais, Meyerbeer se livrou das limitações de apresentar um número apenas uma vez, passo formalmente radical que, como já vimos, tinha sido antecipado na ópera francesa do século XVIII, mas que Wagner, em seu *Oper und Drama* (1851), identificara como uma inovação da década de 1840 — e que, como podem esperar os que conhecem seu estilo literário, ele reivindicava como sendo dele.

A concentração em grandes eventos políticos terá inevitável consequência auditiva: como, no passado, fazer história era inequivocamente um terreno para os homens, a *grand opéra* envolve com frequência múltiplos papéis para vozes masculinas de baixo registro. Grupos vocais constituídos por quatro ou mais cantores masculinos, nenhum dos quais poderia atingir um lá agudo, propiciam o sabor acústico especial da *grand opéra* e um de seus prazeres mais duradouros. Em *Les Huguenots*, o trecho de maior sucesso do quarto ato é uma cena de conspiração na qual o conde de Saint-Bris, o baixo protagonista e um arquicatólico, instiga os que o apoiam num frenesi assassino. A cena começa com um elaborado recitativo orquestral, com um sexteto de sensuais vozes masculinas lideradas por Saint-Bris num brioso tema quadrangular, "Pour Cette Cause sainte" (Por esta santa causa). Durante a cena, que tem cerca de quinze minutos, esse grupo masculino se divide e se junta em duetos ou solos, e torna se reunir em grande harmonia (sem a orquestra) para o momento icônico da cena: os punhais que irão massacrar os protestantes são erguidos e consagrados, *piedosas lâminas, sejam abençoadas por Deus!* Até mesmo o arquirradical Berlioz gostava desse número, e o regeu várias vezes em concertos em Paris. Seus aspectos de vanguarda incluem trechos de música compostos de uma só vez e de livre fluência, nos quais subseções individuais dão lugar uma à outra; mas também contêm no fim uma reprise da melodia de abertura ("Pour Cette Cause sainte"), com absolutamente todos que estão em cena a cantá-la (a essa altura há dezenas de conspiradores), acompanhados por trombones e oficleide. Nesse aspecto formal, o número não é menos radical do que os tão famosos e avançados episódios wagnerianos, como a "narrativa romana" no terceiro ato de *Tannhäuser* (1845).

Depois de consagrar os punhais e depois de a multidão deixar a cena, os desorientados amantes Raoul (tenor, protestante) e Valentine (soprano, católica) surgem de seus esconderijos, de onde tinham ouvido tudo, e cantam um dueto desesperado. Essa passagem rasga em dois pedaços tanto o personagem quanto a própria música, quando Raoul, ouvindo como se estava preparando lá fora um massacre, fica ansioso por correr em defesa de seus companheiros de religião, e canta ainda mais alto do que os sons que está ouvindo. Isso inspirou até mesmo Heine — como Meyerbeer, um expatriado da Alemanha — a fazer um elogio ambíguo:

> Meyerbeer não realizou isso através de meios artísticos, e sim por meios naturais, visto que o famoso dueto fala de uma série de sentimentos que talvez nunca tivessem sido antes introduzidos numa ópera — pelo menos não com tal verossimilhança. Mas eles são, para os espíritos de nossa época, sentimentos de veemente simpatia.[18]

O quarto ato de *Les Huguenots* é um exemplo da prolífica variedade da *grand opéra*, como uma massa na qual os estilos musical e dramático são ponderados e balanceados como um todo desalinhado. Esse desalinho era também parte de seu caráter visual, e explica, talvez, o então prevalente gosto dos projetistas por cenários assimétricos. Olhe-se qualquer das imagens que retratam um clássico cenário meyerbeeriano. Alarmante folhagem ameaçando tragar uma cena externa (*Les Huguenots*, segundo ato), ou um enorme navio tombado para um lado, como se estivesse a ponto de virar totalmente (*L'Africaine*, terceiro ato; veja a figura 24). Enfaticamente, este *não* é, em termos visuais, o mundo do chamado *juste milieu*, não é um mundo de clássica simetria no qual tudo se equilibra e o statu quo não é problemático. No nível da trama, essa sensação de desequilíbrio está representada sobretudo em todas essas histórias de como facções políticas antagônicas põem tanta pressão em emoções e relações privadas. O espetáculo cênico é tipicamente uma apresentação da vida pública em toda a sua grandeza, uma demonstração de poder e de consenso; mas os libretos da *grand opéra* solapam essa potencial estabilidade, ao incluir a presença afetiva de indivíduos perturbados e de seus problemas. Dentro do calidoscópio de cenas características, entre os altamente calóricos efeitos orquestrais e massivos números corais, vem a música para esses solistas, encontros íntimos e duetos italianizados que desvelam a esfera do privado e suas emoções interiores.

Os dias gloriosos da *grand opéra* continuaram na década de 1840, mas as revoluções de 1848 foram um sério impedimento. Não tanto no sentido financeiro, já que o Opéra de Paris continuou a funcionar mais ou menos como antes em termos de dispêndio. Mas no sentido de que, por volta das décadas de 1850 e 1860 já havia passado o espírito e a cultura que tinham dado impulso a obras como *Guillaume Tell*. Houve, inevitavelmente, razões complexas para esse declínio. Uma delas com certeza foi uma nova onda de um nacionalismo mais violento que surgiu depois de 1848: uma atmosfera na qual as virtudes cosmopolitas da *grand opéra* não mais dominavam. A grande linha de compositores estrangeiros que tinham contribuído para a *grand opéra* (Rossini, Meyerbeer, Donizetti, Verdi) desapareceu aos poucos na segunda metade do século — *Don Carlos* (1867), de Verdi, foi a última estreia no século XIX de uma obra não escrita por um francês. Além disso, o pleito de Paris de representar a vanguarda operística, que era forte nas décadas anteriores à de 1850, fora seriamente enfraquecido pelas obras intermediárias de Verdi, e, mais tarde, pelas de Wagner.

Mas essas explicações só contam parte da história. Outra pode surgir ao se olhar outra vez para *Guillaume Tell*, a obra que ajudou a formar e definir o gênero em seu apogeu. Sua famosa abertura é, como muitas da época, do tipo pot-pourri; mas em vez de citar números vocais da ópera, ela usa alguns de seus momentos icônicos, música associada a paisagens ou quadros. Na primeira seção, lenta, há um solo de violoncelo com acompanhamento de outros quatro violoncelos e os contrabaixos, configurando o "Sois immobile" de Tell com rufar de tímpanos que paralisam tudo e antecipam o momento em que a cena fica congelada, antes de Tell partir a maçã ao meio. A segunda seção, uma furiosa tempestade musical, é abertamente descritiva e termina numa pastoral em que a cor local é suprida por um *ranz des vaches*, o instrumento de sopro para tanger o gado que é um ícone da Suíça, mas também cria uma sensação de espaço real, de um som que existe numa certa paisagem e com certo propósito. Vem então a famosa seção de encerramento, a fanfarra de trompetes e trompas chamando o populacho às armas, num gradual crescendo de excitação. A música nesse *finale* é visceral — ela nos diz para nos levantarmos e nos movermos, intimação que dificilmente pode ser ignorada —, e com ela a maravilhosa energia do idealismo do século XIX aparece quase em sua forma mais pura. Como acontece muitas vezes na *grand opéra*, a ideia da ação política, a qual não se deve apenas ouvir, mas pela qual se deve *fazer* algo, é transformada num efeito musical. A ideia não iria durar. Assim que as revoluções de 1848 caíram na inação, essa ilusão quanto à vontade de agir pareceu já pertencer ao passado. Um passado que era ativamente acalentado pelas audiências, quando *Tell* e os outros modelos de *grand opéra* da década de 1830 eram repetidos ad infinitum durante todo o final do século. Mas novas óperas do mesmo filão pareciam cada vez mais ser irrelevantes ou grandiosamente vazias — efeitos cujas causas há muito tinham passado a ser parte da história.

DÉCADA PERDIDA E OBJETOS ACHADOS

Assim, na década de 1850 o Opéra cada vez mais parecia pertencer ao passado. Com repetidas apresentações dos cavalos de batalha de Meyerbeer chegando à casa das centenas, veio a fadiga do repertório. Até mesmo *Le Prophète* de Meyerbeer, embora estivesse nas listas em 1849 e possa ter sido o último grito de vitória do velho regime, não foi um sucesso estrondoso. Suas maravilhas cênicas incluíam um balé sobre patins, assim como o uso, pela primeira vez, de iluminação elétrica no teatro — uma luz em arco usada para representar um nascer do sol. Hoje estamos tão acostumados aos milagres da tecnologia da iluminação que é difícil imaginar quão assombrosa parecia ser a luz elétrica quando vista pela primeira vez. Mas essa percepção de "efeitos sem causas" — da ausência do sublime — tornou-se mais insistente. Os administradores do Opéra na década de 1850 tentaram, com muito esforço, descobrir um *Guillaume Tell 2* ou um *Jovens huguenotes*, e para isso encomendaram obras mastodônticas como *Le Juif errant* (O judeu errante, 1852), de Halévy, e *La Nonne sanglante* (A freira sangrante, 1854), de Charles Gounod. Mas tanto a satisfação quanto o sucesso foram elusivos, e o desespero tomou conta. Mesmo uma obra escrita por encomenda para o Opéra por Giuseppe Verdi (*Lés Vêpres siciliennes*, As vésperas sicilianas, 1855) só teve sucesso moderado. A parceira de Verdi, Giuseppina Strepponi, a circunstante dispéptica que já mencionamos antes, culpou os métodos petrificados do Opéra. Quando o teatro decidiu importar *Tannhäuser* (1845), de Wagner, em 1861, não foi só porque *Tannhäuser* tinha o aspecto visual, o gosto e o som da *grand opéra*, mas porque havia sido um sucesso de bilheteria em muitos países da Europa na década de 1850.

A menção desse sucesso evoca, embora de maneira incômoda, a carreira de Hector Berlioz (1803-69), um compositor que teria se deliciado com os epítetos atribuídos a *Tannhäuser*. Parte do problema, então e agora, é que sua música desafia tão teimosamente qualquer categorização. Embora Berlioz fosse um admirador confesso de Gluck, Spontini e Beethoven, seu copioso e divertido criticismo em relação à ópera é muitas vezes desdenhoso da *grand opéra*, e isso sem falar dos produtos da nova escola italiana. Mesmo assim, ele foi (ao menos na juventude) um admirador entusiasta de Meyerbeer, em particular de seu talento na orquestração. Pode-se perceber grande parte da música de Berlioz durante esse período inicial como os esforços de um compositor de ópera *manqué* (frustrado). Mesmo com dúvidas e relutância, ele concordou em ajudar a converter *Der Freischütz*, de Weber, numa obra adequada para o Opéra em 1841. Como ele escreveu para o diretor do teatro, Léon Pillet:

> Não creio que se deva acrescentar a *Der Freischütz* os recitativos que você me pede; no entanto, como sem essa condição ela não poderá ser apresentada no Opéra, e como eu não os escrevi, você deveria encarregar sua composição a alguém que seja menos familiarizado com Weber do que eu sou, e certamente menos dedicado à glorificação de sua obra-prima. Aceito sua oferta com uma condição: *Freischütz* será apresentada exatamente como é.

Berlioz manteve-se firme nessa condição mesmo quando Pillet — sempre em busca de variedade — sugeriu que a cena do baile da *Symphonie fantastique* (1830), do próprio Berlioz, poderia ser um bom acréscimo.[19] A única obra original de Berlioz para o Opéra foi *Benevenuto Cellini* (1838), que foi mal recebida pelo público, malgrado sua orquestração inovadora, sob influência de Meyerbeer e sua energia rítmica.

No entanto, não há dúvida de que sua obra-prima operística, *Les Troyens* (Os troianos, composta em 1856-8), visava ao Opéra, e foi por isso equipada com os todos os seus pré-requisitos — e mais do que isso — em termos de tamanho e de ambição cênica: a ópera inspirou-se na *Eneida* de Virgílio, e dividia-se em cinco poderosos atos. Mas *Les Troyens* não foi considerada pela diretoria do Opéra bastante segura em termos de perspectivas financeiras (Berlioz era conhecido sobretudo como regente e compositor de música instrumental). Embora seus três últimos atos, que se passavam em Cartago e tinham Dido e Eneias como protagonistas, já tivessem sido apresentados primeiramente no Théâtre Lyrique, em 1863, a ópera inteira (com os dois primeiros anos se passando em Troia e tendo Cassandra como protagonista) não foi encenada durante a vida do compositor, só obtendo um reconhecimento geral na época do renascimento de Berlioz, nas décadas de 1960 e 1970. A despeito do fato de os *revivals* modernos de *Les Troyens* serem rotineiramente alardeados como eventos especiais, impossíveis de comparar com outras experiências operísticas que já são lugares-comuns, a obra tem muita coisa que nos lembra a clássica prática de Meyerbeer, e não só em seu ostentoso espetáculo de efeitos orquestrais inusuais. Há também a padronizada coleção de temas remanescentes (como o da "Marcha de troianos", nos atos primeiro, terceiro e quinto), inúmeros coros, tanto em cena como fora dela, e uma grande quantidade de números operísticos convencionais, apesar de que alguns dos momentos mais marcantes sejam os chamados "monólogos", que não se enquadram nem como recitativos nem como árias.

Contudo, um elemento crucial da *grand opéra* que falta em *Les Troyens* é o "momento congelado", que tinha sido uma parte tão importante da atração inicial do gênero. Os primeiros dois atos pouco têm a ver com os três últimos em termos de narrativa convencional, e estão sobretudo conectados entre si não por personagens que vão se desenvolvendo em suas contendas com forças públicas/políticas, mas por um sentido mais abstrato de destino permanentemente no ar. Talvez por essa razão, números operísticos mais convencionais, como o dueto amoroso do quarto ato entre Dido e Eneias, no qual o foco é a interação entre os personagens, tendem a cair de volta em modelos anteriores. *"Nuit d'ivresse et d'extase infinie!"* (Noite de embriaguez e de êxtase infinito!), cantam os dois amantes em acariciantes intervalos paralelos sobre o acompanhamento pulsante da orquestra. O número é assumidamente belo e aspira a um tipo de simplicidade de efeito remanescente de Gluck, tão apreciado por Berlioz, mesmo caindo nas antigas e incomumente intencionais modulações para tonalidades bastante relacionadas. Mas traços característicos berliozianos também se intrometem na forma de picantes harmonias adicionais e irrupções de uma orquestração elaborada que busca atrair a atenção.

Mais bem-sucedido — de fato, no melhor de Berlioz no que concerne à ópera — é o início do quarto ato. É encenado um "balé-pantomima" chamado "Caça-da real e tempestade", no qual ninfas das águas são aterrorizadas por caçadores, os quais são, por sua vez, dispersados por uma violenta tempestade que obriga Dido e Eneias a se abrigarem numa caverna. Toda a passagem é melhor perce-bida como um elaborado interlúdio sinfônico no qual alguns dos mais conven-cionais clichês orquestrais operísticos (a caça, a tempestade) estão imbuídos de um novo nível de detalhe, todo o episódio atingindo um formidável clímax com um coro bradando fora de cena "*Itália!*", para marcar o fato de que Eneias deve logo partir para novas conquistas. Aqui Berlioz, confortável, vai ao encontro da tradição da *grand opéra* em seus próprios termos orquestrais, nos quais os perso-nagens se tornam marionetes num drama instrumental. Os melhores momen-tos vocais realizam algo semelhante, como o formato de monólogo caracterís-tico de Berlioz sendo melhor percebido como um diálogo entre o personagem e a orquestra. O "monólogo e ária" final de Dido, "Je vais mourir" (Eu vou morrer), no quinto ato, é um maravilhoso exemplo no qual há uma produtiva tensão entre a individualidade do personagem e as forças mais abstratas do destino representadas pela orquestra.

Devido à sua dificuldade e idiossincrasia, *Les Troyens* virtualmente não teve qualquer impacto na história operística até seus *revivals* na década de 1960. Desde então ela muitas vezes é programada como um antídoto para Wagner (o mito de gregos versus teutônicos). Em termos históricos, no entanto, o inesperado suces-so de outra obra francesa daquele período teve influência muito maior, e é muito mais indicativo do modo pelo qual o antigo modelo da *grand opéra* estava em de-clínio. A obra foi *Faust*, de Gounod, apresentada pela primeira vez no Théâtre Lyrique, em 1859. Gounod tinha tentado a ópera, e falhado, com *La Nonne san-glante*, em 1854, mas em *Faust* ele criou uma ópera que um século depois seria incluída, como relíquia, no *Treasury* da Simon & Schuster, e que até recentemente era uma das obras mais encenadas do repertório internacional. A infeliz experiên-cia anterior de Gounod no terreno da ópera foi sem dúvida importante na forma-tação de *Faust*. Por exemplo, a ópera é claramente subdimensionada segundo os padrões usuais do gênero. Embora se divida em cinco atos e tenha quatro cantores principais, usa mais o diálogo falado do que o recitativo (ao menos em sua versão original), não tem meia hora de números corais, nem um evento mundialmente histórico com conflitos políticos ou questões de guerra e paz como fundo para o envolvimento romântico central; nem faz descrições orquestrais de um mau tempo ou de catástrofes naturais. Na verdade, a história está quase totalmente ausente. Em vez disso, somos de novo mergulhados no mundo de *Der Freischütz*, o do Romantismo alemão, com a insurgência sobrenatural tomando forma na figura de Mefistófeles.

O que impacta o ouvido ao se escutar *Faust* comparado ao contexto da *grand opéra* em seu início é a concisão de seus números. Um dos momentos mais famosos, o trio final com Fausto (tenor), Marguerite (soprano) e Mefistófeles (baixo), na verdade parece ser curto demais. Estamos num calabouço, e Fausto, com a ajuda de Mefistófeles, veio salvar Marguerite de ser executada. Mas, repetidamente, ela se recusa a ir embora, confiando em Deus como seu salvador. O refrão recorrente do trio, *"Anges purs, anges radieux"* (Anjos puros, anjos radiosos), numa métrica de 6/8 com pulsos das madeiras impondo a marcação, tem o ar de uma marcha transfigurada na qual a voz inflexível de Marguerite conduzirá ao céu, aconteça o que acontecer. A cada vez que o refrão se repete ele é cantado um pouco mais alto, elevando a tensão tanto no drama — os rogos de Fausto se tornando mais urgentes — quanto na atuação, com tenor e soprano escalando progressivamente seus registros vocais. A sensação de que os plácidos formatos musicais da *grand opéra* foram restringidos de forma radical encaixa à perfeição com o melhor número do diabo, "Le Veau d'or" (O bezerro de ouro), que pode até ser entendido como uma zombaria à grande ópera em si mesma. Mefistófeles canta essa canção estrófica junto com um coro festivo que ecoa exaltadamente seu refrão: ouro, riqueza, dança e esplendor, tudo são armadilhas de Satã! O grotesco e batido som dos metais que acompanha a cançoneta demoníaca é exatamente do tipo da estranha instrumentação com trombone e oficleide de que Meyerbeer gostava, e usou sem ironia em cada uma de suas obras francesas. Nas mãos de Gounod, no entanto, esse clássico efeito da *grand opéra* é satirizado de forma tão vívida quanto moribunda, como *danse macabre*.

Por volta da década de 1860 o Opéra encontrava-se numa encruzilhada: sempre tentando encontrar uma nova grande ópera para acrescentar a seu declinante repertório; olhando com nervosismo para o estrangeiro diante dos perturbadores sinais do futuro da música; cada vez mais consciente dos novos gostos musicais representados pelos franceses mais jovens como Gounod e, um pouco mais tarde, Camille Saint-Saëns e Georges Bizet, uma geração em que raras vezes se encontraria quem se lembrasse do século XVIII. A ópera final de Meyerbeer, *L'Africaine*, foi produzida postumamente, em 1865. Ele estivera trabalhando nela, com intervalos, por cerca de trinta anos, e morreu durante os ensaios. Alguns a consideram um grande monumento, mas ela teve de lutar para ter o sucesso de suas óperas anteriores. Acima de tudo, parecia obsoleta. Outro sinal de que o fim estava próximo ocorreu em 1869, quando o Opéra tentou capitalizar o sucesso de *Faust* preparando-a para um prestigiado e ampliado *revival*. Gounod já tinha acrescentado recitativos, e agora incluíra o obrigatório balé e outros itens volumosos. Em sua essência, no entanto, era o mesmo e velho *Faust*. Embaraçosamente, ela superou quase todos os outros e cada vez mais raros produtos do Opéra: quando Gounod morreu em 1893, *Faust* tinha sido apresentada mais de mil vezes no Opéra. Mesmo na França, a *grand opéra* agora tinha entrado em sua pós-vida, sustentada por algo semelhante a um gosto retardado por objetos preciosos e garotas dançantes, nas óperas-sérias com temas orientais que, em sua esteira, varreram Paris. Uma das primeiras, *Samson et Dalila* (1877), de Saint-Saëns, tinha na verdade sido encomendada pelo Teatro Arquiducal em Weimar, sob a direção de Franz Liszt, circunstância que demonstra quão completamente o internacionalismo do gênero original estava adquirindo novos formatos em seus descendentes.

SEM A MENOR ATENÇÃO

Esses novos formatos foram, no que tinham de mais poderoso, como que produtos dos problemáticos relacionamentos que os dois maiores compositores de ópera do século XIX tiveram com a *grand opéra*. Nem Wagner nem Verdi foram imunes à inveja em relação a Meyerbeer: houve um tempo, e não nos anos em que eles estavam começando, em que Meyerbeer era o músico mais invejado do planeta. Além disso, todo aspirante a compositor de ópera sonhava receber uma incumbência do Opéra, encomendando-lhe todos aqueles pródigos números musicais e recursos cênicos, sem falar das elevadas remunerações e direitos autorais que um sucesso parisiense lhe traria.

Não é de surpreender que *grands opéras* fossem às vezes produzidas, sem terem sido encomendadas, por aspirantes a compositor. Wagner ascendeu à sua primeira maturidade com um exemplo clássico, uma curiosidade em cinco atos, histórica, pesadamente orquestrada, chamada *Rienzi, der letzte der Tribunen* (Rienzi, o último dos tribunos, 1842). Ele trouxe a Paris em 1839 sua partitura parcialmente composta, e pediu a Meyerbeer que intercedesse a seu favor no Opéra. Apesar das tentativas que Meyerbeer fez por ele (escreveu várias cartas em defesa do jovem),[20] as ambições parisienses de Wagner não levaram a parte alguma, exceto pelo fato de terem ajudado a engendrar sua animosidade de uma vida inteira para com seu infeliz defensor, uma atitude cheia — nas palavras de um comentarista moderno — de uma impetuosa mistura de inveja pessoal [...] mania de perseguição, convicções estéticas exageradas e intolerância racial.[21] Quando historiadores da ópera identificam em Wagner a linhagem da *grand opéra*, quase sempre é *Rienzi* que serve de caso exemplar. Pode-se ouvir o porquê mesmo a partir da abertura, pesada em seus incisivos temas nos metais que encerram algo do maravilhoso e sonoro vigor de "Pour cette cause sainte". Mas, como iremos ver, apoiar-se muito acentuadamente em *Rienzi* é esconder o fato de que o lado francês de Wagner é evidente em quase toda ópera que escreveu. Quando, em 1861, ele por fim trouxe uma obra para o Opéra — uma *Tannhäuser* revista, com um simbólico balé —, ela continha números que foram saudados como se fossem virtualmente de origem local.

O primeiro entre eles era um septeto de cantores masculinos na quarta cena do primeiro ato. Embora possa parecer uma simplificação explicar a genialidade de Wagner dizendo que ele simplesmente fez ópera francesa melhor do que ninguém, às vezes essa alegação é correta. O septeto de *Tannhäuser* eleva a ideia de um grande e alegre ruído em cena a níveis estratosféricos. O drama básico é o da volta de um filho pródigo. Tannhäuser (tenor), prostrado nas florestas da Turíngia, é descoberto por seus antigos companheiros, virtuosos cavaleiros liderados pelo landgrave Hermann (baixo). Eles o reconhecem como um associado de há muito desaparecido, e o instam a se unir a eles. Tannhäuser, que sofre de algo parecido com uma ressaca moral (foi expulso do mundo inferior pela deusa Vênus, soprano), recusa-se, até que seu amigo Wolfram (barítono) lhe revela que a princesa Elisabeth (soprano) ainda o ama e anseia por ele. Ele concorda em acompanhar os cavaleiros, decisão que suscita júbilo geral. Ao longo de uma extensa introdução de formato livre, as vozes masculinas se mesclam e se separam, para se juntar numa bela melodia ("Gegrüsst sei uns, du kühner Sänger" — Bem-vindo seja, valente cantor) que parece emergir e então se dissolver em segundos. Começa então um solo de Wolfram, que, coerentemente, canta a música mais sensual da ópera, um número que se destina a um tipo de voz de primeiro plano que não é comum em Wagner, o de um verdadeiro barítono. A melodia de Wolfram é tomada por todos os outros homens, e quando Tannhäuser finalmente cede há um *stretto* final no qual às vozes, que se revezam para exibir suas notas mais agudas,

juntam-se, em cena, as fanfarras de trompas de caça. Na maioria das apresentações todo o palco parece nesse ponto vibrar com o som: as trompas, as vozes, o
poço da orquestra, até mesmo o rumor dos passos dos que entram correndo logo
antes de a cortina baixar, todos contribuem com sua parte. O septeto transmite
uma espécie de otimismo lírico, um excesso de esperança e de energia que é um
sabor característico da ópera romântica antes de 1848, antes da desilusão estabelecida com tantas revoluções frustradas.

Tannhäuser foi vaiada e saiu de cena em 1861 depois de apenas três apresentações. O balé perfunctório, acrescentado para ser apresentado ao subir da cortina
na cena de Venusberg, estava no lugar errado. Era comum que grandes contin-
gentes do público de ópera chegassem atrasados, em geral já durante o segundo
ato, e era por isso que os números de balé eram sempre postos a meio caminho
no transcorrer da ópera. Essas tradições deveriam nos fazer lembrar que a ópera,
até um momento muito avançado em sua história, era muitas vezes pouco mais
do que um adendo à interação social. Uma razão para que os públicos achassem
as horas e mais horas da *grand opéra* tão palatáveis era que muitos deles não apareciam para a coisa inteira. Eles entravam para os melhores trechos e (como já vimos) mesmo então nem sempre prestavam atenção. No romance *O conde de
Monte Cristo* (1844), de Alexandre Dumas, várias cenas que se passam no Opéra de
Paris na década de 1830 registram esse hábito em detalhes. No capítulo 88 o conde chega para assistir a *Guillaume Tell* no início do segundo ato. Nos intervalos
entre mudanças de cena, e até mesmo quando a ópera está sendo apresentada, há
muito falatório, e até mesmo um desafio para um duelo que é entregue no camarote do conde. Imperturbável, o conde se mantém firme: "Como era de seu costume, até que Duprez terminasse de cantar seu famoso 'Suivez-moi!', então ele se
levantou e saiu". Um capítulo anterior (53) passa-se numa apresentação de *Robert
le diable* e descreve hábitos locais em termos nada vagos:

> A cortina subiu, como de costume, para uma casa quase totalmente vazia, por ser
> um dos absurdos da moda parisiense nunca aparecer na ópera até que comece a
> apresentação, de modo que o primeiro ato é na maioria das vezes representado sem
> que se preste a ele a menor atenção, estando a parte do público já reunida ocupada
> demais em observar os recém-chegados, enquanto nada se ouve a não ser o barulho
> de portas se abrindo e fechando e o zum-zum das conversas.

O capítulo 53 deixa claro que o palco é amplamente ignorado durante o segundo ato também. ("O segundo ato transcorre em meio a um zumbido contínuo de vozes"), e embora o terceiro ato pareça captar a atenção do público, mais uma vez o conde vai embora mais cedo, desta vez antes que comece o quarto ato. Um personagem comenta acidamente que o conde não faz nada como os outros homens: ele sai antes do grande número que todos os outros estão esperando. Mas para nós, hoje em dia, ler o romance de Dumas pode, acima de tudo, estimular pensamentos heréticos. Talvez a obra de Meyerbeer esteja perdida para nós porque não pode sobreviver à grande atenção que os públicos modernos sentem-se obrigados a prestar a toda a ópera. Talvez um verdadeiramente empreendedor administrador geral do século XXI traga de volta apresentações de Meyerbeer como eventos sociais, com toda a sua grandeza intacta, mas com os ouvintes assim mesmo liberados para entrar e sair, para ignorar o primeiro ato e jantar depois do terceiro.

O comportamento errático das audiências não conseguiu interromper o fascínio que a *grand opéra* exercia sobre os compositores de muitas nações durante seus anos dourados, antes de 1848. Toda uma geração de italianos considerou que uma jornada operística a Paris seria um gesto essencial em suas carreiras — um modo de escapar àquilo que era visto tanto dentro como fora da península como uma musa nacional cada vez mais paroquial e insular. Como vimos em capítulos anteriores, durante a década de 1830 Bellini e Donizetti encenaram com sucesso obras no Théâtre Italien de Paris (que se dedicava à ópera em língua italiana); e Rossini e Donizetti foram além, criando *grands opéras* (*Guillaume Tell* e *La favorite*, respectivamente) que estão entre os mais bem-sucedidos e duradouros exemplos desse gênero arriscado e propenso ao fracasso. Parte de seu sucesso estava em que, não como Berlioz, eles se inclinaram a ser menos idealistas ao se adaptarem ao gosto local. Aí temos Donizetti em 1839, escrevendo sobre como converteu uma ópera italiana (*Poliuto*, que no ano anterior tinha sido banida pelos censores em Nápoles) numa *grand opéra* chamada *Ler Martyrs* (1840). Ela teria de ser:

> Expandida para quatro atos em vez de três, e traduzida e adaptada por Scribe para o Teatro Francês. Isso queria dizer que teria de refazer completamente todos os recitativos, criar um novo *finale* para o primeiro ato, adicionar árias, trios e um balé tal

como é costumeiro aqui, de modo que o público não reclame (com razão) de que o formato é italiano. Música e poesia francesa para o teatro têm uma marca muito própria, à qual todo compositor tem de se adaptar [...]. Não pode haver crescendos (rossinianos) nem qualquer das repetições cadenciadas *"felicità, felicità, felicità"*; e entre os dois versos de uma cabaleta sempre há uma poesia que empurra a ação adiante, sem a usual repetição de linhas que nossos poetas fazem.[22]

Há aqui um verdadeiro tesouro, uma visão de um informante nativo sobre as diferenças entre *grand opéra* e ópera-séria italiana. A variedade francesa precisava ser mais longa, com um balé interno, *finales* mais frequentes e distintos tipos de peças líricas etc. Mas também importante foi o fato de que as plateias eram mais impacientes do que seus primos italianos quanto à "arquitetura musical"; elas queriam que a ação avançasse mais rápido nas peças encenadas e eram menos tolerantes com as elaboradas repetições vocais a gorjear quando os números se aproximavam de seus finais — o que Donizetti chamou encantadoramente de "repetições *felicità, felicità, felicità*" usando como figura de sua descrição uma palavra repetida várias vezes no fechamento de inúmeras exuberantes cabaletas italianas.

O que falta no relato de Donizetti é alguma sugestão de que escrever uma *grand opéra* envolvia um profundo repensar musical de seu antigo *modus operandi*. É verdade que o formato e às vezes o estilo da ópera italiana tinham de mudar; mas de muitas maneiras a ópera italiana já estava influenciada por seu primo francês maior, e, é claro, vice-versa. Essa noção é reforçada ao se olhar para a primeira tentativa de Verdi numa obra em língua francesa para o Opéra, sua *Jérusalem* (1847). Como Donizetti antes dele, Verdi fez esta sua estreia no Opéra revendo uma obra italiana existente, *I Lombardi alla prima crociata* (Os lombardos na primeira cruzada, 1843), As mudanças foram, de novo, grandes na superfície. À lista de alterações de Donizetti, Verdi acrescentou uma orquestração mais densa, à la Meyerbeer, um incrementado senso de cor local e — provavelmente relacionado a isso — alguns experimentos com um tipo errante de harmonia cromática, raras vezes ensaiada em suas óperas italianas. No fim ele produziu uma ópera dificilmente considerada digna da ocasião; foi logo eliminada do repertório do Opéra.

Durante as duas décadas seguintes, eram frequentes os encontros que Verdi manteve em Paris, em particular com os elencos suplentes da *grand opéra* francesa e da produção operística. Ele passou um período de dois ou três anos em Paris (1854-5) durante o qual completou *Les Vêpres siciliennes*. Numa carta a seu libretista, o indefectível Scribe, ele deixou claro que tinha Meyerbeer firmemente em vista, quando pediu:

> Um tema original grandioso e impressionante, que exija uma impressionante e irresistível produção. Tenho sempre diante dos olhos as muitas e muitas cenas magníficas que se encontram em seus libretos; entre outras, a cena da coroação em *Le Prophète*! Nenhum outro compositor seria capaz de fazer com essa cena o que Meyerbeer fez: mas com aquele espetáculo, e acima de tudo com uma situação tão original, grandiosa e ao mesmo tempo tão apaixonante, nenhum compositor, por menos sentimento que tivesse, fracassaria em produzir um grande efeito.[23]

É evidente o desejo de competir com os mais contundentes sucessos das décadas de 1830 e 1840 (note-se como Verdi usa a palavra "grandioso" duas vezes num intervalo de três sentenças). Talvez porque estivesse escrevendo para Scribe, Verdi é polidamente respeitoso com Meyerbeer; seu parceiro Giuseppe Strepponi abordou a questão mais cruamente alguns anos depois, qualificando *Les Vêpres* como uma tentativa de "fazer o judeu morrer de um ataque de publicidade".[24] Num outro nível, no entanto, essa insistência em espetáculo e efeito é curiosa, porque desde o fim da década de 1840 Verdi inclinava-se para temas mais íntimos, privados. Também pode ter sido contraditório com a época em Paris: como já vimos, o final da década de 1840 e a década de 1850 não testemunharam quase nenhuma tentativa bem-sucedida de recriar os grandes e espetaculares sucessos da década de 1830.

Esse quadro fica ainda mais confuso na parte final da década de 1950 e durante a de 1860, quando a correspondência de Verdi é rotineiramente pontuada por diatribes contra os franceses, em particular por causa de suas pilhérias, sua insolente *politesse* e seu desdém por todas as coisas estrangeiras.[25] A maior diatribe de todas veio numa carta muito citada do final da década de 1860:

Todos querem expressar uma opinião, enunciar uma dúvida; e o compositor que vive em tal atmosfera de dúvida durante qualquer período de tempo não pode evitar ser abalado em suas convicções e acabar as revendo, adaptando ou, para ser mais exato, arruinando sua obra. Desse modo, o que no fim se tem em mãos não é uma ópera unificada, mas um *mosaico*; e, por mais belo que seja, ainda será um *mosaico*. Você vai alegar que o Opéra produziu uma série de obras-primas dessa maneira. Você pode chamá-las de obras-primas o quanto quiser, mas permita que eu diga que elas seriam muito mais perfeitas se a *colcha de retalhos* e os ajustes não fossem o tempo todo percebidos.[26]

A carta põe a culpa nas condições de encenação reinantes em Paris, em particular na natureza inevitavelmente colaborativa do empreendimento. Mas o problema também era interno, inerente à própria natureza da ópera moderna; as obras ameaçavam tornar-se complexas demais para ficarem sob a jurisdição exclusiva de uma só e qualquer pessoa.

Essa confusão surge porque, logo antes de quando esta carta foi escrita, Verdi tinha passado mais de dois anos em Paris e tinha criado *Don Carlos* (1867), sua terceira e última *grand opéra*, obra hoje tida como uma obra-prima duradoura do gênero (*Tell*, de Rossini, seria sua rival mais próxima). De muitas maneiras ela tem todos os ingredientes clássicos. Há cinco longos atos; um imponente retrospecto histórico; dinastias reais na França e na Espanha em meados do século XVI; com a Inquisição para ser atacada; combatentes pela liberdade dos Países Baixos protestantes; e uma sexy e sedutora mulher proporcionando a cor local. Há elaborados conflitos do tipo amor contra dever — Carlos (tenor), herdeiro do trono espanhol, apaixona-se pela nobre francesa Elisabeth de Valois (soprano), mas então o pai dele, Filipe II de Espanha (baixo), decide casar-se ele mesmo com ela; e isso ainda no primeiro ato. E há também, é claro, o magnífico quadro de um momento icônico, no terceiro ato, mais meyerbeeriano do que o próprio Meyerbeer, com um embate público entre Carlos e seu pai numa grande praça em frente à catedral de Valladolid, e depois, ao cair do pano, vítimas da Inquisição contorcendo-se nos postes em que seriam queimadas, acompanhadas por uma voz vinda do céu a lhes prometer a bem-aventurança. Daí, talvez não seja de admirar, com Verdi chegando ao auge de sua fama internacional, que os amplos recursos do Opéra tenham sido mobilizados, produzindo um espetáculo que rivalizou com Meyerbeer em custo e em luxo. Uma estatística espantosa é de que a ópera requeria não menos de 535 trajes: 177 reciclados do guarda-roupa estocado do Opéra; 118 adaptados para a ocasião; e 240 totalmente novos.[27]

No entanto, e a despeito de todos esses lances competitivos, é significativo que quando Verdi foi abordado pela primeira vez quanto a esse assunto, o que novamente vamos buscar em Schiller, ele logo singularizou dois enfrentamentos vocais relativamente íntimos (um, o embate entre o Grande Inquisidor e o rei Filipe) como tendo capturado sua imaginação. O significado é que, enquanto a insistência inicial de Verdi em *Les Vêpres* era no sentido de haver cenas grandiosas, em *Don Carlos* seu foco foi, desde o começo, os *indivíduos*. Embora *Don Carlos* possa parecer idêntico ao modelo clássico de Meyerbeer quanto a seu exterior, na verdade é visto mais como uma *grand opéra* ao avesso. Em Meyerbeer sente-se que o mundo público está sempre ameaçando se sobrepor às emoções privadas (o dueto de amor do quarto ato de *Les Huguenots* é típico); em *Don Carlos* acontece o contrário, com a expressão individual sempre ameaçando se sobrepor ao aspecto público. Um bom exemplo vem no primeiro ato, no qual Carlos se apaixona por Elisabeth só para perdê-la quase em seguida. No encerramento do ato, Verdi expressa num contraste musical extremo duas emoções contrárias, o desespero privado de Carlos e Elisabeth em contraposição às celebrações públicas da multidão, anunciando o casamento de Elisabeth com Filipe. Tudo parece arranjado para um ruidoso *finale* à la Meyerbeer; mas então, já no fim, o coro leva Elisabeth embora e Carlos fica sozinho em cena. Seu verso se desintegra, ficando ofegante e fragmentado; as certezas musicais do coro desaparecem, e o ato termina focalizando bem de perto um momento de desespero individual.

Várias vezes esse percurso se repete em *Don Carlos*. Os indivíduos, a ópera nos diz com insistência, importam mais do que as multidões. Outro exemplo é o começo do quarto ato, onde nos é apresentada a tragédia de Filipe. O ato começa com sua famosa ária "Elle me n'aime pas" (Ela não me ama), que acontece quase ao nascer do sol, com o rei exausto curvado sobre uma mesa que trasborda de papéis oficiais, velas quase totalmente consumidas marcando o fim de uma longa noite em que enfrentou as obrigações do estado. A cena parece disposta para a contemplação das melancólicas realidades da vida pública, mas em vez disso Filipe começa com uma simples e trágica declaração sobre seu casamento com Elisabeth: "Ela não me ama", um enunciado seco, vestido musicalmente com os mais simples meios — isto é, convertido num momento icônico no qual o contido acompanhamento, a declamação simples e uma irrupção melódica servem para esboçar a emoção em nossa mente. Nas subsequentes evocações históricas de Filipe nesta ária, em especial seus sonhos de exercer um poder real do qual ele é tão obviamente carente na esfera privada, são empregados ritmos marciais e temas e momentos públicos já transcorridos na ópera; mas eles não levam a lugar algum. Soam como se ouvidos de uma longa distância, depois de terem passado. No fim, Filipe termina onde começou — não pode fazer mais do que repetir sua apaixonada explosão de perda pessoal, "Ela não me ama", um recuo das ambições públicas que o desiludiram, uma descida ao labirinto da alma.

A despeito de toda essa concentração no indivíduo, ou talvez por causa disso, *Don Carlos* não teve sucesso no Opéra. Verdi, não pela última vez e para sua profunda irritação, foi acusado de wagnerismo, o que neste caso era uma abreviação para "não se parecer com sua individualidade anterior, a italiana". Algum tempo depois ele encurtou a ópera para ter uma administrável duração italiana, jogando fora nesse processo quase todo o primeiro ato (realizando, pode-se dizer assim, o tipo de cirurgia menos dolorosa executada pelo Conde, de Dumas). Nos termos do *Treasury* da Simon & Schuster, isso transformou a *grand opéra* apenas numa grande ópera. Houve um lado prático também: *Don Carlos* percorreu os palcos do século XX sobretudo em seu formato reduzido. Tentativas atuais de recapturar a versão original francesa, às vezes até mesmo acrescentando trechos que Verdi cortou durante aqueles intermináveis ensaios no Opéra, mostraram-se musicalmente reveladoras; mas, como em tantas *grands opéras*, sempre haverá um embaraçoso excesso de música. Para experimentar essas ressurreições deve-se chegar às seis horas da tarde e ir embora depois da onze da noite; a vida moderna é contra tal prodigalidade. Faríamos isso por *Don Carlos*; faríamos também — se houvesse oportunidade — por *Les Troyens*, de Berlioz; no entanto, ao menos por enquanto, não o faríamos por *Les Huguenots*.

A diferença entre Verdi e os modernos sucessos de Meyerbeer pode ser em parte uma simples questão de qualidade. *Don Carlos* nos cativa exatamente porque em seu centro estão os indivíduos. Verdi teve a habilidade não só de assombrar e impressionar, mas também de nos envolver com seus personagens. Mas devíamos ser cautelosos com tais conclusões, que com demasiada facilidade exaltam nosso gosto atual em detrimento de inúmeros músicos e outros que em 1850 pensavam que Meyerbeer tinha levado a ópera a algum tipo de apogeu. Essa cautela deve ser ainda maior quando lembramos a eterna dificuldade de separar a qualidade da música operística da qualidade de sua apresentação. Por exemplo, *Les Huguenots* foi denominada "a noite das sete estrelas", aludindo a quantos cantores de primeira linha e regiamente pagos são necessários para apresentá-la de modo convincente. Se tal constelação pudesse ser reunida hoje, isso com certeza seria suficiente para elevar o ritmo cardíaco de qualquer amante da ópera que se respeite. Mas quando se encena Meyerbeer hoje em dia, empresários cautelosos relutam em gastar o necessário para preencher os sete papéis com superestrelas, e essa economia acaba sendo um tiro no pé, que é amiúde repetida por cenógrafos e planejadores. Antes de uma única nota ser ouvida, a ópera já está seriamente desqualificada.

Então: podemos, se assim quisermos, nos bastar com vagas declarações sobre valores musicais para explicar o desaparecimento de quase toda a *grand opéra*, e assim nos sentirmos seguros de que nosso mundo musical atual é mais seletivo. Mas, ao menos como historiadores, é melhor pensar, em vez disso, sobre a pura variedade cosmopolita que caracteriza o gênero, um traço que o faz se adaptar tanto às épocas nas quais floresce mas muito menos afinado com a nova atmosfera nacionalista e cada vez mais racista do fim do século XIX e do século XX. Depois de 1848, a queda de Meyerbeer foi acelerada pela postura abusivamente antissemita de Wagner e de outros, e sua reputação no século XX atingiu o nível mais baixo, do qual quase não se ergueu mais desde então. Quando o conceito de "cosmopolita" torna-se mais uma ameaça do que algo de que se pode orgulhar, é fácil entender como a figura de Meyerbeer — um compositor judeu nascido na Alemanha, treinado na Itália, senhor de Paris — se tornaria detestável. Uma vez feita a ruptura, a avassaladora dificuldade de encenar suas obras, e a falta de familiaridade dos cantores com elas, formaram então uma barreira efetiva, garantindo que permanecessem no ostracismo. É por tais meios que o cânone operístico se faz e desfaz; foi por tais meios que o maior compositor de óperas do mundo em 1830 caiu em desgraça.

12. O jovem Wagner

Em 1849, Richard Wagner (1813-83) foi acusado de traição por ter participado da Revolução de Dresden de 1848-9, e foi emitida contra ele uma ordem de prisão. Notícias que mencionam Wagner como um homem procurado pela polícia apareceram em vários jornais. Uma delas data de 11 de julho de 1853 (Wagner ainda foragido), numa publicação chamada *Eberhardt's Allgemeiner Polizei-Anzeiger* (Gazeta da Polícia Geral de Eberhardt). Ela inclui uma litografia nada lisonjeira retratando o compositor — sua mandíbula parece ter crescido a um enorme tamanho — com a legenda *"ehemal. Capellmeister und politischer Flüchting aus Dresden"* (ex-regente da corte e foragido político de Dresden). A notícia relata que Wagner "alegadamente tentava viajar para a Alemanha vindo de Zurique, onde ele reside atualmente. Para ajudar em sua captura, aqui se inclui um retrato; se for descoberto e pego ele deverá ser preso e entregue à Real Corte Municipal de Dresden".[1] Uma notícia original de 16 de maio de 1849 é mais lacônica: "Todos os departamentos de polícia devem ficar alertas, e são intimados a prender Wagner se for descoberto e capturado [...] Wagner tem 37-8 anos de idade, estatura média, cabelo castanho e usa óculos".[2] Como sempre faziam as celebridades, Wagner tirava os óculos quando era fotografado ou posava para ser retratado. Somente uns poucos e cândidos flagrantes — esboços de amadores desenhados por quem o ficava observando nos ensaios — revelaram alguma vez que sua visão era menos do que perfeita.

Começamos aqui, com Wagner foragido, porque às vezes pode parecer que ele passou a ser perseguido desde então, como o mais controverso e mais politicamente dúbio músico na história da música ocidental. Como o "compositor favorito de Hitler". Como um antissemita sem remorsos cuja tendência de publicar cada ideia que lhe vinha à cabeça nos deixou amplos traços de suas ideias menos palatáveis. Como um devedor contumaz, que era infiel à mulher (no que tange a esse pecado, deve-se admitir que ele tinha muitos rivais compositores) e que extorquia do rei Ludwig II da Baviera quantias enormes, que gastava não só em grandiosos empreendimentos operísticos como também para alimentar uma paixão permanente por roupas de seda. Como um mágico sinistro cujo propósito é subtrair da audiência sua capacidade de pensar racionalmente, aprisionando-a num teatro escuro cheio de sons e visões que parecem fluir diretamente de sua imaginação, sem muita homenagem às conquistas artísticas do passado. Wagner é perseguido por todas essas razões. Embora isso não ficasse claro até o final da década de 1850, ele reescreveu todo o manual da ópera. Antes de Wagner, as óperas (não importa em que língua fossem escritas) tinham em comum o uso de certas formas musicais, e um senso compartilhado quanto ao relacionamento adequado entre a voz e a orquestra. Depois de Wagner, essas formas e esse relacionamento nunca mais puderam se comunicar exatamente da mesma maneira.

Além disso, a revolução de Wagner no que concerne à maneira de pensar a música, aos conceitos do tempo operístico e da retórica musical, e às suas ideias radicais sobre produção e arquitetura teatrais engendraram obras cujo impacto estava longe de ser meramente operístico. Podemos compilar facilmente uma lista de compositores que, embora nunca tivessem pensado em escrever uma ópera ou nunca tenham sido principalmente compositores de ópera, assim mesmo assimilaram preceitos básicos da linguagem musical de Wagner: Anton Bruckner, Claude Debussy, Gustav Mahler, Nikolai Rimsky-Korsakov, Arnold Schoenberg, Hugo Wolf. Em outras palavras, Wagner foi um primeiro acionador do modernismo musical, uma imponente e frequentemente sufocante figura patriarcal que assomou com impossível grandeza no final do século XIX e além. Sua música e suas teorias também capturaram a imaginação de artistas fora da esfera da composição profissional, e, de um modo precedente, entre meros compositores de óperas. Na França, ele foi a principal inspiração do poeta Charles Baudelaire, como o próprio Baudelaire reconheceu numa famosa carta de 1860, escrita para Wagner, nunca enviada, mas depois publicada como matéria jornalística. A idolatria de Baudelaire era assumidamente exclusiva: "Quero me distinguir de todos esses imbecis". Mas também estava próxima do autoaniquilamento: "Primeiro me pareceu que eu já conhecia sua música, e depois, pensando sobre isso, compreendi o que tinha causado essa ilusão. Parecia-me que essa música *era minha*".[3] Comparando com Wagner, uma combinação tão impetuosa de orgulho e rebaixamento não era usual. O mais famoso acólito de todos foi o filósofo Friedrich Nietzsche, cujo encontro, em 1859, com a ópera de Wagner *Tristan und Isolde* foi tão devastador e violento que resultou em seu primeiro grande ensaio filosófico, *Die Geburt der Tragödie aus dem Geiste der Musik* (O nascimento da tragédia a partir do espírito da música), em 1872. Seu posterior repúdio ao compositor (ele anunciou desafiadoramente uma preferência, entre todos os compositores, por Bizet), longamente articulado em *Der Fall Wagner* (O caso de Wagner, 1888), não foi menos traumático.

É sempre ingênuo imaginar que a história da ópera pode ser delineada simplesmente rebobinando para o tempo em que esta ou outra obra foi escrita e fingindo que é possível analisar o contexto histórico da obra como se incluísse apenas o período imediatamente em torno ao de sua composição. O passado interveniente, o tempo que passou entre esta ou aquela ópera e o nosso, nunca pode ser tão facilmente descartado. Wagner é o trunfo, quando se discute esse assunto, o incontestável caso de teste para tal afirmação. Está claro para nós que é impossível omitir Wagner, rebobinar e captar uma época antes de a música e os escritos de Wagner terem aberto caminho através do século XIX. Este é até mesmo o caso, embora em escala mais modesta, quando se tenta lidar com suas primeiras óperas — as que foram escritas antes de 1849 — em comparação com as últimas, obras mais revolucionárias. Não se pode ouvir as óperas do jovem Wagner sem refletir sobre como elas prefiguram suas inovações depois de 1849. E é característico da maneira pela qual as obras de Wagner foram geralmente recebidas que essa incapacidade — esse sentido de incontestável prestígio das últimas obras, a maneira pela qual toda música que as precedeu parece passar inevitavelmente pelo filtro de suas lentes — foi reforçada pelo próprio compositor, se é que, na verdade, não foi engendrada por ele. Wagner era hiperloquaz, tanto na mídia impressa quanto de viva voz. Catulle Mendès reportou, depois de visitar Wagner em Lucerna, em 1869, que ele "falava, falava, falava, era uma torrente sem fim".[4] Quando não estava criando uma ópera, ele também era propenso a escrever longas cartas e ensaios mais longos ainda sobre si mesmo, e sobre cultura e política em geral. Seus escritos reunidos, na edição mais completa, chegam a dezesseis volumes. Tem-se dele a impressão de alguém que produziu som — seja verbal ou musical — perpétua e fluentemente. Como para demonstrá-lo, muitos dos melhores e piores escritos de Wagner vêm de período improdutivo em sua vida de compositor, os cinco anos que se seguiram a seu abortado envolvimento com a Revolução de Dresden. Esse período testemunhou seu exílio de terras alemãs e sua preparação literária para a gradual explosão de suas obras tardias.

Ele nasceu, o caçula de nove filhos, numa família de frequentadores de teatro e de amantes da arte. Uma parente (a filha adotiva de seu irmão Albert), Johanna Wagner, tornou-se uma celebrada cantora de ópera que foi durante anos a musicista mais famosa da família. Wagner não teve treinamento formal como compositor. Em sua adolescência ele escreveu um certo número de obras secundárias nos gêneros-padrão instrumentais (sonatas, quartetos de cordas, aberturas) e brincou com vários projetos teatrais e operísticos, usando como modelo os altos níveis culturais de Goethe e Schiller. Ele entrou aos poucos no mundo da ópera como um regente em grande medida autodidata que perambulou por posições menores em pequenos teatros provincianos: Würzburg, Magdeburgo, e depois uma estada mais longa em Riga, onde, de 1837 a 1839 regeu muitas obras do repertório operístico. Em 1839 ele fugiu de seu deplorável histórico financeiro mudando para Paris, na esperança — pretensiosa, poderia parecer — de ser comissionado pelo Opéra. Durante todo esse tempo continuou a escrever óperas e outras obras ocasionais, peças menores e triviais. Mas o modo pelo qual, mais tarde na vida, considerou suas primeiras obras é significativo. Um clichê que ainda se repete, novamente oriundo de seus próprios escritos, nos diz que suas três primeiras óperas, *Die Feen* (As fadas, 1833), *Das Liebesverbot* (A proibição do amor, 1835) e *Rienzi, der Letzte der Tribunen* (1842), representam uma primeira, ingênua e prestes a ser superada fascinação pelas tradições operísticas, em clara sucessão: as tradições alemãs (*Die Feen*), italiana (*Das Liebesverbot*) e depois francesa (*Rienzi*). Há alguma verdade nessas formulações. O material sobrenatural do tema de *Die Feen* pode certamente ser relacionado às tendências anteriores da ópera alemã (tinha, substancialmente, o mesmo enredo da *Undine*, de E. T. A. Hoffman, de 1814) e seus formatos musicais deviam muito a Weber. Óbvio, também, é o fato de que *Rienzi* foi planejada para ser uma investida nas tradições da *grand opéra*, especificamente emulando as obras de Giacomo Meyerbeer: uma grande ópera em cinco atos, na mais inflamada tradição francesa, baseada no romance de Edward

Bulwer-Lytton, com a intenção de arrebatar o Opéra, mas não conseguindo ser apresentada lá. No entanto, *Das Liebesverbot* tem muito pouco que possa fazê-la ser considerada uma ópera italiana contemporânea, novamente se apoiando numa rude mistura de modelos franceses e alemães. Como iremos ver, o modelo italiano do bel canto, por mais que pareça ter se denegrido mais tarde, não seria posto de lado tão facilmente.

O provável motivo para a disseminação por Wagner dessa ideia de uma animada e juvenil excursão pelos principais estilos operísticos europeus era sua intenção de estimular as pessoas a ouvirem as obras pós-*Rienzi* como uma espécie de *síntese* desses três idiomas nacionais. A intenção de rivalizar com Meyerbeer, cuja carreira, em seu início, realmente envolvera uma prolongada exposição ao alemão, ao italiano e ao francês, era óbvia. Numa obsequiosa carta a Meyerbeer, escrita antes de ele chegar a Paris, Wagner declarava nada menos que:

> Em você eu contemplo a perfeita concretização da tarefa com que se defronta o artista alemão, uma tarefa a que você deu solução por força de ter aproveitado os méritos das escolas italiana e francesa para dar validade *universal* às produções desse gênio. Foi isso, então, que mais ou menos me pôs em meu atual percurso.[5]

Ele voltou a expressar esse sentimento num longo e igualmente laudatório ensaio sobre *Les Huguenots*, de Meyerbeer, escrito provavelmente em Paris: "Meyerbeer escreveu a história do mundo, uma história de corações e de sentimentos: ele destruiu os grilhões do preconceito nacional e as fronteiras constringentes das expressões linguísticas: ele escreveu as proezas da música".[6]

Em Paris, Wagner terminou outra ópera que ele esperava poder ter apresentado na capital, embora dessa vez num gênero completamente diferente: era uma curta ópera romântica alemã, inicialmente esboçada num único ato, chamada *Der fliegende Holländer* (O holandês voador, ou O navio fantasma, 1843). Ele também escreveu ensaios literários e críticas para jornais, estudou muito francês e punha comida na mesa fazendo transcrições de óperas para piano, para partituras vocais ou arranjos de números operísticos para conjuntos instrumentais. Dois desses arranjos de ópera, partituras vocais de *grands opéras* de Donizetti (*La Favorite*, 1840) e Halévy (*La Reine de Chypre*, 1841), foram publicados recentemente, com elaborado aparato acadêmico e financiamento oficial, numa nova edição crítica das obras reunidas de Wagner — uma entre muitas indicações do quanto sua reputação continuou a se expandir desde aquele início desesperançado. Na época, no entanto, a falta de reconhecimento foi mortificante, e explica algumas (não todas) de suas despeitadas opiniões sobre a capital. O sucesso veio depois, de outro lugar. Em 1843, Wagner obteve uma posição importante, graças a um currículo dos mais exíguos. Ele tinha enviado uma partitura de *Rienzi* para a Ópera Real da Saxônia em Dresden; com o apoio de uma recomendação de Meyerbeer ao diretor do teatro, ela foi apresentada lá, e obteve estrondoso sucesso; com base nisso, e a despeito do menor impacto de *Der fliegende Holländer*, também estreada em Dresden, Wagner foi convidado para ser o regente da corte.

A ORIGEM DE UMA ESPÉCIE

Wagner deixou-nos relatos dramáticos, habilidosamente embelezados, da maior parte desses eventos em sua autobiografia *Mein Leben* (Minha vida), que publicou em quatro volumes entre 1870 e 1880. Muito antes, no entanto, em 1851, quando exilado na Suíça, ele escreveu um importante ensaio sobre seu desenvolvimento artístico naqueles primeiros anos, uma autoanálise de suas quatro primeiras grandes óperas, já tendo então se juntado a *Rienzi* e *Der fliegende Holländer* as óperas *Tannhäuser* (1845) e *Lohengrin* (1848). Esse ensaio, chamado "Um comunicado a meus amigos", é a pedra angular das histórias convencionais sobre Wagner como compositor. Podemos ir diretamente à parte crucial, uma descrição do que Wagner considerava ser um pequeno mas radical elemento em *Der fliegende Holländer*. A história da ópera, de um viajante fantasma condenado a navegar perpetuamente pelos mares até ser redimido pelo amor de uma mulher, antecipa claramente um dos principais temas das obras de Wagner depois de 1850. Além disso, a obra (especialmente em sua versão original de um único ato) empenha-se, de modo inusual, por manter uma consistência de tonalidade e de atmosfera — algo que antes disso era raro na ópera alemã. Apesar desses aspectos, *Der fliegende Holländer* ainda é — tanto na versão de um ato quanto na de três — basicamente uma ópera convencional, com árias, duetos, coros e tudo o mais. Contudo, e ignorando essas questões formais, Wagner destacou um momento específico da ópera, uma passagem que — ele afirmou — era um presságio do terremoto que abalaria o mundo operístico em 1851:

Lembro-me de quando, antes de entrar nos detalhes de *Der fliegende Holländer*, esboçava pela primeira vez a balada de Senta no segundo ato e completava tanto os versos quanto a melodia. Nessa peça, inconscientemente, eu plantei a semente temática de toda a música da ópera: era a figura *in petto* de todo o drama [...] Na ulterior composição da música, a imagem temática, assim evocada, se espalhou de forma bem instintiva por todo o drama, como que numa tessitura contínua; eu só tive, sem iniciativa adicional, de tomar as várias sementes temáticas incluídas na balada e desenvolvê-las em suas legítimas conclusões.[7]

Perto do meio da ópera (segundo ato, na versão em três atos) há realmente uma balada cantada pela heroína, Senta (soprano). Esse número, como as baladas que vimos anteriormente nas óperas do início do século XIX, conta uma história em miniatura — sobre um marinheiro sobrenatural e sua busca pela verdadeira amada — que se vai revelando gradativamente como o enredo da ópera em si mesmo, sendo Senta a verdadeira amada e o holandês (barítono) o alto e sombrio estrangeiro que busca sua amada humana. Wagner entusiasmou-se particularmente com um aspecto da balada, o de como seu tema central não ocorria apenas dentro dessa peça, mas se repetia como motivo musical aqui e ali ao longo de toda a ópera, onde fosse dramaticamente apropriado. O que Wagner estava descrevendo foi chamado, muito mais tarde, de "leitmotiv técnico", e o que ele ressalta é que a repetição de ideias musicais simbólicas (ou, como vieram a ser chamadas, leitmotiven) tem o potencial de transcender as fronteiras de números isolados, reunindo o que de outra forma seria uma coleção de movimentos musicais separados — as contas de um colar — num todo.

Apontar o aspecto narcisista no relato de Wagner pode parecer óbvio, mas a mitologia que se criou e cresceu em torno do leitmotiv foi tanta que essa tarefa ainda é necessária. Primeiro de tudo: Wagner não inventou nem o leitmotiv nem o processo pelo qual os temas de uma balada alegórica vão se expandir durante a ópera e abrangê-la. Já vimos exemplos desses temas recorrentes, remontando à ópera francesa no final do século XVIII. No capítulo anterior vimos o jovem Verdi, quase exatamente na mesma época, experimentando recursos semelhantes em sua ópera *I due Foscari* (1844). Wagner não poderia saber da ópera de Verdi, mas modelos diretos do que aconteceu na balada de Senta em *Der fliegende Holländer* estavam muito mais à mão: a ideia se derivou provavelmente de "Jadis régnait en Normandie" (Uma vez reinou na Normandia), a balada na ópera de Meyerbeer

Robert le diable (1831), uma obra que Wagner tinha, por assim dizer, encomendado pelo correio e recebido em simples invólucros pardos muito tempo antes. Mas não foi simplesmente um salto de gradação ir de um tema simbólico ocasional que se repete aqui e ali numa ópera (o modelo de *Fliegende Holländer* e de *Due Foscari*) para o que Wagner estava imaginando no início da década de 1850. Ele nessa época estava ocupado em conceber uma ópera destituída de números convencionais, o que quer dizer destituída de estruturas convencionais de tempo operístico. Bem além disso, ele estava imaginando uma ópera criada *ex nihilo*, uma manifestação de real livre pensamento composicional.

Seja como for, a maneira pela qual Wagner historiou suas primeiras óperas — vendo-as como etapas a caminho de suas composições pós-1850 — foi reproduzida em discussões posteriores, com o resultado inevitável de que essas primeiras obras foram consideradas deficientes. Ele rapidamente se deu conta disso, e até mesmo quando estabelecia seus termos de referência quanto a elas, tentava minimizar seu impacto negativo. No ensaio "Comunicado a meus amigos", ele menciona seus "conceitos quanto à natureza da arte que eu proclamei de um ponto de vista que me levou anos de evolução, passo a passo, para adquirir", e lamentava o fato de que os críticos "dirigiam esses conceitos exatamente para aquelas composições a partir das quais eu comecei a trilhar o caminho natural de evolução que me levou a esse ponto de vista".[8] Mas o "caminho natural de evolução" era, muito poderosamente, um símbolo, especialmente na segunda metade do século XIX, marcada por sua obsessão por essa evolução. Essa linguagem não apenas ilustra a maneira de perceber as óperas de Wagner anteriores a 1850, mas também informam sobre um modo mais generalizado de olhar a ópera no século XIX. Não por acaso Verdi ficou exasperado com o fato de alguns poucos e dispersos temas recorrentes de *Don Carlos* (1867) terem sido suficientes para fazer com que críticos o chamassem de "o Wagner italiano", e quanto a isso chegando atrasado. Se esses críticos tivessem conhecido *Il due Foscari* eles poderiam ter se dado uma pausa; mas então *Foscari* já tinha saído do repertório. Como veremos em capítulos seguintes, Verdi estava longe de ser o único a ser submetido a tão indesejáveis comparações.

No entanto, no que diz respeito às primeiras óperas de Wagner, há uma distorção mais importante, e em outra direção: olhar dessa maneira para obras como *Tannhäuser* e *Lohengrin* é ignorar sua grandeza, que reside principalmente em outro domínio e que tem pouco a ver com o que poderia ser profético em relação ao Wagner posterior. A razão é simples: é porque a música mais poderosa nas primeiras obras de Wagner é a mais convencional. Sua glória, o motivo pelo qual nós voltamos a ela, brota da inspiração com que ele tratou formatos já desgastados. Dela se pode extrair a mais clara noção do sôfrego ouvido de Wagner, de como ele ouviu atentamente e, a julgar por suas cartas de amor musical, ficou arrebatado pelo bel canto da ópera italiana, pela ópera-cômica francesa e pela *grand opéra*. Wagner, o ensaísta, foi, com algumas poucas e notáveis exceções no início, quando transbordam seus verdadeiros entusiasmos musicais, geralmente desdenhoso da ópera francesa e da italiana, e elogiava com relutância os alemães somente na medida em que as obras deles levavam à sua. Mas Wagner, o compositor, era completamente diferente. Como fazedor de música ele muitas vezes expressava seu entusiasmo pelas óperas de linguagem romântica, e o expressava em som musical.

WAGNER, O ITALIANO

Os casos clássicos são *Tannhäuser* e *Lohengrin*, obras gêmeas no sentido de serem similares em escopo e fontes dramáticas. Ambas se passam em algum vago momento da Idade Média, na Turíngia e em Brabante, respectivamente, e ambas se baseiam em histórias que Wagner extraiu de reconstituições românticas alemãs contemporâneas: acervos de material de romance de cavalaria. *Tannhäuser* versa sobre a lenda do "Concurso de canções em Warburg", na qual o herói Tannhäuser (tenor), que no primeiro ato flertara secretamente com a deusa Vênus (meio-soprano), ofende no segundo ato a corte turingiana ao discorrer, em sua contribuição ao concurso de canções, sobre os encantos eróticos dela. Ordenam-lhe que vá a Roma pedir perdão ao papa. No terceiro ato, ao voltar sem o perdão, ele parece ter regressado ao caminho da perdição até que a heroína, a princesa Elisabeth (soprano), sacrifica-se por ele, o que faz com que ele possa morrer feliz. Em *Lohengrin*, a heroína, Elsa (soprano), foi falsamente acusada por dois malévolos maquinadores, o cavaleiro Telramund (barítono) e sua mulher Ortrud (meio-soprano). Elsa corre o perigo de ser condenada pelo assassinato de seu irmão; mas um misterioso cavaleiro branco (Lohengrin, tenor) aparece num barco puxado por um cisne e se oferece para ser seu defensor. Lohengrin apresenta, no entanto, uma condição: a de que ela jamais deve perguntar seu nome, nem de onde ele vem. Tendo isso lhe sido assegurado, ele vence Telramund em combate e assim prova a inocência dela. No decurso de uma longa e dramática noite, a inevitável curiosidade de Elsa quanto à identidade do cavaleiro prevalece sobre suas melhores intenções, e ela faz a pergunta fatal. Isso desencadeia a partida de Lohengrin (o barco de partida agora é puxado por uma pomba, o que torna fora de contexto e inadequados esses gracejos de "tomar o próximo cisne"), mas ao mesmo tempo provoca o regresso do irmão de Elsa, que, como se revela, não estava morto, mas transformado em cisne por uma maldição agora quebrada.

As raízes do bel canto em Wagner podem ser claramente divisadas nas belas e sinuosas melodias que emergem nos números convencionais de ambas as óperas. Mas antes de explorar esse aspecto, vale a pena saborear a afeição de Wagner por Vincenzo Bellini, que ele continuaria, até o fim da vida, a chamar de "o gentil siciliano".[9] Nas décadas de 1830 e 1840, Wagner iria prestar tributo a Bellini como o típico mentor da estética do bel canto não só tomando dele emprestada a linguagem melódica, mas também sua prosa. Em "Bellini, uma palavra da época" — escrito em 1837 como uma peça memorial (Bellini morreu em 1835) —, Wagner exorta seus compatriotas a serem honestos consigo mesmos quanto a suas paixões:

Quão pouco estamos convictos de nossos pacotes de regras e preconceitos. Quantas vezes deve ter acontecido que, depois de termos sidos arrebatados no teatro por uma ópera francesa ou italiana, ao sair, repelimos nossa emoção com um gracejo piedoso [...] abdiquemos de uma vez por todas desse gracejo, poupemo-nos de uma vez por todas do sermão, e meditemos sobre o que nos encantou, e então vamos descobrir, especialmente com Bellini, que foi a límpida melodia, a simples, nobre, harmoniosa canção. Confessar isso, e acreditar nisso, certamente não é um pecado. Não seria pecado, quiçá, se antes de adormecer sussurrássemos uma prece para que os céus um dia oferecessem aos compositores alemães melodias assim, e esse modo de tratar a canção.[10]

E ele tentou. No dueto de Elsa e Ortrud no segundo ato de *Lohengrin*, é somente o libreto que nos diz que estamos ouvindo uma inocente e uma intrigueira: duas mulheres tendo uma discussão séria sobre lealdade e perdão. Abstraindo-se das palavras, especialmente na parte final, somos obsequiados com algo que se parece com um dueto de amor de *I Capuleti e i Montecchi* (1830, uma história de

Romeu e Julieta), de Bellini, com soprano e meio-soprano se entrelaçando, entrando uma na parte da outra e saindo, um efeito que sobrevive às ocasionalmente densas harmonias cromáticas que nos fazem lembrar as origens alemãs do compositor. Quem consulta a partitura desse dueto fica assombrado com o número de vezes em que Wagner acrescenta a notação para um volteio vocal (um "S" oblíquo) sobre os pontos agudos das linhas vocais: um gracioso embelezamento que se refere à leveza, à *leggerezza*, da escrita vocal italianada. *I Capuleti* foi de fato um texto crítico nos relatos de Wagner sobre sua evolução artística. A julgar pelo número de vezes que ele o menciona, e a paixão que marca as reminiscências do evento, a ópera de Bellini penetrou definitivamente em sua consciência quando ele viu Wilhelmine Schroeder-Devrient; como Romeu em Leipzig em 1834, e novamente em Magdeburgo em 1835. Schroeder-Devrient; o papel de Romeu; a ópera de Bellini; tudo formando um tema que reaparece, irreprimivelmente, nos escritos de Wagner durante toda a sua vida, mesmo que as emoções se tornem mais mistas com o decorrer do tempo.

Por outro lado, o formato do dueto de *Lohengrin*, e muitos efeitos dentro dele, estão longe do padrão de ouro italiano. Por alguma razão, o número divide-se em dois. Na primeira parte Ortrud canta em direção ao alto, para Elsa, que está em segurança em sua sacada bem acima dela (Romeu e Julieta vêm à mente subversivamente). Ortrud começa (num recitativo) chamando duas vezes o nome de Elsa, duas sílabas, "El-sa", quase como uma trompa de caça clamando num sussurro, acompanhada por oboés e por trompas em surdina. A surdina nos instrumentos cria um efeito perto-longe, como se sons fortes estivessem sendo ouvidos de uma longa distância. O segundo "El-sa" é cantado com trompas sem surdina e flautas, como se uma Ortrud muito distante tenha sido no mesmo instante teletransportada para mais perto: um sinal de sua natureza mágica. Elas conversam. Depois que Ortrud (lançando alguns ornamentos e volteios vocais) convence sua vítima a descer até a porta, ela a deixa só por alguns momentos e usa esse tempo para cantar um monólogo de vingança — uma irrupção convencional com sonoros trêmulos na orquestra. Quando Elsa junta-se a ela e ambas ocupam o mesmo espaço, começa outro dueto, dessa vez mais complicado. Ortrud abandona seu estilo italianado: agora ela quer plantar dúvidas sobre Lohengrin na mente de Elsa. Quanto mais enfática e incisiva vai se tornando a linguagem vocal de Ortrud — quando ela parece que muda essa linguagem para prosa —, mais floreadas e ornamentais são as ingênuas respostas de Elsa.

Mas os melhores momentos operísticos à italiana vêm com a volta ao formato convencional: o fim do dueto, quando elas cantam juntas. Os versos de Elsa são ingênuos: *"Laß mich dich lehren, wie süß die Wonne reinster Treue"* (Deixe-me ensiná-la, quão doce é a alegria da pura fidelidade). Os de Ortrud são rosnados: *"Ha! Dieser Stoltz, er soll mich lehren, wie ich bekämpfe ihre Treu'"* (Ah! Esse orgulho me ensinará como posso derrotar sua fidelidade). Mas suas palavras específicas são, na apresentação, incompreensíveis porque o cantar simultâneo as obstrui. É onde as vozes começam a se entrelaçar uma na outra, às vezes com eco de um verso para outro, às vezes em intervalos paralelos. Assim como a prosa musical de Ortrud tinha dominado antes, agora o modo cheio de alegria de Elsa é que domina — e, por assim o fazer, os belos vestígios de um dueto de amor italiano reaparecem do ar.

Comparado à antiquada estética operística que encontra expressão nesse dueto, o único leitmotiv famoso em *Lohengrin* — o chamado "tema da pergunta" — é de fato insignificante; algo que tinha a intenção de ser sinistro, mas que se revelou um grande erro de cálculo. Esse "tema da pergunta" é absoluta e claramente simbólico; como Claude Debussy, o mais incerto de todos os wagnerianos, disse mais tarde dessas reminiscências musicais: "É mais como se essas pessoas tolas lhe entregassem seus cartões de visita e então recitassem liricamente o que está impresso neles".[11] O tema é cantado por Lohengrin no primeiro ato, quando ele fala a Elsa da proibição à qual ela deve obedecer: *"Nie sollst du mich befragen, noch Wissens Sorge tragen, woher ich kam der Fahrt, noch wie mein Nam' und Art"* (Você nunca deverá me perguntar, nem se preocupar em saber de onde vim, e qual é meu nome ou minha natureza). Ele se repete sempre que Elsa está pensando em Lohengrin — quase se pode vê-la franzir o cenho e parecer tentada naquele exato momento — e sempre que a ardilosa Ortrud tenta inculcar uma dúvida e desviar Elsa do caminho. Por exemplo, ele é ouvido no fim do segundo ato, depois de uma cena na qual Ortrud se defronta com Elsa quando ela está a caminho de seu casamento e lhe insinua que Lohengrin pode não ser nada do que parece. Em encenações tradicionais de *Lohengrin*, requere-se que a meio-soprano que representa Ortrud o expresse com intencional zombaria, com acompanhamento dos trombones, quando cai o pano. E depois, previsivelmente, Elsa também canta uma ofegante versão do tema quando por fim ela faz a pergunta, no terceiro ato.

É bem instrutivo contemplar por um momento a carreira do "tema da pergunta" em trilha sonora de cinema durante o século xx. A música de *Lohengrin* foi usada por muitos compositores da era clássica do cinema sonoro: em parte porque era uma ópera popular nas décadas de 1930 e 1940; em parte porque a "Marcha Nupcial" do terceiro ato, por intermédio de herdados costumes cerimoniais vitorianos, tinha se tornado um clichê como acompanhamento musical em cerimônias de casamento. Mas o "tema da pergunta" é muitas vezes usado com ironia, para efeitos humorísticos. Por exemplo, no filme *Coronel Blimp: Vida e morte* (1943), de Michael Powell, quando um herói de guerra britânico envia a seu amigo em Londres um cartão-postal de Berlim, um close-up desse cartão desencadeia o "tema da pergunta". Na ópera, é óbvio que o tema é um presságio de coisas ruins, muito isolado musicalmente dos contextos nos quais se repete, muito parecido com um mero "cartão de visitas". Novamente, ocorre a comparação com *I due Foscari*, de Verdi, mesmo que somente devido ao fato de que esta é outra ópera na qual o fascínio intelectual dos temas recorrentes afasta o compositor de seus melhores instintos operísticos.

Esse não é o único modo pelo qual *Lohengrin* às vezes vacila quando busca mais obviamente se antecipar às obras de vanguarda da maturidade de Wagner. Outro exemplo é encontrado nos trechos experimentais de diálogos não estruturados, que podem se tornar pesados. A longa e elaborada discussão entre Elsa e Lohengrin no terceiro ato, na qual eles arrumam as coisas para sua noite de núpcias, também é uma instância em que Wagner busca as trocas de palavras numa livre fluência que ele mais tarde chamaria de prosa musical — exemplo de sua rejeição aos perfis e limites da melodia previsível de formatos fixos. Mas não funciona. Em resumo, parece que Wagner experimentou uma crise de melodia em *Lohengrin*, o que está insinuado em seus escritos em prosa daquela época.

Assim como em *Tannhäuser*, seu domínio sobre efeitos musicais avassaladores e sobre pequenos e excepcionais detalhes não experimentou crise de espécie alguma. Exemplo do primeiro: diretores de cena de tempos imemoriais tiveram de lutar com o *deux ex machina* do primeiro ato, a chegada de Lohengrin no barco puxado pelo cisne. À sua maneira, esse tipo de aparição é tão antigo quanto as montanhas: Zeus ou Apolo chegando do céu, contra um fundo de nuvens pintadas, numa carruagem dourada saída de uma passarela, já por volta de 1650. Wagner não queria tal artifício. Teríamos de ficar convencidos de que este é um verdadeiro milagre, e não uma encantadora alegoria embrulhada numa maquinaria de palco. A solução que ele deu foi nos assombrar no terreno acústico. O povo de Brabante reúne-se no palco para testemunhar o julgamento de Elsa — ela é trazida para repudiar a acusação feita por Telramund de que assassinou seu irmão. Elsa tem uma visão na qual um cavaleiro de um lugar distante defenderá sua honra, e um arauto toca seu clarim, numa convocação. Duas vezes, seguidas de silêncio. Mas depois da terceira convocação e de um apelo de Elsa e de suas damas, aparece o cisne à distância, e o que se segue é um magnífico pandemônio. A orquestra começa com uma fanfarra que parece vir de longe, com sons distantes de trompete e trompa, uma miniatura metálica que vai soando mais alta até se tornar um verdadeiro leviatã de metais a atacar nossos ouvidos. Mas o choque mais profundo está no coro, até aqui um coletivo disciplinado, um tanto tedioso, cujo estilo é o de harmonias simples como as dos hinos. Agora estão atônitos demais para serem formais, e vozes individuais ou vozes em grupo irrompem em exclamações: "Vejam! Um cisne! Um milagre!". Esses brados e gritos são tão imprevisíveis em seu ritmo que soam como um assombro absoluto, como se o coro estivesse improvisando esse trecho por sua conta, e não seguindo um roteiro. Aqui temos uma noção da especial verve de Wagner para criar a ilusão do não composto, do espontâneo, do não mediado.

Quanto aos momentos mais soturnos, é raro que estejam associados a um tema recorrente, e com frequência ocorrem com um mínimo de fanfarra. A maior parte do segundo ato (diversos momentos equivalentes a cenas, na partitura) consiste de um imenso *finale* com o coro num andamento muito lento e um desenrolar arrastado, pontuado por alguma centelha ocasional quando Ortrud e Telramund aparecem para causar problemas. É uma passagem musical em que a briosa virtude teve os olhos vidrados e os vilões proporcionam um bem-vindo alívio. Mas algo estranho acontece com Telramund, que até esse momento tinha uma presença musical e vocal particular: audaciosa, direta, e não inteiramente sem atrativos em suas obsessões por honra, transparência e protocolo. Perto do final, sob a cobertura do coro em sua pregação pelos inocentes, ele se aproxima de Elsa (que agora está seriamente preocupada com a identidade de Lohengrin) e lhe sussurra algo estranho: *"Vertraue mir! Laß dir ein Mittel heißen, das dir Gewissheit schaft. Laß mir das kleinste Glied ihm nur entreißen, des Fingers Spitze, und ich schwöre dir, was er dir hehlt, sollst frei du vor dir seh'n!"* (Confie em mim! Saiba que há um modo de ter certeza. Só me deixe cortar o menor dos membros do corpo dele, a ponta do dedo, e o que ele está ocultando se revelará a você!). Mais estranha ainda é a mudança em sua voz, como se ele se tornasse outro ser, passando de uma sonora voz de peito e de tons vibrantes para um rápido e quase histérico falatório, cantado tão alto no registro de barítono a ponto de ficar à beira do falsete. Por um momento, aqui aparece de repente algo do ainda não definido futuro wagneriano, a efeminada paixão sanguinária do anão Mime (em *Der Ring des Nibelungen*, 1876), ou os gritos estridentes de Klingsor, o feiticeiro castrado da última ópera de Wagner, *Parsifal* (1882). Essas personas dramáticas não estão longe de representar a caricatura wagneriana dos judeus, como poderia sugerir uma leitura até mesmo superficial de seu infame panfleto antissemita *Das Judentum in der Musik* (O judaísmo na música, 1850).

Talvez esse inquietante momento de *Lohengrin* nos mostre um modo de compreender a diferença de gosto entre, de um lado, *Der fliegende Holländer* ou *Tannhäuser*, e, do outro, *Lohengrin*; em que a mudança de Wagner para a feiura marca uma atitude que prejudica seu confiante toque operístico. Até *Tannhäuser* Wagner era um otimista, ainda jovem, mal chegado aos trinta. Seu otimismo rimava com as filosofias que o tinham conduzido até então, em especial a da Jovem Alemanha, movimento cheio de energia e de fé na melhora que o futuro traria. Seus escritos sobre teatro, sobre ópera, literatura e história têm um teor idealístico naquela época, e uma energia ingênua. No exuberante final de uma de suas ficções, "Uma noite feliz" (1841), o protagonista e seu amigo R acabaram de assistir a um concerto:

> "E esta noite", irrompeu meu amigo, num entusiasmo total, "o que eu saboreei foi a alegria, a felicidade, o presságio de um destino mais elevado, que obtivemos das maravilhosas revelações das quais Mozart e Beethoven nos falaram nesta gloriosa noite de primavera. Então, eis aí a felicidade, eis aí a coragem, que nos fortalece o coração na luta com nosso destino! Eis aí a vitória, conquistada por nosso sentido mais elevado, sobre a inutilidade do vulgar. Ao amor, que coroa nossa coragem. À amizade, que mantém firme nossa fé. À esperança, que se alia a nossos augúrios! A este dia, a esta noite! Um viva ao sol, um viva às estrelas!"[12]

Vale notar que os dois indivíduos dessa história tinham acabado de consumir uma considerável quantidade de ponche, o que pode explicar em parte esse modo exaltado. Mas os amigos-artistas, passeando de braços dados e rindo dos filisteus desdenhosos da arte, poderiam muito bem ser membros do ficcional *Davisbund* de Robert Schumann, de 1834, os Davis lutando contra os Golias sem terem a menor noção de que poderiam alguma vez serem derrotados.

Era nessa direção que soprava o vento que carregou *Tannhäuser* às alturas em termos musicais. Como *Carmen*, de Bizet, é uma ópera quase perfeita. Isso tem a ver em parte com a energia e a verve de seus números convencionais, que são ideais em seus tipos. Em parte tem a ver com aspectos daquilo que vimos no coro do cisne no primeiro ato de *Lohengrin* — criar a ilusão de uma música que transbordou para além do controle exercido pelo compositor sobre o formato musical e a opção melódica, para se tornar algo aparentemente mais espontâneo e desguarnecido, a voz do povo ou da própria natureza.

A *CARMEN* DE WAGNER

Tannhäuser foi, de longe, a ópera mais popular de Wagner durante todo o século XIX, e também no século XX, com brilhantes resenhas que amaciavam os empresários e diretores de teatro no mundo inteiro. Entre sua estreia, em 1845, e a primeira produção parisiense, em 1861, ela foi produzida centenas de vezes; a biografia de Wagner por Ernest Newman, em quatro volumes, dedica um capítulo inteiro ao fenômeno. Foi a primeira ópera de Wagner representada na América, encenada em Nova York em 1859. Depois da estreia, um artigo no *New York Musical Review and Gazette* comentou sua formidável repercussão:

> Se realmente não existe melodia, nem verdade, nem beleza nessa obra, como é possível que ela tenha conquistado de tal forma os alemães nos últimos oito ou dez anos? Assistimos a essa ópera há uns seis anos, em Leipzig, quando foi apresentada pela trigésima vez. *A casa estava lotada.* Desde então ela tem sido apresentada repetidamente em cidades pequenas e grandes da Alemanha, e as estatísticas de todas as representações naquele país durante o último ano provam que esta ópera foi apresentada com mais frequência do que qualquer outra obra dos populares Meyerbeer ou Verdi. E, permitam-nos dizer, se esta ópera fosse de fato, em seus princípios e em seu tratamento, tão extremamente original e nova, como amigos e inimigos com diferentes pontos de vista têm alegado que ela é, não seria acompanhada por esse grande sucesso.[13]

Uma curiosa evidência sociológica da predominância de *Tannhäuser* encontra-se em toda parte dos registros históricos. O *Aeolian Quarterly*, uma publicação mercantil dedicada a produtos Aeolian para pianos de rolo e à indústria do piano, relatou em 1897 que:

> É fato significativo, ao apontar a classe de amantes da música que é o alvo do apelo da Aeolian, que de todos os milhares de peças reduzidas para o instrumento, nenhuma teve venda numa escala tão grande quanto a abertura de *Tannhäuser*. Há alguns anos, o público de um concerto no Palácio de Cristal, em Londres, foi submetido a uma votação para eleger a abertura mais popular. A de *Tannhäuser* venceu, com 317 votos; a ela seguiu-se a de *Sonho de uma noite de verão*, de Mendelssohn, com 253.[14]

Em 1861, em Londres, "Neville Temple" e "Edward Trevor" publicaram sua obra épica de cem páginas, *Tannhäuser, or the Battle of de Bards*, baseada em Wagner e como tributo a ele.[15] Seu mérito literário é escasso. Tannhäuser é descrito como tendo uma "estrutura sinuosa, compacta, de força maleável"; Wolfram é "como uma criança órfã na caridade/ cuja perda veio cedo, e é ternamente sustentado/ profundo demais para lágrimas/ constante demais para lamúrias", o que demonstra quem é que veste as calças neste poema específico. Em 1917, o *Victrola Book of the Opera* mede a popularidade de *Tannhäuser* usando vários barômetros:

> Há muita gente que gosta de ir à ópera, mas não liga para as óperas do Anel, de Wagner, com seus mitos e lendas teutônicos, e suas longas e às vezes inegavelmente tediosas cenas. Mas *Tannhäuser*, com sua poesia, seu romance e sua paixão, e acima de tudo todos os seus personagens, que são pessoas humanas, reais, e não misteriosos e mitológicos deuses, deusas e heróis, agrada muito a todos. Para demonstrar a maravilhosa aceitação dessa obra, estima-se haver mais de mil apresentações da ópera que se realizam anualmente em todo o mundo, e na Alemanha, durante a década de 1901-10, ela foi apresentada 3243 vezes.[16]

Quando um número é tão específico, presume-se que o autor tenha tido acesso a registros estatísticos confiáveis, anteriores à guerra.

Em 1859, um resenhista do *New York Musical Review*, assim como o resumo da Victrola, identifica um fato significativo: *Tannhäuser* não é a música do futuro. Diferente de *Lohengrin*, não há nada não convencional no libreto. Sabemos, a partir do rascunho e da partitura de composição originais, que ela foi originalmente concebida como uma ópera de números.* Depois ela foi revista várias vezes, uma história complicada, sendo que a revisão mais significativa foi feita para mais uma tentativa na capital francesa — também desastrosa — em 1861. Mas em seu primeiro formato, de 1845, e até as revisões de Paris, não há longas e tortuosas discussões entre os personagens. Mas de novo há elementos obviamente relacionados com as primeiras óperas alemãs, em particular em seu velho colorido local alemão e os episódios corais que o acompanham. E, como comentado no capítulo anterior, muitas das mais gloriosas inspirações da ópera foram claramente escritas em homenagem à *grand opéra* francesa, em especial nas grandes cenas de grupos, e em seu apreço por mero barulho. Os critérios franceses para apreciação dos espetáculos operísticos eram persistentes, e cruzaram as fronteiras do tempo e do gosto. Quando Marcel Proust, com 24 anos, assistiu a *Tannhäuser* em Paris, em 1895, ele ficou indiferente aos personagens femininos e aos duetos de amor, centrando-se em vez disso nos momentos cênicos em que a música se combinava com as imagens no palco para formar uma espécie de quadro ressonante:

> Eu estava extremamente entediado com *Tannhäuser* até o solo (do pastor no primeiro ato, cena 3). E apesar dos brados generalizados de admiração, a lânguida oração de Elisabeth (no terceiro ato) deixou-me frio. Mas como é bela toda a última parte [...] quanto mais lendário Wagner é, mais humano eu o acho, e nele os mais magníficos artifícios da imaginação só me impactam na qualidade de símbolos obrigatórios de verdades morais.[17]

Embora apenas raramente se possa discordar de Proust, a passagem mais vanguardista (menos artificial) na ópera é, de fato, um momento de evidente verdade moral — a narrativa do terceiro ato na qual Tannhäuser descreve sua peregrinação a Roma. Aqui, numa prefiguração do estilo de Wagner pós-1850, a contribuição da orquestra é da maior importância, trazendo consigo uma teia de conexões entre temas para enriquecer a progressão que se vai compondo na narrativa do herói. Mas esse trecho é uma exceção. Em geral, em *Tannhäuser*, se duas pessoas têm algo a dizer uma à outra — como acontece com o herói e Elisabeth

---

* Ópera cujos números musicais podem ser extraídos para formar uma obra em separado da ópera completa.

durante sua feliz reunião no segundo ato —, elas o dizem em forma de recitativo e, depois, de um grande dueto.

A ária de entrada de Elisabeth, no segundo ato de *Tannhäuser*, "Dich, teuer Halle, grüß ich wieder" (Querido salão, eu o saúdo novamente), é um bom exemplo. Há um mínimo de enunciados prosaicos. Quando Elisabeth termina seus primeiros versos, em estilo de fanfarra, e pensa de novo em momentos menos felizes no Salão da Canção, sua voz torna-se, apropriadamente, melancólica, e o volume musical mais baixo: ela já não canta melodias finalizadas, mas faz alguns gestos acompanhados por progressões livres das cordas, com pausas entre elas e um lamentoso fragmento melódico no oboé. Mas essa interrupção é muito breve. *"Wie jetzt"* (Mas agora), ela lembra a si mesma, a alegria voltará, e a música de abertura da ária regressa, devidamente, à postura formal tradicional que busca o equilíbrio e a inteireza. A melhor parte está bem no final, no qual a música ignora as palavras porque o texto é agora irrelevante, sendo apenas uma repetição do mesmo moto *"Sei mir gegrüßt, sei mir gegrüßt, du teure Halle, sei mir gegrüßt"* (Eu o saúdo, querido salão). Wagner dispõe as quatro sílabas num arpejo ascendente de três notas (a última nota é repetida), cada vez mais alto, desenvolvendo-se sequencialmente em arco, no topo do registro da soprano; tão perfeitamente formado e tão emocionante quanto, digamos, *"Pensa che un popolo, vinto, straziato, per te soltanto risorger può"*, a espetacular peroração melódica de Amonasro em seu dueto com Aida, no terceiro ato da ópera de Verdi.

Tannhäuser é uma ópera sobre cantar, na verdade sobre quem é o melhor cantor, e seu concurso de canto do segundo ato é o evento dramático central. Nesse sentido, há uma clara expectativa de que belas melodias vão dominar o centro da cena. No que concerne a isso, as honras são compartilhadas por Elisabeth — papel criado pela sobrinha de Wagner, Johanna — e Wolfram (barítono), um cavaleiro que, diferente de Tannhäuser, não tem máculas de caráter sensual em seu retrospecto. A ambos se dão grandes números de solo nos quais a melodia domina a paleta composicional. Sua música particularmente melódica não figura no pot-pourri da ópera, uma lacuna que um dos primeiros comentaristas interpretou como sendo um sinal de sua força menor: "O delicado amor de Elisabeth, a fiel amizade de Wolfram, são os únicos ausentes da abertura; mas o primeiro é na verdade tão impregnado de religião quanto a outra é absorvida pela completa inutilidade da fidelidade de Wolfram e o triunfo final de Tannhäuser".[18] É verdade que, em comparação com a óbvia suscetibilidade de Tannhäuser aos pecados da carne, a santidade de Wolfram pode parecer desinteressante; nem ele fica com a garota. Mas ele é, de longe, o cantor mais cativante. No capítulo 1 mencionamos que suas contribuições ao concurso de canto, em termos de linha vocal e postura harmônica, são musicalmente sensuais, de um modo que as do herói nunca serão. Wolfram é um dos papéis de Wagner mais italianizado; como que para enfatizar isso, o papel é escrito para um barítono leve e de alto registro, o que é muito raro em Wagner. Ele tem uma ária no terceiro ato que, como recompensa por sua pura cantabilidade, se tornou um sucesso nos salões das eras vitoriana e eduardiana, "O du, mein holder Abenstern", a "Canção à Estrela Vespertina". Uma maravilhosa resenha de 1882 acerta em cheio no que é o verdadeiro encanto de Wolfram, mencionando "o mais melodioso e substancioso papel de barítono escrito por Wagner até aqui", com a canção de Wolfram no concurso de canto do segundo ato e a "Canção à Estrela Vespertina" sendo consideradas "as principais partículas de gordura em toda a ópera — que mais se aproximam do que seriam canções reais, coerentes, relembráveis", as quais oferecem "amplas oportunidades para a exibição de um suave e eminentemente amigável órgão [vocal]".[19]

Há um único lugar na ópera em que uma canção todo-poderosa — um canto que extravasa e convence — efetivamente realiza algo em cena, bem diante de nós. Isso acontece no septeto final do primeiro ato, no trecho em que Wolfram convence Tannhäuser, que acabou de se libertar de Venusberg, a voltar para a corte turingiana. Esse septeto, já vimos, era adorado pelas plateias francesas. Uma discussão muito urgente (Tannhäuser vai voltar? Não, não posso, meu destino está em outro lugar!) é cortada por uma intervenção dramática, quando Wolfram invoca o nome da princesa Elisabeth, ao som de harpas celestiais. O *coup de théâtre*, esse golpe teatral, convida a uma pausa para um lento e lírico excesso, e Wolfram assume exclusiva responsabilidade: ele conta a Tannhäuser o quanto Elisabeth sentiu sua falta e implora ao herói que regresse.

De maneira curiosa, isso se realiza com Wolfram fazendo uma pausa para pegar um bandolim e cantar uma verdadeira canção, já que essa subseção lírica é tão autocontida, tão formalmente simples (nada menos que no formato ABA) e tão bem enquadrada por uma condução orquestral. Foi até escrita como que para destacar a voz pura, com o barítono a soar contra o fundo de madeiras e cordas tocando baixinho. O verso contrastante (*"Denn, ach! als du uns stolz verlassen, verschloß ihr Herz sich uns'rem Lied"* — Ah, mas quando você foi embora com o orgulho ferido, seu coração se fechou ao nosso cantar) se desvia, apropriadamente, para o tom menor e a melancolia. E o segundo verso termina com uma cadência fabulosa, uma pequena peça de páthos musical. A voz salta para cima percorrendo um intervalo, depois o percorre descendo enquanto preenche as notas faltantes de uma escala, que se revela no fim como um colorido ornamental, só um passo acima do verdadeiro centro em tom menor. Quando a melodia de abertura volta logo depois — de forma irônica com o texto *"O' kehr' zurük"* (Oh, volte) —, parece duplamente maravilhosa, pela maneira com que foi reintroduzida. É um exemplo clássico de um momento operístico que parece pedir aos ouvintes que cantem *junto com* o personagem, tão forte é o apelo da melodia: é uma dessas passagens em Wagner que novamente fazem sua afeição por Bellini ter sentido, afeição que iria declinar, uma vez que só poderia haver um único e incontestável compositor perfeito de ópera na história — o próprio Wagner. Voltando a 1871 e à experiência de Schroeder-Devrient e de Romeu, a visão de Wagner tinha se tornado severa:

> Não importa quão absurda ou trivial seja sua forma, não se pode negar à ópera um poder sem rival, mesmo no sentido mais ideal [...]. Não precisamos mais do que o exemplo da personificação, decerto inesquecível para muitos que ainda vivem, que uma vez Frau Schroeder-Devrient nos deu de "Romeu", na ópera de Bellini. Cada fibra de um músico se rebela contra conceder um mínimo mérito artístico à doentia e totalmente cediça música aqui pendurada numa ópera-poema de um indigente grotesco; mas pergunte a qualquer um que o tenha testemunhado: que impressão ele teve do "Romeu" de Frau Schroeder-Devrient, comparado com o Romeu de nosso melhor ator teatral na peça de grande bretão?[20]

Aí, o Wagner que rosna contra Bellini mostra uma alma muito apequenada.

BARULHO

Quando Wagner afinal conseguiu convencer o Opéra de Paris a encenar uma de suas óperas, a escolhida foi *Tannhäuser*; mas isso só aconteceu em 1861. A escolha tem sido às vezes interpretada como uma evidência de que o público francês tinha sido incapaz de lidar com o Wagner mais recente, uma ideia que mal resiste a um exame mais sério. Em primeiro lugar, por volta de 1860 Wagner tinha recém-terminado sua peça mais radical, *Tristan und Isolde*; em segundo, as únicas obras pós-1850 — as primeiras duas das quatro óperas que formam *Der Ring des Nibelungen* — eram óperas que Wagner não concordaria que fossem apresentadas em separado. Talvez a explicação para a escolha de *Tannhäuser* seja mais simples: a de que era uma maravilhosa *grand opéra* na melhor tradição parisiense. A ópera também demonstra quão espetaculares podem se tornar as convenções da *grand opéra* quando revigoradas por um jovem compositor. E na época essa juventude se expressava não apenas em novas ideias quanto ao som instrumental (mais sobre isso será comentado adiante) ou na impaciência em relação ao statu quo do mundo operístico, mas na energia cinética e no otimismo dos grandes números, esses esteios de tantas óperas no passado.

Em *Tannhäuser* e em *Lohengrin* abundam novos sons instrumentais, e há diferentes modos de ler seu significado. O crítico e filósofo Theodor Adorno, por exemplo, interpreta os efeitos instrumentais de perto-e-longe de Wagner como uma forma de ilusão acústica, uma fantasmagoria que se destina a confundir ao encobrir o material básico para o som. Esta, ele alegou, foi uma forma de afastar o ouvinte da consciência da história ou do tempo, de sua responsabilidade e presença no mundo real — sonhadores hipnotizados não são adequados para guarnecer as barricadas ou para agitar a revolução social. Por outro lado, também se podem ver esses efeitos espaciais como experimentos de realismo acústico, estando Wagner superconsciente de como o som é percebido em termos de distância, volume e entornos arquitetônicos. Ele foi um exitoso mestre dos sons em cena (ou um pouco fora de cena): trompetes, trompas, cornamusas e sinos, vozes incorpóreas e chamadas solitárias vindas dos cordames. Era um talento que mais uma vez revela seus gostos no que tange à *grand opéra*, mesmo que demonstre como, em suas mãos, o modelo mudou para imprevisíveis e quase irreconhecíveis formatos.

A *pièce de résistance* quanto a esse aspecto é o primeiro ato, cena 3 de *Tannhäuser*, na qual Tannhäuser foi instantaneamente transportado do covil subterrâneos de Vênus para seu antigo refúgio na Turíngia, e jaz inconsciente junto a um rústico santuário mariano. Durante quase dez minutos, cada som provém do mundo ficcional em cena ou fora dela; do poço da orquestra nada se ouve. Um jovem pastor parece improvisar uma canção para a primavera, e acompanha a si mesmo com o som aleatório de uma errática melodia em sua cornamusa (um corne-inglês fora de cena). Reses não vistas no palco têm sinos ao pescoço, cujo tinido se ouve à distância. Peregrinos se aproximam, primeiro bem longe, depois mais perto; seu canto, de quase inaudível, passa a vir bem dali, à nossa frente, quando eles atravessam o palco. Tudo é completamente, sem concessões, realístico, e visa a criar a impressão de que ninguém compôs essa cena, ela apenas é assim. O purismo termina quando o poço da orquestra volta à vida — primeiro sem que se perceba — quando o pastor brada sua despedida, *"Glück auf! Nach Rom! Beter für meine arme Seele"* (Tudo de bom! Para Roma! Reze por minha pobre alma). Isso desperta Tannhäuser e a orquestra inteira volta à vida troando em volume máximo; uma repetição evanescente do coro dos peregrinos ganha apoio instrumental quando Tannhäuser ecoa sua melodia.

Nenhuma descrição é capaz de captar a imaginação acústica radical que há por trás dessa cena, seu caráter absolutamente inovador. É preciso ouvi-la para acreditar. Não por acaso foi recebida com risos de desdém e vaias em Paris, em 1861, pois mesmo tendo se passado dezesseis anos desde que fora composta, parecia ainda incompreensível. Continua a ser um triunfo da pura ousadia, e prediz o melhor do futuro de Wagner, passagens como a abertura do terceiro ato de *Tristan und Isolde*, ou o prólogo que ouvimos antes que suba a cortina no terceiro ato, cena 2, de *Die Meistersinger*.

REGRAS DE LIBRETO

Foi quando tinha entre vinte e trinta anos que Wagner sentiu-se mais atraído pela reforma e pela revolução, para os ideais libertários que eram semiformados e ingênuos de uma forma compatível (num sentido não pejorativo) com os jovens e com a juventude. Seus escritos mais obviamente reformistas surgem no final da década de 1840, quando suas atividades políticas também estavam no auge: basta citar títulos como *Die Kunst und die Revolution* (Arte e revolução), e *Das Kunstwerk der Zukunft* (A obra de arte do futuro, ambos de 1849) para sentir o cheiro desse empreendimento. Nesse contexto, não será por acaso que este também foi o período durante o qual ele esteve mais próximo de Franz Liszt (1811-86), que também era um renegado, musical e socialmente. Liszt tinha ido aos extremos, tanto como pianista e concertista quanto como compositor, forçando os limites do virtuosismo técnico ao tocar e ao tentar captar a improvisação — o que implica uma extravagante confusão — em suas composições musicais. No final da década de 1840 ele, como Wagner, passou por um momento de transição, renunciando à sua vida de virtuose para se tornar *Kapellmeister*, mestre de capela, em Weimar (cidade famosa, mesmo então, por sua associação com Goethe), dedicando-se a uma composição autoconscientemente séria, de vanguarda. Não é de surpreender que em tais circunstâncias — e também porque Liszt tornou-se um importante facilitador dos grandiosos projetos wagnerianos, que Wagner achava o virtuose reformado um amigável interlocutor.

Adorno achava que Wagner era um pseudorrevolucionário que no íntimo ansiava por segurança, conforto e riqueza, sendo sua autoidentificação como um revolucionário apenas uma forma de autoengrandecimento.[21] Pode-se também questionar o grau em que o hobby de Wagner de filosofar politicamente teve impacto em seu pensamento musical. Mas devemos nos lembrar de que, como compositor de ópera, desde o início em seus vinte e poucos anos com suas primeiras e incipientes peças, ele foi um "revolucionário" num aspecto técnico mas crucial: ele escrevia seus próprios libretos. Quase que pela primeira vez na história da ópera, um compositor não dependia de um poeta profissional para pôr este ou aquele drama em forma de palavras para uma música operística. O que isso significava em termos práticos? Wagner, com sua costumeira licença poética, dizia que ele concebia ao mesmo tempo as ações e situações e as ideias musicais, e que cada uma delas implicava a gênese da outra. Na prática, no entanto, ele foi muito mais convencional, seguindo as tradições dos compositores de ópera em outros países e outros séculos. Ele sempre escrevia o libreto primeiro e partia para a música quando as palavras estavam terminadas, retocadas e às vezes até mesmo publicadas. É claro que o fato de que escrevia seus próprios libretos também significava que se ele quisesse uma cena que dispensasse os números tradicionais em benefício de um livre diálogo, não teria de bajular um desses profissionais que fazem cegamente o que lhes encomendam, para que escrevesse algo diferente do normal. Muito simplesmente, não houve atritos a ser superados ao se repensarem os termos formais segundo os quais a ópera sempre tinha sido escrita. Esse aspecto tornou-se muito importante nas óperas posteriores à década de 1850. Se era para haver um compositor de ópera que mudasse as maneiras básicas pelas quais a música operística se comunicava, seria quase imperativamente aquele que escrevesse suas próprias palavras.

Aqui, com a questão do "como é" e "como se faz" um libreto, chegamos às surpreendentemente práticas origens do terremoto que Wagner estava prestes a desencadear. Enquanto trabalhava em *Lohengrin*, ele já estava pensando adiante, no próximo libreto. Decidiu usar a história de Siegfried na corte de Gibichung, uma tragédia clássica de uma famosa fonte da média-alta poesia alemã, o *Nibelungenlied*, e de sagas nórdicas mais antigas. Ele escreveu o libreto — chamando-o de *Siegfrieds Tod* (A morte de Siegfried) — em 1848, ano em que também terminou um ensaio no qual patinhava em grandes especulações sobre as conexões entre o mito nórdico, Frederico Barbarossa (o imperador, no século XII, do Sacro Império Romano) e, acima de tudo, o Santo Graal. Então intervieram seus contratempos revolucionários com a polícia de Dresden, foi publicado o cartaz de "Procura-se" e ele fugiu para o exílio sem conseguir sequer assistir à estreia de *Lohengrin*, que Liszt encenou no Teatro da Corte de Weimar em 1850.

O libreto de *Siegfrieds Tod*, que foi junto com Wagner para a Suíça, era em termos técnicos bastante bizarro. Em primeiro lugar, Wagner decidira imitar o estilo poético alemão medieval, escrevendo-o numa poesia mais de aliteração do que de rimas — isto é, as linhas dos versos (e com frequência muitas palavras dentro delas) tinham consoantes iniciais que combinavam, e não sons vogais que rimavam no fim das linhas. Isso pode não soar muito como uma inovação, mas a decisão teve sérias consequências para o desenho rítmico e melódico de toda a inspiração vocal. As acentuações na poesia aliterativa são imprevisíveis e constantemente redistribuídas; não há o inevitável efeito de variação de registros sonoros, de tons se elevando e baixando no verso cantado. Em outras palavras, não há como predizer, como permitiam todos os libretos de ópera anteriores, que uma frase em quatro compassos que se encaixa bem no primeiro verso poderá ser utilizável no segundo verso, onde podem ser necessários três, ou cinco, compassos. Com sua opção por esse estilo excêntrico de poesia, Wagner predeterminou um grau sem precedentes de discursividade melódica e de liberdade rítmica em toda música ainda por vir. O segundo aspecto radical do libreto foi que ele estendeu as nascentes tendência de Wagner para o diálogo e o intercâmbio entre personagens. Enquanto ainda existem muitas marcas da *grand opéra* em *Siegfrieds Tod* — em especial um grande trio no final do segundo ato, com os conspiradores contrários a Siegfried juntando suas vozes para condená-lo —, elas estão cercadas por verdadeiras maratonas de solos ou de conversações. Há um imenso e errático monólogo da amada de Siegfried, a malfadada Brünnhilde, logo antes de ela se jogar na pira funerária do herói, no fim da ópera; e o primeiro ato contém uma longa conversação a três entre residentes na corte de Gibichung, na qual eles reclamam de sua lassidão e especulam sobre o herói Siegfried (que ainda não chegou). Diferente de qualquer trio operístico que a precedeu, esta última seção do libreto não tem qualquer canto simultâneo à vista, nem mesmo no final.

Essas duas questões formais — a prosódia aliterativa não convencional e a decisão de escrever longas cenas discursivas sem quaisquer versos formais para números operísticos — foram bastante radicais, tanto que parece terem paralisado Wagner musicalmente por quase cinco anos. Ele tinha começado a música de *Siegfrieds Tod* em 1850, mas interrompeu quando estava a meio caminho do primeiro ato, cena 2. Uma explicação para isso é que suas capacitações musicais ainda não eram capazes de lidar com as implicações de seu libreto, e ele já tinha muita experiência para saber que não devia continuar. O motivo que ele mesmo alegou para largar a pena foi mais elaborado, mas já se refere ao terremoto que se aproximava; talvez seja em parte verdadeiro, e também funciona como excelente alimentador de lendas. Na visão de Wagner, o problema não tinha a ver com prosódia ou estrutura, mas com o fato de que a primeira cena da ópera era uma narrativa: três Nornas (parcas) explicam para a plateia a pré-história daquilo a que está prestes a assistir. Para que se saiba que um anel mágico foi forjado e amaldiçoado; que Siegfried conquistou o anel num combate mortal; e que a maldição vaticina uma catástrofe para Siegfried, Brünnhilde e vários deuses (que acontece serem também parentes próximos de Brünnhilde e de Siegfried). Além disso, é preciso saber como esses deuses se relacionam entre si, e qual a participação de cada um nos assuntos do outro. Isso é o que as Nornas têm a relatar. O problema, escreveu Wagner, estava no correspondente relato *musical*. Como poderia a música das Nornas se referir a um passado que não existe, ele mesmo, em forma musical?

Wagner concluiu que era preciso dar vida ao passado em forma de música, representando os eventos que as Nornas vão descrever. Assim, ele esboçou um novo libreto que trata dos eventos anteriores a *Siegfrieds Tod* (chamado *Der junge Siegfried* — O jovem Siegfried, 1851), que mostra como o herói conseguiu o anel mágico; e depois, ainda outro libreto sobre Brünnhilde, que procurou ajudar e tentou proteger os pais de Siegfried da ira dos deuses (*Die Walkirie* — As valquírias, também em 1851); e finalmente um último libreto sobre os pais de Brünnhilde e como o anel mágico tinha sido forjado por um anão e amaldiçoado pela primeira vez (*Das Rheingold* — O ouro do Reno, 1852). Como prelúdio da escrita desses três libretos extras que explicam tudo que leva à morte de Siegfried, ele também sentiu que precisava dar expressão a seu lugar pessoal na história da ópera e, e em teoria, a como se devia escrever a música para esses cada vez mais radicais novos libretos. E assim, numa loquacidade sem fim, ele escreveu sua maior obra teórica, o denso tratado *Oper und Drama*, em 1850-1.

Talvez porque esses quatro libretos interligados abordem noções de pureza racial, poder herdado, espoliação da natureza por pilhagem, obscuras meias pessoas e a superioridade dos heróis alemães, Wagner, mais ou menos na mesma época, escreveu *Sobre o judaísmo na música*, uma dissertação sobre a inferioridade dos artistas judeus e os perigos inerentes à continuação de sua existência. É um panfleto de grande extremismo, mesmo considerando a literatura antissemita da época. Essa sua depreciação agora estava bem evidente, circunstância que faz com que o nó com que se apresenta sua obra nos anos incultos de 1848-53 — e o adjetivo aqui se revela puramente irônico — seja ainda mais difícil de desatar.

13. Ópera-cômica, o cadinho

Ópera-cômica, *opéra comique* em francês, no século XIX: o que vem à mente? Caso esteja se falando das primeiras décadas, é sobretudo um repertório agora esquecido — obras em estilo de leve opereta com trechos animados, alguns momentos sentimentais, muitos diálogos falados. *Fra Diavolo* (1830), de Daniel Auber, poderia, para economizar tempo, representar o gênero inteiro. O risonho bandido, Fra Diavolo (tenor), é um arrojado e mortífero salteador de estrada que chega a cantar uma virtuosística ária sobre a vida usufruída por chefes de ladrões; ele se apresenta como marquês mas depois é frustrado por um jovem oficial chamado Lorenzo (tenor), que, é claro, ama e é amado pela principal soprano Zerline, que na verdade é a filha de... E assim por diante. Entre os personagens de apoio incluem-se outros salteadores, um par de excêntricos aristocratas ingleses e dois coros — soldados num dos lados da lei, bandidos no outro. Outra obra com essa marca, *Zampa* (1831), de Ferdinand Harold, ajuda a demonstrar o padrão. O arrojado mas dissoluto pirata Zampa (tenor) é, sem que ninguém saiba, na verdade um nobre que caiu em desgraça, disfarçado. Ele tenta um romance com a ingênua Camille, e canta uma ária apaixonada sobre o quanto ele a ama, mas é frustrado quando a estátua de uma mulher que uma vez ele seduziu e abandonou o comprime até a morte, enquanto o monte Etna entra em erupção numa tremenda explosão. Há também alguns ruidosos —

muito ruidosos, e muito maravilhosos — coros de piratas. A abertura de *Zampa* é uma das mais belas do século XIX, e, num arranjo para dueto e piano, foi batida por mais de um século nos salões do mundo inteiro. Foi também a peça orquestral preferida nas apresentações de Arturo Toscanini (que a gravou em 1952) e a trilha sonora de um famoso desenho com Mickey Mouse, *O grande concerto da banda do Mickey* (1935), no qual as tensões de duas aberturas sendo executadas num coreto (*Zampa* e *Guillaume Tell*) se manifestam fantasticamente na natureza como terremotos, tempestades e tornados. A abertura de *Zampa* caiu em obscuridade quase total depois de 1950, mas reapareceu no final do século XX na trilha sonora da comédia cinematográfica *Para Wong Foo, Obrigada por tudo! Julie Newmar* (1995). Não é tão aleatório quanto possa parecer. O filme é sobre três drag queens (uma delas chamada "Vida Boheme") que atravessam o país de automóvel indo para Hollywood, uma crônica de suas ousadias pelo caminho. Numa tão generosa rapsódia aos disfarces, à tolice e à coragem, o espírito da ópera-cômica não está tão distante assim.

Para que não se forme a impressão de que a ópera-cômica efetivamente *requeira* a presença de criminosos sedutores e de seus associados, lembremos que o exemplo mais popular do gênero a surgir na década de 1830 — apresentado milhares de vezes em Paris e outros lugares até o início do século XX — foi *Domino Noir* (O dominó negro), de Auber. É um drama de intriga espanhol, com um baile de máscaras e pelo menos um tenor com reputação incerta e moral duvidosa; mas neste caso os homens arruaceiros são apenas aristocratas iberos bêbados comemorando, numa estalagem local. Livros inteiros poderiam ser escritos sobre a ópera-cômica e a estalagem; sobre tabernas como lugar de encontros casuais entre as mais diversas classes da humanidade; como uma espécie de palco dentro de um palco, onde a vontade que tenha uma visitante de cantar, dançar ou contar histórias é encorajada e imitada. *Mignon* (1866), de Ambroise Thomas, começa com uma cena virtuosística numa estalagem, passa, no segundo ato, para um quarto de dormir teatral e depois para um parque onde está havendo bem ali, mas fora de cena, num conservatório próximo, a apresentação de uma peça de Shakespeare. Em outras palavras, todas as cenas de Thomas são quase teatrais. Como se o lugar da apresentação *real* — o palco profissional, com suas luzes de ribalta, com seus panos de fundo pintados e cantores pintados — seja demasiado central e intimidador para ser mostrado. Mas, por outro lado, o palco profissional com as liberdades ali permitidas é tão atraente que raras vezes fica muito longe da ação — está logo ali, fora do palco, ou atrás da porta mais próxima, ou substituído por uma estalagem.

Essa breve excursão por obras semiesquecidas nos faz lembrar a montagem da mais famosa ópera-cômica do século XIX: soldados despreocupados e contrabandistas sedutores, ambos os grupos prontos para irromper em canto, ao som floreado de uma harpa; uma cigana que com seu desempenho vocal e sua dança seduz várias outras ciganas; estalagens na beira de estrada, dúbios estalajadeiros e o exótico e estranho ambiente da Espanha — lugar de sons e cores atraentes e alternativos para o público parisiense. A genealogia de *Carmen* (1875), de Georges Bizet, uma das maiores óperas do século XIX, torna-se evidente. E *Carmen* é grande não só porque também tem, e é famosa por isso, um registro trágico que suscita uma música apaixonada — música que contrasta nobremente com a estreita harmonia entre esses triviais e cantantes soldados e contrabandistas. Longe disso: o que faz *Carmen* ser excepcional é sua mistura, nunca incongruente, desses registros todos, e acima de tudo o sentido de que todos esses registros têm valor igual. O trivial e o decorativo podem estar aqui lado a lado com o trágico, todos coexistindo sem alvoroço, abrindo um espaço para o outro, quando requerido.

A ópera-cômica do início do século XIX, e muito obviamente esse cadinho que é *Carmen*, foi uma força versátil de outras maneiras. Sua popularidade nos teatros alemães estimulou o delicioso transbordamento das convenções e do estilo musical de seu libreto para a ópera romântica alemã. Já vimos isso antes, na aura sobrenatural de *Der Freischutz*, de Weber. Mais surpreendente, e decerto algo que o compositor não teria satisfação de lembrar mais tarde na vida, a ópera-cômica também já nos sorri naqueles coros náuticos e nas felizes donzelas a girar em *Der fliegende Holländer*, de Wagner. Ainda depois disso, Verdi explorou o gênero quando sentiu que suas óperas italianas estavam se tornando demasiado sombrias e monocromáticas, precisando de uma injeção de energia trivial. Em *Un ballo in maschera* (1859), um pajem atrevido chamado Oscar (soprano) de vez em quando dá um pulo em cena para chocalhar arpejos e flertar tanto com o malfadado e trágico herói (tenor, e com um toque de pirata em sua despreocupada personalidade) quanto com os rabugentos vilões (baixos, é claro) que estão tramando assassinato.

Houve também extravasamentos na direção oposta, para uma ópera ainda mais cômica. A ópera-cômica foi o principal progenitor das tradições da opereta francesa, alemã e inglesa, e, a partir daí, daquilo que se tornaria o musical do sécu-

lo xx. Jacques Offenbach (1819-80), uma figura crucial nessa transição da ópera-
-cômica para a opereta, começou como violoncelista na orquestra do Opéra Comique (o teatro de Paris que foi o primeiro lar dessas peças); a atenção analítica
que ele dedicou ao gênero é evidente em seu manifesto sobre o tema em 1856,
feito em conexão com uma competição que ele promoveu para jovens compositores de ópera.[1] É tentador imaginar que aquilo que Offenbach encontrou, ouvindo, como ele ouviu, no poço da orquestra, transmudou-se para ser a marca
idiossincrática de sua irônica verve como compositor, com a ópera-cômica
tornando-se não apenas *operette* ou *opéra bouffe*, mas se transmudando em gêneros
bizarros tais como o da *bouffonerie musicale* (*Les Deux Aveugles* — Os dois cegos,
1855), ou mesmo da *antropophagie musicale* (*Oyayaye, ou La reine des îles* — Oyayaye, ou a rainha das ilhas, 1855). Se um compositor pôde vir com designações de
gênero como estas, é sinal de que tinha absorvido meticulosamente o gênio da
ópera-cômica para o ridículo.

LEIS E LOCALIDADE

Os nomes dos gêneros operísticos franceses sempre levantam questões
quanto à geografia, já que em Paris, durante a maior parte do século XIX, o formato do mundo operístico era ditado pelo lugar para o qual eles tinham sido escritos.
Offenbach escreveu muitas de suas chamadas óperas-bufas entre as décadas de
1850 e 1880 para o Théâtre des Bouffes-Parisiennes. Ópera-cômica é, similarmen-
te, o nome tanto do gênero como o do teatro que o abrigava. Por volta de 1830,
Paris oferecia a seu público três distintos tipos de entretenimento operístico, rigorosamente definidos e policiados, encenados em três espaços diferentes. Essas
distinções foram estipuladas (ou, antes, reinstituídas) por Napoleão em 1807, e
continuaram em vigor até a década de 1860; teatros, *por força de lei*, deviam apresentar certo tipo de ópera. No Opéra (em vários locais, mas de 1821 a 1870 na
Salle Le Peletier, na Rue Le Peletier) podia-se assistir (tendo dinheiro e o corte
correto das calças) ao mais caro e prestigioso desses tipos, a *grand opéra*, que então
surgia como gênero, e que comentamos dois capítulos atrás, encenadas nos maiores dos palcos históricos do mundo, custando quantias sem precedentes. O Théâtre Italien (a partir de 1841 na Salle Ventadour, onde hoje é a Rue Méhul), que
oferecia diversão a uma clientela não menos elevada, era reservado às óperas em

língua italiana, e as apresentavam com tal estilo e com cantores de tão alto calibre que os compositores italianos consideravam as estreias ali como os pontos culminantes de suas carreiras. Rossini foi diretor do Théâtre Italien por um período, na década de 1820, e continuou a ser sua *éminence grise* por algum tempo depois disso; Bellini e Donizetti tiveram estreias em alto estilo ali, em meados da década de 1830. O terceiro local em Paris era o Opéra-Comique (na maioria das vezes na Salle Favart, onde hoje fica a Place Boieldieu), o lar da ópera-cômica e, assim, o lugar que presidiu à continuação da tradição do século XVIII de usar o diálogo falado mais do que o recitativo. Esse gênero não gozou de menos popularidade junto ao público, e certas obras dominaram o repertório por décadas, assim como o fizeram suas coirmãs sérias no Opéra. A década de 1830 foi também o ponto culminante no sucesso internacional da ópera-cômica, com a injeção de um maneirismo novo, com mais influência italiana, que fez o produto ser mais exportável do que tinha sido antes.

La Dame Blanche (1825), de Boieldieu, com sua história de caráter sobrenatural numa exótica Escócia do século XVIII, empurrou o gênero para tão perto quanto pôde (ao menos naquele início de século) do terreno do drama romântico. Mas foram Eugène Scribe e Daniel Auber, o time de preeminentes compositores-libretistas nesse período de formação, que dominaram o repertório da ópera-cômica nas décadas de 1830 e 1840. Apesar da concorrência de sucessos tais como *Le Postillon de Lonjumeau* (1836), de Adolphe Adams, *Zampa*, de Hérold, e *La Fille du régiment* (A filha do regimento, 1840), de Donizetti, Scribe e Auber tiveram sucesso ao adaptar seu estilo aos tempos em mutação, somando a seus nomes o sucesso de numerosas óperas-cômicas. Foram responsáveis por *Domino noir* e também *Fra Diavolo*.

A grande longevidade das melhores dessas obras foi notável mesmo segundo os padrões das *grands opéras* mais populares. *Fra Diavolo* teve perto de mil apresentações só no Opéra-Comique, no século XIX; por volta da década de 1850 já tinha sido apresentada em lugares tão distantes como Nova York, Buenos Aires, Sydney e Calcutá. O enredo mostrou-se maleável o bastante para servir de base a um dos filmes de Oliver e Hardy (O gordo e o magro) na década de 1930: dirigido por Hal Roach (1933), vale o trabalho de uma busca. Scribe ofereceu a seu compositor um drama de três atos que se passa na Itália meridional durante os tempos napoleônicos. Uma variedade adicional e cores locais são fornecidas pelos exóticos aristocratas (Lorde e Lady "Cokbourg") e pelos dois estabanados comparsas de Fra

Diavolo no crime (no filme esse par torna-se, é claro, o formado por "Stanlio" [Stan Laurel, o magro] e "Ollio" [Oliver Hardy, o gordo]). A música de Auber é simples e direta: o andamento pode diminuir ocasionalmente, mas o tempo dominante é o da marcha rápida, com ritmos marcados sempre proeminentes. Com certeza não é coincidência que essa marcha com ritmo marcado é também característica de *A Marselhesa* — traços distantes, refratados na comédia, da Revolução Francesa nunca estão muito longe da superfície. Um excelente exemplo vem com a abertura do terceiro ato, no qual Fra Diavolo se compraz num (raro) solo de ária, delineando sua filosofia, *"Je vois marcher sous ma bannière"* (Vejo marchar sob minha bandeira), que tem breves momentos de páthos mas é dominado pelas inevitáveis melodias de marcha e (sendo um solo) um estilo vocal claramente rossiniano em trechos de virtuosismos.

Foi engraçado, com certeza. Essas são obras que foram executadas centenas, mesmo milhares de vezes no século XIX, e ocasionalmente muito elogiadas. Em 1844, Heinrich Heine relatou a situação de modo satírico:

Enquanto a Academia de Música [o Opéra] se arrastava tão miseravelmente, e os italianos iam claudicando atrás dela tão miseravelmente quanto, o terceiro palco lírico, ou seja, o Opéra Comique, erguia-se em suas radiosas alturas. Aqui era um sucesso atrás do outro, e um alegre tilintar nas burras de dinheiro; de fato, havia uma colheita maior de dinheiro do que de lauréis, o que não era, contudo, um infortúnio para os administradores [...] Com uma tremenda aprovação foi recebida a nova ópera de Scribe, *A sereia*, para a qual Auber compôs a música. Autor e músico combinam com perfeição; eles têm a mais admirável percepção ou sentido do que interessa; sabem como nos entreter agradavelmente; eles nos extasiam e deslumbram com o brilhantismo de sua verve; ambos têm um certo talento de filigrana para unir num só todos os tipos de encantadoras ninharias, e fazem-nos esquecer de que existe essa coisa chamada poesia.[2]

Mas neste momento eles são pouco mais do que nomes nos livros de história. O que aconteceu? Por que peças como *Fra Diavolo* e *La Sirène* (1844) são agora, em essência, obras esquecidas? Por que a vistosa trupe de balizas de bandas, de freiras em busca de prazeres, de bandidos despreocupados, de cocheiros cantantes, de estrangeiros propensos a acidentes e de corsários risonhos da ópera-cômica se tornou algo fora de moda? Já em 1839, um guia de Paris na língua inglesa recla-

mava que "o caráter leve e agradável da música, que antes era a marca da ópera-
-cômica na França, deu lugar nos últimos anos a um estilo mais elaborado, talvez
mais científico, mas certamente menos popular".[3] Parece que depois disso se instalou um senso de repetição mecânica, de *vieux jeu*. Assim como vimos acontecer
com a *grand opéra*, a ópera-cômica clássica desapareceu pouco a pouco do campo
de ação dos compositores contemporâneos, e no início do século xx já havia, na
maior parte dos casos, saído do repertório internacional. Mas se alguém quiser
uma outra e mais ampla definição, então a ópera-cômica pode, assim como a
grand opéra, se referir também a obras que se transmudaram dessas origens limi-
tadas para novas e mais variadas formas. E nesse sentido não houve declínio. Assim como no caso emblemático de *Carmen*, algumas dessas obras coirmãs nunca
desapareceram, alguma vez, na obscuridade.

A ópera-cômica pode, assim, ser um tema sério, em dois sentidos. Primeiro,
no simples sentido de que, no decurso do século xix, os clichês do gênero gradativamente se tornaram preciosos remanescentes sentimentais de um mundo cômico perdido, remanescentes que sobreviveram em obras operísticas cujos enredos
tinham a ver com tristeza e mortalidade, até mesmo com tragédia. Aqueles maru-
jos cantantes no *Holländer*, de Wagner, e aquela página de flerte no *Ballo* de Verdi
são partículas ressonantes de uma tradição francesa de um colorido local que não
se deve levar a sério. Ou, para dar exemplos mais próximos às origens do gênero,
tanto *Mignon*, de Ambroise Thomas (mais sobre isso, abaixo), quanto *Carmen*, de
Bizet, são chamadas de ópera-cômica, apesar de terem ambições mais elevadas.
São assim classificadas, de modo literal, porque têm diálogos falados e foram escritas para o teatro com esse nome; mas também carregam esse termo espiritual-
mente porque têm coros de atores itinerantes, ou contrabandistas, ou algum outro coletivo despreocupado, que tem uma predisposição para a estreita harmonia.

Essa transformação foi também mapeada na arquitetura da cidade que era
sua capital. O Opéra Comique de Paris — apesar de ser o mais antigo e venerável
contrapeso do Opéra — não poderia continuar a ser indefinidamente o único lugar de óperas francês em cujo repertório havia diálogo falado e enredos menos
elevados. Não fosse por outro motivo, Paris continuava de forma inexorável a se
expandir no século xix: mais pessoas requeriam mais lugares para apresentação de
óperas. Em 1847 abriu o Opéra Nacional, um teatro que fomentou um repertório
francês com libretos polidos, semissérios, com mais falas do que recitativos, e
com um aparato musical mais vigoroso do que qualquer coisa que se encontra na

grand opéra. Renomeado para o Théâtre Lyrique em 1852 (mudou de lugar várias vezes), tornou-se amiúde o teatro parisiense preferido por jovens compositores frustrados, ou que se preparavam para conquistar o Opéra com seu regime de só encenar obras com um obrigatório peso musical e volume cênico.

Mas há um segundo sentido pelo qual devemos avaliar a ópera-cômica, mesmo à parte das obras em declínio que eram apresentadas nesses locais alternativos. Qual é o valor sério daquilo que é apenas trivial? Essa grande questão paira acima de todas as formas de ópera-cômica, porém é mais complicada no caso daquilo que é obviamente frívolo: não as comédias humanas de Mozart, mas as mais baixas e mais farsescas obras, as *óperas bouffes*, as miudezas esquecidas que Offenbach, Alexandre Charles Lecocq ou Edmond Audran faziam jorrar com perversa prodigalidade numa época em que pós-românticos como Hector Berlioz estavam convocando Shakespeare e os gregos, e, agonizando criativamente sobre eles, fizeram surgir e inflar obras magnas como *Les Troyens*.

DESDÉM ESTÉTICO

Mesmo durante seus dias de maior sucesso popular, a ópera-cômica clássica teve dificuldades com os críticos. Estrangeiros, como Heine, tendiam a se achar mistificados e — sobretudo se vinham de partes da Europa nas quais não havia uma costa mediterrânea — suspeitavam estar diante de mais uma manifestação de descarada imoralidade parisiense. Mendelssohn considerou a ópera-cômica "degenerada e ruim como só uns poucos teatros alemães são", e temia que, se concordasse em escrever algo tão indecoroso, o "rótulo" de Paris — *quelle horreur* — faria com que isso fosse importado para sua querida pátria.[4] Não deveria ser surpresa que o circunspeto Berlioz, cuja obra *Benevenuto Cellini* (1838) tinha sido rejeitada no Opéra-Comique antes de ser aceita e depois fracassado miseravelmente no Opéra, se inclinasse para o cáustico. Num de seus ensaios mais longos, ele identificou um problema que parecia não incomodar os públicos da época, mas que ele associou à desejada futura extinção do gênero: a ópera-cômica abrigava, disse ele, uma fatal oscilação de estilos.[5] Berlioz, purista intransigente como era, nunca poderia aceitar a noção de que exatamente essa livre justaposição é que viria a ser a maior glória do gênero.

Segundo a análise de Berlioz, parte dessa perigosa oscilação dava-se entre modalidades nacionais. Por volta da década de 1830, os compositores franceses sabiam muita coisa a respeito das óperas românticas alemãs: *Der Freischütz*, disfarçada como *Robin des bois*, era uma grande favorita, talvez sem surpresas, dado que seu estilo poliglota devia muito aos modelos franceses. Compositores de ópera-cômica, como Berlioz os via, tinham os mesmos ouvidos ávidos, tomando emprestado livremente das especialidades alemãs na elaboração orquestral e na densa linguagem harmônica, e — muito pior do que isso — dos excessos vocais de Rossini. Na década de 1920, as óperas de Rossini eram a voga no Théâtre Italien, e memórias culposas de muitos duetos elaborados e cheios de trinados partiram dali para dentro da ópera-cômica. Mas as rigorosas divisões parisienses entre os vários gêneros significavam que, quando tais influências alcançassem o Opéra-Comique, elas teriam de ser enxertadas na antiga convenção do diálogo falado. Enquanto o *Singspiel* alemão conseguiu se transfigurar em *romantische Oper* — deixando ao longo do caminho o diálogo falado e a maior parte da comédia —, a tradição da ópera-cômica se acorrentava mais firmemente ao espaço teatral que lhe estava designado. Para Berlioz, no entanto, a oscilação mais problemática no gênero era a de sua ambição artística. O repertório do Opéra-Comique estava, como ele definiu, "eternamente à deriva entre as regiões mais altas e mais baixas do pensamento",[6] suprindo num momento aqueles que não queriam mais do que um simples entretenimento de vaudevile (peças cômicas com algumas melodias nelas inseridas), e no momento seguinte aqueles que aspiravam a atingir níveis musicais mais elevados. Mais adiante, em sua visão, o esforço por satisfazer ambos os públicos tornar-se-ia demasiado. A ópera-cômica clássica, pensava, corria o risco da obsolescência justo porque começava a se afastar da pura farsa.

De algumas maneiras, Berlioz tinha razão. Se você aborda a ópera esperando um equilíbrio clássico ou uma pureza de gênero, começa a ficar crítico quando esse equilíbrio não se mantém. Uma boa ilustração é a maneira pela qual todas as óperas-cômicas tiveram de lidar com o eterno problema contra o qual o *Singspiel* e outras óperas de diálogo tinham lutado no século XVIII — o problema de como negociar o momento no qual as palavras faladas tornam-se canção. Essa questão ficou relevante em especial no século XIX, quando as expectativas por uma continuidade musical e por elaboração tornaram-se mais exigentes. Assim, não é surpresa ver nos números que perfazem a lista de chamada da ópera-cômica todos esses elaborados estratagemas que faziam esse salto parecer menos extremo: árias que não são *realmente* árias, porque o personagem deveria cantar uma canção neste ponto de um drama falado; coros cantados por tipos rústicos e descomplicados, supondo-se que cantam porque são pessoas simples e amantes do prazer; grupos que tendem a realizar uma variedade de ações, e mantendo, com tudo isso, uma grande quantidade de diálogos cantados. No mundo da ópera em rápida mutação, esses limites foram difíceis de manter, mas a regra do Opéra-Comique, a insistência no diálogo falado, foi inexorável.

Berlioz é, no entanto, um manancial notório de elevação estética, uma fonte muito dominante de opinião da Era Romântica. Quem, sentado ali no Opéra-Comique em meados do século XIX, acharia que o diálogo falado, ou a mistura de todas essas coisas, era um problema especial? Quais seriam as expectativas que estavam sendo frustradas, onde e quando? Há também o perigo de ver toda essa questão pelos olhos igualmente dominantes de Wagner. Na época, Wagner emergia como uma força popular, em Dresden, com *Rienzi* em 1842 e *Der fliegende Holländer* em 1843; via-se que um novo e surpreendente tipo de ópera alemã estava nascendo, elaborada em sua instrumentação, trágica no enredo e na intenção, com muitas notas, nenhuma fala, e tendendo a uma continuidade de tom que excluiria (ao menos idealmente) oscilações espúrias. Esse é outro sintoma do preconceito quanto a gêneros mistos. A rica matriz de registros musicais em *Holländer*, mencionada no início deste capítulo, com frequência tem sido considerada um defeito que Wagner teria corretamente expurgado de suas óperas posteriores. E em Paris, também, havia plateias — uma elite dos frequentadores de ópera que se nutrira dessas obras elefânticas que jorravam do Opéra, ou uma elite de amadores refinados que iam atrás das críticas de um Berlioz ou de um Heine — que estavam descontentes com formas híbridas. Para certos compositores, para certas audiências, a brecha entre a fala e o canto — brecha que podia representar todas as muitas formas de incongruência em ópera — ameaçava se tornar um abismo intransponível. Somos herdeiros dessa forma de pensar. As plateias de hoje, condicionadas a uma música contínua na casa de ópera, podem necessitar de novas atitudes na representação ou na encenação, novas maneiras de ouvir a "oscilação de estilos", antes que a ópera-cômica clássica seja mais uma vez algo a ser saboreado.

Até mesmo Offenbach reagiu à pressão por uma elevação estética em sua obra final, *Les Contes d'Hoffmann* (Os contos de Hoffmann, 1881), que ele chamou de "ópera" e deixou inacabada ao morrer, em 1880. É impossível estabelecer qualquer texto definitivo para *Hoffmann*, que, gloriosamente, foi deixada em aberto para reescritas e intervenções musicais de maneira sem precedentes para uma grande ópera de repertório. Em 1992, a Ópera de Lyon a apresentou como *Des Contes d'Hoffmann* (Alguns contos de Hoffmann), misturando, omitindo e adicionando (diálogo, nova música, elevados conceitos) de uma forma que deixa alguns clientes à beira da apoplexia. Para outros, contudo, *Hoffmann* inspira especial respeito como obra porque, única entre as óperas de Offenbach, ela aspira a uma real seriedade. Para o libreto, Offenbach voltou a suas raízes natais, usando três histórias românticas alemãs de E. T. A. Hoffmann. Para a música, ele garimpou veios líricos relembrados de obras como *Faust*, de Gounod. Ele também se utilizou de sua profunda familiaridade com o grotesco musical para uma finalidade séria, para dar corpo aos aspectos insólitos e perturbadores de sua fonte de histórias, contos sobre um autômato que pode cantar e espelhos que roubam sua alma. Ninguém menos do que um luminar, Gustav Mahler, promoveu a obra em Viena, montando uma nova produção em 1901, e com isso pondo o compositor de *La Grande-Duchesse de Gérolstein* só meio grau para fora da mais alta vanguarda alemã.

O TRAUMA DA TRISTEZA, A SOBREVIVÊNCIA DA FELICIDADE

Em seu manifesto de 1856 sobre a ópera-cômica, Offenbach demonstra uma deliciosa capacidade de saborear a incongruência; suas ideias alternativas podem formar um colorido contraste com o desalento de Berlioz. As duas décadas entre 1855 e 1875 foram, em retrospecto, um período extraordinário para a ópera-cômica no sentido mais amplo. As farsas de Offenbach podem ser vistas como espelhos da sociedade, com política e correntes sociais sendo satirizadas e negociadas dentro de seus libretos. E Paris iria passar por um grande trauma político em 1870-1, ao final da década que tinha visto a dizimação de uma fabulosa geração mais velha de compositores de ópera (Halévy em 1862, Meyerbeer em 1864, Rossini em 1868, Berlioz em 1869). Por volta de 1870 quase nada restava da falange que tinha posto um novo tipo de ópera francesa no mapa, na década de 1830. Em julho de 1870 a França embarcou numa guerra desastrosa com a Prússia, que assistiu à queda de Napoleão III, à formação de uma república francesa e a um período de cinco meses durante o qual Paris foi cercada por tropas prussianas; por alguns meses, em 1871, um levante de trabalhadores assumiu o controle da cidade (o período da chamada Comuna de Paris), para ser sangrentamente reprimido pelas tropas republicanas.

Auber, que sobreviveu até 1871, foi um dos últimos da velha geração a morrer e, como apontaram muitos na época, havia um palpável senso de que ele havia permanecido além do tempo em que era bem-vindo. Nascido em 1782, logo depois que Mozart, então com 25 anos, mudara-se para Viena, sua primeira obra teatral foi escrita já em 1805 e no início da década de 1820 já tinha construído uma carreira esporádica. Como vimos, sua colaboração com Scribe, tanto na criação de *grands opéras* como de óperas-cômicas, o deixou na linha de frente dos eventos operísticos em Paris no final da década de 1820 e na de 1830. Mas ele continuou a viver; durante as revoluções de 1848 e a formação do Segundo Império, de Napoleão III que veio em sua esteira, continuou obstinadamente a compor óperas-cômicas na voga de *Fra Diavolo*, embora às vezes incursionando em novas tendências, como a do exotismo. Por volta de 1870, com oitenta e muitos anos, era uma notável relíquia de um tempo já passado, talvez mesmo uma última conexão com o século XVIII. Ainda adestrava seus amados cavalos — apropriadamente chamados Almaviva e Fígaro — no Bois de Boulogne e frequentava o Opéra e o Opéra-Comique com regularidade, insistindo em que Paris era o único lugar onde valia a pena viver. Recusou-se a deixar sua amada cidade durante o cerco, mas sofreu atrozmente quando Almaviva foi requisitado e comido pelos famintos habitantes da cidade (Fígaro foi escondido na loja de um construtor de pianos e escapou de ir para a mesa do jantar). O idoso e mortificado compositor finalmente cedeu à morte durante os dias desesperados da Comuna. Apesar de sua idade avançada, os jornalistas apressaram-se a atribuir ao fato um significado melancólico; como escreveu um deles no obituário: "Os prussianos aplicaram-lhe o primeiro golpe, mas foram os franceses da Comuna que acabaram com ele".[7]

A triste história em torno da morte de Auber — assim entenderam os jornalistas — clamava pelos chavões de um fim de era. Mas as momices de *Fra Diavolo* e congêneres continuaram a agradar ao público por várias décadas ainda. Assim como a ópera-séria, a ópera-cômica tornou-se um repertório sempre reapresentado, bem como um vívido gênero composicional. Depois do cerco e da Comuna, os *revivals* podem ter sido considerados resquícios de uma época já passada; mas a ópera-cômica, tanto no sentido de ópera com diálogo falado quanto no de ópera farsesca, continuou a florescer em Paris: no primeiro sentido, em obras como *Faust*, de Gounod, e *Carmen*; no segundo, nas operetas de Offenbach e seus pares.

As restrições quanto a quais tipos de ópera podiam ser apresentados em quais teatros foram oficialmente suspensas em 1864, mas por algum tempo tinham sido consideradas anacrônicas e inaplicáveis: o Opéra-Comique e o Théâtre Lyrique já tinham começado a produzir um tipo muito diferente de drama, mais adaptado à mudança dos tempos na Europa.

Tome-se o caso de *Mignon*, de Thomas, estreada em 1866. *Mignon* foi uma das óperas mais populares do século xix e começo do século xx. Sucesso imediato na noite de estreia, seria apresentada umas mil vezes só no Opéra-Comique entre 1866 e 1894. E sua popularidade não se limitou à França. A edição de 1915 do *The Victrola Book of the Opera* (publicada pela gravadora de discos para promover seus estoques) apresenta uma impressionante estatística: "A ópera de Thomas está entre as mais populares de todas as óperas na Alemanha, e durante a década de 1901-10 teve aproximadamente 3 mil apresentações".[8] Houve até uma versão num filme mudo americano em 1915 (dirigido por William Nigh), que se juntou a um clube de elite em matéria de filmes mudos sobre ópera, clube que incluiu *Carmen*, de Cecil B. DeMille (também em 1915). Mas durante os cem anos seguintes *Mignon* pouco a pouco desapareceu de cena. Em 2005-10 só foi apresentada oito vezes em todo o mundo, metade delas numa produção de 2010 no Opéra--Comique, deixando *Mignon* com uma apresentação a menos do que *Fra Diavolo* nesse período de cinco anos.[9]

Mignon começara com altas aspirações. O libreto era de Jules Barbier e Michel Carré, preeminente equipe de escritores parisienses no final do século xix (outros créditos incluem *Fausto* e *Les Contes d'Hoffmann*). A fonte era o romance de Goethe *Os anos de aprendizado de Wilhelm Meister* (1795), um intimidador clássico romântico, e essa escolha refletiu as elevadas aspirações literárias que estavam se tornando comuns na ópera-cômica. Barbier e Carré transformaram o episódio de Mignon no romance de Goethe, de tragédia que era, numa estranha miscelânea de temas e incidentes que incluem um final feliz. Mignon (meio-soprano) é uma garota que, raptada por ciganos quando tinha seis anos de idade, cresceu sendo cruelmente maltratada e forçada a se apresentar diante de multidões. No pátio de uma estalagem (primeiro ato) ela é libertada de um empresário cigano por Wilhelm (tenor), um estudante austríaco que vaga pelo mundo em busca de experiências de vida. Ela se apaixona por seu salvador, mas é uma garotinha que se apresenta como um menino, e ele não pode — está enamorado da resplandecente atriz Philine (soprano) — retribuir seu amor. Um importante papel de apoio é desempenhado pelo misterioso e semienlouquecido harpista (Lothario, baixo), que está sempre consolando Mignon e que (depois se revela) é na verdade o marquês de Cipriani, um aristocrata italiano que enlouquecera há tempos quando se pensou que sua filha Sperata (então com seis anos) tinha se afogado. No fim do terceiro ato tudo cai em seu lugar numa cena de reconhecimento entre Mignon / Sperata e Lothario / Cipriani, e quando Wilhelm descobre que é Mignon quem ele realmente ama.

No romance de Goethe, Mignon é uma figura patética. É uma personagem que canta canções, impressas no romance como poemas inseridos que logo estariam entre os mais famosos versos de Goethe: *"Nur wer die Sehnsucht kennt"* (Somente ele sabe o que é a saudade) e *"Kennst du das Land, wo die Zitronen blühn?"* (Você conhece a terra onde floresce o limoeiro?). Através de Schubert e muitas outras versões musicais, as canções de Mignon logo ganharam vida nova nos círculos musicais domésticos do século XIX. Mas a Mignon do romance, depois de ser ferida ao lado de Wilhelm por salteadores, desaparece da narrativa, só ressurgindo em seu leito de morte (depois disso Wilhelm casa-se na maior felicidade). A Mignon do libreto é muito mais moderna, no sentido de que suas estranhas feridas psicológicas não parecem ter sido amenizadas pela antiga configuração. Numa cena representada por um trio, no segundo ato, ela tenta manter seu desespero por causa do amor de Wilhelm e Philine a uma distância segura, desejando, para isso, adormecer. Esse número se utiliza de um velho truque: os amantes cantam em dueto, alheios a tudo o mais; mas, num segundo plano, os sussurros de Mignon consigo mesma estabelecem uma linha musical em separado que põe em questão a felicidade deles. Logo depois, Mignon decide se apresentar de maneira mais feminina, recompondo sua aparência no toucador de Philine e pondo um vestido que toma emprestado. É um momento desconfortável, mas é difícil dizer exatamente por quê. Se Mignon é uma mulher, por que não deveria se livrar de suas calças de homem? Quando Wilhelm vê Mignon de vestido, ele se dá conta de que não é possível levar essa moça com ele na estrada, como tinha planejado. Mas ele já sabia que ela era uma moça, isso nunca foi um segredo. A cena termina com Philine fazendo troça de Mignon por sua incompetência com a maquiagem e com saias. No fim do ato, Mignon fica presa num prédio em chamas, que ela mesma incendiara, já que, depois de ter manifestado em voz alta sua esperança de que o lugar em que Philine se apresentava fosse atingido por relâmpago e chamas, o louco Lothario se convence de que tinha de realizar seu desejo.

O cenário a essa altura está muito longe de tudo que é tradicional: quais outras óperas populares do século XIX apresentam a diva estelar como uma garota masculinizada cujas paixões românticas são rejeitadas por tanto tempo? Contudo, a música que Mignon canta — inclusive a inevitável "Kenns du a Land?" (no libreto, "Connais-tu le pays?") — explica por que uma meio-soprano de primeira linha tanto ambicionava esse papel, a começar por Célestine Galli-Marié (1840-1905), que criou o papel em 1866 e que depois foi a primeira Carmen, em 1875. Geraldine Farrar (1882-1967), uma autêntica soprano de alto registro conhecida por sua Manon, de Massenet, sua Marguerite em *Faust* e sua Cio-cio-san em *Madama Butterfly*, baixou seu registro para representar Mignon, tão bom era o papel. No entanto, o canto de Mignon tem muito pouco da verve exibicionista de Carmen. Seu maior número é um dueto com Lothario no primeiro ato, "Legères hirondelles" (Gentis andorinhas), instância fora do comum, um dueto entre meio-soprano e baixo, que fica algo a dever, talvez, para os duetos entre soprano e barítono que Verdi (*Rigoletto, La traviata, Simon Boccanegra*) tinha criado com tanto efeito. "Legères hirondelles" é uma canção dentro da ópera (Mignon acompanha na harpa) cantada por dois desolados personagens. Seu tema é um estranho e inimaginavelmente belo país — com certeza a Itália, mas a Itália como um lugar na memória, um lugar ao qual ninguém pode voltar na realidade. Embora o texto se refira a aves, não há trinados ou pios vocais. A grande propensão da ópera-cômica por números que envolvam a geografia de outros lugares, números que evocam um colorido musical distinto, leva nesse caso a um momento no qual as vozes que se enredam uma na outra não são as duas vozes de soprano, como era usual. As duas vozes de registro mais baixo combinadas podem, possivelmente, ser ouvidas como substitutos das andorinhas mencionadas no poema. Mas como os personagens descrevem coisas inatingíveis, suas linhas melódicas são tão belas que o cantar se torna um objeto de desejo, um lugar onde queremos ficar. Como que para ressaltar esse ponto, o dueto termina com uma cadência dupla extremamente intricada, um dos poucos lugares em que a voz de Mignon a cantar é exibida com destaque. O número começa como se inicia uma jornada. Padrões harmônicos fazem a melodia avançar em vez de mantê-la entravada em pequenos círculos de canto de pássaros. A primeira frase, em quatro compassos, é em ré maior, mas é então elaborada num tom menor acima, mudança que sugere, só por um momento, que a fantasia pode levar a qualquer lugar. Sim, o dueto ainda é reconhecível como gênero musical. Mas bem como o irrequieto coro de contrabandistas no terceiro ato de *Carmen* — inconfundíveis bandidos sussurram advertências de "ouçam, ouçam" e, entrando em estranhos deslizes e escorregadelas cromáticas, "cuidado para não dar um passo em falso!" —, esse dueto em *Mignon* transcende suas origens da ópera-cômica.

O mesmo se poderia dizer de um número de *Mignon* que sobreviveu à obsolescência dessa ópera, a ária com *bravura* virtuosística de Philine no segundo ato, "Je suis Titania la blonde" (Sou a loura Titânia), cantada logo depois de ela ter terminado sua apresentação noturna em *Sonho de uma noite de verão*. Até hoje, a ária é uma peça apresentada em recitais de sopranos de coloratura francófonas, rivalizando com a canção de Olympia em *Les Contes d'Hoffmann*. A ária já estava presente na aurora das gravações de óperas, quando Luiza Tetrazzini (1871-1940) a gravou como "Io son Titania" em 1907, para a HMV. Na comédia de Hollywood *Sete noivas* (1942), Kathryn Grayson — que passa grande parte do filme vestida como um garoto, à la Mignon, demonstra sua feminilidade ao cantar a ária à la Philine. Julie Andrews, com doze anos de idade, a cantou em sua estreia como profissional no Hippodrome de Londres, em 1947. Quando Beverly Sills foi artista convidada no *The Dick Cavett Show*, em 23 de junho de 1969, "Je suis Titania" foi seu número de abertura. Mais perto de nossa época atual, Natalie Dessay gravou o número e o cantou frequentemente em recitais, mas — dada a virtual ausência de produções contemporâneas de *Mignon* — nunca representou o papel numa encenação. Por tudo isso, "Je suis Titania" hoje não se encaixa num gênero vocal, mas de dança, uma *polonaise* que acontece de ser cantada. Quando transposta para a abertura, a melodia fica inteiramente à vontade entre os instrumentos.

A PROMESSA DE INFINITAS POSSIBILIDADES

Já mencionamos antes que a ópera-cômica nas décadas de 1860 e 1870, ao ampliar suas ambições, caminhava passo a passo com a mutante paisagem social e política daquelas décadas. Essa é uma suposição bem familiar, quase um clichê. A ópera reflete, devidamente, a sociedade de seu tempo. Mas conquanto o conceito continue a ser óbvio, o mecanismo de como acontece essa reflexão é sempre elusivo. A questão é mais complicada nesse caso porque uma das maneiras pela qual a ópera-cômica parisiense e a opereta reagiram às crises políticas daqueles anos foi oferecendo diversão. Esse é um papel com o qual as artes estão familiarizadas, a ópera em particular, e viria a ser uma importante função do cinema no século XX. Seres humanos têm buscado, como rotina, contrapor-se às misérias de sua existência construindo uma vida paralela na imaginação, e no século XIX o teatro musical serviu a esse propósito num nível sem precedentes. Mas há também um modo mais sinistro de encarar o fenômeno: as artes musicais podem reagir à política com uma prestidigitação, afastando o olhar do problema. Muitas vezes, o que acontece é algo intermediário entre essas duas funções. Por exemplo, os libretos de Offenbach são bem conhecidos por sua sátira aos temas e figuras políticas da época, mas também podemos ver neles maneiras pelas quais as músicas que vestem esses libretos eram capazes de mitigar quaisquer ansiedades que se manifestassem.

Considere-se *Orphée aux enfers* (Orfeu no inferno), uma versão farsesca do mito, com um libreto de Ludovic Halévy e Hector-Jonathan Crémieux. A opereta estreou em outubro de 1858 no Théâtre des Bouffes Parisiennes, e as plateias ficaram devidamente deliciadas e insultadas. Seis semanas depois, num incidente agora tão famoso que nenhuma biografia de Offenbach pode deixar de se referir a ele, ela foi posta em ridículo por Jules Janin, o todo-poderoso crítico do *Journal de Débats*. Janin a considerou uma ultrajante paródia da Antiguidade nobre. Orfeu realmente vai até o mundo inferior para resgatar Eurídice. Mas no Olimpo os deuses aparecem, bocejando, depois de uma noite inteira de buscas atrás de mulheres alheias. Júpiter propõe que todos desçam ao inferno junto com Orfeu para verificar o que acontece, e onde Eurídice, guardada pelo comediante John Styx, está entediada e aborrecida. Plutão adula Júpiter com elogios servis e bajuladores (para a sua fala, os libretistas tinham arremedado um antigo ensaio de ninguém menos que Janin). Tudo termina no quarto ato com uma grande festa no inferno. Todos aplaudem quando Júpiter engana o pobre Orfeu, em seu caminho de saída, fazendo-o olhar para trás, para Eurídice, o que faz com que ela possa juntar-se às festividades.

Depois de o artigo de Janin ter sido publicado, as receitas da bilheteria subiram às alturas. Mas Siegfried Kracauer, em sua maravilhosa biografia de Offenbach, de 1937, ressalta que as paródias sobre a Antiguidade grega estavam disseminadas pela França na época, sugerindo que o ultraje de Janin, ou de outros, bem que poderia ter tido alguma outra razão:

E foi isso que aconteceu: a opereta de Offenbach, ainda que de forma brincalhona, desnudou os fundamentos da sociedade contemporânea e deu aos burgueses uma oportunidade de se verem eles mesmos como realmente eram [...]. Não menos drástica foi a exposição dos manhosos expedientes mediante os quais o aparato do poder foi mantido intacto. Para escapar à punição pelo rapto de Eurídice, Plutão incitou os deuses contra Júpiter, e o próprio Júpiter não se retraiu dos mais vis e mais desonestos dispositivos para se manter no poder e atingir algum objetivo privado. Seu reinado corrompe o Olimpo, assim como o de seu ditador [isto é, Napoleão III] fez com a burguesia [isto é, a França do Segundo Império]. Assim que Júpiter propõe levar os deuses consigo para o mundo inferior, eles esquecem seu rancor contra ele e começam a cantar louvores, esquecendo tudo exceto seu próprio divertimento e sua distração.[10]

Há uma única parelha de versos no libreto que pede à plateia que enxergue além de tudo que a ilude e desvia sua atenção, *"Abattons cette tyrannie/ Ce régime est fastidieux"* (Combatamos a tirania/ este regime é enojante), e tem como música *A Marselhesa*. Na França do Segundo Império, essa era uma música que significava "revolução", e assim, se o libreto era uma alegoria da época, a mensagem está no limite do traiçoeiro. Mas é claro que tudo é uma brincadeira, e assim foi considerada aos olhos do censor. No entanto, apesar de a música do *Orphée* de Offenbach distrair com suas vertiginosas delícias — o frenesi acústico do quarto ato inclui um "galope infernal" dançado que seria no futuro, e para sempre, conhecido como "can-can" —, há um prolongado e sóbrio momento, a elegia de John Styx "Quand J'Étais Roi de Béotie" (Quando eu era rei da Beócia). A elegia é uma extraordinária miscelânea, sua simplicidade tonal, diferente de qualquer outra coisa na ópera, mistura o trauma da tristeza com alusões à felicidade que só sobrevive na lembrança. John Styx foi representado não por um cantor de ópera, mas por um ator da Comédie-Française, Alexandre Debruille-Bache. Assim, a elegia, em suas apresentações originais, era uma ilha acústica, algo em separado. Mas nem uma só nota da música da ópera tem espírito maledicente. Como definiu Kracauer: "Uma espécie de mágico invertido (Offenbach) tomou como sua missão desmascarar os bichos-papões que tiranizam a humanidade; mas ele deu sua bênção a toda emoção humana autêntica que encontrou pelo caminho".[11]

Com a continuação das alegorias políticas, *Carmen* também é um caso complicado. Poder-se-ia alegar que os contrabandistas da ópera, e talvez mesmo a própria Carmen, têm a intenção de advertir quanto aos perigos de uma subclasse revoltosa, representando-as para um público cujo primeiro olhar a uma tal subclasse no poder (durante a Comuna) tinha se mostrado extremamente traumático. Mas o fato de esses contrabandistas serem consistentemente retratados como patifes complacentes, amantes da liberdade, e de os atrativos de sua musa cigana serem tão determinantemente sexuais e não políticos, com certeza acalmaram as inquietações da burguesia pós-Comuna, ou ao menos a divertiram. Essas questões tornam-se ainda mais difíceis pelo fato de que na época entendeu-se que o libreto de *Carmen* marchava sob a bandeira genérica do realismo, palavra problemática e versátil cujos significados para a ópera serão explorados com mais detalhes num capítulo posterior. Como é que Georges Bizet (1838-75), cujos libretos das primeiras óperas foram tão mais exóticos e/ou convencionais, vai terminar com essa história franca e uma heroína que tem os pés na terra?

Para responder a essa pergunta, uma visão de contexto será sempre útil. Bizet tinha vivido durante três anos na Itália, de 1857 a 1860, como ganhador do prêmio de Roma (oferecido anualmente pelo Conservatório de Paris ao mais promissor estudante de composição), e tinha passado esses anos buscando uma identidade como compositor de ópera. Nos projetos que foram completados e não realizados até a década de 1870, pode-se vê-lo a se mover pelos formatos de vários gêneros operísticos do século XIX. Na Itália, ele flertou com a ópera local, tanto a séria quanto a cômica, no modelo de Donizetti (ele brincou com uma nova versão de *Parisina*, depois completou uma obra cômica chamada *Don Procopio*). Abordou a *grand opéra* com planos para uma *Corcunda de Notre-Dame* que nunca foi escrita e uma *Ivan IV* (1865) que só foi apresentada postumamente. Seus compromissos tendiam para as óperas-cômicas orientalistas (a obra perdida *La Guzla de l'emir* — A guzla do emir, 1862); *Les Pêcheurs des perles* — Os pescadores de pérolas, 1863; e *Djamileh*, 1872).

As *grands opéras* de Bizet foram desprezadas pelo Opéra, e sua carreira relativamente curta se desenvolveu sobretudo no Théâtre Lyrique e no Opéra-Comique; foram os diretores deste último que lhe fizeram a encomenda de uma nova ópera-cômica em 1872, com um libreto a ser submetido à escolha de Bizet e escrito por uma equipe já bem amadurecida, Henri Meilhac e Ludovic Halévy. Bizet escolheu o romance *Carmen* (1845), de Prosper Mérimée, que daria um libreto claramente inadequado para um teatro de família, com indivíduos de classe inferior, uma heroína promíscua e mulheres que lutavam com facas. A trama é simples. Situada em Sevilha, é a história de uma cigana contrabandista, Carmen (meio-soprano), que seduz um pobre cabo do Exército, Don José (tenor), e o convence a se voltar para o crime. José abandona sua carreira no Exército e a doce noiva de sua juventude em família, Micaela (soprano), para seguir Carmen e sua quadrilha de contrabandistas. Mas os dois definitivamente não são feitos um para o outro. No romance, a inevitabilidade de seu estranhamento é expressa por Carmen, *"Chien et loup ne font pas longtemps bon ménage"* (Um cão e um lobo não viverão felizes por muito tempo). Ela logo se cansa de José, rejeitando-o em favor de um exuberante toureiro, Escamillo (baixo barítono). Personagens de apoio incluem o grupo em torno de Carmen, Mercédès (meio-soprano) e Frasquita (soprano), assim como vários oficiais do Exército e contrabandistas. No ato final, do lado de fora da arena em que Escamillo se apresenta, José enfrenta Carmen e se dá conta de que seu caso é sem esperança. *"Tu ne m'aime donc plus?"* (Então você não mais me ama?), ele diz quase incrédulo, e a apunhala quando ela se recusa a voltar para ele. Esse foi, notoriamente, o assassinato em cena que mudou para sempre o formato do que se pode chamar de ópera-cômica. Carmen, cujos antecedentes eram cômicos, torna-se uma heroína trágica, uma dentre a longa linha de cantoras que no ato final são estranguladas, esmagadas, baleadas, apunhaladas e enfiadas em sacos (sina de Gilda em *Rigoletto*), afogadas, envenenadas ou jogadas num tanque com óleo fervente (como Rachel em *La Juive*, 1835).

Carmen foi um projeto conturbado. Bizet brigou com um dos diretores do Opéra-Comique, Adolphe de Leuven, pois ele queria que a heroína sobrevivesse no fim. Depois que De Leuven se demitiu e a partitura foi terminada, Bizet teve de se ver com os músicos (sobretudo o coro do Opéra-Comique, que não estava acostumado a gritar e a lutar por seu ganha-pão). O diretor restante, Camille du Locle (um grande apoiador de Verdi e de suas óperas), continuou a considerar o libreto como vulgar e brutal, a heroína antipática e imoral. No fim, Bizet brigou com mais ou menos todo mundo, exceto a cantora que recebera o papel de Carmen, Célestine Galli-Marié, que depositou grande fé na obra e na personagem principal. A versatilidade de Galli-Marié como atriz cantora é demonstrada pelo fato de que ela foi brilhante tanto como a cigana promíscua de Bizet quanto como a Mignon de Thomas, a inocente mulher com jeito de menino, nove anos antes. Um dos primeiros resenhistas resumiu a impressão que ela causou em *Carmen*:

"Vê-la, balançando os quadris como uma potranca num haras de Córdoba: *'quelle verité, mais quel scandale'* (que realismo, mas que escândalo)".[12]

E então há a história, vezes e vezes contada, a respeito de um suposto evento sobrenatural na 33ª apresentação de *Carmen*, em 2 de junho de 1875. Galli-Marié tinha chegado à cena do baralho de tarô do terceiro ato, na qual Carmen prevê sua própria morte com uma resignação fatalista: *"Recommence vingt fois, la carte impitoyable répétera: la mort!"* (Pode-se recomeçar vinte vezes, mas a impiedosa carta repetirá: a morte!). Nesse momento, Galli-Marié foi aparentemente atacada de um pressentimento. Alguns relatam que ela sentiu uma dor num dos lados do corpo. Ela desmaiou e deixou o palco, mas conseguiu voltar e continuou sua apresentação até o fim, depois disso irrompeu em lágrimas, sem que conseguissem confortá-la.[13] Mais tarde, chegou a notícia de que Bizet tinha morrido naquela noite.

Se Galli-Marié teve uma premonição ou não, e mesmo — caso a tenha tido — que isso tenha acontecido tão apropriadamente durante a cena da carta, aquilo de que podemos ter certeza é que Bizet, ao morrer em 2 de junho de 1875, não tinha sobrevivido o bastante para saber que *Carmen* tornar-se-ia uma das mais queridas obras musicais jamais escritas, apresentada milhares de vezes no final do século. Era a ópera favorita da rainha Vitória, de Otto Bismarck e de James Joyce; foi incluída em romances por Thomas Mann e até pelo desafinado — totalmente destituído de ouvido musical — Vladimir Nabokov; sua história foi recontada um sem-número de vezes em filmes, onde arranjos da música de Bizet ocultam-se como um fantasma ao fundo; um filme mudo de Cecil B. De-Mille era passado com gramofones ou piano e cantores, armados de partituras, durante as apresentações. Friedrich Nietzsche, um apaixonado acólito de Wagner que se voltou contra seu ídolo depois da década de 1870, terminou sua vida louvando *Carmen*:

Ontem ouvi — você não vai acreditar — a obra-prima de Bizet, pela vigésima vez [...]. Essa música me parece ser perfeita. Ela se aproxima com leveza, maleável e polidamente. É agradável, não *transpira*. "O que é bom é leve, tudo que é divino move-se com pés gentis": o princípio número um de minha estética. A música é funesta, sutilmente fatalista: ao mesmo tempo ela continua popular — sua sutileza pertence à raça, não ao indivíduo. É rica. É precisa. Ela constrói, organiza, termina: assim, ela se constitui no oposto ao pólipo na música, a "melodia infinita". Alguma vez já se ouviram num palco acentos mais dolorosos, mais trágicos? E como se os consegue? Sem trejeitos. Sem contrafação. Sem a *mentira* do grande estilo![14]

Richard Strauss, compositor de ópera modernista e tremendo chauvinista alemão, considerava a orquestração de Bizet em *Carmen* um modelo de ingenuidade e de imaginação no que concerne aos timbres. Além disso, sua fúria em relação à censura musical na era nazista foi despertada por um particular ultraje, como ele mesmo descreve a Julius Kopsch em 1934: "Ouço que o parágrafo concernente aos arianos vai ser mais rigoroso, e que *Carmen* será banida! De qualquer maneira, como artista criativo, não quero ter parte ativa em nenhuma futura tolice desse tipo".[15]

Todo esse apreço foi outorgado a uma mera ópera-cômica, e que foi muito remendada por Bizet durante os ensaios. Há edições conflitantes, nenhum texto definitivo e até mesmo uma versão de *grand opéra* póstuma, de 1875, com recitativos de um compositor chamado Ernest Guiraud. Mas tudo isso, que em outros casos poderia ter configurado um status distintamente não canônico, não teve importância. A música que ressoa quando a cortina sobe no primeiro ato de *Carmen*, uma pirâmide que lentamente vai saindo em espiral e vai aumentando de volume num quase folclórico baixo contínuo é uma promessa de infinitas possibilidades e um dos melhores alvoreceres musicais jamais escritos. A ópera nunca renega essa promessa inicial.

O que faz *Carmen* ser tão brilhante, adaptável, tão versátil, tão paciente à interpretação? Tem como vantagem uma história não afetada na qual a anti-heroína é tanto infalivelmente corajosa como jubilosamente despreocupada quanto a papéis sociais convencionais. Nesse sentido, e em termos de sua tremenda energia musical, *Carmen* é uma versão feminina de *Don Giovanni*. O enredo divide o mundo, como faz a própria Carmen, nos lobos e os outros. Mas os dóceis e domésticos tipos — em especial Micaela, que tem duas aparições como a mensageira do lar e é um ponto de estabilidade no mundo em desmoronamento de José — não são menos simpáticos do que os personagens lobos, Carmen e Escamillo. O grande talento de Bizet foi imaginar a música para cada elemento do enredo com igual seriedade: os personagens triviais, ornamentais, o trágico soldado proletário, os contrabandistas a cantar em estrita harmonia, o exibicionista fanfarrão, os papéis de apoio genéricos; ele dá minuciosa atenção a todos e a cada um deles. Como era usual por volta da década de 1870, toda ópera que tinha motivos recorrentes — em *Carmen* há alguns, e também alguns trechos musicais mais longos que regressam — era tida como wagneriana. Mas em termos de formato não há nada de radical no que tange às peças de Carmen. É uma obra criada a partir de um tecido convencional, com árias bem-comportadas, duetos e conjuntos devidamente separados por trechos de diálogo (ou por recitativos na versão póstuma como *grand opéra*, que volta e meia é anatemizada pelos puristas, mas que tem sua própria grandeza e seu próprio efeito, e agora adquiriu um particular e antiquado encanto).

O que *é* inusual é que uma proporção muito grande da música é realística, no sentido de ser um canto real dentro do mundo encenado. A ópera está cheia de canções, danças, fanfarras militares, coros ao ar livre e desfiles. A preponderância de tais ocasiões permitiu a Bizet fazer experimentos com sons exóticos, e como a história se passa na Espanha, entre ciganos, muitos desses sons se referem a ritmos e modos espanhóis e mouros, ou ao menos assim entendia um compositor francês na década de 1870 que eles eram. Os episódios de desempenho real concentram-se particularmente em Carmen: fazer música é parte de sua persona. Ela gosta de cantar e de dançar, e usa o canto e a dança para convencer e seduzir — ou apenas como meio de se expressar. Quando José a vê pela primeira vez e fica instantaneamente encantado por ela, Carmen está se apresentando para uma multidão. Isso é significativo: Carmen e José são tão inadequados um para o outro não por uma ser uma cigana e o outro um soldado pequeno-burguês, mas porque uma é uma pessoa extravagante que se exibe sem inibições e o outro é um intenso e tímido espectador.

Carmen é, ela mesma, suscetível ao fascínio de um canto atrevido, exibicionista. Sua suscetibilidade é encenada no segundo ato, quando se torna parte da plateia de Escamillo, no momento em que ele se apresenta para os donos de uma estalagem. O canto de dois versos do *toreador*, "Votre Toast, je peux vous le rendre" (Posso lhes devolver seu brinde), que narra um típico embate numa arena de touros, pertence à então antiga tradição operística de apresentar uma história em forma de uma canção estrófica com refrão coral. A música dos versos, em tom menor, tem andamentos espanhóis e respostas em ritmo de flamenco; é obviamente uma fabricação, uma elaborada e fantasiosa música espanhola, mas ao mesmo tempo tão alegre que temos de nos esforçar para não nos deixarmos levar. O refrão — *"Toréador, en garde!"* — tem uma melodia em tom maior que há muito tempo já extrapolou do palco para se tornar uma espécie de significante universal

35. As dores do parto da ópera moderna. A ópera *Jenůfa*, de Janáček, foi escrita entre 1894 e 1902 e apresentada pela primeira vez em Brno, em 1904. A evidente dificuldade desse trabalho e as muitas vezes em que o compositor mudou de ideia são ilustradas graficamente nesta página da partitura orquestral.

36. Enrico Caruso (1873-1921) como Cavaradossi na *Tosca* (1900), de Puccini. Para muitos daquela época Caruso encarnava a ideia do tenor heroico. Foi o primeiro e mais astuto de uma geração de cantores que exploraram a nova tecnologia do gramofone para incrementar sua fama.

37. Geraldine Farrar (1882-1967) como Suor Angelica, papel interpretado por ela na ópera de Puccini em 1918. Farrar, uma das sopranos mais populares de seu tempo — seus fãs em Nova York eram chamados de "Gerry-flappers" ("melindrosas de Gerry") —, fez muitas gravações e até protagonizou um filme mudo, *Carmen* (1915), de Cecil B. DeMille.

38. Lauritz Melchior (1890-1973) como "o mundialmente famoso tenor dinamarquês Olstrom" no filme *O rouxinol mentiroso* (1946), gravando a Canção do Prêmio de *Die Meistersinger* (Os mestres cantores), de Wagner. O filme se passa no início da década de 1900, e esta cena recria os processos de gravação da época.

39. Figurino para Mélisande por Erté (nascido Romain de Tirtoff, 1892-1990), artista e *designer* russo nascido na França. Este projeto art déco para o Metropolitan Opera em 1927 captura os tons mais sombrios das óperas de Debussy: raios de luz representando pingentes de gelo que ameaçam empalar, e o cabelo da heroína no formato de cordas é tanto um nó de forca quanto um ornamento.

40. Hugo von Hofmannsthal com Strauss numa silhueta de 1914, por Willi Bithorn. Naquela época, os dois tinham colaborado em *Elektra* (1909), *Der Rosenkavalier* (1911) e na primeira versão de *Ariadne auf Naxos* (1912).

41. Nadja Michael como Salomé e Duncan Meadows como o carrasco na produção de David McVicar da ópera de Strauss na Royal Opera House de Londres, em 2007-8, época em que a ópera já causava problemas em Londres havia quase um século. Quando Thomas Beecham tentou encená-la em 1910, a cabeça decepada de Jochanaan (João Batista) teve de ser substituída por uma espada sangrenta. Como essa adaptação demonstrou ser confusa, uma bandeja (sem a cabeça) substituiu a espada.

42. A partitura vocal de *Jonny spielt auf* (1927), de Ernst Krenek. Não foi surpresa, dado seu tema influenciado pelo jazz, a ópera ter sido banida na Alemanha seis anos depois.

43 e 44. Projetos de figurino por Eduard Milén para a primeira produção de *A raposinha esperta* (Brno, 1924), de Janáček.

We are alone, O angel mine!

45. Na comédia musical *Le Million* (1931), de René Clair, é encenada uma ópera chamada *Les Bohémiens*. A abertura vocal de saudação do tenor, "Estamos sozinhos, ó meu anjo!", é recebida com espanto pelos bandidos nas proximidades. *Le Million* presta homenagem ao encantador absurdo da ópera, bem como à sua força transformadora.

46. Uma das casas de ópera de Hamburgo em 1945, em ruínas após um bombardeio aliado. Só foi reconstruída em 1955.

47. *Nixon in China* (1987), de John Adams, em sua estreia no Metropolitan Opera (2011), dirigida por Peter Sellars. Esta cena ilustra o tratamento épico que a ópera dá (e uma notável difamação do protagonista) a um episódio da história recente.

48. O tenor Neil Shicoff como Peter Grimes na produção de Willy Decker da ópera de Britten no Teatro Regio de Turim (2009-10). Uma das últimas óperas que se tornaram fixas no repertório operístico, *Grimes* mostrou ser facilmente adaptável a uma variedade de estilos de encenação.

49. Deixando a ópera. Nesta litografia do início da década de 1880, a plateia (e possivelmente alguns personagens vestindo seus figurinos) parte após uma noite no Opéra de Paris "no ano 2000". Veículos de transporte aéreo sem cobertura (com óculos de proteção opcionais) compunham esse futuro imaginário.

50. Um vislumbre final. Os deuses caminham verticalmente sobre uma ponte de arco-íris na encenação de Robert Lapage, em 2010, de *Das Rheingold*, de Wagner, no Metropolitan Opera de Nova York. Froh olha para trás — se é uma alusão a Orfeu, um gesto de nostalgia e de perda ou meramente para conferir a posição de outros dublês de corpo, é absolutamente incerto.

da ópera. No entanto, é importante não esquecer que, por mais banal e superfamiliar quanto possa atualmente soar, esse refrão volta depois em circunstâncias muito diferentes. Carmen o ouve no quarto ato, vindo de fora do palco, de um coro que não se vê, espectadores que aclamam Escamillo na arena de touros, uma vez mais saudando sua perícia. Nessa reminiscência, a melodia fica musicalmente desarraigada. Ela não mais tem aquele pulsante acompanhamento orquestral, mas é escorada por um alarmante contraponto do violoncelo, sinal de que a atmosfera mudou e que algo terrível está prestes a acontecer. Os sons da música atraem Carmen, arrastam-na para o portão da arena de touros e para o expectante braço de José — uma atração fatal, como depois se revela.

De certa maneira, sente-se a atração fatal da música durante toda a ópera *Carmen*. No primeiro ato, Carmen é presa por estar brigando, e proibida de falar por José, que a tem em sua custódia. Ela declara que, em vez disso, vai cantar, e no decorrer da canção ela dá um jeito de se desvencilhar. Ao fim do segundo verso José concordou em libertá-la, ser preso por ela e se juntar a ela depois que for solto. Por outro lado, a música que *não* se apresenta como parte do mundo encenado, a música dos "não lobos" — números como o dueto de Micaela e José no primeiro ato e a ária dela no terceiro ato — parecem fora de lugar: belos mas à distância, referindo-se a (ou vindo de) um passado que não pode mais ser recuperado. Esse filamento musical é sobre um mundo ideal, que provavelmente nunca existiu e que com certeza não existia em 1875.

É entre esses dois estilos que se situa a música de José, em particular sua Canção da Flor no segundo ato, um dos momentos mais celebrados da ópera, mas também um dos mais conflituosos. Conta uma história simples, dessa vez tendo Carmen como audiência. Quando estava na prisão, José guardou consigo a flor que Carmen tinha lhe atirado desdenhosamente no primeiro ato: seu perfume o transportava, criando um mundo de sonho. Sempre que pensava em se reaproximar dela, o mundo de sonho intervinha. A ária é introduzida por uma fantasmagórica reminiscência orquestral do momento em que a flor fora jogada, a melodia relembrada sendo executada pelo corne-inglês, como que para já marcar esse instrumento como força contida mas potente na ária, um tipo de larva sonora que ainda não se desenvolveu. José começa sua narrativa contra um acompanhamento simples mas luminoso (flauta, clarinete, violoncelo), mas quando menciona o "doce aroma" de sua flor fenecida e dessecada, o corne-inglês reaparece para marcar a palavra *odeur*, sublinhando as perigosas forças que José tem mantido vivas. "Então, eu me acusei de blasfêmia, e sinto dentro de mim um único desejo, uma única esperança: vê-la de novo, Carmen. Você só tem de aparecer, de me lançar um olhar, para roubar todo o meu ser." A linha musical desse longo verso começa bastante convencional, mas logo a harmonia se anuvia, cadências exóticas intervêm e entramos num mundo irreal no qual a paixão é uma ameaça de perdição. O fim da ária de certo modo é uma estabilização dessa tensão, mas de outro a mantém extraordinariamente atuante. Nas palavras *"Et j'étais une chose à toi"* (E eu era uma coisa sua), que Bizet marcou com *pp rall. e dim.* (pianíssimo muito baixinho, desacelerando e diminuindo o volume), José atinge um si bemol, a nota mais alta da ária, e lá permanece em misteriosa imobilidade sustentando longamente a nota.

É um momento que se parece muito com o final de "Celeste Aida" na ópera de Verdi, e certamente tem significado similar. O tenor pode ter sido antes vigoroso e apaixonado, mas aqui ele fica absorvido em outro território. A obsessão de José por Carmen é tão grande que ele é arrastado para o meio musical dela, um lugar no qual ele perde todo o senso da força de um tenor. E assim como no final de "Celeste Aida", a maioria dos tenores não consegue suportar esse tipo de realismo: eles ignoram a marcação do compositor e cantam a nota alta com força total. Há nisso algum sentido (sobretudo se se é um tenor abaritonado com um límpido si bemol alto, uma das notas mais excitantes em toda a ópera); mas não foi o tipo concebido por Bizet, ao menos não aqui. Como para ressaltar aquilo que se pôs em questão com aquele pianíssimo si bemol, as palavras finais de José na ária, *"Carmen, je t'aime"* (Carmen, eu a amo), envolvem outro maravilhoso e expressivo efeito instrumental. José sustenta o canto em *"t'aime"*, e ouvimos, subjacente, a sonoridade das madeiras que começaram a ária (flauta, clarinete e agora também o corne-inglês) tocando três enigmáticos acordes cromáticos. Esses acordes apresentam uma questão irrespondível. Será que existe, será que pode existir uma verdadeira ou correta harmonia para o amor de José ou essa variação tonal põe em questão a veracidade dessa emoção? E então, como a equilibrar esse prelúdio orquestral, há um suave encerramento pela orquestra, reprisando a frase de abertura de José. Mas exatamente no último acorde, quando por fim se chega a uma estabilidade tonal, o corne-inglês novamente soa estranho e insistente, um colorido erótico que não quer ir embora e que depois irá destruir tanto o cantor quanto a mulher a quem ele se dirige.

Carmen reage à bela e terrível indecisão dessa ária com realismo brutal.

"Non, tu ne m'aime pas" (Não, você não me ama), ela canta, e na última palavra estende a música na angustiada órbita tonal de José e a traz de volta à sua própria. É como se ela não estivesse escutando, como se não tivesse ouvido coisa alguma. Mas esse é o problema com lobos, sua surdez para com os mansos. A mesma incapacidade de ouvir se expressa em termos musicais mais óbvios no dueto final entre José e Carmen. É a única passagem mais longa em que os dois cantam juntos, e sua trajetória musical é ainda mais descendente. José continua a propor uma melodia lindamente formatada, o som de uma outra esfera; Carmen responde recusando-se a lhe fazer eco, dando, em vez disso, respostas sem relação musical com essa proposta. O único momento em que ambos cantam ao mesmo tempo é quando ele repete sua bela e insistente frase: *"Carmen, il est temps encore"* (Carmen, ainda há tempo), e ela responde num contraponto agressivo, numa linha melódica completamente diferente: *"Pourquoi t'occuper encore d'un cœur qui n'est plus à toi?"* (Por que você ainda se interessa por um coração que não mais lhe pertence?). Pouco depois, com José ainda determinado e insanamente lírico, ela mergulha em notas isoladas e monótonas, só ascendendo para tentar dar um fim — em espetaculares cadências em alto registro — com seu mais definitivo "não": *"Jamais Carmen ne cédera! libre elle est née et libre elle mourra"* (Carmen jamais cederá! ela nasceu livre e livre morrerá). Pouco a pouco o canto vai cedendo até que os dois estão essencialmente meio falando meio gritando um com o outro em forma de canto. No final da ópera, Bizet faz acontecer assim uma estética de realismo de alto risco: ele deixa que o canto em si mesmo, em sua forma e seu verso, se degrade sob a pressão do desastre iminente.

O VALOR DA FRIVOLIDADE

Quando começou a época das gravações, a morte de Carmen podia ser instantaneamente revertida, pois só tinha de se voltar ao lado 1 e começar de novo. E, é claro, *Carmen* dificilmente será uma tragédia do ponto de vista dos empresários que lucraram com ela, dos barítonos que rodopiaram a capa de Escamillo enquanto cantavam "Toréador, en garde", dos tenores e sopranos, dos solistas de flauta que tiveram seus momentos de astro ao tocarem a costumeira música de entreato no terceiro ato (música que na verdade provém de uma das suítes *L'Arlesienne* de Bizet e que durante muitos anos de apresentação foi colada em *Carmen*, mas isso não tem quase nenhuma importância), e das meios-sopranos que puderam personificar uma força da natureza. A meio-soprano francesa Emma Calvé (1858-1942), uma Carmen famosa, descreveu sua experiência de cantar a ópera no Metropolitan de Nova York em 1893-4:

> Nós a apresentamos mais e mais uma vez, para casas lotadas. As receitas de bilheteria eram assombrosas. Em temporadas sucessivas, sua popularidade nunca declinou. Não se levantaram mais questões quanto a como deveria ser cantada. Que elencos inesquecíveis, que noites gloriosas! Jean de Reszke, Melba, Plançon e eu! O público estava loucamente entusiasmado. Depois de cada apresentação éramos chamados de volta ao palco milhares de vezes. Dizia-se que Carmen tinha se tornado uma epidemia, um alegre contágio.[16]

Sob os clichês de Calvé há a impressionante percepção de que a *experiência* foi gloriosa, uma fonte de felicidade para a audiência mas também para os cantores. Esse, é claro, é o paradoxo da apresentação operística. A peça em si mesma pode ser trágica, mas a experiência de sua concretização, como canto e como espetáculo, pode ser jubilosa. Na ópera-cômica e na ópera-bufa, como já dissemos, as próprias obras podem ser instáveis: muitas vezes não está claro qual foi a intenção do compositor. Mas como ocupam um registro estético entre o sério e o farsesco, porque permitem a esses antagonismos uma coexistência pacífica, são muito boas em produzir alegria.

Isso pode acontecer, por exemplo, em apresentações de Offenbach. Como muitos dos primeiros compositores de ópera-cômica, Offenbach era mestre no uso de formas de dança como base para números vocais, um truque que requer uma escrita melódica quase não vocal, representando um desafio especial para os cantores. Seus papéis para sopranos podem ser, a seu modo, tão difíceis quanto os de Donizetti. Esse truque aparece de forma brilhante em *La Grande-Duchesse de Gérolstein* (A grã-duquesa de Gerolstein, 1867). A epônima grã-duquesa, que provém ela mesma de uma família de militares, está enamorada dos soldados em geral, e se expressa em quase marchas que se tornam galopes, quadrilhas e outras frívolas peças de dança, como nas parelhas de versos do primeiro ato, "Ah, que J'Aime les Militaires" (Ah, como gosto de militares). No refrão rápido e virtuosístico dessa ária há uma combinação incongruente: o conceito de marcha militar com o obrigatório estridor dos pratos junta-se à dança de salão parisiense, com oportunidades para tímidas desacelerações e hesitações nos pontos mais altos. A personagem que está sendo personificada — a voraz grã-duquesa — não é ideal nem idealizada. Mas o número permite a uma cantora expressar uma alegria sem freios: a pura felicidade de cantar quando nada de sério está envolvido, a alegria da ópera-cômica.

14. O velho Wagner

Os fatos básicos que pontuam o progresso de Wagner depois de terminar *Lohengrin*, em 1848, já foram esboçados. Ele escreveu um libreto baseado na mitologia nórdica, chamado *Siegfried's Tod* (A morte de Siegfried), mas o pôs de lado durante seu envolvimento na revolta de Dresden e sua fuga para o exílio. Em 1850, decidiu que seu libreto precisava de um predecessor, e produziu um chamado *Der junge Siegfried* (O jovem Siegfried). Sentiu então que precisava retroceder ainda mais na história, e escreveu um libreto que poderia ter sido chamado *Os pais de Siegfried*, já que conta a história deles; acabou sendo *Die Walküre* (A valquíria, 1851), nome que se refere à sua personagem mais importante, que é a meia-irmã imortal daqueles pais, chamada Brünnhilde. Por fim ele decidiu que essa trilogia necessitava de um prólogo, *Das Rheingold* (O ouro do Reno, 1852), que trataria da pré-história do drama familiar: de como tinha se dado a um ouro mágico o formato de um anel amaldiçoado; de como os deuses o haviam ganhado e perdido, e de como Wotan, seu governante, teve de armar um esquema para tê-lo de volta. Os quatro libretos foram reunidos e publicados em 1853 como em *Der Ring des Nibelungen* (O anel dos Nibelungos).

A música para as primeiras três partes da história — até e inclusive *Der junge Siegfried*, segundo ato — foi terminada entre 1853 e 1857, e a essa altura Wagner a interrompeu. Ele teve (como era tão frequente) graves problemas financeiros, e sua atenção foi absorvida num novo projeto: uma ópera chamada *Tristan und Isolde*, a qual, segundo ele disse a seus editores Breitkopf & Härtel — com insano otimismo, provavelmente movido pelas dívidas —, não apresentava quase nenhuma dificuldade em termos de cenário e de coro. A única tarefa mais exigente seria encontrar um bom par de cantores para os papéis principais.[1] Ele escreveu esse libreto no verão de 1857, e por volta de 1859 a música também estava completada; no entanto, *Tristan* não foi apresentada até 1865. Em 1860 ele estava de novo em Paris, para supervisionar e compor alguma música nova para um *revival* de *Tannhäuser* no Opéra (o que aconteceu em março de 1861). E então, tendo pelo menos conseguido uma anistia e a permissão para voltar para a Alemanha, ele mudou sua base para Munique, onde, apoiado por subvenções do rei da Baviera, Ludwig II, que era um apaixonado devoto seu, ele escreveu *Die Meistersinger von Nürnberg* (Os mestres cantores de Nuremberg, 1865-7; estreou em 1868), sua única comédia na maturidade e uma anomalia em sua obra. Depois de *Die Meistersinger* ele voltou para *Siegfried* (o título então tinha sido encurtado) e terminou o terceiro ato em 1869.

Enquanto isso Wagner tinha enviuvado; sua primeira mulher, Minna, morreu em 1866, depois de o casal ter vivido separado durante anos. Bem antes da morte de Minna ele já tinha uma nova parceira, Cosima von Büllow, a filha de Franz Liszt e, na época em que se conheceram, mulher de um (até então) bom amigo de Wagner, Hans von Büllow. Nasceram filhos. *Siegfried's Tod* foi renomeada *Götterdämmerung* (O crepúsculo dos deuses), e sua música completada por volta de 1874. Nesses últimos anos, Wagner teve sua atenção constantemente desviada para o trabalho de reger, o que ele fez a fim de levantar fundos para a construção de um novo teatro que tinha planejado em Bayreuth (pequena cidade no norte da Baviera) e depois para produções de suas obras a serem montadas ali. O *Der Ring des Nibelungen* completo foi estreado em Bayreuth em 1876, inaugurando um festival de verão com obras de Wagner que continua até hoje a se realizar, atualmente sob a direção das bisnetas de Wagner, Eva Wagner-Pasquier e Katharina Wagner. Para sua obra final, *Parsifal*, Wagner voltou a um projeto que tinha sido concebido na década de 1840. Ele o chamou de *Bühnenweihfestspiel* (Peça de festival para a consagração do teatro). Seu libreto foi escrito no final da década de 1870, a música completada em 1882; a estreia foi em Bayreuth no mesmo ano. Em fevereiro de 1883, Wagner morreu em Veneza.

Contada assim brevemente, a história só vem enfatizar as realizações. A parte mais impactante tem sido sempre a da suspensão do *Ring*. Wagner interrompeu um projeto de proporções épicas, cuja dimensão era sem precedentes na história da ópera. Ele o reassumiu depois de mais de uma década (década na qual tinha escrito novas obras bem diferentes mas também revolucionárias, *Tristan* e *Die Meistersinger*), e o fez sem aparente angústia ou solução de continuidade. Na verdade, parece que ele fez das diferenças entre sua voz musical de 1857 e a de 1869 parte do efeito dramático. Outra realização impressionante foi a composição de *Tristan und Isolde*, a ópera mais influente — talvez a mais influente peça musical — da segunda metade do século XIX. Esse *magnum opus* exigiu simplesmente dois anos de esforço, da escrita do libreto até a partitura da tríade final em si maior.

Esses feitos tremendamente criativos não teriam sido possíveis sem um círculo de mulheres que se autossacrificaram, amigos homens de mente aberta, generosos benfeitores e músicos devotados. O fato de que Wagner tendia a trair as mulheres e os amigos, explorar os benfeitores e esmagar os músicos fazia parte de sua patologia particular. No entanto, o fato de que ele se baseava nessa estrutura de apoio não tem nada de especial: compositores no século XIX raras vezes poderiam fazer muita coisa sem um conjunto similar a este de editores e acólitos. Verdi, como era frequente, oferece uma conveniente comparação: a maneira pela qual sua carreira se desenrola em paralelo, com recíproca sustentação, à de seu editor, Ricordi, foi um sinal dos tempos (o século XIX assistiu a um inexorável aumento do poder e do prestígio de editores musicais, assim como o século XX assistiu a seu declínio); e a parceira de Verdi durante muito tempo, Giuseppina Strepponi, representa de muitos modos um exemplo clássico dos percalços e tribulações por que podem passar aqueles que optaram por servir no altar dos gênios do século XIX.

No caso de Wagner, no entanto, as mulheres parecem ter tido um poder ainda maior do que o usual. Esse aspecto de sua biografia bem pode ter influenciado seus detratores de mais elevado nível intelectual — Friedrich Nietzsche e Theodor Adorno são os mais famosos — em sua maneira de ver seu desagradável lado no que concerne às mulheres, suas incontroláveis irrupções de raiva, seus pânicos raciais e sua predileção por seda. A questão da seda, aliás, foi séria, a julgar pela correspondência de Wagner com Judith Gautier, a amiga parisiense (e talvez amante) encarregada de exportar tecidos para ele. Ele lhe escreveu em dezembro de 1877:

Cancele todo o cetim cor-de-rosa; haveria demasiado dele, e não serviria para nada. Posso contar com as duas sobras que mencionei em minha última carta? Pode reservar o brocado. Estou inclinado a encomendar trinta metros, mas talvez possam-se mudar as cores, para que satisfaçam ainda mais meu gosto; em outras palavras, o material listrado em castanho-claro deve ser cinza-prateado, e azul, *meu* cor-de-rosa, muito claro e delicado.[2]

Sim, tratava-se de *trinta* metros, não é erro de impressão. Mas argumentar que impulsos e opiniões formadas sobre suprimentos são universal e eternamente um domínio reservado à mulher, portanto repugnante para homens — ou que na verdade são males a ser combatidos —, dificilmente pode ser considerado sábia filosofia. Wagner sentia fascínio pelo feminino como uma abstração, pronunciando-se com frequência quanto a seu significado; uma de suas ideias favoritas era a da música "feminina" se submetendo à poesia "masculina", uma metáfora cujo potencial para ser irritante nos séculos xx e xxi ele não poderia ter previsto em 1850. E essa noção de dualidade criativa tornou-se a peça central de um argumento sobre a forma musical em seu tratado *Oper und Drama*, em 1851. Levando a questão ainda mais à frente, o último ensaio em prosa no qual trabalhou, um fragmento chamado "Sobre o elemento feminino no humano" (1883), defende a reconciliação do masculino e do feminino, e até sugere que o paraíso seria a eliminação de suas diferenças.[3]

Wagner, cujos escritos literários são famosos por suas mudanças de ideia e até mesmo suas francas contradições, oscila neste último ensaio entre, por um lado, a ideia de pôr homem e mulher em pé de igualdade, e, por outro, o argumento de que a masculinidade e a feminilidade poderiam ser eliminadas como condições distintas uma da outra. Essas alternativas, no entanto, convergem em *Tristan und Isolde*, que se baseou no épico medieval de Gottfried von Strassburg, um clássico do cânone da média-alta Alemanha. O poema de Gottfried centra-se na vida de Tristan, a começar pelo trágica morte da mãe e do pai, sua adoção pelo tio, o rei Marcos da Cornualha, e as várias proezas heroicas de Tristan, em especial a de exterminar um usurpador irlandês chamado Morold. Tristan é ferido no combate com Morold e volta para a Irlanda (disfarçado) para se curar. Lá ele conhece a princesa Isolda, noiva de Morold, que o cura mas que nesse processo descobre sua identidade. Daí advêm problemas, mas depois de uma diplomacia de idas e vindas entre a Cornualha e a Irlanda, Tristan escolta Isolda até a Cornualha para se casar com seu tio. Mas a bordo do navio, no entanto, Tristan comete o erro de partilhar com Isolda uma poção do amor, o que resulta nas consequências habituais. Mas no desembarque, prevalece o dever; Isolda casa-se com o rei Marcos. O poema passa então a ser um relato da imorredoura paixão erótica entre Tristan e Isolda. Ele é depois separado dela, ferido uma segunda vez e morre à espera de que ela volte para ele, cruzando o mar. Para essa ópera em três atos Wagner simplificou radicalmente a ação. No primeiro ato, Tristan (tenor) e Isolda (soprano) estão indo de navio da Irlanda para a Cornualha e bebem o que acreditam ser um veneno mortal, mas é de fato uma poção do amor. O segundo ato passa-se na Cornualha: os amantes encontram-se à noite e cantam sobre o amor, somente para, ao alvorecer, serem apanhados em flagrante pelo rei Marcos (baixo) e seu séquito, do qual um dos membros fere Tristan. No terceiro ato, tendo regressado à Bretanha, Tristan definha em doença e alucinações; ele morre no mesmo momento em que Isolda chega pelo mar para curá-lo, em consequência disso ela também expira.

Vamos examinar essa ópera com mais detalhes depois, mas por agora podemos nos concentrar num aspecto do libreto. Ele é estritamente moderno ao pôr os dois amantes num mesmo plano em vez de lhes atribuir comportamentos feminino e masculino de acordo com as usuais linhas sociais, ou até mesmo operísticas, do século XIX (imagine-se por um momento *Otello e Desdemona*, ou *Carmen et Don José*, ou *Lohengrin und Elsa*). Isolda é rival de Tristan tanto como esparro verbal quanto como músico. No relato de Gottfried ela é descrita como musicalmente superior, e Wagner ficou feliz de escrever uma música que refletisse essa superioridade. Podemos ver isso no final do segundo ato, quando Tristan canta um verso formal num tom menor mais ou menos estável, convidando sua amada a acompanhá-lo numa jornada:

Dem Land, das Tristan meint,
der Sonne Licht nicht scheint:
es ist das dunkel
nächt'ge Land
daraus die Mutter
mich entsandt.

[Para a terra que Tristão imagina,/ onde a luz do Sol não brilha:/ é a terra escura/ noturna à qual minha mãe/ me enviou.]

Isolda responde com um verso paralelo:

Nun führst du in dein Eigen,
dein Erbe mir zu zeigen;
wie flöh' ich wohl das Land
das alle Welt umspannt?

[Agora você é levado para os seus domínios,/ para mostrar-me sua herança;/ como poderia eu escapar de um lugar/ que se estende pelo mundo inteiro?]

Em termos musicais, ela começa ecoando os dois primeiros versos dele, mas depois passa a um terreno mais estranho, harmônica e melodicamente. E em vez de acompanhar a música dos três últimos versos dele, ela toma um rumo muito diferente, refazendo aquele em que acabou de cantar, mas de outra maneira, com uma orquestração duas vezes mais rica. Sua versão, em outras palavras, tem a intenção de soar com mais independência e inventividade. Esses exemplos de contrabalançar e reequilibrar o gênero são repetidos muitas vezes em outros lugares. Por exemplo, Tristan, ao longo de toda a ópera, é, de modo inusual e maravilhoso, um homem não masculinizado, sofrendo constantemente do que eram considerados no século XIX achaques femininos, como melancolia nervosa; e nesse sentido ele combina com Isolda, que tem sua própria fartura de turbulência e desespero. No terceiro ato, logo antes da chegada de Isolda, lhe é dada uma música em compasso 5/4, a métrica mais desequilibrada que Wagner poderia ter escolhido, para expressar seu declínio e autoaniquilamento: "com o sangue a escorrer de minhas feridas, uma vez eu lutei com Morold. Com o sangue a escorrer de minhas feridas, deixem-me agora caçar Isolda" — esses são alguns dos versos mais malucos em toda a ópera, e a imagem da caça evoca, da fonte medieval, que Tristan era um especialista em desmembrar veados.

O compasso de cinco tempos é muito raro na música clássica europeia antes do século XX (ao menos fora da música da Europa Oriental, onde tende a ser referência para certos tipos de canções nacionais), e sugere aqui que o tempo estava fora dos eixos. A passagem distorce a música do segundo ato, onde o mesmo tema aparece como um sonolento interlúdio no dueto de amor, como a música dos versos *"lausch' Geliebter!/ Lass' mich sterbern!"* (Ouça, meu amor! Deixe-me morrer!). No segundo ato há uma berceuse, ou *lullaby*, no compasso 3/4, o trecho mais pacífico em todo o ato. Ao ouvir a mesma música distorcida num 5/4 no terceiro ato, no caos e troar daquele momento, é muito difícil dizer com precisão por que uma música que *se parece* com o que deveria ser em 3/4, e *foi* em 3/4, e parecia estar bem no limite de ser metricamente estável, agora soa tão errada. Os espíritos confusos na plateia — assim tornados por causa de uma métrica estranha — compartilham por um momento com o homem em cena de uma experiência de instabilidade.

A relativa equiparidade da dupla de Wagner também é exemplificada na mais famosa subseção do longo dueto de amor do segundo ato, música que regressa ao final do terceiro ato e é conhecida aí, coloquialmente, como a "Liebestod" (a morte por amor):

So starben wir,
um ungetrennt,
ewig einig,
ohne End',
ohn' Erwachen,
ohn' Erbangen,
namenlos
in Lieb' umfangen,
ganz uns selbst gegeben,
der Liebe nur zu leben!

[Assim vamos morrer,/ e inseparáveis,/ para sempre um,/ sem fim,/sem despertar,/ sem medo,/ sem nome/ cercados de amor,/ só a nós mesmos outorgado,/ para viver só o amor!]

Tristan conduz o canto com esses versos e Isolda os ecoa, numa sequência em que os repete mais ou menos de maneira literal, como é apropriado tanto aos imemoriais papéis do gênero operístico quanto à ordem em que irão ambos morrer — ele primeiro, ela depois. Mas mesmo para as primeiras plateias, as personas nesse dueto eram, não obstante, intercambiáveis. Wagner viajou para Londres em 1877 para reger excertos de suas obras mais tardias num "Festival Wagner", e a maior parte do dueto do segundo ato de *Tristan* foi apresentada no último dia, 26 de maio. James William Davison, o crítico do *The Times* e, em geral, um não apreciador de Wagner, escreveu que "os amantes ecoam um o outro, frase a frase, como se o que um dissesse fosse exatamente o que o outro teria dito se suas posições se invertessem".[4]

Depois, no terceiro ato, quando Isolda se ajoelha sobre o corpo de Tristan, essa mesma música é tocada baixinho pela orquestra, representando uma alucinação sonora à qual ela daria expressão, alguns momentos depois, em seu monólogo final:

> Como ele sorri suave e tranquilamente. Como seus olhos se abrem de modo tão delicado. Vocês veem isso, meus amigos? Vocês não veem? [...]. Não veem como seus lábios estão se entreabrindo e sua respiração por eles passa? Serei eu a única a ouvir essa melodia [...] que ressoa dele, e ressoa em mim?

Tudo isso é cantado à música de "So starben wir, um ungetrennt", do segundo ato, mas Isolda, agora uma solista, a leva mais longe. É como se ela se lembrasse das conduções musicais de Tristan e então improvisasse uma variação espetacular em torno delas. Ela diz estar ouvindo música a emanar do corpo dele, mas a música que *nós* podemos ouvir, sua imensa plenitude sônica, vem da cantora que está personificando *Isolda*. Tais proezas de ousadia musical eram difíceis, muito difíceis de emular. Cinquenta anos depois, Richard Strauss pôs os olhos num libreto no qual a heroína moribunda, Elektra, diz à sua irmã, Crisótemis: "Como pude não ter ouvido a música? A música vem de mim" — e este era o final que ele sempre tinha querido para *Tristan*.

Há várias reações escandalizadas a *Tristan*, várias delas de Nietzsche, depois de ele ter abandonado sua paixão inicial por Wagner: "Quem ousará dizer a palavra, a palavra autêntica para os ardores da música de *Tristan* — eu calço luvas quando leio a partitura de *Tristan*".[5] E matronas empedernidas, como Clara Schumann, ficaram chocadas: numa muito citada observação, ela disse que a ópera era "a coisa mais repugnante que eu ouvi ou vi em toda a minha vida".[6] Mas podemos estar nos precipitando se atribuirmos esse veneno ao repúdio ao adultério cometido em cena, ou à ideia do sexo, ou à música estranha. O fato de que masculino e feminino tinham o mesmo peso na balança, de que a uma personagem feminina seja concedida às vezes a supremacia, pode ter sido mais perturbador para Nietzsche ou Clara Schumann do que cenas de beijo ou de infidelidade, ou dissonâncias harmônicas não resolvidas.

Mais tarde na vida, quando Wagner chegou a argumentar em favor da abolição não só das desigualdades sexuais mas de toda a sexualidade, uma misoginia essencial tornaria a emergir, talvez não muito diferente daquela encontrada em suas primeiras óperas. Em seus últimos escritos, as mulheres são distintas do que é o Feminino: elas figuram como seres estranhos, como sedutoras que tentam levar as corretas figuras masculinas a escorregar para a barbárie. Dá para se perguntar se esse tipo de coisa era qualitativamente muito diferente da ideia que produziu os mais ordinários clichês nas obras de antes de 1850. Lá, o papel apropriado às mulheres era o de se sacrificar para redimir os homens, como faz Senta em *Der fliegende Holländer* e Elisabeth em *Tannhäuser*. E se um papel assim não é representado com total convicção, sem jamais um só momento de dúvida, então você se torna Elsa, em *Lohengrin*: um fracasso, e como tal, um fracasso morto.

É improvável que as convicções e ficções intelectuais de Wagner sobre as mulheres ideais não tivesse efeito sobre suas interações com elas na vida real, e alguns de seus encontros com mulheres foram realmente estranhos para além da ficção. Um exemplo disso foi seu longo e intenso relacionamento com Mathilde Wesendonck. Ela era mulher do banqueiro suíço Otto Wesendonck, um dos maiores apoiadores e patrocinadores de Wagner. Wagner encontrou os Wesendonck pela primeira vez em Zurique, em 1854; eles ofereceram a ele e à sua mulher, Minna, um chalé em sua propriedade (chamado "Asyl", Santuário), de 1856 a 1858, lugar onde foi escrita grande parte de *Tristan und Isolde*. Mathilde foi a musa de Wagner nesses anos em Zurique, e, inevitavelmente nessas circunstâncias, envolveu-se numa grande medida de tensão doméstica. Não se conhece a natureza do relacionamento entre ela e Wagner, mas sua devoção a ele foi, em certo ponto, extrema. Por exemplo, ela passou a limpo, à tinta, a cópia a lápis do libreto de *Tristan*, para que ele pudesse ter um manuscrito um pouco mais claro para trabalhar. Essa disposição para assumir tarefas de esmagadora chatice e grande precisão fazem a figura-esfinge de Mathilde — seus retratos mostram uma burguesa à la Botticelli vestida com sedas vitorianas — ser ainda mais inescrutável. As cartas que Wagner escreveu para ela preenchem um volume impresso inteiro, e revelam detalhes significativos sobre seus hábitos de trabalho e suas ideias musicais durante a composição do *Ring* e de *Tristan*. Ao mesmo tempo, oferecem uma generosa amostra do menu de flerte wagneriano, como em sua carta de 21 de maio de 1857, escrita exatamente quando o compositor estava prestes a abandonar *Siegfried* e começar *Tristan*:

> A musa está começando a me visitar; será que isso significa a certeza de *sua* visita? A primeira coisa que achei foi uma melodia que eu não tinha a menor ideia de o que fazer com ela, até que de repente me vieram à cabeça palavras da última cena de *Siegfried*. Um bom sinal. Ontem também ataquei o começo do segundo ato — o Repouso de Fafner, que tem um componente de humor. Mas você vai ouvir falar de tudo isso, se a pequena andorinha vier inspecionar seu edifício amanhã.[7]

Contudo, não faz diferença se Wagner está escrevendo a Mathilde sobre o segredo do formato musical em *Tristan* ou sobre planos para saírem num piquenique; o que ele diz em ambos os casos não consegue em absoluto iluminar a *ela*.

Dadas as estreitas alianças com as mulheres que Wagner teve na vida, e sua preocupação com o masculino e feminino em teoria, pode parecer estranho que, com exceção de *Tristan und Isolde*, ele se tornasse cada vez mais canhestro na descrição da paixão romântica numa ópera. Mas é provavelmente aí que sua misoginia essencial deixava sua marca. A ilustração clássica do problema é a última ópera de Wagner, *Parsifal* (1882), com um estrangeiro que está em busca de algo (Parsifal, tenor), castos cavaleiros, o ritual do Graal, um feiticeiro malvado que castrou a si mesmo (Klingsor, barítono) e uma única personagem feminina, a autodestrutiva Kundry (soprano). Kundry serve aos cavaleiros do Graal vestindo um saco enlameado no primeiro e terceiro atos. Eles se referem a ela como um "animal selvagem" e costumam zombar dela. Mas no segundo ato ela muda de forma sob o comando de Klingsor e aparece (limpa e com bela aparência, na realidade à frente de todo um grupo de donzelas-flores) como uma sedutora no jardim mágico de Klingsor. A cena que se segue — Kundry tenta desviar Parsifal de seu rumo, e num ponto de inflexão do drama ela lhe dá um prolongado beijo — é terrivelmente, mesmo que de forma decisiva, arquitetada. Ela está fazendo uma cena, e a música é artificial e exagerada a ponto de saturar. Mas fica-se com a sensação de que Wagner não teve a intenção de que ela fosse tão inconvincente, só que ele não conseguiu, àquela altura, imaginar como se expressa uma real sedução. Para uma

representação musical mais contemporânea desta última e muito humana sensação, ouça-se *"Mon cœur s'ouvre à ta voix"*, o hino de Dalila ao definhante Sansão no
segundo ato de *Samson et Dalila* (1877), de Saint-Saëns.

EM LOUVOR DA PERIFERIA

Não é uma questão de somenos importância. A paixão romântica, seja ingênua ou madura, tem sido durante a maior parte da história da ópera o único in-
grediente necessário da ópera-séria, e, da mesma forma, de muitas óperas-
-cômicas. É verdade que os pares românticos nas óperas são muitas vezes como
que bonecos de papel, e o amor de libreto pode bem se exprimir de modo meramente convencional. Mas o amor romântico tem sido um tal sustentáculo da
ópera que é um verdadeiro choque constatar que muitas peças de repertório de
meados do século XIX o ignoram. E é de novo Verdi quem proporciona um exemplo disso. Pode-se pensar que os apaixonados duetos de amor são, obviamente, a
gloriosa coroa das maiores obras de Verdi, mas na segunda metade de sua carreira
eles são na realidade bem raros. Eles existem, é fato: no primeiro ato de *La traviata*, no segundo ato de *Un ballo in maschera* e no primeiro ato de *Otello*, para citar
três exemplos famosos; mas mesmo dentre esses é somente em *Un ballo* (muitas
vezes tido como o momento *Tristan* de Verdi, e estreado em 1859, mesmo ano em
que Wagner terminou sua grande ópera de amor) que as efusões entre soprano e
tenor estão firmemente localizadas no centro do drama. Na maioria dos outros
casos, Verdi preferiu que seus personagens principais, com alto registro de voz, se
aprofundassem em grandes confrontos com um Homem Mais Velho, em geral
com registro de barítono. Um possível motivo para isso é que, à medida que o
próprio Verdi envelhecia, os jovens tenores heroicos se tornavam menos atraentes
para ele, e eram banidos para posições secundárias na ópera.

Esse foi também o caso com Wagner, e acima de tudo com Wagner depois
da marca divisória, por volta de 1850. Pondo de lado *Tristan* — e isto é obviamente um grande "de lado" —, sua capacidade de pôr um soprano junto com um tenor e fazer com que pareça amor tinha se esvaído depois de *Die Walküre*, em 1856.
Seus interesses tanto como libretista quanto como compositor haviam mudado
para sempre, em direção a outros terrenos: às vezes, como aconteceu com Verdi,
para embates de homens jovens e apaixonados com antagonistas maduros e des-

gastados; porém com mais frequência em direção a questões maiores, menos domésticas, um percurso que explica em parte por que suas obras se tornaram tão intrigantes para as gerações seguintes de filósofos e acadêmicos.

Em *Die Meistersinger*, por exemplo, a questão filosófica envolve um debate sobre o tradicionalismo e a inovação em arte. A ópera passa-se na Nuremberg do século XVI. Três homens disputam o amor da filha do ourives, Eva (soprano), numa cidade que parece um cartão-postal do período medieval tardio, com suas guildas, suas profissões e sua organização burguesa. Eva é uma figura alegórica, um "prêmio" dourado a ser ganho pelo maior cidadão-compositor, o homem que conseguir vencer um concurso de música patrocinado pela guilda da cidade. Os três astros masculinos da ópera — o tenor Walther e os baixos barítonos Sixtus Beckmesser e Hans Sachs — representam esquematicamente a inovação criativa não tutelada (Walther), um obstinado e impensado conservadorismo (Beckmesser) e uma autoeclipsante mediação (Sachs). Wagner esforça-se muito para dar a cada um uma música correspondente; ardente e inovadora para Walther; diligente e deselegante para Beckmesser; tranquilizadoramente estável, mas às vezes marcada por melancolia e transcendência, para Sachs. Mas há uma terrível falha, que é a Canção do Prêmio, de Walther, a composição que irá fazê-lo ganhar Eva ante a renhida oposição de Beckmesser, depois que Sachs adere à causa do homem mais jovem. Walther concebe sua canção num sonho inspirado, Sachs o ajuda a trabalhar uma estrutura satisfatória e Walther então a canta no concurso, no terceiro ato. Deveria ser a gloriosa coroa da ópera, uma demonstração de que tudo é muito criativo nessa sociedade fechada, e de que a inovação pode enriquecer as velhas tradições de outras épocas. Infelizmente ela nem de longe consegue cumprir tais obrigações, revelando-se uma das mais previsíveis e insípidas inspirações de Wagner.

Em lugar dela, a mais tocante, bela e sensual música na ópera é cantada por um personagem menor, David (tenor), o jovem aprendiz de Hans Sachs. No primeiro ato, David explica as regras da guilda dos mestres cantores para Walther, que aspira a ser admitido em sua sociedade. A certa altura, David descreve os modos e as melodias, os ditames formais para construir versos e elaborados costumes que envolvem a criatividade. Como demonstração de virtuosismo vocal, e do alcance e controle de voz de um grande músico e intérprete, não há nada que se lhe compare na ópera. O cantor deve dominar cada estilo, cada modo e tipo melódico contido no catálogo da arte que David possui. É como se se requeresse a um ator que apresentasse dúzias de linhas de texto, uma após outra, cada uma delas numa linguagem diferente e exigindo exímias variações de idioma, como se cada uma fosse sua língua natal, e fazendo todas parecerem muito fáceis de ser expressas. Embora o enredo apresente David como um principiante, e embora seja um papel secundário, esse número de canto só pode ser executado por um tenor da maior qualidade.

Seu penúltimo verso na descrição do que são os Mestres Cantores envolve uma passagem melódica muito bonita:

Der Dichter, der aus eignem Fleiße,
zu Wort und Reimen, die er erfand,
aus Tönen auch fügt eine neue Weise:
der wird als "Meistersinger" erkannt.

[O poeta, que com seu próprio empenho, / nas palavras e rimas que inventou, / também cria, de sons, uma nova melodia: / será reconhecido como "Mestre Cantor".]

A linha "cria [...] uma nova melodia" tem a expressiva marcação *"äusserst zart"*, que significa "com extraordinária doçura e suavidade". Em italiano seria *dolcissimo*, e é uma expressiva instrução poucas vezes encontrada em Wagner. A melodia de David começa em tom maior, mas depois desliza numa delicada sequência de etapas em tom menor. Há uma pausa, uma tomada de fôlego antes do ímpeto da triunfante linha (com fanfarra de metais): *ele* será reconhecido como um Mestre Cantor. Essa música em *dolcissimo* para David revela-se como tendo um ancestral e um desenvolvimento na ópera que está longe de ser trivial. Na cena seguinte, quando Walther aparece ante a guilda dos cantores e lhe perguntam quem é seu professor, ele menciona um lendário poeta da média--alta Alemanha, Walther von der Vogelweide (o nome significa Walther do Prado das Aves), que claramente pretende simbolizar inspiração natural e graça composicional. Mas quem escutar com muita atenção, ouvirá que quando Walther canta esse nome, a música ecoa a inspiração, em *dolcissimo*, de David, agora desfigurada pelo modo mais ruidoso, mais impetuoso com que Walther a trata. O mesmo tema voltará mais tarde como parte da Canção do Prêmio de Walther, maltratada da mesma maneira.

A falha de Wagner com a Canção do Prêmio aponta mais uma vez para uma verdade operística fundamental: quando a ópera exige que, por razões inerentes à trama, uma determinada canção seja investida de um poder transcendente e de um transfigurado encanto, a música que está sendo executada é sempre insuficiente para pagar essa dívida. É por isso que os compositores de todas aquelas primeiras óperas foram sensíveis o bastante para não tentar uma verdadeira milagrosa canção (uma apresentação diante do próprio Plutão) e empacaram nos pleitos preliminares para guardiões dos portões do inferno como Caronte ou as Fúrias. No caso de *Die Meistersinger*, a canção de Walther põe em perigo, de maneira muito dramática, a importante música no ato final, uma vez que temas dessa canção são infindavelmente repetidos, citados, relembrados e antecipados. Com uma exceção — o início do terceiro ato, que apresenta um tocante prólogo orquestral, outro solo por David ("Am Jordan Sankt Johannes stand") e um monólogo de cansaço com o mundo por Hans Sachs ("Wahn! Wahn! Überal Wahn!") —, é a música incidental em *Meistersinger*, a música para personagens menores ou para atividades não subordinadas aos temas centrais, que atinge a glória pela qual Walther se empenha em vão. Na música festiva do terceiro ato, cena 2, que se passa em campo aberto onde as guildas profissionais de Nuremberg — sapateiros, padeiros e alfaiates — marcham ao som de tambores, flautas e toques de trompete, e o povo comum dança espontaneamente, o ouvido é levado às margens da cena, onde a ausência de um elemento alegórico central e de uma superatenção composicional permite que daí possa emergir uma voz musical menos sobrecarregada. Olhando em retrospecto para as influências musicais cosmopolitas da juventude de Wagner, pode-se arriscar a afirmação de que essa voz periférica relembra seu fascínio inicial pela ópera-cômica, enquanto o veio central da Canção do Prêmio marca o fato de que sua afeição pela leveza mediterrânea já havia, na maior parte, se esvaecido.

TEMAS NO ESCURO

Questões tanto esquemáticas quanto filosóficas dominam grande parte da mais longa das obras de Wagner, *Der Ring des Nibelungen*, cuja ação no decorrer das quatro óperas que a compõem é complexa a ponto de desafiar qualquer sinopse fácil. No entanto, são tão fortes as conexões entre o desenvolvimento musical e o detalhe épico que é impossível entender o canto, o som, o tema ou a harmonia no *Ring* sem conhecer o enredo. Na primeira ópera, *Das Rheingold*, o anão Alberich (baixo) rouba ouro do fundo do Reno, arrebatando-o de seus guardiões, as Donzelas do Reno (duas sopranos e uma meio-soprano). Ele volta para o mundo inferior e forja com esse ouro um anel mágico que lhe dá um grande poder. Uma falange de deuses nórdicos ouve falar disso: o líder, Wotan (baixo), é instado por seu astuto ajudante Loge (tenor) a roubar toda a riqueza de Alberich para arcar com os custos da construção de sua nova fortaleza, Valhalla, construída por dois gigantes, Fafner e Fasolt (baixos). Originalmente se prometera a esses atarefados trabalhadores a deusa Freia (soprano) como pagamento, mas eles, relutantes, tinham aceitado receber ouro em vez disso. Wotan e Loge visitam Alberich e seu acachapado irmão Mime (tenor), sequestram Alberich e o obrigam a entregar sua riqueza. Wotan também localiza o anel, e Alberich lança sobre este uma maldição. Wotan hesita, mas a deusa da terra, Erda (contralto), surge das profundezas para alertá-lo quanto aos perigos representados pelo anel. Wotan entrega o anel a Fasolt, que é imediatamente assassinado por Fafner, um primeiro exemplo da maldição do anel em ação. Os deuses (com exceção de Loge) cruzam uma ponte de arco-íris para Valhalla, mas as Donzelas do Reno, cantando de baixo sem serem vistas, os acusam de falsidade e covardia.

Isso nos leva apenas ao final da primeira ópera, mas o que resta pode ser compactado em pontos principais genealógicos. Para *Die Walküre* avançamos um número não informado de éons. Wotan gerou dois gêmeos semi-humanos, Siegmund (tenor) e Sieglinde (soprano), assim como algumas filhas totalmente mágicas, as Valquírias, entre as quais se inclui Brünnhilde (soprano), filha de Erda. Ele quer criar um grande herói que possa tirar o anel de Fafner. Siegmund e Sieglinde, separados na infância, conhecem-se como adultos e se apaixonam. Numa única e totalmente ilícita noite é gerado seu filho, o futuro herói Siegfried. Mas Siegmund é morto em luta com o marido de Sieglinde, e Brünnhilde, que incorreu na ira de Wotan por tentar defender Siegmund, é punida, caindo num sono enfeitiçado no cume de uma montanha.

Avancemos uma geração para a história de *Siegfried*. Sieglinde morreu no parto, e seu filho, Siegfried (tenor), foi criado numa floresta por Mime. Siegfried não tem instrução e é brutal, não sabendo o que é medo. De Mime ele aprende sobre seus ancestrais e sobre Fafner (que se transformou num dragão e guarda o anel e seu tesouro, feito de ouro). Siegfried encontra o dragão, o mata, toma para si o anel, ouve falar da adormecida Brünnhilde, a encontra, a desperta e a desposa com um beijo.

Avancemos uma noite para *Götterdämmerung*. Na manhã seguinte, Siegfried dá o anel a Brünnhilde e a deixa no cume da montanha, saindo em busca de aventuras. Numa corte das proximidades ele conhece Gunther (barítono), sua irmã Gutrune (soprano) e o meio-irmão deles Hagen (baixo), que é filho de Alberich, embora ninguém, a não ser Hagen e Alberich, tenha tido acesso a essa informação. Hagen também estava em busca do anel. Nesse ponto as complicações entram numa escalada alarmante. Dão a Siegfried uma poção do esquecimento, e ele perde toda lembrança de Brünnhilde. De imediato se apaixona por Gutrune. Para demonstrar seu valor e sua lealdade a Gunther, ele volta até Brünnhilde, magicamente disfarçado como Gunther, e a reivindica como esposa deste último. Ele se apodera do anel como símbolo de uma união que, sendo um impostor, não vai na realidade consumar, embora peça para dormir junto a ela durante a noite, com uma espada entre os dois. Na manhã seguinte ele leva Brünnhilde até a corte para um casamento duplo. Mas vendo o anel no dedo de Siegfried e não no de Gunther (Siegfried tinha tirado o disfarce, mas preservara o anel), ela grita anunciando a traição. Hagen convence Brünnhilde e Gunther de que Siegfried é um falso e que deve ser morto. No dia seguinte os homens saem para uma caçada. Siegfried depara-se com as Donzelas do Reno e elas lhe perguntam sobre o anel, advertindo-o da maldição, mas ele ri delas. Juntando-se aos outros, Hagen sub-repticiamente fá-lo tomar uma poção de lembrança que o faz deixar escapar detalhes íntimos sobre despertar Brünnhilde com um beijo e o que se seguiu depois. Como ninguém está acompanhando a cronologia exata dessas noites aqui em questão, tal revelação sugere um grande insulto e uma traição a Gunther. Hagen fere Siegfried com sua lança e Siegfried morre. Seu corpo é levado de volta à corte, mas quando Gunther e Hagen disputam o anel, a mão morta de Siegfried se ergue para impedir que seja roubado. Nesse momento aparece Brünnhilde. Ela consultou as Donzelas do Reno, que lhe explicaram tudo. Ela toma posse do anel, ordena que se faça uma pira funerária para Siegfried e, anunciando que vai devolver o anel ao Reno, se imola. O Reno transborda. Hagen salta para dentro dele para recuperar o anel e é afogado pelas Donzelas do Reno. As chamas chegam ao Valhalla e aos deuses. O mundo acaba.

Uma miscelânea mítica, sobretudo quando é tão brevemente narrada, a trama do *Ring* também é séria, às vezes perturbadora, às vezes tão absorvente como o mito pode ser, e provê ilimitado material para interpretações e reinterpretações. Mais do que tudo, no entanto, a narrativa serve de plataforma para uma enorme tapeçaria acústica, que não pode ser confundida com nenhuma outra, e que representa um mundo ficcional singular e ambivalente. O *Ring* envolve mais de dezesseis horas de música contínua, executada em quatro noites, interrompida apenas nos finais dos atos, e reunidas por meio de partituras com temas e sonoridades musicais recorrentes. Wagner a começou com um dos mais famosos efeitos de *creatio ex nihilo* em toda a história da música. O prelúdio de *Das Rheingold* começa com um único e subterrâneo mi bemol dos contrabaixos — os instrumentistas têm de afinar sua corda mais grave abaixo do normal — que depois se torna um acorde, uma chamada a se elevar nas trompas, com mais instrumentos a se juntar, chegando a ser gradualmente a maior parte da orquestra, construindo cascatas e ondas em mi bemol maior. Isso acontece durante vários minutos — mi bemol em toda parte e nada além de mi bemol — antes de a cortina subir. Mais de um século e meio depois, esse prelúdio ainda é assombroso.

Em 1876, quando o *Ring* estava prestes a ser apresentado pela primeira vez em Bayreuth, um dos discípulos de Wagner, Hans von Wolzogen, publicou um guia musical para as quatro óperas. Wolzogen enumerou todos os muitos temas recorrentes. Ele os chamou de *Leitfaden*, ou "fios condutores", mas ficaram conhecidos mais tarde como leitmotiven, ou "temas condutores". Cada tema estava equipado com um pequeno exemplo musical e um nome, como "Renúncia", "Maldição", ou "Anel". No final do século xx virou moda aperfeiçoar e corrigir o guia de Wolzogen e também deplorar o fato de que a música de Wagner podia ser assim reduzida ao que Claude Debussy chamou depreciativamente de "cartões de visita". Em 1882, um correspondente estrangeiro para a revista *The Theater*, resenhando o *Ring* em Bayreuth, menciona o guia e faz uma observação incomum, que estabelece uma ligação entre a propensão de Wagner para a música-com-etiquetas e outro fenômeno especial de Bayreuth, a escuridão no auditório:

> Incapacitada fisicamente de ler o libreto durante a apresentação, e pouco apta a seguir as palavras de ouvido, dada a predominância generalizada do som orquestral sobre a enunciação vocal, a plateia em Bayreuth dependia sobretudo dos leitmotiven para guiá-la através do terrível labirinto da história dos Nibelungos e os fenômenos psicológicos. A vontade de Wagner é que este fosse sempre o caso; e, se o auditório de Her Majesty's Theatre for velado numa escuridão cimeriana durante uma próxi-

ma apresentação da Trilogia, aqueles que se propuserem a assistir ao "Cyclus" agirão sabiamente se consultarem antes as notas de Herr von Wolzogen sobre os leitmotiven, e as guardarem na memória.[8]

Esprema-se um pouco mais essa resenha e as implicações são espantosas. Num extremo, pode significar que quando Wagner começou a compor o *Ring* na década de 1850, ele inventou uma música operística radicalmente nova não porque tinha ideias interessantes sobre continuidade, ou sobre síntese músico-poética, ou porque queria evitar números convencionais, mas sim porque estava buscando uma música operística que fosse perfeita para a escuridão. Uma noite cimeriana totalmente escura não iria acontecer em nenhum teatro de ópera até 1876, em Bayreuth — então aquela seria uma escuridão imaginada. Mas teria essa privação sensorial de fato inspirado uma revolução musical por volta de 1854?

Qualquer que fosse sua motivação original, as numerosas recorrências temáticas — o simbolismo das sonoridades que regressam — são críticas no *Ring* e constituem uma grande medida do efeito geral da ópera. O ceticismo quanto ao fenômeno do leitmotiv não significa que ele perca seu fascínio ou sua relevância. Um modo de entender a técnica de Wagner no *Ring* é dar-se conta de que esses leitmotiven, sejam melodias, ideias orquestrais, harmonias específicas ou outras ideias musicais recorrentes, em geral aparecem primeiro em formatos simples e depois em transformação, e de que essas transformações — a maneira pela qual a música é mudada — têm um peso simbólico. Esse processo de associação e depois de mudança tem sido chamado de "semantização" da música, que é a gradual saturação dos temas com significados.[9]

Um único exemplo deve valer por centenas. O prelúdio de *Rheingold*, como já se observou, vai se desenvolvendo a partir de um arpejo crescente em mi bemol maior. A cortina sobe. Estamos dentro das águas do Reno e as Donzelas do Reno nadam alegres; mas estão a ponto de receber a visita de Alberich. A onda musical aparece mais e mais uma vez em muitos tons diferentes de mi bemol, mas sempre em modo maior, sempre se elevando, cascatas de som jorrando para cima, mais e mais, até a beira do rio. Assim que Alberich perturba a cena, no entanto, a onda recua; ela representava a natureza incólume, música no formato mais básico; a presença de Alberich conspurca a cena, provocando a imediata retirada do tema. Muito depois, na quarta e final cena de *Das Rheingold*, Erda, a profética deusa da terra, eleva-se devagar acima do solo cercada por uma etérea luz azulada, uma aparição misteriosa e completamente inesperada. Quando ela aparece, aquela onda musical do prelúdio e da cena 1 regressa, mas em tom menor e muito mais lenta, com se a água tivesse se tornado glacial. Assim como as Donzelas do Reno, Erda representa o que é primordial; mas ela o faz de maneira mais pessimista. A sibila cor de safira adverte Wotan da iminente catástrofe: *"Alles was ist, endet. Ein düst'rer Tag dämmert den Göttern"* (Tudo que existe acabará. Um dia escuro raiará para os deuses). Suas duas primeiras linhas estão em iteração com a onda que se eleva, primeiro no tom menor, depois (*"endet"*) no maior. Mas quando o arpejo maior chega à sua crista (*"ein düst'rer Tag"*), Wagner o inverte. Pela primeira vez na ópera, a onda se dirige para baixo, invertida, de volta a suas origens. O simbolismo é claro: o arco do mundo em direção ao alto vai desmoronar em ruína. Mas devido à orquestração, às vozes e à particular harmonia aqui envolvidas, a passagem soa sinistra e inquietante. A música aqui prefigurada regressa, episodicamente, ao longo de todo o *Ring*, sempre em predições e visões do fim do mundo.

EROS E CARITAS

Já sugerimos antes que o velho Wagner perdeu a noção do romance, o que pode parecer estranho no caso do *Ring*, onde casos de amor turvam com frequência as águas míticas. Mas apesar desses episódios, a sede de poder e a natureza da ambição são temas predominantes, tanto assim que os pares unidos pela atração sexual parecem estar envolvidos sobretudo em propósitos dinásticos. O ponto baixo nesse caso é uma personagem que nunca aparece, a mãe de Hagen, Grimhilde (somos informados de que ela passou uma noite com Alberich em troca de um pagamento). O amor entre Gutrune e Siegfried em *Götterdämmerung* representa o que Wagner pode ter imaginado ser a perversa verdade sobre Eros. Siegfried fica arrebatado logo depois de olhar para Gutrune, no primeiro ato, e fica verdadeira e profundamente apaixonado por ela depois de beber a poção do esquecimento. Mas depois que Hagen lhe dá o antídoto, no terceiro ato, Siegfried se lembra de que está mesmo apaixonado por Brünnhilde. Haverá uma diferença musical marcante entre o estado autêntico e o induzido pela droga? Certamente, o enredo trabalha duro para nos dizer que seu verdadeiro amor é Brünnhilde, mas o amor no *Ring* — assim como na maior parte das obras de Wagner — pode ser retratado como loucamente abrasador num certo momento enquanto continua sendo artificial ao ser visto de outra perspectiva. Em outras palavras, a paixão pode acontecer por encomenda, farmaceuticamente tanto em sua origem quanto em sua extinção.

A ligação romântica que reina sobre o *Ring*, entre Siegfried e Brünnhilde, acaba se revelando uma das menos convincentes. É, pelo menos tirante a música, uma das mais prescritas e dramaticamente forçadas formações de par soprano-tenor em toda a ópera. Quando Siegfried desperta Brünnhilde de seu sono encantado, no terceiro ato de *Siegfried*, ela primeiro parece a mesma de antes — a voluntariosa garota que desafiara seu pai em *Die Walküre*. Mas assim que o libreto lhe exige que pare de ser a protetora daquele entusiasta juvenil, e em vez disso se apaixone por ele, é como se ela também tivesse tomado uma poção. Essa ligação é requerida pela lenda que é a fonte do libreto, e seu mau resultado na ópera tem sido atribuído ao erro de cálculo do compositor quanto a Siegfried como personagem operístico. Wagner optou por fazer seu herói insípido — jovem, estouvado, imutável, incorrigível — por razões esquemáticas, já que Siegfried é concebido como a Juventude que derrota a Velhice (o descumpridor de regras e herói mundial). Mas como personagem em cena Siegfried raras vezes cumpre a promessa incutida nessa ideia abstrata. No prólogo de *Götterdämmerung*, depois de uma única noite e um vibrante dueto com Brünnhilde, ele vai embora em busca de mais aventuras, deixando-a no cume da montanha tendo um anel como companhia — um clássico caso operístico no qual somente a música, que a essa altura do *Ring* é invariavelmente elaborada e inquietante, pode salvar a situação da comédia.

A qualidade que foi programada para Siegfried e a paixão de Brünnhilde podem também responder pelas peculiaridades da música que eles cantam, em particular seu dueto de amor e de despedida no prólogo de *Götterdämmerung*. Já perto do fim, Wagner desvia-se para um modo musical curiosamente antigo: ele usa sequências harmônicas, procedimento característico da música do século XVIII, fazendo-as se desenrolarem das saudações que se sobrepõem para finalizar o dueto: *"Heil dir, Brünnhilde, prangender Stern. / Heil dir, Siegfried, siegendes Licht"* (Salve, Brünnhilde, estrela radiante. / Salve, Siegfried, vitoriosa luz.). Essas repetições sequenciais antiquadas não são antiguidades genuínas, e seu efeito é difícil de assimilar. É como se a música — a música autenticamente tocante — de um passado benigno tivesse conseguido penetrar num presente que logo acabará de forma catastrófica. Assim, a peroração do dueto de amor e dos amantes que cantam juntos soa jubilosa; mas o faz da mesma maneira em que um assobio no escuro pode soar jubiloso e frívolo ao mesmo tempo.

Essa passagem específica no *Ring* está cheia de implicações. Outro motivo pelo qual a música soa curiosamente antiquada — mesmo tendo sido escrita um pouco tarde na vida de Wagner, em 1872 — é que ela musica uma das mais antigas passagens no libreto do *Ring*. A ideia para esse dueto foi apresentada em seu rascunho poético original para *Siegfried's Tod*, em 1848. Naquele momento, Wagner ainda podia conceber duetos de amor envolvendo declarações em solos separados; primeiro a soprano e depois o tenor, ou vice-versa, terminando com um canto simultâneo, quase à maneira de *Lucia di Lammermoor*, de Donizetti. Na época em que escreveu o libreto de *Walküre*, alguns anos depois, ele era, autoconscientemente, mais radical como poeta. No primeiro ato de *Die Walküre*, as expressões afetuosas de Siegmund e Sieglinde nem por uma vez fazem suas vozes se envolver em versos paralelos, muito menos sobrepostas uma à outra ou ouvidas juntas. Por essa razão, esses dois, diferente de Siegfried e Brünnhilde, soam menos alinhados com o passado operístico. São muito novos e muito ousados, bem à parte do fato de que estão cometendo incesto sem hesitação ou remorso. E esse é um fenômeno musical que se entrelaça belamente com o papel deles na trama como "terroristas burgueses". Esta última expressão é de Theodor Adorno, que a usou para descrever Rienzi, o primeiro anti-herói operístico de Wagner. Uma das — muitas — ideias antiwagnerianas de Adorno era que "em Wagner, a burguesia sonha com sua própria destruição, concebendo-a como o único caminho para a salvação, mesmo e apesar de que tudo que ela sempre vê na salvação é a destruição".[10]

Siegmund e Sieglinde sacudiram Wagner para um plano mais elevado em seus pensamentos sobre temas no escuro, essas intricadas transformações musicais que descrevem a crescente paixão dos gêmeos no primeiro ato de *Die Walküre*. Algumas alterações encaixam na própria natureza do reconhecimento, já que na maior parte do ato Siegmund e Sieglinde não se dão conta de que são irmão e irmã: sua ligação familiar só lhes é revelada logo antes de a cortina cair, o que parece, se é que parece alguma coisa, os acender ainda mais. No processo que leva a essa revelação, Sieglinde drogou seu abominado marido, Hunding (baixo), e quando os amantes se preparam para fugir, o vento abre a porta da cabana, que é invadida pelo luar. Esse choque é o prelúdio cênico para uma efusão lírica da parte de Siegmund, que responde com um poema alegórico sobre Amor, um irmão que encontra sua irmã, a Primavera; é uma rara e tardia quase-ária de Wagner, que tenores às vezes interpretam até mesmo em concerto. De fato, um dos mais famosos cantores wagnerianos do século xx, Lauritz Melchior, a canta na tela, num filme sobre um cruzeiro marítimo, *Transatlântico de luxo* (1948). A alegoria no poema parece ser absolutamente clara; mas como é tão frequente numa ópera, uma revelação tão evidente para a plateia permanece obscura para os personagens do drama. Em outras palavras, a música é muito mais presciente do que os personagens, atingindo, com a escrita melódica de Wagner e sua inventividade ao usar o simbolismo musical, um clímax colorido.

Mais uma vez, um detalhe deve valer para muitos. Nessa Canção de Primavera, Siegmund canta seu primeiro verso, *"Winterstürme wichen dem Wonnemond"* (As tempestades de inverno rendem-se à extática Lua), e *Wonnemond* tem por música três notas em escala descendente, mi bemol-ré-dó. Alguns versos depois ele está entusiasmado com o poder da primavera, *"seinem warmen Blut entblühen wonnige Blumen"* (de seu sangue quente brotam enlevadas flores). Em *wonnige Blumen* sua voz volta à escala de três notas de *Wonnemond*, mas ornamentada por duas notas extras, fá-mi bemol-si bequadro-ré-dó. Mais adiante, num verso contrastante, ele chega à alegoria de irmão-e-irmã: *"Zu seiner Schwester schwang er sich her"* (Ele [a primavera] correu impetuosamente para a sua irmã). Em *Schwester schwang* o tema regressa, mas o calidoscópio foi sacudido outra vez, e as cinco notas coalescem em quatro, fá-mi bequadro-si bemol-ré.

O que Wagner fez aqui foi criar uma analogia musical precisa para um despertar de consciência, quando algo há muito tempo esquecido vem à mente com clareza. O formato final em quatro notas é na verdade algo que já ouvimos muitas vezes no primeiro ato. Na primeira cena, por exemplo, quando Siegmund vai dar na cabana de Sieglinde e é reanimado por ela, o som da orquestra é para acompanhar muitos olhares silenciosos e muitos enrubescimentos. Portanto, nos guias para o *Ring* essa coleção de notas muitas vezes é chamada de Tema do Amor — um rótulo cuja invenção só requereu um mínimo de imaginação. Quando o tema ressurge na Canção da Primavera, sua face melódica já é familiar. A diferença é que agora já fomos apresentados à sua pré-história, à sua evolução musical: um descaracterizado feixe com três notas é primeiramente ornamentado, e depois ganha a forma de tema carregado de símbolo e reconhecível. É um modo perfeito de expressar em música a impressão distante de que algo ou alguém é familiar; depois se torna algo que está carregado na memória; e depois uma revelação de identidade.

A mesma inventividade temática ganha impulso em partes posteriores do *Ring*, quando o gosto de Wagner para harmonias e sonoridades tornou-se mais estranho e mais complexo, nas décadas de 1860 e 1870. E assim aqueles números operísticos antiquados que se escondem no libreto de *Götterdämmerung* preordenam um som peculiar do passado-no-futuro. Da geração mais jovem na história, Siegfried e Brünnhilde acabam parecendo mais velhos do que seus pais num sentido (em seu corte formal, no modo pelo qual sua música se desdobra) e muito mais avançados em outro (na harmonia e na combinação orquestral). Mas a mistura é perversa. Brünnhilde e Siegfried cantando juntos habitam um mundo sonoro peculiar, onde um passado no qual as consequências ainda não eram desastrosas torna-se enredado num presente apocalíptico cujo niilismo eles ainda vão descobrir.

Esse efeito chega a seu clímax na música que Siegfried canta logo antes de morrer, "Brünnhilde, heilige Braut" (Brünnhilde, noiva sublime) — dirigida não propriamente a Brünnhilde, mas a uma alucinação que tem sua forma. A passagem começa com um som alarmante: um único e sonoro acorde menor escrito para metais de alto registro, precedido por um longo silêncio e seguido de contrastantes arpejos de baixo registro que começam suaves e continuam suaves, começando dos contrabaixos para terminar na alta estratosfera dos violinos e das madeiras de registro mais alto. Os arpejos por si mesmos têm um pedigree distinto. Eles derivam das ondas que ouvimos no início de *Das Rheingold*, durante o prólogo e a primeira cena no fundo do Reno; e desses mesmos arpejos, quando migraram para o modo menor, no momento em que Erda aparece. No entanto, essa ideia de um alarme-mais-arpejo ouve-se apenas em três ocasiões especiais no *Ring* inteiro. A primeira é quando Brünnhilde desperta no terceiro ato de *Siegfried*, cantando "Heil dir, Sonne. Heil dir, Licht!" (Salve, Sol. Salve, luz!). A segunda é quase no começo de *Götterdämmerung*, quando os arpejos subjacentes parecem se transformar numa névoa terrestre redemoinhando em torno dos pés das três Nornas (parcas), que vão perscrutar o passado, o presente e o futuro na cena 1, depois que a cortina sobe.

A terceira e última vez é a da alucinação que precede a morte de Siegfried. Uma forma de entender essa última recorrência é por meio do texto poético. Siegfried imagina que está vendo Brünnhilde adormecer de novo, e se pergunta por que ela não desperta. Seria lógico, então, que a música de seu primeiro encontro com a figura adormecida dela (na última cena de *Siegfried*) voltasse. Mas pressionando um pouco mais, a lógica vacila. Por que trazer de volta a música da saudação *dela* ao Sol? Por que uma música que ouvimos pela última vez no prólogo do primeiro ato dessa ópera, anunciando as disformes Nornas? A própria questão define os limites do simbolismo musical wagneriano. Esses rótulos a que Wolzogen se referiu pela primeira vez com certeza têm seus usos. Mas em *Ring*, repetidamente, qualquer expectativa de que os temas devessem funcionar com consistência semântica condicionaria as óperas a regras às quais nunca tinham tencionado obedecer. O próprio Wagner tinha algo a dizer sobre isso, embora levar em conta sua declaração possa fazer as coisas parecerem ainda menos claras. Num ensaio tardio chamado "Über die Anwendung der Musik auf das Drama" (Sobre a aplicação da música ao drama, 1879), ele reclama que "um de meus amigos mais jovens [...] dedicou alguma atenção às características de leitmotiven, como ele os chamou, mas os tratou mais do ponto de vista da importância e efeito dramáticos do que como elementos da estrutura musical".[11]

Parece que é como se Wagner estivesse fazendo uma advertência: demasiada atenção ao lado semântico implica o risco de obscurecer desenhos estéticos ou formais mais amplos. Para dizer de outra maneira, as recorrências musicais no *Ring* constituem, como se pode esperar em tal esparramamento, um enredo copiosamente rico de símbolos; mas às vezes elas acontecem em primeiro lugar porque o efeito é bom. Além disso, nas outras óperas de Wagner pós-1850 — em *Tristan*, *Die Meistersinger* e *Parsifal* — tudo isso se apoia inteiramente em outro fundamento. Nessas óperas há de fato temas, sonoridades, ideias melódicas e partículas temáticas que são recorrentes, mas é muito raro que o façam com as elaboradas e dramáticas associações de que Wagner tanto gosta no *Ring*. Pode-se atravessar bem satisfatoriamente essas três óperas sem encontrar uma única associação a um leitmotiv.

Para Wagner, "efeito" é uma palavra "carregada". Em seus escritos, ele acusa outros compositores, ou atores teatrais, ou regentes, ou diversos artistas menores de estarem seduzidos por "efeitos" que ele acha não terem razão de ser (em alemão, *Effekt* significa um efeito vazio, diferente de *Wirkung*, efeito que resulta de uma causa e por sua vez provoca algo que está além do mero espanto). Este é o cerne dessa objeção à música de Meyerbeer, já mencionada no capítulo 11:

Na verdade, a música meyerbeeriana produz — naqueles que são capazes de se edificar dessa maneira — efeitos desprovidos de causas. Esse milagre só foi possível na música mais exagerada, isto é, música que aspira a um poder que, na ópera, teve, desde sua primeira busca, de se fazer mais e mais independente de qualquer coisa que valesse a pena exprimir, e por fim proclamou sua completa independência reduzindo a uma nulidade moral e artística o objeto da expressão.[12]

Num ensaio de 1871, "Über die Bestimmung der Oper" (Sobre o destino da ópera) ele associou esse erro tanto ao estilo da representação quanto — uma *bête noire* comum — aos males da ópera italiana:

Como hoje em dia tudo que é escrito para o teatro e nele representado é inspirado em nada mais do que sua tendência ao "efeito", de modo que quem quer que o ignore é logo condenado ao descaso, não devemos sentir surpresa ao ver isso ser sistematicamente aplicado na representação de peças de Goethe e de Schiller [...]. A necessidade do *páthos* poético faz com que nossos poetas deliberadamente adotem um *modo retórico de elocução*, com o objetivo de trabalhar com sentimentos; e, como era impossível aos nossos não poéticos atores entender ou levar adiante o objetivo ideal, essa elocução levou àquele estilo de declamação intrinsecamente sem sentido mas melodramaticamente descritivo cujo objeto prático era só o "efeito", ou seja, o de assombrar os sentidos do espectador, o que seria documentado pela explosão do aplauso. Esse aplauso e seu infalível provocador, a "tirada de saída de cena", tornaram-se a alma de todas as tendências de nosso teatro moderno; as brilhantes "saídas de cena" nos papéis de nossas peças clássicas têm sido contadas e numeradas — exatamente como numa parte de ópera italiana.[13]

Ainda assim a música de alarme-mais-arpejo no *Ring* é um efeito "assombroso", tendo uma enigmática autocontenção como o cerne de seu poder. A música sacode o público em seus assentos. Depois, tendo feito soar essa advertência, ela dá uma guinada para um formato de ondas, evocando uma vida mais primordial. Estranha demais para sinalizar o iminente romance, ela se torna uma audível notícia a antecipar algo desanimador, a sugestão de um distante desastre, mesmo quando a trama parece ter chegado a um elevado estágio de conto de fadas, quando a Bela Adormecida desperta.

E o desastre não está distante. Wagner mostrou ser muito bom em matéria de apocalipse musical. Talvez, assim como fez de muitas outras maneiras, ele tenha aqui tomado sua direção a partir dos choques teatrais finais de tantas *grands opéras* francesas. A esvaziada rotina — um cenário que desmorona mais uma trovoada orquestral — preenche toda a *Götterdämmerung*, que é *grand* também no sentido de ser a mais longa das óperas individuais de Wagner. Levou vários anos para compô-la, e isso não constitui surpresa ao se considerarem os fatos e as figuras da ópera: somente o primeiro ato dura cerca de duas horas e meia, o que o faz mais longo do que *Das Rheingold* inteira. Há óperas mais ruidosas que ela e há óperas cujas orquestras são tão grandes quanto a dela (*Elektra*, de Richard Strauss, preenche esses dois aspectos), mas no que tange ao completo e aterrorizante caos acústico não há nada que rivalize com a cena 2 do segundo ato de *Götterdämmerung*, na qual Hagen toca uma trompa feita de chifre de boi convocando um coro masculino. Ela ilustra o lado brutal da arte alemã no século XIX, e é boa para assustar crianças. Os que acham que a dissonância é apenas desagradável, ou que pensam que uma estreita harmonia de cantores masculinos proporciona infalível divertimento, não podem ter ouvido isso.

Muito dessa música de coro masculino volta para o trio da vingança no fim do segundo ato de *Götterdämmerung*, quando Hagen, Gunther e Brünnhilde juram sacrificar Siegfried. Os rascunhos de Wagner para a música desse trio sobrevivem, e mostram que ele escreveu parte da seção final, que inclui canto simultâneo, sem palavras sob as partes vocais, indo ainda mais longe, a ponto de usar o velho truque da ópera italiana, repetindo alguns dos versos de Hagen para preencher a linha vocal em desenvolvimento.[14] Isso pode parecer uma questão menor, até nos lembrarmos de que durante décadas Wagner declarara que esse tipo de coisa era um antigo e execrável defeito operístico. O trio também vai buscar outro "número" de estilo antiquado: o juramento como irmãos de sangue de Siegfried e Gunther, na cena 2 do primeiro ato, uma passagem que envolve uma competição de canto entre um tenor e um barítono e uma momentosa bebedeira em cena. Mas as velhas convenções operísticas colidem com o soturno sabor acústico da harmonia wagneriana por volta de 1870, e as formas benignas de leitmotiven que se ouviam nas primeiras óperas foram submetidas a uma distorção progressiva. Assim, as antigas maneiras da grande ópera tinham mudado a ponto de se tornarem irreconhecíveis.

Na época em que Wagner estava completando o *Ring*, Friedrich Nietzsche estava terminando seu primeiro livro, *O nascimento da tragédia no espírito da música*, que é, entre outras coisas, sobre Wagner. Nietzsche tem fama de ter começado com uma paixão por Wagner mas acabando por abominá-lo. Em 1866, quando ele republicou *O nascimento da tragédia*, escreveu um novo prefácio qualificando o livro como "embaraçoso" e "efeminado" devido a seus entusiasmos wagnerianos.[15] Mas tanto no entusiasmo inicial quanto na posterior desilusão, os insights de Nietzsche quanto à música de Wagner com muita frequência iam direto ao ponto, mesmo quando eram preconcebidos a partir de um dogma filosófico. Por exemplo, esta é uma passagem a respeito de *Tristan und Isolde*:

Devo me dirigir apenas àqueles que, numa relação imediata com a música, têm nela seu útero materno, e se relacionam com as coisas quase exclusivamente através de relações musicais inconscientes. A esses músicos autênticos dirijo a pergunta, de se eles podem imaginar um ser humano que seja capaz de perceber o terceiro ato de *Tristan und Isolde* sem a ajuda de qualquer palavra ou imagem, apenas como um tremendo movimento sinfônico, sem expirar num espasmódico desatrelamento de todas as asas do espírito? Como poderia ele suportar a percepção do eco de inumeráveis gritos de prazer e de infortúnio no "amplo espaço da noite no mundo", contidos na deplorável cápsula de vidro da individualidade humana, sem, inexoravelmente, escapar para seu refúgio primordial, ao ouvir essa dança pastoral da metafísica?[16]

No que tange a "expirações", os desempenhos em *Tristan* têm de fato reivindicado várias. Numa das mais famosas, o tenor que criou o papel em 1865, Ludwig Schnorr von Carolsfeld (1836-65), só conseguiu fazer três apresentações antes de pegar um resfriado, que resultou em problemas reumáticos, que se transformou em apoplexia, que se transformou num túmulo prematuro. E pelo menos dois famosos maestros morreram enquanto regiam a ópera: Felix Mottl (Munique, ataque cardíaco, 1911) e Joseph Keilberth (Munique, ataque cardíaco, 1968). Fala-se de tudo isso como se dificilmente constituísse uma surpresa. Nietzsche de forma alguma foi o único crítico a escrever em termos tão hiperbólicos sobre a ópera — seus comentários são um exemplo do tom usual corrente entre os aficionados. Mesmo um observador mais comedido, escrevendo de Bayreuth em 1891, ficou impactado com o efeito da ópera sobre o público:

> Ontem a ópera foi *Tristão e Isolda*. Eu já vi todo tipo de público — em teatros, óperas, concertos, conferências, sermões, funerais —, mas nenhum deles se compara com o público de Wagner em Bayreuth, em sua atenção concentrada e reverente. Atenção absoluta e uma manutenção petrificada, até o fim de um ato, da atitude assumida em seu início [...]. Esta ópera da última noite, *Tristão e Isolda*, partiu o coração de todas as testemunhas que cultuam essa mesma fé, e conheço algumas que sabem de muita gente que não conseguiu dormir depois e chorou a noite inteira. Ali eu me senti, intensamente, fora de lugar. Às vezes sinto-me como uma pessoa sã numa comunidade de loucos; às vezes como um cego, onde todos os outros enxergam; o único selvagem às apalpadelas numa congregação de pessoas instruídas, e sempre, durante o serviço, como um herege no céu.[17]

São palavras de Mark Twain. Se houve ou não gente que *realmente* chorou a noite inteira (o texto de Twain, "conheço algumas que sabem de muito gente", não tem um tom documental rigoroso) é irrelevante: o importante é que pessoas falavam da ópera nesses termos — termos que não se atribuíam a qualquer outra.

Tristan também é a única ópera da maturidade de Wagner a escapar dos estigmas que no século XX marcaram suas outras obras: estigmas concernentes a seu hipernacionalismo germânico, fantasias racistas, detestáveis alegorias políticas, xenofobia e misoginia. O fato de *Tristan* ter escapado a essas máculas é em parte consequência de que raras vezes aparecia no repertório da Alemanha na era nazista, por ser neurótica demais e um tanto francesa para o Reichskulturkammer.[18] Um outro termômetro oferece uma leitura semelhante. Assim como em *Die Meistersinger* e *Der Ring*, a música de *Tristan* teve uma ressonante pós-vida em trilhas sonoras de filmes, mas diferente daquelas, nunca como propaganda. O "Liebestod" — excerto orquestral baseado no monólogo final de Isolda — cumpriu seu inevitável dever como acompanhamento de um amor fatídico, como em *Acordes do coração* (1946), em que Joan Crawford, devastada pela rejeição, se afoga numa versão em forma de concerto para piano; ou *Fuga* (*Escape*, 1940), no qual Conrad Veidt, personificando uma paixão decadente e neurastênica, toca o "Liebestod" de cor no piano, mais e mais uma vez. Mas no que é provavelmente o caso mais complexo — um film noir, *Gardênia azul* (1953), dirigido por Fritz Lang —, o prelúdio de *Tristan* foge a todos os chavões, apesar de haver amor fatídico de sobra no enredo. O diretor e seu diretor de som, por meio de citações diretas do prelúdio, elaboram em vez disso uma ideia fácil de localizar em *Tristan* uma vez que não se esteja focado em insinuações de adultério e encontros à meia-noite. É a ideia de *caritas*, de amor e misericórdia humanos. É a isso que Kurwenal dá sua voz quando conforta o moribundo Tristão no terceiro ato. "O barco, sim, ele chegará hoje. Não pode mais ser adiado." Isso também se expressa numa melodia executada em uníssono pelos violoncelos quando Isolda, no primeiro ato, conta como ela salvou a vida de Tristão, mesmo depois de descobrir sua identidade como o cavaleiro que tinha matado seu noivo: "Seu sofrimento me comoveu. Deixei cair a espada". Quase sessenta anos depois de *Gardênia azul*, no filme de Lars von Trier *Melancolia* (2011), essa melodia do violoncelo no prelúdio serve ao mesmo propósito daquele filme anterior. Nós a ouvimos na trilha sonora quando a mãe, sua irmã e seu jovem filho — sendo deles o último amor que resta no fim do mundo — se dão as mãos.

É realmente difícil extrair muito corte político do enredo de *Tristan*, que é inflexível ao focalizar o amor em todas as suas formas. Como foi antes ressaltado, Wagner seguiu as linhas gerais da história medieval de Gottfried, mas simplificou radicalmente a ação. Pouca coisa acontece; muita coisa é dita. A música é orquestrada de modo a iludir o ouvido quanto a que instrumentos estão sendo ouvidos, às vezes dentro de uma complicada e aveludada sonoridade, e às vezes — embora isso pudesse parecer impossível — com apenas uns poucos instrumentos tocando. O libreto é uma miscelânea. O enredo de Gottfried é reduzido, mas imagens e metáforas poéticas adicionais são fornecidas por *Hymnen an die Nacht* (Hinos à noite, 1800), do poeta romântico alemão Novalis. Wagner também se alinhavou num desordenado niilismo, ideias sobre morte e transcendência que tinha absorvido da obra *O mundo como vontade e representação* (1818), do filósofo Arthur Schopenhauer, que ele leu em 1854. Por fim, houve também uma contribuição menor das incursões superficiais do próprio Wagner no budismo, em meados da década de 1850.

E há também aquela estranhamente moderna qualidade nas interações humanas, apesar da arquitetada poesia por meio da qual os personagens se expressam, do falso medievalismo de seu contexto e do extensivo filosofar que Tristão e Isolda dão um jeito de empacotar em seus protestos de imorredouro amor. Por exemplo, no primeiro ato Isolda está furiosa com Tristão por tê-la enganado quando estavam na Irlanda e depois fugido, somente voltando quando ela foi trazida como a noiva de seu tio. Tristão, por outro lado, parece ficar indiferente: ele ignora Isolda, e permanece distante. Durante sua grande confrontação no primeiro ato, cena 5, as veementes acusações dela e as respostas frias dele são representadas num estilo impecável, empregando Isolda a forma de tratamento familiar (*du*), talvez como um insulto mas também para sugerir uma proximidade emocional, enquanto Tristão se atém à forma antiga e aristocrática (*Ihr*), que não é amigável, embora polida. Mas Tristão fica cansado e moroso, e por fim diz: "Se Morold significa tanto para você, então tome esta espada novamente e golpeie de verdade e com segurança dessa vez, para que ela não lhe escape das mãos"; e nesse momento ele muda para a forma de tratamento familiar (*"war Morold* dir *so wert,/ num wieder* nimm' *das Schwert"*) pela primeira vez. Subitamente, por meio da alquimia gramatical, existe ali todo um passado inexplicado, uma intimidade que ocorrera há muito tempo e que de repente se reanima. É bom lembrar que a essa altura a poção do amor não está à vista em lugar algum.

Sabemos que os dois atos seguintes de *Tristan* foram escritos sem que Wagner tivesse acessado o que escrevera antes, ao menos a partitura completa. Para poder pagar parte de suas dívidas sempre crescentes, ele enviava os manuscritos, ato a ato, a seu editor em Leipzig. Só como proeza de memorização isso já é espantoso. É claro que Wagner dispunha de seus rascunhos preliminares para consultar, mas as circunstâncias na criação da ópera ditavam que, em grande medida, cada ato fosse musicalmente independente, em particular no sentido de que cada um habitava um mundo sonoro orquestral diverso. Aspectos proeminentes desses mundos sonoros são antecipados nos prelúdios de cada ato. Destes, o prelúdio do primeiro ato é de longe o mais longo e o mais famoso, e com frequência é executado como excerto orquestral em concertos. Começa com uma melodia de quatro notas tocada pelo violoncelo. Na última nota outros instrumentos juntam--se aos violoncelos, formando o que talvez seja o mais famoso acorde de todos os tempos: a partir da nota mais grave, fá, si, ré sustenido e sol sustenido, orquestrado para oboés, clarinetes, corne-inglês, violoncelos e fagotes. Sempre, desde 1865, esse conjunto de notas nessa ordem e nesses intervalos específicos tornou-se logo reconhecível, peculiar e inimitável, notável em sua instabilidade. É dissonante e instável, pedindo uma resolução; mas ele se resolve com mais um acorde instável — um mais convencional, de sétima dominante — como se uma pergunta tivesse sido respondida com outra pergunta. O chamado "acorde de *Tristan*" é, contudo, meramente a primeira instância de uma harmonia não resolvida que se estende por todo o prelúdio: melodias terminam com o início de outras melodias, resoluções harmônicas são constantemente adiadas, ou ofuscadas, ou nunca acontecem ou acontecem somente por um instante. Os regentes hoje em dia têm o hábito de interpretar o prelúdio num andamento de lesma, sem necessidade, porque a música, ao nunca parecer satisfeita, produz uma sensação de langor em qualquer andamento. Na gravação com Richard Strauss, a peça é executada com leveza bastante para que o ritmo de valsa escondido nas notas de Wagner irrompa aqui e ali.

A música do prelúdio aparece aqui e ali na ópera, de modo mais espetacular no final do primeiro ato. Depois de beber da poção do amor (eles pensam que é uma poção letal, mas a apavorada criada de Isolda, Brangäne, fez a substituição), Tristão e Isolda ficam em silêncio durante vários e longos momentos, esperando a morte. Enquanto esperam, a orquestra volta, quase literalmente, ao primeiro compasso do prelúdio, e uma recapitulação da abertura acompanha a pantomima deles quando começam a perceber o que aconteceu. Como já havia ficado claro que eles tinham se apaixonado quando estavam na Irlanda, não é certo com o que a poção possa ter contribuído agora, exceto talvez um pretexto.

Mesmo a mais rigorosa e científica abordagem de uma análise musical — que pode quase não mencionar o texto ou o drama, tratando a ópera como se fosse um tipo de quarteto de cordas paquidérmico — pode ser lida como uma supercompensação à devastadora impressão que deixa a música de *Tristan*. Por ser maravilhosamente complicada, cheia da mais pura verve musical e de truques de construção, *Tristan* tem sido um perpétuo fascínio para os teóricos da música (análises do "acorde de *Tristan*", mostrando exatamente como ele devia ser explicado em termos da sintaxe harmônica convencional, remontam ao século XIX). Um dos truques da técnica de Wagner é o seguinte: o prelúdio do primeiro ato começa com os violoncelos tocando a melodia de abertura; que salta de lá a fá, desce depois, passando por mi, para ré sustenido (o ré sustenido que forma um dos tons do "acorde de *Tristan*"). A mesma melodia é depois repetida mais duas vezes, e avança, saltando de si para sol sustenido e depois de ré para si. A primeira declaração é assim um pouco diferente das outras duas por ser seu salto de abertura meio tom menor, sendo em termos técnicos uma sexta menor e não uma sexta maior. Seria então a primeira nota, um lá bequadro, em algum sentido uma nota errada, substituindo um lá bemol que ampliaria o salto para uma sexta

maior? E poderia um lá bemol que está-ali-mas-não-está representar alguma saudação schopenhaueriana ao mistério e à transcendência, um além que não pode
se precipitar para o mundo material e ainda assim o assombra?

Isso pode parecer uma discussão sobre minúcias, mas a tensão ou ambiguidade quanto ao lá bequadro versus lá bemol reaparece mais uma vez e mais uma
vez, em grandes e pequenas manifestações, ao longo da ópera. Um importante e
recorrente tema é construído em torno disso quando, no primeiro ato, Isolda
(olhando para Tristão através das enxárcias) murmura uma imprecação:

> *Mir erkoren,*
> *mir verloren,*
> *hehr und heil,*
> *kühn und feig!*
> *Todgeweihtes Haupt!*
> *Todgeweihtes Herz!*

[Para mim eleito, / para mim perdido, / sublime e incólume, / corajoso e covarde! /
Cabeça consagrada à morte! / Coração consagrado à morte!]

Em *"Todgewihtes Haupt!"* a orquestra toca dois acordes: lá bemol maior
(em alto volume, madeiras), depois lá maior (suave, trompetes e trombones). E
há mais. Quando o navio está prestes a alcançar a terra, Tristão e Isolda são interrompidos pelas vozes de marinheiros, que não são vistos, *"Auf das Tau! Anker
los!"* (Puxar para cima! Soltar âncora!), ao som de ondas que rolam e rápidas
passagens das cordas. As cordas alternam aqui entre sol sustenido maior (que é
outra notação para lá bemol) e lá maior. E ainda há mais. Esse enigma de duas
notas que competem e dos acordes que se formam sobre elas se estende e vai
longe na ópera. Lembrem-se dos versos paralelos de Tristão e de Isolda no segundo ato, comentados no início deste capítulo: ele a convida a segui-lo na noite
("Para a terra que Tristão imagina") em lá bemol menor; ela toma a música dele
e a faz mais interessante em sua resposta. Uma das maneiras é, enquanto ele fica
preso no lá bemol menor, ela faz uma modulação estranha para lá menor em
suas duas últimas linhas.

Usamos o termo "enigma" para indicar o grau de assimilação entre a música
e a poesia na ópera. Os dispositivos técnicos podem ser descritos. Mas fazer isso

sem dizer que a música é tão estranha e tão de outro mundo, e afinal, tão tocante, seria admitir tentativas de racionalização que falsificariam a descrição. Como libreto, *Tristan und Isolde* tenta evocar o transcendental — o que está além da vida, do mundo material, do sexo, e do pensamento intelectual, da explicação do passado, de uma representação elusiva. A música tem muitos momentos petrificantes, passagens como a canção que a invisível Bragäne canta de sua torre de observação no segundo ato, avisando duas vezes Tristão e Isolda de que o amanhecer está próximo, uma canção real — uma canção exigida pela ficção — entre as andanças filosóficas-operísticas dos amantes. A canção de Bragäne ("Einsam wachend in der Nacht") faz mágica de muitas maneiras, e uma delas, e não a menos marcante, é que a melodia começa e termina na mesma nota (ré bemol/dó sustenido), mas a música parte dessa nota e volta a ela de modo calculado com exatidão para criar a ilusão de que o início e o fim estão muito longe um do outro, e que não é absolutamente a mesma nota. Muitas vezes esses momentos são, num sentido mais amplo, eles mesmos enigmas, ou perguntas. Para devolver a Wagner, pela última vez, seu próprio termo depreciativo, eles são efeitos sem causas. Isso não quer dizer que estão desligados do drama, na verdade é exatamente o contrário: a um mistério, como proposto pelo drama, é dada expressão sem que ele seja questionado ou reprimido.

A PONTE DE ARCO-ÍRIS

Não importa quão duramente tenha tentado, mourejando pela Europa para levantar fundos para construir seu teatro-*plus*-santuário em Bayreuth, Wagner não conseguiu ditar os termos de sua pós-vida. Em Bayreuth, a diretriz de que tudo deveria ser mantido fielmente de acordo com as intenções do compositor, na verdade cada um de seus caprichos, continuou a prevalecer de algum modo ou de alguma forma até a Segunda Guerra Mundial. Depois da guerra, os netos de Wagner, e depois os bisnetos, se deram conta de que o festival precisava estabelecer alguma distância do passado, em particular o passado imediato, no qual a ligação de Bayreuth com Hitler fora muito forte e muito visível. Os valores da produção tinham de ser sacudidos, e esse sacudir devia envolver as liberdades cênicas e de direção. Em 1994, por ocasião de uma nova produção do *Ring* em Bayreuth, a 12ª desde 1876, foi realizada uma conferência que foi presidida por Wolfgang Wagner, neto do compositor. "Mythos oder Gesellschaftskritik?" (Mito ou crítica social) foi o título da conferência, que tinha o propósito de dar nomes aos princípios pelos quais deveriam ser julgadas as encenações. A contraposição sugerida pelo título é um instrumento muito obscuro, e suscita uma boa pergunta: pode-se encenar ópera de modo a se esquivar de uma qualificação fácil, seja uma [mito] ou outra [crítica social]? Pode haver uma encenação de ópera que não seja nem mito (beleza de conto de fadas, uma passarela da moda, arquétipos, kitsch histórico) nem crítica social (exposição de um subtexto político, divulgação ideológica, desencanto), nem qualquer amálgama dos dois?

No caso de Wagner, a questão de como interpretar e compreender e portanto encenar suas óperas deve ser associada a uma posteridade que é mais carregada, mais repugnada e mais rica do que a de qualquer outro compositor de ópera. Como veremos em capítulos posteriores, no fim do século xix, escritores simbolistas franceses — isso sem falar em Debussy, o compositor simbolista francês — combateram essa atração mesmo quando já tinham sido puxados para a contracorrente. Debussy fazia piadas sobre Wagner — ele especulava sobre "o fantasma do velho Klingsor" que aparecia em seus esquetes musicais, e até parodiou a abertura do prelúdio de *Tristan* em sua peça para piano "Golliwog's cake-walk" (marcando a passagem para ser tocada *avec une grande émotion*), como prova de sua irreverência. A ambivalência representada por essas atitudes se manifesta de várias outras maneiras. Há críticos que professam sua aversão a Wagner e suas obras mas dedicam numerosos livros a explicá-lo. Há diretores profundamente desconfiados de Wagner mas que não perdem qualquer oportunidade de encenar sua obra.

Terminamos este capítulo com um paradoxo: as óperas de Wagner foram em grande parte concebidas como formas de um controle artístico completo sobre uma plateia. São rotineiramente consideradas as primeiras peças teatrais da era moderna a impor sua absorção, a visar suprimir tanto a função social da ida à ópera quanto o impulso de interpretar ópera em termos sociais ou culturais concretos. Na formulação do teórico em mídia Friedrich Kittler, seus libretos míticos e sua música narcótica são os "amplificadores [que] tiram de uso a filosofia".[19] No entanto, a história de suas apresentações e encenações nos séculos xx e xxi tem provado que isso é um contrassenso. As obras de Wagner estiveram entre as primeiras do repertório a ser submetidas à ironia, a desafios e testes sociopolíticos através de encenações críticas. Em outras palavras, elas engendraram uma imensa liberdade interpretativa. Como se pode ter noção desse fenômeno? Talvez do fato de que, em tão monumental *oeuvre*, é de esperar um inerente desapego a regras.

E a música operística de Wagner pode ser sobrepujada. Isso acontece, por exemplo, num certo momento na encenação do *Ring* no Metropolitan Opera, em 2010, dirigida por Robert Lapage, uma produção em geral fiel ao preceito da velha grande ópera francesa de que os efeitos visuais devem ser assombrosos. O argumento usual sobre as maravilhas cênicas requeridas pelo *Ring* é que a encenação pode tão somente sugeri-las, uma vez que o cenário e a iluminação teatrais são restringidos por regras materiais e limitações físicas. É a música que vai criar o espanto quando, digamos, o cenário desaba no final de *Götterdämmerung*, ou Brünnhilde fica cercada pelo fogo ao final de *Die Walküre*. E nunca devemos esquecer que a música também vai cobrir o ruído provocado pela tecnologia quando essas coisas acontecem, como todo compositor de grande ópera francesa sabia muito bem. O final de *Das Rheingold* pede uma ponte de arco-íris, sobre a qual os deuses ascendem ao Valhalla (veja a figura 50). Para esse momento no final da ópera, a música de Wagner é realmente maravilhosa. No entanto, quando, como no Met, se veem os deuses caminhando *verticalmente* sobre a face de um penhasco, sem esforço algum, cercados por uma cor prismática tridimensional, o principal *frisson* maravilhado vem na realidade de algo que não estava sob o controle de Wagner. Sua música foi apenas uma inspiração.

15. Verdi — ainda mais velho

Deixamos Verdi em seus anos de *Rigoletto*, no início da década de 1850. De 1842 a 1851 ele escreveu catorze óperas, um surto de atividade que culminaria no acréscimo de mais duas, enormes sucessos, por sua vez: *Il trovatore* (O trovador) e *La traviata* (A mulher decaída, ambas de 1853). Àquela altura ele estava no auge da fama, mas a cultura da produção de óperas italiana estava prestes a passar por sérios e tectônicos rearranjos. A década de 1850 veria o repertório italiano, pela primeira vez na história, começar a derivar inexoravelmente em direção a *revivals* curatoriais. O Scala de Milão daqueles anos conta a história. Enquanto uma década antes, no início de 1840, tinha havido um saudável efervescer de compositores com novas óperas, o repertório de Milão por volta da década de 1850 estava dominado por reapresentações de um número relativamente pequeno de obras, quase todas de Rossini, Donizetti, Bellini ou Verdi (sendo Verdi, de longe, o mais popular). Em 1850, aos *revivals* das óperas de Verdi *Attila*, *Ernani* e *Nabucco* seguiram-se os de *La sonnambula* e *Norma*, de Bellini, e o da agora sacralizada *Il barbiere di Siviglia*, de Rossini. A nova ópera de Vincenzo Capecelatto naquele ano, *David Riccio*, foi um desastre absoluto. Um resenhista comentou: "Faltam nela situações, grandeza, oposições, contrastes e sentimento; e basicamente não tem qualquer originalidade, nem poder lírico, elegíaco ou trágico".[1] E isso era só o libreto. Ante a concorrência de obras-primas cada vez mais reverenciadas, escrever novas tornou-se cada vez mais arriscado.

Com quarenta anos de idade em 1853, Verdi ainda teria mais quatro décadas de atividade profissional. Mas durante esses quarenta anos, só apareceram oito óperas. Até mesmo Wagner conseguira produzir sete em sua (mais curta) carreira pós-1853, e considerando o tamanho delas, ele fica facilmente à frente de Verdi em pura medida de óperas/hora. O que estancou o fluxo?

A comparação entre Verdi e Rossini, que se retirou em 1829 com mais ou menos a mesma idade, poderia parecer inevitável. Com certeza, uma crescente segurança financeira estava envolvida em ambos os casos. Mas no de Verdi houve ainda um fator de distração no fato de se ver transformado em monumento nacional. Estava sendo esculpido como um proeminente símbolo cultural no novo Estado-nação italiano, que começou a existir no início da década de 1860. Mesmo depois do apogeu da década de 1850, quando a maioria de suas óperas pré-*Rigoletto* saiu de moda, suas melodias mais populares abrilhantavam programas de recitais e animavam entretenimentos domésticos e *al fresco* (frequentemente bandas de música). Algumas foram reinventadas na forma de símbolos revolucionários. Como vimos no capítulo 10, isso se aplica em especial ao "Va pensiero", o coro dos escravos hebreus do terceiro ato de *Nabucco*. A suave nostalgia da peça fez dela um veículo ideal para conjurar um tempo agora distante em que o avanço para a unidade nacional parecia descomplicado. Aquele período de esforço comunitário tornava-se agora um fascinante mundo perdido, preferível à disposição incerta do presente, a luta dos primeiros anos da Itália como nação.

Verdi não foi avesso a levar adiante essa imagem dele mesmo, fornecendo evidência "anedótica" ao pequeno exército de biógrafos, jornalistas e outros caçadores de citações que agora se apinhavam em torno de seu retiro rústico nas proximidades de Parma. Mas colaborar com a construção de seu próprio mito e celebridade tem seu preço. Rossini também sofreu com a celebridade, é claro. Uma similaridade mais interessante entre ele e Verdi, no entanto, foi um compartilhado desalento com um mundo musical que estava mudando depressa demais, e por caminhos que eles não queriam seguir. No caso de Rossini, a não bem-vinda modernidade veio com a nova e romântica expressividade de Donizetti e de Bellini. Essa expressividade soou como um dobre fúnebre para a marca, do próprio Rossini, de beleza vocal impessoal. Para Verdi, o inimigo cultural era ainda mais ameaçador, por vir de uma nova fronteira, fora da Itália. Explosivo como era, pouco podia fazer para diminuir uma nova fascinação italiana por outros estilos operísticos europeus (primeiro o francês, depois — pior — o alemão) que invadiram o berço da ópera exatamente quando ele obtinha seu status de nação. *Faust*, de Gounod, chegou ao La Scala em 1862 e foi reapresentado muitas vezes a partir de então. *Gli Ugonotti* (*Les Huguenots*) chegou em 1864, *L'ebrea* (*La Juive*), de Halévy, chegou no ano seguinte e também se tornou um esteio do repertório. Repetidamente, de trás dos muros de sua mansão e de suas terras, Verdi trompeteava sua angústia quanto a essas importações do estrangeiro. Os franceses tinham sua *blague* e seu erguer irônico de sobrancelhas, sua superinflada *grand opéra* — ele gostava de chamar o Opéra de Paris de *la grande boutique*. Os alemães eram ainda piores: sua barbaridade e suas obsessões sinfônicas ameaçavam influenciar, e com isso destruir, o talento nativo. Quando Verdi ficou mais velho e mais rico, e voltou-se para a questão do direito político, seu rabugento conservadorismo nacionalista tornou-se ainda mais extremado. Quando lhe perguntavam que tipo de currículo deveria ser adotado nos novos conservatórios estatais da Itália, ele prescrevia o equivalente musical de pão e água, distribuídos especificamente para embotar os entusiasmos da impressionável juventude da nação. Estudantes, ele dizia, "devem assistir a *poucas apresentações* de óperas modernas e evitar ficarem fascinados seja por suas muitas belezas de harmonia e orquestração, seja pelo acorde de *sétima diminuta*". Em vez disso, deviam "praticar a Fuga constantemente, tenazmente, até ficarem saciados".[2] Num resumo pedagógico, aí estava o eterno lamento do velho homem. Faça o relógio andar para trás, a vida não é mais o que costumava ser.

Mas havia uma diferença crucial entre as carreiras tardias de Rossini e de Verdi. A retirada de Rossini da ópera foi permanente. Seus últimos quarenta anos não produziram uma única obra teatral. Em Verdi, a chama se recusou a se apagar. Embora ele sempre ameaçasse se retirar do palco, ao estilo de Rossini, embora as distâncias em tempo entre as novas obras aumentassem constantemente, ele continuou a compor. Mesmo em idade avançada, quando seus pronunciamentos públicos sobre os pecados da modernidade eram cada vez menos conciliatórios, o dramaturgo e o músico que nele habitavam continuaram a pensar em como se ajustar aos tempos cambiantes. E assim, lenta e dolorosamente, aquelas oito novas óperas vieram a existir. Várias delas não foram bem compreendidas por suas primeiras plateias, e algumas foram temporariamente esquecidas; mas quase todas tornaram-se hoje planetas importantes em nosso sistema solar operístico. A absorvente vitalidade que era tão característica das primeiras óperas de Verdi tinha migrado ocultamente para a segunda metade de sua vida. A energia alimentava agora compulsões internas: compulsões para se reinventar a si mesmo como um símbolo da nova nação, decerto; mas também para criar um drama musical que pudesse comover plateias cuja fidelidade estava sendo oferecida a um mundo em que os valores tinham mudado.

A simples variedade das obras pós-*Rigoletto* continua a ser assombrosa. Não há o estilo de um "velho Verdi", seja na forma, seja no tom. Em comparação, até mesmo as obras mais tardias de Wagner são monocromáticas no sentido da técnica e dos exteriores dramáticos. A linha de conexão mais óbvia é que cada ópera se engaja num diálogo com o passado, especificamente com as glórias do legado operístico italiano. Cada vez mais considerado pela elite intelectual como provinciano e pouco inspirador, tanto na Itália quanto fora dela, esse legado — para o qual o jovem Verdi tinha contribuído tanto — conseguiu sustentá-lo na maturidade e na velhice. Mas só na medida exata. Óperas do tipo que Verdi queria escrever — obras grandiosas e trágicas, com as mais altas aspirações — tornaram-se cada vez mais difíceis de se produzir à medida que o século XIX ia passando.

VALSAS E UM PAI CHOROSO

Devido às regulares diatribes de um Verdi a envelhecer contra a modernidade estrangeira, *La traviata* (1853) está prenhe de ironias. A principal dentre elas é a adoção entusiástica do ultimíssimo escândalo estrangeiro da moda. A obra em que se baseia é a peça de Alexandre Dumas Filho *A dama das camélias*, apresentada pela primeira vez em Paris em 1852, apenas meses antes de a própria ópera estrear. A peça foi de imediato considerada um importante novo momento do drama francês. A novidade na obra de Dumas (que por sua vez derivou de seu romance homônimo de 1848) não estava tanto na rebelião contra o tipo de romantismo francês de Victor Hugo, um movimento literário já moribundo por volta de 1850. Não, a rebelião acertou um alvo mais próximo. Dumas estava se digladiando com Eugène Scribe, com uma tradição teatral burguesa tornada famosa pelo mais prolífico criador de libretos de *grand opéra* e ópera-cômica da França. Num exuberante desafio à ortodoxia de Scribe, Dumas rejeitava um desfecho no qual a moralidade triunfasse. Mais do que isso, ele escolheu seu assunto de um tema contemporâneo. Sua peça passava-se no presente e envolvia problemas da atualidade.

Isso foi muito criticado, e muito elogiado, como um dos primeiros exemplos de realismo.

Ao gravitar em torno da peça de Dumas, Verdi estava buscando claramente os meios de desafiar as bases tradicionais da ópera italiana. Enredos românticos de heroísmo e amor, transcorrendo num remoto passado histórico, foram postos de lado. Essa história atacava uma questão social que na época era debatida com premência, a da prostituição e disseminação de doença nas cidades cada vez mais apinhadas do século XIX. Na estreia da ópera, os censores venezianos insistiram em que ela devia ter como cenário um ambiente de início do século XVIII, propiciando uma confortável remoção de sua crítica social. Verdi, no entanto, queria que *La traviata* fosse ambientada no tempo e no lugar do romance e da peça de Dumas, queria que evocasse a metrópole moderna, o símbolo ambivalente de um "progresso" cujas bênçãos eram ambíguas.

La traviata foi portanto a primeira pincelada de uma ópera italiana na modernidade urbana. O primeiro ato introduz Violetta Valéry (soprano), uma cortesã amante de prazeres que sofre de tuberculose, doença tida como consequência de uma frouxa moral metropolitana. Durante uma festa com entrada franca ela flerta com o jovem Alfredo Germont (tenor), que se apaixonara por ela. O segundo ato passa-se alguns meses depois; Alfredo e Violetta foram morar juntos no campo. Sua vida e seu amor são idílicos até que Germont pai (barítono) aparece. Numa tensa intervenção, ele solicita que Violetta renuncie a Alfredo, para salvaguardar a reputação da família Germont. Ela, em lágrimas, concorda, e volta para Paris. Alfredo (acreditando que ela o abandonou por outro amante) vai atrás dela e a insulta em público. Muitos meses já se passaram no momento do terceiro ato. Violetta agora está desesperadoramente doente. Ela afinal se reconciliou com Alfredo, que descobrira o verdadeiro motivo de ela tê-lo deixado; mas nos momentos finais da ópera Violetta cai morta a seus pés.

Embora saibamos, pelas cartas de Verdi, que a contemporaneidade do tema o tinha atraído, os formatos musicais básicos de *La traviata* quase não correspondem ao radical tema de seu enredo. Não muito diferente, em seus tipos formais, das óperas que a precederam, *La traviata* tem seu quinhão de adágios líricos, exuberantes cabaletas, duetos longos e movimentos múltiplos, e grandes conjuntos. Mas essa conformidade exterior mascara dois aspectos nos quais ela abre um novo terreno. O primeiro é naquilo que os franceses chamavam de *couleur locale* (a cor local), o rico colorido musical que uma particular localização geográfica evoca. Em *La traviata*, Verdi achou um novo sentido de potencial dramático nessas cores. *Rigoletto*, que tinha estreado apenas alguns anos antes, foi posteriormente situada na Mântua do século XVI, embora Verdi tenha escrito a música pensando que deveria ser na França do século XVIII. Ele reclamou da mudança de local, pedida pelos censores do governo, que temiam paralelos revolucionários; mas afinal não houve grandes danos. Quase nada da música destoa de seus novos entornos, pois ela é neutra geográfica e temporalmente, sem assumir as maneiras de um tempo específico ou de um determinado lugar. *La traviata* é diferente. A localização da ópera no *demimonde** parisiense é obsessivamente ressaltada pelos mais simples dos meios musicais, pela contínua referência ao símbolo quintessencial da velocidade e da incerteza sociais do século XIX, a valsa.

Eis aí como um americano, ofegante e — pode-se imaginar — um tanto afogueado, observou um baile parisiense em 1847. Era um evento oficial, provavelmente mais decoroso do que a festa de Violetta no primeiro ato, mas mesmo assim uma excitação puramente visceral nos salta da página:

> Ver tantas pessoas, elegante e ricamente trajadas, enlaçadas na dança; cruzando--se, perseguindo-se e tomando-se uma as outras; ora descansando, ora em movimento; e parecendo não haver outro movimento senão aquele que a música comunicava; e ver cem pares girando em volta na valsa, com pés leves como o ar que mal parecem beijar as escorregadias tábuas do assoalho; primeiro corados e palpitantes; depois pouco a pouco se cansando, e se retirando, até o último par, o último — ela, a mais saudável, graciosa e bonita de todo o coro, o braço de seu parceiro a enlaçar sua cintura delgada, pé contra pé, joelho contra joelho num movimento simultâneo, giros e giros, até que a natureza no fim prevalece, ela enlanguesce, ela desmaia, ela morre![3]

Tal descrição bem poderia ser a da cena de abertura de *La traviata*, na qual os constantes e arrebatadores ritmos da valsa proporcionam uma sensação similar de excesso, com a vida na grande cidade se movimentando com perigosa rapidez. Mais importante, no entanto, essa sequência de abertura não é uma seção isolada, não apenas um cenário preliminar, comum nas primeiras óperas italianas. Longe

---

* O termo se refere ao segmento de pessoas que buscavam o prazer e os divertimentos; não pertenciam à fina flor da sociedade, e eram malvistas por ela.

disso, toda a personalidade musical de Violetta é concebida em ritmos de valsa. Não somente a música está saturada do ambiente especial de *La traviata*, mas — de modo crucial — esse ambiente é absorvido pela heroína da ópera, fundindo-a com o cenário.

Nesse sentido, Violetta é diferente de todos os principais personagens desta ou de qualquer outra ópera do período. Tome-se como exemplo os obsessivos trinados que se tornam um símbolo primordial tanto do salão quanto da fanática alegria de Violetta no primeiro ato, desde os primeiros compassos da cena de abertura até as frenéticas celebrações da heroína na cabaleta de fechamento, "Sempre libera" (Livre para sempre). Mais sutil, mas igualmente marcante, é a famosa ária de Violetta no terceiro ato, "Addio, del passato" (Adeus, ao passado), que continua no mesmo espírito, mesmo tendo expressivas refrações musicais que se amoldam a seu estado debilitado. Os ritmos da valsa ainda estão lá, no acompanhamento, mas agora são hesitantes e fragmentados, acompanhados de um melancólico corne-inglês que completa suas frases quando lhe faltam forças.

É uma ária devastadora. Mas Verdi estava desviando sua atenção do primoroso idioma solo para os choques e os confrontos de conjuntos musicais. Confrontos dão lugar a embates entre forças vocais opostas, e o imperativo de dar um idioma musical a esse antagonismo iria, a seu tempo, romper vários moldes formais antigos. Em *La traviata* o grande encontro hostil acontece no segundo ato, entre Violetta e Germont pai. Nele, Verdi volta as costas a seus antigos métodos e meios de personificar as mulheres e os homens na cena operística. O jovem Verdi estava em seu mais característico quando minimizava as diferenças entre os sexos, sobretudo ao criar um novo e mais vigoroso idioma para as suas heroínas sopranos. *La traviata*, no entanto, aborda a questão de um ângulo diferente. Seu enredo, afinal, defronta-se com alguns dos temas mais controvertidos que dizem respeito à sexualidade, nada menos o de se as mulheres têm o direito de escolher seus próprios destinos. Essas eram as questões que preocupavam as pessoas naquela época, mas nunca tinham sido antes levantadas tão abertamente no palco de uma ópera.

Não é fácil esquadrinhar como se posicionava Verdi, o homem, no que concerne a essas questões morais. Há indícios em sua correspondência de que às vezes ele frequentava prostitutas, notadamente uma tal "Sior Toni", em Veneza. Sua parceira, Giuseppina Strepponi, teve três filhos ilegítimos durante sua carreira como soprano operística, e assim certamente sabia o que é estar do lado errado de uma divisão moral, como esta era percebida. Equações simples envolvendo uma biografia e atitudes musicais/culturais são, então, bem fáceis de montar, e *La traviata* tem sido um dos lugares favoritos para os que desejam fazer isso. Mas as supostas ressonâncias são, como sempre, amortecidas pela maneira como as emoções são empacotadas em unidades formais convencionais na ópera italiana. Uma coisa é clara. A misoginia do romance de Dumas, que é contado de um ponto de vista masculino, é inevitavelmente suavizada na peça, onde Violetta aparece como um personagem em cena; e é ainda mais suavizada na ópera. Para usar de uma distinção que já foi feita várias vezes neste livro, a versão de Verdi dessa história faz da "Violetta-voz" o incontestável centro da atenção. Evidentemente, o compositor estava mais interessado nela do que nos principais personagens masculinos, que, em comparação, parecem ser feitos de madeira, e unidimensionais.

Mas será que, apesar disso, Violetta sofre de misoginia *musical*? Em termos que fazem lembrar aqueles debates sobre a cena de loucura de Lucia menciona-dos no capítulo 9, pode-se argumentar que sim. No primeiro ato, por exemplo, ela pode ter um papel proeminente, mas falta-lhe influência musical, até mesmo independência musical. O famoso *brindisi* (brinde) que anima a festa, no primeiro ato, é erguido por Alfredo, e Violetta meramente o repete, depois dele; e no dueto de amor que se segue é ao tenor, outra vez, que compete o poder da invenção musical — ele apresenta os temas principais e depois olha com admiração quando Violetta deixa escapar uma verdadeira chuva de orna-mentos em torno deles. Mesmo na ária de encerramento dela, a voz de Alfredo se intromete de novo, lembrando-nos insistentemente de sua presença musical. Esses argumentos são, de muitas maneiras, atraentes. Eles oferecem um modo poderoso de compreender a ópera dentro do contexto cultural de hoje em dia, e diretores de cena modernos sempre os ecoam. Mas existirá algum sentido no qual essa leitura subestime seriamente a Violetta-voz? Ao menos, pode-se dar uma interpretação oposta a essas passagens. O *brindisi* pode ser cantado primei-ro por Alfredo, mas ele é mais adequado às capacidades vocais de Violetta — na apresentação, seu verso quase invariavelmente soa mais convincente. E no dueto de amor, embora seja Alfredo quem introduz as melodias, é Violetta quem lhes dá *vida* ornamentando-as e as modificando para que se amoldem à sua personagem. De modo similar, ao final do primeiro ato, a melodia do herói só é ouvida à distância, enquanto as reações de Violetta são imediatas e impressionantes; ela, afinal, ocupa o centro do palco; e — para ser prosaico — é ela quem recebe o grosso dos aplausos quando a cena termina. E assim essa discussão pode continuar, cada interpretação negativa sendo contrabalançada por uma gêmea e positiva. Assim, com essa mesma frequência, precisamos de algo melhor do que essas equações simples entre música e significado.

Todas as quais podem nos levar a esse dueto de confrontação entre Violetta e Germont no segundo ato. Em termos feministas convencionais, é aí que a Violetta-enredo é esmagada pela autoridade patriarcal. A voz do pai exige seu sacrifício no altar da moralidade convencional: ela obedece, e é recompensada com os estrepitosos insultos de seu amante (mais adiante no segundo ato), com a pobreza e uma morte dolorosa (terceiro ato). Contada nesses termos, a ópera endossa as atitudes prevalentes em meados do século XIX no tocante a sexualidade e liberdade femininas; pode-se até dizer que ela as *celebra* — fazendo delas um objeto de prazer estético, a ser usufruído no teatro. Mas o que Verdi, o Verdi compositor de música, tem a ver com isso?

Quando começa o dueto Violetta-Germont, a música parece articular estereótipos do gênero. Nos primeiros minutos encena-se um diálogo emocional, com seções contrastantes dominadas alternadamente por um depois outro personagem. A diferença musical é clara. A melodia de abertura de Germont, "Pura siccome un angelo" (Pura como um anjo), descreve sua filha imaculada, e é a verdadeira essência da estabilidade e da autossegurança — uma voz patriarcal tornada musical. A linha regular do acompanhamento, a previsibilidade das frases, a maneira pela qual os instrumentos de sopro dão suporte à voz para completar as frases; todas essas manifestações, numa mesma direção, pintam um quadro de racionalidade e, acima de tudo, convencionalidade. A resposta de Violetta, *"Non sapete quale affetto"* (Você não sabe o que é o afeto), é um óbvio contraste. É uma sucessão de frases breves e apressadas, cheia de figuras suspirantes que chamam a atenção para o corpo que as está pronunciando, com saltos imprevisíveis e mudanças dinâmicas sublinhadas por um acompanhamento hesitante e não convencional.

Essa conversação musical por contrastes continua ao longo da primeira parte do dueto, enquanto Germont vai minando a resistência de Violetta. Mas no momento da capitulação de Violetta, quando ela concorda em renunciar a Alfredo, há uma maravilhosa inversão. Violetta canta "Dite alla giovine" (Diga à mocinha), pedindo a Germont que conte à sua filha o sacrifício que ela está fazendo. E, com base no que ouvimos desse dueto até aqui, estamos propensos a ouvir como suas diferenças vocais são mantidas e aumentadas. Em vez disso, os papéis musicais se invertem. A linha de Violetta está marcada na partitura com um *piangendo* (chorando), mas é estável e previsível, com um acompanhamento convencional. Além disso, a melodia desenvolve-se num longo arco no decorrer de várias frases com muito mais força emocional do que teve antes a de Germont. Em contraste, a resposta de Germont, "Piangi, piangi" (Chore, chore), é em frases curtas, soluçantes, que imitam graficamente o gesto físico de chorar. Suas palavras podem estar dizendo que ele, magnânimo, está permitindo que ela chore (*"piangi, o misera"* — chore, pobre mulher), mas a música nos conta que Germont está arfando em lágrimas femininas, enquanto Violetta serenamente reescreve a si mesma e seu destino.

O poder dessa inversão musical, a força da longa melodia dela e dos incoerentes soluços de Germont dificilmente podem ser descartados. "Dite alla giovine" tem uma beleza serena que faz dela o ponto de calmaria dessa cena, na verdade de toda a ópera; e de dentro desse ponto de calmaria podemos ouvir Violetta dirigir-se solene a uma mulher desconhecida. Se concordarmos em que este é o momento crucial, o momento em torno do qual se articula toda a ópera, então as respostas unidimensionais às questões sobre gênero em *La traviata* serão insatisfatórias. A maneira pela qual Verdi musicou o texto nos diz que, pelo menos nesse mundo ficcional articulado através da música, toda relação de poder é frágil. É uma mensagem que todas as óperas podem, potencialmente, articular, e contribui para a notável capacidade que tem essa forma de arte de comunicar atravessando divisórias culturais e cronológicas.

Dada a natureza avançada de *La traviata*, poder-se-ia imaginar que os anos subsequentes testemunhariam algum tipo de resistência. Mas as circunstâncias, junto com a verve criativa de Verdi em sua meia-idade, suscitavam uma constante experimentação. Primeiro ele tentou uma *grand opéra* parisiense, *Les Vêpres siciliennes* (As vésperas sicilianas, 1855). A ópera seguinte, *Simon Boccanegra* (1857), faz ainda outra incursão, tanto a partir de *Les Vêpres* quanto de obras italianas anteriores. Há uns poucos traços do modo gaulês nessa rapsódia ao lado mais austero da ópera italiana. Basta um olhar à lista do elenco e a melancolia fica evidente — não há papéis femininos secundários, e sim um pequeno exército de vozes masculinas de registro baixo. O modo sombrio torna-se ainda mais óbvio na extrema economia de escrita vocal, sendo a declamação mais proeminente do que nunca fora antes. Depois, mais uma grande reviravolta: se *Simon Boccanegra* tem um propósito claro e é monocromática, então *Un ballo in maschera* (Um baile de máscaras, 1859) é uma obra-prima do pot-pourri. Depois de sua experimentação em *Vêpres* — uma versão em grande medida inalterada da *grand opéra* francesa —, Verdi acenou aqui para o lado mais leve da ópera francesa, em particular a ópera-cômica de Auber e de seus contemporâneos. A justaposição desse estilo com uma nova versão mais intensa, mais interiorizada da ópera-séria italiana é extremamente audaciosa, e, como vimos no capítulo 13, é mais uma evidência de que não somente os grandes gêneros franceses foram influentes na ópera europeia do século posterior.

Assim como *Ballo*, *La forza del destino* (A força do destino, 1862, revista em 1869) entremeia muitos estilos e modos. Um enredo episódico e uma ampla extensão geográfica e temporal contam com uma correspondente e espantosa abrangência de modos operísticos: a ópera-bufa pós-rossiniana do cômico padre Fra Melitone (barítono); a ópera-cômica da vivandeira Preziosilla (meio-soprano); cenas meyerbeerianas de religiosa grandeza; e, no centro, um clássico triângulo amoroso soprano-tenor-barítono, no melhor estilo italiano. A ópera é a tentativa mais ousada de Verdi no que mais tarde seria chamado de "drama em mosaico".[4] Suas disparatadas partes são mantidas juntas por meio tanto de uma ideia abstrata — o "destino" do título — quanto pela evolução dos personagens individuais. Depois da *Forza* veio a tentativa seguinte de escalar a cidadela do reduto parisiense da *grand opéra*. Dessa vez, o resultado foi *Don Carlos*, que não obteve, notadamente, grande sucesso com o público e os críticos parisienses. Com *Don Carlos*, Verdi foi acusado de wagnerismo, mas no fim do século XX a obra veio a ser considerada a maior *grand opéra* de todas.

EXÓTICA IMOBILIDADE

Depois de todas essas óperas desordenadamente experimentais, *Aida* (1870) pode ser tida como as férias que Verdi tirou do ecletismo. Comparado com a difusão narrativa de um *Don Carlos* ou uma *Forza del destino*, o libreto é direto e simples, mesmo estando o espetacular mundo cênico da *grand opéra*, obviamente, em sua genealogia. *Aida*, cujo cenário foi imaginado por um egiptólogo francês, foi encomendada para a abertura da Ópera do Cairo. A ópera se passa em Mênfis e Tebas "durante o reinado dos faraós". Verdi recusou-se a comparecer à estreia, gracejando que tinha medo de ser mumificado;[5] e essa ópera, por toda a sua magnificência, de fato tem uma qualidade imobilizante. Há um estado de guerra entre o Egito civilizado e a selvagem Etiópia. Radamés (tenor), um capitão egípcio, é amado pela princesa Amnéris (meio-soprano) mas está apaixonado pela escrava etíope capturada Aida (soprano), que mais tarde revela-se como a filha do rei etíope Amonasro (barítono). Em outras palavras, temos aqui uma reiteração da velha trama do amor contra o dever. Radamés é seduzido por Aida para revelar um segredo militar, e por esse crime é sentenciado a ser sepultado debaixo do templo. A cena final requer um cenário dividido, o templo em cima, a sepultura embaixo. Quando Radamés entra na sepultura, ele lá encontra Aida, determinada a morrer com ele. Os amantes terminam a ópera cantando juntos uma canção suave sobre amor e morte; Amnéris caminha acima deles, murmurando um réquiem.

Aida costumava ser a mais popular das óperas tardias de Verdi, apresentada com muito mais frequência do que *Don Carlos* ou *La forza del destino*, cujos enredos estendidos e duração incomum as fizeram serem chamadas de peças "problemáticas". Na primeira metade do século xx ela foi como que o epítome da grande ópera: a cena triunfal do segundo ato (Radamés, o guerreiro vitorioso, volta trazendo Amonasro acorrentado), com seus dançarinos exóticos, fileiras compactas de lanceiros, oportunidade para elefantes extras e a famosa marcha e melodia para trompetes, fez a delícia de plateias que achavam Wagner ou até mesmo Mozart proibitivamente destinados a uma elite. Uma marca posterior dessa fama foi uma versão para o cinema de 1953, cujo diretor tinha um nome bem adequado, Clemente Fracassi (*fracasso* em italiano quer dizer "barulho"), e na qual a ópera recebe um tratamento cinematográfico. Não vemos nenhum dos cantores que provêm a trilha sonora (um elenco estelar, liderado por Renata Tebaldi como Aida); em vez disso, ícones do cinema daquela época passeiam pelo enredo, frequentemente se esforçando por dar a impressão de que cantar é trabalho pesado, que requer uma boca bem aberta e um peito arfante. Sophia Loren está decorosamente enegrecida como Aida (e se isso soa implausível, Gina Lollobrigida tinha sido considerada para o papel). Um filme assim seria hoje em dia impossível; é uma relíquia dos dias do *Treasury of Grand Opera*, uma época na qual o cinema épico era tão próximo da grande ópera que tais transposições podiam ser toleradas. Espectadores que tinham curtido *Ben Hur* podiam se deixar levar facilmente por um mundo cinematográfico no qual os sons produzidos por Renata Tebaldi vinham da boca de Sophia Loren.

Mas se a década de 1850 marcou o auge da popularidade de *Aida*, recentemente ela entrou em declínio. É uma pura questão de custos, é claro, mas a ópera também está fora de moda porque agora nos sentimos desconfortáveis com o tema, com todos esses escravos e faraós e esse kitsch egípcio em geral. Isso foi enunciado pelo crítico cultural Edward Said, que, num ensaio famoso, argumentou que *Aida* tinha implicações com a expansão colonial do século XIX. Para ele a ópera era um exemplo de orientalismo, no sentido de que as potências coloniais ocidentais tinham, no decorrer dos últimos séculos, se diferenciado de, e com isso chegando a se julgar superiores a, culturas não ocidentais. Para Said,

> *Aida* pode ser apreciada e interpretada como um tipo de arte curatorial, cujo rigor e inflexível contexto evocam, com inexorável lógica mortuária, um momento preciso da história e uma forma estética especificamente datada, um espetáculo imperial destinado a alienar e impressionar uma plateia quase toda europeia.[6]

A acusação de exotismo poderia, é claro, ser dirigida a muitas obras de arte de muitos períodos, e pode despertar paixões intensas, nos dias atuais sobretudo entre aqueles que sentem que podem extrair algo de tais obras como puro prazer estético, um prazer que corre o risco de ser prejudicado pelo que eles chamam de "leitura política". Já deparamos nos capítulos anteriores com locais operísticos exóticos — o ambiente turco de *Die Entführung aus dem Serail* (O rapto de serralho, 1782) é um exemplo óbvio —, mas durante o final do século XIX, quando, à medida que as aventuras em âmbito global da Europa se expandiram mais, essas ambientações se tornaram populares em muitos tipos de arte. Além disso, um senso preciso de localização geográfica tornou-se cada vez mais importante na ópera exatamente nessa época, e as obras de Verdi mais uma vez não constituíam exceção. Resumindo, *Aida* é obsessiva no que tange ao ambiente exótico. Além disso, sua gênese não somente cruzou com a do colonialismo como foi dele dependente. O que é discutível, no entanto, é se a ópera poderia ser responsável pelas circunstâncias de seu nascimento; e também — mais importante — se o tratamento musical que Verdi deu ao ambiente exótico é tão facilmente depreensível na leitura orientalista de Said.

A questão surge logo no início do primeiro ato, na ária mais famosa da ópera. Radamés canta "Celeste Aida" como reação às notícias de que vai liderar o exército egípcio contra os invasores etíopes. Apesar de excitado ante a perspectiva de um conflito militar, seus pensamentos se tornam uma fantástica visão de Aida como uma deusa:

Celeste Aida, forma divina,
Mistico raggio, di luce e fior,
Del mio pensiero, tu sei regina,
Tu di mia vita sei lo splendor.
Il tuo bel cielo vorrei ridarti,
Le dolci brezze del patrio suol;
Un regal serto sul crin posarti
Ergerti un trono vicino al sol!

[Celestial Aida, forma divina, / raio místico de luz e flor, / és a rainha de meus pensamentos, / de minha vida és o esplendor. / Quero devolver-te teu lindo céu, / as doces brisas do pátrio solo, / pôr uma guirlanda real em tua cabeça, / erigir-te um trono perto do sol!]

As árias de entrada das primeiras óperas de Verdi, com movimentos múltiplos, são agora coisa do passado. Plateias, compositores e críticos concordaram todos em que agora seria artificial ficar sozinho no palco e cantar uma série de formas musicais, cada qual com seus próprios começo, meio e fim. Em vez disso, Radamés tem uma ária de um só movimento, aqui chamada de romance. Apesar de a poesia ser escrita em duas estrofes de quatro versos, Verdi traz de volta a primeira estrofe no fim, fazendo assim com que a peça tenha o formato ABA, algo parecido com a norma internacional para os solos operísticos.

A melodia principal, "Celeste Aida, forma divina", utiliza semirritmos de melopeia e repetição interna para ecoar um formato melódico em ascensão, numa imitação musical da ideia de pôr Aida num místico pedestal. O que salva isso da banalidade é a orquestração. Uma flauta em seu registro mais baixo duplica a voz, contribuindo quase inaudivelmente para a cor ambiental; trêmulos muito agudos nos violinos (com apenas dois solistas) contornam cada frase. A combinação desses efeitos instrumentais não convencionais soletra a palavra "exótico" no vocabulário do dia. Um material melódico insípido é assim trancado numa dança lenta com uma nova cor orquestral, e seria fácil — muito fácil — ir buscar em Said a interpretação de que isso era uma manifestação orientalista. A colonizada Aida é reduzida ao status primitivo (a melodia simples), a qual então permite que se obtenha prazer em seu colorido exterior (essas flautas graves e esses violinos agudos) no qual é embrulhada. Uma leitura simples demais, sim; mas em nenhum outro lugar das obras de Verdi a lenta dança entre substância e colorido teve um desempenho como este.

Depois de uma curta seção "B", a música de "Celeste Aida" regressa, para arrematar na forma ternária. Mas ao final da ária Verdi acrescenta outra declaração da seção "B" e depois uma coda. Esta última é extraordinária: o estratosférico solo de violinos e flautas graves reaparece e a imagem de encerramento de Radamés, a de um trono próximo ao Sol para sua amada, o leva com suas óbvias figuras verbais a um si bemol agudo. Na partitura, essa nota é marcada com um *pp morendo* (pianíssimo, ou seja, muito baixinho, e sumindo); em outras palavras, Radamés está sendo instruído a *desaparecer* dentro do ambiente orquestral que tinha sido tão importante para a ária. (O efeito é muito parecido com o final da Canção da Flor, de José, no segundo ato de *Carmen*, comentada no capítulo 13.) Desde o início da história das apresentações de *Aida*, os que cantaram como Radamés, um dos mais estrênuos papéis para tenor, têm detestado esse *pp morendo*. A maioria deles simplesmente ignora a instrução, cantando a nota a plena voz, com o pescoço protuberante e o rosto vermelho, assim fazendo submergir os delicados efeitos orquestrais. Vale a pena nos perguntarmos por que eles optaram por fazer isso. É claro que a oportunidade de trompetear um si bemol agudo — se se tem a aptidão para isso — não deve ser facilmente ignorada; mas muitos tenores têm ao longo dos anos, em outros contextos musicais, demonstrado quão efetivas podem ser notas agudas em *pianissimo*. (John McCormack, um dos maiores tenores de primeira linha do período entreguerras, fez uma carreira esplêndida especializando-se exatamente nisso.) Nesse caso, no entanto, algo faz com que esse momento esteja altamente carregado. É como se um si bemol baixinho e flutuante sugerisse que Radamés, malgrado suas ambições militares e os trompetes que clamam em volta dele, não tem controle total sobre sua fantasia quanto a Aida. Exatamente como aquelas inversões de gênero em *La traviata*, a música pode expor questões difíceis, nesse caso — talvez — questões tão básicas quanto a de quem está escravizando quem. É verdade que essa mensagem ainda pode ser orientalista, mas com certeza não da maneira crua com que se apresenta no enredo de *Aida*.

Em sua citação Said usou um adjetivo estranho, mencionando a "lógica mortuária" de *Aida*. A ideia de que o "reino dos faraós" fosse, impossivelmente, alijado das preocupações modernas decerto tem a ver com o esplendor estático da ópera, no sentido de ela estar, de certa forma, enterrada e inerte, apesar das novas tecnologias orquestrais e de momentos de grande paixão. Essa sensação chega à sua maior intensidade na cena final, na qual os dois amantes cantam seus últimos momentos encerrados debaixo do templo. Seu dueto oferece uma peça de arremate que combina com "Celeste Aida", dessa vez com os dois personagens principais indo na direção do Sol que brilha:

> *O terra addio, addio valle di pianti…*
> *Sogno di gaudio che in dolor svanì.*
> *A noi schiude il ciel e l'alme erranti,*
> *Volano al raggio dell'eterno dì.*

[Adeus, terra, adeus vale de lágrimas… / Sonho de alegria que se esvaiu na dor. / O céu se fecha a nós e as almas errantes / voam para o raio de um dia eterno.]

Como na primeira ária de Radamés, existe aqui uma simplicidade que desarma. Em seus tempos mais antigos e mais impetuosos, Verdi poderia ter inserido uma vistosa cabaleta final, e de alguma forma essa peça se parece a uma cabaleta em sua progressão: a mesma melodia é cantada primeiro por Aida, depois por Radamés, e depois pelos dois em uníssono. Além disso, a escrita vocal é muito simples, uma melodia de apenas dois compassos que parecem se repetir infindavelmente. Mas a exuberância emocional pela qual as cabaletas são famosas não se encontra em parte alguma. O andamento é lento; a delicada orquestra toca em *pp* quase o tempo todo; e, o que é o mais incomum, a melodia de dois compassos é extremamente angular, com um prolongamento excepcional no início e um difícil intervalo de quarta aumentada no meio.

O final não se parece com nenhum outro *finale* verdiano. Por um lado, ele continua e estende a mensagem de "Celeste Aida" ao fazer os personagens desaparecerem no ambiente. Longe de fechar com um grande acontecimento, eles vão desvanecendo, apanhados numa infindável e misteriosa repetição, e isso no enquadramento de um outro clichê através do qual o Ocidente imaginava as outras culturas. Contudo, pode haver mais um aspecto para esse sentimento "mortuário", um aspecto mais perto de casa. As palavras nos dizem que se trata de um adeus à vida, mas a música e o contexto biográfico sugerem outro tipo de partida. Verdi estava ameaçando já havia mais de uma década retirar-se de um mundo carregado de tecnologias e em rápida mutação; ele até mesmo descreveu sua carreira antes da década de 1860 como "anos nas galés",[7] e suas composições como as de um mero escravo da indústria da ópera. Algo sempre o trazia de volta durante a década de 1860; mas depois de *Aida* ele cumpriu com sua ameaça. Com 58 anos de idade, em seu auge como compositor, ele parou de escrever óperas. "*O terra addio*" — adeus, terreno familiar. E depois há todas essas referências oblíquas aos dias gloriosos da ópera italiana, quando se podia assistir a *Il trovatore* com suas ricas cabaletas, como dizia o próprio Verdi, "no coração da África ou das Índias".[8] O dueto final de *Aida* pode bem ter sido uma partida muito pessoal, de um mundo operístico que mudara para sempre.

OTELLO, *FALSTAFF* E A DIVISÓRIA INTANGÍVEL

A retirada de Verdi depois de *Aida* foi, como logo se viu, apenas um ano sabático prolongado. Na década de 1880 a centelha da ópera acendeu-se outra vez. Apesar do intervalo cronológico, suas duas últimas óperas (*Otello* em 1887 e *Falstaff* em 1893, ambas baseadas em temas shakespearianos) talvez conscientemente tenham recapturado velhos hábitos e estratagemas. Embora ele fosse agora uma celebridade internacional que poderia — e realmente o fez — ditar seus termos, Verdi continuou a compor do modo antigo, no sentido de que levava em consideração os cantores que tinha à sua disposição, estando determinado a adequar as passagens musicais de modo a acomodá-los. Chegou até mesmo a usar fragmentos de velhas formas operísticas de tempos em tempos. Mas tais continuidades podem ser enganadoras. Entre *Aida*, em 1871, e *Otello*, em 1887, a ópera, em todos os países, afastou-se inexoravelmente das prévias zonas de conforto. Em algum momento entre essas duas óperas, podemos imaginar que Verdi, como tantos outros compositores, cruzou uma divisória intangível.

O que marcou esse cruzamento? Ao longo de sua história, a ópera tinha tratado o drama com uma alternância entre ação (musicalmente menos complexa, apoiando-se em alguma forma de declamação) e reflexão (momentos nos quais a música pode se expandir). Agora, e embora sempre tenham restado vestígios da antiga divisão, a ópera tornou-se matéria de movimento contínuo, em que a atividade musical combina-se com atividade em outros aspectos: o tempo que passa, antagonismo e confrontação, ou o desenrolar de emoções. Wagner e seus seguidores rotularam às vezes esse novo estilo como *unendliche Melodie* (melodia sem fim), e de alguma forma o termo se aplica também ao Verdi tardio. Em *Otello*, o longo dueto do segundo ato entre Otelo (tenor) e Iago (barítono) é um bom exemplo de como funcionou a nova disposição. O dueto, no qual Otelo vai se convencendo aos poucos de que sua mulher Desdêmona (soprano) cometeu adultério, não pode ser dividido, como se fosse uma antiquada "citação"* feita de movimentos contrastantes. Ele se desenrola com fluidez demais para isso. Há de fato várias "citações" nesse ato de *Otello* — um *racconto* (narrativa) para Iago, um coro de homenagem a Desdêmona e um quarteto — mas esses números estão imersos em ondas em movimento, e são mais interrupções do que lugares de repouso.

As mudanças no estilo de Verdi tiveram, de modo inevitável, a ver com Wagner, apesar de que as convicções nacionalistas de Verdi fizeram-no ficar desconfiado do wagnerismo e eloquente na rejeição de seus atrativos. No entanto, ele involuntariamente seria apanhado nas tendências europeias recentes, através de seu extraordinário relacionamento com seu último libretista, Arrigo Boito (1842--1918). Essa parceria começou já em 1862, quando os dois homens trabalharam amigavelmente juntos num "Inno delle nazioni" para a Segunda Grande Exposição em Londres. Mas, considerando o hiato entre as gerações, uma mudança mais previsível ocorreu um ano depois. Boito, uma figura de liderança entre os boêmios italianos, os chamados *scapigliatura*, improvisou uma ode, "À arte italiana", que descrevia seu "altar" como "maculado como a parede de um bordel".⁹ Verdi levou isso de maneira pessoal; nem ficou, depois, mais cordato com o jovem agitador por ele ter publicado algumas boas resenhas jornalísticas sobre *revivals* de óperas de Verdi.

Esse vacilante começo foi também uma abertura, no sentido de que um as-

---

* Como já comentamos, o termo em inglês que tem sido traduzido (embora não com total precisão) como "citação" é *set piece*, e se refere a um trecho de filme, peça (no caso), ópera etc., que tem uma estrutura ou um modelo marcante como expressão de algo, modelo que é usado sempre que se quer criar esse efeito.

pecto significante da colaboração entre Boito e Verdi é o de que eles provinham de gerações diferentes. Verdi tinha crescido num ambiente quase não afetado por influências estrangeiras, no qual novas obras italianas eram o carro-chefe de toda casa de ópera, e no qual havia muita semelhança formal entre as obras individuais. Nas décadas de 1870 e 1880 esse mundo por fim desapareceu. À medida que o Estado italiano caía na incerteza econômica e (assim sentiu ele) em declínio artístico, Verdi ficou mais sensível, seu pavio mais curto; e sua produção de óperas novas cessou por completo. O problema era exatamente a geração de Boito, bastante influenciada pela *grand opéra* francesa e depois por Wagner. Como indica o episódio do "bordel", Boito e seus amigos boêmios tendiam a pensar que a música italiana da primeira metade do século XIX — sendo Verdi sua inevitável figura de proa — era embaraçosamente provinciana, um mundo de empoeiradas grinaldas de veludo e de uma detestável *realpolitik* financeira.

A colaboração entre os dois em *Otello* reflete o fato de que Boito tinha suavizado sua posição no final da década de 1870. Seu *magnum opus*, a ópera *Mefistofele*, fora um desastroso fracasso no La Scala em 1868. Quando a resgatou sete anos depois, ele abrandou muitos de seus aspectos mais radicais, substituindo-os por soluções operísticas mais palatáveis. Mas ainda havia aquele hiato entre gerações. O início do trabalho em *Otello* foi pontuado por agudas diferenças de opinião. Um problema recorrente foi o final do terceiro ato, no qual Otelo, agora num furioso acesso de ciúmes, confronta Desdêmona publicamente numa cena que tem todas as armadilhas de um antiquado *concertato finale*. Em sua primeira carta a Boito sobre o projeto, comentando o rascunho de seu libreto, Verdi insinuou que estava faltando o "elemento dramático". Depois de uma tradicional peça cantada em conjunto, na qual todos em cena reagem à investida de Otelo sobre Desdêmona, ele sugeriu um radical abandono do enredo de Shakespeare:

> De repente, tambores distantes, trompetes, tiros de canhão etc. etc. [...]. "Os turcos! Os turcos!!" [...] Otelo sacode-se como um leão e se põe ereto; ele brande sua espada e, dirigindo-se a Ludovico, diz: "Vamos! Quero conduzi-lo à vitória novamente" [...]. Todos deixam o palco exceto Desdêmona [...] isolada e imóvel, seus olhos voltam-se para o céu, [ela] reza por Otelo.[10]

Fiel às convenções teatrais de seu passado, Verdi esboçou aqui um acontecimento externo que levaria a ação musical adiante e proporcionaria algum ímpeto para romper o feitiço musical que ele teceria em torno da grande reação comunitária à violência de Otelo.

Boito, para quem *Otello* era acima de tudo um drama moderno, claustrofóbico, psicológico, ficou horrorizado:

> Otelo é como um homem que se move em círculos sob um pesadelo [...] se inventarmos algo que necessariamente o desperte e desvie sua atenção desse pesadelo [...] estaremos destruindo todo o sinistro fascínio criado por Shakespeare [...]. O ataque dos turcos é como um punho quebrando a janela de um quarto no qual há duas pessoas morrendo asfixiadas.[11]

A imagem decadentista de Otelo "movendo-se sob um pesadelo", e sobretudo a dessa dupla a expirar (mais à guisa de *Tristan* do que de *Aida*) num quarto fechado, diz tudo. Para Boito, o drama passa-se essencialmente dentro da psique, no reino daquilo que os wagnerianos gostavam de chamar "o drama interior". Mas o que é mais marcante nessa discordância é que Verdi — que tinha sido antes um verdadeiro tirano em suas tratativas com libretistas — deu razão a Boito, confiando em sua percepção do drama moderno. Mais do que isso, essa confiança obrigou-o a nada menos do que reinventar sua linguagem operística, encontrar um modo mais flexível, com mutação mais rápida, de expressão musical. Com muitos e ansiosos olhares para trás, Verdi fez cautelosamente sua caminhada para cruzar a intangível divisória.

No esforço de Boito e de Verdi por estabelecer um terreno comum, houve um ponto de contato e de união. Para Boito, fiel à sua herança moderna (e outra vez vem à mente a influência de Wagner), os personagens operísticos eram acima de tudo símbolos abstratos. *"Jago è l'Invidia"*, ele escreveu numa descrição dos personagens que foi publicada: "Iago é a inveja";[12] Desdêmona não era meramente uma mulher, era também o símbolo da pureza feminina. Nada poderia parecer mais distante da concepção prática que Verdi tinha sobre o teatro do que essa postura consciente e significativamente abstracionista. Mas depois, numa carta posterior sobre a ópera, o compositor ofereceu sua própria e marcante interpretação de seus três personagens principais:

> Desdêmona é um papel no qual o fio da meada, a linha melódica, nunca cessa desde a primeira até à última nota. Assim como Iago só tem de declamar e *ricaner*, e assim

como Otelo, ora o guerreiro, ora o amante apaixonado, ora esmagado até a abjeção, ora feroz como um selvagem, deve cantar e gritar, assim Desdêmona deve sempre, sempre cantar.[13]

A carta é fascinante porque ela sugere que Verdi tinha canalizado a tendência de Boito ao simbólico e ao interior para servir a seus próprios fins, nesse caso dando ao violento conflito entre os personagens uma forma de parábola sobre as violentas convulsões do drama musical italiano de *fin de siècle*. Os personagens principais da ópera personificam em termos musicais as conflitantes exigências do lírico e do declamatório. Iago, o homem moderno, é sempre declamatório: quando ele canta lindamente, é apenas para enganar. Desdêmona, por outro lado, é um símbolo daquele tempo perdido quando o bel canto era o centro da comunicação teatral. Otelo, como o próprio Verdi, fica preso, em agonia, entre o novo e o antigo. Mas apesar disso, ou talvez mesmo por causa disso, o compositor que envelhecia conseguiu se renovar a si mesmo, imaginando simbolicamente seu esforço criativo dentro do choque de personalidades da ópera.

Quaisquer que tenham sido as intenções de Verdi, foi sem dúvida inevitável que *Otello* e depois *Falstaff*, sua última ópera e única obra cômica desde *Un giorno di regno* (Rei por um dia, 1840, um fracasso de juventude), fossem julgadas em comparação com Wagner. Verdi era o homem de ontem, Wagner era o modelo para o futuro. Alguns se posicionaram contra essa onda e lançaram corajosamente um desafio verdiano às névoas wagnerianas e ao teutonismo. O crítico francês Camille Bellaigue chamou *Falstaff* de "uma obra-prima do clássico gênio *latin*".[14] Boito exibiu com orgulho seu conhecimento da filosofia alemã contemporânea aludindo à crítica de Nietzsche a respeito de Wagner: "O espírito humano deve ser 'mediterranializado'; somente ali existe o verdadeiro progresso".[15] Mas a maioria dos críticos, achando as óperas tão diferentes das primeiras músicas de Verdi, concluiu que ele havia sucumbido. O famoso musicólogo Hugo Riemann, escrevendo em 1901, foi um deles: "Uma significativa mudança de estilo separa o Verdi 'tardio' das obras de seu período intermediário. Isso, para ser bem franco, deve ser atribuído à influência de Richard Wagner".[16] Verdi a essa altura estava acostumado com esse tipo de opinião — já era assediado com acusações de wagnerismo desde a estreia parisiense de *Don Carlos*, em 1867 —, mas elas nunca deixaram de enfurecê-lo. Como ele disse uma vez, trabalhar em teatro durante quarenta anos e ainda ser chamado de um *imitador* era realmente exasperante.[17]

Mas qual *era* a atitude de Verdi em relação a Wagner? Em meio às polêmicas interpretações que voam para lá e para cá, é difícil — mesmo depois de mais de um século — chegar a uma visão equilibrada. Considere-se a famosa carta de Verdi a seu editor, Giulio Ricordi. É datada de 14 de fevereiro de 1883, um dia depois que Wagner morreu em Veneza:

> Triste. Triste. Triste!
>
> Wagner está morto!
>
> Lendo as notícias ontem, eu fiquei, não sei, atacado de terror. Não falemos sobre isso. — Um grande indivíduo desapareceu! Um nome que deixou uma poderosíssima marca na história da arte![18]

Essa carta, bem simples na superfície, é de muitas maneiras estranha, na verdade. Sua abertura melodramática (*"Triste. Triste. Triste! Wagner è morto!"*), com seus ecos fantasmagóricos do título da ópera mais famosa de Wagner, pode ser lida como as linhas de abertura de uma grande ária lamentosa; depois, sua procura incerta por palavras sugere um envolvimento autêntico misturado com uma autêntica confusão (ele sente "terror" em vez do convencional "pesar", ou "tristeza"). Mas o momento mais significativo é o fechamento. O original manuscrito mostra que Verdi primeiro escreveu "deixou uma poderosa [*potente*] marca", mas depois riscou "poderosa" e escreveu em cima "poderosíssima" [*potentissima*]. Quão importante *foi* Wagner? Verdi revelava sua incerteza quanto a onde nivelar sua retórica.

À medida que transcorria a década de 1880 e o wagnerismo firmava-se cada vez mais poderosamente, a atitude de Verdi endureceu. Várias vezes ele investiu contra o estilo wagneriano que agora era pan-europeu, e tinha virado a cabeça dos compositores italianos. Uma típica lamúria do final da década de 1880:

> Nossos jovens compositores italianos não são bons patriotas. Se os alemães, a começar por Bach, chegaram até Wagner, estão agindo como bons alemães e fazendo a coisa certa. Mas nós, descendentes de Palestrina, se imitarmos Wagner estaremos cometendo um pecado musical, e nossos labores serão inúteis, até mesmo prejudiciais.[19]

Havia muito mais nesse tom. Durante os últimos trinta anos de sua vida, as cartas de Verdi e seus pronunciamentos públicos sempre lamentavam a influência do wagnerismo sobre os jovens italianos, os perigos da complexidade harmônica e orquestral, em particular os erros de compositores (entre eles Puccini) que tinham sido seduzidos pelo estilo "sinfônico". Deveriam voltar às raízes nacionais, estudar contraponto, reverenciar Palestrina e as grandes tradições corais do passado musical italiano.

Foi nessa atmosfera que nasceram *Otello* e *Falstaff*, e as circunstâncias deixaram seus traços. *Falstaff* começa e termina, por exemplo, com irônicas glosas sobre dois grandes pilares da forma musical "acadêmica". Os primeiros minutos da ópera são num tipo de arremedo zombeteiro da forma sinfônica da sonata, e cada vez que começa um novo trecho, Falstaff (baixo barítono) oferece um comentário lacônico: *"Ecco la mia risposta"* (Aí está minha resposta) quando o "segundo assunto" começa; *"Non è finita!"* (Não está terminada!) no começo do desenvolvimento; há até mesmo um "Amém" na coda. Tendo em vista a preocupação de Verdi com o "sinfonismo" (isto é, wagnerismo) dos jovens compositores italianos de ópera, essas lateralidades assumem um rico significado irônico. Ainda mais óbvia é a fuga que fecha a ópera (que, como nos relatam as cartas de Verdi, foi sua primeira inspiração musical para a ópera). "Tutto nel mondo è burla" (Tudo no mundo é brincadeira) pode ser considerado um final adequado para a longa carreira de Verdi mas também é um eficiente lembrete à geração mais jovem — o contraponto é nosso legado italiano, volta a Palestrina e à salvação final. Outras conexões são mais frágeis. *Falstaff*, por exemplo, é mais acentuadamente cromática do que qualquer outra ópera de Verdi, mas também tem obsessão pela cadência, sempre pontuada por inequívocos gestos de encerramento. Relacionado com isso há o contraste entre a frouxidão formal da obra e seus frequentes gestos de encerramento — enormes clímax orquestrais que parecem se sobrepor àquilo que eles ostensivamente estão encerrando. Seria isso também um lembrete? Logo depois de terminar *Falstaff*, Verdi escreveu para um amigo, fazendo troça da escola "moderna" (mais uma vez, leia "wagneriana") devido a seu estilo melódico: "uma melodia moderna [é] uma dessas que nunca têm começo nem fim, e permanecem suspensas no ar, como o túmulo de Maomé".[20] Novamente, essas enfáticas e triunfantes cadências estão marcando posição quanto ao estado do mundo operístico.

Talvez, no entanto, esses equivalentes entre música e política sejam muito simples. Os germanófilos veem *Otello* e *Falstaff* como influenciados por Wagner; seus oponentes as veem como pilares de sustentação contra a onda wagneriana. Precisamos dar continuidade a polêmicas tão antigas? Existe, afinal de contas, uma distinção importante entre a obra de Wagner e o wagnerismo — entre as óperas e a mensagem crítica da qual são forçadas a se incumbir. Verdi certamente temia esta última, e posicionou-se contra ela, em especial contra as alegações exageradas sobre estruturas operísticas "sinfônicas". Uma de suas cartas mais famosas, mais uma vez a Ricordi, apresenta admoestações a seu mais famoso sucessor italiano:

> Ouvi dizer boas coisas sobre a música de Puccini [...]. Ele segue tendências modernas, e isso é natural, mas mantém contato com a melodia, que não é nem moderna nem antiga. Parece, no entanto, que o elemento sinfônico nele predomina. Aqui ele precisa ter cuidado. Ópera é ópera; sinfonias são sinfonias; e não acho que seja bom haver na ópera um elemento sinfônico meramente pelo prazer de fazer a orquestra dançar.[21]

Mas as cartas sobre Wagner tornaram-se diferentes no tom, sugerindo um projeto compartilhado e autêntica (conquanto perturbada) admiração e entendimento. Será que essa postura conciliatória mostra também seus indícios nas últimas óperas?

Houve quem encontrasse ressonâncias entre os *finales* dos primeiros atos de *Falstaff* e de *Die Meistersinger*,[22] mas o que é mais imediatamente audível é o uso que Verdi fez daquela coluna de sustentação da técnica wagneriana, o tema recorrente. Esses temas tinham aparecido em muitas de suas primeiras óperas, mas eram usados de um modo muito não wagneriano. Ideias como o tema da "maldição" em *Rigoletto* estão isoladas de seus contextos, comunicando significados que são traduzíveis exatamente por não serem frequentes. Mas em *Falstaff* deparamos com uma técnica diferente. Ford (barítono) tem um formidável monólogo na primeira parte do segundo ato ("È sogno? o realtà?"; É um sonho? ou a realidade?), em que a tessitura musical é grandemente construída de fragmentos confusos de temas anteriores. O estado psicológico do solista é muito mais evidente na orquestra do que naquilo que ele canta. Outro momento acontece no início do terceiro ato, quando Falstaff tem um monólogo extraordinário e chega às profundezas do desespero e então gradativamente se recompõe (com um pouco de ajuda do vinho) e se prepara para a vida à frente. Em seu ponto mais baixo, ele olha para si mesmo com brutal honestidade: *"M'aiuti il ciel! Impinguo troppo. Ho dei peli grigi"* (Céus, ajudem-me! Estou ficando muito gordo. Meu cabelo está ficando cinzento). Essa litania infeliz é cantada num recitativo despojado e exaurido, orquestralmente pontuado por apenas uma figura cromática nos contrabaixos — que vagueia sem tonalidade, assim como Falstaff, por um momento, viu-se destituído de energia e de direção. Essa pequena figura é obviamente uma "citação", mais ou menos idêntica a um dos temas de Klingsor na última ópera de Wagner, *Parsifal*. O que poderia significar, inserida aqui bem no meio de *Falstaff*? Não há no libreto uma referência óbvia. Talvez seja apenas uma dessas fortuitas parecenças que a música lança de tempos em tempos, para nosso espanto ou nossa delícia. Ou talvez seja de fato um criptograma a ser decifrado e entendido, um modo musical de Verdi repetir: *"Triste. Triste. Triste! Wagner è morto!"*.

Sabemos alguma coisa dos últimos anos de vida de Verdi por meio de fotografias — a barba branca, o sorriso sagaz, o chapéu amarrotado. Frequentemente se considera esse período como sendo o de seu verão indiano. Embora o mundo operístico tivesse mudado, o idoso compositor persistiu em alguns de seus antigos hábitos criativos, até o último. Um deles era encontrar uma fonte de energia criativa nas características vocais dos cantores. Num estágio final da composição de *Falstaff*, ele recebeu para um teste uma possível madame Quickly, Giuseppina Pasqua (1855-1930), e gostou tanto de sua voz que criou para Quickly — e para Pasqua — uma pequenina ária no segundo ato ("Giunta all'Albergo"). Ainda mais importante, há muitas evidências de que os papéis de Iago e de Falstaff não teriam sido como são — com suas mudanças súbitas de atitude, seus desconcertantes lampejos de lirismo e, acima de tudo, suas às vezes insólitas imitações de outros personagens — sem os notáveis talentos histriônicos de seu criador, o baixo barítono Victor Maurel (1848-1923).[23] As gravações de Maurel de "Era la notte" (*Otello*, segundo ato) e "Quand'ero paggio" (*Falstaff*, segundo ato) estão hoje disponíveis, e são uma demonstração de sua dicção extraordinária e de sua habilidade nas imitações vocais. Sua sinistra enunciação de "Desdemona soave" em *Otello* ainda provoca arrepios, mais de cem anos depois de ter sido gravada.

Depois de *Falstaff* em 1893, e malgrado algumas lindas últimas peças de cunho religioso (reunidas como as *Quatro pezzi sacri*), o mundo de Verdi inevitavelmente ficou mais estreito. Sua companheira durante cerca de cinquenta anos, Giuseppina Strepponi, morreu em novembro de 1897, levada pela pneumonia depois de uma longa e dolorosa doença; em seu testamento ela expressa sua esperança de se reunir com Verdi no céu. Há algumas cartas finais muito tristes para outra soprano, Teresa Stolz, com a qual ele estivera muito envolvido, talvez romanticamente, nos obscuros anos sem ópera da década de 1870. Numa das últimas, ele está com 87 anos e ela com 66:

> Tivemos alguns momentos deliciosos, mas foram demasiado curtos. E quem sabe quando mesmo um momento tão curto quanto esse acontecerá novamente? Oh, a vida de um velho homem é realmente infeliz! Mesmo sem uma enfermidade real, a vida é uma carga e sinto que a vitalidade e a força estão diminuindo, cada dia mais do que no dia anterior. Sinto isso dentro de mim e não tenho a coragem e a força para me manter ocupado seja com o que for. Ame-me muito e sempre, e creia em meu amor, que é grande, muito, muito grande, e muito verdadeiro.[24]

Verdi lamenta a perda da vitalidade e da força, da coragem e do poder — qualidades que ele doou tão generosamente a serviço da expressão musical e dramática. Há também, no fim, uma terna expressão de amor e de lealdade. Mais impactante do que tudo, no entanto, é a inflexível honestidade, uma disposição de encarar aquilo que está oferecendo um mundo em mutação.

16. Realismo e clamor

La traviata e *Carmen*: as duas são realísticas a seu jeito. Sob a influência desta última, o realismo tornou-se uma palavra da moda na ópera no final do século XIX — e em diversos países quase ao mesmo tempo. Mas as grandes diferenças entre os tipos de ópera que navegavam sob a bandeira do realismo poderiam nos tornar cautelosos quanto a adotar esse termo com demasiada literalidade. Como escrevemos no primeiro capítulo deste livro, a ópera é, num sentido básico, não realista — os personagens operísticos vão conduzindo seus assuntos cantando, em vez de falando. Para que fique claro, a ideia do realismo nas artes é sabidamente problemática mesmo quando aplicada à literatura e às belas-artes, a despeito de sua longa história e sua óbvia adoção nessas formas de arte. Linda Nochlin começa seu clássico levantamento do realismo nas artes no século XIX identificando no "ambíguo relacionamento com os problemáticos conceitos de realidade"[1] uma causa básica da confusão que assola a percepção desse movimento. Na ópera — em qualquer gênero em que a música esteja envolvida — esses problemas ficam ainda mais confusos. Mas o realismo continua a emergir como um lema na história da ópera, em geral como um meio de atacar a prática operística de ontem, um agente nessas continuadas tentativas de reformar a ópera, discipliná-la, reinar nela, purgá-la dos excessos que se considera que o passado tenha cometido. O final do século XIX não foi exceção; de fato, o realismo foi intimado como fator mais do que jamais fora antes. Um motivo para isso foi que os rebeldes da ópera do final do século XIX precisavam de todos os slogans que pudessem arregimentar para se distanciarem do passado imediato. O "ontem" que estavam enfrentando assomava diante deles, impondo-se como nunca antes, na forma de três sombras projetadas por três poderosos gigantes: Giacomo Meyerbeer, Giuseppe Verdi e — o maior e mais obscuro de todos — Richard Wagner.

A ideia de um realismo operístico é, então, importante em termos históricos, mas ele é sempre uma característica relativa, que, potencialmente, pode significar muitas coisas. Poderia se referir ao realismo no ato de representar, de como um cantor "entra" no personagem em vez de apenas representar vestido de certa forma. Tanto Wagner quanto Verdi lutaram tenazmente por reformas nesse sentido. Os cantores, eles argumentavam, deveriam perder sua própria identidade em seus papéis, deveriam *transformar-se* nas figuras que personificam, permitindo que a plateia absorva a ilusão de que o mundo encenado no palco existe e tem importância. Mais uma vez, no entanto, é preciso ressalvar: a demanda por — ou o elaborado louvor a — uma representação "engajada" na ópera antecede o final do século XIX. Podem ser encontrados, por exemplo, nas críticas às atrizes cantantes que povoavam a *tragédie lyrique* francesa durante o século XVIII.

Houve outras formas de realismo que desafiaram uma qualidade fundamental da ópera, a estranheza. Uma delas envolve a questão do tempo — especificamente o tempo em suspensão durante um número ou parte de um número operístico, quando nada acontece além do canto. Na maioria das óperas antes do final do século XIX há lugares nos quais a ação ou a discussão é posta de lado, nos quais toda a energia é dedicada à música pura. A representação continua, mas o tempo no mundo encenado se detém. Durante esses quadros congelados, pode-se imaginar um tipo de verdade psicológica em ação — momentos nos quais a bem-aventurança ou o choque são extremos, em que o mundo pode parecer se deter por um instante. Os números operísticos podem se apoderar desse instante, abrindo espaço para um grande objeto musical que vai ocupar vários minutos. Wagner foi muito radical ao desfazer isso. Ele teve o insight de que a bem-aventurança ou o choque dos personagens poderiam ser estendidos quase ilimitadamente, o que queria dizer que não era necessário que houvesse uma pausa no tempo ficcional. *Tristan und Isolde* apresenta em cena um desenrolar contínuo de intensos estados emocionais: como disse seu compositor numa frase famosa, a ópera encena a arte da transição.[2]

Wagner não foi o único a tentar reorganizar o tempo operístico favorecendo diálogo e ação encenada contínuos, ao reduzir o número de pausas do libreto para que entrem as "fibras" poéticas consumidas por solistas, ou por um conjunto de personagens ao mesmo tempo. Em maior ou menor medida, todos os compositores do final do século XIX tiveram esse impulso para uma continuidade. No capítulo anterior comentamos a relação entre "citação" e "diálogo", considerando a primeira mais uma interrupção do segundo do que um inevitável ponto final. A mudança refere-se sobretudo a solos de árias, que tinham sido o carro-chefe da ópera durante dois séculos e mais do que isso, mas que agora se tornaram eventos excepcionais. Foram inexoravelmente substituídos por grandes duetos e peças executadas por conjuntos maiores, números nos quais poderia ocorrer uma noção mais solta de conversação musical. E a mudança de árias para duetos, de ópera como solilóquio para ópera como diálogo, muitas vezes andou de mãos dadas com uma aceitação gradual da prosa em oposição ao libreto em verso. Quanto a esse aspecto Wagner foi ainda o empreendedor, em especial na extravagância que foram suas quatro óperas do *Der Ring des Nibelungen* (1876). Com seu exército de deuses arrogantes em marcha, heróis brandindo espadas, ninfas aquáticas cabriolantes e anões transpirantes, o *Ring* dificilmente pode ser considerado realístico em termos de história. É, no entanto, muito mais realístico do que, digamos, a tragédia humana de *Rigoletto*, de Verdi (apresentada pela primeira vez em 1851, mais ou menos a época em que Wagner começou a trabalhar na música do *Ring*), no sentido de que deixa o tempo no mundo encenado fluir quase sem interrupções a cada cena. Essas inovações afetaram profundamente o formato musical da ópera, mudando a relação entre o tempo musical e o tempo ficcional, trazendo-os a um alinhamento mais contínuo.

Wagner foi também musicalmente realista em seu amor pelo ruído, ou, como ele teria preferido definir, pelo som natural. A música cênica, ou música para acompanhar os efeitos cênicos, ou os quadros encenados, já existia na ópera durante um bom tempo. Mas essa música adquirira convenções que permitiram que fosse imediatamente compreendida sua relação com o mundo que estava sendo representado. A música pastoral de Rossini em *Guillaume Tell* (1820) inclui imitações de sons reais (a trompa do vaqueiro suíço) para criar um colorido local; mas na maioria dos casos essa música descritiva funciona ao se comportar corretamente como um código musical que reverbera emoções tradicionalmente associadas a cenas pastorais — paz, um sentido de simplicidade e atemporalidade, uma benigna lassidão. Wagner muitas vezes trabalhou dessa mesma maneira, no que podemos chamar de "meditação". O interlúdio orquestral (conhecido como a Jornada do Reno de Siegfried) entre as cenas 1 e 2 do primeiro ato de *Götterdämmerung* (1874) é entendível como uma progressão geográfica através de uma paisagem sobretudo porque seus leitmotiven — o toque de trompa de Siegfried, o "Fogo", tema conectado ao lugar do exílio de Brünnhilde, a música do Reno — estavam próximos das representações musicais tradicionais das cenas de caça, de fogo e de água.

No entanto, havia também uma forma mais direta de representar os locais habitados por personagens de ópera, e era a de imitar os sons naturais sem acrescentar quase nada. É uma música sem regras, a uma distância mínima daquilo que ela representa, como encontramos na cena dos peregrinos no primeiro ato de *Tannhäuser*, de Wagner. Outro exemplo vem de sua *Der fliegende Holländer* (1843), na qual tempestades musicais são elementais tanto quanto simbólicas: elas contêm não somente os convencionais trêmulos em tom menor, mas o puro assobio do vento nas enxárcias (flautas e flautins) ou as pancadas do trovão (tímpanos percutidos com baquetas duras). Verdi também era um adepto disso. Em *Rigoletto*, a cena da tempestade no último ato utiliza vozes humanas distantes que cantam com as bocas fechadas, para criar um estranho efeito de um vento desenfreado; no terceiro ato de *Aida* ele invoca uma espécie de silêncio ruidoso (uma noite estrelada nas margens do Nilo) por meio de cordas com surdina tocando uma única nota em muitas oitavas, em pizzicato, trêmulo e com harmônicos. No que tange à voz humana, Wagner foi ainda mais direto: às vezes instruía seus cantores a gritar — não a cantar um grito escrito na partitura como notas, mas realmente gritar, para romper a casca musical. Isso foi tão radical quanto qualquer uma de suas inovações mais famosas. O ruído pode reordenar o equilíbrio do poder na ópera, modificando o canto e também a maneira pela qual a música operística é escrita.

BORIS E DIVOS DAS PROFUNDEZAS

Puro ruído e uma resistência a momentos congelados são, então, a guarda avançada do realismo na ópera. Antes de os libretos se voltarem para a prosa ou adotarem os pobres da cidade como seus assuntos favoritos, sons naturais e diálogo contínuo já sinalizavam uma mudança mais fundamental. *Boris Godunov* (1869, revista em 1874), do compositor russo Modest Musorgsky (1839-81), é nesse sentido um dos primeiros e mais radicais experimentos realistas do final do século XIX. O período de formação de Musorgsky foi entre 1830 e 1850, e testemunhou o estabelecimento de um número de tradições operísticas nacionais conscientes de si mesmas, em particular as da Rússia, da Polônia e de várias partes do império dos Habsburgo, em especial a Hungria. Todas essas obras viram, no século XVIII, óperas cantadas e faladas no vernáculo, mas o surgimento de uma "ópera nacional" foi, como na Itália e na Alemanha, ligado ao processo de empreender a construção cultural da nação assumido pelas classes médias em expansão. Em vários casos podem se identificar óperas-chave que conseguiram, mais pela força de múltiplos desempenhos ou associações com eventos políticos do que por seu uso ocasional de material folclórico, reunir em torno delas uma miscelânea de temas musicais e literários que puderam funcionar como símbolos de uma nação. Esse processo é importante aqui, e muitas vezes mal compreendido: ao invés de se apropriar de um fundo já existente de material musical nacional, essas óperas, tipicamente, tenderam a *construir* esse material — tornando-se (como aconteceu com Verdi, na Itália) "obras nacionais" como resultado dos cumulativos atos de aceitação nacional com os quais foram recebidas.

Um bom caso em questão, e cronologicamente a primeira dessas figuras operísticas na Rússia, foi Mikhail Ivanovich Glinka (1804-57). Sua *A vida pelo tsar* (1836), que descreve a si mesma de forma bem grandiosa como "uma patriótica ópera heroico-trágica", é, de algumas maneiras, uma ópera de "resgate" no estilo de *Les Deux Journées* (1800), de Cherubini, e também mostra mais do que um mero indício da influência de Rossini, derivada sem dúvida das viagens de Glinka à Itália na década de 1830. Concebida em torno de uma figura do século XVII, Ivan Susanin, um camponês que lutou contra a invasão polonesa, a partitura faz uma ou duas menções a material folclórico, mas a maior parte dela deriva da tradição urbana russa de músicas de salão. O que é inovador na obra de Glinka, no entanto, vem da maneira pela qual esse material, que tinha sido usado com bastante frequência em obras anteriores como "colorido local", vem habitar o cerne do drama, em particular durante os momentos de clímax. A novidade e a importância de *A vida pelo tsar* foi muito rapidamente reconhecida e apreciada, e a ópera é, até hoje, considerada um divisor de águas no desenvolvimento da música russa. A segunda ópera de Glinka, *Ruslan e Lyudmila* (1842), nunca teve tanto sucesso, embora tivesse sido muito imitada por compositores russos posteriores, que desenvolveram seu conto de fadas e seus temas orientalistas.

Contra esse pano de fundo, Musorgsky soará mais radical do que nunca. A segunda cena de *Boris* começa com sinos: não sinos reais mas uma destemida imitação, uma alternância entre cordas que não têm uma relação funcional entre elas (baseada num conjunto atonal de notas chamado "escala octatônica", um recurso favorito dos compositores da parte final do século XX, como Bartok e Stravinsky). Essas massas dissonantes parecem extraordinariamente estranhas para o ano de 1869; elas não fazem muito sentido dentro da gramática musical da época. O sentido que elas *realmente* fazem é com referência aos sons reais que imitam: esses sons profundos de sinos que ressoam em ocasiões de cerimônias solenes, e os quais, da maneira mais pertinente, criam tons e sobretons discordantes que se sobrepõem — Musorgsky nada faz para embelezar esse som. Logo depois, sinos *reais* também ressoam, tornando-se a instância, assim, explícita. Essa abertura, cordas-sinos octatônicas com seu tipo indistinto de sentido musical, está no vértice entre a música e os sinos que se ouviriam no mundo cotidiano. Em outras palavras, os sinos de Musorgsky são um presságio das coisas do *fin de siècle* ainda por vir. Wagner — sem conhecer uma ópera russa então obscura — fez sua própria versão de um som atonal de sinos no terceiro ato de *Parsifal*: as vozes cruéis dos cavaleiros do Graal repreendem Amfortas em ondas e dobres dissonantes que se tornam sons de sinos numa forma insólita de canto em conjunto.

Em *Boris*, a música com o clangor dos sinos é um dos muitos momentos rudes nos quais se evidencia que Musorgsky visa à franqueza, e seu desprazer com os aspectos fabulosos e frívolos da ópera. Embora essa escolha do material temático e — em certas ocasiões — da linguagem musical tenha reminiscências de Glinka, suas atitudes para com esse material são muito diferentes. Em vez de enfiar alguma fonte literária num formato próprio de libreto, com poesia bem-comportada em amplas oportunidades para momentos congelados, Musorgsky talhou palavras diretamente de uma peça anterior do poeta Aleksandr Púchkin, por sua vez baseada em fatos da história da Rússia. A intenção explícita tanto do poeta quanto do compositor foi didática — instruir e educar expressando advertências do passado. A ação se passa no fim do século XVI, e nessa segunda cena com seu ressoar de sinos, Boris Godunov (baixo) está prestes a ser coroado tsar. Mas ele abriga uma culpa secreta — cometeu assassinato em seu caminho para o poder. Ao final do drama, esmagado pela culpa, temeroso por seu jovem filho e pretendente ao trono, ele sucumbe a uma terrível convulsão.

O libreto de *Boris*, na versão original, de 1869, só permite algumas poucas situações da ópera tradicional; em vez delas há muitas e longas conversações e alguns monólogos, todos no formato de prosa musicada que flui e reflui com as palavras. Para a versão revista, encenada no Teatro Mariinsky, em São Petersburgo, em 1874 (a versão de 1869 foi rejeitada pelas autoridades e não foi apresentada a era soviética), Musorgsky foi incentivado a preencher a peça com conteúdo operístico mais convencional, e fez isso com algum entusiasmo. Junto com outras mudanças mais fragmentadas, ele acrescentou todo um ato, que se passa na Polônia. Contém uma ária em estilo de mazurca para a heroína Marina (soprano), uma *polonaise* brilhante formal e um longo dueto de amor final entre Marina e o pretendente Dimitry (tenor), completado com harpas e vozes entrelaçadas. Nessas passagens, *Boris* soa como uma *grand opéra* em sua encarnação russa. Às vezes a influência vem através de predecessores como Glinka e sua *A vida pelo tsar*, mas outras vezes é mais genérico e direto: o material temático histórico/político, a determinada variedade de estilos musicais ou a cena da coroação com seu quadro de massas e seu brilho cênico. Há, no entanto, um sentido no qual *Boris* (em qualquer das versões) tem um profundo comprometimento com a eterna verdade da ópera, e isso está na celebração do cantor estelar. Musorgsky manipulou o *Boris* de Púchkin de modo a fazer de sua ópera um espetáculo para um baixo de primeira linha, um marco no repertório dessa criatura rara, o divo das profundezas. A história dos desempenhos nessa ópera tem sido pontuada por uma magnífica sucessão desses prodígios, de Feodor Chaliaplin a Alexander Kipnis, de Boris Christoff a René Pape. Examinar seus atrativos para um cantor estelar pode alertar contra uma superênfase dos aspectos radicais de *Boris*, um ato que quase sempre anda de mãos dadas com um exotismo generalizado da música russa — mantendo-a à parte ao se exaltarem suas palpáveis diferenças em relação à principal corrente musical da Europa Ocidental.

Poderíamos dar realce a esse alerta notando que *Boris* mistura sem reservas tradições do passado, fazendo experimentos que eram sui generis, junto com uma esplêndida variedade de outros que são da ópera mais usual. Por esse motivo, a obra furta-se a uma fácil categorização de acordo com uma posição histórica ou um gênero, mas provavelmente se encaixa melhor no *fin de siècle* do que como um apêndice da *grand opéra*. Isso em parte se deve a um outro aspecto do estilo de

Musorgsky que poderia, assim como aqueles sinos nas cordas, atrair o rótulo de realista, e também poderia ser pensado como a aposta de Musorgsky para o futuro da ópera. Durante a criação de *Boris*, seu compositor descreveu sua estética operística desta maneira:

> Meus personagens falam em cena como as pessoas falam na vida real, mas de modo que o personagem e a força de sua entonação, com o apoio da orquestra, que é o fundo musical de sua fala, atinjam o objetivo a que visam; isto é, minha música tem de ser uma reprodução artística da fala humana em todos os seus mais sutis rodeios.[3]

Rastrear as origens literárias desse credo pode se mostrar uma interessante jornada, que (embora Musorgsky não pudesse tê-la conhecido) pode levar de volta, por um caminho circular, aos ideais daqueles italianos do século XVI, cujas teorias ajudaram a criar as primeiras óperas.[4] Eles também tinham insistido na fidelidade ao fluir das emoções e dos ritmos da fala, e chamaram o novo estilo de *recitar cantando*. Mas isso tinha sido três séculos antes, três séculos durante os quais, apesar de várias tentativas de represar a onda, a parte *cantando* da equação operística ou, mais amplamente, o aspecto musical tomado como um todo, tinha estado numa ascendência quase contínua. As aspirações políticas e didáticas de Musorgsky e de alguns de seus contemporâneos russos (um grupo de reformadores que recebeu o nome de "Kuchka" — literalmente "o montinho", ou "grupinho") os fizeram empenhar-se num novo tipo de realismo declamatório, no qual os ritmos e as cadências do falar russo estariam esboçados em seu estilo de ópera. Embora essas tentativas tivessem tido pouca influência imediata, suas reverberações posteriores foram poderosas e refletiriam as atitudes em relação à ópera de muitos dos maiores compositores do fim do século XIX e do século XX.

A cena da morte de Boris, que fecha a versão de 1869 e tornou-se a penúltima cena em 1874, é certamente não *apenas* uma versão musical da fala. É tida mais como uma demonstração virtuosística das forças que podem ser investidas no som realístico, onde pouco do que estamos ouvindo parece envolver artifícios musicais ou uma clara construção formal. A primeira seção do monólogo, quando Boris dirige-se a seu filho Fiódor (meio-soprano), apoia-se na autoridade lírica da voz do baixo, na forma de ondas melódicas curtas, individuais, virtualmente em cada uma das linhas do texto. Quando Boris apela a Deus por misericórdia, seu lirismo quase schubertiano cede e a voz se eleva a seu registro mais alto — a quase sussurros, com altos trêmulos nas cordas. Mas os estranhos sinos nas cordas da cena da coroação regressam, e desse ponto até bem perto do final, a música como que se destina toda a ser ouvida pelos personagens em cena, inclusive os sinos e um coro de pranteadores fora de cena. Boris começa a cantar *com eles*, entrelaçando sua voz através deles e em volta deles.

Sempre que isso acontece numa ópera — sempre que os personagens respondem musicalmente aos sons à sua volta — há um sentido cujos limites têm sido descartados e reinventados. Não se trata apenas de os personagens poderem ouvir música que esteja sendo produzida nas redondezas: isso, afinal, acontece em todas essas situações de vamos-cantar-uma-canção-na-estalagem. Mas Boris responde a essa música ambiente improvisando uma canção em contraponto. Em certo sentido, estamos muito longe do realismo. Qual ser humano, num momento de extrema emoção, ouviria um hino ao fundo e responderia cantando suas palavras numa livre consonância? Essa parte do monólogo na hora da morte marca, apesar de tudo, uma importante reviravolta estética para a ópera, na qual uma antiga certeza — a de que os personagens operísticos não sabem que estão cantando — se desfaz, dando lugar a uma frutífera confusão. E esse básico elemento composicional — de usar a música ou os sons de fundo como a âncora, com os personagens cantando em livre conversação em torno disso — torna-se uma técnica muito difundida na ópera do *fin de siècle*. É um tipo de cortina musical contra cujo fundo podem se manter conversações ou monólogos cantados, com a naturalidade e a qualidade de só meio cantadas que têm linhas vocais ancoradas numa música mais rica a uma (aparente) distância. O segundo ato da *Tosca* de Puccini tem esse procedimento num longo trecho, quando Tosca — fora do palco — canta uma cantata para a rainha enquanto Scarpia e Cavaradossi trocam insultos e informações num ritmo livre em primeiro plano. Houve um significativo modelo anterior desse truque que todos esses compositores deveriam ter conhecido: as comédias de Mozart, em particular *Don Giovanni*, onde tanto as danças quanto os arranjos de ária finais são executados em cena enquanto os personagens comem, sussurram, conspiram, gracejam e conversam cantando sobre o fundo musical.

Os trejeitos e hábitos que se manifestaram durante mais de um século de apresentações de *Boris* refletem um continuado sentido de um tipo peculiar de autenticidade da ópera, seu fator realidade. Como qualquer um que tenha assistido à obra saberá, tornou-se *de rigueur* que o baixo principal, espetacularmente, dê tudo de si e (num exagero da direção de cena) faça o tsar ferido se ajoelhar diante de seu trono. Esses corpos maciços se abatendo no chão, o próprio som que isso produz, o destemor dessa postura, constituem um choque permanente. Como aconselhou o grande diretor russo Stanislavski a seu Boris, em 1928: "Não rasgue o colarinho de sua blusa para demonstrar que está sufocando. Isso é o que todos os outros cantores fazem nessa parte, e isso é só um velho clichê. Curve-se para a frente e caia como faz um boi quando é abatido".[5] Então agora todos fazem assim, e sempre se ouvem seus arquejos. Mas há outra tradição nessa representação, a qual, conquanto menos chocante, reflete esse destemor de outra maneira. Em sua revisão de 1874, Musorgsky acrescentou um número com colorido local bem à guisa de ópera-cômica, uma canção rústica para a rubicunda estalajadeira (meio-soprano) no primeiro ato, cena 2. O papel da estalajadeira tornou-se uma destinação favorita para grandes divas em seus anos de crepúsculo, e frequentemente é cantado por vozes realmente já comprometidas, com uma aspereza apropriada à identidade da personagem. Martha Mödl (1912-2001), por exemplo, cujos papéis em Bayreuth na década de 1950 incluíram os de Kundry, Isolda e Brünnhilde, apresentou-se como uma estalajadeira meio cômica, meio trágica em apresentações de *Boris* em Munique nas décadas de 1970 e 1980. A postura sem reservas de Musorgsky pelo canto realístico parece, em outras palavras, suscitar o destemor dos intérpretes também, posturas que fazem com que o mundo estético do bel canto pareça ser uma lembrança muito distante.

ONEGIN: ÓPERA DE SALÃO

É adequado, de várias maneiras, que o papel de uma mulher idosa com uma voz prejudicada, cantado por quem não tema exibir o preço a pagar por anos de serviço nos grandes teatros, venha a ocorrer frequentemente na ópera do século XX. Clitemnestra, na ópera *Elektra* (1909), de Richard Strauss, a Rainha da Decadência na ópera, também é representada por ex-Brünnhildes cujo alcance e beleza no tom de voz tinham desaparecido para sempre. Astrid Varnay (1918-2006), uma soprano wagneriana de primeira linha nas décadas de 1950 e 1960, pode ser vista e ouvida roubando o espetáculo como Clitemnestra na versão da tevê alemã de 1984, dirigida por Götz Friedrich. Duas décadas antes de Strauss, Piotr Iliich Tchaikóvski (1840-91) criou um papel semelhante em sua penúltima ópera, *A dama de espadas* (1890). O enredo, baseado num conto de Púchkin de 1833, está cheio de aparições, fantasmas e outros fenômenos inexplicáveis. Um obsessivo herói, Hermann (tenor), está apaixonado por Liza (soprano), a aristocrática neta de uma velha e arrogante condessa (meio-soprano), uma figura decadente que remanesce na base de pinturas e remendos. Hermann acredita que a condessa tem um dom sobrenatural e conhece uma combinação secreta de três cartas que sempre iria fazer a fortuna de quem apostasse nela. Ele invade a alcova da condessa à noite e com o susto ela morre de um ataque cardíaco antes de poder lhe revelar o segredo; no entanto, ela lhe aparece depois como um fantasma e dá o nome de três cartas. Mas a última delas está errada, como Hermann vai descobrir numa aposta desastrosa que acaba com seu suicídio. A condessa, uma personagem grotesca sem qualquer virtude redentora, é sempre representada ou por uma brava ex-diva ou por uma jovem meio-soprano que finge ter ficado sem voz. Os feios sons que a cantora emite pretendem ser uma indicação não só da idade da condessa, mas de sua reles alma. Mödl cantou pela primeira vez o papel da condessa na ópera de Nice em 1989, com 77 anos. Varnay, que acrescentou a condessa a seu repertório em 1984, quando tinha 66 anos, referiu-se a este e a outros papéis de personagens pós-Brünnhilde como "o silenciamento da artilharia pesada".[6]

Tchaikóvski nunca se associou aos Kuchka e — ao contrário deles — beneficiou-se de um meticuloso treinamento, com isso, de um conhecimento maior da música da Europa Ocidental. Ele raramente é um compositor explícito, e demonstrou pouco interesse em representações impetuosas de ruídos. Mas apesar da defasagem estética, podem se localizar nas óperas de Tchaikóvski aromas tipo *Boris*, aromas que envolvem os muitos e alternativos sentidos do realismo e o paradoxo que podem surgir de suas manifestações musicais. No segundo ato de *A dama de espadas*, por exemplo, há uma longa cena num salão de baile cuja música é em grande parte apresentada como acontecendo realmente em cena. Além das obrigatórias danças, os convidados também se reúnem para uma apresentação completa de uma pequena ópera pastoral chamada *A pastora fiel*, escrita ao estilo de Mozart. A música-dentro-da-música de Tchaikóvski envolve desorientadores deslocamentos cronológicos. A música à maneira de Mozart seria o estilo apropriado à efetiva época de Hermann, já que o libreto, de autoria do irmão de Tchaikóvski, Modest, traz o conto de Púchkin para o século XVIII. Mas Tchaikóvski não escreve uma música que imita Mozart. Em vez disso ele cria algo que soa como que um Mozart através do filtro de um tempo perdido, uma música que pode ter sido executada há muito tempo mas que de algum modo só está sendo ouvida agora, cem anos depois. A situação dramática é clara. Trata-se de um baile e *A pastora fiel* é um divertimento sendo tocado em tempo real, bem ali, no palco. Os personagens ouvem a dança e os números operísticos ao mesmo tempo que a plateia. Mas essa música estranhamente refratada conta uma outra história, sugerindo que a experiência dessa apresentação real é um sonho, ou uma alucinação. É um truque maravilhoso, a seu modo tão radical quanto os sinos dissonantes nas cordas de Musorgsky.

A outra grande ópera de Tchaikóvski, *Yevgeny Onegin* (Eugene Onegin, 1879), também se baseou em Púchkin e foi escrita conscientemente contra a natureza da ideologia Kuchka, sem um aberto nacionalismo e sem qualquer sinal de grandes cenas históricas, tsares, batalhas ou marchas. *Onegin* é essencialmente uma ópera de câmera e tende a ranger sob a pressão de pródigos custos de produção e de cantores estelares mais-que-monumentais que habitam em *Boris*. Isso pode ser bem percebido na tímida promoção que Tchaikóvski fez da ópera: ela foi primeiramente apresentada por estudantes do Conservatório de Moscou; mesmo quando chegou ao palco profissional do Teatro Bolshoi, em 1881, o compositor continuou a insistir numa abordagem modesta e numa atitude discreta — acima de tudo, nada que fosse teatral demais. O enredo é, em seu cerne, um drama de sentimentos. Uma garota impressionável, Tatyana (soprano), fica enrabichada por um desiludido homem mais velho, Onegin (barítono). Uma noite, sozinha em seu quarto de dormir, ela impulsivamente lhe escreve uma carta de amor; ele a rejeita com delicadeza, mas também com uma condescendência mais clara do que um simples indício. Alguns anos mais tarde, com Tatyana agora casada com o idoso e caduco príncipe Gremin (baixo), Onegin reaparece e declara a Tatyana que está irremediavelmente apaixonado por ela. Mas Tatyana não quer abandonar o marido, e Onegin termina a ópera em patético desespero. Há uma subtrama na qual Onegin, durante uma cena de baile, desafia seu amigo Lensky (tenor) para um duelo, e o mata nesse duelo, ao amanhecer; e há vários coros intercalados, inclusive o de um grupo de camponeses na primeira cena em que se esboça um momento raro de inspiração folclórica. Em todas as outras partes, sobretudo nas duas cenas de baile, o tom é determinantemente urbano e polido.

Os aspectos realísticos de *Onegin* com certeza incluem o comedimento da temática de Tchaikóvski — seu intimismo e sua domesticidade — e o fato de que a música é escrita para cantores de talentos relativamente modestos. Na época, isso poderia ser considerado como defeitos do realismo. Como escreveu um crítico: "parece ser costume hoje em dia sustentar que o moderno elemento doméstico ou social é mais adequado às exigências de um libreto de ópera [...] associe-se música com coloquialismos, e a conversação do século XIX nos aparece no auge do ridículo".[7]

Mas a melhor reivindicação de um rótulo de realismo para a ópera está na maneira pela qual suas ideias e suas formas musicais se inserem na linguagem cotidiana. Em *La traviata*, como vimos no capítulo 10, ritmos de valsa acompanham Violetta e sua progressão através de toda a ópera. Em *Onegin*, Tchaikóvski faz algo semelhante (nesse sentido foi bem adequado que a primeira produção do Bolshoi reciclasse antigos cenários de *La traviata* na cena final); ele constrói suas cenas mais intimistas de refrações e repetições da leve música de salão de seu tempo. É também como se a música de salão, com suas frases e repetições periódicas e previsíveis, estivesse soando nas proximidades, com os personagens cantando contra esse fundo musical, com ele ou em torno dele. Em certo sentido é como o artifício da cena de morte de Boris, com a diferença de que a música do fundo musical em *Onegin* não é tocada dentro do mundo cênico. Em vez disso, é uma música que soa como se *pudesse* ser do mundo cênico, um fundo musical inaudível para os personagens em cena, mas assim mesmo influenciando profundamente a maneira pela qual eles cantam.

A famosa cena da carta de Tatyana, um dos maiores monólogos de ópera e a primeira inspiração de Tchaikóvski para *Onegin*, é um caso um pouco diferente. Durante a cena, na qual Tatyana aos poucos se convence a escrever sua declaração de amor a Onegin, a jornada emocional da heroína toma a forma de quatro seções difusamente definidas. Cada uma se relaciona com seus formatos melódicos, mas cada uma poderia ser musicalmente autossuficiente e funcionar quase como um número orquestral avulso, uma peça de concerto. A emissão vocal de Tatyana é em sua maior parte conversacional; devido ao fundo orquestral, ela está livre para se demorar em seus pensamentos e se permitir repentinas hesitações, para se entrelaçar com o som num ritmo quase natural ou para se tornar simultaneamente lírica. De maneira significativa, cada uma das seções carrega consigo fortes reminiscências da música pública de outras partes da ópera, música que na realidade foi executada e ouvida no mundo que estava sendo encenado. Essa inovação foi tão radical que os primeiros revisores a omitiram por completo, acusando a cena de ser toda ela em recitativo. Plateias posteriores aprenderam a ouvir de forma diferente essa maneira inusual de a música fluir.

A CONEXÃO FRANCESA

As formas de realismo na ópera no final do século XIX e início do século XX quase sempre transcendem as linguagens operísticas locais e — como mostram Musorgsky e Tchaikóvski — não foram necessariamente arquitetadas nos centros da Europa Ocidental, para chegar por osmose a outros lugares. Nem foi terreno exclusivo dos compositores russos a escrita para vozes contra um fundo, ouvido ou presumido, de música em cena. Na verdade, se havia um lugar a ser considerado o lar natural da ópera realista, esse lugar seria a França, origem das primeiras inovações realistas nas outras artes, tais como os romances de Gustave Flaubert e as pinturas de Gustave Courbet. Qual fosse o realismo que esses dois expressaram, ele não foi restrito, de forma alguma, ao aspecto temático. Um dos resultados da notória falta de empatia, até mesmo aversão, de Flaubert em relação aos personagens que ele criou em seu romance mais famoso, *Madame Bovary* (1857), foi o abandono de grandes expressões retóricas no tratamento de suas vicissitudes; uma técnica análoga pode ser vista em Courbet, quando ele evita empregar modos convencionais de fazer parecerem pitorescas as cenas que escolheu pintar. Ao lado de desenvolvimentos posteriores nos romances de Émile Zola (que chegou a tentar escrever libretos), e sem dúvida com a enorme impressão causada por *Carmen*, o contexto francês poderia parecer tão rico quanto em qualquer outro lugar.

Mas no que concerne à ópera houve dois grandes obstáculos. Um deles foi a contínua influência da *grand opéra*, rica de coros em suas mais grandiosas versões. *Samson et Dalila* (1877), de Camille Saint-Saëns, é, nessa linha, uma das mais estranhas misturas estilísticas que surgiram no período. Grande parte do primeiro ato denuncia muito claramente que as origens da obra estão no oratório: há até mesmo, para os hebreus, uma fuga ao estilo de Händel. Os filisteus, como se poderia esperar, parecem estar usufruindo de uma maior diversão musical, embora suas inspirações quase exóticas no terceiro ato, que são deliberadamente triviais, correm o risco de soar *meramente* triviais. A graça redentora da obra é a música de amor do segundo ato, especialmente de Dalila, a famosa "Mon coeur s'ouvre à ta

464

voix" (Meu coração se abre ao ouvir sua voz), que continua a ser um dos carros-chefes dos repertórios de recitais de meios-sopranos. Grande parte do restante desse ato espoja-se de maneira até agradável naquilo que constitui o outro grande obstáculo antes mencionado, que é (outra vez) a influência de Wagner; nesse caso, a aparentemente irresistível atração dessas harmonias tão distintas que caracterizam os momentos mais ardorosos de *Tristan*.

Uma ilustração reveladora das dificuldades enfrentadas pelos compositores franceses da era pós-*Carmen* pode ser vislumbrada ao se listarem as maneiras e os modos tentados pelo mais bem-sucedido deles, Jules Massenet (1842-1912). O próprio Massenet parece ter usado como amostra quase toda a tradição de libretos disponível: adaptação de Goethe (*Werther*, 1892), a extravagância histórica da *grand opéra* (*Le Cid*, 1885), a mulher fatal do exótico Oriente *(Thaïs*, 1894), comédia com perucas polvilhadas de talco (*Chérubin*, 1905), fábula de elevado caráter sentimental (*Grisélidis*, 1891) e até mesmo um amálgama wagneriano com espadas mágicas, um cavaleiro eroticizado e telecinesia (*Esclarmonde*, 1889). Essa cornucópia às vezes pode parecer bem desesperada, talvez em ressonância com a notória personalidade camaleônica de Massenet, sua inclinação por fazer diabruras e por fingir ser um cão ou um macaco em festas da moda.[8] Entre essas óperas, *Chérubin* é uma demonstração do fato de que libretos que nada devem aos modelos de enredo de Wagner podem, não obstante, se tornar lugares onde as sombras acústicas wagnerianas são bastante óbvias. Enquanto o libreto é uma sequela das peças de Beaumarchais sobre Fígaro, a música é uma inundação de diálogos livres e melodiosos, procedimento-padrão na ópera pós-wagneriana por volta de 1900.

Dizer que as óperas de Massenet foram apenas uma litania de tipos é, no entanto, subestimar o apelo de sua música, a qual, em seu tempo, foi compreendida como portadora de um gênio distintamente feminino em sua celebração da voz de soprano. A *grand opéra* francesa começou na década de 1830 com seus olhos fixados nos homens e nas vozes masculinas, tendo como exemplos clássicos os grandes conjuntos musicais de Meyerbeer. Mas no final do século, e sobretudo pelas mãos de Massenet, a preferência vocal passou para o polo oposto. Em *Esclarmonde*, o herói (Roland, tenor) está sendo assoberbado pelo som da voz de Esclarmonde, que chama por ele em cascatas de soprano coloratura. As linhas de batalha estão bem delineadas: assim que Roland está prestes a sucumbir, sacerdotes católicos entram estrondosamente com "Em nome do Pai, do Filho e do Espírito Santo". Essa força-tarefa patriarcal combate o fogo com fogo, fazendo barulho bastante para expurgar dali a trilante heroína. Essas vitórias foram, talvez, tanto mais impressionantes quando a heroína em questão era uma cliente difícil. Massenet escreveu o papel de Esclarmonde para a famosa soprano americana Sibyl Sanderson, uma "bela californiana" com quem, relata um correspondente em 1894, o compositor estava encantado. "Algumas pessoas viram Massenet jantando num restaurante na Rue Daunou com uma moça americana, acompanhada por uma senhora que [...] provavelmente era sua mãe", relata o observador; ouviram Massenet dizer com entusiasmo, no mesmo restaurante, "essa moça tem uma voz extraordinária, do sol de baixo, na clave de sol ao sol da quarta linha acima da pauta". Aquele sol — um tom inteiro acima do fá agudo da Rainha da Noite — foi chamado pelos parisienses da época "a nota da Torre Eiffel".[9]

Massenet realizou tantos experimentos estilísticos que o "realismo" é tido como sendo um deles. *Manon*, apresentada pela primeira vez no Opéra-Comique em 1884, é vagamente baseada em episódios de um romance do século XVIII escrito pelo abade Prévost, e assim poderia parecer — só na encenação — um improvável candidato ao rótulo de realista. Manon, com quinze anos de idade (soprano), está destinada a ir para um convento, mas no caminho é arrebatada pelo belo jovem Des Grieux (tenor), fugindo assim de seu primo corrupto Lescaut (barítono) e de um velho e devasso aristocrata chamado Guillot (tenor). Eles levam uma vida feliz conquanto pobre em Paris até Des Grieux ser abduzido por seu aflito pai, e Manon torna-se a amante de um homem mais rico. Os dois apaixonados tornam a se encontrar na igreja de St. Sulpice, onde Des Grieux está prestes a receber as ordens sacras. Des Grieux então manobra incansavelmente para manter Manon numa vida luxuosa. Ele é acusado de trapaça por Guillot, e ele e Manon são presos. A cena final tem lugar na estrada para Le Havre. Manon está sendo exilada; Des Grieux não consegue salvá-la e ela morre de exaustão. Como define o resenhista do jornal *The Musical Times*, em 1884: "A história é dolorosa e sua atmosfera, doentia", passando então o termo "doentio" a ser uma palavra de código para o realismo por parte dos que o desaprovavam.[10]

Manon tem um prato cheio de cenas favoritas da ópera-cômica, tais como drama na igreja e drama numa casa de jogo, sem falar que se passa no século XVIII com as concomitantes oportunidades de escrever pastiches e, assim, escapar por um tempo da sedução dos sons wagnerianos. No entanto, embora *Manon* tenha um texto-padrão poético, a autoconfessada maneira pela qual Massenet compunha — memorizar as palavras e repeti-las infindavelmente até que as melodias perfeitas emergissem dos ritmos individuais de cada frase — resultava na impressão muito forte de que sua ópera soava como se destilasse diretamente de um libreto em prosa. Basta tomar como exemplo o primeiro número da heroína soprano, o famoso "Je suis encore tout étourdie" (Ainda estou totalmente aturdida), para perceber como as palavras são dispostas livremente. Algumas linhas, como a primeira, são cantadas com pausas ofegantes ou prolongadas ("*Je suis... en-core... tout -é-tour-di... e*"), outras são ditas tão rápido quanto possível, outras dão ensejo a notas agudas longamente sustentadas. Quando essa imprevisível superfície rítmica é acompanhada de um formato que parece improvisado ali mesmo — com repentinas e aparentemente não programadas repetições e com progressões harmônicas que muitas vezes se desdobram em formas metricamente inesperadas —, o efeito global fica muito próximo ao da prosa musical. Essas qualidades podem ter inspirado a mais famosa provocação de Thomas Beecham: "Eu daria todos os Concertos de Brandenburgo de Bach pela *Manon* de Massenet, e [...] acho que sairia lucrando muito com essa troca".[11]

A declamação abertamente realista poderia apontar para Wagner (na forma, se não na maneira), mas sinais wagnerianos menos ambíguos também estão presentes. A hesitante melodia de "Je suis encore" é depois repetida duas vezes no decorrer da ária (para que se possa apreender-lhe o formato), e depois reaparece, executada pela orquestra com fundo de outras expressões vocais, sugerindo que se trata de uma voz subterrânea com uma mensagem. De fato, a ópera está um tanto carregada de leitmotiven, ideias melódicas que são recorrentes mais por obrigação do que por necessidade. Talvez isso seja apenas mais uma ilustração de como a ópera francesa na época tinha se emaranhado na fantasia wagneriana.

O segundo ato de *Manon*, que mostra os enamorados vivendo juntos em Paris, contém duas das mais famosas árias de Massenet, momentos nos quais ele emerge das sombras de qualquer influência que o assombrasse para produzir pequenas joias de sensibilidade musical. Na primeira, Manon sabe da trama que visa a levar Des Grieux para longe dela, e sabe também que há outros, e mais ricos, amantes à espera; quando fica sozinha, ela dá um melancólico adeus ao quarto deles na ária "Adieu, notre petite table" (Adeus, nossa pequena mesa). E na anterior "Je suis encore" há repetições da frase de abertura (no meio e no fim); mas elas não estão lá como marcações formais (no início de um novo verso) e sim dão a impressão de retornos soltos, quase não intencionais, a expressões do passado — repetições que são, se assim se quiser, mais conversacionais do que retóricas.

Esse modo é acompanhado por Des Grieux, que faz uma evocação na forma de um sonho com uma vida juntos, "En fermant les yeux" (Fechando os olhos). Embora esta seja uma das mais famosas árias do repertório de tenores, é, mais uma vez, comedida em sua linguagem poética:

En fermant les yeux je vois
Là-bas une humble retraite,
Une maisonette
Toute blanche au fond des bois!

[Fechando os olhos eu vejo/ lá um retiro simples,/ Uma casinha/ toda branca no fundo da floresta!]

A ária é marcada por uma figura quase constante em seu acompanhamento, altas oscilações de violinos em surdina, às quais Massenet acrescenta, para maior clareza, flauta e oboé. Diferente desses superdeterminados leitmotiven comentados antes, essa figura é vaga quanto a seu significado específico. Ela soa com a simplicidade da casa "toda branca no fundo da floresta", e adiante na ária com arroios murmurantes e alegres cantos de pássaros. Mas parte do efeito dessa figura oscilante é que ela resiste a uma firme associação com uma imagem visual. Não há virtualmente notas graves em toda a ária, e a melodia do tenor também é contida, como se o número pudesse flutuar no espaço a qualquer momento. O sentido de evanescência é obtido por meios harmônicos. O acompanhamento oscila sempre entre dois acordes, e a melodia vocal — estranhamente repetitiva, quase hipnótica — também esboça acenos harmônicos; mas os dois raras vezes se combinam, o que, mais uma vez, imprime à ária essa sensação de estar flutuando no ar. Tudo isso é Massenet em seu modo mais persuasivo; e também — não por coincidência — o último wagneriano. "En fermant les yeux" provavelmente é mais parecida com aquelas invocações de colorido local tão populares dos atos finais da *grand opéra* de Meyerbeer — afinal uma muito menos ameaçadora traição do passado. Mas em sua minuciosa descrição de pequenos detalhes e ao se prolongar em imagens simples e evocativas, ela arca com o epíteto de "realista" com mais plausibilidade do que a maioria. No decorrer dos anos, como todas as grandes inspirações operísticas, ela demonstrou ser notavelmente adaptável. Em 1904, Enrico Caruso gravou essa ária como "Chiudo di occhi", com acompanhamento de piano, retinindo notas agudas e até com um ou dois soluços; em 1929, a versão gravada por Julius Patzak, cantada em alemão como "Ich schloss die Augen", mas ainda não soando nem um pouco como Wagner, tem acompanhamento de orquestra, é muito mais lenta e extraordinariamente tocante em sua comedida intensidade vocal.

VERISMO

A Itália do fim do século XIX é vista convencionalmente como o verdadeiro lar do realismo na ópera. O termo italiano *verismo* tinha sido aplicado à literatura pelo menos desde a década de 1870, estando associado a um gosto pela objetividade científica em situações que ocorrem em grupos marginais da sociedade, notavelmente em obras do escritor siciliano Giovanni Verga. Mas na década de 1890 o *verismo* passa a ser associado a um novo tipo de ópera italiana, e o termo aí empacou. Tem-se usualmente como ponto de partida a *Cavalleria rusticana* (Cavalaria rústica, 1890), ópera de um ato de Pietro Mascagni (1863-1945), baseada num conto (e depois numa peça) de Verga; uma história sinistra de infidelidade e assassinato entre camponeses sicilianos. Dois anos mais tarde surgiu uma peça para acompanhá-la, na forma da ópera *Pagliacci* (Palhaços, 1892), de Ruggiero Leoncavallo (1857-1919), uma história que envolve os mesmos elementos da *Cavalleria*, mas se passa entre uma trupe de atores ambulantes, e com o tempero extra de uma violência — um marido ciumento mata sua mulher infiel — encenada como uma peça dentro de uma peça. Ambas as óperas oferecem algo de novo, em particular um caráter direto do efeito melódico e orquestral, isso sem falar no gosto por um lúgubre choque dramático, e ambas fizeram uma grande carreira internacional, sobretudo na Alemanha, onde foram um antídoto bem-vindo para o domínio wagneriano.

Muitos as acharam repugnantes. Um ensaísta americano resumiu isso escrevendo na década de 1890:

Meios simples sacodem o espectador. A sucessão dos eventos mexe com seus nervos. Os toques dramáticos constituem verdadeiros golpes, tão diretos são [...] as frases são curtas. O ritmo é enervante. As dissonâncias gritam. Há uma febril inquietação [...]. Examinem os libretos de *Cavalleria rusticana*, *Pagliacci*, *A Santa Lucia*, *Mala vita*, *A Basso Porto*, *La martire*. Vão achar que são episódios trágicos na vida dos não favorecidos. Os personagens são camponeses, trapaceiros, estivadores, bêbados, marginais. A tragédia é a consequência de relações sexuais ilícitas. Paixões animais grassam e gritam. Os elementos são a imundície, a luxúria e o sangue. A vida aí descrita é curta, brutal e asquerosa.[12]

Antes de achar que isso é mero preconceito puritano, devemos lembrar que muitas das escolas antigas da Itália também consideraram esse repertório rude e ofensivo. O idoso Verdi, por exemplo, o rejeitava, dizendo que seria muito melhor ser como Shakespeare e "inventar a verdade";[13] mas o que ele menos gostava era de seu cru imediatismo. Os enredos tanto de *Cavalleria* quanto de *Pagliacci* tinham algo do *verismo* literário; e assim esse termo começou a ser aplicado a elas e a outras óperas semelhantes. Mas vários de seus primeiros críticos foram céticos quanto a esse rótulo. Em parte porque quaisquer elementos realísticos da fonte tendiam a submergir na linguagem antiquada e empolada do libreto. Mas uma razão mais básica concernia à prevalência de ideias italianas quanto à estética da música: o conceito de que a música era em essência abstrata, e como tal simplesmente incapaz de ser realista, no sentido de representar com autenticidade situações humanas. Mas também aqui se revela um impasse: a percepção de que o termo "realismo" (ou *verismo*) será sempre problemático quando aplicado à ópera.

Ainda mais estranho, ao menos à primeira vista, é que *verismo* pode se referir — como de fato acontece nos livros de história — às obras de Giacomo Puccini (1858-1924), o maior compositor de ópera italiano da geração pós-Verdi. Com certeza o primeiro sucesso internacional de Puccini estava tão distante da crueza do realismo quanto se possa imaginar. Foi *Manon Lescaut* (1893), outra versão do romance de Prévost que Massenet tinha usado, e assim uma ópera que se passava num distante e emperucado século XVIII. Em homenagem à sua localização histórica, Puccini permitiu-se usar na abertura do segundo ato madrigais e gavotas em adoráveis estilos à moda antiga — assim como em *A dama de espadas* o formato rococó parecia estar clamando por pastiche. Além disso, ambas as óperas *Manon* antecipam a moda do século XX de evocar o exótico século XVIII, e as nostálgicas alusões à sua música mais simples e mais contida em si mesma, como nas óperas de Strauss *Der Rosenkavalier* (1911) e *Ariadne auf Naxos* (1912-6). Como um exemplo de *verismo* — no sentido literário de favelas urbanas ou lamosos camponeses —, *Manon Lescaut* é, então, bizarramente inapropriada. A ópera de

Puccini é, contudo, um poderoso exemplo do que o compositor iria trazer ao teatro musical pós-verdiano, em particular de seu instinto quase infalível para uma emoção concisa e devastadora, um talento que faria dele, por décadas, o mais bem-sucedido compositor de óperas vivo na Europa e muito além dela.

As óperas italianas do final do século XIX tendiam a passar por partos tortuosos, e *Manon* não foi uma exceção. Puccini declarou que se inspirara no romance de Prévost, e é muito provável que também tenha ficado entusiasmado com o sucesso da ópera de Massenet. No fim, contudo, o libreto levou três anos e pelo menos três libretistas para ser completado. O resultado, assim como em muitos libretos da época, mostrou-se muito menos poético no sentido convencional, e muito mais parecido com prosa, do que se mostrara nos libretos do início do século. Além disso, Puccini continuou a mexer na ópera durante décadas depois da estreia; não existe uma *Manon Lescaut* definitiva, e os intérpretes têm apenas de escolher entre as variantes de uma caótica (e longe de ser pequena) oferta de versões concorrentes de partituras vocais e orquestrais. Nessa incerteza Puccini foi muito de sua época, demonstrando uma dificuldade grave sobretudo na Itália, que se jactava de ter a mais imponente linhagem operística. Na primeira metade do século, compositores como Bellini, Donizetti e o jovem Verdi tinham trabalhado dentro dessa tradição de séculos. Eles podiam ir contra as convenções formais, as cabaletas espetaculares, desalentadores *cori d'introduzione* e *concertati* elefantinos, mas as formas fixas estavam lá assim mesmo, para se recorrer a elas quando murchasse a inspiração. Por volta da década de 1880, no entanto, a investida conjunta das influências francesas e alemãs, e a voga de Meyerbeer, Bizet e as teorias de Wagner virtualmente tinham destruído essa previsibilidade. Cada ópera tinha de criar seu próprio mundo formal, definir de modo singular seus termos musicais e dramáticos. Esperava-se — ao menos idealmente — que uma ária, longe de apenas congelar a ação e assumir um formato já bem experimentado, assumisse um formato seu próprio, bastante adequado à situação específica; o timbre orquestral e até mesmo a linguagem harmônica deviam, de modo similar, ser conduzidos pelo ambiente dramático. O ritmo da produção operística italiana ficou mais lento enquanto os compositores procuravam seus temas, buscando um plano que fosse imediatamente efetivo e — a nova divisa — original. Puccini proporciona uma vívida ilustração desse esforço criativo. Sua maturidade é marcada por repetidos períodos de estagnação, bloqueios de composição no meio de uma ópera e obsessivas procuras por novos temas. Mas, caso único entre seus rivais, ele produziu um número sem precedentes de óperas que sobreviveram até os dias de hoje. Seus contemporâneos mais famosos, Mascagni e Leoncavallo, não conseguiram mais do que uma cada um; Puccini escreveu pelo menos sete. O que contribuiu para seu sucesso?

Poderíamos começar com um ponto que parece ser negativo. O aspecto inicial mais marcante de *Manon Lescaut*, particularmente em comparação com Massenet, é sua gritante descontinuidade. O primeiro ato termina quando o jovem Des Grieux (tenor) persuadiu Manon (soprano) a fugir com ele para Paris, bem debaixo dos narizes de seu irmão venal (barítono) e de um velho e rubicundo libertino chamado Geronte (baixo). No entanto, o segundo ato abre com Manon na residência de Geronte, já entediada com sua paparicada existência. Algumas narrativas superficiais nos contam que sua vida com Des Grieux tinha sido maravilhosa, mas muito pobre, e que o dinheiro de Geronte a seduzira a abandoná-lo. De modo semelhante, o terceiro ato termina com Des Grieux e Manon mais uma vez reunidos, dessa vez a bordo de um navio que os deporta para a América (ao abandonar Geronte, no segundo ato, ela tentara levar consigo suas novas joias: um erro terrível). Mas o começo do quarto ato mostra os amantes vagando cambaleantes num vasto deserto nos arredores de New Orleans (a geografia torna-se só uma noção aproximada nos lugares exóticos). Puccini, como rotina, levava ao desespero seus libretistas, sempre preocupados com suas reputações literárias. Mas ele os maltratava e ignorava porque sabia por instinto que a ópera moderna não se baseava numa trivial coerência das narrativas. O que interessava era que cada um dos quatro atos de *Manon* tivesse sua própria e poderosa individualidade e seu próprio formato dramático.

Igualmente notável no que concerne a *Manon Lescaut* é quão facilmente ela sepulta aquelas sombras que tanto assombravam outros compositores da época. É inegável a poderosa presença de Wagner durante o dueto de amor do segundo ato entre Manon e Des Grieux, sobretudo quando o herói finalmente sucumbe aos apelos de Manon por uma reconciliação. As sétimas descendentes com que terminam as frases vocais, as progressões em sequência cromática, o uso liberal de cadências interrompidas, o constante aparecimento do acorde de *Tristan*, o colorido da orquestra em geral: tudo isso conjura um mundo distintamente wagneriano. Essa atmosfera chega então a uma apoteose durante o intermezzo orquestral entre os atos 2 e 3, nos quais as anelantes melodias das cordas e as cadências de conclusão estão muito perto de plagiar o final do terceiro ato de *Tristan*.

Por outro lado, há momentos em que Puccini demonstrou que podia mais se apropriar da linguagem musical wagneriana do que ser submergido por ela. Mais significativo é o "tema de amor" no dueto do segundo ato, que primeiro é cantado com as palavras de Des Grieux *"Nell'occhio tuo profondo"* (Em seus olhos profundos). A ancestralidade wagneriana é clara, mas agora aponta para o heroico Siegfried de *Götterdämmerung*. O idioma melódico de Wagner, ritmicamente robusto, está aqui a serviço de uma triunfante declaração de amor, clareando o ar depois da anterior obscuridade à maneira de *Tristan*.

Assim como se expressa nos termos das tendências dominantes na ópera em fins do século XIX, Puccini evita habilmente os acervos disponíveis da antiga escola italiana. Há apenas uma concessão à clássica maneira verdiana de fazer as coisas: a cena do embarque no terceiro ato, na qual Manon e outras mulheres prisioneiras são chamadas a se adiantar e são designadas para seu navio de condenadas. Essa cena centra-se num conjunto que faz lembrar indiretamente um *concertato*, a majestosa peça central do drama verdiano. Segundo a convenção, o *concertato* era o maior de todos os momentos nos quais a cena congelava: devia começar com um prolongado solo por um dos cantores principais; outros solistas se juntariam para comentar ou apresentar visões conflitantes; por fim o coro entraria para dar mais peso, num grandioso clímax. O *finale* do segundo ato de *Lucia de Lammermoor*, ou o *finale* do terceiro ato de *Otello* são dois belos exemplos, separados por meio século. Em *Manon Lescaut*, no entanto, a suspensão do tempo é abolida. Em vez de uma lamentação por um dos cantores principais, quem dá início é um personagem menor (o sargento, baixo), que começa a fazer lentamente uma chamada; espectadores ocasionais fazem comentários desconexos enquanto os prisioneiros movimentam-se um a um, sem pressa, cruzando o palco; Lescaut mistura-se então à multidão, tentando provocar um tumulto. Só depois é que Manon e Des Grieux expressam suas emoções e, apesar do impressionante clímax, voltam à mudez durante o tranquilo encerramento, pelo conjunto. A chamada, enquanto isso, continuou: não houve "momento congelado" no qual o decorrer do tempo cênico tenha se interrompido.

A evitação por Puccini de um vagaroso desenrolar musical continua em suas árias de solo, que tendem a ser como que fugazes fantasmas do modelo formal italianado, elevando-se inconsutilmente das texturas circundantes e depois tornando a desaparecer dentro delas, com todo o poder emocional tornado maior por sua brevidade e ausência de um ostensivo começo ou fim. Belos nodos de atratividade musical — musicalmente mais formais do que o fluir dos diálogos em volta deles — tendem a coalescer, como na cena da chamada em *Manon Lescaut*, fazendo com que nos demos conta de que estamos numa dessas "citações",* sem saber exatamente como fomos parar lá. Um exemplo famoso ocorre no segundo ato de *Tosca* (1900), no qual um trio surge do nada quando Spoletta (tenor), capanga do malvado tirano Scarpia (baixo barítono), irrompe em cena para anunciar a vitória de Napoleão em Marengo. Dado que a audiência de Spolleta — Scarpia, Cavaradossi (tenor, que acaba de ser brutalmente torturado) e Tosca (soprano, amante deste, tentando salvá-lo) — está no auge de um impasse privado e traumático, essa informação de cunho político pode parecer fora de contexto. Mas para Cavaradossi, que é um renhido republicano, as notícias propiciam inspiração vocal. Gritando *"Vittoria! Vittoria!"*, ele começa a cantar uma música de exaltação marcial, em volta da qual Tosca acrescenta injunções de prudência e Scarpia expressa ferozmente seu regozijo. Um expediente operístico muito antigo — notícias chocantes provocando reação em conjunto — está sendo reapresentado, mas apenas por um momento; o trio acaba quase tão rápido quanto começou. Um segundo exemplo acontece no final do primeiro ato da última ópera de Puccini, *Turandot* (1926). O príncipe Calaf (tenor) decide apostar sua vida num concurso de adivinhações cujo prêmio é a mão da princesa Turandot (soprano). Timur (baixo), o idoso pai de Calaf, e a serva de Timur, Liù (soprano), tentam dissuadi-lo. Calaf declarou sua paixão numa frase circular em tom menor que de repente se torna a plataforma em torno da qual Liù acrescenta a voz *dela*, e à qual depois se juntam as sofridas exclamações de Timur. Como que por mágica, as três vozes estão juntas, e a frase circular começa a soar como um canto fúnebre coletivo. Ele acaba quase cedo demais, deixando uma sensação de assombro com o fato de que algo tão efêmero possa ser tão devastador.

Nela faltam elementos de *verismo* literário, mas brinca com elementos realísticos em outros domínios: *Manon Lescaut* tem longos trechos de música cênica, inclusive a maior parte das que compõem a primeira metade do segundo ato, antes do dueto de amor, que se apresenta como um pastiche do século XVIII. E mantém a ação cênica em grandes conjuntos. A ópera seguinte de Puccini, e a mais famosa, *La bohème* (1896), é diferente. Ela se passa na Paris boêmia, e os personagens principais estão longe de ser aristocráticos. A heroína, Mimi (soprano), é

---

* Mais uma vez, *set pieces*.

uma simples costureira, que olha para fora, por sobre os telhados, e é doente de tuberculose; o herói, Rodolfo (tenor), é um poético sonhador que tenta escrever peças grandiosas mas garimpa sua vida como jornalista. A pobreza, a doença, a fome e o frio são companheiros constantes, apesar de tais provações serem vistas através de lentes sentimentais que emprestam um tom muito diferente do de *Cavalleria* ou *Pagliacci*.

Mas *La bohème* tem outro aspecto que se tornou importante nas óperas do *fin de siècle* e com certeza pode ser relacionado ao realismo: suas prolongadas reverberações sonoras erguendo-se de seus ambientes, cenas de multidões retratando a vida na rua parisiense que exemplificam muitas variedades de ruídos ambientais sem se preocupar particularmente com a coerência musical. O início do segundo ato é uma costura de gritos de vendedores de rua, coros conflitantes de cidadãos e crianças que perambulam entrando e saindo a cantar ou apenas a gritar. É contra esse fundo de murmúrios que de tempos em tempos surgem as conversações entre os personagens principais, mas que podem a qualquer momento ser abafadas pelo barulho urgente da multidão. Há mudanças frequentes no tempo, na métrica, na dinâmica e na textura, como se a música fosse entreouvida livremente neste ou naquele ponto da multidão. Puccini pode ter aprendido essa técnica com Massenet (*Manon* contém bons exemplos), e essas cenas também tinham se tornado uma especialidade francesa. Outra obra francesa à qual se aplicou com persistência o rótulo de realista foi *Louise* (1900), de Gustave Charpentier (1860-1956), que tinha duas cenas com essas reverberações sonoras. No início do segundo ato há uma matinada urbana na qual cascateantes gritos musicais dos vendedores de rua e trabalhadores matinais não apenas apregoam mercadorias mas também expressam considerações existenciais sobre a vida e o futuro. E no fim do terceiro ato vê-se um desfile caótico protagonizado pelo Rei dos Tolos, esse esteio da boemia parisiense que nos faz percorrer todo o caminho de volta até François Villon. O reino do Rei dos Tolos é o reino do Carnaval, e a permissão de que tudo-pode-acontecer que nele prevalece parece liberar a música para escolher quaisquer sons que queira, não importa se breves ou prolongados, ou desconectados de tudo que se ouvira um momento antes.

La bohème parece ser totalmente livre de wagnerismo, algo que — como veremos no próximo capítulo — poderia ser dito de muito poucas óperas da década de 1890. Isso tem a ver em parte com a temática: como disse Puccini, *La bohème* era uma ópera de "pequenas coisas",[14] de objetos minúsculos esboçados com delicadeza. (Isso faz pensar na Manon de Massenet e no adeus que ela dá à sua "pequena mesa"; *La bohème* é muito mais influenciada por Massenet do que *Manon Lescaut*, na qual a temática partilhada provavelmente desencorajou qualquer referência fugaz.) Enquanto o *Ring* trata de lanças, espadas e freixos, *La bohème* nos vem com regalos aquecendo mãos, gorros e um precário e fumegante fogão. Cada um desses objetos é conectado a um motivo musical, mas o tratamento que Puccini dá a temas recorrentes está, mais uma vez, distante da norma wagneriana. Logo o primeiro tema da ópera é uma ideia energética que se identifica com os boêmios, e deriva de uma composição de Puccini quando era ainda um estudante, intitulada "Capriccio sinfonico". O título original é adequado, porquanto o tema domina a exposição do drama (primeira parte do primeiro ato) e está preso a um processo quase sinfônico de tensão e relaxamento tonais. Mas há uma diferença importante em relação ao uso wagneriano: o formato do tema é imutável e raras vezes ele é ouvido em conexão com outros temas. Em vez de funcionar sobretudo como um marcador semântico, como algo anexado a um *objeto*, ele é basicamente conectado a uma *atitude*; não é o "tema dos boêmios", mas um acompanhamento para os momentos em que a energia deles domina a cena; só volta quando esse tipo de energia (mesmo que de forma breve) se repete.

O mesmo poderia ser dito, e de maneira ainda mais notável, dos últimos acordes da ópera, que apresentaram a muitos comentaristas acadêmicos (mas a poucos ouvintes) um famoso problema temático. Antes, no mesmo ato, um dos boêmios menos importantes, o filósofo Colline (baixo), decide penhorar seu sobretudo para comprar uma bebida para a moribunda Mimi. Numa atitude típica dessa ópera de "pequenas coisas", ele então dirige uma pequena ária de despedida a seu sobretudo, um solo que termina com imponentes acordes da orquestra num movimento paralelo. Essa ária é importante em seu contexto: ela age como um breve momento de estase, de contemplação lírica, antes de começar a cena da morte de Mimi. Mas o que devemos concluir do fato de que esses acordes solenes regressam depois para encerrar a ópera inteira, realçando o quadro final e desolado com Mimi já morta e Rodolfo gritando em desespero? Esforços para ligar as duas "citações" por meio de uma identificação semântica incorrem no risco de esvaziar o *páthos*. Dificilmente seria possível aprofundar o impacto do luto de Rodolfo conectando-o à aflição de Colline por perder seu sobretudo. Num nível gestual, no entanto — o sentido em que esse tema anuncia a tragédia final e marca com isso sua conclusão —, essa distorção não acontece. Na verdade, talvez seja a *ausência* de conexão semântica que torna essa recorrência tão expressiva. Puccini permite que apareça um espaço entre as palavras e a música, um espaço no qual pode residir todo o drama musical.

As famosas árias em *La bohème* envolvem uma técnica já mencionada antes: o número fantasma, no qual uma declaração musicalmente substancial é invocada fora dos fios condutores e das texturas do ambiente. Quando as árias de Puccini são interpretadas em concerto, elas sempre parecem ser curtas, em comparação às "citações" das gerações passadas, e com frequência requerem moldura musicais remodeladas para ajudá-las a se sustentarem sozinhas — uma nova introdução que não seja de transição, ou um novo final que seja de fato um final, e não o início do que está começando a acontecer depois. A ária autobiográfica de Mimi ao final do primeiro ato, "Mi chiamano Mimi" (Eles me chamam Mimi), é um exemplo imortal. A musicalização das palavras por Puccini mostra que a poesia formal mal sobrevive, do ponto de vista rítmico; mais surpreendente é que, até quase o final, a linguagem é francamente prosaica. Rodolfo, alguns momentos antes, ressaltara suas aspirações poéticas em termos grandiosos. Mimi faz baixar a temperatura com sua narrativa em resposta, que começa da maneira mais simples. "Sim, eles me chamam Mimi, mas meu nome é Lucia." Puccini põe isso em música como um tipo de pergunta e resposta. "Eles me chamam Mimi" é harmônica e melodicamente instável, sugestivamente deixada pendente no ar, como uma continuação, não um começo. Então a ela se contrapõem as cadências e o fechamento melódico de "mas meu nome é Lucia", que é uma finalização, não uma fase intermediária. É como se Mimi tivesse dois carácteres assim como tem dois nomes, um que é "poético" e potencialmente trágico, outro que é decididamente ordinário.

Essa alternância entre o poético e o prosaico caracteriza a ária como um todo: não só porque o tema de "Mi chiamano Mimi" ressurge duas vezes, mas porque toda a peça é tomada por essas alternâncias. A maior delas ocorre perto do fim. Primeiro há mais detalhamentos de sua vida simples: "Faço eu mesma meu jantar, sozinha. Nem sempre vou à missa, mas rezo com frequência ao Senhor. Vivo sozinha, totalmente só, num quartinho todo branco; e olho por sobre os telhados e para o céu". E tudo isso em ritmos previsíveis e harmonias simples, com frequentes e descomplicadas cadências. Então surge algo diferente. "Mas quando vem o degelo da primavera, o primeiro sol é meu, o primeiro beijo de abril é meu!" As palavras tornam-se convencionalmente poéticas, e a música jorra numa das grandes inspirações líricas de Puccini. Cordas e madeiras tocam em dobro a linha melódica e surge e toma forma uma sequência de frases: *"ma quando vein lo sgelo"* (primeira frase); *"il primo sole è mio"* (repetição, em tom mais elevado); e a terceira declaração explode no maravilhoso clímax melódico de *"il primo bacio dell'aprile è mio!"*. Um compositor menor poderia terminar com essa repetição, uma batida no tímpano e solicitações de aplauso. Mas Puccini pouco a pouco nos conduz de volta à humilde música de "Lucia", uma vez mais. No fim, Mimi está outra vez se expressando num recitativo simples, tão despretensioso quanto quando começou. "Mi chiamano Mimi" é o que Puccini costumava chamar de um *pezzo forte* — algo que ele sabia que faria efeito. Também é um resumo lírico de *La bohème* inteira. A oscilação constante entre o que é comum e o que é sentimental é o que faz a ópera como um todo tão efetiva.

Tosca, que se seguiu a *La bohème*, levou quatro anos para ser escrita por Puccini e é muito diferente de sua predecessora. O libreto baseou-se numa peça recente do teatro Grand Guignol de autoria do francês Victorien Sardou, e passa-se em 1800, durante as guerras napoleônicas. Ele fala de paixão, chantagem e assassinato na elite política e artística de Roma. O barão Scarpia, um dos grandes vilões da ópera, é o despótico chefe de um regime repressivo e se vale de sua posição para alimentar seus dois grandes e interligados entusiasmos: o sadismo e a devassidão. No fim do primeiro ato esse demônio vê-se de repente dentro de uma grande cerimônia religiosa, criando uma cena que continuaria a ser a mais radical das muitas reverberações sonoras nas óperas de Puccini. Enquanto perseguia um condenado foragido, Scarpia desconfia de que o tenor-herói Cavaradossi tem algo a ver com essa fuga; Scarpia está na igreja de Sant'Andrea della Valle e acabou de interrogar Tosca, a amante de Cavaradossi e atual alvo das ambições carnais do barão. Ao lento toque de dois sinos ao fundo ("à distância, mas audíveis", marca Puccini em sua partitura) começa uma procissão religiosa. Vários grupos corais cantam textos em latim numa salmodia quase litúrgica.

Um aspecto extraordinário dessa cena é a obsessiva repetição harmônica, em que os sinos provêm os tons mais graves, si bemol e fá, que se alternam durante longos minutos. Fora do palco, ouvem-se tiros de canhão sincronizados com as marcações rítmicas da música, assinalando a fuga do prisioneiro. Puccini concebe harmonias que ressoam em torno dos tons básicos dos sinos mas que não podem afastar-se deles. O cantochão em latim também se amolda a eles, assim como a melodia da orquestra — necessariamente circular — que por sua vez virá se juntar ao solilóquio (e sublinhá-lo) que Scarpia pronuncia por sobre todo esse crescente

478

clamor. Mais uma vez há um fundo sonoro, com a presença de uma peroração cantada, mas aqui o fundo sonoro vai ganhando volume o tempo todo e as explosões do canhão, como as bigornas em *Rheingold*, de Wagner, rompem as fronteiras que limitam os ruídos na ópera ao nível sonoro de murmúrios da natureza e os trazem para uma época mais sombria. O barítono que canta o papel de Scarpia tem de aplicar toda a sua força quando interpreta esse solilóquio, no qual ele imagina transformar o fogo ciumento de Tosca na paixão de uma desejosa amante. Por fim, despertando de seu sonho lascivo e lembrando-se de que está numa igreja, ele grita *"Tosca, mi fai dimenticare Iddio!"* (Tosca, você me faz esquecer Deus!). Como que respondendo a uma não ouvida blasfêmia, o coro irrompe numa enunciação em uníssono de uma melodia autêntica de "Te Deum", à qual Scarpia se junta. Exatamente quando se imagina que o volume sonoro não poderia ser maior do que já é, a orquestra inteira entra com o tema de Scarpia (cheio de malignos trítonos, ásperos metais e pratos). Quando cai a cortina, quase se espera que o pano se espatife de encontro ao chão do palco.

Isso hoje pode parecer surpreendente, mas as primeiras apresentações de *Tosca* quase sempre deixavam as plateias confusas e foram execradas pelos críticos. Um deles escreveu:

As sonatinas e cantatas nos bastidores, e o órgão, e o canto gregoriano, e os tambores que anunciam a marcha para o cadafalso, e os sinos, e os sinos ao pescoço das vacas, e os tiros de rifle, e os tiros de canhão, que por vezes constituem elementos essenciais no desenrolar da ópera, não são suficientes para preencher as lacunas deixadas pela falta de música.[15]

Outro tinha certeza de qual seria o destino da ópera:

Em trinta anos [...] *Tosca*, junto com todas as outras óperas desse tipo, será uma lembrança obscura e incerta de um tempo de confusão no qual a música foi subtraída, pela lógica da história, de seus próprios domínios, de suas próprias leis e do senso comum.[16]

A mais misteriosa de todas foi uma resenha da primeira apresentação em Londres, que mais uma vez se posiciona contra os sons em estado bruto:

Tosca é artificial demais, e quando o compositor quer ser mais intenso pouca coisa há além de um ruído irritante — muito som com pouco sentido musical. Essa observação se aplica sobretudo ao segundo ato. Há quem diga que aprecia melhor a música de Wagner no teatro fechando os olhos, e não se preocupando com o que se está passando no palco. No segundo ato de *Tosca*, ao contrário, é o som da música que parece interferir com a indubitavelmente forte situação dramática.[17]

O mistério, é claro, reside na razão pela qual o ruído musical, que é um dos aspectos mais realísticos da ópera, é aqui descartado como sendo "artificial demais" — como se a ópera como gênero tenha estabelecido tão firmemente sua singular mistura de naturalidade e artificialidade que o senso comum não pudesse mais ser aplicado. É claro que hoje em dia podemos rir dessas críticas se assim optarmos, bem como podemos desdenhar daqueles que não viram nada além de recitativos na cena da carta de *Onegin*, ou consideraram seu libreto uma chatice doméstica. Mas seria mais produtivo levar a sério suas reclamações. As várias tentativas de realismo na ópera já no fim do século XIX foram realmente radicais e fora de lugar, ao desafiar, como desafiaram, ideias há muito vigentes sobre o lugar próprio da música no espetáculo operístico. Mas a confiante previsão desse nosso segundo crítico, de que tais inovações logo iriam desaparecer, não poderia estar mais longe do alvo. No despertar do realismo, alguns dos mais estranhos e ruidosos momentos nas óperas estavam prestes a irromper confusamente em cena.

17. Ponto de inflexão

Em 1893, um compositor francês decidiu escrever uma ópera. Sua formação é clássica, um produto do Conservatoire de Paris, e é detentor do prestigiado prêmio de composição "Prix de Rome". Ele já tinha completado uma ópera no rascunho, uma gigante em três atos que se passa numa Espanha histórica da época da cavalaria. Isso preenchia todas as remanescentes responsabilidades inerentes à *grand opéra* que habitavam sua consciência nacionalista, mas ele passa a ficar insatisfeito com isso. Uma noite ele assiste a uma peça falada do dramaturgo belga Maurice Maeterlinck (1862-1949) e decide ousadamente usar essa peça como texto de uma ópera — sem transformá-la em poesia, sem mesmo reestruturar de forma significativa as partes que dela extrai, exceto alguns cortes e edição de falas. A peça tem uma só passagem que de alguma forma favorece a que seja usada como "citação" operística, uma canção para a heroína. Todo o resto é conversação em formato livre e devaneios aleatórios.

Essa nova ópera levou dois anos para ser escrita, sem contar a orquestração, e foi depois extensivamente revista antes de finalmente ser apresentada em 1902. O local de sua estreia foi o Opéra-Comique de Paris. Na maior parte do início do século XIX, tudo que fosse apresentado no Opéra-Comique teria de ter — por regulamento — passagens de diálogo falado intercaladas entre os números; mas agora essa regra tinha se evaporado e o teatro estava satisfeito de encenar óperas que não continham fala alguma. Com essa nova ópera de Maeterlinck, o Opéra-Comique teve um *succès de scandale* que se tornou o foco de debates sobre o passado e o futuro da música francesa. Ele estava estreando uma peça que para alguns dos frequentadores de ópera continua a ser até hoje uma inexplicável chatice, dificilmente uma ópera, sem grandes melodias e com apenas alguns momentos em que a orquestra tocava algo que se aproximava do volume total.

Em resumo, essa é a história de *Pelléas et Mélisande*, um *drama lyrique* em cinco atos de Claude Debussy (1862-1918) e, isoladamente, a ópera mais inovadora que aparece no *fin de siècle*. Apesar de seus indecisos príncipes e outras flores sensíveis que povoam seu elenco dramático, e apesar do ritmo em geral langoroso e da extrema informalidade musical, ela provocou grandes paixões. Maeterlinck e Debussy entraram em amargo conflito quanto à escolha para o papel da heroína Mélisande. A ponto de em certo momento o dramaturgo — embora um esteta em declínio no papel, era evidentemente um espadachim bem decente na vida real — irromper no apartamento do compositor e o desafiar para um duelo. A recepção à ópera não foi unânime. O jovem Maurice Ravel foi a cada uma das apresentações da temporada inicial. Em 1908, Henry Adams esperava estar indo assistir a um *revival* da ópera, mas quando chegou ao teatro descobriu que em vez disso era *Manon Lescaut* que estava em cartaz. Numa carta que escreveu depois disso, ele diz apenas: "Minha ira foi profunda".[1] No outro lado do espectro, os críticos escreveram com desdém sobre "ritmo, canto e tonalidade como três coisas que M. Debussy desconhece".[2] Para alguns, ritmo e tonalidade eram os menores de seus problemas. Camille Bellaigue via uma ameaça à própria civilização:

> Depois de ouvir [*Pelléas*] sente-se mal [...] fica-se dissolvido pela música, porque ela mesma é uma forma de dissolução. Como ela tem um mínimo de vitalidade, tende a prejudicar e destruir nossa existência. Os germes que contém não são os da vida e do progresso, mas da decadência e da morte.[3]

O diretor do Conservatório de Paris emitiu um édito proibindo seus estudantes de assistir a suas apresentações. Décadas depois, Pierre Boulez fez uma campanha contra regentes que tentavam fazer de *Pelléas* uma obra entediante, com uma "discrição digna de um lacaio", interpretações nas quais "os muitos contrastes da obra foram reduzidos a uma escala mínima e [...] destituídos [...] de sua potência e de sua violência".[4] Em resumo, *Pelléas* é para alguns insuportável em sua monotonia, enquanto para outros é a mais bela edificação de som que jamais envolveu personagens, libreto e figurinos.

É importante começar com esse relato sobre *Pelléas* porque muitos aspectos dessa ópera são estranhos, novos ou incomuns. Por alguma razão, os libretos de ópera adaptados de dramas falados tinham antes disso, quase sempre, sido reestruturados por libretistas profissionais: homens de letras que desbastaram e queimaram, e então puseram em verso o que tinha restado, caprichosamente empacotado para se amoldar às formas musicais convencionais da ópera no passado. Quase não se ouvia falar de um compositor que transformasse ele mesmo em ópera uma peça preexistente, e que fizesse pouco mais do que cortar aqui e ali em benefício de uma maior brevidade. Partes de *Boris Godunov*, de Musorgsky, foram feitas dessa maneira, e é um exemplo famoso anterior. Debussy conhecia essa peça. Ele tinha passado anos de aprendizado na Rússia como um músico no círculo pessoal da patrocinadora de Tchaikóvski, Nadejda von Meck. Uma ópera com um texto como os de *Boris* ou *Pelléas* — em alemão seria chamado de *Literaturoper*, obras cujas palavras são tiradas diretamente de um drama falado — é uma assustadora tábula rasa. Onde se deve começar, em termos de música? Como conceber melodias compatíveis com uma prosa sem métrica? O que pode marcar os pontos de articulação musicais quando as palavras têm tão pouco a dizer quanto a onde, razoavelmente, possam estar esses pontos?

Esse não é o único quebra-cabeças apresentado por *Pélleas*. Durante a maior parte do século XIX, compor óperas dentro das tradições dominantes na Europa Ocidental era um tipo de trabalho muito específico. Quem fosse bom nele, raras vezes se aventuraria em outros gêneros; e se fosse um bom compositor instrumental, talvez até mesmo excepcional em canções solo, tentar algo na ópera seria perigoso, e por seu próprio risco. Os exemplos são abundantes: curiosidades como a grande obra operística não encenada de Franz Schubert, ou *Genoveva* (1850), de Robert Schumann, ou *Der Corregidor* (1896), de Hugo Wolf. Brahms, Bruckner e Mahler, três dos maiores compositores instrumentais alemães, praticamente nem mesmo tentaram. Claro, houve algumas exceções na Europa Ocidental, sendo Saint-Saëns talvez a mais óbvia. E vários que se manifestaram fora da Itália, da Alemanha e da França — compositores como Dvořák ou Tchaikóvski — eram polivalentes, escrevendo obras para orquestra, ópera e música de câmera com a mesma fluência. Mas ainda é notável em que medida as óperas eram, no século XIX, produtos de especialistas. Os gigantes, Verdi e Wagner, são os casos paradigmáticos.

Por volta de 1900 isso estava mudando. No século XX é difícil pensar em alguém, exceto Puccini, que se encaixe no velho modelo do especialista e seja nele bem-sucedido. Isso é importante por várias razões. Num nível prático, ressalta o fato de que as óperas novas estavam declinando em número e em importância. Mostrou-se ser ainda mais difícil, mesmo com as muito aperfeiçoadas formas de proteção de direitos autorais, ganhar a vida de maneira decente compondo apenas para o palco. Mas o surgimento dos compositores de ópera diletantes no século XX também teve consequências nos tipos de ópera que eram compostas. Quando compositores que se formaram como especialistas em gêneros instrumentais resolvem compor ópera, seus esforços quase sempre vão se derramar num universo musical alternativo, um universo com seus próprios hábitos e sons, seus próprios métodos de teatralidade acústica. Quando começou a escrever *Pelléas*, Debussy já era um radical da orquestra cuja imaginação sonora não se parecia com quase nada na música de seu tempo, e cujo vocabulário harmônico era reconhecidamente de vanguarda. Era também um observador atento e muitas vezes cáustico do meio operístico francês, e alimentava uma aversão crítica pela imitação. "Não há nada mais deplorável", ele escreveu um pouco depois, em 1906, "do que a escola neowagneriana na qual o gênio francês é obscurecido por uma série de imitações de Wotans com suas longas botas e de Tristões com suas jaquetas de veludo."[5]

Nesse departamento neowagneriano havia muita coisa a deplorar. Ernest Reyer produziu *Sigurd* em 1884, protagonizado por Brünnhilde, Siegfried, Gunther e Gutrune, todos soletrados diferentemente; sua música, no entanto, é mais *grand opéra* do que *grand Bayreuth*. Um número cada vez maior de libretos em francês começou a tratar de trágicos casos de amor medievais (*Gwendoline*, 1886, de Emmanuel Chabrier, ou *Le Roi Arthus* — O rei Arthur —, 1903, de Ernest Chausson) ou de nebulosas lendas (*Fervaal*, 1897, de Vincent d'Indy). E nem as longas botas nem as jaquetas de veludo estavam confinadas à França. Mais para o sul, Rugiero Leoncavallo planejou uma trilogia maciça (com seus próprios libretos, é claro, e intitulada — com embaraçosas e deliberadas alusões wagnerianas — *Crepusculum*, crepúsculo, em alemão *Dämmerung*). Era para se passar no Renascimento italiano — a resposta italiana ao mito nórdico. *I Medici*, a primeira da trilogia, estreou em 1893, mas foi recebida tão friamente que seu compositor, bastante sensato, engavetou as duas sequelas e em vez disso tentou, em vão, superar Puccini na bilheteria com uma versão alternativa de *La bohème*. Mais a leste, Peter Cornelius escreveu *Gunlöd* (1891), em que participam Odin (também chamado Wotan, tenor) e um triângulo que se parece com o formado por Hunding, Sieg-mund e Sieglinde. As primeiras duas óperas de Richard Strauss, *Guntram* (1892) e *Feuersnot* (1901), avançam com esforço em meio a múltiplas atrações e ansiedades wagnerianas, sendo, respectivamente, uma tragédia medieval-religiosa sobre re-núncia e uma comédia popular bávara. Os russos também se mostraram vulnerá-veis. *A lenda da cidade invisível de Kitezh* (1907), de Nikolay Rimsky-Korsakov, combina as mitologias eslava e teutônica, apresentando pássaros de floresta mui-to conhecidos (à la *Siegfried*) e uma meio mística, meio eclesiástica transfiguração redentora no fim (à la *Parsifal*). Antes de ele se ter aventurado numa ópera *Odissey*, e até mesmo numa trilogia de obras baseada em poemas épicos russos,[6] ambas as ideias estagnaram na fase de rascunho.

Embora seja um erro assumir que toda ópera do final do século XIX com ca-valeiros medievais esteja imitando *Lohengrin* (houve muitos desses cavaleiros an-tes de Wagner), os deuses nórdicos são mais difíceis de explicar. Mas as tendências dos libretos constituem apenas um sintoma menor. As inovações fundamentais de Wagner na música de ópera, em especial a pura atração de sua sonoridade, mostraram-se extremamente difíceis de ser ignoradas. Suas óperas ressoavam por toda a Europa e além dela, quer se procurasse ignorá-las quer se as encarasse de maneira ostensiva. Elas ressoavam mesmo quando eram parodiadas — muitos compositores de opereta francês tentaram esse caminho, e não se devem omitir as irônicas quadrilhas para dueto de pianos sobre temas de *Tristan*, de Emmanuel Chabrier, chamadas *Souvenirs de Munich*. A referência irônica de Claude Debussy às óperas de *fin de siècle* cheias de espectros wagnerianos, personagens atolados na Idade Média ou nos fiordes, só é um começo a ilustrar o dilema: que estilo adotar ao despertar de Bayreuth?

Para alguns, uma saída seria renunciar por completo às palavras. Há toda uma série de óperas francesas pós-wagnerianas nas quais os toques de sirene pela voz de sopranos ou meios-sopranos representam sinal de perigo numa proporção direta com a ausência de significado em suas palavras. No capítulo anterior men-cionamos *Samson et Dalila*, de Saint-Saëns, e *Esclarmonde*, de Massenet, cujas duas heroínas realizam esse encantamento. Ainda mais famosa, pelo menos quando apresentada em concerto, é uma ária do segundo ato de *Lakmé* (1883), de Léo

Delibes. Um íntegro oficial britânico é traído quando responde à voz cantante da heroína epônima, a qual é para ele um objeto de fascinação. A sedução fatal está na "Canção do sino" de Lakmé, um *locus clasicus* de hiperornamentação funcionando como hipersedução. Em tais momentos, o cantor, a parte vocal e o personagem se combinam para vencer qualquer resistência. Eis aqui um exemplo que se aplica ao caso, num relato hiperbólico e eroticamente carregado de Lily Pons no papel de Lakmé, de uma resenha de 1929:

> Mas seja qual for o admirável poder de seu agudo de soprano, a carícia dos registros médios, o que há é sua encarnação ideal dessas heroínas, a embriaguez da juventude que irrompe de seu coração como uma explosão de amor, agora com acentos de terror, como uma harpa eólica, como a luz e o perfume ardente das grandes mimosas na floresta, consagradas a Brahma. Não tenho lembrança de um encantamento maior do que o de sua Canção do Sino, carregada de uma indefinível sedução exótica.[7]

Uma tão extrema coloratura é desprovida de texto, quase por definição, embora os mesmos efeitos possam ocorrer quando as palavras estão presentes, mas com pouca consequência. Numa forma estranha mas típica de refração, um fragmento desse estilo de cantar alcançou *Pelléas*, parte de cujo radicalismo reside em sua inusual, servil e meticulosa atenção ao ritmo das palavras. Um diálogo estranho e elíptico entre Pelléas e Mélisande resume o grau em que a voz feminina, mesmo com palavras, ainda pode ser percebida como um canto de pássaro ou os sinos de uma sirene. Mélisande canta para o seu amante, Pelléas, *"Je ne mens jamais, je ne mens qu'à ton frère"* (Eu nunca minto, só minto para seu irmão), uma declaração que é, como tantas em Maeterlinck, ao mesmo tempo perturbadora e mistificadora. Mas Pelléas não reage a essa incerteza quanto ao significado, e em vez disso fica extasiado com o timbre de sua voz: *"Oh! comme tu dis dela! Ta voix, ta voix! Elle est plus fraîche et plus franche que l'eau"* (Ah, como você diz isso! Sua voz, sua voz! Ela é mais fresca e mais clara do que água). No decorrer da ópera, o herói faz rapsódias em termos semelhantes sobre a voz da heroína, que rivaliza com seus longos cabelos como sua principal fixação erótica: assim como, e não por coincidência, a voz de Carmen era para don José, ou a de Dalila para Sansão.

Nesse sentido particular, elementos de *Pelléas* alinham-se diretamente com óperas francesas muito mais convencionais do fim do século XIX. Debussy lida com o problema não por meio de uma concessão ao excesso — com coloratura demais e sons abertos nas vogais —, mas tratando a questão com indagações filosóficas. Mélisande com certeza fascina seu amante, mas nem por um momento ela canta sem palavras, e nunca com particular virtuosismo. Contudo, relatos sobre cantoras que representaram Mélisande podem se tornar tão extasiados quanto os que eram concernentes a Lakmé, sugerindo que o efeito de sedução pode ser análogo. Mary Garden, a primeira Mélisande e famosa intérprete de ópera, foi chamada de "um condor, uma águia, um pavão, um rouxinol, uma pantera";[8] outro excitado comentarista disse que sua voz como Mélisande tinha a capacidade de:

> Dar forma e cor à significativa e obsedante frase, a desfiar seu caminho em meio a uma rede iridescente de frases [...] em certos momentos seu canto é como uma nova e estranha fala — tão nova e estranha quanto a música de Debussy. O ouvinte sente o cativante fascínio e a penetrante sugestão, e deixa os testes que exigem um sangue frio e técnico para depois que passar o encantamento.[9]

TEATRO DO QUASE ABSURDO

Maeterlinck especializou-se num estilo de teatro chamado "simbolista", relacionado com o movimento antirrealista na arte e na poesia (seus porta-estandartes foram Mallarmé e Verlaine), que defendia a abordagem das maiores questões humanas por meios indiretos, com frequência através da fantasia e dos sonhos. Fiel a esse rótulo, *Pelléas* caracteriza-se por um prevalente sentido de que os seres humanos sempre serão, afinal, submergidos por essas gigantescas e impessoais forças do destino que constantemente os submetem. É um drama em meios-tons e epigramas mistificadores, povoado por atores que anulam suas personalidades individuais para melhor espelhar os símbolos que representam. O cenário é ficcional num passado distante, um castelo no reino de Allemonde — *alle* é "todo, inteiro", em alemão, e *monde* é "mundo" em francês. Enquanto caça numa floresta, o príncipe Golaud (barítono), viúvo e herdeiro de seu avô, o rei Arkel (baixo), depara com uma moça (soprano) que chora junto a um poço. Ela se refere enigmaticamente a seu passado, mas se recusa a responder à maioria das perguntas dele, apenas revelando que seu nome é Mélisande. Todas as cenas subsequentes se passam dentro ou em torno do castelo de Arkel, aonde Golaud leva Mélisande, depois de se casar com ela. Lá ela conhece o meio-irmão mais moço de Golaud, Pelléas (barítono agudo ou tenor grave), e o restante da ópera envolve uma sequência de vinhetas, a maioria delas entre Pelléas e Mélisande, que vão se encontrar juntos com uma frequência que acabaria se provando trágica. Arkel entra e sai de cena, representando a antiguidade nobre; Pelléas e Mélisande jogam jogos emocionais e se apaixonam; o jovem filho de Golaud, Yniold (menino soprano), tem uma cena de solo em que um de seus brinquedos, uma bola dourada, fica presa fora de seu alcance, e na qual passa um rebanho de carneiros a balir; Golaud mata Pelléas quando surpreende o par num encontro amoroso. No ato final, Mélisande morre, desfalecendo misteriosamente depois de ter se ferido de leve, e depois (como é contado mas não visto) de ter dado à luz uma filha. São abundantes os enigmas concernentes a eventos de menor importância na trama. Será que Mélisande perdeu deliberadamente sua aliança de casamento quando a deixa cair numa fonte? Por que Golaud é jogado de seu cavalo justo neste momento? Por que Golaud leva Pelléas numa visita a uma caverna subterrânea? Quem é o misterioso pastor (sem falar de seu carneiro que chora) que Yniold encontra quando está tentando resgatar sua bola dourada?

Tal indeterminação é típica da literatura simbolista, na qual os sinais e os segredos do destino permanecem impossíveis de ser conscientemente decodificados. A questão é criar, no leitor ou espectador, um sentimento de que os significados são poderosos mas elusivos, de que por trás de cada assunto ou frase jazem infinitas possibilidades que não podem ser identificadas. A esse respeito, Wagner foi muitas vezes um herói explícito e modelo para poetas e dramaturgos simbolistas. Mas o que eles adoravam em Wagner — e que tentaram capturar em forma de palavras — foi uma qualidade que encontraram não em seus libretos, mas em sua música. Era uma música que parecia emanar de um reino invisível, transcendente, representando nem uma forma pura, abstrata, nem uma emocional, por si mesma evidente. Isso por sua vez tem muito a ver com a estranheza de textos simbolistas. Se eram as palavras, em vez da música, que deveriam articular seus projetos artísticos, as palavras teriam de evocar um mistério equivalente, como meias referências ou um significado difuso; elas se tornam análogas à música ao abdicarem do que representam e se aproximarem do som puro.

Na superfície, essa estética fez surgir uma arte mais de sugestão do que de declaração. Na peça de Maeterlinck, os eventos quase sempre podem parecer desligados uns dos outros, como se estivéssemos assistindo a causas sem efei-

tos, ou a consequências sem suas origens. E foram exatamente essas características que se tornaram a inspiração de Debussy para a música operística radical
que ele concebeu em *Pelléas*. Com frequência os personagens mal entoam suas
linhas, com uma música tão austera que soa como a condição imediatamente
seguinte à do silêncio. As frases muitas vezes se dissolvem em pura ressonância
orquestral, com a harpa ou outro instrumento profundo tocando uma única
nota que se desmancha em ecos num espaço vazio. A difusa causalidade na
peça de Maeterlinck torna-se o modelo de Debussy para um equivalente musical. As cenas são formadas por trechos musicais individuais que são únicos, e
muito bonitos, mas amplamente separados uns dos outros — tão sem relação
entre eles quanto os eventos enigmáticos que na peça ocorrem sem motivos.
Há também as idiossincrasias que fazem de *Pelléas*, fundamentalmente, uma
ópera de músico, e no caso um músico meticuloso até o mínimo detalhe. A
peça não tem muito a dizer a quem gosta de uma narrativa vigorosa, de árias
independentes e do satisfatório clangor de uma cadência de encerramento
com trompete e tímpanos. Em 1910, Thomas Beecham reencenou *Pelléas* no
Covent Garden, que foi saudada com grande satisfação, depois de uma temporada de Richard Strauss:

> Ela veio no momento certo: o sangue e as trovoadas haviam esgotado seu apelo
> [de Strauss]; havia [no ar] algo como uma demanda tácita por uma obra de pura
> beleza. Londres respondeu imediatamente; um grande público se reuniu para
> ouvir a obra-prima de Debussy. O antagonismo entre vitorianos à moda antiga,
> que consideram *La traviata* e *Lucia de Lammermoor* obras de arte, e seus netos, que
> não concordam com isso, parece ter se desvanecido antes mesmo de chegar a era
> da Paz na Terra [...] se Mr. Beecham reconciliou Londres com *Pelléas e Mélisande*
> por meio da produção de óperas como *Tiefland* e *Salomé*, ele não terá se esforçado
> em vão.[10]

E note-se que por volta de 1910, oito anos depois de sua estreia, *Pelléas* é considerada uma obra-prima. A ambiguidade de sua aceitação perdura até hoje; mas dificilmente ela foi, como todas as grandes óperas, uma desconhecida enjeitada em
seu momento de debutante.

Quando Debussy compunha *Pelléas*, sua mente nunca esteve afastada de Wagner. Ele foi para Bayreuth nos verões de 1888 e 1889, e foi ouvir *Parsifal, Meistersinger* e *Tristan*. Ouviu *Lohengrin* em Paris em 1887 e de novo em 1893, e compareceu à primeira apresentação de *Die Walküre*, também em 1893. Na primavera desse mesmo ano compareceu a uma estranha palestra-apresentação, realizada no palco do Opéra, com Catulle Mendès discorrendo sobre o *Ring* enquanto Debussy, um outro pianista e seis solistas davam o melhor de si para apresentar excertos de *Das Rheingold*. Em vão alguém tentará imaginar o sustentado mi bemol de abertura de *Rheingold* executado por dois pianos, a quatro mãos. Teriam aberto os pianos e tangido as cordas com os dedos? Depois disso Debussy disse: "Foi bom ter terminado com o Reno. A apresentação foi uma terrível chatice".[11] Mas muito do que Debussy escreveu sobre Wagner assumiu um tom desdenhoso que bem pode indicar uma emoção muito profunda, ou uma dívida pesada demais para ser confortável. Como ele expressou, em 1903:

> Não é minha intenção discutir aqui a genialidade de Wagner. Sem dúvida, sua força foi dinâmica. Mas seus efeitos foram maiores devido à maneira pela qual foram preparados por sagazes mágicos cuja astúcia não tem limites [...]. Talvez seja o lamento extraordinariamente angustiado em sua música o responsável pela profunda impressão que Wagner deixa no espírito contemporâneo; ele despertou o anseio secreto pelo que é criminal, em algumas das mais famosas mentes de nosso tempo [aqui Debussy acrescentou uma irônica nota de rodapé sobre Richard Strauss]. Para concluir, as obras de Wagner sugerem uma imagem das mais impactantes: Bach é o Santo Graal, Wagner é Klingsor, que quer destruir o Graal e tomar seu lugar. Bach reina [...] Wagner desaparece. Uma escuridão medonha, negra como a fuligem.[12]

A força dessas metáforas é impactante. Os compositores alemães são mágicos — e seus predecessores incluem Bach. Wagner também é um mágico, mas de tipo diferente. Ele é um feiticeiro criminoso, como Klingsor, o niilista estéril do *Parsifal* de Wagner. Na verdade, quase toda declaração polêmica que Debussy fez sobre ópera é dirigida a Wagner: "Não vou imitar as loucuras do teatro lírico onde a música predomina com insolência e onde a poesia é relegada a um segundo plano. No teatro de ópera canta-se demais".[13] Mas foi muito mais fácil anunciar em tom de polêmica essa rejeição do que foi traduzi-la em prática musical. Em algum ponto inicial de sua gênese, Debussy fez elaborados rascunhos para uma cena em *Pelléas*, mas então se deu conta de que "o fantasma de Klingsor, aliás R. Wagner", tinha surgido; sentiu-se obrigado a rasgar em pedaços as páginas ofensivas.[14] Talvez para vacinar a si mesmo e sua ópera contra mais visitas não bem-vindas, ele espalhou pela partitura pequenas pistas indicativas de sua obsessão. Em certo momento Mélisande, numa característica demonstração de um enigma, diz: *"Je suis hereuse, mais je suis triste"* (Estou feliz, mas estou triste), e no pronunciar da palavra *triste* o acorde *Tristan* aparece, como num trocadilho, um fantasma cuja presença só poderia ser tolerada (assim se supõe) por estar envolta em ironia.

Tais precauções contra entusiasmos wagnerianos poderiam parecer a princípio estar comprometidas pela abertura de *Pelléas*, a qual introduz uma sequência de ideias musicais contrastantes que mais tarde regressarão todas elas como leitmotiven. Primeiro há quatro compassos de uma música grave, modal, quase como um cantochão, que se insere na antiga ambiência de Allemonde e talvez também da densa floresta na qual a ação tem início. Isso abre caminho para, e depois se alterna com, um tema insistente associado a Golaud, em registro médio e baseado numa escala de tons inteiros. E então, lá no alto, *doux et expressif*, como uma ideia lírica que depois vai pertencer a Mélisande, baseada numa escala octatônica mais densamente cromática. A mensagem parece clara. Três "cartões de visita" musicais vêm dar suporte à principal moldura de *Pelléas* logo no primeiro minuto da ópera, como se fosse uma homenagem a uma prática wagneriana. Mas há diferenças cruciais. Pela razão, entre outras, de que, apesar de essas três ideias serem acentuadamente diferentes em seus registros, harmonia, ritmo e textura, elas aparecem numa estreita justaposição, com quase nenhuma tentativa de transição de uma para outra. Neste sentido, elas representam uma antítese da prática wagneriana, na qual leitmotiven se sucedem um a outro e até se transformam, sem costuras, um no outro. Os leitmotiven de Debussy, autossuficientes e isolados, prenunciam em seu microcosmo a estética sobrejacente em sua ópera, as passagens sem intermediação de uma atmosfera musical para outra. Com igual importância, no entanto, as três ideias iniciais em *Pelléas* constituem virtualmente toda a sua substância temática, e nenhuma delas reaparece com alguma regularidade. Uma rede sinfônica de ideias recorrentes? Dificilmente.

A partitura também se mostra não wagneriana de formas mais perceptíveis.

Há poucos sons em volume alto, já que a orquestra, de maneira incomum, é disposta em grupos e toca em níveis dinâmicos modestos. Embora o mundo sônico criado por Debussy — a rede de som orquestral é uma presença contínua por trás dos cantores, buscando sua própria substância musical — leve consigo o espírito de Wagner, raras vezes a superfície musical ressoa algo parecido com ele. O "velho Klingsor" está sendo mantido firmemente acuado. Considere-se o segundo ato, cena 3. Pelléas e Mélisande fazem uma visita noturna a uma gruta abobadada na beira do mar. Mélisande mentiu para Golaud sobre sua aliança de casamento, dizendo que a tinha perdido ali e que ia voltar para procurá-la. Antes de qualquer número cantado, a gruta abobadada é descrita de forma orquestral. Sobre um rumor em pianíssimo nos registros mais baixos, as madeiras tocam uma fanfarra tranquila, fantasmagórica, e depois a repetem para mostrar onde estamos — um lugar no qual o som ressoa e ecoa. Um prato é esfregado por uma pluma, trêmulos nas cordas pairam nas alturas. Uma estranha combinação de metais toca um único acorde, depois uma mistura ainda mais estranha — de instrumentos com surdina — toca-o de novo, mostrando a mesma vista mas de um ângulo diferente, ou o mesmo objeto numa luz diferente. Quando aparecem os amantes, eles hesitam do lado de fora; mas uma vez que ultrapassam o limiar, a música que acompanhou sua aparição inicial é repetida com um envoltório sonoro completamente diverso, porque quando se entra numa caverna o som ambiental muda.

A cena é um monólogo para Pelléas, que descreve com detalhes a gruta escura que eles estão atravessando, com sua linha vocal moldada pela música da orquestra. Aqui há um espetacular *coup de théâtre*. De súbito a lua inunda a caverna com sua radiância. Pelléas grita em êxtase: *"Oh! voici la clarté!"* (Oh! Eis a luz!); de imediato, a orquestra interrompe o que estava fazendo para criar uma luz em forma de música, glissandos da harpa subindo e descendo, as madeiras no tema circular e melancólico já ouvido antes. Mas isso só dura um instante, porque o casal avista três pobres de cabelos brancos que tinham entrado na caverna para buscar abrigo. Os maravilhosos sons de lua desaparecem, para ser substituídos por uma única figura oscilante, duas notas que se repetem mais e mais uma vez, com um triste fragmento melódico superposto. "Grassa a fome", canta Pelléas, "eles estão dormindo." Mélisande quer fugir mas se recusa a apoiar-se no braço de Pelléas para subir. Tudo que é audível começa a se recolher. Temas antes ouvidos na cena passam como sombras, e por último vem a fanfarra ecoada pelas madeiras no início, agora soando muito baixinho nos violoncelos e contrabaixos.

A música não termina exatamente, não tanto quanto cruza o limiar da audição, como se nós mesmos estivéssemos indo para além do ambiente de mutação sonora da gruta.

O gênio de Debussy para a música dos sons ambientais precede essa ópera, e não se limita a ela. Ele escreveria obras com brilhantes sonoridades orquestrais como *Prélude à l'après-midi d'un faune* (1894) e *La Mer* (1905). Mais importante, em termos da tradição operística, é a montagem de cena. Os trechos musicais se sucedem sem transições; sempre trazem alguma coisa de diferente, e o mistério daí resultante é para ser saboreado. Essa estrutura inovadora foi de muitas maneiras inspirada pelas palavras. O libreto idiossincrático de Maeterlinck ajudou Debussy a escapar da armadilha da ópera francesa de *fin de siècle*. Sua anterior e abandonada *grand opéra* — *Rodrigue et Chimène* — se parece com Massenet. *Pelléas et Mélisande* foi, e continua a ser, inclassificável.

SALOMÉ, EM DIREÇÃO AO EXTREMO

Os paralelos entre os inícios das carreiras operísticas de Debussy e de Richard Strauss (1864-1949) impressionam imediatamente. Strauss também começou a ser preeminente como um especialista em poemas orquestrais, e escreveu também, como assalariado diarista, óperas que padeciam de libretos secundários e dos modelos operísticos que eles sugeriam. O que os exemplos tanto de Debussy como de Strauss indicam é que a qualificação de alguém como compositor de ópera por volta de 1900, pelo menos na França e na Alemanha, envolvia frequentemente que ele encontrasse um tipo distinto de libreto. Os vários que tinham sido descartados e reformulados pelos maneirismos da ópera do século XIX, em especial quando clonados de Wagner, seriam de pouca ajuda, porque conduziam, de maneira inexorável, a caminhos musicais antiquados. Uma exceção solitária foi o inesperado sucesso da ópera de conto de fadas *Hänsel und Gretel*, de Engelbert Humperdinck (cuja estreia em 1893 foi regida por Strauss). Despudoradamente wagneriana em sua linguagem orquestral e harmônica, ela conseguiu atrelar esses pesados atributos operísticos numa trama ágil, incorporando também alguns dos toques de realismo que, para desânimo dos nacionalistas e de outros, estavam fazendo com que Leoncavallo e Puccini fossem tão bem-sucedidos numa Alemanha saturada de Wagner naquela época. Strauss elogiou a partitura, declarando que era "original, nova e tão autenticamente alemã!" e dizendo também (com uma alusão depreciativa à nova mania italiana) que ela tinha "dado aos alemães uma obra que eles dificilmente mereciam".[15]

Ninguém percebeu os problemas operísticos envolvidos mais agudamente do que Strauss. De todos os compositores de ópera que surgiram por volta de 1900, ele era o mais próximo de Wagner e parecia ser o mais fadado a continuar nas pegadas do mestre. Quase adulto quando Wagner morreu, ele chegou a conhecer as óperas intimamente, através de um aprendizado precoce com Hans von Bülow, em Meiningen (Von Bülow o chamava de "Richard, o terceiro" — depois de Wagner nunca poderia haver, é lógico, um "Richard, o segundo"). Strauss tornou-se um virtuoso regente, contratado pela viúva de Wagner, Cosima, para reger *Tannhäuser* em Bayreuth em 1894, e depois continuou a reger, durante sua longa carreira, quase todas as óperas da maturidade de Wagner. Também fez amizade com todo o clã de Bayreuth, com toda a deferência e doutrinação que isso podia acarretar. Não é de admirar que tenha então se desviado da composição de óperas. Sua personalidade criativa inicial foi estabelecida por volta da década de 1890 como um mestre do poema sinfônico alemão, um gênero no qual injetou uma energia totalmente nova e um grande brilho orquestral. Em contraste, como já dissemos antes, suas primeiras óperas, *Guntram* e *Feuersnot*, eram assombradas por Wagner.

Strauss esperou pacientemente, e já tinha quarenta anos quando, no início de 1903, assistiu a uma apresentação em Berlim da peça *Salomé* (1891), de Oscar Wilde, traduzida do original francês para o alemão por Hedwig Lachmann e encenada pelo jovem Max Reinhard. Strauss tinha lido a peça um pouco antes, e talvez já tivesse rascunhado alguns temas, mas foi a encenação que incendiou sua imaginação. Decidiu usar a tradução de Lachmann como o texto de sua ópera, e, assim como Debussy, deu forma a seu próprio libreto apenas cortando e editando linhas. O próprio Wilde podia ter um pequeno débito para com a *grand opéra*, já que seu cenário bíblico e exotismo oriental, que completam a figura da *femme fatale* da Judeia, faz lembrar *Samson et Dalila* e outros épicos gauleses. Contudo — e a semelhança com *Pelléas* é significativa —, a linguagem da peça não tinha nada a ver com a fala de um libreto no estilo antigo. Nem sua abordagem franca de obsessão sexual, a necrofilia e a forma feminina desnuda teriam passado pelos censores de uma época anterior.

Na Inglaterra, que, admitidamente, tinha problemas com Wilde, lorde

Chamberlain baniu a peça *Salomé*, e até 1931 não se lhe permitiu cruzar o canal. A ópera, no entanto, foi encenada em Londres, já em 1910 — já citamos uma nota de um resenhista sobre como Thomas Beecham tinha apresentado *Pelléas* depois de *Salomé*, na temporada de Natal daquele ano. As sensibilidades públicas, admitia-se, foram em certa medida protegidas na cena londrina de 1910: a cabeça decapitada de João Batista, trazida a Salomé numa bandeja de prata já perto do final do drama, foi substituída por uma (relativamente inócua) espada ensanguentada. Mas o fato de a ópera ter sido palatável muito antes da peça ressalta a tendência da música de desarmar palavras e imagens que de outra forma poderiam ser consideradas como indo longe demais. Um guarda-chuva de proteção estende-se sobre todas as óperas em virtude de sua música, e no reconhecimento do labor que é investido em sua produção. Voltando à era vitoriana, a peça *La Dame aux camélias* (1848), de Alexandre Dumas, foi submetida à crítica reprobatória e à censura na Inglaterra, mas a ópera nela baseada, *La traviata* (1853), foi elogiada por sua artificiosa delicadeza. Os responsáveis pela apresentação de uma ópera são pessoas sensatas e altamente competentes, e em geral têm custos elevados. O escândalo está propenso a ser amenizado pela circunspeção, mesmo quando o compositor era, como Strauss, tão afrontoso quanto possível.

A ópera *Salomé* é relativamente curta. Um único ato descreve a corte do rei Herodes no mar da Galileia, na época de Jesus e de seus discípulos. Herodes (tenor) aprisionou João Batista (chamado Jochanaan, barítono) numa cisterna debaixo do terraço de seu palácio. Sua enteada, a princesa Salomé (soprano), filha de Herodias (meio-soprano), tem dezesseis anos de idade, é entediada, bonita e inocente — Strauss insistiu nesta última qualidade. Herodes a deseja com palpitante intensidade, assim como, somos levados a crer, muitos outros em sua corte. Mas ela desdenha deles todos. Depois de uma cena de abertura onde aparece um desses apaixonados frustrados (Narraboth, capitão da guarda, tenor), Salomé ouve a voz de Jochanaan vindo da cisterna, e fica enfeitiçada por ela. Ela persuade Narraboth a trazer o profeta de sua cela. Assim que Jochanaan aparece, fica claro que Salomé desenvolve por ele uma fixação erótica; ela então louva seu corpo ebúrneo, sua cabeleira negra e, por fim, sua boca vermelha. Quando Jochanaan recua e a amaldiçoa por seus pensamentos malignos, ela fica irada e rabugenta. Ele se retira para a santidade de sua cisterna. Aparecem Herodes e Herodias, e Herodes começa a fazer lisonjas, tentando convencer Salomé a dançar. Enfurecido com suas recusas, ele propõe lhe dar o que ela desejar, contanto que dance. Ela aceita a barganha, e realiza a infame Dança dos Sete Véus, todos os sete, como combinado, caindo no chão. Então reclama sua recompensa, com a devida inocência na voz, a cabeça cortada de Jochanaan, que lhe deve ser trazida numa bandeja de prata. Um executor é mandado para baixo, faz o que tem de fazer, aparece com a cabeça. Salomé a agarra, dirige-se a ela com ternura, a repreende, a beija na boca e descobre um sabor amargo em seus lábios. A essa altura Herodes, embora não seja ele mesmo tão avesso à decadência, já viu o bastante. Ele ordena a seus soldados que matem Salomé, e eles a esmagam sob seus escudos quando a cortina cai.

Um dos elementos chocantes em *Salomé* não é tanto que sua insanidade e perversão sejam apresentadas para o prazer de quem as vê, mas que essas circunstâncias sejam acomodadas em frases floridas cheias de metáforas e imagens altamente poéticas. Outro, é que a protagonista feminina trata seu antagonista masculino como um objeto, falando de forma repelentemente lírica sobre seu corpo, seu cabelo, sua boca. Até hoje, na história da ópera, esse lirismo tem sido ouvido com bastante frequência, mas a prerrogativa da dominância tem sido confinada aos homens, e o status de objeto confinado às mulheres. Poder-se-ia alegar que a peça de Wilde era meramente homoerótica nas rapsódias sobre uma forma masculina, e que as palavras de admiração são postas por um autor masculino na boca de uma garota em benefício desse desvio de direção. Mas essa nuance biográfica é largamente removida da ópera, na qual a soprano que canta as rapsódias é a presença vocal mais poderosa em cena. Sua voz enche o teatro, em particular quando ela se dirige pela última vez a seu antagonista masculino, agora não mais do que um fetiche sangrento sendo servido sobre prata.

Basicamente, o libreto libertou a fantasia operística de Strauss não por ser ousado por si mesmo, mas porque Salomé, como uma alma em tormento dominada pela paixão, sugeria um papel extremo para a música de ópera. Essa música não deveria ser nem comentário nem descrição de cena. Não deveria fingir ser objetiva. Em vez disso deveria traçar com íntimos detalhes os mórbidos pensamentos de Salomé e dos outros personagens, os múltiplos e violentos distúrbios de suas mentes perturbadas. Assim Strauss, que tinha atrás de si a experiência de vários poemas sinfônicos, deixou as coisas se precipitarem. Os níveis de dissonância, de volume orquestral, de pura cacofonia e ruído musical em *Salomé* são sem precedentes. Personagens repulsivos como Herodes trilam e se esganiçam, berram e rosnam; sua mulher resmungona Herodias, então, é ainda menos dada ao lirismo. E embora supostamente Salomé tenha dezesseis anos, sua personificação vocal deve, nas palavras de Strauss, ter a voz de uma Isolda. É bem significativo que a mais controlada, até mesmo irônica, música em toda a ópera seja o episódio orquestral que acompanha a dança de Salomé. Embora esse interlúdio inclua citações de alguns leitmotiven anteriores associados à heroína, ele em sua maior parte parece se conduzir num exotismo rotineiro, de um tipo abundantemente explorado por compositores de ópera franceses e russos anteriores.[16] Isso poderia parecer estranho como acompanhamento do clímax erótico da ópera, mas é menos curioso quando lembramos as funções da dança na música cênica. Ela de fato existe dentro da história ficcional, e por esse motivo não carrega o peso de ter de expressar quaisquer estados de espírito de qualquer dos personagens — estados que se estendem, numa faixa estreita, desde o obsessivo dos fanáticos até o delusório dos francamente insanos.

Strauss empregou muitos truques que aprendeu com Wagner, mais obviamente alguns jogos complicados com leitmotiven. Quando Jochanaan afasta-se de Salomé ele grita para ela: *"Du bist verflucht, du bist verflucht"* (Você está amaldiçoada, você está amaldiçoada). Ele canta isso num *motif* de quatro notas, as primeiras três na mesma altura e a quarta um terço menor acima. Na longa transição orquestral entre sua partida e a chegada de Herodes, a orquestra repete esse tema, mas o transforma em algo diferente. As quatro notas originais são seguidas por uma sequência de cinco novas notas, que joga o tema (agora executado por uma trompa) para cima para acabar numa inquietante harmonia. A orquestra está claramente dizendo aqui alguma coisa: como depois vai se revelar, é algo que está passando pela mente de Salomé. Quando, muito depois, com a queda de seu sétimo véu, ele faz sua exigência a Herodes, *"Ich will den Kopf des Jochanaan"* (Quero a cabeça de Jochanaan), as nove notas que articulam essa declaração são exatamente as mesmas. A transição orquestral anterior é, em outras palavras, a trilha da evolução interior de Salomé, com a maldição de Jochanaan soando em sua cabeça, e esse ressoar gerando a decisão que causa o desenlace sangrento da ópera.

Jochanaan é o único personagem principal que não carrega o ônus do pecado, e o que ele canta da cisterna — sobretudo profecias de redenção — soa estável e harmonioso, com distintas sugestões de corais de inspiração luterana, tudo ressoando na voz quente e forte de barítono. Esse cantarolar sonoro é, evidentemente, o que se ouve no teatro; mas também expressa como Salomé experimenta a presença vocal dele. Ela se dirige à voz dele, depois de morto, dizendo para a cabeça decapitada: *"Deine Stimme war ein Weihrauchgefäss, und wenn ich dich ansah, hörte ich geheimnisvolle Musik"* (Sua voz era um vaso de incenso, e quando eu olhava para você, ouvia uma música misteriosa). Enquanto ela canta essa frase, um eco fantasmagórico vem da orquestra, um tema que Jochanaan realmente tinha cantado antes, durante sua conversa com ela. Essa estreita aliança — entre a música da orquestra e a percepção que Salomé tem dela — torna-se clara no interlúdio durante o qual o executor desce à cisterna. Salomé tenta ouvir o que está acontecendo, e poder-se-ia dizer que ela interpreta os sons de modo errôneo. Strauss usa truques orquestrais para sugerir essas múltiplas ilusões sonoras. Um solo de contrabaixo atinge uma nota muito aguda, criando a ilusão de que é um violino; batidas e sussurros dos instrumentos obviamente estão imitando ruídos, mas evitam nos dar qualquer ideia de quais ruídos poderiam ser.

ELEKTRA, ERWARTUNG, BARBA-AZUL: TRÊS ROTAS PARA A MODERNIDADE

Salomé, de Strauss, com frequência é chamada de "expressionista", termo primordialmente associado às artes visuais na Alemanha naquela época (Schiele, Kokoschka e Kandinsky são aqui os principais suspeitos), mas também encontrado na literatura (Trakl, Kafka), no cinema (Fritz Lang) e outras artes. Foi um movimento no qual os fenômenos, tanto humanos quanto não humanos, são caracteristicamente distorcidos para elevar a temperatura emocional de sua representação, no encalço de uma intensa subjetividade que favorece sentimentos negativos. Um dos motivos pelos quais a música de Strauss é rotulada como expressionista é que o fato de ela se prolongar em percepções e estados mentais extremos tem um efeito impactante nas plateias. Nos primeiros tempos esses efeitos eram quase sempre negativos, mesmo entre aqueles que em geral respeitavam o indubitável talento musical de Strauss. O dramaturgo francês Romain Rolland, que tinha apoiado entusiasticamente *Pelléas*, escreveu uma carta a Strauss na qual, com firmeza, põe a culpa em Oscar Wilde:

> O poema de Wilde [...] tem uma atmosfera nauseante e doentia em torno dele: exsuda vício e literatura. Não é uma questão de moralidade de classe média, é uma questão de saúde [...]. A Salomé de Wilde, e todos esses que a cercam, exceto a pobre criatura Jochanaan, são seres doentios, sujos, histéricos ou alcoólicos, fedendo numa sofisticada e perfumada corrupção. Em vão você transfigura esse tema, centu-

plica seu vigor e o envolve numa atmosfera shakespeariana [...] você transcende de seu tema, mas não consegue fazer com que seja esquecido.[17]

Mesmo hoje, boas apresentações de *Salomé* tendem a ser recebidas com momentos de espantado silêncio. Há uma sensação de que, tendo sido arrastados para esse demente mundo interior por intermédio da música, precisamos de uma pausa antes de voltar para mundo exterior, os lugares em que usualmente habitamos.

O expressionismo na ópera é de fato uma resposta devastadora ao realismo na ópera, uma resposta na qual as personagens femininas parecem especialmente propensas a distúrbios mentais. Os sofrimentos das heroínas da ópera italiana do século XIX, com todas as suas gloriosas emoções, são, em comparação, desses sentimentos que se expressam em cartões de congratulações. Para dizer de outra maneira, a cada vez mais frágil fantasia das óperas italianas e francesas era imaginar que a loucura poderia ser esteticamente representada pelos voos de uma coloratura perfeita e um controle lírico; que a avassaladora emoção era representada com propriedade por uma bela e expressiva música. O final do século XIX foi uma época em que a patologia do sofrimento mental estava sendo pesquisada e codificada. Jean-Martin Charcot, um neurologista do Hospital Salpêtrière, em Paris, de 1862 a 1893, encenou demonstrações clínicas com pacientes de histeria, como os que Sigmund Freud tinha tratado em 1885-6. Freud e Josef Breuer publicaram seus *Estudos sobre histeria* em 1895. De acordo com essas teorias de *fin de siècle*, a histeria não se expressa em canções bem moduladas, mas em deficiências de linguagem, paralisias bizarras e doenças físicas. As explorações públicas e científicas das psicoses fizeram com que os sofrimentos teatrais convencionais, como os da Lucia de Donizetti ou mesmo a Violetta de Verdi, parecessem pitorescos; os abalos secundários em todas as artes foram óbvios.

Quando Strauss estava trabalhando em *Salomé*, ele visitou de novo o teatro de Reinhardt em Berlim, dessa vez por uma nova peça, *Elektra*, adaptada livremente do grego pelo poeta vienense Hugo von Hofmannsthal (1874-1929). Enquanto escrevia a peça, Hofmannsthal tinha lido e absorvido as lições do livro sobre histeria de Freud e Breuer, em particular a alegação de que os histéricos repetiam certas fórmulas verbais como se fossem talismãs de proteção. Gertrud Eysoldt, que tinha feito o papel da Salomé de Reinhardt, agora representava sua Elektra. Assim, Reinhardt desempenhou um crítico papel como coadjuvante na evolução operística de Strauss. Ele foi o mais importante diretor teatral na Alemanha durante as três primeiras décadas do século xx, e suas inovações incluíram uma coreografia rítmica, de modo que multidões pareciam fluir como enxames de insetos nos cenários do palco, e uma reimaginação da linguagem de corpo dos atores, que demandava longos momentos de imobilização e súbitas explosões cinéticas. Tudo isso estava muito distante das tradições do caminhar-e-gesticular que caracterizavam as representações convencionais da época, e era um sinal óbvio de que os costumes do século xix estavam desaparecendo. Foi nesse significativo sentido que Strauss não captou por completo o potencial da *Salomé* de Wilde, até ele ver a encenação de Reinhardt; e ficou tão impactado com *Elektra* que a ideia de utilizá-la persistiu durante todo o seu trabalho com *Salomé* — ele escreveu a Hofmannsthal em 1906 pedindo permissão para dar prosseguimento à ideia, começando assim uma colaboração que se estendeu a mais cinco óperas e só terminou quando Hofmannsthal morreu, em 1929.

Elektra (1909) continua a estética de *Salomé*. Baseada na peça de Sófocles de mesmo nome, ela põe uma heroína louca, esfarrapada, suja, astuta e trágica no centro da cena durante noventa minutos ininterruptos. Elektra (soprano) perde-se obsessivamente em conjecturas sobre o assassinato de seu pai, Agamemnon. Aparecem outros personagens, inclusive sua irmã, Crisótemis (soprano); seu padrasto, Egisto (tenor), que faz uma curta mas memorável passagem para seu ruinoso destino; sua mãe, Clitemnestra (meio-soprano), que dá ensejo à mais horrível conversa entre mãe e filha de toda a ópera; e seu amado irmão, Orestes (barítono), que se acreditava estar morto, mas que chega do exílio para se vingar da morte, há muito tempo, de Agamemnon e de seus brutais assassinos Clitemnestra e Egisto. Um machado enterrado que fora usado para rachar o crânio de Agamemnon figura como o mais importante acessório. A ópera termina com Elektra executando uma arrebatada dança de triunfo, e então caindo no chão sem vida.

Considerando essa trama, não é surpresa que *Elektra* seja muitas vezes estridentemente dissonante; como em *Salomé*, ela adota esse estilo, em primeiro lugar, porque sua música parece emanar direto da consciência dos torturados personagens que gritam e gemem, e acima de tudo da protagonista, que nunca sai de cena. Como diz Elektra: *"Ob ich die Musik nicht höre? Sie kommt doch aus mir"* (Como eu não ouviria essa música? Essa música vem de mim). O aforismo pode representar *tout court* o expressionismo operístico. Mas Strauss também se preocupou com a potencial similaridade entre as duas óperas num só ato. Ele queria fazer algo novo e, como era típico na época, "novo" queria dizer uma linguagem harmônica mais avançada e uma representação de alarido puramente orquestral. Essa experimentação chega a um clímax cacofônico no final com a heroína, a dança fatal, na qual um triunfante tom maior (nada menos do que um dó maior) é sempre interrompido por uma misteriosa e distante tríade no tom relativo menor — uma ruptura mantida até mesmo na brutal cadência final, em *fortissimo*.

Na época de *Salomé* e *Elektra*, Strauss era considerado por muitos como o apogeu do modernismo operístico. No entanto, no ano desta última, 1909, testemunhou a composição de um "monodrama" de trinta minutos chamado *Erwartung* (Expectativa), cuja concentração nos extremos da emoção humana era claramente relacionada com a de Strauss, mas que fez com que seus esforços parecessem ser, em comparação, conservadores. Seu compositor era Arnold Schoenberg (1874-1951), diferente de Strauss, um compositor de ópera menor e ocasional. Mas Schoenberg parecia-se com Strauss ao ser alguém que nos outros gêneros já tinha conquistado a reputação de abraçar inflexivelmente aspectos extremos da música. De fato, é certo que Strauss foi, por algum tempo, um dos modelos de Schoenberg. Gustav Mahler deu a Schoenberg uma partitura de *Salomé* pouco depois de sua estreia, e um dos alunos de Schoenberg lembrou-se de ele ter dito que "Talvez num período de vinte anos alguém seja capaz de explicar teoricamente essas progressões harmônicas",[18] um atestado de não compreensão que poderia ser tido, na atmosfera daquela época, como um poderoso endosso. O libreto de *Erwartung* é estranho, um fragmentário fluxo de consciência, ao qual se juntam retalhos das impressões que emanam de uma mulher anônima (soprano) que está (é possível que tudo seja um elaborado pesadelo) à beira de uma floresta escura, procurando por seu amante, em cujo corpo mutilado ela depois tropeça. Foi escrito por uma jovem doutora chamada Marie Pappenheim, e foi influenciado, ainda mais obviamente do que nos casos de Hofmannsthal e Strauss, pelo desenvolvimento da psiquiatria na época. No entanto, Pappenheim nunca tinha escrito antes para o teatro, e talvez por esse motivo tenha optado por um tipo de monólogo interior, em vez de por algo mais convencional. Seja como for, seu drama, diferente do de Strauss, não vestiu temas exóticos ou clássicos com os extremos expressionistas. A mise-en-scène de *Erwartung* foi nada mais nada menos do que a psique humana, destituída de tempo e lugar — A Europa Central antes da Grande Guerra —, apontando evidentemente para uma época anterior.

Façamos uma pausa para dar um exemplo da invectiva com que foi recebido o "som" de Schoenberg, quase no mesmo momento em que ele pousou sua pena no papel. Eis aí uma arenga representativa:

> O líder dos cacofonistas é Arnold Schoenberg. Ele aprendeu uma lição com as *suffragettes* militantes. Ele foi ignorado até que começou a despedaçar a mobília da sala de visitas, atirar bombas e amarrar juntas dez pianolas, todas tocando melodias diferentes, quando então todos começaram a falar dele. Nas obras tardias de Schoenberg, todas as leis de construção observadas pelos mestres, de Bach a Wagner, são ignoradas, insultadas, atropeladas. A estátua de Vênus, a Deusa da Beleza, é derrubada de seu pedestal e substituída pela imagem de pedra da Deusa da Feiura.[19]

Ou, se não uma *suffragette*, talvez ele seja um especialista em munição naval: "Arnold Schoenberg é o Von Tirpitz musical da Alemanha. Tendo falhado em conquistar um mundo hostil em sua primeira campanha [...] ele começou a torpedear os tímpanos de seus inimigos, assim como dos neutros, com dissonâncias mortais".[20] Palavras belicosas: a música de Schoenberg não é hedonista, não suscitando prazer ou calor estético, e é entendida como um ato de agressão contra a audiência. Mas tal feiura não deixa de ser apropriada para as devastações que sobram em *Erwartung*. Um antigo credo operístico — de que a música deve ser expressiva na mesma medida que o drama — foi ratificado.

Mesmo para Schoenberg, *Erwartung* foi de um grande extremismo sonoro. Se os críticos de seu tempo tivessem conhecido as bombas atômicas, eles teriam sem dúvida abraçado pressurosamente a metáfora. O uso de dissonâncias por Strauss sempre teve a intenção de expressar estados de espírito peculiares, e puderam residir confortavelmente junto a passagens de uma tonalidade às vezes estável (como a música de Jochanaan, em *Salomé*). Schoenberg, no entanto, tinha decidido nesses anos (1908-11) abandonar a tonalidade como organizadora dentro da linguagem musical, e tinha feito isso sob a influência de um credo premeditadamente expressionista. Como escreve, numa carta famosa, a seu amigo Kandinsky, "a arte pertence ao *inconsciente*! É preciso *se* expressar! Expressar-se *diretamente*!".[21] Em sua *Harmonielehre* (Teoria da harmonia, 1911), ele questionou a antítese entre "consonância" e "dissonância", sugerindo que a evolução musical logo as tornaria irrelevantes; em outra parte do livro ele anunciou o aparecimento de "melodias com timbre", nas quais as variações de altura seriam menos importantes do que as de timbre, um modo que elevaria "de maneira sem precedentes os prazeres sensoriais, intelectuais e espirituais oferecidos pela arte".[22] *Erwartung* é de muitas maneiras uma ilustração desses princípios emergentes. Embora haja momentos fugazes de reminiscência tonal, a maior parte da partitura é escrita na *lingua franca* de rápida codificação de uma livre atonalidade. Em argumentos certamente influenciados pela própria teorização de Schoenberg, os críticos costumavam alegar que a linguagem harmônica de *Erwartung* era, assim como seu texto literário, um irrestrito fluir de consciência, sem fios de conexão ou um sistema discernível. Mas a determinada evasiva de qualquer coisa que pudesse ter um estalo de orientação tonal ou até mesmo de âncora tonal produziu por sua vez uma pronunciada gravitação em direção a âncoras alternativas formadas por acordes. *Erwartung* dá preferência aos acordes de quarta justa mais os de quarta aumentada, uma sonoridade que se tornou para a atonalidade algo perto de um clichê — um amigo em que se pode acreditar e confiar quando a invenção esmoreceu.

Em seus angulosos extremos, a parte vocal na ópera de Schoenberg pode ser descrita como Kundry mais Salomé *in excelsis*, e torna essa ancestralidade explícita ao esboçar citações fugazes mas reconhecíveis desses dois formidáveis predecessores. Sua tendência ao grito e ao sussurro são exploradas ao máximo, dentro de uma vocalização antimelódica inimaginável nos modelos. Nesse contexto, é de certa forma uma surpresa (em particular à luz de seus próprios esboços, dificilmente representativos, de musicalização) verificar que Schoenberg tentou insistir em produções cênicas com um certo grau de naturalismo, em particular com uma bela e reconhecível floresta. Esse naturalismo seria hoje em dia disjuntivo ao extremo, em especial quando — ao menos para a maioria dos ouvintes — a música de Schoenberg soa agora não menos estranha e inalcançável do que soava há um século. Mas também pode nos lembrar que, em termos dramáticos, sua heroína tem conexões óbvias com o passado imediato.

Ler comparações entre Strauss e Schoenberg — às vezes até mesmo em histórias da ópera, nas quais poderia parecer evidente que Strauss tinha uma relevância imensamente maior — pode enfatizar até que ponto as histórias sobre música no século xx ainda tendem a se basear em narrativas que falam de progressão. Schoenberg, nos é dito com frequência, "foi além" de Strauss em termos de harmonia e isso o faz digno de um lugar histórico. *Salomé* e *Elektra* podem chegar a ser apresentadas, mas, não obstante, *Erwartung* deveria receber as medalhas musicológicas. Esse argumento ainda repercutia até mesmo em nossa época. Não muito depois de *Erwartung*, Strauss escreveu uma carta de recomendação para Schoenberg (foi endereçada à viúva de Gustav Mahler). Nela, ele se dizia parte daqueles tempos incertos, em seu cuidado de não descartar totalmente a revolução atonal, "já que nunca se sabe o que a posteridade vai pensar sobre ela". Contudo, ele expressou vigorosas opiniões pessoais, sugerindo que seria melhor se Schoenberg "fosse remover neve com a pá em vez de rabiscar em papel de música".[23] Schoenberg, que acabou sabendo da carta, foi rápido em responder no mesmo tom, dizendo que Strauss "não tem mais o menor interesse para mim, e o que quer que alguma vez eu possa ter aprendido com ele, sou grato por poder dizer que entendi mal".[24] É claro que a essa altura Strauss tinha se afastado do estilo de suas *Salomé* e *Elektra*, e — como veremos no próximo capítulo — embarcara numa rota que fez o antagonismo entre os dois ficar ainda mais pronunciado. Uma mútua antipatia se estabeleceu. Mas em geral o decorrer do tempo encoraja os historiadores a enquadrar essas contendas num contexto maior. Neste caso, em retrospecto, a *querelle* entre os dois compositores poderia ser tida como uma boa ilustração da agitação criativa daquela época. No entanto, esse reajuste histórico não ocorreu. A focagem da história da música num aspecto particular, vanguardista, de seu passado modernista mostrou-se, até muito recentemente, muitíssimo intensa.

Assim, os historiadores do Modernismo se debatem com Béla Bartók (1881--1945), cuja ópera em um ato, *A kékszakállú herceg vára* (O castelo do Barba-Azul), escrita em 1911, foi apresentada pela primeira vez em Budapeste em 1918. O texto, uma peça no original, mas com uma montagem de ópera já em mente, era de autoria do também húngaro Béla Balázs. Ele foi buscar o enredo no conto de fadas de Perrault, mas acrescentou vários elementos nacionais, em especial os insistentes ritmos das baladas populares húngaras — que ele chamava de "escuros, pesados, não cinzelados blocos de palavras".[25] Mas Balázs também estava impregnado de Maeterlinck e do movimento simbolista em geral. Como ele mesmo mais tarde ressaltou: "Minha balada é a 'balada da vida interior'. O castelo de Barba-Azul não é realmente um castelo de pedra. O castelo é sua alma. É solitário, obscuro e secreto: o castelo de portas fechadas".[26] Ele poderia estar descrevendo Allemonde de Maeterlinck e Debussy — ou, embora ele talvez não os conhecesse, a floresta escura de Pappenheim e Schoenberg. O enredo tem mais uma semelhança com o de *Pelléas* em sua ação estranha, ritualística, em sua maior parte sem justificativa. Barba-Azul (barítono) traz sua nova mulher, Judite (soprano), para seu castelo. Eles estão num vestíbulo em estilo gótico com sete grandes portas. Judite pede que elas sejam destrancadas; Barba-Azul reluta; ela insiste. As primeiras duas portas revelam uma câmara de tortura e uma armaria, ambas com manchas de sangue; as três seguintes, numa luz incrementada, mostram o tesouro de Barba-Azul, seu jardim, e, num imenso clímax orquestral, suas vastas terras. Mas cada cena vai se tornando novamente manchada de sangue. Baixa a escuridão quando as duas últimas portas são abertas: a sexta dá para um lago de lágrimas, e a sétima, para uma procissão com as três mulheres anteriores de Barba-Azul. Judite é obrigada a acompanhar as mulheres de volta, passando pela sétima porta. Barba-Azul é deixado sozinho.

Barba-Azul, uma das grandes óperas do início do século XX, parece, de muitas formas, mediar entre Debussy e Strauss. Bartók, também, chegou até a ópera já como compositor instrumental bem-sucedido, e essa circunstância, mais uma vez, vem impregnar a tessitura da ópera. Por exemplo, um rígido esquema tonal (que se poderia esperar numa peça puramente instrumental, mas tem sido sempre raro na ópera) acompanha o "arco" estrutural da história. A jornada da escuridão para a luz e para a escuridão é espelhada num movimento tonal de fá sustenido para dó maior (a quinta porta) e então de volta a fá sustenido. O que a ópera herdou da imaginação instrumental de Bartók é evidente acima de tudo na música para as sete portas. O mundo sonoro por trás de cada nova porta é configurado como um poema sinfônico em miniatura, como se em cada caso uma orquestra de câmera especial estivesse se escondendo ali, ao longo desses horrores. Há fanfarras de metais em surdina para a armaria; um solo de violino fazendo rapsódias às riquezas do tesouro; harpejos de harpa, toques de trompa e trinados de flauta para os jardins; e um *tutti* em dó maior à maneira de *Also sprach Zarathustra* (com órgão e tudo) para a quinta porta e seus domínios. Os imensos e pesados acordes da quinta porta podem ser, em termos de orquestra, straussianos, mas harmonicamente eles passam por uma sequência de tríades paralelas, reeditando uma invenção de Debussy que se ouve em peças para piano como "La Cathédrale engloutie" (A catedral submersa), do primeiro livro dos *Préludes* (1910).

Poucos compositores dessa época desconheciam o leitmotiv, e *Barba-Azul* tem um em sua partitura. Cada vez que a mancha de sangue invade a cena, o conjunto orquestral colore-se com o tema do "sangue", uma áspera segunda menor, aguda e estridente, nas madeiras. Mas esse é um aspecto superficial. A ópera acompanha o estilo de *Pelléas* ao ser formada por uma série de vinhetas, assim como seu modo vocal, que é na maior parte determinantemente silábico, e fiel aos ritmos da fala. Só mais perto do final, num dos mais sombrios *finales* em toda a ópera, surge um idioma vocal mais a propósito. Quando Barba-Azul compreende a inevitabilidade de que cada porta exponha seus segredos, sua resignação e consciência de perda trazem à cena o lirismo que antes tinha sido impossível. Depois, ele mesmo emudece. A orquestra faz o final, voltando à sua austeridade instrumental, onde havia começado.

FORA DA ZONA RADIOATIVA

O que faz a história da ópera com os que estão "de fora", compositores e obras que não têm laços genéticos aparentes ou débitos composicionais com suas tradições centrais? Talvez uma pergunta melhor fosse: dado que a ópera fora das tradições alemãs, italianas ou francesas encontrou rapidamente, por volta de 1900, formas idiossincráticas de escapar da maldição wagneriana, isso aconteceu porque essa maldição só podia ir até aí, em termos geográficos? Considere-se a ópera conhecida no Ocidente como *Jenůfa*, escrita entre 1894 e 1904 por Leoš Janáček (1854-1928), um tcheco (ou, mais propriamente, um morávio), que passou a maior parte de sua vida como não mais do que uma celebridade local em Brno, e cujo notável e tardio florescimento como compositor de ópera será considerado no capítulo 19. As primeiras óperas de Janáček são bastante convencionais, em sua mistura de elementos românticos e nacionalistas, mas no início da década de 1890 ele se deparou com uma peça de Gabriela Preissová chamada *Její pastorkyňa* (A enteada dela). Assim como acontecera com Debussy antes dele e Strauss alguns anos mais tarde, assistir a esse drama falado foi inspirador o bastante para suscitar experimentos com um novo tipo de ópera — que põe o texto diretamente na música. O que conquistou a imaginação de Janáček está claro, porque, embora a peça de Preissová tenha uma linha de tipo popular, sua ação é tudo menos tradicional. O primeiro ato começa com Jenůfa (soprano) apaixonada por e secretamente grávida de Števa, o proprietário do moinho local. Mas ela é amada pelo meio-irmão de Števa, Laca (tenor), que num acesso furioso de ciúmes corta o rosto dela com uma faca. No segundo ato, meio ano depois, Jenůfa foi escondida por sua madrasta, a Kostelnička (soprano), e acabou de dar à luz um filho; Števa a tinha abandonado. Quando Laca chega procurando por ela, a Kostelnička admite que ela teve um filho, mas tenta tranquilizá-lo dizendo que ele morreu. Laca vai embora, e a Kostelnička leva o bebê numa noite de inverno adentro e o afoga no arroio que move o moinho. No terceiro ato, dois meses depois, Jenůfa concordou em se casar com Laca, mas quando o arroio degela os aldeões descobrem o bebê morto. Jenůfa teme que seja seu filho, e a multidão a cerca ameaçadoramente, acreditando que foi ela a assassina. Mas a Kostelnička confessa e é levada dali. Jenůfa, depois de muito conflito, a perdoa, e num *finale* de crescente intensidade musical ela aceita o amor de Laca.

Parte do motivo pelo qual a ópera levou tanto tempo para ser escrita é que Janáček ia mudando seus objetivos com o tempo. Conquanto atraído pelos violentos elementos de *verismo* do enredo, ele acertadamente sentiu que seria necessária uma nova linguagem musical para fazer com que a ópera funcionasse em termos dramáticos. Partes do primeiro ato, o primeiro a ser escrito, ainda carregam traços de sua veia antiga, nacionalista, com vívidos e modais coros populares num ritmo sincopado, e mesmo algumas árias e números de grupo reconhecíveis. Mas durante o mesmo período, Janáček, antes um dedicado colecionador de música folk, começou a coletar o que ele chamou de "melodias-falas", fragmentos do discurso falado tcheco que ele anotaria rítmica e melodicamente, no processo de achar os blocos de construção musical com os quais iria construir um novo estilo operístico. A aplicação extrema dessa técnica iria acontecer em suas óperas mais tardias; em *Jenůfa* o efeito é mais esporádico, entremeado com uma linguagem mais antiga, mais familiar (o que talvez seja a razão de ela ter permanecido como sua obra mais popular).

O drama vai crescendo, assim, numa justaposição de miniaturas musicais — com frequência baseadas em fragmentos de "melodias-falas" ou pequenos acenos melódicos de inspiração mimética. Esse talento de juntar seixos para formar uma montanha é evidente logo no início da ópera, e faz com que a linguagem de Janáček seja inconfundível. No breve prelúdio orquestral do primeiro ato, uma ideia rítmica obsessivamente repetida, imitando claramente o girar do moinho que sempre avulta sobre a ação, não é tão desenvolvida quanto explorada em múltiplas sonoridades: primeiro contida e até mesmo suave, depois numa plena torrente orquestral, depois num solo de violino. Em outras palavras, somos brindados com uma excursão orquestral através das emoções que logo abarrotarão o palco. À medida que os personagens vão se apresentando e a ação se desenrola, mais e mais dessas miniaturas são apresentadas e depois exploradas. É como se a orquestra saboreasse as palavras ou breves frases que um personagem acabou de declamar, revirando-as sem modificá-las, só as repetindo mais e mais uma vez. Essas montagens, tão diferentes das graduais transformações musicais de Wagner e de seus seguidores, confundiram muitos quando a ópera foi apresentada pela primeira vez. Foi só em 1916, quando Janáček tinha 61 anos, que *Jenůfa* teve grande *revival* em Praga, e não foi antes das décadas de 1920 e 1930 que ela se tornou uma obra aceita — apesar de excêntrica —, e mesmo então era apresentada principalmente em sua tradução alemã.

Somente com o tempo *Jenůfa* tornou-se uma peça de repertório. Em meados do século xx, os desenvolvimentos na ópera em outros lugares fizeram com que suas inovações causassem menos perplexidade, permitindo que as plateias compreendessem quão portentoso veículo para o drama musical o idioma especial de Janáček poderia ser. O final da ópera é justamente famoso. Depois da melodramática confissão da Kostelnička, a pobre, desfigurada, desolada Jenůfa e o paciente, violento Laca, são deixados sozinhos em cena. Enquanto a heroína encontra um caminho para perdoar, uma última ideia musical surge na orquestra — um magnífico e pulsante acorde executado por toda a orquestra, com arpejos de trompetes se destacando. É como se as repetições obsessivas com que a ópera é construída tivessem por fim encontrado seu objetivo, um muro de genuíno som musical que não se move para lugar algum e, como os personagens em cena, celebra a simples sobrevivência.

VERISMO TARDIO

Um aspecto vital das óperas de Bartók e de Janáček é que elas mostram como as obras de Debussy e do primordial e expressionista Strauss — ambos, de suas diferentes maneiras, parecendo ser pontos finais, extremos irrepetíveis — poderiam ter sido pontos de partida. No entanto, um sinal ainda mais precoce de que o wagnerismo poderia não ser uma obsessão eterna chegou à Alemanha bem cedo, logo depois da morte de Wagner, e também foi sentido na França e outros lugares. A fonte desse despertar foi ainda mais ameaçadora por sua origem inesperada. Muitos pensavam que a profundidade e complexidade wagnerianas tinham sobrepujado de uma vez por todas a tradição italiana representada por Verdi. Muitos intelectuais alemães consideravam as obras-primas de Verdi do início da década de 1850 muito antiquadas (embora ainda perturbadoramente populares), enquanto os frutos mais sofisticados de sua velhice, *Otello* (1887) e *Falstaff* (1893), foram tidos como modernos e aprimorados, resultado das saudáveis influências de Wagner. Mas depois, no início da década de 1890, a Europa operística viu-se dominada por um tipo totalmente novo de ópera italiana, no qual harmonias e orquestração atualizadas eram enxertadas em enredos realísticos que ressumavam paixões fumegantes, animadas por breves mas espetaculares árias, que faziam a alegria dos intérpretes. *Cavalleria rusticana* (1890), de Mascagni, *Pagliacci* (1892), de Leoncavallo, e a mais perigosa de todas por ser obviamente a mais sofisticada, *Manon Lescaut* (1893), de Puccini, tornaram-se sucessos internacionais. Olhares teutônicos ansiosos estavam sendo lançados de novo através dos Alpes.

Na verdade, os olhares estavam sendo lançados nas duas direções. Mesmo usufruindo de uma fama sem precedentes na primeira década do século XX, Puccini sempre esteve consciente de que uma música mais avançada da França e da Alemanha proporcionava um maior prestígio intelectual; ele estava muito atento à inovação musical nesses países — como sempre em busca de novos meios dramáticos. Debussy era mais a seu gosto do que Strauss. Ele elogiava a orquestração e as "extraordinárias qualidades harmônicas" de *Pelléas*, apesar de que "ela nunca o arrebata, o eleva; é sempre sombria em suas cores, tão uniforme quanto o hábito de um franciscano".[27] Sobre Strauss, ele foi mais circunspecto. Assistiu a um famoso *revival* de *Salomé* em Graz, em 1906, que o pôs na companhia de uma plêiade de outras celebridades daquela época e do futuro, inclusive Mahler, Schoenberg e seu aluno Alban Berg, e — se é que suas recapitulações posteriores estão corretas — um combativo jovem austríaco obcecado por música chamado Adolf Hitler.[28] Puccini confidenciou a um amigo: "*Salomé* é a coisa mais extraordinária e cacofônica. Houve alguns efeitos musicais brilhantes, mas ela acaba sendo é muito cansativa. Apesar disso, o espetáculo é extremamente interessante".[29] No entanto, houve uma conexão entre Puccini e Strauss de uma outra e importante maneira. Muito mais do que acontece hoje em dia, quando apresentações na linguagem original são a norma e os cantores tendem a se especializar nos repertórios em alemão ou italiano, eles escreviam para as mesmas cantoras de primeira linha — Maria Jeritza, Emmy Destinn, Selma Kurz e Lotte Lehmann foram todas famosas por seus papéis tanto de Strauss quanto de Puccini.

Essa amostra que Puccini teve do ultramoderno teve algum efeito em suas óperas posteriores? Como suas observações sugerem, tanto Debussy quanto Strauss, em suas diferentes maneiras, eram demasiado radicais e monocromáticos para um compositor que priorizava a variedade acima de tudo. Ele nunca tentou usar um libreto em prosa, apesar de tais libretos estarem na moda quando já era mais idoso; fazer isso teria sido renunciar ao lirismo vocal que foi um aspecto tão crítico de sua personalidade musical. Mas seus libretos mais tardios estavam cada vez mais próximos da forma prosaica, enquanto se tornaram mais raros os espaços para as árias ou para grandes grupos cantando juntos. *La fanciulla del West* (A garota do Oeste, 1909) é um desses casos. Passa-se durante a corrida do ouro na Califórnia de 1849 e é protagonizada por uma heroína encarniçadamente independente e exímia sacadora de arma, um atraente e durão mas sensível herói e um antagonista cruel (nada menos que *lo scheriffo*, o xerife). Com tais extrovertidas personas dramáticas, surpreende que quase não haja qualquer traço de árias exportáveis, em estilo de concerto, mesmo tendo o papel do herói sido criado especialmente para Enrico Caruso. Além disso, o segundo ato termina em algo parecido com drama falado, um tenso jogo de pôquer em que jogam a heroína e o antagonista (o que está em jogo é, à maneira da antiga ópera italiana, a honra da heroína), com o som das cartas que são atiradas com violência na mesa como o principal efeito sonoro.

Nem todos ficaram felizes com isso. Em 1924, ano da morte de Puccini, um inglês irritado resumiu o arco criativo do compositor nos termos abaixo:

> Nenhum compositor vivo é mais menosprezado e execrado pelos líderes da opinião musical em qualquer país [...]. Do que realmente nos ressentimos, se nos dermos ao trabalho de analisar nossos sentimentos, é de que, por mais detestável que sua música possa ser, em particular no papel, é impossível negar que ela em geral acaba "saindo-se" exasperadamente bem nas apresentações, onde outras e melhores músicas fracassam de maneira desastrosa [...]. Parte de sua obra mais tardia não é de forma alguma tão desprezível quanto muitos supõem. Pois apesar de suas óperas de *Manon Lescaut* em diante revelarem uma constante e crescente preocupação com o efeito teatral e um correspondente e marcante declínio na

musicalidade — uma melancólica progressão da qual *La fanciulla del West* representa o ponto culminante, ou mais exatamente o nadir —, sua recente e parcial recuperação, como exemplificada no chamado *trittico*, é ainda mais bem-vinda por ser tão completamente inesperada.[30]

Além disso, esse "declínio" — que começa em seu primeiro dia com *Manon Lescaut* — é apresentado sob um aspecto interessante:

> O desenvolvimento artístico de Puccini sugere uma analogia com Verdi. Ele parece ter se disposto a italianizar compositores modernos exatamente da mesma forma que Verdi [...] italianizou Wagner. Mas enquanto a tentativa deste último de prolongar a existência da antiga tradição italiana que jazia estertorando em seu leito de morte, por meio de uma espécie de rejuvenescimento artificial, ou de transfusão de sangue de um organismo mais jovem e mais vital, resultou na produção de duas soberbas obras-primas, *Otello* e *Falstaff* [...] a operação do primeiro, feita com uma mão menos talentosa e firme, não foi sintonizada com tanto sucesso.[31]

Esse "organismo mais jovem e mais vital" que salvou a ópera italiana por volta de 1890 é, mais uma vez, ninguém outro que R. Wagner (nessa época já morto). Os não nomeados "compositores modernistas" para os quais Puccini se voltou uma geração depois são tidos como incapazes de levar a efeito o mesmo truque. *La fanciulla* tem realmente seu razoável quinhão de harmonias avançadas e efeitos orquestrais, "transfusões" dos modernos. Mas e quanto a *Il trittico* (O tríptico, 1918), uma sequência de três óperas com um ato cada uma, que sinaliza a ascensão de Puccini que o salva da perdição? A escolha de óperas de um só ato sugere o modelo de *Salomé* e todas aquelas outras obras que são autoconscientemente modernas. A primeira ópera das três, *Il tabarro* (O manto), é um sinistro melodrama sobre adultério, que se passa numa barcaça sobre o Sena, com uma introdução que induz uma atmosfera moldada no formato de um avançado poema sinfônico. Os acordes de abertura, que descrevem o implacável aumento de volume do rio, são construídos em quartas, e em sua delicada orquestração soam quase como uma homenagem a Debussy; um buzinada distante de um carro e a sirene de um rebocador se acrescem ao efeito realístico. Pouco depois, há alusões a Stravinsky (tanto na orquestração quanto na harmonia) numa estranha e dissonante imitação de um velho e desafinado órgão.

No entanto, o último painel de *Il trittico*, a peça cômica *Gianni Schicchi*, é, de algumas maneiras, o mais radical. Escrita durante os dias sombrios da Primeira Guerra Mundial, sua história deriva de Dante, *o ícone literário do passado italiano*, e celebra ruidosamente as energias culturais e econômicas do Renascimento, um período no qual os italianos lideravam o mundo. O enredo é a respeito de um grupo familiar venal que se reúne em torno do leito de morte de um parente para descobrir que ele deixou um testamento que não os beneficia por completo. Eles cooptam um astuto comerciante, Gianni Schicchi (barítono), para ajudá-los; ele assume a figura do parente morto e consegue alterar o testamento, mas nesse processo premia a si mesmo com os itens mais seletos. O interesse amoroso é suprido pela filha de Schicchi, Lauretta (soprano), e Rinuccio (tenor), para ambos os quais há árias bem definidas. A famosa ária de Rinuccio "Firenze è come un albero fiorito" (Florença é como uma árvore em flor) situa-se delicadamente entre a ironia e a sinceridade, em parte uma "narrativa de viagem", em parte uma bombástica celebração de orgulho local. A musicalização de Puccini, com seu tema à feição de marcha e suas harmonias descomplicadas, é muito diferente de seus usuais e lacrimosos solos trágicos. O másculo otimismo é posto numa perspectiva cultural por (e o modo musical combina com) seu embaraçoso "Inno a Roma" (Hino a Roma), que ele escreveu logo depois da estreia de *Il trittico*, e que foi estreado durante uma competição de ginástica em Roma (para treinar "os soldados do futuro"), na ressonante voz de um coro de 5 mil participantes, acompanhado pelas maciças bandas de metais dos *carabinieri*. (O "Inno" foi um grande sucesso nas décadas por vir, em particular quando reformulado para ser o "Inno al Duce".)

Momentos como esse realçam o fato de que os sentimentos nacionalistas ficaram mais exacerbados em grande parte da Europa depois da Primeira Guerra Mundial. Mas outras passagens em *Schicchi* estão dentro do âmbito da atonalidade, com curiosas disjunções no argumento musical. Mesmo trechos abertamente paródicos são sombrios, sobretudo o sinistro foxtrote "In testa la cappellina!" (Na cabeça o chapeuzinho), uma *marche funèbre* para os tempos modernos que não estaria fora de lugar numa colaboração Brecht-Weill. Parece que a maioria dos críticos deixou passar esses trechos sem comentários, talvez achando que eram mera brincadeira inocente. Nem foi sentida qualquer ressonância sinistra na advertência de Schicchi aos familiares de que o estratagema deles os fazia correr o risco de sofrer horrendo castigo, a amputação da mão e o exílio. Ele ressalta esse ponto cantando uma pequena canção ("Addio, Firenze, addio cielo divino" —

Adeus, Florença, adeus divino céu), cujos ornamentos floridos são uma imitação do estilo vocal do Renascimento, enquanto ele ergue uma manga sem braço num arremedo de adeus. Os familiares repetem a melodia, e a ameaça nela contida os impede de denunciar Schicchi quando ele toma deles as partes mais atraentes de sua herança. Mais uma vez: seria tudo isso uma brincadeira inocente? Na Itália de 1918, depois de anos de um conflito brutal, com soldados feridos e aleijados regressando a cada cidade? Talvez as ressonâncias disso estivessem ainda próximas demais para ser contempladas.

Assim como *Falstaff*, de Verdi, a obra-prima humorística de Puccini termina com um discurso para a plateia que encerra uma clara mensagem nacionalista. No caso de Verdi há uma vigorosa fuga que celebra as loucuras do mundo, talvez não sendo a menor delas aquela que levou jovens italianos a negligenciar formas musicais tão eruditas para correr em busca de perigosos idiomas estrangeiros. Em *Gianni Schicchi*, Puccini (que uma vez fora o exemplo por excelência desses italianos presunçosos) usa de outro expediente: com uma última e fugaz referência à bombástica celebração que Rinuccio faz a Florença, o protagonista conjura *"il grande padre Dante"*. Como define um antigo crítico ardorosamente nacionalista, esse final visava a libertar a "mais pura palavra da raça". O tom desse elogio é agora destoante, até mesmo alienante, mas pode ser também instrutivo. Em *Gianni Schicchi* podemos, se assim quisermos, meramente usufruir do céu azul e da luz do sol do Renascimento; mas não muito fundo sob essa superfície também podemos encontrar outras e mais sombrias cores, que não deixam de ser uma lembrança de tempos passados na história italiana, e, talvez ainda mais perturbador, uma antecipação de tempos que logo viriam.

18. Modernidade

No outono de 1910, sem sentir muito que estivesse fazendo algo particularmente novo, Richard Strauss começou a escrever sua segunda ópera para um libreto de Hugo von Hofmannsthal. Eles tinham se decidido por uma comédia, uma peça de época que se passava na Viena do século XVIII, e Hofmannsthal escreveu o texto originalmente como um libreto de ópera. Não foi o caso de adaptar uma peça preexistente, como fora o de *Elektra*, alguns anos antes. Para entender a ópera que daí surgiu, *Der Rosenkavalier* (O cavaleiro da Rosa, 1911), precisamos ter uma ideia do tom que pervadia as comédias de Hofmannsthal para o teatro falado, peças que não visavam a se metamorfosear em libretos, e nunca o fizeram. Esse tom era mais complexo do que o de uma simples nostalgia, mas toda tentativa de evocar essas obras ou de resumi-las parece fazer com que soem como kitsch.

Der Schwierige (O difícil caráter, 1921) passa-se numa época contemporânea recente — Viena durante a Primeira Guerra Mundial. O protagonista é o conde Kari Bühl, um personagem hesitante, excêntrico, que tem dificuldade em dizer o que pensa. Uma de suas extravagâncias, no primeiro ato, é declarar que irá ao circo, em vez de comparecer à soirée, como exigia sua obrigação social. No segundo ato, tendo afinal chegado à soirée, ele conversa sobre o circo e seu famoso palhaço italiano, Forlani, com a condessa Helene Altenwyl (ele a ama, mas não consegue se declarar). A conversa mostra o isolamento deles e seu mérito, numa reunião social na qual quem é vulgar e *arriviste* prefere discutir Goethe e outros pratos pesadamente culturais. O herói de língua presa e a heroína de Hofmannsthal estão encantados com um palhaço, e isso ilustra — como também o faz a descolada dissertação deles sobre seu desempenho — o que deve ser lamentado quando eles desaparecem para sempre. Os meios dramáticos são pequenos e indiretos, mas a tristeza é pungente. O talento de Hofmannsthal era criar personagens em cena cujos labores podem nos absorver durante algumas horas, e cujos corpos estão tão obviamente presentes e ao mesmo tempo parecem já ter partido e estar perdidos.

Durante décadas, a recepção a *Der Rosenkavalier* caracterizou-se ou por um entusiasmo ingênuo ou pelo desprezo dos puristas da vanguarda. Os entusiastas viram na ópera um guia para uma civilização perdida. A tribo esquecida em questão estava distante, não em termos geográficos, mas temporais: era a charmosa (e não tão charmosa) nobreza da Áustria imperial, por volta da época de Maria Teresa, como atualizada por Hofmannsthal. Para os desdenhosos, os problemas estavam sintetizados no acessório estelar da ópera, uma rosa falsa feita de prata encharcada de óleo de rosas para disfarçar seu aroma metálico.

O palavreado que descreve a trama central — segundo o qual, no círculo da nobreza de Viena no século XVIII, antes que um noivo pudesse comparecer a um primeiro encontro com sua noiva, esta tinha de receber como presente formal, das mãos de um emissário bem-nascido, uma rosa de noivado de prata — é todo inventado. Os entusiastas têm de se abster da incredulidade, e ficar de mãos dadas com a falsa autenticidade do ambiente exótico da ópera. Os desdenhosos podem alimentar um desconforto típico dos puritanos com tal impostura e tal tolice, ou mesmo com a ideia de que aristocratas possam ser interessantes. E depois, para complicar as coisas ainda mais, há a música de Strauss: parte dela incomparavelmente (ou perigosamente) bela, e famosamente (ou vergonhosamente, ou notoriamente) fácil de se ouvir.

Os artifícios que fazem *Der Rosenkavalier* ser tão incomum para a sua época, em 1911, podem nos mostrar como se abriram os caminhos da ópera nos anos entre 1910 e a Segunda Guerra Mundial — anos que marcaram o mais desenfreado florescimento no gênero no momento em que se estava tornando uma coisa do passado. Os fruticultores saberão reconhecer o fenômeno. Na primavera do ano em que uma árvore adoece irreversivelmente, há centenas de florescências; no outono os galhos se curvam ao peso dos frutos. As árvores estão reagindo ao fato de que não têm futuro, e a abundância inatural sinaliza o conhecimento que ela tem de si mesma. Como uma das primeiras obras desse tardio e terminal florescimento operístico, *Der Rosenkavalier* é de muitas maneiras um marco da ópera alemã. É engraçada, artificial, expressando alternadamente uma autoconsciência quanto à história (usando o pastiche musical e a paródia como referência ao passado) e atingindo um paradoxal estado de irônica felicidade.

Der Rosenkavalier também levanta questões quanto à ópera no século xx, especificamente sobre como a ópera — um gênero de extraordinária longevidade — se refez por meio de linguagens e ideologias modernistas. Quantos outros gêneros musicais originários do início do século xvii exerciam atração ativa e criativa no início do século xx? Os gêneros instrumentais que surgiram no fim do século xviii e início do xix, e que foram o grande rival da ópera, foram comparativamente fáceis de se modernizar: sinfonias, quartetos de corda e sonatas para piano puderam atualizar-se de modo satisfatório com novas harmonias, ritmos complexos e formatos engenhosamente fragmentados. Mas a atualização da ópera não poderia basear-se apenas em manipulações musicais. Até, e inclusive, o início do século xx, a ópera continuou a ser uma arte sobretudo expressiva: personagens têm sentimentos e eles os expressam; a música estava lá para ajudar a transmitir a mensagem. Tudo acontecia no tempo presente, ali mesmo no palco. Este foi o caso até mesmo de óperas que se proclamavam na vanguarda do progresso musical. Quando a heroína torturada e psicótica da notoriamente dissonante ópera de formato livre *Erwartung*, de Schoenberg, cantou fragmentadas sucessões de intervalos em vez de belas melodias, os meios e os fins expressivos estavam criando uma fórmula que dizia: uma expressão dissonante é igual a uma heroína torturada. O som pode ter chocado muita gente, mas a correspondência, mesmo a redundância, entre o modo musical e a situação da personagem foi, em essência, não menos convencional do que, digamos, a de *La bohème*, de Puccini. Em *Der Rosenkavalier*, de Strauss, esse alinhamento — e com ele a própria ideia do que é sincero e espontâneo na ópera — começa a se fragmentar.

O século xviii autoconscientemente ficcional de Hofmannsthal era o lugar perfeito para começar o experimento. Os protótipos mozartianos e os autênticos personagens teatrais do século xviii estão à espreita por trás de cada pessoa. A ópera envolve um trio amoroso: no primeiro ato encontramos a Marechala (soprano), que quando a cortina sobe está na cama com — de fato, se os gementes toques da trompa no prelúdio estavam nos dizendo algo, é que ela estava só há um instante fazendo sexo com — seu amante, muitos anos mais moço do que ela, Otaviano. O papel de Otaviano é de meio-soprano representando um garoto amoroso, tipo mais conhecido como Cherubino em *Le nozze di Figaro* (1786), de Mozart. Além disso, a Marechala, tanto na melancolia de sua obsessão com o tempo que passa quanto em sua fraqueza por rapazes adolescentes, evoca fortemente a condessa Almaviva de Mozart.

A Marechala e Otaviano são, no entanto, projetados para confundir a audiência com um exagero em relação a seus protótipos mozartianos. Sim, a trama diz que eles são de sexos opostos. Mas diante do quadro de abertura *in flagrante*, muitas apresentações vão sugerir uma outra visão, baseada inteiramente em nossa consciência no que tange aos *cantores*. Numa visão que vai além da de uma mulher e de um jovem, estamos vendo uma mais interessante e, ao menos para o ano de 1911, mais escandalosa união entre duas mulheres. Em *O segundo sexo* (1949), Simone de Beauvoir dedicou várias e longas passagens a esse tipo de mulher mais velha e seu par amoroso, homem ou mulher mais moço/a. O que se evidencia de seus exemplos heterossexuais é que todos derivam do Iluminismo, apesar de ela não estar fazendo nenhuma abordagem sob o ponto de vista histórico. É como se, por volta de 1940, inconscientemente o século XVIII tenha se tornado o assumido hábitat natural de tais seres, os Cherubinos da história. Mais ainda, Beauvoir passeia velozmente entre pares matrona-macho e matrona-fêmea sem um só solavanco:

> Sua atitude em relação a mulheres era exatamente aquela de Rousseau com Mme. de Warens, do jovem Benjamin Constant com Mme. de Charrière: sensíveis e "femininas" adolescentes, elas também se voltavam para amantes maternais. Frequentemente encontramos uma lésbica, mais ou menos característica desse tipo, que nunca se identificou com sua mãe [...] mas que, abstendo-se de ser uma mulher, quer usufruir da suave delícia da proteção feminina [...] ela se comporta como um homem, mas como homem ela é frágil, e isso a faz desejar uma amante mais velha; o par vai ser análogo ao bem conhecido casal heterossexual, a matrona e o adolescente.[1]

Neste ponto, o tradutor de Beauvoir para o inglês observa que a Marechala e Otaviano são mais um exemplo. Em certo sentido eles são o exemplo definitivo do tipo idealizado por Beauvoir, já que, corporificado numa representação, eles representam ambos os casos ao mesmo tempo.

Na produção original de 1911, em Dresden, permitiu-se o cenário da alcova, mas na estreia da ópera em Berlim (também em 1911) qualquer combinação — matrona mais rapaz, matrona mais garota, quarto de dormir — foi considerada arriscada demais, de modo que o cenário do ato de abertura foi modificado para ser o da sala de jantar da Marechala. Para a estreia em Londres, lorde Chamberlain instruiu Thomas Beecham de que ou a cama seria retirada do cenário ou o texto teria de ser reescrito para eliminar qualquer referência a ela, e os cantores estavam proibidos de mencionar o ofensivo objeto.[2] O filme mudo de 1925, *Der Rosenkavalier*, foi ainda além. O papel de Otaviano foi dado a um jovem ator, Jacques Castelain, e suas interações com a Marechala incluem uma decorosa conversa no banco de um parque. Na verdade, no roteiro original de Hofmannsthal para o filme — que foi quase inteiramente descartado pelos produtores do filme — Otaviano corteja a Marechala, mas, sendo uma mulher casada, ela o rejeita. Tamanhos expurgos, o fato de assumir tantos formatos, sugerem no mínimo que toda a implicação escandalosa do quadro de abertura da ópera foi evidente desde o início.

A mola propulsora do enredo de Hofmannsthal é a rosa de prata, que empresta seu nome ao título da ópera. Otaviano aceita jocosamente ser o portador da rosa para o parente distante da Marechala, o claramente aparvalhado barão Ochs auf Lerchenau (baixo), que irrompe na alcova da Marechala. O risco de ser descoberto obriga Otaviano a rapidamente trocar suas roupas pelas de uma criada e, assim como Cherubino, vai passar parte da ópera disfarçado como uma tímida rapariga do campo, aqui chamada "Mariandel". Ochs é um aristocrata idoso e grosseiro que visa a melhorar de finanças casando com uma moça rica, Sophie von Faninal (soprano) — leiam-se aí o dr. Bartolo e a jovem Rosina em *Il barbiere di Siviglia* (1816), de Rossini. No segundo ato, Otaviano presenteia Sophie com a famosa rosa falsa, no magnífico cenário da casa do pai dela na cidade, e os dois imediatamente se apaixonam. O restante do ato nos mostra uma Sophie horrorizada com seu grosseiro noivo, as embrulhadas de Otaviano na história, e o início de uma trama para derrubar Ochs. Otaviano, como "Mariandel", envia-lhe uma carta sugerindo um encontro clandestino num hotel barato: quando, assim raciocina Otaviano, o barão fosse descoberto *in flagrante*, o escândalo levaria à anulação do noivado. A maior parte do terceiro ato (que se passa num quarto privado do hotel) é farsa pura: embriaguez, portas que batem e confusão de identidades. Mas nesse ponto de maior caos, quando tudo ameaça redundar em irremediáveis mal-entendidos e vergonha, aparece a Marechala como um *deus ex machina* do Iluminismo. Ela põe ordem em tudo, renuncia à sua reivindicação por Otaviano e tristemente o conduz aos braços de Sophie. A cena na qual isso acontece está entre as mais formalmente conservadoras da ópera: Sophie, Otaviano e a Marechala conversam em recitativo e, quando chega o momento em que têm de reagir ao dilema, eles expressam seus sentimentos num trio paradigmático.

Num ensaio de 1927 sobre a gênese do libreto, Hofmannsthal descreveu como seu texto foi num instante invocado, durante conversas com seu amigo conde Harry Kessler. Ele deixa claro que a ideia começou como um conjunto de arquétipos operísticos — a que ele e Kessler se referiam de início como apenas "o bufo", "a dama" e "o Cherubino" — e como "o enredo surgiu por si mesmo da relação eterna e típica desses personagens um com o outro, sem que soubéssemos com exatidão como isso aconteceu".[3] Ao evocar os personagens mozartianos, ao inventar o ritual da rosa, ao usar a fala dos aristocratas do Iluminismo tal como era na nobreza vienense por volta de 1910, Hofmannsthal dispôs linhas de tempo conflitantes num drama onde o anacronismo não é (como na maioria dos libretos de ópera) um erro a ser tolerado, mas um dispositivo estético. As camadas anacrônicas têm um efeito distanciador, que por sua vez tem consequências musicais. Personagens tão elaboradamente construídos em camadas não podem habitar a usual estética operística de imediata e sincera expressão. Requer-se outro tipo de música. Assim como aquele trio formal de encerramento no terceiro ato, parte da solução de Strauss foi fazer conscientes reversões para os antigos modelos e mecanismos operísticos. Mas também desenvolveu um sabor musical que era em cada detalhe tão complexo quanto a idiossincrática evocação por Hofmannsthal de um presente perdido, ou do presente como sendo passado.

A música que Strauss inventou para *Der Rosenkavalier*, como em parte ela trata de criar uma distância através do pastiche, está necessariamente ligada à farsa e à comédia. Nos diários de Harry Kessler temos o vislumbre de uma análise contemporânea dessa música por George Bernard Shaw, a quem Kessler visitou em Londres, em 1912. Citando Shaw:

Sobre Mozart, Shaw disse que ele deixava sua música fluir em pequenos impulsos, passagens em *sforzando*, "pequenos chutes". Quando surgiram as totalmente diferentes e amplas melodias de Beethoven e Wagner, os diretores tocavam Mozart nesse estilo também, e com isso o mataram. Somente Richard Strauss, cujo estilo se relaciona com o de Mozart, redescobriu a maneira correta de apresentar Mozart.[4]

Note-se a alegação, em tom trivial, de que o estilo de Strauss deriva do de Mozart, e é muito alheio ao de Wagner. Mas a verdade é mais complexa: as origens da sonoridade de *Der Rosenkavalier* eram numerosas demais para que sua música fosse amarrada a qualquer um dos mestres do passado.

DISTÂNCIA, O NOVO MODO

Parece que a nova estética operística de *Der Rosenkavalier* apareceu ao mesmo tempo na ópera-cômica alemã e francesa. A ópera de Strauss depende de mecanismos musicais que incluem truques com o tempo, uma aceitação do artifício, e a aclamação de passados musicais sobre o presente musical. *L'heure espagnole* (A hora espanhola, 1911), de Maurice Ravel (1875-1937), é, nesse sentido, a companheira de *Der Rosenkavalier*. Na ópera de Ravel, Concepción (soprano), mulher do relojoeiro Torquemada (tenor), tem de fazer malabarismos para acomodar as visitas de seus dois amantes — o banqueiro don Iñigo Gomez (baixo) e o poeta Gonzalve (tenor) —, enquanto seu marido está fora da loja. Ela os enfia em dois relógios de pé para escondê-los um do outro, e ordena a um musculoso arrieiro, Ramiro, que arraste os relógios de um cômodo a outro, como medida de segurança extra para que não sejam descobertos. Gonzalve se expressa em apropriados versos poéticos, e Ravel os musicou em forma de iberismos musicais que jorram em cascatas de sonhos opiáceos. Ramiro, usualmente, está sempre bufando, acompanhado por trompas e trombones que soam como batidas, imitando seus passos pesados.

Grande parte do diálogo em *L'heure espagnole* tem formato livre, um recitativo acompanhado de orquestra. Mas numa cena Ramiro vê-se sozinho entre relógios que tiquetaqueiam, o que lhe parece serem cantigas de ninar a prometer felicidade e paz. Ele fica tocado de lirismo e o acompanhamento orquestral derrama-se com uma generosidade que não é irônica. A triste pilhéria está no inverso disso. Os autômatas, os relógios, oferecem formas de conforto e simpatia que faltam nos personagens humanos. Ravel e seu libretista, Franc-Nohain (Maurice Étienne Legrand), estavam entre os primeiros modernistas da ópera a reviver a coda moralizadora do século XVIII, o número final no qual personagens comentam o que tinha acontecido no drama — como fazem ao final de *Don Giovanni*, de Mozart (conquanto, neste caso, sem o protagonista, que em outros casos também participa). A diferença modernista em *L'heure espagnole* é que os personagens desapareceram por completo. Os cinco cantores que se reúnem para o comentário de Ravel referem-se na terceira pessoa às partes que eles representaram, tirando a máscara, demonstrando a artificialidade de suas personas cênicas. O que é interessante — e isso continua a ser uma percepção central em tais codas — é que a máscara não é tirada em termos musicais. A música não transmite subitamente uma sincera ou aparente candura. O quinteto moralizante é apresentado na forma de uma Introdução-e-Habanera que combina o ibérico com o fantástico para ir na direção da mais genuína alegria. Mas primeiro, antes de a habanera começar, os cinco principais ficam em silêncio por um instante. Os acordes agudos e sustentados das cordas, que acompanham essa pausa e precedem a primeira e ruidosa batida da habanera, produzem um efeito complicado. Por um lado, é um sinal bem clichê da orquestra para uma transfiguração, e aqui ele marca o desmascaramento dos cantores. Por outro, é apenas uma pausa que promete diversão, como a inalação de ar antes de uma gargalhada.

COMÉDIA EM CAMADAS

A comédia, então, libertou tanto Strauss (um experiente compositor de óperas) quanto Ravel (um iniciante na ópera), permitindo-lhes restaurar formas fixas da ópera e produzir peças do gênero. Mas esses mecanismos não são mais o que eram na ópera primeva: compor um recitativo e trio no século XIX ainda era um dado composicional, um negócio comum, enquanto citar um som exótico — como um toque charmoso de espanholismo, ou de antiguidade — era limitado aos coloridos locais, frequentemente no âmbito de uma representação-dentro-da--ópera. Há bons exemplos deste último caso, como na ópera pastoral que arremeda Mozart apresentada no segundo ato da *Dama de espadas*, de Tchaikóvski, ou nos números ciganos que se tornam uma tragédia romântica, como em *La traviata* (1853), de Verdi, ou em inúmeros episódios musicais emperucados da ópera de Massenet *Manon* (1882), ou de *Manon Lescaut* (1893), de Puccini. Mas em óperas como *Der Rosenkavalier* e *L'heure espagnole* as formas fixas não são um negócio comum, mas marcadores de artifício e de maneirismo; os sons exóticos tinham sido liberados de suas gaiolas para se tornarem pervasivos, tornando-se também, no processo, uma forma de melancolia.

No século XIX houve um modelo que se impôs, para uma reversão autoconsciente à formalidade musical. Foi a única comédia da maturidade de Richard Wagner, *Die Meistersinger von Nürnberg* (1868), que — assim como leitmotiven, longos interlúdios orquestrais e teias sonoras de fluência livre — tem árias, corais, canções estróficas e até um merecidamente famoso quinteto em escala total. Mas o que faz *Die Meistersinger* ser até simples, enquanto Strauss e Ravel são complicados, é que a reversão de Wagner aos números operísticos não suscita qualquer abandono da operística convencional: quando os personagens em seu quinteto cantam seus sentimentos mais íntimos, a impressão que se tem da emoção espontânea e diretamente expressa não é diferente daquela em, digamos, *Les Troyens* (1856-8) ou *Il trovatore* (1853). Em outras palavras, *Die Meistersinger* é convencional no sentido de que seus números operísticos à moda antiga são marcantes e simbólicos, e não apenas um dado composicional. Para ser obviamente claro, sua elaborada formalidade harmoniza com a moral do enredo. Faz-nos lembrar que a tradição e a inovação se combinam para compor as formas mais elevadas da arte; que há valor nas formas de arte antigas e, incidentalmente, que homens mais velhos e experientes — o herói, Hans Sachs — não perderam seus atrativos românticos. A comédia de Wagner é típica de sua época operística, na qual as peças do gênero não são irônicas: elas não produzem uma sensação de estranhamento e não complicam o efeito de sinceridade e autenticidade que é a marca registrada da ópera do século XIX.

Não obstante, Strauss e Hofmannsthal extraíram da comédia de Wagner toques sutis. Para começar, a tríade erótica é semelhante — homem/mulher mais idoso(a) e sábio(a), renunciando dolorosamente a garota/rapaz e facilitando seu casamento com um(a) ingênuo(a) de idade mais apropriada. Em ambos, o grande número que se segue ao ato de renúncia é um conjunto formal em ré bemol, que começa com uma soprano solitária; em *Der Rosenkavalier* é o excerto favorito numa ópera que fora isso é bem densa, com seu palavrório e seus prolongamentos, e às vezes se arrastando sem transições agudas. Além disso, o próprio fato de Strauss e Hofmannsthal terem deixado espaço para a invocação e citação de óperas anteriores sugere um dilema central na época do último período de florescimento da ópera: a *história* da ópera não é mais irrelevante quando você mesmo vai escrever uma. Os acenos musicais para o passado criam o mesmo efeito da conversa de Kari e Helene sobre o palhaço: embora o material esteja presente, posto diante de nós, ele também já desapareceu.

Há algumas passagens em *Der Rosenkavalier* que somam tudo isso com acentos marcados de amargura. No primeiro ato, a Marechala apresenta seu mais famoso monólogo, uma meditação longa, inflexível, sobre a passagem do tempo. Ela está falando a Otaviano: "Entre você e eu, Quinquin, o tempo flui novamente, silencioso, como uma ampulheta". Para ela, Otaviano é jovem o bastante para ser uma imagem imutável e bela. As palavras são estranhas, e parecem se referir não tanto ao ser humano quanto a algo na memória. Quando se envelhece, deixam-se objetos cada vez mais para trás; eles permanecem lá, mas depois se tornam tão distantes que ficam quase invisíveis. A música de Strauss para esse monólogo acena para duas danças diferentes, como uma dupla exposição. Uma delas é uma valsa, a dança vienense típica no século XIX, mas lenta e num tom menor. As valsas, é claro, não têm o que fazer num enredo que se passa no século XVIII — a dança ainda não se tinha tornado popular. E é claro que as valsas eram antiquadas por volta de 1911, quando da primeira apresentação da ópera. Mas este é exatamente o ponto: há uma linha de tempo múltipla na música, um futuro-mais--passado que desorienta o ouvinte e confunde a cronologia. O segundo tipo de dança, que é posto acima e abaixo da valsa, é a siciliana, algo associado ao século XVIII. De fato, a siciliana tinha adquirido uma história no linguajar da ópera: Mozart a usou especialmente em situações trágicas, como a ária de lamento de Pamina ("Ach ich fühl's") no segundo ato de *Die Zauberflöte*. Assim, o monólogo da Marechala existe em períodos múltiplos: tanto de modo literal, no tempo da valsa e no tempo da siciliana, como figurativo, já que sua música combina os séculos XVIII, XIX e início do século XX.

Mas o amálgama não soa nem um pouco como século XVIII ou XIX, já que o efeito de camadas — que inclui estranhos deslizes harmônicos para fora do e de volta ao tom original — é contemporâneo. O mesmo poder-se-ia dizer de uma ária inserida no primeiro ato, cantada por um tenor italiano que foi mandado com peruca, brocado e tudo para entreter a Marechala enquanto arrumavam seu cabelo. Essa ária (que ele está "lendo de uma folha de música") teve, desde o início, a intenção de ser uma rara e estranha joia. Seu texto é na florida fala típica dos libretos da antiga escola metastasiana:

Di rigori armato il seno
Contro amor mi ribellai,
Ma fui vinto in un baleno
In mirar due vaghi rai.
Ahi! Che resiste puoco
Cor di gelo a stral di fuoco.

[Com um coração armado de rigor/ rebelei-me contra o amor,/ mas num relâmpago fui vencido/ ao fitar dois adoráveis olhos./ Ah! Quão pouco resiste/ um coração de gelo a um dardo de fogo.]

Por sobre uma orquestra reduzida a dimensões de câmera, o lirismo schubertiano colide com o bel canto italiano tardio (aqui há matizes de "Già nella notte densa", o dueto de amor no final do primeiro ato de *Otello*), com algumas intricadas prestidigitações rítmicas que envolvem marcações de tempo deslocadas formando um requintado jardim murado de som, fora de tempo ou lugar. Embora se possa visitar esses jardins, sempre se é obrigado a deixá-los, provavelmente mais cedo do que se desejaria. Strauss ressalta esse ponto com um segundo verso que é cantado como fundo enquanto Ochs discute *sotto voce* com o advogado, negociando seu contrato de casamento. Ochs por fim solta um grito e esmurra a mesa com o punho; isso interrompe instantaneamente a ária, criando-se nesse processo uma pequena parábola sonora sobre a derrota da beleza para o barulhento prosaísmo.

Um modo de julgar a qualidade de vanguarda que existe no tempo em camadas de Strauss é pelos lamentos que ele arrancou daqueles que o tinham amado em sua época romântica, como o compositor de *Tod und Verklärung* (Morte e transfiguração, 1890) e outras sinfonietas tão maciças quanto esta. Não é difícil se encontrarem invectivas ao longo destas linhas, que comparam o Velho Strauss com o Novo Strauss:

O primeiro tem uma ardente e maravilhosa pressão em sua fala. O outro parece incapaz de concentrar energia e interesse suficientes para criar um sólido e vívido produto de seu labor. O primeiro parecia abrir novos caminhos através do cérebro. O outro caminha languidamente por estradas bem desgastadas. Nem divertido ele é mais. O idealizador de maravilhosas máquinas orquestrais, o homem que tinha pe-

netrado na câmera de morte e se postado sob a forca, passou a apelar para a brincadeira com seu meio, a imitar outros compositores, Mozart em *Der Rosenkavalier*,
Händel em *Josephslegende*, Offenbach e Lully (um acoplamento que somente Strauss
teve o mau gosto de realizar) em *Ariadne auf Naxos*. Ele se tornou cada vez mais superficial e sem originalidade, passou a citar sem pejo Mendelssohn, Tchaikóvski,
Wagner, até ele mesmo. Sua insensibilidade cresceu desordenadamente e o levou a
embaralhar estilos, a misturar passagens dramáticas e de coloratura, a enredar linguagens de três séculos numa única obra, a brincar com todo tipo de travessuras
desenxabidas em sua arte.[5]

Travessuras. A resistência à frivolidade é um sintoma. Na era de Weimar, a
noção de "frivolidade divina" — que foi o comentário de Nietzsche sobre Offenbach em *A vontade de poder* — estava imbuída de um valor positivo, como um baluarte contra a fatal gravidade teutônica, associada com, entre outros, Richard
Wagner.[6] E foi exatamente essa frivolidade, essa verve corporificada na ópera-
-cômica ou Offenbach ou Hofmannsthal, que se tornou anátema na Alemanha:
especialmente depois de 1933, assim que mudou o regime.

TRAVESSURAS DE MOZART

Um dos aspectos musicais mais "em camadas" na partitura, que de algumas
maneiras é inquietante, está relacionado com Ochs. Ele é um personagem difícil
de caracterizar. Não é a pessoa mais chocante da ópera — esse prêmio vai para os
dois intriguistas italianos, Annina e Valzacchi, tão cheios de astúcia quanto desprovidos de lealdade. Mas ele é difícil de situar porque Strauss desperdiçou muito
poucas frases bonitas ou fraseados de comovente harmonia com ele. O mais perto
que ele chega da afabilidade é no final do segundo ato: levemente embriagado e
encasulado numa das *ländler* (valsas rústicas) que Strauss inventou para ele, ele
quase — quase — começa a parecer um bem-vindo antídoto contra a briosa delicadeza estética que é exibida em todas as outras partes. Em 2001, essas valsas
acabaram na trilha sonora da fantasia de Steven Spielberg *Inteligência artificial* —
onde acompanham a visualmente vertiginosa entrada dos personagens principais
em Rouge City, capital das delícias do mundo. Haverá ali então algo sendo dito
sobre Ochs como a personificação da direteza dionisiana? Esse efeito é mais forte

quando Ochs é representado por um cantor cujos outros papéis poderiam ser de um Sarastro em *Die Zauberflöte* ou do rei Filipe em *Don Carlos*: isto é, um baixo com significativa capacidade de atrair público. Um crítico vienense percebeu isso quando chamou Ochs de "um Falstaff do monte de esterco, um Don Juan da cloaca".[7] Até bem mais tarde no processo de gênese da ópera, Strauss e Hofmannsthal usaram o título de trabalho *Ochs auf Lerchenau*. Se tivessem mantido esse título, poderia de repente toda essa questão parecer muito diferente? Para onde olharíamos, com quem simpatizaríamos, com que especial atenção?

O inquietante aceno musical, que é uma travessura muito grande de Mozart, envolve o tema musical de Ochs (tal como é): a música que se ouve quando ele pela primeira vez saracoteia pelo palco no primeiro ato. É um tema de marcha em dó maior que soa como um blefe, com os tímpanos marcando baixinho os contrabaixos, alguns acordes não muito altos nos metais e as cordas mais graves tocando uma simples melodia que vai subindo na escala de dó maior, dó-ré-mi, depois mi-fá-sol; a primeira nota desse padrão é ornamentada com uma pequena "virada", uma filigrana que se desdobra acima e abaixo, um pedacinho do fru-fru do século XVIII. Mas ao se ouvir com atenção — e ao se transpor mentalmente a melodia grave das cordas para um solo de flauta, mantendo os tímpanos abafados e marcando as notas dos contrabaixos, mantendo os metais a tocar baixinho —, percebe-se que se está ouvindo uma maliciosa referência a um dos mais exaltados, mais solenes momentos na história operística da Alemanha: a estranha marcha em dó maior que acompanha Pamina e Tamino quando passam por suas perigosas provas finais do Fogo e da Água, no segundo ato de *Die Zauberflöte*.

Essa brincadeira musical parece arrastar Mozart para más companhias, e ao fazê-lo traz de volta tudo que se poderia querer expurgar de sua última obra-prima: sua baixa origem, o fato de sabermos que seu compositor gostava de piadas obscenas, vulgares. Mas também faz algo oposto. Ao situar *Die Zauberflöte* no âmbito de Ochs, somos instados a não sobrestimar a fastidiosa galanteria dos outros personagens principais, e a lembrar que a empatia humana por aqueles que não se pode amar é a forma mais rara de nobreza de caráter. Pode até ser — como sugere a infindável e fascinante correspondência entre Strauss e Hofmannsthal — que o compositor tenha querido asseverar que seus próprios termos eram diferentes dos de Hofmannsthal, e jogar uma água fria musical em todo impulso para o sentimentalismo. Assegurar — diz-nos o compositor — que seu coração vai preservar o rigor de que necessita para se rebelar contra pessoas impossivelmente belas e sons avassaladoramente belos.

A travessura mozartiana de Strauss é na verdade o que veio a ser chamado de "efeito de estranhamento". Efeitos pervasivos como este se tornaram o material de construção básico nas obras do dramaturgo alemão Bertolt Brecht (1898-1956), como foram em suas peças de teatro musical com Kurt Weill quase duas décadas depois de *Der Rosenkavalier*. Foi Brecht quem cunhou o termo pelo qual elas são conhecidas no teatro alemão, *Verfremdungseffekte*. Na teoria de Brecht, o dramaturgo ou compositor devia esforçar-se por lembrar constantemente à plateia que ela está assistindo a uma ficção ou construção, seja por meio de elementos de encenação ou estilo de atuação, seja por meios literários, tais como a inserção de comentários sobre a ação e os personagens. Deveria haver também meios musicais de reforçar essa determinação, e Weill, por exemplo, utilizou rudes imitações de estilos de canções populares para tal fim. Se os personagens são tão patentemente artificiais, se os atores deixam claro que não são as pessoas que estão representando, então a plateia não pode ser iludida a ter simpatia, ou identificação, ou outra forma de mistificação. Um observador cético, ponderado e acima de tudo apto e disposto a aprender pode ser assim *produzido* por uma experiência teatral. É difícil imaginar algo que esteja além do ideal de Wagner — ou, nesse aspecto, do Verdi maduro — ideal de um ouvinte absorvido e encantado, e essa era a questão.

Há, no entanto, algumas citações intencionais, alguns anacronismos propositais, que simplesmente não podem ser estranhamentos. A peça mais celebrada em *Der Rosenkavalier* é o trio "citação" perto do final do terceiro ato, no qual a Marechala leva Otaviano para os braços de Sophie: *"Hab' mir's gelobt, ihn lieb zu haben in der richtigen Weis"* (Optei por amá-lo da maneira correta): a Marechala canta isso para ela mesma, e então as outras duas sopranos se juntam, cada uma com sua própria e privada meditação, criando assim esse mundo de solilóquio partilhado tão emblemático nos antigos conjuntos operísticos. Conquanto a disposição formal e a maneira congelada sejam arcaicas, a substância musical paira entre estilos contrastantes. De certo modo, como já dissemos, o trio acena para o seu modelo wagneriano em *Die Meistersinger*: a tonalidade clara (e o tom compartilhado, de ré bemol), as ondas de som, as vozes que se superpõem em seus clímax. Mas o som combinado de três sopranos, esse embaralhamento monocrômico de riquezas líricas, também nos transporta ao mundo pansoprânico da ópera-séria do século XVIII, um mundo de um óbvio faz de conta. E então, no final, quando um fechamento tonal parece inevitável, Strauss injeta no trio uma de suas elevações cromáticas que são sua marca registrada, uma abrupta irrupção de um claro mi maior (com agudos rés de soprano soando repetidamente), um avassalador expediente harmônico que seria impensável antes do século XX.

A Marechala sai de cena, deixando o palco para Otaviano e Sophie. O dueto que se segue, que encerra a ópera, tem sido sempre controvertido. Quando discutia um momento anterior dos dois amantes, Hofmannsthal ficou nervoso quanto a qual estilo de música deveria aparecer: "O que eu queria evitar a todo custo era ver essas duas jovens criaturas, que não têm nada a ver com valquírias ou Tristão, irrompendo numa espécie de gritaria erótica wagneriana".[8] Ele não precisaria ter medo quanto a isso. O dueto de encerramento é o mais inequívoco regresso da ópera à linguagem mozartiana: os dois amantes gorjeiam juntos em intervalos paralelos e frases previsíveis, acompanhados por uma orquestração candidamente simples. *"Ist ein Traum, kann nicht wirklich sein"* (É um sonho, não pode ser verdade), canta Sophie, e a convencionalidade dos sentimentos é ecoada pela música.

E então acontece algo extraordinário, uma pequena interrupção vinda de um outro mundo. Faninal reentra com a Marechala em seu braço; ele acaricia a face de Sophie, dirigindo uma cordial homilia à Marechala: "São sempre a mesma coisa, não são, esses jovens?". "Sim, sim", ela responde muito baixinho. Ela canta uma música já ouvida antes, notoriamente no fim do primeiro ato, quando dispensou por aquele momento Otaviano, e lhe disse como ia ser o dia dela:

Agora, vou à igreja, e depois vou à casa do tio Greifenklau, ele está velho e manco, e isso vai alegrá-lo. E à tarde vou mandar um empregado procurar você para dizer se andarei de carruagem na Prater.* E se estiver, e se você quiser, poderá vir à Prater também, e cavalgar junto à minha carruagem.

A modulação para o tom menor em "à tarde", o longo intervalo que recai sobre a voz, a música em que se cantam esses subjuntivos encadeados, "se...se...", de uma felicidade que se sabe ser frágil e finita — é isso que regressa quando ela diz "Sim, sim" no terceiro ato.

Antes e depois dessa interrupção a orquestra tinha voltado à sua esfera har-

---

* Nome de uma famosa praça em Viena.

mônica e melódica straussiana, e quando Faninal e a Marechala saem, surge um dos maiores e mais extensos clímax orquestrais de toda a noite. Os amantes, como que distraídos, entram suavemente no que se torna o segundo verso de seu pequeno dueto mozartiano; mas agora suas frases são fragmentadas e interrompidas pelo estridente tema cromático que antes caracterizara a apresentação da rosa, uma litania de tríades desconectadas num registro alto e brilhante da orquestra com celesta, harpa, flautas e violinos solistas. Mozart está ficando cada vez mais longínquo: ele tinha reaparecido na esteira da enorme orquestra de Strauss mas agora se recolhia e afastava, visto através de camadas cada vez maiores de um vidro fosco sonoro.

A música que começa com a longa cena à feição de recitativo antes do trio, e acaba aqui, costumava ocupar a face oito na maioria das gravações em LP da ópera. Tanto seu efeito cumulativo quanto o conhecimento de que esse mesmo efeito é suspeito são sintetizados numa caricatura da revista *New Yorker* em 1957. Nela, vê-se um marido doente na cama, bolsas sob os olhos, dizendo à esposa que o atende: "Sei que o doutor disse que isso é só um resfriado forte, mas caso ele esteja enganado gostaria de ouvir a face oito de *Der Rosenkavalier* uma última vez".

OFFENBACH MAIS LULLY, MAU GOSTO POR CONTA DE QUEM

A ópera seguinte de Strauss com Hofmannsthal foi *Ariadne auf Naxos* (1912, revista e ampliada em 1916). Era claramente parte do mesmo projeto de *Der Rosenkavalier*, e seu enredo foi brevemente delineado no capítulo 5, pois um de seus momentos mais divertidos envolve o horror que sente um dedicado compositor de ópera-séria ao se lhe dizer que ele tem de arranjar um espaço para a comédia. *Ariadne* começou a existir como um intermezzo durante uma apresentação da peça de Molière *Le Bourgeois gentilhomme* (O cavalheiro burguês, 1670), mas depois foi revista para ser uma peça em grande escala, compreendendo um prólogo e depois a ópera. A ação transcorre na casa do "homem mais rico de Viena", durante o século XIX. Está havendo um magnífico banquete, que deve ser seguido de uma série de entretenimentos: primeiro, uma ópera-séria chamada *Ariadne auf Naxos*, depois um divertimento cômico, depois fogos de artifício. No prólogo, o Compositor (meio-soprano) arma um alvoroço em torno do fato de que uma trupe de *commedia dell'arte*, liderada por Zerbinetta (soprano), vai se apresentar depois de seu solene drama; Zerbinetta zomba da seriedade da arte do Compositor. Há um pandemônio causado pelo anúncio do mordomo de que, devido às pressões do horário, a ópera e a *commedia* devem ser apresentadas simultaneamente. A ópera passa-se na ilha de Naxos. Ariadne (soprano) foi abandonada por Teseu e só quer morrer. Zerbinetta, Arlequim (barítono) & Cia. se intrometem periodicamente e satirizam seus sentimentos. Chega o deus Baco (tenor) e, num dueto apaixonado, ele e Ariadne declaram seu amor. Logo antes de terminarem sua peroração, Zerbinetta aparece dos bastidores, aponta para Baco e Ariadne, e diz, com uma graça enigmática: "Quando o novo deus se aproxima, nos rendemos sem uma palavra".

Como em *Der Rosenkavalier*, as opções musicais são assombrosamente amplas. No começo da segunda parte, a ópera-séria propriamente, há estilos oriundos de — e alusões a — virtualmente toda a história da ópera. Três ninfas cantam um trio de música de natureza ("Ach, wir sind es eingewöhnet") com uma elaborada coloratura, e um estilo muito próximo aos das donzelas do Reno, de Wagner, mas entretecendo aquele modelo recente com um protótipo mais antigo, próprio da estrutura narrativa do século XVIII, o trio de sereias de *Rinaldo*, de Händel. Arlequim canta um pastiche neoclássico, completo com suas notas erradas e acompanhamento supermecânico, como se ele fosse um cantor de serenatas saído de Mozart com uns poucos maneirismos do século XX bem audíveis. Ou talvez ele seja Cochenille, o cômico lacaio de *Les Contes d'Hoffmann*, de Offenbach, cuja pequena ária do primeiro ato parece estar bem pertinho e à mão. Eco, a ninfa mitológica que pertence à ópera-séria, desenvolve um gosto inadequado pelo canto de Arlequim, e a certa altura decide repetir seu refrão. Strauss lança-se no grande estilo sinfônico e manipula o truque de se exceder no desenvolvimento temático wagneriano sem cair na paródia. E, finalmente, o intenso e quase atonal solilóquio de abertura de Ariadne flerta com o Modernismo vienense, um gesto grave que fica esvaziado quando o conjunto que lhe provê o fundo musical (as ninfas) repete os dissonantes e avançados intervalos melódicos, talvez com demasiada frequência.

O emprego de vários aspectos da linguagem wagneriana, todos no limite da ironia no contexto operístico zombeteiro-sério, sugere que Strauss, que com frequência é acusado de ter passivamente permanecido wagneriano enquanto outros, modernistas mais autênticos, conseguiram escapar, pode ter chegado a termos com o avultante passado com mais sucesso do que em geral se afirma. Como vimos em *Salomé* e depois em *Der Rosenkavalier*, ele provou ser mais do que um adepto, ao lidar com inventividade com essa coluna central do edifício estilístico wagneriano mais tardio, o leitmotiv. Mas aqui, em *Ariadne*, ele vai ainda mais além. Uma ilustração disso vem logo na abertura do prólogo, que foi escrito para a segunda versão e, assim, quando muitos dos temas da ópera propriamente dita (em grande parte tirados da versão original da partitura) já estavam intactos. É certamente uma exposição orquestral complexa de alguns dos principais temas da obra, mas é apresentado no mais não wagneriano modo possível; cada tema abre caminho para o próximo por meio de uma precipitada cadência, mais à maneira de uma abertura pot-pourri verdiana do que de um prelúdio wagneriano. Isso vai ter depois um efeito complicado no drama, quando esses mesmos temas são usados de um modo wagneriano mais convencional, em certo sentido servindo sutilmente para solapar (ou ao menos ironizar) por dentro todo o projeto wagneriano.

Theodor Adorno, como um progressista, ao menos em alguns aspectos, teria ficado horrorizado com nossos acenos aprobatórios para o compositor. Adorno (o discípulo de Berg, o defensor de Schoenberg) *tinha* de desaprovar Strauss, e argumentou veementemente que sua arte, especialmente nas obras pós--*Rosenkavalier*, tinha perdido o rumo:

A procura de Strauss por Hofmannsthal marca a cesura de seu desenvolvimento. Embora em termos de conteúdo isso ligue Strauss ainda mais intimamente à arte de sua época, que era dirigida para a mera vida, o encontro com Hofmannsthal define o momento no qual o artista Strauss depara e enfrenta um limiar externo da vida que ele hesita em atrair para si, apesar de tê-lo experimentado de um modo suave, esteticamente velado, encastoado em convenção.[9]

Mas a última parte do ensaio é curiosamente ambígua, especialmente quando do fala de *Ariadne*:

Zerbinetta [...] finalmente está certa quanto a seu novo deus, já que o mundo de Baco, como um mundo de mero êxtase sensual, é só tão aparência quanto o mundo *buffo* acima, a cujo nível ele se quer elevar [...] [Strauss] apreendeu todo o brilho da vida temporal e a faz brilhar para além do espelho de sua música; ele aperfeiçoou a aparência na música e fez a música transparente como vidro.[10]

Para Adorno essa transparência era, definitivamente, o grande malogro de Strauss. Era a prova de que ele não estava na vanguarda. Mas sua simpatia por Zerbinetta em seu comentário final o deixa numa posição difícil, pois é claro que o efeito de "espelho" da música de Strauss era algo que ele compreendia. Seja qual for a conclusão que alguém possa tirar, o dueto final de *Ariadne* é um exemplo luminoso do que Strauss conseguiu sob tais restrições. A orquestra é só um pouco maior do que a usada por Mozart e seus contemporâneos, embora tenha o acréscimo de harmônio, celesta e piano. Mas é usada com habilidade tão extraordinária que parece ser autenticamente do início do século xx. De algumas maneiras, para combinar com o encerramento solene do que, na ficção maior, é uma ópera-séria, os trechos finais de *Ariadne* são abertamente wagnerianos. Quando ouvimos uma orquestra em seu pleno, em crescendos e decrescendos num acorde final que começa de forma suave, estamos ouvindo exatamente o efeito em ondas de som com que termina *Tristan und Isolde*. Mas afinal só há uma abertura aparente nessa homenagem. A celesta fica de guarda protegendo a referência. Nunca se ouvem celestas em Wagner, e elas têm uma função operística consagrada pelo tempo, de se referir ao mágico e ao ilusório. O timbre da celesta, a delicadeza da orquestração *trompe l'oreille* de Strauss, nos faz lembrar que as camadas de vidro fosco estão entre a transfiguração aqui e agora e a versão que, sem ironia, nos foi permitido usufruir no passado.

WOZZECK, LULU E A ARTE DA NOSTALGIA

Esse aspecto severo da vanguarda modernista na Alemanha e em Viena estava encarnado na atonalidade expressionista. *Erwartung* (1909), o experimento operístico de Schoenberg, comentado no capítulo 17, explora os sons da atonalidade e os efeitos psicológicos fundamentais — alta ansiedade e sugestões de algo errado, ou de loucura. — para sustentar o drama. *Erwartung* é uma coleção magistral de um livre fluir de gritos e gemidos, pois Schoenberg escreveu para a voz como se ela fosse pouco mais do que outro instrumento musical. Ocasionalmente ressuscitada, a ópera soa tão estranha e inaproximável quanto soava quando foi apresentada pela primeira vez, mais de cem anos atrás; uma passagem de tremenda incompreensão que poderia ser uma demonstração primordial do argumento de que o tipo de expressionismo e atonalidade explorado em peças como *Erwartung* simplesmente não funciona quando aplicado às necessariamente longas extensões de tempo e desenvolvimento da narrativa que uma ópera requer. No entanto, tais conclusões são vigorosamente desafiadas em duas óperas escritas pelo premiado aluno de Schoenberg, Alban Berg (1885--1935). Conquanto se baseasse em técnicas de composição similares, elas são tão diferentes que suas origens e o choque causado por sua inesperada beleza podem permanecer para sempre um mistério.

Berg era aluno de Schoenberg, mas também seu protegido e discípulo. Em público ele elogiava seu professor em termos generosos. Num ensaio de 1912, publicado num *Gedenkschrift* (volume comemorativo) dedicado a Schoenberg, Berg o chama de "o professor, o profeta, o Messias; e o espírito de uma linguagem que compreende a essência do gênio muito melhor do que esses que o insultam, dão ao artista criativo o nome de 'Mestre', e dizem dele que ele criou uma 'escola'".[11] É claro que a relação real era mais ambivalente. Os modestos recursos da família de Berg significavam que a composição não era seu único ganha-pão. Ele frequentava um requintado meio artístico em Viena, e era alto e bem-apessoado. Escreveu apenas cerca de vinte obras em toda a sua vida. Compôs o primeiro punhado delas — durante seu aprendizado com Schoenberg — como estagiário, mas eram notavelmente bem-acabadas, envoltas numa linguagem tonal altamente instável. Grande parte de sua carreira transcorreu em doença, a serviço de exército austríaco durante a Primeira Guerra Mundial, em romance, em melancolia, em infidelidade e na simples circunstância de existir. Seu talento supremo era para a música dramática, para o cadenciamento e a variedade da música adequada para o teatro.

Escreveu duas óperas que estão entre as maiores produzidas no século xx. *Wozzeck* (terminada em 1922, estreada em 1925) e *Lulu* (quase finalizada, mas com o terceiro ato não orquestrado quando da morte de Berg, em 1935). Berg seguiu uma tendência da época adaptando ele mesmo ambos os libretos a partir de dramas falados que existiam antes. *Wozzeck* baseia-se numa edição de 1879 de fragmentos de uma peça intitulada *Woyzeck*, que o grande dramaturgo alemão Georg Büchner deixou incompleta quando morreu, em 1837. Em quinze cenas no decorrer de três atos, a ópera descreve tristes vinhetas da vida de Wozzeck (barítono), um pobre e atormentado soldado alistado num exército anônimo, numa cidade anônima, e de sua companheira Marie (soprano). Ele depois assassina Marie num acesso de ciúme, e mergulha na loucura e no remorso. Numa desolada vinheta final, o filhinho de Marie (falsete) fica montado em seu cavalinho de pau, parecendo indiferente ao insultuoso sarcasmo que é sua mãe morta, cantando para si mesmo *hop, hop*.

Lulu foi adaptada de uma recente peça em duas partes de Franz Wedekind. Passando-se na Viena de *fin de siècle*, ela descreve a ascensão e queda de Lulu, mulher fatal e Espírito da Terra, por quem homens e mulheres se apaixonam, são por ela assassinados e arruinados, e morrem por ela. Na cena final, depois de cair na prostituição, ela é assassinada por Jack, o Estripador. A característica literária mais perturbadora da ópera é o desaparecimento de qualquer moldura contextualizadora. O libreto (assim como a peça que lhe deu origem) começa com um prólogo alegórico no qual um animador de circo convida a plateia a entrar na grande tenda e descreve os animais selvagens que ela vai ver. Cada animal é um personagem do enredo. Os amantes de Lulu são o macaco, o tigre e o camelo. Lulu é uma cobra ("criada para trazer problemas") e a cantora que a representa é de fato carregada por assistentes e exibida. No entanto, nenhum animador de circo regressa no fim para nos dizer que aquilo que vimos era "apenas uma história" — somos arrastados para dentro, a ficção torna-se realidade e no fim somos deixados a contemplar um sótão sem janelas e sem sobreviventes. Este tipo de final apocalíptico é característico da tragédia operística no século XX, frequentemente (como em *Wozzeck*) com uma voz inquietante deixada no deserto. *Doktor Faust*, de Ferruccio Busoni (inacabada quando da morte de Busoni, em 1924), uma ópera errática e ambiciosa, acaba dessa maneira em algumas de suas edições. Mefistófeles, fazendo-se de um guarda-noturno, percorre as ruas desertas à meia-noite e anuncia a chegada do inverno. Ele se depara com o corpo de Fausto, e faz um pequeno e frio gracejo: *"Sollte dieser Mann verunglückt sein?"* (Será que ninguém vai chorar por esse homem?).

Uma forma de compreender o gênio de Berg, e sua realização operística, é dizer que ao mesmo tempo que adotava as técnicas e os mundos sonoros que adquirira de Schoenberg, nunca os usou para excluir ou banir ouvintes. Schoenberg fundou em 1918 uma Sociedade para Desempenho Musical Privado e enquanto ele podia ser dogmático quanto à supressão de ideias musicais, particularmente as relativas à harmonia que eram familiares no passado musical, Berg nunca foi. Suas duas óperas contêm de tempos em tempos uma expressiva música tonal, e ambas incursionam em música de salões de baile, linguagens de cabaré, marchas e canções, todas compostas para soar como se fossem ouvidas através de uma desorientadora névoa, entrando em foco e dele saindo. No primeiro ato, cena 3 de *Wozzeck*, Marie consola a si mesma e a seu filho cantando uma canção de ninar. É uma canção estranha, cujo tema é a vida desgraçada da própria Marie (*"Mädel, was fangst Du jetzt an?"*, que numa tradução grosseira quer dizer: "Menina, em que você está pensando?"). Berg reimagina o tradicional andamento lento de canção de ninar de 6/8 num formato mais rápido, e o acompanhamento tem algumas notas erradas; mas ele conserva a cadência da canção de ninar, sua qualidade embaladora e acalentadora, intacta. Quando Marie chega ao refrão, *"Eiapopeia, mein süßer Bu"* (Nana, nana, minha doce criança), tudo fica mais lento, sua voz se abre numa exuberante consolação a plena voz. Aparece então o segundo verso, novamente não sentimental e rápido, como a trazê-la de volta à realidade.

Tanto Schoenberg quanto Berg adoravam formas instrumentais clássicas — sonata, fuga, passacaglia, tema e variação — como ajuda organizacional num mundo novo não ancorado na tonalidade e seus pontos de partida e de chegada. Mas as mensagens que cada um deles transmite por meio dessas técnicas são muito diferentes. Schoenberg dispõe delas para impor ordem, mas também num lance para obter prestígio cultural: uma forma de se posicionar como o inevitável sucessor dos mestres alemães que as tinham usado antes, acima de tudo o sucessor de Bach, Beethoven e Brahms. É um modo de dizer: Vocês estão vendo? Esta música pode soar estranhamente, mas ela tem credenciais musicais de toda uma era. Para Berg, as formas fixas não querem demonstrar nada. Quando usadas assim, sem sentimentalismo, elas são apenas uma boa maneira de dividir e organizar cenas de ópera, nesse sentido semelhantes ao antigo movimento mais cabaleta, ou à canção estrófica, ou à ária "da capo".

Wozzeck, então, segue esses ensinamentos com leveza; mas ainda é uma peça superestruturada, ordenada e simétrica em muitos níveis. Cada ato tem cinco cenas, e cada uma tem sua própria progressão interna. O primeiro ato é uma série de cinco peças características (suíte, rapsódia e canção de caça, marcha e acalanto, passacaglia, rondó); o segundo é uma sinfonia em cinco movimentos; o terceiro é um conjunto de invenções (ou pseudoimprovisações) sobre elementos musicais muito básicos. Berg joga com simetrias em torno do exato centro das quinze cenas, que é a cena 3 do segundo ato. Essa cena tem lugar num dia sombrio, na rua, em frente à casa de Marie. É uma confrontação existencial entre Wozzeck e Marie, numa partitura escrita para uma pequena orquestra de câmara, cuja instrumentação — em mais uma homenagem ao mestre — combina exatamente com a da *Sinfonia de Câmera Op. 9*, de Schoenberg. As cenas 2 e 14, equidistantes do centro (isto é, a cena 2 do primeiro ato e a cena 4 do terceiro ato) são gêmeas estranhas. As imagens da cena 2 do primeiro ato (rapsódia) derivam de uma das mais curiosas ideias de Büchner, a de que a terra só tem uma crosta muito fina, um crânio fino sobre um incalculável pântano. Wozzeck, num campo fora da cidade, tem alucinações: ele ouve ruídos debaixo da terra, e sussurra: *"Es wandert was mit uns da unten!"* (algo segue nossos passos, lá embaixo!). Um pôr do sol incendeia o mundo. Na cena 4 do terceiro ato (invenção sobre um acorde de seis notas) Wozzeck volta à cena em que assassinou Marie, um lago na floresta, obcecado por encontrar a faca que usou como arma. A lua nasce parecendo de sangue, e ele entra na água ("Preciso lavar este sangue") e se afoga.

O que todos esses formatos instrumentais estão fazendo no teatro? A resposta é que nós quase não o notamos. O que Berg percebeu por instinto é que a ópera sempre se deu bem com a brevidade e a contenção musical: no que é efetivamente uma série de "números" de tamanho modesto. Ele teve consciência (ao contrário de tantos de seus companheiros de jornada com inclinações operísticas durante aquele período) de que a nova e tonalmente desatrelada linguagem não poderia sustentar uma narrativa prolongada; ele sabia que as cenas individuais deveriam ser curtas e com bons contrastes, e chegar a um fim decisivo.

Ele foi engenhoso de outras maneiras. Apesar de, como qualquer outro de sua geração, ter usado livremente temas recorrentes — era o dado wagneriano —, seu domínio da recorrência musical, tanto dos temas como daquilo que ele veio a chamar de *Leit-sektionen* (cuja melhor tradução seria "seções de música recorrentes") raramente soa como rotina, e pode produzir poderosos e comoventes efeitos. No prólogo de *Lulu*, o animador de circo dirige-se à figura serpentina de Lulu: "Minha doce fera, não se ofenda: você não tem direito de estragar a imagem primordial da mulher com assobios e miados". Berg musicou essas linhas numa magnífica sequência, pares de acordes num movimento descendente que termina quando a voz do animador atinge um apogeu e uma cadência do bel canto ao pronunciar *"Urgestalt des Weibes"* ("imagem primordial da mulher"). As palavras são cínicas e zombeteiras, mas a música é emocionante. Berg mantém depois essa ideia na algibeira, durante toda a ópera, guardando-a para momentos que requerem uma personificação da ansiedade, e se vale da beleza da música de maneiras que complicam seu significado dramático.

Um bom exemplo ocorre no segundo ato. Um interlúdio, na forma de um filme mudo, mostra como Lulu (soprano) foi encarcerada por ter assassinado seu terceiro marido, dr. Schoen (barítono), e como a condessa Geschwitz (meio-soprano), enrabichada por Lulu, aproveita um surto de cólera para trocar de lugar com ela no pavilhão de isolamento da prisão. Lulu volta para casa, passa pela porta, e a rapsódia do animador emana de repente da orquestra: mas o que Lulu canta neste momento de bel canto é *"O Freiheit! Herr Gott im Himmel!"* (Ó liberdade! O Senhor Deus no céu!). Assim, o efeito da música agora se refere a algo ao mesmo tempo humano e abstrato, a bênção da liberdade, um sentimento tão comovente quanto o coro dos prisioneiros em *Fidelio*. A recorrência final do tema é bem no final da ópera. Lulu e o remanescente de seu círculo foram dar em Londres. Lulu é uma prostituta novata, e os clientes que aparecem são dublês de seus maridos mortos. Por último chega Jack, o Estripador, reencarnando o dr. Schoen. Ela se desespera, querendo que ele não a deixe: *"Ich habe Sie so gern. Lassen Sie mich nicht länger betteln"* (Eu o adoro. Não me faça continuar implorando). Agora as palavras são sórdidas, mas aquela música emocionante aparece de novo. Qual é seu efeito dessa vez? Como Lulu e Jack estão tornando a representar simbolicamente um passado traumático no qual o dr. Schoen (assim ela alega) foi o único verdadeiro amor de Lulu, a música funciona como uma memória. Mas Berg pode também estar nos mostrando que Lulu é o Espírito da Terra, além da moralidade, a quem os homens amam não importa o que ela seja, ou faça, ou diga. Tanto *Wozzeck* quanto *Lulu* favorecem a que a recorrência e reminiscência musical incrementem o efeito específico de conjurar a saudade, a nostalgia, a memória.

Em ambas as obras, uma outra e distinta qualidade operística diz respeito à maneira pela qual as numerosas formas fixas e os dispositivos técnicos interagem com as conversações e os confrontos — que é o próprio desenrolar da história da interação e reação humanas. O espetáculo virtuosístico no que concerne a esse aspecto é o terceiro ato de *Wozzeck*, escrito como uma série de invenções. As invenções ao estilo de Berg são um difícil truque musical — um segmento autocontinente é composto em torno de um elemento musical simples apresentado em várias formas e disfarces. O elemento musical é uma *idée fixe*, algo que permanece fixo e onipresente; todo o resto repousa em torno dele. A dramática combinação no terceiro ato baseia-se na qualidade obsessiva da invenção como procedimento musical e no fato de que cada cena retrata obsessão: a culpa de Marie por sua infidelidade (3/1), o assassinato de Marie por Wozzeck (3/2), uma multidão na taberna olhando para o sangue nas mãos de Wozzeck (3/3), a busca de Wozzeck pela faca, sua compulsão por lavar-se e seu suicídio (3/4), e finalmente o dissociativo e repetitivo saltitar e cantar do filho de Marie (3/5). Essas invenções têm suprido, desde então e sempre, verdadeiras bibliotecas para compositores de filmes (o mais celebrado compositor para filmes de Hitchcock, Bernard Hermann, raras vezes avistava água sem ouvir as ondas do acorde de seis notas na cena do afogamento). O virtuosismo de Berg reside, como sempre, no quanto se pode inventar de tão pouco.

A primeira cena, que representa o remorso de Marie, é uma invenção sobre uma melodia, um processo relativamente convencional parecido com tema e variações. Mas a segunda, a cena do assassinato, é um tour de force, uma invenção sobre o som de uma só nota, si. O som da nota está sempre presente, às vezes uma estratosférica nota aguda como que a retinir no ouvido, às vezes rosnando nos registros mais baixos, às vezes oculta à plena vista como uma nota de registro médio cercada por exuberantes acordes nas cordas. Wozzeck a canta sozinho, sem acompanhamento e sobre a palavra *Nicht*, logo antes de a lua nascer. À medida que se aproxima a catástrofe, o som da nota torna-se mais proeminente, mais alto e menos oculto dentro da textura musical. Para a transição para a cena 3, Berg simplesmente congela a orquestra duas vezes no si, a segunda vez com todos os instrumentos em crescendo. O efeito do crescendo é famoso, mas o primeiro congelamento no si é mais estranho: começando com um simples oboé, os instrumentos vão acrescentando suas vozes individualmente, como se numa analogia acústica às cabeças que vão se voltando uma depois da outra para olhar alguma coisa terrível.

As passagens de mudança de cena no terceiro ato são expressões mudas de sentimento — mudas no sentido de que não há canto, e contudo uma voz coletiva (a orquestra) dá expressão a uma piedade e uma empatia que os personagens de uma ficção raramente recebem de seus companheiros. Envolvem também um truque técnico: em cada transição, a ideia musical da invenção anterior se superpõe à *idée fixe* que agora surge, como, por exemplo, quando entre os sis da orquestra no final da cena do assassinato, as batidas de um bombo soam num ritmo que constitui a base da cena da taberna que se seguirá. A única exceção é o interlúdio da mais longa e mais misteriosa das mudanças de cena, entre a morte de Wozzeck e o epílogo final. Sua importância é ressaltada por Berg, ao dizer que ele sozinho se constitui em mais uma invenção, dessa vez no tom de ré menor. Esse interlúdio tem sido sempre considerado um microcosmo musical da ópera, pois ele acumula reminiscências de importantes leitmotiven e revive o horrendo acorde de doze notas que marcou a morte de Marie. Mas o que parece ser mais transfixiante nele é um poder harmônico vindo do passado, um centro essencial, usado tanto como o bater de uma clava a pleno volume quanto, em vez disso, como o bel canto do animador, uma expressão de enorme perda. Como é tão frequente em Berg, os momentos de maiores efeitos implicam referências distorcidas ao passado musical.

A CARREIRA DO LIBERTINO

Durante o período no qual Schoenberg e Berg traçavam seu curso radical, seu maior antagonista foi Igor Stravinsky (1882-1971). Sua posição como antítese deles, igual e conscientemente mantida, levou-o a ser, na maior parte de sua carreira, programaticamente contrário à ópera, uma forma que representava tudo o que mais se devia evitar do passado, sem esquecer os derramamentos emocionais de Wagner e de seus seguidores. Depois das ousadas partituras para balé dos primeiros anos de Stravinsky, ele se voltou em 1920 para um estilo que se tornou conhecido como "neoclassicismo", uma tentativa de banir os excessos do século XIX e voltar para uma postura musical mais fria, supostamente mais objetiva, na qual Bach e Mozart eram os restaurados heróis. Sua única ópera de dimensão plena, *A carreira do libertino* (1951), foi escrita muito tarde na vida (ele tinha perto de setenta anos quando ela estreou em Veneza), e estava profundamente impregnada de uma estética neoclássica que, depois da Segunda Guerra Mundial, parecia cada vez mais pertencer a uma era anterior. Quase imediatamente depois de tê-la composto, talvez influenciado pelo fato de que sua estadia na Europa para a estreia (sua primeira desde 1939) tinha demonstrado que a vanguarda corrente estava se voltando para Schoenberg e sua escola em busca de inspiração, ele começou a se afastar de seu estilo neoclássico e se aproximar do serialismo schoenbergiano. Talvez ajudada em não pequena medida por seu sentido de atemporalidade, *O libertino* revelou-se um tour de force operístico: uma obra que, embora muito diferente de *Der Rosenkavalier* e de *Wozzeck*, conseguiu, como estas, valer-se de um sentido generalizado de nostalgia operística para fins notavelmente dramáticos.

Apesar de Stravinsky ter permanecido um firme e vociferante wagnerófobo, ele seguiu as pegadas de Wagner em pelo menos um óbvio aspecto, ao produzir um fluxo constante de palavras para acompanhar sua música. Qualquer pessoa, ao se familiarizar com *O libertino*, será bombardeada com alusões de Stravinsky sobre sua gênese e sua linhagem. Logo no primeiro parágrafo de uma nota para o programa, escrita em meados da década de 1960, mais de uma década depois da estreia no Teatro La Fenice de Veneza, e com o compositor profundamente mergulhado em seu último período serial, ele confidenciava que:

> Em vez de buscar formas musicais simbolicamente expressivas de conteúdo dramático (como nas formas dedáleas de Alban Berg), decidi confeccionar *O libertino* segundo o molde de um "número" de ópera do século XVIII, no qual a progressão dramática depende de uma sucessão de peças separadas — recitativos e árias, duetos, trios, coros, interlúdios orquestrais. Nas primeiras cenas o molde é em certa medida pré-Gluck no sentido de que tende a concentrar a história nos recitativos *secco*, reservando as árias para a poesia refletiva, mas depois, à medida que a ópera vai esquentando, a história é contada, representada, contida quase por completo em canto — que é distinto do chamado canto falado, e da melodia contínua wagneriana, que consiste, efetivamente, num comentário orquestral a envolver um recitativo contínuo.[12]

Depois, ele ainda lembrou que seu principal libretista, W. H. Auden (1907--73), tinha interrompido os primeiros dias em que se tinham concentrado, juntos, para trabalhar na ópera (o que teve lugar na casa de Stravinsky na Califórnia) para assistir a uma apresentação de uma versão para dois pianos de *Così fan tutte*, de Mozart, que na época não era uma peça de repertório. O evento foi, ele disse, um presságio, pois *O libertino* está profundamente envolvido com *Così*.[13]

Como sempre, podemos recolher esses fragmentos da mesa do compositor; mas é preciso ter cuidado. Stravinsky foi, com ou sem seu escrevente contemporâneo Robert Craft, um tremendo delineador de sua própria biografia, como foi Wagner, e raramente escreveu sobre si mesmo sem uma agenda óbvia. Neste caso, ele situa *O libertino* como parte (talvez até mesmo o ponto culminante) de sua fase neoclássica, ao salientar os aspectos tradicionais da ópera que evocam o século XVIII; mas as referências a Berg (agora, para o Stravinsky da década de 1960, figura central no cânone reformado do Modernismo no século XX), e depois a Gluck, Mozart e Wagner sugerem uma postura de alta cultura, reformista em relação ao gênero, segundo a qual compositores de língua alemã elevaram uma forma de arte que poderia, não fossem eles, ser perigosa e danosamente popular.

De forma reconhecida, a precaução final quanto ao "canto falado" torna bastante claro que, mesmo quando a ópera "esquenta" (como menciona Stravinsky, com uma bela demonstração de populismo), as temperaturas wagnerianas nunca serão almejadas. É no entanto intrigante o fato de que Wagner continua a ser a *bête noire* quando, por volta de 1951, ele já estava morto havia muito mais de meio século. Por que ele ainda era o problema?

Há numerosas respostas para isso, mas a mais importante é a de que a influência de Wagner na música do século xx sempre tem sido considerada, entre modernistas como Stravinsky, uma coisa funesta. Quando Stravinsky usufruía de seu primeiro sucesso com a companhia de balé de Diaghilev na Paris de 1910-3, era um lugar-comum em seu círculo considerar que a ópera estava desgastada: demasiado empanada pelo passado para ser capaz de se renovar, acima de tudo demasiado inflada e emocionalmente exposta. Não foi surpresa, então, que o arquimodernista Stravinsky tenha se afastado do gênero, com suas únicas peças encenadas — obras como *L'Histoire du soldat* (A história do soldado, 1918) ou *Oedipus Rex* (1927) — marcando posição ao se declararem não operísticas. Por volta das décadas de 1920 e 1930 esses prognósticos sombrios sobre o declínio da ópera pareciam tornar-se realidade. Uma "crise da ópera" estava sendo repetidamente declarada: cada vez menos obras novas entravam no repertório; empresários e outros cada vez mais tinham de procurar óperas do passado para encher seus teatros. Houve incontáveis tentativas de fazer reviver essa forma de arte, inúmeros chamamentos à ordem, apelos sérios por um novo tipo de drama musical. A alguns pareceu que *Wozzeck* era como um novo começo, e embora o próprio Berg, num influente ensaio intitulado "O problema da ópera", negasse ser um reformador, ainda assim, como fizeram muito outros, pediu a volta de uma música teatral mais simples, porém efetiva.[14] Mas a velha máquina da ópera era frustrantemente impraticável. Além disso, e para a consternação de muitos, as desprezadas e hiperemotivas obras do século xix, inclusive as de Wagner, continuavam a ser os esteios do repertório, mostrando-se notavelmente capazes — agora com a ajuda de diretores de cena empreendedores, que puderam acrescentar uma pátina moderna a ideias antigas — de mudar junto com os tempos que mudavam.

Em fins da década de 1940, quando Stravinsky começou a escrever *O libertino*, esses embates tinham, em sua maior parte, perdido seu vigor. Nas circunstâncias que o pós-guerra estreitara, tornara-se impossível até mesmo imaginar obras contemporâneas que pudessem competir com os cavalos de batalha do agora distante passado. A jamanta operística continuava a seguir seu caminho, a exibir cada vez mais uma cultura de museu. Mas agora, com novos acréscimos históricos ao repertório, pelo menos havia uma variedade de estilos para se escolher. *Revivals* de Gluck e, em particular, óperas de Mozart (as quais, com exceção de *Don Giovanni*, tinham em grande parte desaparecido dos palcos no século XIX) começaram a fazer a ópera ser outra vez respeitável entre as pessoas de gosto aprimorado, ligando firmemente o gênero à grande tradição sinfônica austro-germânica, que ainda retinha seu prestígio cultural entre as gerações modernistas. Nesse contexto, não constituiu surpresa que o Stravinsky operístico se declarasse antes de tudo um mozartiano, e decididamente inclinado para os mestres alemães, quanto ao resto de seu cânone (Gluck, Wagner, Berg) quando se tratava de questões relativas à ópera.

A ideia de basear uma ópera nas séries de gravuras de William Hogarth (1735) foi de Stravinsky, mas logo assumiu formas que eram características de Auden e seu colaborador, Chester Kallman. A ação passa-se na Inglaterra do século XVIII. Tom Rakewell (tenor) está noivo de Anne Trulove (soprano). O misterioso Nick Shadow (barítono) chega para anunciar que Tom herdou uma fortuna substancial e deve partir imediatamente para Londres. Uma vez na cidade, e com ajuda de Nick, Tom permite-se um comportamento extravagante, depois fica entediado, e depois — para demonstrar que está livre desses "dois gêmeos tiranos do apetite e da consciência" — se casa com uma mulher barbada chamada Baba, a Turca (meio-soprano). Cansando-se dela, ele se deixa apanhar num imprudente esquema financeiro e fica arruinado. Nick declara ser Mefistófeles e pede a alma de Tom como remuneração por seu serviço. Eles jogam cartas para decidir qual será a sina de Tom. Tom ganha, mas a atitude de Nick, ao deixá-lo, o leva à insanidade. A cena final passa-se em Bedlam. Anne, ainda leal, visita Tom, que pensa ser ele Adônis, e ela, Vênus. Ela o acalenta e o adormece, e vai embora. Ele desperta, e ao ver que ela se foi morre de desgosto. A ópera termina à maneira de *Don Giovanni* (e de *L'Heure espagnole*), com um epílogo nos qual os personagens vêm ao proscênio e explicam a mensagem moral do que foi apresentado.

Logo a primeira cena da ópera demonstra sua lealdade a Mozart. A ambiência pastoral do trio de abertura, "As florestas são verdes", faz óbvios acenos, até mesmo de reverência, a Mozart, especialmente ao Mozart dos exteriores carregados de instrumentos de sopro em *Così fan tutte*. A semelhança com a cena de abertura com Fiordiligi e Dorabella em *Così*, "Ah, guarda, sorella", é inequívoca:

não só os dois números compartilham a mesma tonalidade e a mesma sonoridade orquestral, como fragmentos da melodia, da harmonia e do acompanhamento de Mozart continuam a emergir inesperadamente na versão cheia de pontas dessa pastoral de Stravinsky. A bem-comportada marca operística do século XVIII também está presente, é claro, nesses recitativos *secco* para os quais Stravinsky chama a atenção em sua nota para o programa. Embora sua primeira ideia para *O libertino* tenha sido usar diálogo falado (talvez olhando para trás, para os seus velhos dias antiópera), ele logo, e entusiasticamente, abraçou a antiga divisão entre ação (recitativo) e reflexão (árias e conjuntos), uma organização que Wagner e outros, no século XIX, muito fizeram por solapar. De fato, logo o primeiro recitativo nos conta que estamos num mundo definitivamente não épico, tão distante quanto possível das misteriosas brumas wagnerianas: no floreio de um arpejo num antigo cravo, o pai de Anne chama sua amada filha e lhe diz, numa declamação prosaica: "Seus bons serviços são necessários na cozinha".

À medida que se avança na ópera, o quadro estilístico torna-se mais complicado: assim que Tom é expulso de Arcádia, proliferam os empréstimos operísticos. Em sua maior parte, como Stravinsky sugere em sua nota para o programa, eles recuam ainda mais no tempo, com acenos para Purcell e para a linguagem folk de *A ópera dos mendigos*. Mas no primeiro ato, cena 3, ocorre algo muito diferente. Anne foi deixada sozinha em seu retiro no campo, sem ter qualquer notícia de Tom. Uma introdução orquestral cheia de agudos sons das madeiras parece nos levar de volta ao mundo pastoral com matizes de Mozart do início da ópera, embora com, agora mais disponíveis, lamentosas sugestões. Depois de se abandonar a isso por algum tempo, no entanto, Anne irrompe numa ária em dois movimentos que apresentam surpreendente disparidade estilística. O movimento lento, "Quietamente, noite, oh, encontre-o e o acaricie", se apresenta na forma de um rigoroso cânone com o fagote; os sons dos instrumentos de sopro que antes adornavam o "arvoredo em botão" e a "maleável torrente" da cena 1 agora são presenças mais sinistras, mais envolventes, e o efeito geral está mais perto de Bach no que ele tem de mais penitencial. Esse modo é então interrompido por uma "voz de fora", o pai de Anne chamando por ela, o que desencadeia sua ária de encerramento e sua súbita decisão de ir para Londres em busca de seu amor. "Vou até ele. O amor não pode falhar", ela canta, e apesar de as primeiras ideias melódicas de novo acenarem para Mozart, o modo é enfaticamente diferente, muito mais próximo da linguagem do século XIX. De fato, esse final de ato evoca de modo explícito uma cabaleta ao estilo antigo, da escola de Donizetti ou de Verdi em seu início. Depois dos necessários dois versos que todas as cabaletas ostentam (talvez os ornamentos devessem ser improvisados uma segunda vez? O compositor esboça alguns, mas ninguém ousa acrescentar mais), a ária e o ato terminam num clímax de tirar o fôlego e num retumbante dó da soprano.

O que se pode deduzir disso? Como sugeriram alguns, a súbita mudança no ambiente musical, a incursão num território não mozartiano e um desvio para um som operístico novo, muito mais popular, bem poderia ter a ver com Auden e Kallman. Embora Auden, logo em sua primeira carta ao compositor, tivesse tido a preocupação de insistir em que "é tarefa do libretista satisfazer o compositor, e não o contrário",[15] sua influência no tom geral de *O libertino* (e não apenas o tom literário) foi considerável. Neste caso, por exemplo, dispomos de evidência documental de que o dó agudo foi acrescentado devido a uma requisição de Auden (Stravinsky, num estágio mais adiantado, modificou a linha de Anne para incorporá-lo). Um famoso ensaio de Auden sobre ópera termina com o que parece ser uma justificativa explícita desse tipo de excesso vocal:

A idade de ouro da ópera, de Mozart a Verdi, coincidiu com a idade de ouro do humanismo liberal, da inquestionável crença na liberdade e no progresso. Se boas óperas são hoje em dia mais raras, isso pode ser porque não só nos demos conta de que somos menos livres do que imagina o humanismo do século XIX, mas também passamos a ter menos certeza de que a liberdade é uma inequívoca bênção, de que os livres são necessariamente os bons. Dizer que as óperas estão mais difíceis de se escrever não significa que é impossível escrevê-las. Isso só aconteceria se parássemos totalmente de acreditar no livre-arbítrio e na personalidade. Todo dó agudo emitido com precisão demole a teoria de que somos os irresponsáveis títeres do destino ou da sorte.[16]

Esse é um brado avançado a partir da cuidadosa configuração que Stravinsky fez de sua progênie operística naquela nota para um programa, na década de 1960. Embora Mozart ainda seja central, o credo de Auden abraça livremente o que é popular, e de fato insiste em que o fulcro de "nossa" ópera é o século XIX, quando os dós agudos que o poeta achou tão inspiradores fluíam em tal abundância. Podemos também lembrar que, enquanto *O libertino* estava sendo composta, Auden e Kallman, um par de desembaraçados entusiastas da escola antiga, enviaram a Stravinsky, cujo prévio rigor quando escrevia para a voz humana era bem conhecido, uma coleção de lps de suas divas e seus divos favoritos, na esperança de que o compositor usasse esses cantores da idade de ouro, literalmente, como modelos para os papéis.

A injeção de um novo sangue composicional na *scena ed aria* de Anne foi reconhecida e celebrada pela posteridade da maneira mais óbvia. Esse número é, de longe, o mais popular da ópera, e tem estado presente em inúmeros recitais e competições vocais. Uma impressionante plêiade de divas dos últimos cinquenta anos afirmou seu livre-arbítrio e personalidade trombeteando aquele dó agudo no encerramento. Há até mesmo uma gravação da primeira Anne, ninguém menos do que Elisabeth Schwarzkopf, cantando a ária em 1951, no Teatro La Fenice, sob a batuta de Stravinsky. A orquestra é claramente experimental, e o andamento e os tempos são lentos, mas o som de Schwarzkopf negociando o papel tem muitas ressonâncias. Podemos imediatamente lembrar que a diva alemã era famosa por seus papéis mozartianos, e por isso uma escolha óbvia como principal soprano de Stravinsky. Mas não há pouca ironia no fato de que ela também era muito associada a óperas de Strauss (foi durante muitos anos a escolha europeia para a Marechala), óperas que Stravinsky odiava com paixão, e que se recusava a considerar parte do cânone operístico ("Eu gostaria de admitir todas as óperas de Strauss em qualquer purgatório que punisse a banalidade triunfante. Sua substância musical é barata e pobre; não pode interessar a um músico de hoje").[17] Mais reveladora, no entanto, é a resposta ao vivo da plateia em La Fenice. Assim que Schwarzkopf detona o dó final, há murmúrios de aprovação, e no momento em que ela acaba, uma tempestade de aplausos, que afogam sem qualquer inibição as cadências finais tão cuidadosamente buriladas por Stravinsky. Pode-se perguntar: quantas outras vezes uma composição de Stravinsky foi assim invadida por um aplauso "prematuro"? Não é assim, afinal, que se supõe deva ser tratada uma obra séria, modernista. Mas aquele dó agudo era simplesmente visceral demais no efeito: a plateia italiana soube de imediato que, em vez de estar assistindo a uma prestigiosa estreia mundial de uma obra-prima moderna, ela estava, por um momento, apenas assistindo a *uma ópera*.

É claro que há muitas mais mudanças repentinas e voltas em *A carreira do libertino* depois do triunfante dó agudo. Os principais personagens da obra continuam a oscilar violentamente entre vários modos operísticos, alguns dos quais bem rigorosos. O maior palpite de Auden e Kallman dirigido ao campo operístico, o aparecimento da mulher barbada, Baba, a Turca, foi um convite que Stravinsky ignorou amplamente; longe de se comprazer com o bel canto, ele lhe deu algo de sua música mais espinhosa e difícil. Mas Anne, cuja personalidade musical é marcada por seu grande momento de extravagância vocal, prova estar para sempre propensa às linguagens operísticas do século XVIII: há traços óbvios da Lucia de Donizetti em inúmeros lugares; e seu grande arioso no segundo ato ("Como é estranho. Embora o coração pelo amor tudo ouse.") é precedido de um solo de trompete estranhamente reminiscente daquele que introduz o tenor perdido de amor no segundo ato da ópera do mesmo compositor, *Don Pasquale* ("Cercherò lontana terra"). Atravessamos, assim parece, uma grande distância desde a austera lista dos reformadores da ópera alemã que Stravinsky cita em sua nota para o programa. Além disso, é em grande parte por meio dessa música de bel canto que, a despeito de sua continuada submissão e falta de ação, Anne invariavelmente atrai para si a maior simpatia da plateia: se nos importamos com *O libertino*, nos importamos acima de tudo com Anne.

Contudo, em termos vocais Stravinsky tinha começado com Mozart, e com Mozart ele vai serpenteando para um fechamento, dessa vez com acenos para a única ópera do compositor que tinha sobrevivido no século XIX. Quando Nick Shadow mostra sua verdadeira cara no clímax da cena do jogo de cartas, ouvimos os raivosos ritmos pontuados de um famoso visitante de pedra, arrastando Don Giovanni irresistivelmente para baixo. Em certo sentido, esse espectro marca o fato de que o gênio operístico de Mozart era, para Stravinsky, não apenas um ponto de partida dramático; que ele poderia fornecer material para os momentos mais grandiosos. Mas então, em mais uma mudança de direção nessa infinitamente surpreendente ópera, a perfeita ordem e a verve do século XVIII são restabelecidas nos momentos finais de *O libertino*; como antes mencionado, os personagens tiram suas máscaras e, numa imitação descarada do conjunto que encerra *Don Giovanni*, sua fala é dirigida diretamente para a plateia.

A história da ópera depois de 1945 é realmente uma estranha narrativa, de que vamos tratar no último capítulo deste livro. Num sentido ela estava na mais perfeita saúde, com mais óperas disponíveis ao vivo (e gravadas) do que jamais ocorrera antes, e com a redescoberta do gênio operístico de Mozart, e depois de Händel, a enriquecer amplamente o valor da oferta. Em outro sentido, no entanto, com tão poucas novas obras assumindo seus lugares ao lado dos monumentos do passado, a ópera se viu arrastada numa espiral contínua, na qual a palavra "morte" era rotineiramente pronunciada, e depois negada com veemência (com demasiada veemência?). Não há muita dúvida de que *A carreira do libertino* esteve muito envolvida nesse dilema. De muitas maneiras ela foi uma obra de despedida para Stravinsky. Sua viagem à Europa para a estreia foi publicamente um triunfo, mas privadamente traumática. Ele ficou chocado com as mudanças que viu à sua volta na Europa pós-guerra, em particular com uma nova geração de vanguardistas que via Schoenberg e Webern como seus pais espirituais, e que, em consequência, não mais o considerava a personificação da modernidade musical. Como resposta, ele passou o restante de sua vida tentando restaurar sua preeminência, abraçando uma linguagem serialista neoespartana. Mas *O libertino*, ao contrário de virtualmente todas as outras óperas avant-garde, obstinadamente permaneceu no repertório. Equipada com um verdadeiro desfile de seus curiosos relicários (musicais e outros), esteve sempre aberta a novas interpretações. Os acenos que ela faz ao grande passado da ópera, acima de tudo Mozart, mas com dós agudos e outros dispositivos do século XIX, a mantêm viva, e na verdade a fizeram ser parte da história que ela foi configurada para explorar.

19. Fala

Quando foi que a fala tornou-se uma marca da ópera? Não estamos nos referindo à ópera de diálogos, tal como a ópera-cômica ou *Singspiel* em língua alemã, em ambos os quais se aceita a fala como parte do gênero; referimo-nos a essas ocasiões numa ópera toda cantada em que um personagem, comumente em crise, simplesmente fala, ou grita, ou meio grita e meio canta. Esse é um fenômeno do fim do século XIX e depois disso, e às vezes o compositor parece encorajá-lo, às vezes não. A última palavra que Carmen dirige a Don José — *"Tiens!"* (É isso!) — é quase sempre mais gritada do que cantada, e talvez fique melhor assim. A gravação de Risë Stevens é um exemplo primordial. O compositor escreveu notas, mas os intérpretes se dão algumas licenças dramáticas e, em vez de cantar, falam. Um exemplo mais complexo pode ser o das últimas palavras de Tosca no segundo ato da ópera de Puccini, *"E avanti a lui tremava tutta Roma!"* (E toda Roma tremia na frente dele!). Isso foi escrito para ser entoado num dó sustenido grave, mas pode soar muito mais insolente quando (como nas famosas gravações de Maria Callas) é falado. Neste caso, no entanto, pode-se argumentar que Puccini escreveu o verso numa só nota não como um convite a uma declamação com jeito de fala, mas por uma razão precisa. Tosca está prestes a realizar um pequeno ritual religioso, pondo velas dos dois lados do corpo de Scarpia — ela acabou de o apunhalar mortalmente — e depois ajeitando um crucifixo em seu peito; em outras palavras,

Puccini escreveu essas notas graves e repetidas porque quer que no final Tosca soe num tom eclesiástico, como se estivesse apresentando um fragmento de canto gregoriano. Além disso, se retrocedermos um pouco no exemplo de *Tosca*, até o momento em que Scarpia acabou de ser apunhalado, vemos na partitura que Puccini de fato indica especificamente a fala — palavras como *"Maledetta!"* e *"Questo è il bacio di Tosca!"* (Este é o beijo de Tosca!) estão escritas sem as cabeças que indicam as notas, somente hastes e colchetes para indicar os ritmos. Os cantores interpretam essa instrução que vem da notação musical com uma mistura heterogênea de arquejos e chocalhadas.

Estes são exemplos isolados de mais de um século atrás. Mas logo depois o fenômeno tornar-se-ia menos ocasional. A fala na ópera, e estilos operísticos que dão uma guinada em direção à fala, marcam um importante desenvolvimento no início do século XX. Essa invasão da fala nos diz que, fiéis ao espírito da época, compositores de ópera estavam fazendo experimentos com novos estilos e efeitos, assim como alguns deles os tomavam emprestado das novas mídias, como gravações, o rádio e o cinema. Mas isso também sugere que todo o negócio da ópera, de pessoas que cantam seus sentimentos com abandono lírico, estava se tornando cada vez mais problemático, e em certos momentos parecia ser difícil de sustentar. A ópera realmente falada torna-se muito mais comum quando nos aproximamos de 1945, quando as fronteiras entre a fala e o canto tornam-se difusas em tantas óperas do século XX. A iconoclastia moderna deu boas-vindas a uma maior intromissão da fala e da meia fala na ópera como um bastião contra um lirismo antiquado, apesar de esse fenômeno já ter existido, e ter sido extensivamente teorizado, no século XIX.

A fala comum numa ópera em tudo o mais cantada é sempre especial, e às vezes muito especial. Em *Moses und Aron* de Schoenberg (escrita em 1930-2; apresentada pela primeira vez em 1954), os pronunciamentos de Moisés são falados, como se o mero cantar fosse para os idólatras e os menos sérios. É claro que foi especificado que deveria ser uma voz de registro grave. Em *Lulu*, de Berg, quando a heroína pergunta ao filho do dr. Schoen, Alwa: "Este não é o sofá no qual seu pai sangrou até morrer?", sua voz falada expressa um chocante prosaísmo. Há também o fenômeno do *Sprechstimme*, que significa literalmente "voz de fala", às vezes também chamada *Sprechsgesang*, "canção falada", um misterioso estilo vocal que envolve uma fala em alto tom na qual o cantor emite sons e entoa ritmicamente — com os glissandos para cima e para baixo orientados por uma notação especial na página. Em *Wozzeck*, de Berg, a cena de afogamento do protagonista é toda escrita dessa maneira, os lamentos rítmicos de Wozzeck a soar como, no século XVIII, um *Melodram* de um inferno expressionista. *Sprechgesang* é uma palavra antiga. No século XIX ela foi até usada para se referir ao "canto fala" de Wagner, no qual os versos são todos cantados, mas, nas palavras de um crítico, "os músicos se subordinam inteiramente ao poeta; prevalece um livre elemento declamatório".[1] Um dos primeiros livros escritos sobre o *Ring* diz que *Sprechgesang* é seu idioma básico, em oposição a "canções e a conjuntos que cantam".[2] Mas usualmente o termo se refere a uma mistura de canto e fala. Uma biografia de Carl Maria von Weber escrita no século XIX trata *Sprechgesang* como sinônimo de *Melodram*, a fala com fundo orquestral.[3] No *Allgemeine musikalische Zeitung* de 1877, um artigo sobre música sacra nota que "Verdi usou recentemente *Sprechgesang* duas vezes em seu *Requiem*, com excelente efeito", talvez uma referência às entonações da soprano no movimento "Libera me".[4]

Quando consideramos a meia fala ou o meio canto na ópera do início do século XX, precisamos lembrar que, no drama falado, muitas vezes os atores "meio cantavam" suas falas. Eles estavam entonando, com uma efetiva emissão de notas musicais, usando a vibração da voz dessa maneira. Sabemos disso não somente por meio de gravações antigas, das quais um exemplo famoso é o de Sarah Bernhardt,[5] mas também porque o estilo foi parodiado em seus exageros ou relembrado em sua antiga grandiosidade nos primeiros filmes sonoros. Uma ideia de como soavam essas falas de atores profissionais sérios em, digamos, 1900 pode ser colhida da cena de abertura do filme cômico alemão *Viktor und Viktoria* (1933), no qual um aspirante a ator trágico (representado por Hermann Thimig) arrasa com a cena num teste. Ele soa muito mais como Caruso do que como Olivier, porque cada sílaba é apresentada numa voz cantada como uma nota musical. O fenômeno do *Sprechstimme* e da declamação cantada existia, pois, fora da ópera muito tempo antes de se tornar um especial efeito não cantado operístico. Pode-se até mesmo admitir que as mudanças radicais de Wagner na melodia, os longos trechos de declamação com entonação livre no *Ring*, foram em parte modelados numa elocução sonora comum na representação teatral alemã numa época anterior, um estilo que chegou aos ouvidos dele vindo de cantores que admitiram a meia fala como um maneirismo, a exemplo de Wilhelmine Schroeder-Devrient.[6]

Talvez, então, esse uso da fala seja só mais um exemplo de como a ópera é tão altamente porosa. Existe sempre uma tentação de considerar sua evolução, no século xx ou qualquer outro século, como um sistema contido em si mesmo, resplandecendo em seu passado e às voltas com os problemas de sua própria estética. Mas fazer isso seria falsificar um de seus aspectos marcantes. Sons e artifícios de outros gêneros estiveram sempre reformando a ópera, e continuaram a fazer isso na era moderna. É claro que às vezes rendemos tributo ao teatro falado naquilo em que se relaciona com a ópera moderna, comumente citando libretos que foram inspirados em atores do teatro falado, como Gertrud Eysoldt (a heroína das primeiras apresentações de *Salomé*, de Oscar Wilde, na Alemanha), que chamou a atenção de Strauss para o tema dramático. Puccini é outro bom exemplo. Ele teve as primeiras ideias criativas para várias de suas óperas assistindo a versões de suas histórias no teatro falado: no caso da peça de David Belasco, *Madame Butterfly*, ele se entusiasmou com a ideia de uma apresentação em Londres mesmo sem ter qualquer conhecimento da língua que os atores estavam falando.

Mas não demorou muito no século xx para que aparecesse outra influência significativa, quando o cinema começou a conversar com a ópera. Os historiadores do cinema, é claro, têm tratado extensivamente da influência da ópera nos primeiros filmes. Música de ópera era usada ao vivo como acompanhamento nas sessões de cinema, e houve obras extravagantes que tinham a ópera como centro, como *O fantasma da ópera* (1925). Houve filmes biográficos sobre Wagner e Verdi, e filmes mudos sobre óperas, como aqueles em que atuou Geraldine Farrar, ou *Der Rosenkavalier*, de 1925. Cecil B. DeMille assistiu a apresentações de *Samson et Dalila* quando ainda era jovem e impressionável, e foi sondar suas lembranças da ópera orientalista francesas para seus rituais processionais babilônicos.* Há, no entanto, uma grande resistência a ver essa influência agir no sentido oposto: a ideia de que um filme — de baixo nível, tecnológico e novo como era — pudesse mudar materialmente algo tão sacralizado e há tanto tempo existente como a ópera. Mas o filme faz parte da história cultural da ópera moderna, assim como o teatro expressionista, ou a tecnologia de gravação ou o surgimento do diretor de cena.

Façamos uma pergunta não canônica: os compositores de ópera vão ao cinema? Maurice Ravel era certamente um cinéfilo entusiasta, e sua experiência no cinema pode muito bem ter configurado seu cenário para o balé de *Ma Mère L'oye* (Mamãe Ganso, 1912), no qual a protagonista, a Bela Adormecida, tem visões —

---

* Babilônico, no caso, no sentido de grandioso, hedonista, por vezes imoral.

de várias histórias de contos de fadas — enquanto está sonolenta. Cada história é introduzida por um entretítulo, que dois mouros leem de um rolo de pergaminho. Em 1912, onde teria um compositor visualizado tal fantasmagoria visual, num lugar escuro que induz ao sono, assistindo a um bruxuleante mundo de fantasia onde os efeitos podem parecer mágicos e onde a história era explicada por meio de entretítulos? No cinema, é claro. A influência do cinema na música moderna em geral foi amplamente disseminada: a famosa sequência de filme mudo no balé de Erik Satie *Parade* (1918) é um exemplo singular que pode valer por muitos outros. Dois personagens do balé começam de repente a representar uma paródia de cinema mudo americano (cowboy, perseguição, tiroteio, resgate de um trem) e Satie acrescenta à música efeitos sonoros, tiros e assobios que acompanham a ação, exatamente como eram acrescentados nas sessões em que os filmes mudos eram exibidos. As óperas de Ravel decerto foram buscar lá mais do que uma simples fonte de influência. Sua ópera em um ato, *L'Enfant et les sortilèges* (A criança e os sortilégios, 1925), começou como uma ideia para um balé. Há trechos importantes sem canto, mas com muita dança: xícaras de chá dançam foxtrote com bules de chá; ovelhas e pastoras de papel de parede dançam juntas; há uma prolongada valsa para insetos alados e outras criaturas esvoaçantes. A ópera é organizada como uma série de vinhetas, que na Parte Um envolvem objetos e livros que a Criança (meio-soprano) destruiu numa explosão temperamental. Eles adquirem vida e a repreendem. Na Parte Dois, depois de uma mudança de cenário do quarto da Criança para o jardim, é a vez dos animais que ela tinha provocado e engaiolado. O irmão de Ravel, finalmente, parece ter notado a afinidade com um filme, alegando que a maneira ideal de apresentar a ópera seria ao longo da história de *Branca de Neve*, de Walt Disney, filme ao qual o compositor assistiu em 1937.[7] As danças deram a Ravel um fundo sonoro para muitas das cenas, com os personagens cantando junto com suas músicas e entre elas. A mais comovente delas é o lamento do Esquilo (meio-soprano) na Parte Dois, cantado e tendo como fundo uma valsa alegre dançada pelos insetos, e enumerando tudo que ele perdeu ao ser engaiolado: *"Le ciel libre, le vent libre, mes libres frères"* (O céu livre, o vento livre, meus irmãos livres). O extraordinário é que, à medida que as palavras do Esquilo tornam-se mais e mais apaixonadas, seu arco musical leva a valsa cada vez mais longe. No final ele canta *"Regarde donc ce qu'ils reflétaient, mes beaux yeux, tout mirotants de larmes* (Veja então o que eles refletem, meus belos olhos, brilhando de lágrimas). A cadência e o crescendo desses versos, com passagens da valsa para o tom menor para marcar a angústia, demonstram o que um sábio filósofo disse uma vez de Ravel: não se precisa de marchas fúnebres quando se podem compor minuetos devastadores.[8]

Esta técnica — de compor linhas vocais líricas contra um fundo de números de dança — alterna-se na ópera com livres irrupções de linhas simplesmente cantadas. O chilique da Criança, na abertura, é um exemplo, e muitas vezes, durante esse período, a reversão para a declamação naturalista é marcada pela raiva ou pela perda de controle. *"Plus de leçons!"* (Não mais lições!), berra a Criança, e embora cante em notas fixas, elas são anotadas de modo a serem um anticanto, uma antimelodia. Mas o uso mais espetacular e enigmático da fala está reservado para o final da ópera, quando a Criança desmaia depois de ter sido ameaçada pelos animais. Assim que ela perde a consciência, os animais, subitamente, não conseguem mais cantar, e a própria orquestra mal pode tocar, emitindo apenas uns poucos e estranhos tons entre prolongados silêncios. Pareceria que a imaginação da Criança é que, sozinha, fizera surgir toda a música. Os animais começam então a falar, com hesitação, e num lento e brilhantemente coreografado crescendo musical eles ensinam a si mesmos como exclamar uma palavra coerente, *"Ma... man!"* (Ma...mãe!). Enquanto fazem isso, eles aprendem ao mesmo tempo como acrescentar tons musicais e ritmo a seus sons, para voltar ao canto. Sua recompensa é alcançar os mais elevados níveis musicais, já que no fim são capazes de cantar uma fuga, um suave contraponto coral com as palavras *"Il est bon, l'Enfant, il est sage"* (Ela é boa, a Criança, ela é sábia).

ZEITOPER, A ÓPERA ATUALIZADA

Em certo momento Ravel contemplou a ideia de introduzir uma projeção de filme em *L'Enfant et les sortilèges*, um artifício que não era incomum na ópera nas décadas de 1920 e 1930. Berg, um compositor vidrado em cinema, o usou em *Lulu*, que inclui um interlúdio com um filme mudo, a ser exibido entre as cenas 1 e 2 do primeiro ato, descrevendo a captura de Lulu, seu aprisionamento e sua soltura. O livro *Composing for the Films*, de Theodor Adorno e Hanns Eisler, atesta que as óperas de Berg se utilizam de artifícios de música de cinema, mencionando que o acorde de doze notas que acompanha a morte de Lulu "produz um efeito muito parecido como os de um moderno filme de cinema".[9] Houve outros compositores modernistas que incorporaram episódios de filme, tais como Paul Hindemith (1895-1963), cuja *Hin und zurück* (Para lá e de volta, 1927) é como um filme que se desenrola para a frente e depois ao contrário, pois primeiro conta a história do início ao fim, e depois a conta do fim ao princípio. *Hin und zurück* é uma assim chamada *Zeitoper*, ou "ópera tempestiva", um subgênero que surgiu na Alemanha durante a República de Weimar (1919-33) e atraiu jovens compositores que eram iconoclastas conscientes. Suas atrações eram uma tecnologia da moda (inclusive gravação de som e filme), tramas em torno dos modernos meios de comunicação e ritmo frenético da vida, e braços abertos para a música popular.

Ernst Krenek (1900-91) reduz a questão a um mínimo em seu *Jonny spielt auf* (Johny começa a tocar). Os personagens principais são um compositor sério, um cantor de ópera, um músico de jazz afro-americano e um virtuose do violino; como descreveu uma resenha de 1929: "Tudo que é típico da vida contemporânea encontra um lugar na ópera [de Krenek] [...] filmes, rádio, gente falando alto, gente dançando foxtrote, exotismo, teatro de revistas, grandes hotéis".[10] A trama se desenrola no presente de Krenek, e é farsesca e complicada, com cenas numa estação ferroviária, um corredor de hotel, uma geleira e ruas urbanas. Produções típicas apresentavam faiscantes anúncios de neon e projeção de filme. O compositor Max (tenor) é maçante e suspiroso (talvez uma caricatura do arquisserialista Anton von Webern, aluno de Schoenberg), que se transforma quando conhece a cantora de ópera Anita (soprano) numa geleira. Ele jura que vai ser uma pessoa mais leve e baixar para o mundo moderno, uma esfera personificada por Jonny, o músico de jazz (barítono). Como Krenek disse naquela época, tornando clara a mensagem da ópera:

> Ninguém pode contornar o fato de que a existência ou a não existência de sinfonias não tem absolutamente nenhuma consequência para os membros da burguesia atual. Por outro lado, se a produção de música para a dança cessasse por alguma razão, eles solicitariam, em seus jornais ou por algum outro meio, a imediata retomada de sua produção.[11]

Hoje em dia muito mais uma curiosidade, *Jonny spielt auf* foi a ópera apresentada com mais frequência na Alemanha no período de Weimar — e mais de quarenta produções foram montadas no mundo inteiro em sua primeira temporada, inclusive uma no Metropolitan Opera de Nova York, na qual a maioria dos cantores era alemã. O *New York Sun* escreveu:

> Krenek concebeu a maior parte da música como um tipo de ópera modernista alemã. Esse é o resultado inevitável de seu projeto. Seu objetivo era travestir o tipo de recitativo tão frequentemente usado na verdadeira *grand opéra*, que disfarça o lugar--comum e mesmo observações tolas em grandiosas e retumbantes frases.[12]

Mas "recitativo" poderia ser lido como "escrita vocal operística convencional" em geral, já que o que Krenek faz é compor diálogos desestruturados, cantados livremente, com um fundo que inclui alusões a ragtime, música de salão de baile e jazz. Suas próprias e muito mais tardias memórias ressaltam sua hinterlândia operística:

> [*Jonny*] foi rotulada como uma "ópera em jazz", o que eu achava ser um nome inapropriado, pois qualquer que seja o jazz que nela ocorre, ele é usado para caracterizar o âmbito profissional do protagonista, Jonny, líder de um conjunto musical americano. A música que acompanha outros personagens, que para mim eram menos importantes, é concebida nesse idioma romântico primevo que escolhi como meu modelo, com toques ocasionais de aromas dissonantes e exuberância vocal italianizada e pucciniesca.[13]

Em uma cena, no entanto — aquela na qual Jonny, em fuga para a América, deixa cair na rua seu bilhete de trem —, as margens da escrita vocal se aproximam do *Sprechstimme*, com os sons meio falados talvez a expressar a agitação de Jonny ou talvez fazendo um forte contraste com o que vem em seguida. Sentindo-se solitário e carente de um lar, Jonny começa a cantar "Swanee River", uma canção de negros americanos, de autoria de Stephen Foster. Mas como "Swanee River" foi escrita em 1851, ela representa o passado histórico, o "ano passado" para o antigo mundo próprio de Jonny.

QUANDO SE CANTA A VIDA COTIDIANA

A fala musicada aparece na *Zeitoper*, mas quase não a distingue de outras óperas escritas na mesma época; além disso, esse dispositivo diz pouco, seja quanto à irreverência da *Zeitoper* ou quanto a seus casos de amor, com seu aspecto atualizado e seu prosaísmo. Essa fala representava de fato a dívida mais séria que a *Zeitoper* tinha em relação ao passado e à alta cultura, já que os ancestrais da linguagem incluem elementos da mais elevada estirpe — alguma coisa de Wagner, alguma coisa dos compositores realistas, sem excluir a "exuberância vocal" de Puccini, e alguma coisa da *Literaturoper* — na qual pôr em música um drama falado mais ou menos intato implica certas liberdades na escrita vocal e seu acompanhamento. E poderíamos acrescentar a isso a conexão que há entre a qualidade meio cantada da fala musicada e a sonora elocução na apresentação do clássico teatro falado.

Porém, as mais estranhas óperas meio faladas antes da Segunda Guerra Mundial não foram óperas escritas para apresentações ao vivo. Foram os filmes sonoros antigos que tanto imitavam a ópera — em particular a *Zeitoper* e a opereta — quanto, em troca, proviam a ópera com inspiração para algumas de suas especiais e iconoclásticas mudanças. Considere-se, por exemplo, a comédia cinematográfica de René Clair, *Le Million*, em 1931. Clair conhecia por dentro o mundo da música clássica e tinha colaborado com Satie em 1924 no curta *Entr'Acte*. Em *Le Million*, muitas vezes pessoas comuns — arrumadeiras, policiais, ladrões e artistas pobres —, sem pensar muito, resolvem pronunciar suas linhas cantando-as livremente. Às vezes fazem isso só dando um ritmo a suas falas, às vezes irrompendo numa quase melodia, às vezes se juntando a um grupo que faz de improviso algo parecido com uma canção, ou argumenta em ritmo de tango. Assim que fazem algo que seja remotamente musical, são acompanhados magicamente pela Invisível Orquestra de Lugar Nenhum. Considerada uma ópera, essa situação surreal onde se canta a vida cotidiana é familiar e nada surpreendente. No contexto do início do cinema sonoro — que em geral era mais rigidamente realístico — o filme constituiu-se numa elaborada e vanguardista peça do absurdo. Na Alemanha pós-1933, muito dessa vívida experimentação cinematográfica foi perdido. O arrocho cultural nazista suprimiu efetivamente tanto as variantes alemãs de tais filmes do absurdo onde a vida contemporânea dos dias correntes se transformava em ópera quanto o mundo operístico que eles refletiam e refratavam. Krenek, por exemplo, veria *Jonny spiel auf* ser condenada como "música degenerada" *(entartete Musik)* e proibida de ser apresentada; ele fugiu para a América em 1938.

Na França, os novos ventos que sopravam persistiram um pouco mais. Durante os anos de guerra, Francis Poulenc (1899-1963), um protegido de Satie, escreveu uma ópera-cômica do absurdo baseada numa peça de Guillaume Apolli-naire, *Les Mamelles de Tirésias* (Os seios de Tirésias, concluída em 1944, estreada em 1947). A heroína Thérèse (soprano) está cansada de ser dona de casa e se transforma num homem liberando seus seios — dois balões cheios de hélio — no ar. Rebatizada Tirésias, ela se lança numa aventura, deixando seu marido (o barí-tono) para trás. Uma série de improváveis incidentes, sem relação um com o ou-tro, completam o primeiro ato. A abertura no segundo ato é um ponto alto musi-cal: depois que alguns pares dançam uma sarabanda, acompanhados por uma orquestra de salão de baile muito kitsch, chega o marido (com uma prole de não menos que 40049 descendentes a reboque em algum lugar). Os músicos no poço da orquestra — muitos deles, sem dúvida, homens corpulentos — são instados a personificar essa verdadeira jamanta infantil berrando "La, Lala, Lala, La-Lalala--La!" numa espécie de número circense do tipo "escorregão em casca de banana", completado com apitos de lata, enquanto o marido — em desespero — exige "Silêncio! Silêncio! SilêncioSilêncioSilêncioSilêncio!". Em geral, Poulenc lastreia a partitura com ruídos vocais tão sem relação com o canto operístico quanto se possa conceber: gargalhadas, falas, espirros e assobios. Revertendo ao óbvio, ele re-serva um grande gesto operístico — com um toque de antiquado orientalismo francês — para a entrada de Tirésias no segundo ato, disfarçado como o cartoman-te, completo em seu turbante, seu roupão e sua voz cada vez mais alta e aguda.

Pondo lado a lado *Les Mamelles de Tirésias* e *Le Million*, temos uma noção das afinidades entre ópera-cômica e sardônica e os filmes da década de 1930 que fa-zem a vida real ser uma ópera — os chamados "filmes de opereta", mas que em sua maior parte nada têm em comum com a tradicional opereta de teatro. Num caso famoso, no entanto, uma ópera foi refeita imediatamente como filme: *Die Dreigroschenoper* (A ópera dos três vinténs), do dramaturgo Bertolt Brecht (1898--1956) e do compositor Kurt Weill (1900-50). Ela estreou em 1928 como peça de teatro com sucesso vertiginoso e foi então filmada em 1930-1 como uma produ-ção multilíngue, com ambos os elencos, o francês e o alemão, dirigidos por G. W. Pabst. Adaptada de uma ópera inglesa em forma de balada de John Gay, *Die Drei-groschenoper* é uma obra que tem um objetivo; são artistas com sólidos princípios que a constroem. Alinhado com o pensamento de Brecht, o artifício — pessoas irrompendo a cantar, por exemplo — é um importante lembrete para a plateia de que ela está assistindo a algo inventado, e não deve ficar sentimentalmente envol-vida. A ópera regressa pois à tradição conservadora da ópera em diálogo, com cenas faladas interrompidas por números aos quais frequentemente são dados nomes paródicos: "Das Lied von der Unzulänglichkeit menschlichen Strebens" (A canção sobre a insuficiência do empenho humano), ou "Eifersuchtsduett" (Dueto do ciúme). O estilo musical de Weill inspira-se no cabaré alemão, mas com estranhos efeitos de distanciamento, com frequência expressos por complicados truques de harmonia. Ele também parodiou livremente estilos operísticos anteriores, e empregou efeitos contraditórios: um texto sarcástico e brutal musicado com uma música agradável e atraente. Os atores-cantores foram dirigidos para representar seus números sem um envolvimento real, como o de assumir atitudes e posturas. Em vez de atenuar o abismo entre a fala e o canto, Brecht e Weill se divertem com sua qualidade divergente.

Die Dreigroschenoper pareceria não se amoldar ao teor deste capítulo num certo sentido. Há números musicais e há falas para fazer a ligação entre eles. A obra evita amplamente a inclinação da ópera moderna para a fala, para o avançar por meandros, música e canto contínuos, fala-transformada-em-música, fronteiras nebulosas entre a vocalização que canta e a que fala. Mas a ópera de Brecht e de Weill não é totalmente surda a esses fenômenos. Por exemplo, no primeiro ato há uma "Liebslied" (canção de amor) entre a ingênua Polly Peachum (soprano) e seu marido homicida, infiel e violento Macheath (também conhecido como Mackie Messer ou Mack, a Faca; tenor ou barítono). No texto da página, o libreto se parece com o de uma ópera convencional, começando com um diálogo e terminando com um verso cantado simultaneamente. Mas o diálogo não é efetivamente cantado: ele é falado sobre o fundo musical, e com ritmos duros e uma entonação marcante: Você está vendo a lua sobre o Soho, pergunta Macheath. Eu vejo, meu amor, responde Polly. E essa mistura — que seria chamada de *Sprechstimme* se tivesse sido escrita por Berg ou Schoenberg — também era característica do cabaré alemão na época de Weimar, quando uma cantora famosa como Gussy Holl seria chamada uma *diseuse*, como oposto a *chanteuse* — uma "dizedora" e não uma "cantora" — porque ela meio falava suas canções.

O VELHO STRAUSS

Poderia parecer que as muitas maneiras pelas quais a ópera do século XX escorrega para a fala na maioria das vezes dependem de duas condições prévias.

Uma é um libreto baseado em comédia, sátira ou farsa. A outra é um libretista e um compositor que não se deixaram surpreender e até mesmo se enamoraram por filmes, música popular, melindrosas, coisas que geralmente chegavam da América e outros elementos nunca encontradiços, digamos, na *grand opéra* francesa ou em Wagner. Mas essa conclusão ignora o fato de que o fenômeno também tinha eminentes raízes europeias na *Literaturoper*, na qual um compositor põe em música uma peça sem tentar fazê-la atravessar o estádio intermediário de se tornar um libreto.

Como vimos no capítulo 17, foi por meio de óperas como *Pelléas*, de Debussy, e *Salomé*, de Strauss, que alguns compositores do início do século XX conseguiram renovar uma tradição operística então tida por muitos como visando ao wagnerismo. Eles o fizeram ao escrever óperas cujo texto emergiu mais ou menos inalterado de um drama falado. Em ambos os casos, e em outros que se seguiram, uma peça em prosa mostrou ser liberadora. Ela estimulou o alijamento da formalidade e de fases musicais que pareciam ser ditadas pela poesia do libreto convencional, e levou a experimentos com estilos de declamação mais intensos — sem falar das descidas ao labirinto da alma que eram perseguidas com um entusiasmo desconhecido até mesmo por Wagner. Continuadas explorações desse labirinto também incentivaram compositores a se utilizarem de sua prévia aptidão como mestres da música instrumental, permitindo que as orquestras assumissem grande parte do ônus da expressão, e até fazendo dela seu principal agente. Tanto *Pelléas* como *Salomé* podem parecer mais continuações de Wagner do que rebeliões. Mas eram assim primordialmente em seus aspectos mais triviais, ou seja, usarem ambas leitmotiven de maneiras relacionadas a essa prática. Ambas eram também tributos sonoros às inovações orquestrais de Wagner, e Strauss navegou aos ventos wagnerianos no que tange à linguagem harmônica. Mas sua temática — sua submissão como compositor a imaginações verbais muito distantes das de Wagner — marcou uma importante ruptura.

Em ambos os casos, o experimento era insustentável. A peculiaridade e intensidade das situações que Debussy e Strauss exploraram nessas duas óperas seriam impossíveis de ser emuladas, muito menos ultrapassadas. Depois de tentar só uma sequela maior e mais assustadora em *Elektra* (1909), Strauss — como já vimos — seguiu uma rota operística muito diferente em sua extravagância cômica datada do século XVIII *Der Rosenkavalier*. O caso de Debussy foi, previsivelmente, mais aflitivo e hesitante. Ele estava enfastiado o bastante para rejeitar a ideia de se repetir, e em 1903 escreveu ao colega compositor André Messager:

> Aqueles que são suficientemente gentis para esperar que eu nunca seja capaz de abandonar *Pelléas* estão tendo o cuidado de desviar os olhos. Eles não compreendem que se tivesse de acontecer, eu imediatamente passaria a cultivar abacaxis em meu quarto de dormir, acreditando, ao fazer isso, que se repetir é a coisa mais cansativa que há.[14]

Mas — uma das eternas questões para os compositores de ópera do século XX — para onde ele iria em seguida? O período mais tardio de sua vida, com as séries de suas inventivas obras orquestrais e para piano solo, foi marcado pelo abandono de projetos dramáticos. O mais extenso foi uma versão da história "A queda da casa de Usher", de Edgard Allan Poe, um tema que tinha algumas características semelhantes a *Pelléas* (particularmente, uma estranheza onírica), mas que nunca passou do estágio de esboço. Debussy culpou pelo insucesso uma fracassada inovação musical, dizendo que "tudo me soa como tedioso e vazio. Para um único compasso que tenha vida, há vinte sufocados pelo que se conhece como tradição, cuja influência hipócrita e vergonhosa eu apesar de tudo reconheço, malgrado meus esforços".[15] Os primeiros anos do século XX, com a tradição pesando ainda mais e a necessidade de evitá-la ainda mais exigente, foram — como vimos repetidas vezes — tempos difíceis para se escrever uma ópera com facilidade.

Apesar de Debussy ter manifestado seu vacilo, a voga continuou, e tornou-se uma reviravolta crítica. Durante muito tempo, o canto melodioso — o arco da voz, o amálgama vivo de um lindo verso com o desempenho do cantor — fora quase uma definição da ópera. O ônus da expressividade repousava nesse amálgama. Mas agora as óperas em que a orquestra assumia a expressão emocional, e nas quais os personagens se tornavam cada mais inclinados para a fala natural em vez dos cantos líricos, tornavam-se lugar-comum. Não foi de surpreender, pois, que na década de 1920 viesse à tona uma associação entre a ópera do tipo falado e o desprazer:

> Por que, poder-se-ia perguntar, deveria ser considerado mais fiel à verdade da vida declamar e pronunciar sons — mais frequentemente causando do que não causando desprazer — do que cantar uma bela melodia? Ter árias sem graça nem origi-

nalidade ao longo de toda uma ópera de hoje em dia seria tão cansativo quanto não ter nenhuma; mas excluí-las de uma partitura que é razoável supor ter sido escrita visando a agradar à maior parte do público decerto é tão incomodativo quanto aquilo. Nada pode fazer de uma apresentação teatral algo absolutamente real, e contudo a verdade pode ser expressa por meio de uma bela música (ou árias, ou melodias, se assim preferir) tanto quanto por uma bela linguagem [...] o público quer aquilo que lhe dá prazer. Durante os últimos trinta anos, ou se tanto, seria muito interessante saber quantas dúzias — ou mais ainda, centenas — de óperas foram produzidas na Itália, na Alemanha e na França, sem mencionar outros países, e quão poucas sobreviveram, e quais são as razões. Isso provavelmente teria sido considerado falta de melodia, mas eu não entenderia isso errado, como implicando que se deve à ausência do velho tipo de modelo de ária vocal, que estaria fora de lugar na ópera de hoje em dia.[16]

Esse trecho, de uma crítica no *The Musical Times*, não é apenas um antigo lai, cantado por muitos bardos. Aqui, a palavra "melodia" expressa o sentido de que é mais fácil dar forma à verdade expressiva da ópera quando a voz humana é central; e que, na apresentação, a arte ou o poder de um determinado cantor terá de percorrer uma longa distância até chegar a essa verdade. Para complicar esse problema, a ópera de tipo falado foi particularmente sedutora a compositores que, além disso, eram especialistas em música instrumental. Como mencionamos antes, isso levou a uma situação na qual o compositor de ópera profissional — do tipo que passava virtualmente sua vida inteira no teatro, como ficaram Verdi e Wagner — tornou-se uma raridade. E isso por sua vez levou a que a ópera do século XX se tornasse primordialmente uma história de obras experimentais, tentativas solitárias — por compositores cujos corações se voltavam para música puramente instrumental — de recompor a ópera dos escombros em que resultaram os excessos no final do século XIX.

Um dos muito poucos que conseguiram seguir uma carreira contínua na composição de óperas foi Richard Strauss. Numa série de obras depois de *Der Rosenkavalier* e *Ariadne*, ele deveu muito de seu sucesso a uma incômoda e parcial fidelidade à melodia. Por um tempo, até a morte prematura do poeta em 1929, ele fez isso em colaboração com Hofmannsthal. Eles alternavam entre obras grandiosas — que pareciam voltar à seriedade e complexidade wagnerianas, como *Die Frau ohne Schatten* (A mulher sem uma sombra, 1919), a qual Strauss esperava que seria "a última ópera romântica",[17] e *Die ägyptische Helena* (A Helena egípcia, 1928) — e peças mais leves tais como *Arabella* (1933), na qual ele se esforçou por reacender o tom de *Der Rosenkavalier*. Em todas essas óperas, e nas cinco obras pós- Hofmannsthal que se seguiram, Strauss manteve certa postura de *Literaturoper* que ele aprendera desde o tempo de *Salomé*, particularmente uma atitude relaxada em relação a longos trechos nos quais a música elaborada era sacrificada em benefício de diálogos complicados num quase recitativo. Muitos puderam ter acesso a excertos selecionados dessas obras, alguns, a apresentações das obras completas no teatro, mas poucos, no entanto, devem ter querido que qualquer delas tivesse mais palavras do que já tinha.

A última ópera de Strauss, estreada quando o compositor estava no fim de seus setenta anos, mergulhou fundamente na fala, na verdade fez das palavras e da música na ópera seu tema central. Foi *Capriccio* (1942), que Strauss chamou de uma *Konversationsstück für Musik* (Peça de conversação sobre música), e a qual ele escreveu como uma obstinada antítese à destruição da Segunda Guerra Mundial que grassava à sua volta. Passando-se na França do século XVIII, o conflito dramático básico é simples: o poeta Olivier (barítono) e o compositor Flamand (tenor) são convidados à festa de aniversário de uma bela e jovem viúva, a condessa Madeleine (soprano); os dois tornam-se rivais a competir pela afeição dela. Eles e vários outros personagens passam por este quebra-cabeças em termos alegóricos: quando palavras são postas em música, qual é a mais poderosa? Qual é a que domina? Mas, acrescentadas a essa partitura, há uma série de pequenos eventos e muita — muitíssima — discussão. Fazendo uma sinopse, é espantoso como certas expressões são recorrentes, "eles discutem", "eles se envolvem numa discussão", "segue-se uma argumentação", "a conversa torna-se mais acalorada", "criados entram e comentam", "ela pensa em voz alta". E assim a ópera, que é num único ato, dura bem mais de duas horas em sua apresentação e torna-se uma monumental ópera falada na qual a conversação é elaboradamente celebrada. A música de abertura é executada por um sexteto de cordas, tocada pelos instrumentistas da primeira estante de cada naipe, e ela estabelece o tom da ópera com perfeição. Suas seções extremas estão imbuídas de uma elaborada nostalgia reminiscente de *Der Rosenkavalier*, enquanto no meio surge uma injeção de pesada e teatral paixão. A cena final de *Capriccio*, na qual a condessa medita sobre seu enigma num famoso solilóquio, é precedida de "Mondescheinmusik" (Música ao luar), uma peroração orquestral que parece de algum modo voltar, como faz grande parte da ópera, às energias e certezas da persona anterior de Strauss. Mas a música ao luar é — e não somente neste contexto — imbuída de uma insuportável e pungente nostalgia de um mundo operístico alemão, grande parte do qual estava desaparecendo rapidamente no entulho da história. Dois anos depois, em 1944, e com a catástrofe iminente, o crítico musical Willi Schuh descreveu a visita que fez ao estúdio do compositor:

> Durante uma conversa sobre nossa época, ele pegou um livro de Goethe da estante para ler uma passagem da última carta a Wilhelm von Humboldt, escrita cinco dias antes da morte de Goethe: "Conclusões confusas sobre ações confusas dominam o mundo, e não tenho nada mais urgente a fazer do que, se possível, incrementar aquela que me resta e me é deixada, e manter disponível minha originalidade."[18]

Mas o sexteto de *Capriccio* tinha feito sua primeira apresentação, em maio de 1942, numa reunião privada na casa vienense de Baldur von Schirach, ex-dirigente da Juventude Hitlerista, e agora *Gauleiter* de Viena.[19] Alguns meses depois, Von Schirach faria um discurso em Viena no qual afirmou que a deportação da população judaica da cidade iria "contribuir para a cultura europeia".[20] Foi com coisas desse tipo que Strauss tinha estabelecido seu infecto compromisso.

TIRADO DO GELO

A ópera falada séria, não farsesca, pode ter sido um buraco negro para os compositores na Alemanha, ou mesmo na França e na Itália. Mas ela floresceu nas mãos de compositores e cantores fora desse círculo. Por esse motivo, o início do século XX marca o momento em que essa ópera de fora, escrita em húngaro ou russo ou tcheco ou inglês, se junta a um repertório de primeira grandeza, que já tinha sido restrito aos que estavam a oeste da fronteira linguística da Alemanha com a hinterlândia oriental. Em certa medida, isso aconteceu porque os ímpetos nacionalistas, quase anticolonialistas, dos compositores permitiam uma persistente saudação à música folclórica e expressões populares, e à natureza. É por isso que um crítico, convocando os eslavos a derrotar os modernos, clamou pelo "caminho da natureza que vai afastar a espessa atmosfera do teatro que cerca as produções mais sofisticadas dos modernos cosmopolitas europeus" — embora esse comentário de fato se reporte a um passado distante, a *Prodaná nevěsta* (A noiva vendida, 1866), do compositor tcheco Bedřich Smetana, como um antídoto a *Ariadne auf Naxos*.[21]

O nome estelar entre os proponentes não alemães da "melodia-fala", e um dos mais estranhos e mais notáveis, foi Janáček. Já comentamos sua *Jenůfa* no capítulo 17 como uma ópera que corre paralelamente a *Pelléas* e a *Salomé*. Como lá mencionado, embora *Jenůfa* tenha estreado em Brno em 1904, Janáček continuou a ser nada mais do que uma celebridade local em sua pátria, a Morávia, até o *revival* na ópera de Praga, em 1916, quando ele tinha 61 anos. Mesmo então, levou mais uma década até que a ópera encontrasse um lugar no repertório internacional (com a maior parte das apresentações feitas numa tradução para o alemão). Mas Janáček, estimulado pela gradual ascensão de *Jenůfa* e depois inspirado numa paixão outonal por uma jovem mulher casada chamada Kamila Stösslová, produziu em sua última década de vida cinco grandes óperas, *Výlety páně Broučkovy* (As excursões do senhor Broucek, 1920), *Kát'a Kabanová* (1921), *Příhody lišky Bystroušky* (A raposinha esperta, 1924), *Věc Makropulos* (O caso Makropulos, 1926) e *Z mrtvého domu* (Da casa dos mortos, estreada postumamente em 1930). Essas obras foram consideradas excêntricas e até amadoras por muita gente, na época, mas pouco a pouco assumiram o status de óperas de repertório, na segunda metade do século XX, coroando Janáček, com atraso, como um dos maiores compositores de ópera dos últimos cem anos.

O uso da "melodia-fala" que Janáček fez em suas composições já era evidente em partes de *Jenůfa*, e transcrições fiéis das formas melódicas e rítmicas das pequenas expressões verbais tornar-se-iam o material básico de sua ulterior linguagem operística. O drama nessas obras tardias se desenrola, tipicamente, por meio de uma série de ocorrências de "melodia-fala" em constante mudança, configuradas em blocos nos quais essas formas melódicas e rítmicas (inspiradas na elocução verbal de um personagem) não se apresentam tanto assim, em seu desenvolvimento, como infindáveis, repetidas e variadas texturas orquestrais sempre em mutação. Em *Jenůfa*, a técnica estava ainda em sua infância e era interrompida por passagens mais convencionais como árias e conjuntos musicais. Em suas obras mais tardias, a alternância entre os blocos torna-se quase contínua. A fragmentação resultante fez-se ainda mais complexa com algo bem próximo de uma sensação constante de imprevisibilidade rítmica, causada pelo fato de que, na língua tcheca, acentuação e duração da sílaba frequentemente não coincidem, o que leva a que a melodia da fala se baseie em figuras rítmicas sincopadas. O que também é característico é um som orquestral mais enxuto: há menos melodias nas cordas, mais metais e percussão, particularmente os altos sons dos trompetes e os retumbantes tímpanos, que muitos conhecem da fanfarra de abertura da *Sinfonietta* (1926) de Janáček.

De modo similar, as linhas vocais são ásperas: depois de *Jenůfa*, raramente Janáček condescendeu com um lirismo prolongado. É fácil ver como esse seu estilo confundiu as plateias na época. Para os que ouviam com ouvidos sinfônicos, esperando por temas recorrentes e um desenvolvimento lento, Janáček parecia ter a clara intenção de frustrar expectativas. O aspecto físico de seus manuscritos dificilmente inspira confiança, pois eles estão cheios de rasuras, mudanças de ideia, inconsistências na notação e obscuridades quanto ao ritmo — mais um testemunho de como era difícil a composição de óperas no mundo pós-wagneriano. Mas a estranheza de Janáček foi um atestado da originalidade de sua imaginação. Traduzir em som seu mundo musical especial obrigou-o a se debater com nada menos do que as limitações da notação musical.

Um dos motivos do sucesso dessas óperas tardias é que sua temática, não convencional segundo quaisquer padrões operísticos anteriores, combina tão bem com a linguagem musical altamente individual de Janáček. *A raposinha esperta* é a história fantástica de uma raposinha (soprano) que é capturada por um guarda-florestal (barítono), escapa depois de devastar seu galinheiro, encontra o amor verdadeiro de um raposo (soprano), mas no fim é morta por um caçador furtivo (baixo). Na cena final, anos depois da morte da raposinha, o guarda-florestal rememora, primeiro com tristeza, mas depois com crescente saudade, a região campestre e seus ritmos eternos. Ele pensa estar vendo a raposinha uma vez mais, mas uma rã (soprano infantil) lembra a ele, sem sentimentalismos, que agora gerações já se passaram e outras chegaram. Embora a cena seja uma das mais expansivas em toda a obra de Janáček, com um clímax quase straussiano (com trompas altissonantes e tudo o mais), quando o guarda florestal celebra a região campestre em seu "mês de amor", Janáček na realidade permanece fiel à sua técnica de pequenos blocos de construção musicais. Os insistentemente repetidos ostinatos orquestrais e pontos de variações são bastante identificados com a ideia da natureza, sempre prolífica e pululante de vida e novas energias.

Um muito diverso mas igualmente apropriado casamento entre o tema dramático e a técnica musical ocorre em *O caso Makropulos*, que é baseado numa peça do grande e original tcheco Karel Čapek (1890-1938). A peça de Čapek é sui generis, uma boa ilustração da peculiar imaginação literária que foi pioneira de um primeiro formato de ficção científica, assim como representa uma das mais reveladoras propagandas antinazistas da década de 1930. No centro da ópera está uma misteriosa diva chamada Emilia Marty (soprano), que fascina todos os homens que encontra, mas os trata com fria indiferença. Depois de muitas reviravoltas na trama, ela se revela no fim como Elina Makropulos, a filha de um alquimista do século XVI, e que ele lhe tinha dado uma poção que prolongara sua vida por trezentos anos. Agora, a poção estava finalmente acabando. Elina/Emilia, embora tivesse conseguido redescobrir a fórmula, podendo assim repetir a dose, decidira definitivamente não fazer isso. O tédio que ela sente, vendo todos a quem ela se apega envelhecer e morrer, convenceu-a de que a imortalidade é mais uma maldição do que uma bênção. *Makropulos* é de algumas maneiras a ópera mais complexa de Janáček, já que sua tortuosa trama, na qual muitos de seus intricados incidentes ocorreram há várias gerações, combina-se com uma música que cria enormes dificuldades para os intérpretes (tanto orquestrais quanto vocais). Logo na abertura — que é tão formalmente uma abertura como todas que Janáček escreveu —, a ideia do conflito é ressaltada, com fragmentos de lirismo nas cordas conflitando com figuras incertas e hesitantes de ostinato e uma recorrente e dissonante fanfarra de trompetes a soar de fora do palco. Assim que *Makropulos* começou a ser extensivamente apresentada no Ocidente, alguns lamentaram que a música folk — uma dádiva operística especial da hinterlândia eslava — tinha em grande parte desaparecido de uma ópera na qual "a natureza abstrata da história combina com correspondente qualidade desinteressada da música".[22] Mas essa austeridade é exatamente o ponto, pois Emilia não é indiferente e, além do mais, desancorada de tempo e de lugar? Essa objetável superfície que se prolonga por toda a peça — e com a mesma frequência em Janáček — é redimida por um enfoque crescente na personagem principal, e sua ligação macabra com um dos componentes operísticos consagrados no tempo: as poções, os venenos na xícara.

CANTO À QUEIMA-ROUPA

A ópera russa no século XIX percorreu seu caminho entre os realismos concorrentes de Musorgsky e Tchaikóvski. O primeiro escreveu seu próprio tipo de uma protoLiteraturoper em diante até o histórico cenário de Boris Godunov, o segundo criou uma ópera urbana realística em Yevgeny Onegin (Eugene Onegin), na qual intensas emoções pessoais são canalizadas num fundo de música de salão. Musorgsky pouco sabia de Wagner e, como Tchaikóvski, era muito mais obviamente influenciado pela grand opéra meyerbeeriana. Mas logo, como em toda parte, o wagnerismo tornou-se uma força dominante, embora não fosse a única. A figura mais importante durante o fin de siècle russo e depois dele foi Nikolay Rimsky-Korsakov (1844-1908), que presidiu um período no qual a ópera evoluiu de um divertimento esporádico, sob o controle exclusivo dos teatros imperiais em São Petersburgo (o Mariinsky) e Moscou (o Bolshoi), a uma vívida e competitiva manifestação de cultura, envolvendo várias companhias privadas e outras instâncias em cidades provincianas.

O simples elenco dos temas nas quinze óperas de Rimsky-Korsakov realça a ausência de uma tradição russa — e portanto de um consenso sobre qual dentre os estilos de drama musical que competiam seria o mais adequado ao contexto russo. Por um lado há as primeiras e históricas obras como A donzela de Pskov (várias versões entre 1873 e 1901), que continua a maneira com que Boris trata a palavra declamatória realística, sua evasiva de formas convencionais e as vívidas cenas com multidões. No extremo oposto há uma série de óperas de contos de fada, das quais a mais famosa é a última ópera de Rimsky-Korsakov, O galo de ouro (1909), em que intensas emoções individuais são evitadas, numa antecipação do aberto antirromantismo de Stravinsky e Prokofiev. Há também obras sui generis como Mozart e Salieri (1898), que toma o pastiche mozartiano de A dama de espadas e o imbui de algo próximo a uma ironia neoclássica.

Espalhadas entre esses zigue-zagues estilísticos há uma série de obras épicas que olham para trás, para o início do século XIX, na Rússia e alhures. Pelo menos uma delas ilustra a perigosa atração do wagnerismo. O Ring foi apresentado pela primeira vez por uma companhia intinerante alemã em São Petersburgo no fim da década de 1880, e houve apresentações em língua russa, de novo no Mariinsky, depois da virada do século; em ambas as ocasiões Rimsky-Korsakov assistiu a ensaios munido de uma partitura.[23] Embora inicialmente ele parecesse ter abraçado somente a prática orquestral de Wagner, pode-se ver uma influência mais profunda na obra já mencionada no capítulo 17, A lenda da cidade invisível de Kitezh (1907). Essa estranha mistura, com um enredo complicado demais para ter um sumário mais do que telegráfico (exóticos saqueadores tártaros — intervenção divina —

cidade tornada invisível — tártaros derrotados), é frequentemente chamada de "*Parsifal* russa" e em alguns trechos soa como o vínculo que falta entre Wagner e o Stravinsky primevo de *Pássaro de fogo*. Mas o intervalo de quarta descendente, ao estilo de *Parsifal*, nos sons de sino na cena final (tão diferente dos ruidosos e dissonantes sinos, ao estilo de *Boris*, em tantas óperas nacionalistas russas), e o salpicar de leitmotiven e ocasionais harmonias avançadas, são estranhos parceiros musicais dos coros modais na maior parte do resto da ópera. Rimsky--Korsakov não tinha certeza de como devia progredir: Wagner, que poderia parecer uma salvação, era fatalmente — como tantas outras vezes — fácil de se seguir, mas impossível de se emular.

A ansiedade em relação a Wagner, no entanto, dificilmente seria considerada o fator mais importante no quadro maior dos ecléticos modos operísticos de Rimsky-Korsakov. Em sua maturidade ele lutou acima de tudo para escapar daquilo que ele antes tanto tinha feito para consolidar: a ideia (infelizmente ainda presente entre nós, às vezes num formato nem sequer reconstruído) de que a ópera russa é muito diferente da variante centro-europeia, e que essa diferença provém da inevitável tensão gerada por seu caráter nacional. Já próximo ao fim da vida, Rimsky-Korsakov foi inequívoco quanto a isso:

> Em minha opinião, uma "música distintamente russa" não existe. Tanto a harmonia quanto o contraponto são pan-europeus. A canção russa introduz no contraponto alguns novos dispositivos técnicos, mas quanto a formar um novo e singular tipo de música, isso ela não pode fazer. E mesmo a quantidade desses dispositivos é provavelmente limitada. Traços russos — e traços nacionais em geral — se adquirem não só escrevendo de acordo com regras específicas, mas antes removendo da linguagem comum da música os dispositivos que são inapropriados para o estilo russo [...]. Para criar um estilo caracteristicamente russo eu evito alguns dispositivos, para criar um estilo espanhol, evito outros, e um estilo alemão, ainda outros.[24]

O esvaziamento do "russismo" por Rimsky-Korsakov só vai até aí: ele ainda mantinha a ideia de um "espírito russo", mesmo que o simples conceito seja amplamente responsável pela guetização operística que ele parece criticar. Mas ainda vale a pena ter em mente este seu prosaico desmantelamento de um antigo clichê, bem como sua casual afirmação de equivalência de um "estilo russo" com — nada menos do que — um estilo "alemão", que pode ser melhor entendida como uma cativante e maliciosa sacudidela na cada vez mais comum identificação da música alemã com a linguagem musical "universal".

Os últimos anos de Rimsky coincidiram com a chamada "era de prata" da Rússia, um período em que as influências culturais da Europa Ocidental eram avidamente importadas, e no qual a influência de Wagner se equiparava à do movimento simbolista, com Alexander Skryabin (1872-1915) como seu principal agente musical, embora um agente que não compôs óperas. Quando a arquissimbolista *Pélleas*, de Debussy, foi apresentada na Rússia pela primeira vez, em 1907, pareceu a alguns que ela "estava chegando em casa". De fato, os 25 anos seguintes, até cerca de 1935, foram tempos estonteantes para a Rússia, com os filhos da "era de prata" (muitos dos quais deixaram o país permanentemente ou por longos períodos) mostrando-se influentes numa emergente e pan-europeia estética musical. Ao mesmo tempo, no entanto, os tumultuados eventos políticos que então se desenrolaram levaram de forma inexorável a um novo período de isolamento cultural do país.

As convulsões políticas dessas décadas — a Revolução de 1917; a guerra civil que se seguiu e a consolidação do poder de Lênin; a morte de Lênin em 1924; a tomada do poder por Stálin e a gradual assunção por ele de um controle ditatorial durante o fim da década de 1920 e início da de 1930 — foram acompanhadas de constantes debates sobre o lugar próprio da arte na nova e revolucionária sociedade que a Rússia tinha proclamado. Embora o Mariinsky e o Bolshoi tivessem sido imediatamente postos sob o controle do Estado, com ingressos gratuitos sendo fornecidos aos trabalhadores, a posição da ópera — como sempre, vista como *a* forma de arte elitista — era delicada. Lênin desaprovava pessoalmente um entretenimento que para ele cheirava a cultura de classe alta. Ele também desconfiava daquilo que via como sendo uma tendência geral da música de embelezar o mundo com sons bonitos, e com isso disfarçar as injustiças e desigualdades da sociedade da qual ela provinha.

Mas houve um problema. A ópera provou ser tremendamente popular na nova Rússia. Ainda mais embaraçoso, os que arrastavam as multidões continuavam a ser aqueles espectros clássicos do desprezado e tsarista século XIX. Da imediata confusão pós-Revolução surgiram dois campos concorrentes, ambos com alguma medida de suporte oficial. Num extremo, os que se reuniram sob o grupo chamado ARMP (Associação Russa dos Músicos Proletários) queriam uma música genuinamente proletária, uma arte moldada para refletir e articular o novo Estado. Essa posição era constantemente enfraquecida pelo fato de que o proletariado continuava obstinado a ter um gosto burguês, e porque as tentativas de criar uma música revolucionária *ex novo* (em geral recorrendo livremente a expressões populares) soavam quase sempre, e de modo suspeito, parecidas com os estilos nacionalistas do século anterior. No outro extremo estava um grupo chamado AMC (a Associação de Música Contemporânea), que era o que hoje chamaríamos de progressistas: queriam rejeitar a antiga arte burguesa do século XIX e abraçar com entusiasmo as novas ideias musicais que vinham da Europa Ocidental. Por um tempo, particularmente na década de 1920, os progressistas pareceram ganhar a supremacia. Seu compositor mais bem-sucedido foi, inicialmente, Nikolai Yakovlevich Myaskovsky (1881-1950), que foi famoso, acima de tudo, por sua música instrumental; na ópera a figura-chave foi Vsevolod Meyerhold (1874-1940), um diretor teatral que cresceu dentro do movimento simbolista e depois, nos primeiros dias da Revolução, desenvolveu novas e radicais técnicas expressivas de antinaturalismo e artificialismo, muitas das quais foram mais tarde associadas a Brecht. Ao mesmo tempo, óperas modernistas como *Wozzeck* e *Jonny spielt auf* eram apresentadas, e o cinema russo da década de 1920 foi reconhecido internacionalmente como uma fonte de energia estética com uma significativa marca de vanguardismo. Emergindo diretamente desse contexto estava o talento precoce de um jovem compositor chamado Dmitri Chostakóvitch (1906-75).

A primeira ópera de Chostakóvitch, *O nariz* (1930), é baseada num conto do absurdo de Gógol e diz respeito a um servidor civil que tem seu nariz extraviado, o persegue por toda a cidade em episódios farsescos e finalmente torna a se reunir a ele. A obra deve muito a Meyerhold, com quem Chostakóvitch estava muito envolvido na época, inclusive em sua decisão de encenar uma tão patentemente irrealística, para não dizer inexequível, fantasia. Em termos musicais, é um desenfreado compêndio dos mais extremados estilos ocidentais, com o neoclassicismo de Stravinsky, uma pesada dose de efeitos vocais e orquestrais extremos, como em *Wozzeck*, e muito jogo com expressões musicais populares, em particular músicas de dança. Quanto a esse último aspecto, é clara a dívida para com a *Zeitoper* de Weimar. E, como em *Jonny spielt auf*, ou mesmo *L'Heure espagnole* de Ravel, no meio de uma salada de efeitos iconoclásticos, o formato verbal volta a uma declamação naturalista. Isso é uma demonstração de que a ópera falada era a essa altura virtualmente o modo-padrão entre aqueles que queriam trazer o formato da arte para a órbita do radicalismo do século XIX. Nesse sentido, *O nariz* marca a conclusão de um ciclo histórico. Musorgsky tinha sido um dos primeiros a usar a fala natural como modelo da escrita vocal operística, e Debussy aprendeu a lição a partir dessa fonte. Os compositores franceses que escreveram óperas depois de Debussy aderiram a isso de uma nova maneira, acrescentando sarcasmos e exotismos, e a Alemanha de Weimar correu atrelada a isso; e então, com Chostakóvitch, a ópera falada voltou ao país em que nascera.

Não é de surpreender que grupos proletários tenham tomado medidas extremas contra *O nariz*, e conseguiram removê-la de cena depois de uma breve temporada. Chostakóvitch recuou para o balé e a música instrumental, os quais — sendo não verbais — eram muito mais difíceis de se criticar. Mas logo ele embarcou no que provavelmente teve a intenção de ser um meio-termo operístico: uma tentativa de responder a seus críticos e de escrever uma ópera russa adequada à época. O resultado foi *Lady Macbeth de Mtensk* (1934), uma das óperas mais famosas do século xx, embora frequentemente celebrada por razões estranhas. Um sinal da mudança de índole de Chostakóvitch pode ser visto no artigo que ele escreveu em 1933. Ele já revela uma estética operística que claramente não era a de *O nariz*, uma que quase poderia ter provindo de Bellini cem anos antes: "Na ópera as pessoas não falam, elas cantam. Em consequência, o texto deve ser cantado, deve dar ao compositor o máximo de possibilidades para um canto que flui livremente".[25] Tais pronunciamentos devem ter soado alentadores para os que se opunham a atitudes e estilos vanguardistas, mas destoam — para dizer o mínimo — estranhamente da história na qual Chostakóvitch decidiu basear sua ópera.

Escrito pelo compositor com a ajuda do libretista Alexander Preys, o libreto de *Lady Macbeth* baseia-se numa história de terror de 1865, de Nicolay Leskov. Katerina (soprano) vive um casamento sem amor e sem filhos com um rico comerciante chamado Zinovy (tenor). Eles moram com o pai de Zinovy, Bóris (baixo). Zinovy parte numa viagem de negócios e Katerina começa a ter um caso com um dos empregados da firma, Sergey (tenor). Bóris descobre o caso e espanca Sergey brutalmente. Katerina retalia assassinando Bóris, ao pôr veneno de rato em seus cogumelos. Sergey vem morar com ela, mas uma noite, bem tarde, depois de Katerina ter uma aterrorizante visão do fantasma de Bóris, Zinovy regressa inesperadamente. Ele suspeita de adultério e começa a bater em Katerina. Sergey, que estava escondido, intervém; juntos eles prevalecem sobre Zinovy, Katerina o estrangula e Sergey aplica o *coup de grâce* com um pesado candelabro. Eles ocultam o corpo no porão. No dia do casamento de Katerina e Sergey, um bêbado descobre por acidente o corpo de Zinovy e os amantes são presos. A cena final passa-se perto de uma ponte que atravessa um rio; Katerina e Sergey foram condenados e estão a caminho da Sibéria. Sergey transferiu suas atenções para uma companheira de prisão, Sonetka (contralto). Ele consegue ludibriar Katerina e fazê-la tirar suas meias de lã, que ele dá à sua nova amante. Quando todos cruzam o rio, Katerina empurra Sonetka para a gélida corrente e pula atrás dela. O quadro final de Leskov descreve como Katerina "atira-se sobre Sonetka como um grande lúcio sobre uma pequena e frágil perca, e nenhuma das duas reaparece".[26]

Surpreendente como possa parecer, essa versão operística amenizava o original de Leskov, no qual Katerina e Sergey também dão cabo de um jovem rapaz que alegava ser herdeiro de Zinovy. A alteração mostrou ser parte de uma mudança maior no foco: enquanto a Katerina de Leskov é na verdade uma espécie de Lady Macbeth — sempre incentivando a violência, movida por suas necessidades sexuais, intransigentemente sem remorsos —, à Katerina operística é atribuído um status musical único, que a plateia pode identificar com ela. Um exemplo ocorre no fim do segundo ato, que leva ao assassinato de Zinovy. O cenário é o quarto de dormir de Katerina, onde ela e Sergey estão dormindo. A música introdutória envolve três camadas de som nas cordas — um sinistro som nos baixos, um "halo" nas cordas mais agudas e uma melodia ascendente a emergir nos registros médios. Katerina acorda Sergey e lhe pede que a abrace, enquanto a música vai se construindo numa imensa cadência straussiana e num clímax lírico enquanto ela pronuncia o nome do amante. Vemos um momento propício para um extático dueto de amor, mas em vez disso Sergey irrompe numa arenga petulante sobre o fato de ele não ter status na qualidade de seu amante secreto. Ele também está cheio de paixão e de notas agudas, mas o comportamento orquestral é marcadamente diferente. Em vez de dar sustentação aos sentimentos do cantor (como fez com Katerina), o acompanhamento parece ser jovialmente indiferente, com ritmos marcados em vibrantes madeiras, um baixo conduzido pela tuba e obsessivos e mecânicos ostinatos. Katerina tenta acalmar Sergey e no momento em que ela canta a orquestra volta a um modo mais ameno. Quando ela o beija novamente, prevalece um belo e etereamente longo tema mahleriano nas cordas, o acompanhamento na harpa acentuando a similaridade com o famoso *adagietto* da *Sinfonia nº 5* de Mahler.

A cena até aqui seguiu o que poderíamos chamar de formato ABA, com os extremos contrastes orquestrais entre A e B atraindo toda a simpatia para um personagem. O restante da cena, embora alargue os horizontes musicais, repete este efeito. Sergey volta a dormir, e o fantasma de Bóris aparece diante de Katerina. Há amplas alusões a antigos fantasmas operísticos, inclusive o do comendador de *Don Giovanni*, de Mozart, na enunciação do nome de Katerina numa oitava descendente; mas a orquestra está novamente numa sobremarcha. Ouvem-se ruídos do lado de fora; eles despertam Sergey, que se esconde. Zinovy entra para descobrir sinais de uma dupla presença, e ele e Katerina se envolvem numa grande competição de gritos (uma das grandes brigas conjugais de toda a história da ópera: comparados com eles, Wotan e Fricka são contidos e corteses). A orquestra volta àquele modo de energia indiferente que sustentou a arenga de Sergey. Zinovy, o menos heroico personagem que se possa imaginar, é introduzido por uma irônica fanfarra de trompetes e até mesmo uma alusão à abertura de *Guillaume Tell*, de Rossini. Os implacavelmente lépidos e vigorosos ritmos continuam, inquebrantáveis, até que Sergey regressa e os amantes estrangulam e golpeiam Zinovy até a morte. A cena então se fecha, maravilhosamente pausada entre seus dois mundos musicais contrastantes. Enquanto Sergey arrasta o corpo de Zinovy para baixá-lo ao porão, uma estranha marcha fúnebre mahleriana aparece, um desafinado som grave nos baixos, com solo de clarinetes e depois de fagotes (principais condutores nas irrupções anteriores das madeiras) agora reprimidos, mas uma ou duas vezes chegando perigosamente perto da jovialidade. Há uma breve e trêmula pausa e uma melodia nas cordas quando Katerina pede a Sergey que a abrace e lhe diz: "Agora você é meu marido". Para fechar a cena, a marcha fúnebre reaparece, agora tocada pelo trombone, este mais improvável dos instrumentos, mantendo a absoluta estranheza do final intacta até o último momento. É uma gargalhada na escuridão feita música.

Em termos meyerholdianos, que depois iriam ecoar nas teorias de Brecht, a plateia em *Lady Macbeth* é compelida pela música a uma alternância entre identificação e estranhamento. Nós nos identificamos com Katerina, mas nos alienamos dos uniformemente horríveis homens de sua vida. Esse constante ir e vir continua durante toda a ópera. O sentido de uma identificação estimulada pela orquestra atinge seu ponto mais marcante nos solos de Katerina, em particular seu monólogo central no primeiro ato, "Zherebyonok k kobïlke toropitsya" (O potro e a potranca), no qual ela expressa seus anseios sexuais. Aqui o papel das cordas chega às vezes perto de um acompanhamento convencional, e os clarinetes e outras madeiras, em outras partes tão animados e impertinentes, assumem uma função expressiva melancólica, hipersensível. Como em outros solos de Katerina, o idioma harmônico também é estável, apesar de ela ter o enervante hábito de lançar linhas angulares nos extremos superiores de seu registro, às vezes dolorosamente isoladas da estabilidade orquestral abaixo delas. Por outro lado, a cena de sedução (de muitas maneiras ela parece mais um estupro) que se segue entre Katerina e Sergey é de novo sustentada por música farsesca, maniacamente sobre-energética, mesmo incluindo uma série de glissandos gráficos descendentes no trombone para descrever o que acontece com Sergey depois de seu enérgico clímax sexual.

Esses contrastes são tão extremos que inevitavelmente se acumulam questões sobre seu significado musical. De início a ópera colheu um estrondoso sucesso na Rússia, mas no Ocidente muitos acharam inexplicável a mistura de eventos violentos e música trivial. Mais tarde, em 1960, o compositor dos Estados Unidos Elliott Carter declarou que "a relação da música com a ação é inexplicável".[27] Um dos mais argutos críticos musicais russos contemporâneos propôs uma explicação obscura. O próprio Chostakóvitch estaria oferecendo uma solução numa nota que escreveu para o programa da primeira apresentação: "O mais honesto de tudo seria dizer que os crimes [de Katerina] são um protesto contra o teor da vida que ela é forçada a viver, contra a atmosfera sombria e sufocante da classe dos comerciantes no país".[28] Disso seria simples entender a ópera como um reflexo do que era então a ortodoxia soviética (e os críticos da época efetivamente a viam dessa maneira): em outras palavras, a música trivial de Chostakóvitch cumpre a excelente tarefa de desumanizar a "classe dos comerciantes" (representada por Zinovy), e a heroína Katerina faz sua parte ao exterminá-los.

Há pouca dúvida de que Chostakóvitch tentou apresentar sua ópera seguindo essa linha (há mais no ensaio publicado no programa que o sugere). Mas, como em virtualmente todas essas leituras políticas de óperas, há pontas soltas e anomalias. A mais premente é a questão de por que, se a intenção era transmitir tal mensagem, Chostakóvitch teria escolhido a história de Leskov, em primeiro lugar: por que pôr em música uma história na qual a imagem negativa da heroína, embora mitigada, era tão inquestionável? Parece ser plausível sugerir que Chostakóvitch foi atraído pela história, ao menos como ele a adaptou, devido à sua possível ambiguidade; pela oportunidade de satisfazer sua veia lírica (lembre-se daquela observação sobre como um texto operístico "deve dar ao compositor o máximo de possibilidades para um canto que flui livremente") sem cair no pasti-

che ou — pior ainda — parecer não moderno. Em resumo, *Lady Macbeth* permitiu-
-lhe explorar além da hinterlândia entre comédia e tragédia — o gélido espaço
habitado por aquela marcha fúnebre mahleriana no final do segundo ato.

Seja qual for sua intenção política, o incidente mais famoso que tem *Lady
Macbeth* como centro ocorreu em 26 de janeiro de 1936, cerca de dois anos após
sua primeira apresentação. Um *revival* em Moscou foi assistido por Stálin, junto
com seu acólito político Vyacheslav Molotov e seu ministro da Cultura, Andrey
Zhdanov. Dois dias depois uma denúncia anônima da ópera apareceu no jornal
oficial soviético *Pravda* sob o título "Confusão em vez de música". O artigo visava
sobretudo ao estilo musical da ópera, que era abertamente associado ao mentor
de Chostakóvitch, Meyerhold:

> Desde o primeiro minuto, o ouvinte fica chocado com a deliberada dissonância,
> pelo confuso fluir dos sons. Trechos de melodia, os começos de uma frase musical,
> são afogados, tornam a emergir, e desaparecem num ronco de rangidos e guinchos
> [...]. Essa música é construída sobre uma base de rejeição da ópera — a mesma base
> sobre a qual a arte esquerdista no teatro rejeita a simplicidade, o realismo, a clareza
> de imagem, e uma palavra falada não afetada — que leva para o teatro e para a mú-
> sica os aspectos mais negativos do "meyerholdismo" infinitamente multiplicados
> [...]. O poder que a boa música tem de contagiar as massas foi sacrificado a uma tenta-
> tiva pequeno-burguesa, formalista, de criar originalidade por meio de um histrionismo
> barato. É um jogo de uma engenhosa ingenuidade que pode acabar muito mal.[29]

Tal ataque a um artista da estatura internacional de Chostakóvitch não tinha
precedentes. Na verdade, talvez seu sucesso no Ocidente fosse de fato um motivo
primordial. No penúltimo parágrafo lê-se:

> *Lady Macbeth* está tendo grande sucesso com as audiências burguesas no exterior.
> Será que eles a elogiam porque a ópera é absolutamente apolítica e confusa? Isso
> não é explicado pelo fato de que ela excita os gostos pervertidos da burguesia com
> sua música inquieta, gritante e neurótica?[30]

O ataque pode ter resultado simplesmente da desaprovação pessoal de Stálin, mas esse artigo do *Pravda* manda um sinal para os artistas soviéticos, um sinal
de que estariam em risco se o ignorassem. O movimento experimental de influên-

cia ocidental bateu em retirada. Os que tinham beneplácito oficial mas sentimentos progressistas, como Myaskovsky e Khachaturian, evitaram totalmente a ópera, deixando que ela fosse povoada por peças sérias carregadas de canções sobre as realizações soviéticas. Meyerhold foi preso em 1939; foi torturado, "confessou" crimes de espionagem e foi executado no início do ano seguinte. Chostakóvitch, pacientemente, fez tentativas para se reabilitar, a mais famosa das quais é a *Quinta Sinfonia* (1937).

Muitas e celebradas obras se seguiram, mas Chostakóvitch nunca mais tentou a ópera. Obras que envolviam "torrentes confusas de sons", fala tornada música em vez de canto operístico convencional e limpeza formal tinham sido oficialmente identificadas como perigosas, possivelmente até mesmo fatais para os seus criadores. No livro de André Gide *Retour de l'URSS* (De volta da URSS, 1937), um interlocutor, incitado por Gide a relatar a queda de Chostakóvitch, pôs a questão em termos que têm ressoado durante séculos, e que também poderiam ser ditos sobre Rameau:

> "Veja só", explicou X, "não era absolutamente o que o público pedia; não é absolutamente o tipo de coisa que queremos hoje. Antes disso ele tinha escrito um balé notável, que havia sido muito admirado" (*Ele* era Chostakóvitch, sobre quem eu tinha ouvido elogios em termos usualmente reservados aos gênios). "Mas o que o público tem a ver com uma ópera que não lhe dá melodias que ele possa cantarolar quando está saindo?"[31]

Execrar a perda da melodia — música que se possa cantarolar — é o protesto universal do hedonista operístico. Mas em algumas épocas, em alguns lugares, essa crítica poderia ter um lado obscuro, e nem sempre representou uma nostalgia benigna pelos velhos formatos da ópera, ou seus prazeres. O que nos faz pensar em como se deve avaliar perdas que competem entre si — como julgar esses que expressam tais lamentos. Nem todas as óperas não melódicas, óperas com padrões de fala em lugar de canto, são metáforas heroicas para desafios políticos contemporâneos, como se prova em *Capriccio*. Mas por volta de 1945, a grande contracorrente da ópera — a expressiva força inerente ao arco melódico, como expresso pela voz humana — requeria uma fé que para muitos compositores começava a parecer cega.

20. Estamos sós na floresta

Podemos começar com dois filmes que descrevem atitudes em relação à ópera na década de 1930; a Segunda Guerra Mundial estava próxima e essa forma de arte entrava em sua velhice. O primeiro é *Uma noite na ópera* (1935), dos irmãos Marx, o qual, como vimos no capítulo 1, olha a ópera numa abordagem dupla. A ópera representa claramente uma enfadonha alta cultura, terreno dos ricos e privilegiados. Mas o canto operístico é imagem de uma alegria que pode ser experimentada por qualquer um, tanto pelos que o realizam como pelos que o ouvem. O segundo filme é *Le Million* (1931), de René Clair, uma comédia francesa já brevemente mencionada no capítulo anterior. Para apreciar a homenagem que ele faz à ópera precisamos conhecer o enredo. Um tenor italiano comprou um paletó velho numa loja de artigos de segunda mão. Sem que ele soubesse, no bolso do paletó havia um bilhete premiado de loteria que pertencia a Michel, um artista pobre cuja namorada, Béatrice, bailarina no Opéra Lyrique, tinha passado adiante o paletó de Michel (para um Napoleão do crime de segunda categoria chamado Vovô Tulip, mas isso é aqui irrelevante, assim como é irrelevante a maneira pela qual o paletó chegou até a loja de artigos de segunda mão), tudo isso significando que Michel tem um excelente motivo para estar realmente furioso com Béatrice. Michel, Béatrice e outros, ansiosos por obterem o bilhete premiado, acabam indo ao Opéra, onde o tenor italiano, usando o paletó em seu figurino, estava discutindo nos bastidores com sua nêmese, uma grande soprano loura. Ele está realmente furioso com ela. A cortina sobe. Ali, numa floresta patentemente falsa, veem-se alguns bandidos, liderados por seu chefe, um admirador da heroína (barítono), que se opõe à ligação da heroína (a soprano) com o herói (o tenor), seu arqui-inimigo. Os bandidos fazem tinir seus cálices num brinde, cantando *"À nous l'ivresse! à nous les caresses d'une ravissante maîtresse!"* (A nós a embriaguez! A nós as carícias de uma arrebatadora amante!). Termina o coro. Tenor e soprano entram em cena, bandidos à vista por toda parte. Apesar da presença do bandido, o tenor começa um recitativo anunciando *"Nous sommes seuls, bien aimée! Viens avec moi dans la forêt parfumée!"* (Estamos sós, bem-amada! Venha comigo à floresta perfumada!).

Em todo o acervo do cinema não há uma maior ou mais delicada expressão de afeição à ópera, ou de encantamento com seus absurdos e fé em seus poderes de transformação, do que em *Le Million*. Esses poderes são mostrados com mais obviedade num dueto de amor que se ouve logo antes da cena do bandido, apresentado pelos antagônicos soprano e tenor, unidos na felicidade temporária de cantarem juntos. O dueto também apazigua de uma vez por todas a raiva e o ressentimento entre Michel e Béatrice, que por acidente ficaram presos juntos atrás de um elemento do cenário exatamente quando a cortina sobe para o dueto, e assim são obrigados — no início com frieza e distanciamento — a ficar onde estão e ouvir. Tenor e soprano sentam-se num banco rústico, e começam: *"Nous sommes seuls enfin, ce soir"*. Esta noite estamos finalmente juntos! Afinal estamos livres para falar abertamente! Longe do mundo e de sua angústia! O tenor começa uma passagem em solo: que tristeza seus sentidos obscurecem? De que culpa minha, meu amor, você padece? E Michel, ao ouvir isso, gesticula silenciosamente a mesma mensagem para Béatrice. A heroína objeta em canto. Béatrice objeta em pantomima. O herói implora vocalmente, Michel implora em silêncio. A voz do tenor ressoa, a voz da soprano compete, Michel gesticula eterna devoção e Béatrice finalmente sorri. O dueto termina com *"nous sommes seuls dans la forêt"* (estamos sós na floresta), e ambos os pares, por fim, se abraçam. Um auxiliar de palco, um atarefado funcionário que pacientemente ajuda a criar magia em cena, joga pétalas de rosa lá em cima, de um passadiço. Seja ou não resgatado o bilhete de loteria, ficamos com a certeza moral de que tudo ficará bem com Michel e Béatrice. Sabemos isso porque a ópera fez seu trabalho.

Desde a década de 1930 até a de 1960, numa época em que novas composições de ópera secariam até se reduzirem a uma gota, a ópera como instituição estava cotada tão alto no radar popular da América e da Grã-Bretanha que Hollywood considerou ser totalmente razoável esperar lucros de filmes cujo tema era a ópera. O grande tenor dinamarquês Lauritz Melchior apareceu em dois filmes, *Two Sisters from Boston* (1946) e *Transatlântico de luxo* (1948), ambos estrelados por atrizes do tipo ingênuo (Kathryn Grayson e Jane Powell, respectivamente), cujas personagens alimentam a paixão de se tornarem cantoras de ópera. Melchior é visto gravando a Canção do Prêmio de *Die Meistersinger von Nürnberg* no primeiro, e cantando com seu próprio acompanhamento de piano, claramente simplificado, a Canção da Primavera de *Die Walküre* no segundo. Em 1935, o barítono Lawrence Tibbet atuou em *Metropolitan*, uma comédia sobre uma diva vingativa que, desprezada pelo Metropolitan Opera, decide abrir sua própria companhia operística com muito pouco dinheiro. Em *Follie per l'opera* (em inglês *Mad about Opera*, 1949), que se passa na Londres pós-blitzes, um malandro italiano chamado Guido Marchi sonha em reconstruir uma igreja, e decide que a melhor maneira de angariar fundos é um espetáculo de gala com uma ópera. *Nas asas da fama* (1937) é estrelado pela soprano coloratura Lily Pons, no papel de uma cantora de cabaré que sonha em cantar numa ópera e que quer, vestida somente com penas, personificar uma diva primitiva da floresta tropical da América do Sul para levar adiante sua causa. Um maravilhoso desenho animado de Disney anterior a 1946, *Willie: a baleia cantora* (com a voz de Nelson Eddy), mostra que no passado crianças ainda novas eram tidas como conhecedoras de *Il barbiere di Siviglia*, *Tristan und Isolde*, tragédias, comédias e *Moby-Dick*, tudo junto. Não esqueçamos Mario Lanza em *O grande Caruso* (1951), e especialmente *Serenata* (1956), no qual, só para acirrar os já violentos embates entre os de classes altas, os de classes baixas, italianos, arianos, pobres e ricos, seu personagem interpreta a ária de tenor italiano de *Der Rosenkavalier*, de Richard Strauss.

Que papel social a ópera desempenha em tais misturas? Um papel não muito direto. A ópera como gênero situa-se num elevado nível cultural, em oposição a uma música do futuro mais pé no chão, a música de cabaré em *Nas asas da fama*, ou os enfumaçados salões de music hall em que Kathryn Grayson é obrigada a trabalhar para financiar suas aulas de canto em *Two Sisters*. Mas o *canto* operístico é uma outra questão, e invariavelmente ele tem a força mágica que lhe é atribuída em *Le Million* para dar alívio aos enfermos, encantar e transformar a existência ordinária, por um momento, num paraíso. O fato de que esse glorioso canto é frequentemente realizado por pessoas tolas, muitas vezes idosas demais e gordas demais, cuja excentricidade as faz de alguma forma diferente de nós, é parte de seu feitiço.

A ópera, certamente, continuou a exercer um papel nos filmes até os dias de hoje — nas trilhas sonoras ou, como vimos no capítulo 1, como símbolo recorrente de generosidade emocional ou de embriaguez mental. Mas qual o significado de a indústria cinematográfica no século XXI, ou na verdade depois da década de 1950, ter parado de produzir comédias humanas que tinham como um tema em si mesmo a *grand opéra* e cantores de ópera? Ou de que quando fez (e faz) filmes sobre ópera, essa forma de arte não mais é apresentada numa luz favorável e benigna? *Encontro com Vênus* (1991), um drama de bastidores que descreve como uma apresentação de *Tannhäuser* de Wagner é salva do desastre, é um raro regresso ao velho estilo. A nova verdade tem como exemplo o filme de Federico Fellini *E la nave va* (1983), que se passa às vésperas da Primeira Guerra Mundial, e mostra uma "nau de insensatos" em que os passageiros são cantores de ópera e fanáticos por ópera, totalmente ignorantes e doidos; nele há uma cena na qual um famoso baixo russo demonstra o poder mágico do canto operístico hipnotizando uma galinha com suas notas graves.

Num outro sentido, a ópera floresceria depois da Segunda Guerra Mundial como nunca florescera antes: em reinterpretações de direção e concepção musical de peças dos últimos quatrocentos anos, em apresentações acessíveis em filmes, gravações e outras mídias; como símbolo de exagero e grandeza. E aí o paradoxo: o século XX foi, em muitos sentidos, o mais rico e mais complexo dos quatro séculos da história da ópera, mas também testemunhou as mutações finais da ópera que a levaram a ser uma coisa do passado. Foi o século no qual a ópera se tornou pela primeira vez em sua história um entretenimento amplamente disseminado, acessível por meio de transmissão e reprodução mecânicas. Uma imensa audiência global tem agora um acesso sem paralelo a apresentações de ópera do passado, seja em gravações que possuímos e das quais podemos dispor, seja nos extraordinariamente abundantes arquivos do YouTube, ou transmitidos em *streaming* dos acervos de instituições como o Metropolitan Opera de Nova York. Mas o final do século XX e início do século XXI, a nossa época, é também o tempo no qual a ópera começou a residir num necrotério, um maravilhoso necrotério cheio de apresentações espetaculares, mas assim mesmo, e por tudo isso, um necrotério. A preservação do passado, o acesso a um rico repertório, tem sido para nós uma bênção. Mas esse fervor curatorial tem seu preço. Como observamos frequentemente nesta história, a produção de novas óperas só pode manter-se viva quando o passado é fungível, quando o efêmero não é assustador.

QUEIME TUDO

Wagner foi talvez o primeiro compositor que, com um vívido senso de sua própria importância mundial e histórica e de uma pena profícua, manifestou abertamente sua preocupação com a oposição existente entre a permanência e a efemeridade, e o potencial entrelaçamento de ambas numa dança de morte. Na década de 1850, exilado do Estados alemães, ele trabalhava nos quatro libretos do que se tornaria *Der Ring des Nibelungen*, e por volta de 1856 havia terminado a música das duas primeiras partes, *Das Rheingold* e *Die Walküre*. O escopo épico do *Ring* era claro, mas Wagner viu-se na situação alienada de trabalhar totalmente no abstrato. A despeito do que pudesse pôr no papel, poesia ou música, não havia oportunidade previsível de uma apresentação: de fato, não haveria encenação de todo o *Ring* nas duas décadas seguintes. No entanto, ele não ficou, como sempre, alheio aos consolos de um súbito impulso filosófico. Assim, enquanto trabalhava no que parecia a todos (inclusive ele mesmo) um *magnum opus* inexequível, ele transformou a necessidade em virtude, imaginando alternativas radicais ao tedioso peso da produção operística convencional. Em 1850, escrevendo para Theodor Uhlig sobre *Siegfrieds Tod* (A morte de Siegfried, libreto que ele ainda tinha de pôr em música), ele propôs um tipo de evento isolado e temporário:

Aqui, em Zurique, onde me encontro no momento, e onde muitas condições estão longe de ser desfavoráveis, eu construiria um teatro de pranchas e vigas, segundo meu próprio projeto, num belo prado perto da cidade, e só o muniria do cenário e da maquinaria necessária para *Siegfried*. Então selecionaria os melhores artistas disponíveis e os convidaria a vir até Zurique. Procederia da mesma maneira para selecionar minha orquestra [...]. Quando tudo estivesse em ordem, faria três apresentações de *Siegfried* no decorrer de uma semana; depois da terceira, o teatro seria desmontado e a partitura queimada.[1]

Pouco tempo depois, em 1855, ele concebeu uma apresentação do *Ring* a se realizar no lago Lucerna, encenada num arquipélago de barcaças reunidas para as apresentações, e desmontadas e empurradas para longe depois.[2] Uma ameaça de queimar as partituras do *Ring*, com alusões a seus padrões, que transcendem os de uma apresentação normal, é recorrente nas décadas de 1850 e 1860, como nesta carta a Franz Liszt datada de março de 1855:

> O que estou criando agora nunca deverá ser mostrado exceto num entorno perfeitamente compatível, e nisso eu concentrarei no futuro toda a minha força, meu orgulho e minha *resignação*. Se eu morrer antes de ter produzido essas obras, eu as deixarei para você; e se você morrer sem ter podido produzi-las de maneira digna, deve queimá-las; que assim fique *estabelecido*.[3]

Em 1857, de maneira alarmantemente jocosa, Wagner aconselha Liszt a cuidar melhor de sua saúde, senão "Nunca mais lhe escreverei, e queimarei o *Jovem Siegfried* com todas as suas canções do ferreiro".[4] Quando o rei Ludwig II, seu perturbado benfeitor real, quis uma apresentação de *Siegfried* em Munique, em 1871, Wagner respondeu ameaçando queimar a (agora terminada) ópera.[5]

Isso era, claro, uma encenação — misturada com autopiedade. Wagner não poderia ter advogado seriamente que sua grande obra fosse condenada ao esquecimento, embora suas advertências levantem a questão de por que *Siegfried*, em particular, foi tão repetidamente mantida sobre chamas. A única resposta que ele esperava de seus interlocutores era a de um imediato e veemente protesto. Mas ainda vale a pena deter-se um pouco no radicalismo de Wagner, tão contrário aos impulsos conservacionistas que já invadiam a ópera por volta de 1850. Como vimos em capítulos anteriores, a essa altura na história da ópera, começava a se estabelecer um repertório de obras do passado sendo apresentadas no presente. Consolidava-se a ideia de que obras do passado eram inquestionáveis obras-primas — de Mozart e Beethoven em certas áreas (sobretudo onde se falava o alemão), e de Rossini, Bellini, Donizetti e Verdi em todos os outros lugares. Assim, a proposta de Verdi levanta uma questão: a haver alguma alternativa melhor do que essa tendência preservacionista para o começo de um museu da ópera, que alternativa poderia ser essa?

A sugestão de Wagner de um *Ring* ao ar livre que iria embora flutuando pelas ondas suaves do lago Lucerna, suas ameaças de queimar partituras em vez de vê-

-las se realizarem, são fantasias. Mas há uma perturbadora verdade imbuída nelas. Falamos antes sobre o otimismo nas épocas operísticas anteriores, sobre seus praticantes, para os quais a permanência dos formatos da época não implicava muitos temores. Em meados do século XIX isso estava desaparecendo rapidamente. Em meados do século XX, a meio caminho entre Wagner e os dias de hoje, desaparecera de todo e não dava sinais de regressar. Hoje vivemos num tempo operístico que está acima de qualquer pessimismo de natureza cultural, em que a transmissão de obras do passado é central a todo empreendimento. A contínua indústria de edições eruditas (de Händel, Mozart, Berlioz, Verdi, Wagner e muitos outros) é um sintoma dessa postura. Existem, admite-se, bons argumentos a favor dessas edições. Às vezes elas ressuscitam óperas — ou partes de óperas — que antes simplesmente não tinham condições de ser apresentadas devido à indisponibilidade de partituras (*Il viaggio a Reims*, de Rossini, é um bom exemplo, outro é a versão original francesa de *Don Carlos*, de Verdi). E mesmo quando, que é o caso mais frequente, elas pouco mais fazem do que dar novas inflexões a textos que há muito são parte do repertório (talvez com novas instruções de interpretação ou uma instrumentação adaptada), mesmo assim podem sugerir o abraçar de novas abordagens. O irônico é que a antiga prática operística que essas edições se propõem a restaurar quase sempre estava próxima de tudo que é o contrário do cuidado e da preservação. Podiam ser espetacularmente frouxas e improvisadas, sempre prontas a admitirem cortes, reescritas de partitura e acomodações pragmáticas que hoje seriam impensáveis. Essa situação caótica explica por que tantos clássicos da ópera chegaram até nós num estado tão confuso e inconclusivo, e por que não pode haver edições autênticas ou definitivas de *Carmen* ou *Don Carlos* ou *Boris Godunov* ou *Les Contes d'Hoffmann*. Essa é a razão por que essas e muitas outras óperas — na verdade, *a maioria* das outras óperas antes do século XX — existem em versões que concorrem entre si, apresentando um excesso de intenções autorais e de outros tipos. Levanta-se então a questão: que ideal de autenticidade deve-se buscar? Uma versão ideal de uma ópera, estabelecida por meio de métodos musicológicos modernos de filtragem e edição? Ou estabelecida pelo espírito original do empreendimento?

Nosso desejo de nos atrelarmos ao passado da ópera não é limitado ao *revival* de obras do passado. Outro barômetro para os nossos gostos antiquados é o significado reverencial que ainda marca a encomenda de novas óperas em sua maior escala, encomendas que continuam a ser feitas pelas maiores casas da Europa e da

América. Alguns proclamam que essa atividade ainda é essencial para o futuro da ópera, é seu próprio sangue vital, uma questão de sobrevivência; e sua tendência é mais uma vez prospectar no passado da ópera para se fortalecer. Precisamos, dizem eles, incentivar o próximo Mozart, o próximo Verdi. Mas da mesma forma poder-se-iam encarar as prestigiadas encomendas atuais de ópera como outra maneira de tentar, em vão, se agarrar ao passado; dessa vez não na forma de seus produtos, mas de seus rituais e comportamento. Em 1831, o Teatro alla Scala, de Milão, encomendou *Norma*, de Bellini, hoje um esteio do repertório operístico; e 150 anos depois o mesmo teatro encomendou *La vera storia* (1982), de Luciano Berio. Que continuidade! Que nobre linhagem! Sem que aqui importe o quão apaixonadamente os departamentos de marketing consagrem as tradições, as encomendas de 1980 não podem ter o mesmo peso que tinham há um século e meio.

A encomenda de grandes óperas no fim do século xx tornou-se rapidamente algo parecido com "a roupa nova do imperador", um ritual cultural cujo atraso era óbvio, mas um fato que raramente podia sequer ser sussurrado. Há estatísticas que demonstram claramente o que aconteceu com o repertório. Em especial nos últimos cinquenta anos, tem havido um notável aumento global na atividade operística, com novas instituições surgindo em muitos lugares que podem ter tido casas de ópera no século xix, mas depois as perderam no início do século xx. Esse tem sido o caso especialmente no Reino Unido e nos Estados Unidos, com casas de ópera regionais reabertas no primeiro e instituições como o Opera de Santa Fe e Glimmerglass no segundo. E agora, a atividade operística tende a crescer em novos países de prosperidade da Ásia — como demonstrado pela Casa de Ópera de Guangzhou, que foi aberta em 2010. Essa explosão foi acompanhada de uma significativa expansão do repertório. Mas as "novas" óperas que foram acrescentadas ao repertório são quase sempre obras resgatadas do passado da ópera. Grande número de estreias mundial realmente acontece todo ano, e muitas das mais grandiosas e custosas são anunciadas com clarins e sérias esperanças. Mas dificilmente qualquer uma delas consegue mais do que um punhado de apresentações, muito menos ameaçar desalojar os clássicos.

Um excelente recurso na internet, http://www.operabase.com, fornece valiosas informações — inevitavelmente incompletas, mas as melhores de que dispomos — no que concerne à ópera num sentido global durante um período recente de cinco anos (temporadas de 2005-6 a 2009-10). Os três compositores de ponta, por número de apresentações realizadas nesse período, são Verdi (2259), Mozart (2124) e Puccini (1732); Wagner (920), Rossini (772) e Donizetti (713) são os três seguintes; seguem-se Richard Strauss (512), Bizet (485) e Händel (463). Esses compositores são a base do repertório operístico atual; eles formam uma ampla proporção do total (muito mais do que a metade). O primeiro compositor vivo a entrar na lista, Philip Glass (41 *revivals*) vem em segundo lugar, logo depois do compositor polonês Stanislaw Moniuszko (1819-72) (45 *revivals*) e o tcheco / austríaco Ralph Benatzky (1884-1957) (43 *revivals*), cuja opereta *Im weißen Rössl* (A estalagem do Cavalo Branco, 1930) ainda é infindavelmente apresentada em países de língua alemã. Houve, é verdade, cerca de trezentas estreias mundiais durante esse período de cinco anos, e cerca de quinhentos compositores vivos viram suas óperas ser apresentadas. Mas a maioria desses compositores teve apenas uma ou duas estreias / *revivals*: apresentações múltiplas, no sentido de que estão entrando no repertório, é sempre a barreira.

A questão é o motivo pelo qual a situação com óperas novas é tão diferente da situação fervilhante nas outras artes. Lemos velhos romances, sim, mas também lemos e saboreamos os que são escritos hoje, e romances escritos agora se tornam best-sellers. Imagine-se o frenesi da mídia e as potenciais recompensas financeiras que circulam em torno do Prêmio Turner das artes visuais, ou em torno de um novo drama falado no West End ou na Broadway ou em teatros regionais, ou romances com suas muitas musas a garantir prêmios, Man Bookers e Pullitzers. É uma questão que pouco provavelmente admitirá respostas fáceis. Houve óperas maravilhosas e muitas vezes apresentadas que foram escritas a partir de 1950. Mas seriam elas anomalias? Uma estranheza cronológica, como escrever uma ópera já em idade avançada, como fizeram Stravinsky ou Poulenc; ou uma estranheza geográfica, como situar um microclima operístico na gélida Ânglia Oriental? Fora estes, quem fez um acréscimo significativo ao repertório operístico desde a Segunda Guerra Mundial? Uma lista de desastres de grandes proporções entre, digamos, 1950 e 1980, conta sua própria história, e poderia proliferar quase infindavelmente. Eis aqui dez possíveis membros dessa lista, todas de compositores com formidável reputação, todas já estreadas ou encomendadas para ser estreadas no mais alto nível, a maioria com associações literárias da maior grandeza possível:

L'incantesimo (Encantamento, 1952), de Italo Montemezzi (1875-1952); primeira transmissão (Orquestra Sinfônica NBC) em 1943; estreia teatral na Arena de Verona.

Troilus and Cressilda (1954), de William Walton (1902-83), baseada em Chaucer; estreia no Covent Garden, regida por Sir Malcolm Sargent. Estreia nos Estados Unidos (1955) no Opera de San Francisco, depois no New York City Opera (1955) e no La Scala, de Milão (1956).

Assassinio nella cattedrale (Assassinato na catedral, 1958), de Ildebrando Pizzetti (1880-1968), com base numa peça de T.S. Elliot; estreia no La Scala.

Don Rodrigo (1964), de Alberto Ginastera (1916-83), encomendada pela cidade de Buenos Aires e lá estreada, no Teatro Colón. Placido Domingo cantou o papel-título na estreia nos Estados Unidos (New York City Opera, 1966).

Miss Julie (1965), de Ned Rorem (1923-), com base em Strindberg; encomendada por e estreada no New York City Opera.

Antony and Cleopatra (1966), por Samuel Barber (1910-81), baseado em Shakespeare e com um libreto de Franco Zeffirelli; estreada (com um elenco enorme e um custo gigantesco) na abertura do novo Metropolitan Opera House, no Lincoln Center, Nova York. Foi retirada do repertório do Metropolitan depois das apresentações iniciais, e teve *revivals* muito esporádicos desde então.

Der Besuch der alten Dame (A visita da velha senhora, 1971), de Gottfried von Einem (1918-96); estreou no Staatsoper de Viena; estreia alemã no Deutsche Oper, Berlim (1972).

Yerma (1971), de Heitor Villa-Lobos (1887-1959), baseada em Federico García Lorca; escrita em 1955-6, estreada no Santa Fe Opera.

Lord Byron (1972), de Virgil Thomson (1896-1989), encomendada pela Fundação Ford para o Metropolitan Opera, mas nunca produzida ali; estreia amadorística na Juilliard School, em Nova York.

Paraíso perdido (1978), de Krysztof Penderecki (1933-), baseada em Milton; estreou no Lyric Opera, Chicago, depois apresentada no La Scala (1979).

É admissível que exemplos como esses também sejam bem conhecidos na história primeva da ópera. Mesmo quando o repertório começou a se fixar, um olhar nos cartazes do Opéra de Paris em meados do século XIX nos faz lembrar que enormes esperanças, já mortas ao chegar, conspurcavam a paisagem (*Marie Stuart*, de Louis Niedermeyer, para tomar aleatoriamente um exemplo de 1844, tinha um elenco estelar, um enredo elegante, uma canção de grande sucesso e até granjeou para seu compositor a distinção da *Legion d'honneur*, mas tudo isso em vão). Quem olhar o repertório do Théâtre Lyrique em Paris nas décadas de 1850 e 1860, verá mais uma vez muitas estreias hoje esquecidas, misturadas com um pequeno número de *revivals* de obras lendárias, como *Don Giovanni*. Mas entre elas verá também a estreia de *Faust*, de Gounod (1859), que se tornaria no século seguinte uma das óperas mais apresentadas no mundo. Além disso — o que é certamente significativo — *Faust* estabeleceu-se muito rápido como peça de repertório; embora fosse com certeza inovadora, não era percebida como uma peça difícil que exigia tempo e esforço por parte das plateias. Sempre acontecera que um número excessivo de obras novas, feitas em semanas e não em anos, com pródiga fluência por parte de libretistas e compositores, constituíam o terreno do qual surgia um único *Faust*. No entanto, no final do século xx, o jogo mudou fundamentalmente: a diferença entre novas chegadas e o repertório existente parece ter se tornado tão ampla a ponto de se constituir num vácuo intransponível.

Muita gente cujo negócio é a ópera, e que se beneficia de sua condição atual, impregnada de história, assim mesmo prefere proclamar a condição geralmente perigosa de novos acréscimos ao repertório como algo moralmente repreensível. Eis o que diz David Pountney, eminente diretor de ópera nos últimos trinta anos, anunciando o raiar do novo milênio:

> Os que nada mais fazem além de viver como parasitas do passado, eu posiciono num círculo particularmente desagradável do inferno. Não há maior traição do que esta a nosso papel de fiéis depositários. Portanto, para mim o futuro da ópera não tem a ver com quantas apresentações a mais de *La bohème* haverá no próximo século, nem se essa *Bohème* vem vestida com outra roupa. É sobre quais histórias gostaríamos de contar em nosso novo século, e com que música as vamos contar, e que audiência vamos encontrar para ouvir nossas histórias [...]. Estou falando de novas obras. Estou falando sobre a verdade dura e severa de que, a menos que se alimente o novo, não se tem o direito de viver do velho. Infelizmente, há muito poucas casas de ópera em qualquer lugar do mundo que sejam capazes de preencher essa condição. Assim, deixem-me dizer novamente, alto e claro: o que herdamos é uma cornucópia acessível. Os que a exploram sem nada acrescentar a ela estão traindo a herança da qual se propõem a ser os curadores, e eles devem ser expurgados![6]

Estas são palavras fortes, "uma verdade dura e severa"; "eles devem ser expurgados!". Parece que a provisão de composições de ópera contemporâneas é uma questão que diz respeito a uma alma eterna. Mas os remédios que Pountney sugere depois nesta sua peça têm um som oco e familiar. Compositores deveriam adotar linguagens mais acessíveis, despojando-se de simpatias modernistas e do amor à complexidade. O gerenciamento de teatros deveria ser mais rigoroso, insistindo em obras das quais o público vai gostar. E, é claro, deveria haver muito mais subsídios; governos, regiões, cidades e instituições privadas deveriam pagar generosamente e com frequência, garantindo que cada teatro possa prover os elaborados sistemas de constante suporte que as novas óperas requerem. Quantas vezes tudo isso tem sido dito?

Esse é, então, o enigma que acompanha a ideia de queimar o passado para enfrentar o futuro. Seria possível imaginar um futuro no qual a ópera readquirisse alguma forma de otimismo cultural? O arquirradical Pierre Boulez, patrulhando as ruas no auge do Modernismo, não teria nada disso. Em 1967, desesperou-se com o fato de que:

> As novas casas de ópera alemãs certamente têm uma aparência muito moderna — do lado de fora; mas por dentro elas permaneceram extremamente antiquadas. É quase impossível produzir uma obra de ópera contemporânea num teatro no qual, predominantemente, são apresentadas peças do repertório. É de fato impensável. A solução mais dispendiosa seria explodir as casas de ópera. Mas você não acha que essa seria também a solução mais elegante?[7]

As várias forças aéreas da Segunda Guerra Mundial com certeza fizeram significativo progresso nessa direção, mas — duas décadas depois — Boulez queria um desenlace mais completo. E conquanto se possa questionar essas táticas que buscam manchetes, ele certamente tinha razão quanto a uma coisa: qualquer nova forma de otimismo cultural deve se basear na renúncia a pelo menos alguns aspectos do que é museu. Insistir no ritual de encomendar novas óperas que são com efeito obras de *grand opéra* resgatadas de entre os mortos só poderia ser eficaz se a isso se seguisse um corolário que virtualmente ninguém — talvez, hoje em dia, nem mesmo Boulez — parece querer: limitar, ou banir ou permanentemente obliterar óperas antigas, e fugir dos espaços, em sua maioria tão recendentes do século XIX, no qual elas eram apresentadas.

Como chegamos até aqui? Durante pelo menos dois séculos, enquanto a França e a Alemanha e todo o resto tinham seu quinhão de óperas, a Itália, e somente a Itália, tinha ópera. Como diz o grande especialista em Verdi, Julian Budden: "Na Itália, impérios poderiam ascender e impérios poderiam cair, mas La Scala, em Milão e o Teatro la Fenice, em Veneza, ainda precisariam de suas duas *opere d'obbligo* (óperas novas) para sua temporada de inverno".[8] Somente a Itália, o berço da ópera, reteve por séculos esse sentido não problemático de uma tradição operística, um processo sem rupturas e sem fim; criadores individuais apareceriam e desapareceriam, deixando contribuições grandes e pequenas, nobres e triviais; mas até mesmo o maior deles seria sempre, e afinal, absorvido, tornando-se apenas um componente da marcha maior, incessante, da ópera. Quando isso chega ao fim? Particularmente, quando é que o suprimento de novas obras parece tão insignificante que a ideia de uma sucessão sem rupturas passa a ser insustentável?

A morte de Puccini em 1924 é às vezes tomada como um conveniente ponto terminal. Puccini morreu deixando sua última ópera, *Turandot*, inacabada. Seu culminante dueto de amor no final não era mais do que uma série fragmentada de melodias rabiscadas e harmonias fugidias. Numa passagem crucial em seus rascunhos, a notação musical se interrompe e, como num pungente reconhecimento dos vultosos clássicos do passado, Puccini escreveu simplesmente *"poi Tristano"* — depois Tristan. A adequação de *Turandot* à condição de ser um ponto final é ajudada por seu extravagante e espalhafatoso exotismo, sua opulência quase sem paralelo. A interrupção da grande marcha da ópera, segundo essa versão dos fatos, não ocorreu suavemente, com uma perda gradual de energia até mergulhar na areia. Bem pelo contrário: ela passou por uma série de cada vez menos frequentes, mas cada vez mais violentas e espetaculares convulsões. E então, por fim, como disse o médico na clínica em Bruxelas onde tentaram em vão operar o câncer de garganta de Puccini: *"C'est le coeur qui ne résiste pas".*[9] Poder-se-ia, é claro, discutir a cronologia. De acordo com alguns relatos, as convulsões operísticas na Itália continuaram muito depois de *Turandot*. Mas talvez seja melhor considerar essas hoje esquecidas óperas de Mascagni e de outros na década de 1930, com suas grandiosas estreias patrocinadas pelo Estado e suas plateias carregadas de ditatorialismo, como já mortas: presenças inertes cujos torsos inflados e rostos corados lhes emprestavam nada além de um simulacro de vitalidade. No final das contas, isso tem pouca importância quando optamos por localizar com exatidão o momento crítico. O que é inegável é que isso ocorreu. Em algum momento durante essas décadas antes da Segunda Guerra Mundial, a grande marcha da ópera fragmentou-se irremediavelmente.

Embora essa história seja mais pungente quando se refere à Itália e sua longa, secular tradição operística, os mesmos cenários aconteceram em muitos palcos internacionais durante mais ou menos o mesmo período. Em quase toda parte, a absoluta dificuldade de escrever novas óperas — financeira, musical, estética e até moral — começou a pesar sobre aqueles cujo negócio era fazer com o que o show continuasse. Essa situação de dificuldade e incerteza já os ameaçava havia muitas décadas, talvez um século. Vimos muitos traços dela neste livro. Nos séculos XVII e XVIII quase toda ópera era nova — composta especialmente para uma ocasião, para um evento. Podia haver *revivals*, mas era mais prestigioso ter uma obra totalmente nova, e havia disponibilidade de compositores dispostos a produzi-las com infalível regularidade. Por volta do tempo de Rossini, no entanto, esse privilegiar do novo lentamente foi se erodindo com a fixação e o endurecimento de um repertório operístico — um corpo de obras que viajavam através da Europa, sendo reapresentadas mais e mais uma vez, temporada após temporada, sobrevivendo a mudanças de moda e servindo como um marco comparativo e crítico para novas criações. Ao final do século XIX, o repertório estava estabelecido. Verdi estava certo quando se jactou de que *Il trovatore* seria visto "no coração da África e da Índias".[10] Além disso, as novas tecnologias de impressão e o sucesso do piano como instrumento doméstico significam que as óperas mais famosas se tornaram, como nunca antes, uma parte da vida doméstica assim como da vida pública.

De início, o repertório convivia confortavelmente com óperas novas que iam sendo compostas, estas últimas granjeando um prestígio ainda maior. Mas ao final do século XIX as obras novas foram rareando mais, e com mais regularidade. Por quê? As razões são complexas, como sempre serão nas mudanças culturais em grande escala, como esta. Claramente, a dificuldade peculiar advinda de um certo filão de música modernista — como o associado a Schoenberg e seus seguidores — teve um papel nisso, dado o prestígio dessa tendência entre os compositores contemporâneos. O que Berg conseguiu fazer trabalhando dentro dessa tradição para criar *Wozzeck* e *Lulu* foi admirável. Mas Berg, como já vimos, também estava embebido numa estética operística muito antiga, notadamente em seu entendimento de como formas fixas de fácil apreensão auditiva podem controlar o tempo dramático e assim desempenhar um papel vital na criação de um persuasivo drama musical.

Outra razão era de natureza simplesmente econômica, a assustadora despesa que envolvia conceber e produzir uma ópera. Na maior parte das circunstâncias, o dinheiro arrecadado nas bilheterias não podia pagar pelos cantores estelares e o coro e a orquestra e os cenógrafos e os figurinistas e tudo o mais. Alguém ou algo tinha de estar por trás do empreendimento financeiro, e estar equipado com o mais profundo dos mais profundos bolsos. Até a metade do século XIX esse papel de "patrocinador" seria quase sempre assumido por essa espalhafatosa coleção de reis e príncipes e pequenos duques que ainda andavam pela Europa, gente para a qual o prestígio auferido pela ópera valia a despesa, e que, em particular no século XIX, usualmente atuava numa economia mista em que seu dinheiro iria subscrever as perdas a que se arriscava o empresário empreendedor. Mas um grande contingente dessa classe dominante estava sendo permanentemente excluído com as revoluções de 1848. O que em geral ocupou seu lugar na economia da ópera, ao menos na Europa, foi o subsídio: o suporte do erário público. Então, como agora, tais subsídios eram imprevisíveis, dependendo essencialmente da boa vontade daqueles em quem era permitido votar nas eleições. Quando os tempos eram bons, tolerava-se o fato de que fundos públicos sustentassem um entretenimento destinado a uns poucos. Mas os tempos não eram bons; os subsídios eram reduzidos, fazendo com que os produtores de óperas ficassem cautelosos e avessos aos riscos. De maneira quase inevitável, as óperas novas iriam sofrer em tal clima: eram mais dispendiosas, e seu sucesso era menos previsível. Por que não encenar *Il trovatore* em vez delas? O museu da cultura operística começou a proliferar.

Um museu pode a um primeiro vislumbre parecer inerte, um lugar que meramente abriga relíquias do passado. Mas os melhores museus nunca foram só isso: eles evoluem sempre, avançando com o tempo na maneira com que apresentam seus artefatos para um público que está sempre mudando. Da mesma forma, o museu da ópera mostrou-se notavelmente capaz de se renovar em termos criativos. Um importante signo apareceu na Alemanha da década de 1920, a primeira locação daquilo que foi cada vez mais referido como "a crise da ópera". Várias cidades encenaram um "Renascimento de Verdi": em lugar disso, ou ao lado disso, com ainda mais *revivals* dos cerca de oito "cavalos de batalha" de Verdi, a ideia era fazer reviver suas obras esquecidas.[11] Isso foi em parte uma reação a Wagner, convencionalmente considerado a antítese de Verdi, mas refletiu o fato embaraçoso de que agora havia poucas obras novas. As pessoas ainda queriam ir à ópera — o rádio e as gravações que rotineiramente tinham sido, ambos, acusados de acelerar o fracasso dessa forma de arte estavam, em vez disso, expandindo e diversificando as audiências. Além do mais, esses novos espectadores apreciavam as novidades, mas em geral achavam as obras modernas destoantes. Assim, o repertório se renovou indo cavucar em seu passado, com exumação das peças mais tardias e difíceis de Verdi, como *Don Carlos, Simon Boccanegra* e *La forza del destino*, e também de suas há muito adormecidas primeiras obras. Mais tarde ainda, espalhando-se da Alemanha para outras partes da Europa, *revivals* de contemporâneos primevos de Verdi começaram a acontecer; ainda mais recentemente, Händel e até Monteverdi ganharam um lugar no repertório. Essa história, assim como a música clássica como um todo, se alinha em termos gerais com o movimento das "apresentações historicamente informadas". Esse processo gerou uma impressionante energia, e muitas vezes é defendido com um ardor missionário; mas — como antes mencionado — ele é sustentado por um pessimismo cultural, pelo reconhecimento do fato de que, em termos musicais, nós agora apreciamos uma novidade quando ela provém mais do passado do que do presente.

Juntamente com essa renovação interna do repertório, e mais uma vez visto pela primeira vez na Alemanha, apareceu outro importante sintoma de nossa condição operística moderna: o que os alemães chamam de *Regieoper*, o hábito de atualizar agressivamente o aspecto visual de obras antigas. Esse movimento, abastecido por tecnologia e conectado a um gosto pela abstração nas belas-artes, começou como uma tentativa de amaciar o percurso durante o recuo da ópera para o seu passado: fazer as óperas, em suas linguagens esquecidas, mais pertinentes para as plateias. Um exemplo óbvio foi, de novo, o "Renascimento de Verdi", com aqueles *revivals* de *Don Carlos, Boccanegra* e *La forza* a explorar novos estilos visuais, com frequência influenciados por produtores teatrais inovadores da geração passada, como Edward Gordon Craig, Adolphe Appia e Vsevolod Meyerhold. Mas a *Regieoper* logo se tornou, e permaneceu, uma maneira de reinterpretar a ópera em geral, em particular um modo de renovar o impacto de obras do repertório que, sem isso, são conhecidas demais para comunicar uma sólida mensagem contemporânea. Depois veio a apresentação historicamente informada, a qual

— como demonstrou Richard Taruskin — também tentou fazer com que objetos musicais antigos fossem significativos outra vez, adicionando a eles uma pátina de modernidade que, embora reclamasse a autoridade do passado, era em muitos sentidos semelhante em espírito aos esforços dos diretores de cena radicais e modernos.[12] E assim chegamos à nossa condição atual. Embora em certas partes da Europa Ocidental (sobretudo na Itália) recentes cortes de gastos do governo tenham causado um forte declínio, a ópera é em muitas partes do mundo uma indústria em crescimento, com alcance e extensão cada vez maiores. Na temporada de 2009-10, o site operabase.com nos relata que houve globalmente cerca de 23 mil apresentações (um terço delas na Alemanha), em cerca de setecentas cidades (com Berlim, Viena, Londres e Paris no topo da lista) espalhadas por cinquenta países. Porém, as principais energias criativas dessa indústria global são hoje dedicadas não à criação de obras novas, mas à interpretação de obras do passado.

UMA EXPERIÊNCIA DE QUASE MORTE

Um sintoma inicial desse declínio foi o surgimento de uma certa autoconsciência operística. Como vimos frequentemente nos últimos capítulos deste livro, escrever uma ópera no século XX não era mais apenas pôr em música uma história: tinha a ver também com a história da ópera, no que ela tem de bobagem e de grandeza. Strauss foi o laureado poeta dessa tendência, e sua ópera de 1916 *Ariadne auf Naxos* foi a ilustração clássica disso. Mas *Ariadne*, que é uma ópera-cômica, não lida com o componente perene de sua trágica irmã, a morte em cena; e a morte se torna um grande termômetro da ópera quando chegamos ao século XX. Os modos com que as óperas modernas encenam a morte e a comentam são sutilmente diferentes daqueles de suas antecessoras no século XIX. É claro que muitos personagens de ópera morrem antes de 1900, e o fazem de maneira horrível ou bela, rápida ou lentamente. Mas é incomum (fora Wagner, ao menos) que os outros personagens tomem um tempo para lamentar a morte, ou para refletir por meio de um canto elaborado sobre a pessoa que acabou de partir. Para Don José, a reflexão *post mortem* leva cerca de sessenta segundos: "Vocês podem me prender... fui eu quem a matou. Ah, Carmen! Minha adorada Carmen!". Rigoletto, chorando sua amada filha Gilda, consegue até mesmo ganhar de José na fita: "Gilda! Minha Gilda! Ela está morta!... Ah, a maldição!".

Há exceções. Uma delas refere-se aos recursos disponíveis: o epílogo morali-zador da ópera no século XVIII, dos quais o mais famoso está no final de *Don Gio-vanni* (e, ironicamente, revisitado por Stravinsky em *A carreira do libertino*), no qual uma estranha mistura de vanglória e análise de personagem é dirigida ao vi-lão que está de partida. Outra, mais próxima de nosso tempo e nosso modo de vida, é o desenlace original no quarto ato de *Don Carlos*, de Verdi. O marquês de Posa leva um tiro disparado por uma arma antiga de um homem misterioso, e enquanto está morrendo canta uma longa e bela romanza, como era comum na época (um dos mais famosos entre os primeiros cantores de Verdi era apelidado *"il tenore della bella morte"*).[13] Mas um aspecto da morte de Posa é incomum: ele se torna o objeto de uma elaborada *Trauermusik post-mortem*, um longo trecho de conjunto em si bemol menor, o tom preferido para o luto durante a maior parte do século XIX. Essa *Trauermusik*, que toma a forma de um dueto entre o rei Phi-lippe e Carlos, com intervenções corais, tornou-se um exemplo famoso da recicla-gem de Verdi. O compositor eliminou essa peça de *Don Carlos* algum tempo antes da estreia mundial da ópera no Opéra de Paris em 1867: foi alijada antes até do notório ensaio com figurinos em que — para reduzir a obra a um tamanho admi-nistrável — ele decepou grandes nacos da partitura. O desaparecimento da elegia fúnebre executada por esse conjunto pode ter sido precipitado porque o cantor que personificava Posa, o grande barítono Jean-Baptiste Faure, recusou-se a ficar deitado no palco, fingindo estar morto, enquanto dois colegas e rivais se aprovei-tavam tanto disso para aparecer, apregoando suas boas qualidades.[14] Fosse qual fosse o motivo, depois que esse trecho de conjunto foi cortado, Verdi não tentou reinseri-lo em suas revisões posteriores de *Don Carlos*, nem há qualquer registro dele reclamando por ter desaparecido. Isso sugere que outro motivo de a peça ter sido omitida é sua impropriedade, em geral: longas e pachorrentas reações a um assassinato não eram típicas na ópera daquela época. Alguém morre e segue-se adiante, ou cai a cortina. Nesse sentido é significativo que, quando alguns anos depois Verdi encontrou um novo uso para o dueto descartado, foi inteiramente fora da ópera: ele usou a melodia para o início da "Lacrimosa", parte de sua *Messa da Requiem* (Missa de réquiem, 1874).

No entanto, na ópera posterior a 1920 surge uma mudança nessa prática: os mortos de repente são muito mais e prontamente lamentados na música, e a ubiquidade dessas eulogias musicais sugere novas ansiedades. A tranquila desola-ção expressa nessas novas, pós-1920, cenas funerárias não pode ser considerada apenas como tristeza pela partida de um personagem. Vem a suspeita de que esse lamento mortuário é também pela morte de uma forma de arte: a da própria ópera. *L'Enfant et les sortilèges*, de Ravel, brevemente comentada no capítulo anterior, contém um expressivo exemplo. No livro de histórias rasgado da criança havia um conto sobre uma princesa, mas ele agora não vai ter mais um final, porque as páginas desapareceram. A princesa se materializa e canta para a criança. Primeiro ouvimos apenas sua voz e um solo de flauta, linhas melódicas que ondulam uma em volta da outra, talvez um aceno distante ao dueto de voz e flauta na famosa cena da loucura de *Lucia di Lammermoor*, de Donizetti. A orquestra regressa já perto do final, quando a princesa mergulha em suas conjeturas: quem sabe o que poderia ter acontecido comigo? Ela desaparece e a criança canta, chorando sua perda numa pequena e deliciosa ária, "Toi, le Coeur de la rose" (Você, o coração da rosa), lamentando que o que restou é só um resquício, um aroma, um traço. Assim como a música da princesa brincou com os momentos passados da glória operística, assim faz a canção da criança, nesse caso ao acenar para a melancólica ária de Massenet "Adieu, adieu, notre petite table" (Adeus, adeus, nossa pequena mesa), do segundo ato de *Manon*. Toda a cena parece uma tentativa de juntar os cacos da antiga tradição operística, agora irrecuperavelmente perdida.

Um segundo exemplo nos faz voltar àqueles últimos dias da grande tradição italiana. O fechamento da penúltima cena de *Turandot* é a última música que Puccini orquestrou antes de viajar para a clínica em Bruxelas com seus fragmentados esboços do final da ópera. A moça escravizada Liù (soprano), incapaz de suportar a dor da tortura, dirige um triste lamento a Turandot, *"Tu che di gel sei cinta"* (Você, que é cingido de gelo), depois se apunhala e morre. O pai cego de Liù, Timur (baixo), é informado de sua morte, deixa escapar um selvagem grito de dor (este é um dos maiores gritos da ópera em geral) e continua seu lamento como uma marcha fúnebre, monótona em seu passo, embotada pela morte. Para estender e aprofundar esse páthos, o coro se junta a Timur. Mesmo tendo estado momentos antes a clamar pelo sangue de Liù, os espectadores parecem estar agora tão chocados e inconsoláveis quanto Timur. Em outras palavras, Liù — um papel secundário, sentimental na maior parte da ópera — assume enorme força simbólica *post-mortem*. As palavras finais do coro tornam isso explícito: "Liù, bondade, Liù, ternura, durma! Esqueça! Liù! Poesia!". Na estreia mundial de *Turandot* em 1926, o regente Arturo Toscanini interrompeu a apresentação depois do canto fúnebre no funeral de Liù, virou-se para a plateia e disse algo como (houve relatos variados): "A ópera está acabando aqui porque neste ponto o compositor morreu".[15] O acorde em tom menor que fecha o canto fúnebre, tocado baixinho mas envolvendo os mais extremos registros do som orquestral, é repetido três vezes. Esses dolorosos acordes parecem, num certo nível, uma triste reminiscência do jovem Puccini: são muito semelhantes ao final solene de *La bohème*, trinta anos antes. Mas também são como um último e fantasmagórico eco das três pancadas com as quais os teatros de ópera dos séculos XVII e XVIII assinalavam o início do entretenimento.

"O FRIO COMEÇO DE UM OUTRO DIA": BRITTEN

A exceção mais poderosa ao caso de que tratamos aqui é a carreira operística de Benjamin Britten (1913-76). No site operabase.com, Britten é, com enorme margem, o mais regularmente apresentado compositor de ópera nascido no século XX (durante os últimos cinco anos ele ocupa a 13ª posição, entre Tchaikóvski e Lehar; na classificação, o mais próximo compositor nascido depois de 1900 é Shostakovitch, na 36ª posição). Britten começou sua carreira na década de 1930 como um prolífico e precoce compositor numa eclética extensão de gêneros, na verdade em praticamente todos eles, exceto o da ópera. Como ele mesmo admitiu (e isso foi uma marca dos tempos da ópera), para um jovem e pobre compositor tentando abrir caminho no mundo, um projeto operístico teria sido o máximo da impraticabilidade, e Britten não era senão uma pessoa prática. Em 1939, junto com o tenor Peter Pears, que se tornaria uma companhia de toda a vida, ele foi para os Estados Unidos para uma visita prolongada, possivelmente para imigrar, mas em 1942, no meio da Segunda Guerra Mundial, Britten e Pears decidiram voltar para casa. A essa altura Britten tinha em mente uma ópera, baseada num poema de George Crabbe (1754-1832), ambientado numa rude comunidade de marinheiros e pescadores; ele tinha recebido uma subvenção da Fundação Koussevitsky, que lhe permitia dedicar tempo para escrever uma obra em grande escala. Essa ópera baseada em Crabbe tornou-se *Peter Grimes*, que estreou em Londres em 1945, com Pears no papel principal. Seu sucesso internacional foi tal que Britten pôde no futuro dedicar à ópera muito de sua energia — para fazer dela, como ele disse na ocasião, sua "real atividade".[16] Ele tinha consciência da estranheza dessa decisão: o compositor de óperas "profissional", o especialista, já desaparecera havia muito tempo. Como escreveu Britten a seu colega compositor Michael Tippett: "Sou possivelmente um anacronismo. Sou um compositor de ópera, e é isso que vou ser, totalmente".[17]

Durante algum tempo, foi exatamente o que aconteceu. Entre 1945 e 1954 Britten produziu sete óperas, duas das quais, *Billy Budd* (1951) e *The Turn of the Screw* (A volta do parafuso, 1954), quase competiram com *Grimes* em popularidade, tanto domesticamente quanto (de forma mais lenta) no exterior (*Screw* estreou no La Fenice de Veneza apenas três anos depois que *A carreira do libertino* fora apresentada no mesmo teatro). Mas depois, no que parece ter sido uma tentativa consciente de se renovar, Britten afastou-se da ópera: além de escrever mais música instrumental e de câmera, ele experimentou outros gêneros de encenação tais como balés, "parábolas de igreja" e peças infantis. Seu único regresso à ópera durante os quinze anos seguintes foi uma adaptação de *A Midsummer Night's Dream* (Sonho de uma noite de verão), de Shakespeare (1960). Durante a década de 1960, já tendo se tornado um monumento nacional, vários grandiosos projetos de óperas foram considerados, inclusive *King Lear* (O rei Lear) e *Anna Kariênina*. No entanto, e talvez sabiamente, ele os deixou irrealizados. Já no fim da vida ele voltou duas vezes aos restritos temas operísticos de suas primeiras óperas numa ópera de televisão chamada *Owen Wingrave* (1970) e, finalmente, numa adaptação do romance *Morte em Veneza*, de Thomas Mann (1973).

Grimes, contudo, foi o grande avanço, e é um momento importante na angustiosa história do gênero no final do século XX. Assim como em muitas óperas da época, sua autoconsciência histórica é alardeada desde o início: um dos aspectos mais marcantes da receptividade inicial a *Grimes* é uma ansiosa preocupação com o passado operístico, e a posição de Britten dentro dele.[18] Três perguntas eram feitas repetidas vezes. Ele era um seguidor de Verdi ou de Wagner? Como ele se relacionava com as recentes tendências do continente europeu? E como ficavam as raízes nacionais? Com uma pequena ajuda do próprio compositor, que era um hesitante mas arguto autopublicitário, as respostas são imediatas, mas inconclusivas. Para a primeira pergunta, e elegantemente, a resposta é enfática: Verdi — acima de tudo o Verdi tardio de *Otello* e *Falstaff*, nas quais apenas fragmentos de árias e duetos e conjuntos musicais podem ser encontrados, mas em que a orquestra regularmente (embora nem sempre) se submete à voz. Mas então, de novo, *Grimes* também ostenta uma bateria de temas recorrentes, e às vezes os submete a desenvolvimento orquestral, de modo que as sombras de Wagner não estão inteiramente ausentes. A segunda pergunta, sobre suas credenciais modernistas, também suscita confusão. Todos podiam constatar, ouvindo, que *Grimes* era tonal — embora às vezes de forma ambígua — e que tinha poucas inclinações ao atonalismo e serialismo então em voga na Europa. Por outro lado, alguns aspectos da partitura — como seus seis interlúdios orquestrais, sua temática não tão elevada e seu protagonista forasteiro e não convencional — foram claramente influenciados por *Wozzeck*, de Berg. Quanto à terceira pergunta, a questão da anglicidade, a posição de *Grimes* mais uma vez não era clara, sobretudo porque não havia uma tradição operística à qual se referir. O próprio Britten enfatizara o vazio nacional que o precedera: declarou que parte de sua missão era "restaurar para a língua inglesa posta em música o brilho, a liberdade e a vitalidade que curiosamente haviam se tornado raros desde a morte de Purcell",[19] uma declaração que foi muitas vezes citada com aprovação pelos que eram favoráveis a um Renascimento inglês nos dias modernos. De fato, levantou-se a suspeita de que parte do sucesso de *Grimes* derivava do fato de que seu compositor estava menos sobrecarregado de tradição operística do que seus contemporâneos no continente europeu, e assim era livre para se permitir suas tendências ecléticas. Nem tinha como limite de suas influências compositores como Verdi, Wagner, Berg e Purcell. Algumas das cenas com público em *Grimes* têm mais do que um simples indício de estilos musicais populares, talvez filtrados através de *Porgy and Bess*, de Gershwin, talvez inspirados pela obra inicial de Britten na indústria cinematográfica. A linguagem harmônica com frequência tende para uma escrita modal (a quarta sustenido no modo lídio era particularmente um favorito) que — a despeito das proclamações em prol da volta a Purcell — tinha ressonâncias com compositores nativos recentes como Gustav Holst e Ralph Vaughan Williams.

Esses variados meios musicais combinavam com uma história habilmente sustentada e difícil de definir, sobretudo uma história que provou ser resistente a interpretações unívocas. O poema original de Crabbe, de 1810, chamado *The Borough*, tinha poucos equívocos. A seção dedicada a Grimes apresenta um sombrio retrato de um pescador que assassina três jovens aprendizes com violência e com frieza, e depois ele mesmo morre, delirante e aterrorizado, perseguido por seus espíritos. Britten e seu libretista Montagu Slater deram corpo a essa história numa ópera de três atos, mas no processo fizeram de Grimes (tenor) uma vítima tanto quanto um vilão. Ele é um alienado, e não é estimado pelos pomposos e meritórios habitantes do povoado. Mas, embora propenso à violência, ele exibe um lado mais gentil, visionário, em suas relações com Balstrode (barítono), um capitão do mar aposentado, e com Ellen Orford (soprano), a professora na escola local, e especialmente em sua reação à selvagem e imprevisível paisagem marinha que o cerca. Depois da, aqui acidental, morte de um aprendiz, ele é caçado pelo povo do vilarejo e, enlouquecido por essa perseguição, sai em seu bote para o mar para cometer suicídio.

Uma das grandes realizações da ópera é sua caracterização musical de Grimes, que consegue manter num sentido ambíguo: o de um protagonista a respeito do qual nunca podemos nos sentir seguros. Às vezes esses efeitos são obtidos por meios musicais francamente óbvios. Na cena de abertura, quando Grimes presta juramento num inquérito que investiga a morte do primeiro aprendiz, sua lenta repetição do juramento com um suave acorde de sétima dominante circundado de cordas, que o acompanham, está em rude contraste com o falatório do povo do vilarejo que o acusa, sustentado num impaciente leitmotiv das madeiras; frequentemente foi feita uma comparação com a maneira com que Bach destaca a fala de Cristo em sua narrativa da paixão. Uma calma lírica mais complexa, com a mesma declamação suave num tom recitativo, vem no primeiro ato, cena 2, na visionária ária de Grimes, "Agora a Grande Ursa e as Plêiades". Mas próximo do final dessa peça o protagonista irrompe numa violência musical, assim como ele faz com mais obviedade no início do segundo ato, na cena que acaba com ele golpeando Ellen e pronunciando a fatídica linha "E que Deus tenha piedade de mim!", num tema angular que desce às profundezas.

A cena final da ópera, na qual Grimes chega ao fim de suas forças, apresenta um resumo de todo o ecletismo da ópera. É apresentada como uma peça musical antiquada, um número operístico que, nas palavras do próprio Britten, pode "cristalizar e manter a emoção de uma situação dramática".[20] Pode até ser comparada com uma "cena de loucura" tradicional em óperas — em obras tão longínquas como *Lucia*, de Donizetti, ou tão próximas como *Wozzeck*, de Berg, em seu jogo com fragmentos distorcidos, lembrados pela metade, de um passado musical. Começa com uma música orquestral quase atonal para introduzir o monólogo de Grimes, fraturado e com escasso acompanhamento. De novo há um sofisticado jogo com a tonalidade. Na cena anterior, os habitantes do povoado atiçaram sua ira gritando repetidas vezes o nome de Grimes; agora, esses gritos, pontuados por uma longínqua sirene, ressoam à distância; mas eles se transformaram num suave murmúrio tonal, às vezes delineando a sétima dominante que marcara as primeiras palavras de Grimes na ópera. Essa semelhança harmônica levanta a questão que muitos compositores de ópera do século XX aventaram: de onde vêm esses sons distantes? São reais ou emanam da mente perturbada de Grimes? Seja qual for a resposta, Grimes por fim sucumbe e desaba em balbucios incoerentes. Ellen aparece e tenta confortá-lo; suas lembranças líricas finais de música do passado parecem ter transformado os gritos dos aldeães, que agora assumem o espírito de um comentário que lamenta seu colapso.

Britten, um confesso admirador do Verdi tardio, poderia ter tomado *Otello* como seu modelo e terminado a ópera aqui, com seu arrasado herói cantando por último. Mas os pronunciamentos finais de Grimes têm somente esse coro distante, agora lamentoso, e a fantasmagórica sirene como acompanhamento; Britten sentiu que era necessário algo mais. Primeiro aparece o que se tornaria um clichê operístico moderno em momentos de crise: uma fala sem adornos. Balstrode aproxima-se de Grimes e pronuncia palavras que dificilmente poderiam ser mais prosaicas: "Navegue até perder a terra de vista. Então afunde o bote. Está ouvindo? Afunde-o. Adeus, Peter". Na partitura impressa segue-se uma longa e elaborada orientação para a cena:

> Juntos eles empurram o bote pelo declive da praia. Balstrode retrocede e acena um adeus. Ele leva consigo Ellen, que está soluçando baixinho, a acalma e conduz cuidadosamente para casa ao longo da rua principal. Os homens, ao empurrar o barco, foram o sinal para a orquestra recomeçar a tocar.

Esses advérbios bem estranhos — *baixinho* e *cuidadosamente* — merecem atenção especial: parecem estar dizendo aos intérpretes que nada que seja histriônico, nada que remotamente procure chamar a atenção, nada que seja *operístico* deve ocorrer. Ellen e Balstrode não devem atrair demasiada atenção ou a simpatia da plateia porque, a sentença final nos diz isso, algo mais evocativo apareceu. Uma longa reprise do primeiro interlúdio orquestral — uma reluzente e cintilante paisagem marítima com cordas intensas, arpejos na harpa e acordes graves nos metais — leva Peter Grimes, e *Peter Grimes*, a seu descanso final. Há mais instruções de cena, uma torrente de palavras: o povo do vilarejo abandona sua caçada humana e volta à sua rotina do amanhecer. Alguns personagens menos importantes trocam impressões inconsequentes sobre um bote no mar — estaria afundando? O coro anuncia o frio início de mais um dia. No fim a orquestra mergulha num cavernoso registro grave, no qual três pontuações mais profundas assinalam o final.

Depois do sucesso de *Grimes*, Britten pôde, durante alguns anos, seguir sua "atividade" com persistência. Sua temática manteve o mesmo veio do final de *Grimes*: contenção e ambiguidade nos dramas pessoais, interiores; acima de tudo, nada que fosse épico. Além disso, quase sempre prevaleceu sua vontade de que a orquestra assumisse o ônus da comunicação nos momentos críticos, como naqueles últimos minutos de *Grimes*. Em *Billy Budd*, o confronto central (entre o marinheiro condenado Billy Budd e seu capitão, Vere, que anuncia a Billy sua sentença de morte) é totalmente apresentado por meio da orquestra, que avança numa sequência de combinações de tons e timbres (com delicadas mudanças de modo), numa sucessão de 34 acordes. *The Turn of the Screw*, como *Grimes*, ganha muito de sua individualidade a partir de uma série de interlúdios orquestrais que ligam cenas curtas que, sem isso, seriam fragmentárias. A abrangência composicional de Britten, se é que mudou, foi para se tornar ainda mais ousada e eclética à medida que o tempo passava: os interlúdios são agora variações sobre uma "fileira" de doze notas, embora construídos e depois usados de um modo que maximiza suas possibilidades tonais.

O sucesso de Britten trouxe consigo exortações, provavelmente tanto internas quanto externas, para abordar, se não temas mais heroicos, pelo menos os que pudessem encerrar uma incrementada linhagem tradicional. Ele em geral resistiu a essa pressão (ao menos no campo da ópera), mas a decisão de assumir *A Midsummer Night's Dream* em 1960 marcou uma mudança de caráter. Afinal, era Shakespeare, e com veneráveis precedentes musicais. Além disso, a peça aparentemente oferecia poucas oportunidades para a contenção e a ambivalência características que até então tinham alimentado seus principais personagens. Britten, é óbvio, estava consciente desse desafio: num ensaio sobre *Dream* ele mencionara que as três camadas exigidas pelo tema — a dos amantes, a dos trabalhadores mecânicos e a das fadas — lhe pareciam "em termos de ópera […] especialmente excitantes".[21] Mas o último desses grupos incendiou sua imaginação de modo mais intenso. As fadas e seu misterioso cenário florestal, que poderia ter sido visto como um pano de fundo, tornaram-se uma força dominante, alvo de toda a panóplia da imaginação musical de Britten.

Dentro desta, primordial é a delicada exploração da tonalidade e suas varia-das formas de dissolução usadas no século xx, recurso já visto em óperas anterio-res mas aqui perseguido de forma mais sistemática. As fadas são famosas, é claro, por mudarem de forma: os misteriosos acordes de abertura da *Abertura para o sonho de uma noite de verão*, de Mendelssohn, são uma clássica demonstração de como essa qualidade pode ser traduzida em transformações harmônicas e or-questrais. Britten respondeu com um equivalente de tempos modernos, usando na recorrente descrição da floresta, no primeiro ato, e na passacaglia associada às fadas no segundo ato, uma música "de doze notas" arranjada em progressões to-nais oblíquas, envolvidas em sempre mutantes combinações orquestrais. As fadas mesmas ocupam um mundo vocal determinantemente não operístico: Oberon é um contratenor, um tipo de voz até então virtualmente desconhecido na cena operística; o coro das fadas é de sopranos de igreja; e Puck é um garoto adolescen-te que fala suas linhas o tempo todo. Sua saudação final, no fim da ópera, "Agora, até o nascer do dia", é um acalanto, celebrado com toda a justiça, completado com antiquados estalidos rítmicos purcellianos e um narcótico acompanhamento de cravos e harpas, que se desenrola infindavelmente embaixo de uma melodia de encantadora simplicidade.

O não operístico mundo sonoro das fadas está em extremo contraste com a linguagem dos mecânicos, cujo precário entretenimento teatral que propiciam no último ato é traduzido numa elaborada sátira da ópera no século xix, em parti-cular do repertório italiano pré-Verdi. Entre os mais exigentes comentadores de Britten, esse objetivo foi aprovado: um crítico louvou "a exposição desses clichês por meio dos quais muitas óperas italianas do século xix se orientaram em seu perigoso caminho entre o banal e o melodramático".[22] A atitude do próprio Brit-ten pareceu de repente ser de mais amplo alcance (o monólogo de Snout fora do tom é claramente um mergulho no ultramoderno *Sprechstimme* de *Pierrot lunaire*, de Schoenberg, embora as paródias operísticas de Anna Russell também possam ter influenciado) e mais benigna (a cena de loucura de Thisby, inspirada em *Lucia*, completada com um *obbligato* da flauta, é quase sentimental demais). Mas o aspec-to mais curioso da cena é como, em diversas passagens de Bottom, a música pare-ce sair da paródia para a simples nostalgia, atingindo clímax que poderiam ser uma homenagem aos — e não uma paródia dos — dias em que grandes e trágicas perorações eram possíveis, em que as notações *baixinho* e *cuidadosamente* não eram necessárias.

Tais momentos podem adquirir mais significância à luz da terceira camada musical de *Dream*: a dos amantes atenienses. Aqui, talvez por uma necessidade suscitada pela peculiaridade das outras camadas, Britten chega perigosamente perto de uma expressão operística extravagante. No primeiro ato, Hermia e Lisandro juram um amor de paixão, "Juro a ti, pelo mais forte arco de Cupido", e toda essa excitação é um convite ao som de cordas palpitantes, ressonantes madeiras e trompas, arpejos vocais assertivos. Esses votos dos amantes galgam também uma sequência cromática que, em outro trecho, se entrelaça na música das fadas: aparentemente, Britten tinha "listas de verificação das doze notas" espalhadas por todo o seu rascunho composicional, cada nota devidamente riscada à medida que achava um lugar para ela na partitura.[23] Essa autoconsciência levanta algumas questões. O compositor está protestando demais? Teria ele se sentido desconfortável quando convocou o épico, o grande gesto da ópera?

Quaisquer que sejam as respostas, Britten retirou-se da ópera depois de *A Midsummer Night's Dream*, voltando às "parábolas de igreja" nas quais podia continuar com seu estilo dramático moderado e ambíguo. Nesse sentido, *Dream* marca um ponto de inflexão, uma constatação de que para continuar avançando em composições de obras para o palco ele precisava se distanciar das exigências extravagantes da ópera. Olhando para trás, até mesmo para o fim da década de 1940 e início da de 1950, quando ele produziu essa notável série de óperas, há indícios das dificuldades que enfrentou. *Grimes* é magnífica, mas seus momentos mais dramáticos e de maior efeito — o final é um exemplo óbvio — apoiam-se pesadamente no afamado poder de invenção orquestral do compositor, como naquele momento crucial de *Billy Budd*. Ele está, nesse sentido, nos dizendo que, fora o hipnótico acalanto das fadas no final de *Dream*, o último momento de Britten na ópera, na década de 1960, foi uma paródia dos excessos aos quais as óperas do passado, escritas em tempos mais simples, eram consideradas propensas. É uma paródia cuja mera exuberância chega próxima de ser percebida como uma liberação lírica, uma liberação que era impossível no mundo real do pós-guerra: somente o véu do pastiche permitiu que essas emoções musicais aflorassem.

Desse modo, Britten (nascido em 1913, porém hoje mais popular do que Bellini, Janáček, Massenet, Gluck ou Weber) é uma chave para o futuro da ópera?[24] Talvez sim, mas talvez valha a pena evocar uma das mais citadas *bons mots* de Debussy, que se referiam à complicada vida *post-mortem* de Richard Wagner. *Méchant* como sempre, Debussy pede a indulgência de seus leitores por falar "com a pomposidade que combina com ele", e chama Wagner de "um belo pôr do sol que foi confundido com uma aurora".[25] Debussy escreveu isso em 1903, e provavelmente manteve essa opinião até o dia de sua morte. O mundo da ópera — compositores, intérpretes, teóricos, audiências — viu as coisas de modo diferente. Wagner pode ter feito a escrita da ópera mais difícil, os atritos maiores, mas uma notável plêiade de inventores musicais, inclusive Debussy, foi, ao menos ocasionalmente, produtiva depois do momento wagneriano. Mas e Britten, com sobras o mais significativo produtor individual de ópera depois de 1945? *Peter Grimes*, que apareceu exatamente quando a Segunda Guerra Mundial estava chegando a seu agoniado fim, foi imediatamente aclamado como um novo começo. Isso termina com um, com justiça famoso, alvorecer orquestral, delicadamente equilibrado (*baixinho, cuidadosamente*) entre uma cansada aceitação e uma nova esperança. Mas desta vez, mesmo para a voz característica da ópera no final do século xx, o futuro parecia ser mais um pôr do sol.

ESPECTROS

Fantasmas, como se diz, sempre voltam. Depois de 1945, o repertório operístico torna-se um roteiro para uma nova forma de encenar, para um maravilhoso e divertido desfile de reinterpretações. Como vimos, esse repertório também teve uma vida complicada, como tema e origem de muito material musical em filmes de cinema. No entanto, depois de 1945 a ópera também se tornaria menos popular, no sentido específico de que já não se podia ter como certo uma amplamente difundida familiaridade com seus aspectos básicos e a estima por seus personagens. Disney já não poderia depender de que crianças em idade escolar curtissem baleias cantando passagens — em tamanho aceitável — de *Tristan und Isolde*; cantores de ópera não mais mudavam de palco para estrelar comédias de cinema sobre ópera.

Mas na segunda metade do século xx a ópera, ao mesmo tempo, torna-se cada vez mais acessível a uma ampla audiência, à medida que se expandem os formatos nos quais ela pode ser transmitida. Essa nova disseminação massiva pode abranger partículas, os mais diminutos pedacinhos de ópera, fragmentos que chegaram a penetrar na cultura de massas. No desenho animado da Pixar *Procurando Nemo* (2003), um peixe palhaço em busca de seu filho perdido é instigado em seu caminho por cavalinhas que, cantando com vibrato e fazendo seu cardume assumir o formato da Ópera de Sydney, lhe dizem, sem palavras, para onde deve se dirigir. Cantores pop, como a soprano Jackie Evancho (que completou doze anos em 2012), fazem fortunas segurando o microfone muito próximo da boca e usando "r"s em vibrato para imitar o canto operístico. Em seu CD *Dream With Me* (Sonhe comigo), Evancho, a mais jovem solista de todos os tempos a ter um álbum que obteve a certificação de platina, canta um etéreo "Nessun dorma". Esta é, obviamente, a grande ária para tenor perto do início do terceiro ato de *Turandot*, uma rapsódia sobre insônia e anseio sexual; numa fase anterior do mercado de massas da ópera, era um carro-chefe dos Três Tenores. Essa mistura de Evancho mostra o quanto sua plateia-alvo está longe ou de se preocupar quanto a isso, ou de saber qualquer coisa sobre a última obra de Puccini, e por extensão sobre a própria ópera em geral. "Nessun dorma" assexuada? Lembremos o texto: "Oh, princesa... Em sua boca vou sussurrar meu nome quando raiar a aurora, e meu beijo vai dissolver o silêncio que a faz ser minha!". Quando essa ária está sendo cantada, num italiano só vagamente aproximado, por uma soprano que é uma menina pré-púbere usando um vestido branco com uma faixa, o que é perturbador e até mesmo inquietante não é a intérprete infantil ou seus ganhos. É o ritual de sepultamento da ópera como um marco fundamental da paixão adulta, a perda total do significado e do contexto dessa peça.

Quanto aos fantasmas que assombram o museu, parece óbvio que a atual indústria da ópera é parte do problema. Boulez apontou para isso durante todos esses anos que passaram: nossas novas casas de ópera, hoje em lugares tão longínquos como Guangzhou, são realmente impressionantes, mas — como quase todos os que sobreviveram do passado — são predominantemente equipadas para o consumo de certos tipos de nova-velha ópera. Seus auditórios são adequados para obras do século XIX com grandes orquestras e com cantores de voz potente o bastante para penetrar em seus nichos mais afastados. Óperas novas, escritas especialmente para esses espaços, são obrigadas a visar esses mesmos modos, uma tarefa para a qual os compositores não dispõem, hoje em dia, de modelos imediatos, e para a qual a experiência do passado (quase inevitavelmente uma experiência com música instrumental "pura") é muitas vezes um obstáculo. Há algum tempo, pensando sobre este último capítulo, conversamos com um compositor que estava prestes a completar uma encomenda para uma grande casa de ópera dos Estados Unidos. Ele admitiu espontaneamente que achava quase todas as óperas recentes insuportáveis, e disse que obras que submetiam os ouvintes a horas de linguagens atonais estavam condenadas *ab initio* (ele lembrou como *Wozzeck* é curta e como suas cenas mudam rapidamente). Ele também tinha consciência de que seu empreendimento particular estava absorvendo 2 milhões de dólares do dinheiro de outras pessoas, e que ele não tinha experiência em escrever obras longas para o palco. No entanto, ainda estava otimista: acreditava veementemente que sua ópera seria — teria de ser — diferente do modelo-padrão, uma confecção vanguardista, que ela se comunicaria com as audiências quando numerosas outras tinham fracassado. Sua atitude foi um testemunho extraordinário da convicção pessoal necessária para assumir qualquer empreendimento criativo dessa magnitude. No entanto, tão extraordinário quanto isso foi o modo pelo qual a esperança pôde triunfar sobre a experiência coletiva.

Será que nosso compositor pintou esse quadro com cores sombrias demais, ignorando aqueles que tinham trazido a esperança de uma renovação criativa? Haverá quem tenha seus candidatos preferidos encilhados e prontos. Talvez Hans Werner Henze (1926-), que escreveu — até hoje — mais de vinte óperas, e é rotineiramente intitulado o maior compositor de óperas alemão vivo, e que teve 39 apresentações de suas obras nos cinco anos que vão de 2005 a 2010. Ou Michael Tippett (1905-98), cujas cinco óperas foram anunciadas com fanfarras cada vez mais emudecidas; apenas seu primeiro esforço, *A Midsummer Marriage* (Um casamento no verão, 1955), teve algum sucesso, e assim mesmo intermitente. Ou Luciano Berio (1925-2003), cuja colaboração com o romancista Italo Calvino na década de 1980 produziu duas óperas com magníficas credenciais pós-modernas (*La vera storia*, 1981, e *Un re in ascolto*, 1984), mas uma incerta longevidade.[26] Olivier Messiaen (1908-92) escreveu uma única ópera, *St. François d'Assise* (1983), uma obra impregnada de fala com muitos sons instrumentais gloriosos e complicados — especialmente sons de sinos — e uma não gloriosa entonação para as vozes. Desde 2000 ela tem estado muito em voga, e produções dela (por exemplo, no Deutsche Oper Berlin, em San Francisco, no Opéra de Paris e em Munique) têm sido caras e visualmente chocantes. Um apelo similar em termos de múltiplos *revivals* é o do compositor húngaro György Ligeti (1923-2006), cuja única ópera, *Le Grand Macabre* (1977), baseia-se exclusivamente no passado operístico. Passando-se no "Breughelland", com uma ação expressionista/pantomímica, a ópera vai minerar o que Ligeti chamou de música "congelada" da história,[27] beneficiando-se, à maneira de *Wozzeck*, de uma consciência de que nenhuma cena ou postura musical deve se prolongar por muito tempo. A pura promiscuidade dos empréstimos musicais (sem mencionar o enredo) é estimulante — ou desconcertante. Um prelúdio em staccato para doze buzinas (o serialismo sobrevive!) introduz os enlaçados amantes Amando e Amanda, ambos sopranos, que chilreiam com uma lascívia e uma ornamentação monteverdianas; são interrompidos por um idiota bêbado que grita *"Dies Irae"*; e assim vai, com vozes de soprano à maneira de Britten (ou contratenores), com desenfreados sopranos coloratura, papéis falados, pastiches de Beethoven, galopes offenbachianos e muito mais. Se é dessa maneira que a ópera tem de terminar, parece nos dizer Ligeti, que seja, com certeza, mais com um estrondo do que com uma lamúria, alimentada por um menu que já estava congelado. *A tempestade*, de Thomas Adès (2004), vai pelo mesmo veio, mas no sentido restrito de que ela também conjura coisas que uma vez *foram* ópera, o passado europeu, duetos e quintetos, e longas e bem formadas linhas para os cantores.

Mas Adès (1971-) pertence a uma geração totalmente nova. Não foram os leões do alto modernismo, mas compositores nascidos depois da Segunda Guerra Mundial que se desenvolveram com a ópera. Um deles é uma figura que para muitos é polarizadora, John Adams (1947-), que granjeou um sucesso de público sem precedentes com obras operísticas encomendadas, todas as quais tiveram múltiplas apresentações por todo o mundo. A atratividade de Adams reside no imediatismo de sua temática. *Nixon in China* (1987), escrita em colaboração com Alice Goodman (libreto) e Peter Sellars (direção e "concepção"), usou como fonte de seu material a histórica missão diplomática do presidente dos Estados Unidos em 1972, que tinha acontecido menos de duas décadas antes. Seguindo o caminho de uma tal *atualidade*, Adams foi de encontro ao teor da moda operística pós-1945, que — muito possivelmente devido tanto ao nervosismo quanto à frágil posição do gênero na cultura contemporânea — preferia temas remotos, míticos ou ao menos históricos. Houve no passado óperas sobre temáticas bem atuais, mas quase todas eram cômicas. A ópera-bufa dos séculos XVIII e XIX tendia a se passar em tempos quase contemporâneos (*Le nozze di Figaro* é um caso clássico, *L'elisir d'amore*, de Donizetti, outro), nos quais sua crítica social pudesse funcionar com clareza máxima; como vimos no capítulo anterior, a "crise da ópera" na Alemanha da década de 1920 produzira uma série das assim chamadas *Zeitopern*, nas quais as máquinas — e atitudes — da modernidade eram desafiadoramente exibidas, em geral com efeito cômico. A única ópera em tempo presente de Britten foi também a única que foi uma rematada comédia, *Albert Herring* (1947).

Em virtude da ignominiosa maneira pela qual terminou a gestão de Nixon como presidente, o fato de que *Nixon*, de Adams, trata a visita à China de modo altamente dramático causou um grande choque nas audiências e na crítica: para alguns, ainda maior do que o causado pelas extravagantes momices sexuais de *Le Grand Macabre*. A ópera, parecia dizer Adams às audiências, *tem* um futuro, *pode* lidar com as preocupações contemporâneas frontais da sociedade. Por outro lado, dada a natureza de sua linguagem musical, é difícil imaginar outro resultado estético que não um distanciamento épico, atemporal. Adams usa como seu ponto de partida o chamado estilo "minimalista" de compositores como Philip Glass e Steve Reich, uma técnica que remonta às décadas de 1960 e 70, na qual sequências superpostas de repetidas pequenas figuras musicais formam densos blocos de um som internamente ativo, que pouco a pouco vai mudando para formar outros blocos, durante longos intervalos de tempo. A ópera vanguardista de Glass *Einstein on the Beach* (Einstein na praia, 1976) bruxuleia em algum lugar por trás de *Nixon*. Mas os blocos de Adams movem-se com maior velocidade, variando em sua orquestração, com combinações picantes de instrumentos que lembram Stravinsky, e harmonias que mudam de formato. Com frequência o efeito é parecido com música de cinema, especialmente o tipo de música de cinema que acompanha grandes vistas exteriores. Personagens e grupos corais proeminentes declamam seus textos com rigorosa fidelidade à entonação natural, mas com formatos melódicos que derivam do pano de fundo orquestral. Esse tépido banho de um som amplo e de lenta evolução não é lugar para nele se achar comédia; até mesmo Richard Nixon torna-se heroico por default, apenas por estar presente em tal paisagem sonora.

A grande surpresa nisso tudo foi o sucesso de *Nixon*. A experiência de ver fatos familiares ainda vívidos na memória serem narrados em tão inconfundível alto estilo, mas envoltos numa linguagem musical tranquilizadoramente familiar, mostrou-se irresistível na bilheteria. Embora alguns críticos tenham reclamado quanto a seu tratamento musical, e embora compositores mais austeros tenham sido previsivelmente desdenhosos, Adams trouxe para a casa de ópera um novo imediatismo e uma nova audiência, muito dela formado por imigrantes do cinema e de outras mídias de massa. Não é de admirar que ele e sua equipe de colaboradores tenham logo recebido nova encomenda, ou que tenham aceitado produzir uma sequela ainda mais atualizada e politicamente sensível. *The Death of Klinghoffer* (A morte de Klinghoffer, 1991) adotou como tema a tomada, em 1985, de um navio de cruzeiro italiano por terroristas palestinos e o subsequente assassinato de Leon Klinghoffer, um passageiro judeu americano. *Klinghoffer* é, como seria de esperar, de um tom mais sombrio do que *Nixon*; mas não tanto assim. A música de exteriores e a postura épica são em muitos aspectos idênticas. A ópera começa com um par de corais: um, o dos Palestinos Exilados, depois o dos Judeus Exilados; o sentido de uma abordagem equilibrada e equitativa a essas forças oponentes é enfatizada pela não diferenciação musical entre as duas, e cria uma atmosfera imparcial à maneira de oratório, que se mantém o tempo todo. Assim como em *Nixon*, o estilo característico de Adams significa que a trama deve necessariamente avançar mesmo com a encenação removida. Uma ação encenada é quase impossível; mesmo os fatos mais óbvios têm de ser apresentados por meio de uma narração elaborada.

Neste caso, a falta de uma diferenciação musical — provavelmente endêmica, dadas as fontes de Adams — causaram uma notável controvérsia. Enquanto somente uns poucos tinham se incomodado quando Richard Nixon ficou enobrecido pela imersão musical num cantarolar minimalista, com os terroristas palestinos a questão era outra. Logo se levantaram acusações de que a ópera era antissemita, ou que era tolerante com o terrorismo — houve até piquetes contra a ópera por parte de grupos judaicos em San Francisco (a cidade onde morava o compositor). Adams ficou sentido, e alegou ter ficado genuinamente surpreso de que sua ópera tivesse provocado tais paixões. Como ele disse numa entrevista: "Todos nós fizemos muitas pesquisas [...]. Li uma boa parte dos escritos de Edward Said. Sei que Alice Goodman leu a maior parte do Corão".[28] Essa referência a Said, um crítico literário de grande distinção e até sua morte em 2003 uma das mais poderosas vozes pró-palestinos no conflito Israel-Palestina, nos leva de volta a questões consideradas no capítulo 15, em particular a da ópera desempenhando um papel que, na esteira de Said, se tornou conhecido como um criticismo "pós-colonial". Adams parecia estar usando Said como uma espécie de coonestador de respeitabilidade, portanto é válido saber que o próprio Said, que teve uma significativa carreira secundária como crítico musical, escreveu com certa extensão sobre essa ópera. Ele a achou, em geral, equitativa. Mas destacou que era equitativa porque o estilo musical fora incapaz de assumir uma posição mais forte, ou, na verdade, de expressar um contraste dramático significativo. Como argumenta Said, "muitas vezes a música [...] soa retrospectiva, vagamente ou só parcialmente convicta de para onde estava indo".[29] Em consequência da controvérsia gerada por *Klinghoffer*, Adams retirou-se, talvez se sentindo punido, para a música instrumental e o oratório; sua única obra recente foi *Doctor Atomic* (2005), que tem como protagonista J. Robert Oppenheimer e trata da construção da primeira bomba atômica. Se ela vai se beneficiar do mesmo destino de *Nixon* é um enigma que só o tempo poderá decifrar.

É ISSO AÍ. ISSO É ÓPERA. SÓ UMA PORÇÃO DE GENTE FANTASIADA SE APAIXONANDO E MORRENDO

A ópera sempre foi uma forma peculiar de drama, e sempre continuará a ser. Ela adquiriu sua forma atual gradualmente, no século XVII, e durante dois séculos esta foi a dominante — se é que não foi, por volta do século XIX, a mais elevada — forma de cultura musical da elite. É uma longevidade incomum para um gênero musical. Os monumentos da tradição operística continuam a nos fascinar, e se mostraram, notavelmente, muito capazes de se adaptar a circunstâncias culturais e políticas em mutação. O fato de se terem continuado a compor óperas durante tanto tempo, de essa forma de arte estar expandindo sua disseminação global num tempo em que outras músicas "clássicas" estão severamente ameaçadas, decerto deveria ser motivo de júbilo. Mesmo que esta forma particular de drama com música seja agora quase exclusivamente um museu de obras musicais do passado — como são o madrigal e o moteto, ou, quanto a esse aspecto, a sinfonia de quatro movimentos —, prognósticos distópicos sobre sua persistência são infundados. E adotar uma visão histórica mais abrangente, bem mais do que a dos últimos quatrocentos anos da ópera, é constatar que as artes nas quais ações e paixões acontecem juntamente com música — com ou sem canto — sempre tiveram uma duração de séculos, e não mostram sinais de um colapso no presente. O drama, na maior parte do tempo e na maioria das culturas, sempre teve um acompanhamento musical mais ou menos elaborado — circunstância que, como vimos muitos capítulos atrás, estimulou os primeiros experimentos operísticos. Ao mesmo tempo que escrevemos estas linhas, e em que vocês as leem, no mundo inteiro está sendo escrita música para acompanhar drama, seja em filmes ou na TV, ou para o palco, ou para dar apoio a formas de entretenimento virtual em plena proliferação. A maior parte dessa música será transitória e logo esquecida. Às vezes, até mesmo a mídia que incentivou sua criação vai desaparecer, como sempre tem sido o caso. Outras tecnologias, outros fenômenos vão assumir seu lugar. A ópera terá sido, então, uma etapa nessa história maior do drama e da música, uma etapa magnífica — que, mais do que todas, celebra a voz humana a cantar. Enquanto dispusermos de espaços teatrais adequados a esse propósito, e intérpretes desejosos de se dedicar à concretização das complexas glórias da ópera, ela continuará a ser mantida viva, e continuará a articular algumas das complexidades da experiência humana de um modo que nenhuma outra forma de arte pode emular. As árvores em sua vasta floresta são realmente muito antigas e muito grandes. Sua beleza, e as sombras que projetam, são imensas.

Notas

I. INTRODUÇÃO [pp. 21-58]

1. Paul Robinson, *A Deconstructive Postscript: Reading Libretti and Misreading Opera*. In: GROOS, Arthur; PARKER, Riger (Orgs.). *Reading Opera*. Princeton: 1988. pp. 328-46, aqui 345.

2. Enrico Fubini, *Music & Culture in Eighteenth-Century Europe: A Source Book*. Chicago: 1994. p. 209.

3. Richard Wagner, "Der Freischütz: To the Paris Public". Trad. de William Ashton Ellis. *Richard Wagner's Prose Works vol I: The Art Work of the Future, and Other Works* (1895; repr. Lincoln, 1993). pp. 169-82; original em francês na *Gazette Musicale de Paris*, 23-30 maio 1841.

4. Robert Ailey, "Siegfried or Tristan?". In: _____. *Prelude and Transfiguration from Tristan and Isolde: The Norton Critical Score*. Nova York: 1986. pp. 5-6.

5. Karl Gustav Fellerer, "Mozarts Zauberflöte als Efenoper". In: RIEDEL, Friedrich Wilhelm; UNVERRICHT, Hubert (Orgs.). *Symbolae Historiae Musicae*. Mainz: 1976. pp. 229-47.

6. Philip Gossett, *Divas and Scholars: Performing Italian Opera*. Chicago: 2006.

7. Michael Barron, *Auditorium Acoustics and Architectural Design*. Londres: 1993. p. 318.

8. *The New York Times*, 14 out. 1883.

9. Anthony Tommasini, *The New York Times*, 1 jan. 2007.

10. Denis Forman, *The Good Opera Guide*.

11. Alessandro Luzio (Org.), *Carteggi verconjundiani*. v. I. Roma: 1935, p. 111.

12. Francesco Milizia, *Complete Formal and Material Treatise on the Theatre* (1794); cit. em Fubini, *Music & Culture in Eighteenth-Century Europe*. p. 255.

13. Max WInkler, *A Penny from Heaven*. Nova York: 1951. p. 238.

14. Richard Osborne, *Rossini*. 2. ed. Oxford: 2007. p. 152.

15. Gaetano Cesari; Alessandro Luzio (Orgs.), *I copialettere di Giuseppe Verdi*. Milão: 1913, p. 26.

2. PRIMEIRO CENTENÁRIO DA ÓPERA [pp. 59-92]

1. Para uma iteração clássica, veja Donald Jay Grout, *A Short History of Opera* (1974). 4. ed. com Hermine Weigel Williams. Nova York: 2003.

2. Henry Maty, *A New Review, with Literary Curiosities and Literary Intelligence*. Londres: 1783. p. 133.

3. Waldo Selden Pratt, *The History of Music: A Handbook and Guide for Students*. Nova York: 1927, pp. 151-2.

4. Richard Wagner, *Opera and Drama* (1851). Trad. ingl. de William Ashton Ellis. Reimpr. Nova York: 1955. p. 26.

5. Gottfried Wilhelm Fink, *Wesen und Geschichte der Oper*. Leipzig: 1838. pp. 89, 98.

6. Ellen Rosand, *Opera in Seventeenth-Century Venice: The Creation of a Genre*. Berkeley: 1991. p. 35.

7. F. W. Sternfeld, *The Birth of Opera*. Oxford: 1955. pp. 87-8.

8. Thomas Forrest Kelly, *First Nights: Five Musical Premieres*. New Haven: 2000. p. 49.

9. Cristoforo Ivanovich, *Minerva al tavolino* (1691). Cit. em Piero Weiss, *Opera: A History in Documents*. Nova York: 2002. p. 39.

10. Ellen Rosand, op. cit., pp. 223-5.

11. Charles Burney, *A General History of Music*. v. III. Londres: 1776-89. p. 790.

12. John Rosselli, *Singers of Italian Opera: The History of a Profession*. Cambridge: 1992. p. 12.

13. Ibid., p. 13.

14. Ellen Rosand, op. cit., p. 232.

15. Denis Stevens, *The Letters of Claudio Monteverdi*. Cambridge: 1980. p. 117.

16. Ellen Rosand, op. cit., p. 22.

17. Ibid., 45.

18. Saint-Évremond, carta ao duque de Buckingham (1669 ou 1670), cit. em Piero Weiss, op. cit., p. 53.

19. Ellen Rosand, op. cit., pp. 133-5.

20. *Giasone* é analisado por Ellen Rosand, op. cit., pp. 346-8; também por Susan McClary em "Gender Ambiguities and Erotic Excess in Seventeenth-Century Venetian Opera". [In: FRANKO, Mark; RICHARDS, Annette (Orgs.). *Acting on the Past: Historical Performance Across the Disciplines*. Hanover (NH): 2000, pp. 177-200]; e por Roger Freitas, *Portrait of a Castrato*. Cambridge: 2009, p. 143.

21. Memórias de Jean-Jacques Bouchard, cit. em Weiss, op. cit., p. 33.

22. Veja Bettina Varwig, "Schütz's *Dafne* and the German Imagination". In: BACHT, Nikolaus (Org.). *Music, Theatre and Politics in Germany: 1848 to the Third Reich*. Aldershot: 2006. pp. 115-35.

23. Veja o verbete "*Masque*", *The New Grove Dictionary of Opera*. v. 3. Londres: 1992. p. 253.

3. ÓPERA-SÉRIA [pp. 93-118]

1. Ellen Rosand, *Opera in Seventeenth-Century Venice: The Creation of a Genre*. Berkeley: 1991, p. 22.

2. John Rosselli, *Singers of Italian Opera: The History of a Profession*. Cambridge: 1991. p. 56.

3. Ibid., pp. 122-3.

4. Charles de Brosses, cit. em Piero Weiss, *Opera: A History in Documents*. Nova York, 2002.

5. Suzanne Aspden, "An Infinity of Factions": Opera in Eighteenth-Century Britain and the Undoing of Society". *Cambridge Opera Journal, 9/1* (1997), pp. 1-19, aqui 8.

6. Charles de Brosses, cit. em Weiss, op. cit., p. 85.

7. Suzanne Aspden, op. cit., pp. 11-3.

8. A versão de 1904 de Moreschi para *Ave Maria*, de Gounod, está disponível em: <http://www.archive.org/details/AlessandroMoreschi>.

9. John Rosselli, op. cit., p. 39.

10. Ellen Rosand, op. cit., p. 400 (tradução adaptada).

11. Ibid., p. 275 (tradução adaptada).

12. Piero Weiss, op. cit., p. 53.

13. Joseph Kerman, *Opera as Drama* (1956). Ed. rev. Berkeley: 1988. pp. 39-57.

14. Lorenzo Bianconi; Giorgio Pestelli (Orgs.). *Opera on Stage*. Chicago: 2002. p. 71.

15. Otto Erich Deutsch. *Händel, A Documentary Biography*. Nova York: 1955. p. 33.

16. Mark W. Stahura, "Händel"s Haymarket Theater". In: RADICE, Mark A. (Org.). *Opera in Context: Essays on Historical Staging from the Late Renaissance to theTime of Puccini*. Portland (OR): 1998. p. 103.

17. Ibid., p. 104.

18. Christopher Hogwood, *Händel*. Londres: 2007, pp. 63-4.

19. *The Spectator*, 6 mar. 1710.

20. Verbete "Orlando", *The New Grove Dictionary of Opera*. v. 3. Londres: 1992. p. 757.

4. DISCIPLINA [pp. 119-47]

1. Charles Burney, *The Present State of Music in France and Italy*. Londres: 1773. p. 225.

2. Jonh Rosselli, *Singers of Italian Opea: The History of a Profession*. Cambridge: 1922. p. 83.

3. Samuel Richardson, *Pamela*, iv. pp. 111-2.

4. John Mainwaring, *Memoirs of the Life of the Late George Frederic Händel*. Londres: 1760. p. 110.

5. Piero Weiss, *Opera: A History in Documents*. Nova York: 2002. pp. 98-9.

6. Ibid., p. 102.

7. Ibid., p. 73.

8. Enrico Fubini, *Music & Culture in Eighteen-Century Europe: A Source Book*. Chicago: 1994. p. 203.

9. Lorenzo Bianconi; Giorgio Pestelli (Orgs.). *Opera Productgion and its Resources*. Chicago: 1998. p. 247.

10. Ibid., p. 249.

11. Charles Burney, *A General History of Music*. v. 4. Londres: 1776-89. p. 547.

12. Charles Burney, *An Account of the Musical Performances in Commemmoration of Händel*. Londres: 1785. p. 33.

13. Enrico Fubini, op. cit., pp. 209-10.

14. Ibid., p. 215.

15. Piero Weiss, op. cit., p. 108.

16. Julie Ann Sadie (Org.), *Companion to Baroque Music*. Berkeley e Los Angeles: 1990. p. 138.

17. Piero Weiss, op. cit., p. 119.

18. Enrico Fubini, op. cit., p. 238.

19. Ibid., p. 249.

20. Piero Weiss, op. cit., p. 98.

21. Charles Burney, *A General History*. v. 4. p. 495.

22. Simon Goldhill, "Who Killed Chevalier Gluck?". In: _____. *Victorian Culture and Classical Antiquity*. Princeton: 2011. p. 92.

23. Adolf Bernhard Marx, *Gluck und die Oper*. Berlim: 1863. p. 313.

24. Charles Burney, *Music in Germany* (1775). Cit. em Patricia Howard, *C. W. Gluck: Orfeo*. Cambridge: 1981. p. 57.

25. Jean-François Marmontel, *Essays on the Progress of Music in France* (1777). Cit. em Enrico Fubini, op. cit., p. 370.

26. Simon Goldhill, op. cit., p. 87.

27. Ibid., p. 98.

28. E. T. A. Hoffmann, "Ritter Gluck". In: _____. *Tales of E. T A. Hoffmann*. Org. e trad. de Leonard J. Kent; Elizabeth C. Knight. Chicago: 1969. pp. 9-10.

29. Carta a Leopold Mozart, 8 nov. 1780. In: BLOM, Eric (Org.). *Mozart's Letters*. Harmondsworth: 1968. p. 148.

30. Ibid., p. 147.

31. Alfred Einstein, *Gluck*. Trad. de Eric Blom. Londres: 1936. p. 151.

5. A ÓPERA-BUFA E A LINHA DE BELEZA DE MOZART [pp. 148-77]

1. Piero Weiss, *Opera: A History in Documents*. Nova York: 2002. p. 89.

2. Thomas Busby, *A General History of Music from the Earliest Times to the Present*. v. 2. Londres: 1819. p. 447. A frase específica sobre o "mérito" de a ópera de Galuppi superar qualquer outra *"burletta na Inglaterra"* é plagiada da obra de Charles Burney *General History of Music from the Earliest Ages to the Present* (v. 4. Londres: 1776. p. 474).

3. Goethe, *Italian Journey*. In: LANGE, Victor; BLACKALL, Eric A.; HAMLIN, Cyrus. *Goethe's Collected Works*. Trad. de Robert H. Heitner. v. 6. Boston: 1989. p. 64; comentado em Mary Hunter, *The Culture of Opera Buffa in Mozart's Vienna*. Princeton: 1999. p. 44.

4. 7 maio 1783. In: BLOM, Eric (Org.). *Mozart's Letters*. Harmondsworth: 1956. p. 208.

5. Nicholas Till, *Mozart and the Enlightenment*. Londres: 1992.

6. 17 dez. 1781. In: BLOM, Eric, op. cit., pp. 186-7.

7. Esta é uma das teses do tratamento que Joseph Kermann dá à história da ópera em seu *Opera as Drama* (1956; ed. rev. Berkeley: 1988).

8. Mark Everist, "Enshrining Mozart: Don Giovannni and the Viardot CIrcle". *19th-Century Music*, 25 / 2-3 (2001), pp. 165-89; aqui 176.

9. Para um extenso relato sobre o fervor com *Don Giovanni* da década de 1780 à de 1850, veja Otto Jahn, *Life of Mozart* (1856-9). v. 3. Trad. de Pauline D. Townsend. Londres: 1882. pp. 134-45. Para fervor mais recente, veja Bernard Williams, "Don Giovanni as an Idea". In: RUSHTON, Julian (Org.). *W. A. Mozart: Don Giovanni*. Cambridge: 1981. pp. 81-91.

10. Cit. em Enrico Fubini, *Music & Culture in Eighteen-Century Europe: A Source Book*. Chicago: 1994. p. 388.

11. Excerto de *Either/Or* cit. em Piero Weiss, op. cit., p. 151.

12. Otto Jahn, op. cit., pp. 134-45.

13. Hermann Albert, *W. A. Mozart* (1923-4). New Haven: 2007. p. 632.

6. CANTO E FALA ANTES DE 1800 [pp. 178-201]

1. Richard Wagner, *Opera and Drama* (1851). Trad. de William Ashton Ellis. Reimpr. Nova York: 1995. pp. 112-3.

2. Cit. em Thomas Betzwieser, *Sprechen und Singen: Ästhetik und Erschein-ingsformem der Dialogoper*. Stuttgart e Weimar: 2002. p. i. A fonte é uma resenha por Hoffmaann de *Ariodant* (1799), de Méhlul.

3. Thomas Baumann (Org.). *Mozart: Die Entführung aus dem Serail*. Cambridge: 1987. p. 77.

4. Produção da Royal Opera House, dirigida por Elijah Moshinsky; primeira apresentação em maio de 2001.

5. Thomas Betzwieser, op. cit., p. 75.

6. Carta datada de 26 set. 1781. In: BLOM, Eric (Org.). *Mozart Letters*. Harmondsworth: 1968. p. 181.

7. Piero Weiss, *Opera: A History in Documents*. Nova York: 2002. pp. 137-8.

8. John T. Scott (Org.). *Jean-Jacques Rousseau: Essay on the Origin of Language and Writtings related to Music*. Dartmouth: 1999. p. 497.

9. Emily Anderson, *Letters of Mozart and His Family*. Londres: 1985. p. 631.

7. O PROBLEMA ALEMÃO [pp. 202-24]

1. Howard Bushnell, *Maria Malibran: A Biography of the Singer*. University Park e Londres: 1979. p. 196.

2. Richard Wagner, *Pilgrimage to Beethoven and Other Essays*. Trad. de William Ashton Ellis. Reimpr. Nova York: 1994. p. 36.

3. Herbert Weinstock, *Rossini: A Biography*. Nova York: 1968. p. 118.

4. Carl Dahlhaus, *Nineteenth-Century Music*. Berkeley: 1989. pp. 8-15.

5. Edmond Michotte, *Richard Wagner's Visit to Rossini*. Paris: 1860. Org. e trad. de Herbert Weinstock. Chicago: 1968. p. 98.

6. Mark Everist, "Enshrining Mozart: Don Giovanni and the Viardot Circle". *19th-Century Music*, 25/2-3 (2001), pp. 165-89; aqui 178.

7. Peter Mercer-Taylor, *The Cambridge Companion to Mendelssohn*. Cambridge: 2004. p. 19.

8. Richard Wagner, *Prose Works*. v. 7. Trad. de William Ahton Ellis. Londres: 1898. p. 179.

9. John Warrack (Org.). *Carl Maria von Weber: Writtings on Music*. Cambridge: 1981. p. 338.

10. Verbete *"Der Freischütz"*, *The New Grove Dictionary of Opera*. v. 2. Londres: 1992. p. 299.

8. ROSSINI E TRANSIÇÃO [pp. 225-53]

1. Stendhal [Henri Beyle], *Life of Rossini*. Trad. de Richard N. Coe. Londres: 1956. p. I.

2. Giovanni Pacini, *Le mie memorie artistiche*. Florença: 1865. p. 64.

3. Richard Osborne, *Rossini*. 2 ed. Oxford: 2007. p. 126.

4. Ibid., p. 35.

5. Giuseppe Mazzini, *Filosofia della musica* (1836). Org. de Marcello de Angelis. Florença: 1977. pp. 53-4.

6. Ibid., p. 56.

7. Ibid., p. 56.

8. Stendhal, op. cit., p. 65.

9. Philip Gosset, "Introduction", na edição crítica da partitura vocal de *Tancredi* (Pesaro: 1984, p. xix).

10. Philip Gosset, op. cit., p. xvii.

11. Stendhal, op. cit., p. 396

12. Herbert Weinstock, *Rossini: A Biography*. Nova York: 1968. pp. 345-7.

13. Paolo Fabbri, "Rossini the Aesthetician". *Cambridge Opera Journal*, 6 (1994), pp. 19-29, aqui 27.

14. Stendhal, op. cit., p. 452.

15. Ibid., pp. 239-40.

16. Ibid., p. 252.

17. Ibid., p. 237.

18. Ibid., p. 239.

19. Ibid., p. 251.

9. O TENOR ASSUME A MAIORIDADE [pp. 254-81]

1. Raymond Edward Priestley, *Antarctic Adventure: Scott's Northern Party*. Nova York: 1915. pp. 93-4.

2. James Davies, "*Velui in speculum*: The Twilight of the Castrato". *Cambridge Opera Journal*, 17/3 (2005), pp. 271-301; aqui 276.

3. Ibid., p. 271.

4. Ibid., p. 271.

5. Heather Hadlock, "On the Cusp between the Past and the Future: The Mezzo-Soprano Romeo of Bellini's *I Capuletti*". *Opera Quarterly*, 17/3 (2001), pp. 399-422, aqui 400.

6. Gilbert-Louis Duprez, *Souvenirs d'un chanteur*. Paris: 1880. p. 75.

7. Verbete "Duprez", *The New Grove Dictionary of Opera*. v. 1. Londres: 1992. p. 1281.

8. Esta e todas as subsequentes citações no parágrafo são de Annalisa Bini e Jeremy Commons (Orgs.), *Le prime rappresentazioni delle opere di Donizetti nella stampa coeva* (Roma: 1997, pp. 344-55).

9. Carmelo Neri (Org.), *Lettere di Vincenzo Bellini (1819-1835)*. Palermo: 1991. p. 287.

10. Ursula Kramer (com Peter Branscombe), verbete "Unger, Caroline", *The New Grove Dictionary of Music*. v. 26. Londres: 2001. pp. 72-3.

11. Guido Zavadini, *Donizetti: vita, musiche, epistolario*. Bérgamo: 1948. p. 379.

12. Susan McClary, *Feminine Endings: Music, Gender and Sexuality*. Minneapolis: 1991. pp. 93-9.

13. Mary Ann Smart, "The Silencing of Lucia". *Cambridge Opera Journal*, 4/2 (1992), pp. 119-41.

14. Romana Margherita Pugliese, "The Origins of *Lucia di Lammermoor*'s Cadenza". *Cambridge Opera Journal*, 16/1 (2004), pp. 23-42.

15. Gustave Flaubert, *Madame Bovary*. Parte 2, cap. 15. Trad. de Eleanor Marx-Aveling. Nova York: 2007. pp. 292-3.

16. Herbert Weinstock, *Donizetti*. Londres: 1964. p. 200.

17. Mary Ann Smart, op. cit., p. 34.

18. Herbert Weinstock, op. cit., p. 262.

19. Heinrich Heine, "Heinrich Heine's Musical Feuilletons (Concluded)". Org. de O. G. Sonneck e Frederick H. Martens. *The Musical Quarterly*, 8/-3 (1922), pp. 435-68, aqui 468.

20. Stendhal [Henri Beyle], *Life of Rossini*. Trad. de Richard N. Coe. Londres: 1956. p. 378.

21. Gaetano Cesari; Alessandro Luzio (Orgs.), *I copialettere di Giuseppe Verdi*. Milão: 1913. p. 416.

22. Ibid., p. 416.

23. David Kimbell, *Vincenzo Bellini; Norma*. Cambridge: 1998. p. 63.

24. Ibid., p. 93.

25. John Rosselli, *The Life of Bellini*. Cambridge: 1996. p. 43.

26. Ibid., pp. 54-5.

27. David Kimbell, op. cit., p. 92.

10. O JOVEM VERDI [pp. 282-303]

1. A maior parte das histórias-padrão do início do século xx seguem essa linha. Veja, por exemplo, de Donald Jay Grout, *A Short History of Opera* (1947. 4 ed. com. Hermine Weigel Williams. Nova York: 2003. pp. 401-2). Isso se repete muito, embora com muito mais sofisticação, em Joseph Kerman, *Opera as Drama* (1956. Ed. rev.. Berkeley: 1988. pp. 144-8).

2. Julian Budden, *The Operas of Verdi*. 3 v. Londres: 1973, 1978, 1981. v. 2, p. 61.

3. Ibid., v. 1, p. 111.

4. Pierluigi Petrobelli, *Music in the Theater*. Princeton: 1994. p. 33.

5. William Weaver, *Verdi: A Documentary Study*. Londres: s.d. p. 13 (tradução adaptada).

6. Carlo Gatti, *Verdi nelle imagini*. Milão: 1941. p. 33.

7. Charles Reid, *The Music Monster: A Biography of James William Davison*. Londres: 1948. p. 181.

8. Gabriele Baldini, *The Story of Giuseppe Verdi*. Cambridge: 1980. p. 74.

9. Marcello Conati, *Interviews and Encounters with Verdi*. Londres: 1984. p. 109.

10. Julian Budden, op. cit., v. 1. p. 270.

11. David Rosen; Andrew Potter, *Verdi's Macbeth, a Sourcebook*. Nova York: 1984. p. 7.

12. Ibid., p. 67.

13. Ibid., p. 71.

14. Julian Budden, op. cit., v. 1. p. 477.

15. Ibid.

16. Ibid., p. 479.

17. Abramo Basevi, *Studio sulle opere di Giuseppe Verdi*. Florença: 1859. p. 197.

II. A GRANDE ÓPERA [pp. 304-34]

1. Susanna Pasticci, *"La traviata en travestie:* Rivisitazioni del testo verdiano nella musica strumentale ottocentesca". *Studi verdiani,* 14 (1999), pp. 118-87.

2. Hervé Lacombe, "The 'Machine' and the State". In: CHARLTON, David (Org.). *Cambridge Companion to Grand Opera.* Cambridge: 2003. pp. 21-14, aqui 29; outros detalhes sem indicação de fonte neste parágrafo vêm da mesma fonte.

3. Marian Smith, "Dance and Dancers". In: David Charlton, op. cit., pp. 93-107; aqui 106.

4. Julian Budden, *The Operas of Verdi.* 3 v. Londres: 1973, 1978, 1981. v. 3, p. 22.

5. John Sanderson, *Sketches of Paris in Familiar Letters to His Friends.* Philadelphia: 1838. p. 30.

6. Joseph d'Ortigue, *La Balcon de l'Opéra.* Paris: 1833. pp. 122-3.

7. Heinrich Heine, "Über die französische Bühne". Cit. em Jürgen Maehder, "Historienmalerei und Grand Opéra: zur Raumvorstellung in dem Bildern Géricaults und Delacroix und auf der Bühne der Académie royale de Musique". In: DÖHRING, Sieghardt; JACOBSHAGEN, Arnold (Orgs.) *Meyerbeer und das europäische Musiktheater.* Laber: 1999. pp. 58-87.

8. Richard Wagner, *Opera und Drama* (1850). In: _____. *Richard Wagner's Prose Works.* Trad. de William Ashton Ellis. Reimpr. Lincoln (NE): 1993-95. v. 2, p. 95.

9. Simon Willliams, "The Spectacle of the Past in Grand Opera". In: David Charlton, op. cit., p. 58.

10. Ibid., p. 64.

11. Bayreuth, Nationalarchiv der Richard Wagner-Gesellschaft, Ms B II a 5, p. 55: "Ein Traum (Paris). Mit Herwegh. Menschen umringen und singen uns an. H. verwundert. *Ich:* hat sich das nicht auch Gessler in Tell gefallen lassen müssen? (Um sonho. Paris. Com Herwegh. Pessoas nos cercam e cantam para nós. H. fica pasma. *Eu:* não são Gessler e Tell que também têm a ver com isso?).

12. Edmond Michotte, *Richard Wagner's Visit to Rossini* (Paris: 1860). Org. e trad. de Herbert Weinstock. Chicago: 1968. p. 69.

13. Frederick Niecks, *Frederick Chopin as Man and Musician.* v. 1. Londres: 1890. pp. 226-7.

14. David Charlton, "The Nineteenth Century: France". In: PARKER, Roger (Org.). *The Oxford Illustrated History of Opera.* Oxford: 1994. pp. 122-68; aqui 138.

15. Sandy Petrey, *"Robert le diable* and Louis-Phiippe the King". In: PARKER, Roger; SMART, Mary Ann (Orgs.). *Reading Critics Reading: Opera and Ballet Criticism in France from tue Revolution to 1848.* Oxford: 2001. pp. 137-54; aqui 143.

16. Cormac Newark, "Ceremony, Celebration and Spectacle in *La Juive".* In: Roger Parker; Mary Ann Smart, op. cit., pp. 155-87, aqui 185.

17. Uma iteração clássica figura na discussão sobre a Grande Ópera francesa em Donald Jay Grout, *A Short History of Opera* (1947. 4 ed., com Hermine Weigel Williams, 2003. p. 354): "Formas e idiomas musicais foram mesclados em luxuriante ecletismo, cujo objetivo era deslumbrar audiências populares que queriam emoções e para as quais as contenções aristocráticas do século XVIII não

tinham significado. A consequência inevitável foi um estilo inflado [...] impactantes e bilhantes números musicais inadequadamente motivados pela situação dramática".

18. Heinrich Heine, "Über die franzoisische Bühme". Cit. em Tom Sutcliffe, *The Faber Book of Opera*. Londres: 2000. p. 303.

19. David Cairns, *Berlioz*. 2 v. Londres: 1989, 1999. v. 2, p. 239.

20. Stuart Spencer, *Wagner Remembered*. Londres: 2000. p. 31.

21. Thomas S. Grey, *Wagner and his World*. Princeton: 2009. p. 335.

22. Guido Zavadini, *Donizetti? vita, musiche, epistolario*. Bérgamo: 1948. pp. 494-5.

23. Andrew Porter, *"Les vêpres siciliennes*: New Letters from Verdi to Scribe". *19th Century Music*, 2 (1978-9), pp. 95-109; aqui 97 (tradução corrigida).

24. Julian Budden, op. cit., v. 2, p. 171.

25. Gaetano Cesari; Alessandro Luzio (Orgs.), *I copialettere di Giuseppe Verdi*. Milão: 1913. p. 578.

26. Ibid., p. 220.

27. J. Moyner, *L'Envers du thêatre, machines et decorations* (1875). 3. ed. Paris: 1888. p. 282.

12. O JOVEM WAGNER [pp. 335-61]

1. *Eberhardt's Allgemeiner Polizei-Anzeiger*, v. 23, n. 47 (jul. 1853), p. 280.

2. Uma cópia das cartas com a ordem de prisão original de 1849 está no Deutsches Theatermuseum Munich.

3. Rosemary Lloyd (Org.), *Selected Letters of Charles Baudelaire*. Chicago: 1986. p. 145.

4. Catulle Mendès, *Richard Wagner*. Paris: 1886. p. ii. Sobre o diagnótico médico quanto à fala ininterrupta de Wagner, que circulou até mesmo durante sua vida, veja Nicholas Vazsonyi, *Richard Wagner: Self-Promotion and the Making of a Brand* (Cambridge, 2010, p. 2).

5. Thomas S. Grey, *The Cambridge Comapnion to Wagner*. Cambridge: 2008. p. 25.

6. Thomas S. Grey, *Wagner and His World*. Princeton: 2009. p. 342.

7. Richard Wagner, "A Communication to My Friends". In: *Prose Works*. v. 1. Trad. de William Ashton Ellis. Londres: 1892. p. 370 (tradução adaptada).

8. Thomas S. Grey, *Wagner and His World*, p. 252.

9. *"Das Liebesverbot*: Report on a First Performance" (1871). In: *Richard Wagner Prose Works*. v. 7. Trad. de William Ashton Ellis. Londres: 1898. p. 8.

10. Ibid., v. 8, pp. 67-8.

11. Roger Nichols; Richard Langham Smith, *Debussy: Pelleas et* Mélisande. Cambridge: 1989. p. 193.

12. *Richard Wagner's Prose Works*, v. 7, p. 81.

13. *Musical Review and Gazette* (16 abr. 1859), p. 116.

14. *The Aeolian Quarterly*, v. 1, n. 2, p. 7.

15. Os nomes dos autores são pseudônimos do honorável Julian Henry Charles Fane e Edward Robert Bulwer-Lytton, primeiro conde Lytton (não confundir com Edward George Bulwer Lytton, primeiro barão Lytton, autor do romance *Rienzi, The Last or the Roman Tribunes*, de 1835).

16. Samuel Holland Rous, *The Victrola Book of the Opera*. 4 ed. rev. Nova York: 1917. p. 478.

17. *Marcel Proust: Selected Letteres 1880-1903*. Org. de Philip Kolb. Trad. de Ralph Manheim. Nova York: 1983. p. 91.

18. Hugh Reginald Haweis, relatando as primeiras apresentações da ópera em Londres, em *My Musical Life* (v. 2. Londres: 1884, p. 547).

19. Resenha de *Tannhäuser*, Londres, 14 fev. 1882. In: *The Theatre. A Monthly Review of the Drama, Music and the Fine Arts*. v. 5 (jan.-jun. 1882), p. 166.

20. "The Destiny of Opera". In: *Richard Wagner Prose Works*. v. 5. Trad. de William Ashton Ellis. Londres: 1898. p. 141.

21. Theodor W. Adorno, *In Search of Wagner*. Londres: 2005. p. 2.

13. ÓPERA-CÔMICA, O CADINHO [pp. 362-89]

1. Mark Everist, "Jacques Offenbach: The Music of the Past and the Image of the Present". In: EVERIST, Mark; FAUSER, Annegret (Orgs.). *Music, Theater, and Cultural Transfer, Paris 1830-1914*. Chicago: 2009. pp. 72-98.

2. Heinrich Heine, "The Musical Season of 1844". In: _____. *The Works of Heinrich Heine*. Trad. de Charles Godfrey Leland. v. 4. Nova York: 1906. p. 442 (tradução adaptada).

3. *Galignani's New Paris Guide*. Paris: 1839. p. 462.

4. Monika Hannemann, "So kann ich es nicht componiren": Mendelssohn, Opera, and the Libretto Problemn". In: COOPER, John Michael; PRANDI, Julie D. (Orgs.). *The Moeselssohns: The Music in History*. Oxford: 2002. pp. 181-200; aqui 185.

5. Hector Berlioz, *Critique musicale 1823-1863*. Org. de Yves Gérard. Paris: 1998. pp. 551-5.

6. David Charlton, "Opéra Comique: Identity and Manipulation". In: PARKER, Roger; SMART, Mary Ann (Orgs.). *Reading Critis Reading: Opera and Ballet Criticism in France from the Revolution to 1848*. Oxford: 2001. pp. 13-45; aqui 23.

7. Delphine Mordey, "Auber's Horses: *L'Nannée terrible* and Apocalyptic Narratives". *19th Century Music*, 30/7 (2007). pp. 213-29.

8. *The Victrola Bool of the Opera*. Camden (NJ): 1915. p. 329; essa estatística só aparece na edição de 1915; não está nas edições de 1912 e 1913, e foi omitida em edições posteriores (depois da Primeira Guerra Mundial).

9. Estatísticas em <www.operabase.com>.

10. Siegfried Kracauer, *Jacques Offenbach and the Paris of his Time*. Trad. de Gwenda David e Eric Mosbacher. Nova York: 2002. pp. 206-7.

11. Ibid., p. 211.

12. NOËL, Édouard; STOULLIG, Edmond, *Les Annales du théâtre et dela musique, Première annèe 1875*. Paris: 1876. p. 108. "Madame Galli-Marié fait du personage effronté de Carmen l'une de ses meilleures creations. Il est impossible de rencer avec plus de talent cette étrange figure de bohémienne: voyez-la se balançant sur ses hanches comme une pouliche des haras de Cordoue... Quelle verité, mais quel scandale!"

13. Parece que esta história se espalhou amplamente depois de ter sido repetida num artigo de Charles Tenroc no *Courrier musical* (1 mar. 1925); para a história dessa anedota, veja Winton Dean, *Bizet* (Londres: 1975. p. 117).

14. *The Case of Wagner: Turin Letter of May 1888*. In: KAUFMAN, Walter (Org. e trad.). *Basic Writings of Nietzsche*. Nova York: 1968. p. 613.

15. Cit. em Michael Kennedy, *Richard Strauss: Man, Musician, Enigma* Cambridge, 2006. p. 286.

16. *Saturday Evening Post*, v. 195, 5 ago. 1922, p. 36.

14. O VELHO WAGNER [pp. 390-424]

1. John Deathridge, *Wagner beyond Good and Evil*. Berkeley e Los Angeles: 2008. p. 119.

2. Laurence Dreyfus, *Wagner and the Erotic Impulse*. Cambridge (MA): 2010. p. 143.

3. Jean-Jacques Nattiez, *Wagner Androgyne*. Princeton: 1993. pp. 163-72.

4. Charles Reid, *The Music Monster? A Biography of James William Davison*. Londres: 1984. p. 210.

5. Laurence Dreyfus, op. cit., p. 134.

6. Entrada em diário de dezembro de 1875; cit. em Nancy B. Reich, *Clara Schumann: The Artist and the Woman*. Ithaca (NY): 1985. p. 203.

7. *Richard Wagner and Mathilde Wesendonck*. Berlim: 1904. p. 20.

8. *The Theater*. v. 5, jan./jun. 1882, pp. 293-4.

9. Dieter Borchmeyer, *Richard Wagner: Theory and Theater*. Trad. de Stewart Spencer. Oxford: 1991. p. 13.

10. Theodor W. Adorno, *In Search of Wagner*. Londres: 2005. p. 142.

11. *Richard Wagner Prose Works*. v. 6. Trad. de William Ashton Ellis. Londres: 1897. p. 184.

12. Ibid., v. 2 (*Opera and Drama*). Londres: 1900. p. 96.

13. "The Destiny of Opera". In: ibid., v. 5. Londres, 1896. p. 134.

14. Carolyn Abatte, "Opera as Symphony, a Wagnerian Myth". In: ABATTE, Carolyn; PARKER, Roger (Orgs.). *Analyzing Opera*. Berkeley e Los Angeles: 1989. pp. 122-3.

15. Friedrich Nietzsche, "Attempt at Self-Criticism", prefácio de 1886 a *The Birth of Tragedy*. In: _____. *Basic Writings of Nietzsche*. Org. e trad. de Walter Kaufmann. Nova York: 1968. pp. 22-5.

16. Nietzsche, *The Birth of Tragedy*, p. 127.

17. Mark Twain, "At the Shrine of St. Wagner". In: _____. *What is Man and Other Essays*. Londres: 1919. p. 226.

18. Saul Frieländer, "Hitler und Wagner". In: FRIEDLÄNDER, Saul; RÜSEN, Jörn (Orgs.). *Richard Wagner im Dritten Reich*. Munique: 2000. pp. 165-78.

19. Friedrich Kittler, "World Breath: On Wagner's Media Technology". In: LEVIN, David (Org.). *Opera through Other Eyes*. Stanford: 1994. p. 224.

15. VERDI — AINDA MAIS VELHO [pp. 425-50]

1. Roberta Marvin, "Andrea Maffei's 'Ugly sun': The Libretto for Verdi's *I masnadieri*". In: CRIST, Stephen A.; MARVIN, Roberta Montemorra (Orgs.). *Historical Musicology: Sources, Methods, Interpretations*. Rochester (NY): 2004. pp. 180-301; 296-7.

2. Ibid., p. 232.

3. John Sanderson, *Sketches of Paris: In familiar Letters to His Friends*. Filadélfia: 1838. pp. 151-2.

4. Gaetano Cesari; Alessandro Luzio (Orgs.). *I copialettere di Giuseppe Verdi*. Milão: 1913. p. 220.

5. Hans Busch, *Verdi's "Aida": The History of an Opera in Letters and Documents*. Minneapolis: 1978. p. 34.

6. Edward Said, "The Empire at Work". *Culture amd Imperialism*. Londres: 1994. pp. 133-59, aqui 156.

7. Gaetano Cesari; Alessandro Luzio, op. cit., p. 572.

8. Julian Budden, *The Operas of Verdi*. 3 v. Londres: 1973, 1978, 1981. v. 2, p. 112.

9. Frank Walker, *The Man Verdi*. Londres: 1962. p. 449.

10. Julian Budden, op. cit., v. 3, p. 307.

11. Ibid., p. 309.

12. Ibid., p. 328.

13. Hans Busch, *Verdi's "Otello" and "Simon Boccanegra"*. In: _____. *Letters and Documents*. 2 v. Oxford: 1988. v. 1, pp. 310-11.

14. James Hepokoski, *Giuseppe Verdi: Falstaff*. Cambridge: 1983. p. 34.

15. Ibid., p. 34.

16. Ibid., p. 140.

17. Julian Budden, op. cit., v. 3, p. 299.

18. Gaetano Cesari; Alessandro Luzio, op. cit., p. 323.

19. Ibid., p. 702.

20. Ibid., p. 633.

21. Ibid., pp. 629-30.

22. Julian Budden, op. cit., v. 3, pp. 470-1.

23. Karen Henson, "Verdi, Victor Maurel and *Fin-de-siècle* Operatic Performance". *Cambridge Opera Journal*, 19/1 (2007), pp. 59-84.

24. Mary Jane Phillips-Matz, *Verdi: A Biography*. Oxford: 1993. p. 756.

16. REALISMO E CLAMOR [pp. 451-80]

1. Linda Nochlin, *Realism*. Londres: 1971. p. 13.

2. Carta a Matilde Wesendonck, 29 out. 1859. In: MILLINGTON, Barry (Org.). *Selected Letters of Richard Wagner*. Londres: 1987. p. 475.

3. Robert William Oldani, "Musorgsky, Modest Petrovitch". In: *The New Grove Dictionary of Music and Musicians*. Londres: 2001. v. 17, pp. 541-5; aqui 544.

4. Richard Taruskin, *Defining Russia Mucisally*. Princeton: 1997. p. 531.

5. Constantin Stanislavski; Pavel Rumyanatsev. *Stanislavski on Opera*. Nova York: 1998. p. 334.

6. Astrid Varnay; Donald Arthur, *Fifty-Five Years in Five Acts: My Life in Opera*. Boston: 2000. p. 309.

7. *The New York Quarterly Musical Review*, v. 1, maio 1893, p. 126.

8. Relatos de Léon Daudet sobre o comportamento de Massenet em seu *Souvenirs des milieux litéraires, politiques, artistiques et médicaux* (6 v., pp. 1913-22), traduzidos como *Memoirs of Léon Daudet* (Nova York: 1925. pp. 14-6).

9. "Gallery of Players", *The Illustrated American*, n. 3. Org. de Austin Brereton. Nova York: 1894. p. 4.

10. *The Musical Times*, 1 mar. 1884, p. 135.

11. Cit. em Ethan Mordden, *Opera Anecdotes*. Oxford: 1985. p. 244.

12. Philip Hale, "Of Realism in Opera". *The Looker-On*, v. 3, jul.-dez. 1896, pp. 65-6.

13. Gaetano Cesari; Alessandro Luzio (Orgs.), *I copialettere di Guiseppe Verdi*. Milão: 1913. p. 624.

14. Michele Girardi, *Puccini: His International Art*. Chicago: 2000. p. 331.

15. Arman Schwartz, "Rough Music: *Tosca* and Verismo Reconsidered". *19th Century Music*, 31/3 (2008), pp. 228-44; aqui 235.

16. Ibid., p. 235.

17. *The Athenaeum* (jul.-dez. 1900), p. 96.

17. PONTO DE INFLEXÃO [pp. 481-513]

1. Carta de 12 de maio. In: Henry Adams, *Selected Letters*. Org. de Ernest Samuels. Cambridge (MA): 1992. p. 498.

2. Roger Nichols, *The Life of Debussy*. Cambridge: 1998. p. 106.

3. Jan Pasler, "Paris, Conflicting Notions of Progress". In: _____. *Music and Society: The Late Romantic Era*. Org. de Jim Samson. Londres: 1991. pp. 397-8.

4. Pierre Boulez, *Orientations: Collected Writings*. Org. de Jean-Jacques Nattiez. Trad. de Martin Cooper. Londres: 1986. p. 315.

5. Richard Langham Smith, *Debussy on Music*. Londres: 1977. p. 224.

6. Marina Frolova-Walker, *Russian Music and Nationalism*. New Haven: 2007. pp. 214 e 370 (n. 92).

7. *Lily Pons: A Centennial Portrait*. Org. de James R. Drake e Kristin Beall Ludecke. Portland (OR): 1999. p. 34.

8. James Huneker, *Bedouins*. Nova York: 1920, p. 4.

9. Henry Charles Lahee, *The Grand Opera Singers of Today*. Boston: 1923. p. 181.

10. *The Sketch: A Journal of Art and Actuality*, v. 72, dez. 1910, p. 396.

11. Edward Lockspeiser, *Debussy: His Life and Mind*. Cambridge: 1978. v. 1, p. 91.

12. *Gil blas*, 19 jan. 1903; cit. em Richard Langham Smith, op. cit., p. 97.

13. Robert Orledge, *Debussy and the Theatre*. Cambridge: 1982. p. 49.

14. Ibid., p. 52.

15. Wili Schuh, *Richard Strauss: A Chronicle of the Early Years 1864-1898*. Cambridge: 1982. p. 241.

16. Davinia Caddy, "Variations on the Dance of the Seven Veils". *Cambridge Opera Journal*, 17/1 (2005), pp. 37-58; aqui 54.

17. Derrick Puffett, *Richard Strauss: Salomé*. Cambridge: 1989. pp. 131-2.

18. Willi Reich, *Schoenberg: A Critical Biography*. Nova York: 1971. p. 25.

19. Henry T. Finck (1923). Cit. em Nicolas Slonimsky, *Lexikon of Musical Invective*. Reimpr. Nova York: 2000. p. 159.

20. Resenha no *New York Evening Post*, 1915, ibid., p. 159.

21. Daniel Albright, *Modernism and Music: An Anthology of Sources*. Chicago, 2004. p. 170.

22. Ibid., pp. 66-7.

23. Michael Kennedy, *Richard Strauss: Man, Musician, Enigma*. Cambridge: 1999. p. 173.

24. Ibid., p. 173.

25. Piero Weiss, *Opera: A History in Documents*. Nova York: 2002. p. 273.

26. Ibid., p. 274.

27. Michele Girardi, *Puccini: His International Art*. Chicago: 2000. p. 265.

28. Alex Ross, *The Rest is Noise: Listening to the Twentieth Century*. Londres: 2008. pp. 311 e 575.

29. Michele Girardi, op. cit., p. 267.

30. Cecil Gray, *A Survey of Contemporary Music*. Londres: 1924. pp. 240-1.

31. Ibid., p. 241.

18. MODERNIDADE [pp. 514-47]

1. Simone de Beauvoir, *The Second Sex*. Trad. de H. M. Parshley. Nova York: 1980. p. 416. O "sua" da primeira frase é de Sarolta Vay, "Conde Sándor", um travesti feminino comentado por Krafft-Ebbing.

2. Alan Jefferson, *Richard Strauss: Der Rosenkavalier*. Cambridge: 1985. p. 90.

3. Hugo von Hofmmansthal, "Der Rosenkavalier: Zum Geleit" (1927). In: _____. *Hugo von Hofmmansthal: Gesammelte Werke*. v. 5. Frankfurt am Mein: 1979. p. 149.

4. *Journey to the Abyss: The Diaries of Count Harry Kessler 1880-1918*. Org. e trad. de Laird Easton. Nova York: 1911. p. 578.

5. Paul Rosenfeld, *Musical Portraits: Interpretation of Twenty Modern Composeres*. Nova York: 1967, pp. 41-2.

6. Walter Kaufmann (Org.), *The Will to Power*. Trad. de Walter Kaufmann e R. J. Hollingdale. Nova York: 1967. aforismo 834, p. 439.

7. Julius Korngold, cit. em Bryan Gilliam (Org.), *Richard Strauss and His World*. Princeton: 1992. p. 351.

8. Hans Hammelman; Ewald Osers, *The Correspondence between Richard Strauss and Hugo von Hofmmansthal*. Londres: 1961. p. 49.

9. Bryan Gilliam, op. cit., p. 413.

10. Ibid., pp. 414-5.

11. Walter Frisch (Org.), *Schoenberg and His World*. Princeton: 1999. p. 259.

12. Paul Griffiths, *Igor Stravinsky, The Rakes's Progress*. Cambridge: 1982. p. 63.

13. Igor Stravinsky; Robert Craft, *Memories and Commentaries*. Berkeley: 1981. p. 158.

14. Daniel Albright, *Modernism and Music: An Anthologyof Sources*. Chicago: 2004. pp. 124-6.

15. Igor Stravinsky; Robert Craft, op. cit., p. 155.

16. W. H. Auden, "Some Reflecions on Opera as a Medium". *Tempo*, verão 1951, pp. 6-10; aqui 10.

17. Robert Craft; Igor Stravinsky, *Conversations with Igor Stravinsky*. Londres: 2009. p. 75.

19. FALA [pp. 548-76]

1. *Dwight's Journal of Music*, v. 39, 1879, p. 196.

2. Karl Reinhold von Köstlin, *Richard Wagners Tondrama Der Ring des Nibelungen: seine Idee, Handlung, und Komposition*. Tübingen: 1877. p. 86.

3. Hermann Gehrmann, *Carl Maria von Weber*. Berlim: 1899. p. 87.

4. *Allgemeine musikalische Zeiting*, v. 12, 1877, p. 233.

5. Um registro de sua recitação da peça de Edmond Rostand *La Samaritaine* está disponível no YouTube.

6. David Trippett, "Bayreuth in Miniature: "Wagner and the Melodramatic Voice". *Musical Quarterly*, 95 (2012), pp. 71-138.

7. Cit. em Madeleine Goss, *Bolero: The Life of Maurice Ravel*. Nova York: 1945. p. 197.

8. Vladimir Jankélévitch, *Ravel*. Westport (CT): 1976. p. 133.

9. Theodor Adorno; Hanns Eisler, *Composing for the Films* (1947). Londres: 2007. p. 24.

10. *The Survey: A Journal of Constructive Philanthropy*. dez. 1929, p. 634.

11. Susan Cook, *Opera for a New Republic*. Rochester: 1988. p. 201.

12. William H. Seltsam, *Metropolitan Opera Annals: A Chronicle of Artists and Performances*. Nova York: 1947. p. 500.

13. Ernst Krenek, *Horizons Circled*. Berkeley: 1974. p. 26.

14. David Grayson, "Debussy on Stage". In: TREZISE, Simon (Org.). *The Cambridge Companion to Debussy*. Cambridge: 2003. p. 81.

15. Robert Orledge, *Debussy and the Theatre*. Cambridge: 1982. pp. 118-9.

16. Claude Trevor, "Cant in Music". *The Musical Times*, v. 621, 1 ago. 1920, p. 530.

17. Verbete "Strauss", *The New Grove Dictionary of Music and Musicians*. Londres: 2001. v. 24, p. 514.

18. Bryan Gilliam (Org.), *Richard Strauss and His World*. Princeton: 1992. p. 293.

19. Michael Kennedy, "From Casti to *Capriccio*: Strauss's Theatrical Fugue". In: ROSEN, David; BROOK, Claire (Orgs.). *Words on Music: Essays in Honor of Andrew Porter*. Nova York: 2003. pp. 171-91; aqui 190.

20. Robert S. Wistrich, *Who's Who in Nazi Germany*. Londres: 2002. p. 223.

21. Daniel Gregory Mason, *The Art of Music*. v. 9. Nova York: 1916. p. 439.

22. Bernard Stevens, "Czechoslovakia and Poland". In: HARTOG, Howard (Org.). *European Music in the Twentieth Century*. Londres: 1957. p. 303.

23. Marina Frolova-Wlaker, *Russian Music and Nationalism*. New Haven: 2007. p. 212.

24. Ibid., p. 207.

25. Caryl Emerson, "Back to the Future: Chostakóvitch's Revision of Leskov's 'Lady Macbeth of Mtsensk District'". *Cambridge Opera Journal*, 1/1 (1989), pp. 59-78; aqui 69.

26. Ibid., p. 62.

27. Richard Taruskin, *Defining Russia Musically*. Princeton: 1997. p. 504.

28. Ibid., pp. 500-1.

29. Piero Weiss, *Opera: A History in Documents*. Nova York: 2002. p. 302.

30. Ibid., p. 303.

31. Julien Steinberg (Org.), *Verdict of Three Decades: From the Literature of Individual Revolt against Soviet Communism 1917-1950*. Nova York: 1950. pp. 307-8.

1. Wagner a Theodor Uhlig, 20 set. 1850, *Richard Wagner's Letters to his Dresden Friends*. Trad. de J. S. Shedlock. Londres: 1890. pp. 67-8.

2. Max Fehr, *Richard Wagners Schweizer Zeit*. Aarau: 1934-54. v. 2, p. 21.

3. Correspondência entre Wagner e Liszt, mar. 1855.

4. Ibid., 8 maio 1857.

5. *The Diary of Richard Wagner 1865-1882: The Brown Book*. Trad. de George Bird. Londres: 1980. p. 190.

6. David Pountney, "The Future of Opera" (conferência dada no Royal Opera House, 13 fev. 2000); publicada em <http://www.rodoni.ch/OPERN-HAUS/november/intervistapountney.html>.

7. Cit. em David J. Levin, *Unsettling Opera: Staging Mozart, Verdi, Wagner and Zemlinsky*. Chicago: 2007. p. 18 (n. 38).

8. Julian Budden, *The Operas of Verdi*. 3 v. Londres: 1973, 1978, 1981. v. 1, p. 3.

9. Eugenio Gara (Org.), *Carteggi pucciniani*. Milão: 1958. p. 563.

10. Julian Budden, op. cit., v. 2, p. 112.

11. Gundula Kreuzer, *"Zurück zu Verdi*: The 'Verdi Renaissance' and Musical Culture in the Weimar Republic. *Studi verdiani* 13 (1998), pp. 117-54.

12. Richard Taruskin, *Text and Act*. Oxford: 1995.

13. Foi Napoleone Moriani (1806-78); assim identificado em Frank Walker, *The Man Verdi* (1962). Reimpr. Chicago: 1982. p. 88.

14. Essa especulação é feita em Julian Budden, op. cit., v. 3, p. 141.

15. Eugenio Gara, op. cit., p. 563.

16. Donald Mitchell; Philip Reed; Mervyn Cooke (Orgs.), *Letters from a Life: The Selected Letters and Diaries of Benjamin Britten, v. 3 (1946-51)*. Berkeley: 2004. p. 100.

17. Humphrey Carpenter, *Benjamin Britten: A Biography*. Londres: 1992. pp. 193-4.

18. Para um relato sobre a recepção que a ópera teve, veja Philip Brett, *Benjamin Britten: Peter Grimes* (Cambridge: 1983).

19. Paul Kildea (Org.), *Britten on Music*. Oxford: 2003. p. 50.

20. Ibid., p. 50.

21. Ibid., p. 186.

22. Peter Evans, *The Music of Benjamin Britten*. Londres: 1979. p. 253.

23. Mervyn Cooke, "Britten and Shakespeare: *A Midsummer Night's Dream*". In: _____ (Org.). *The Cambridge Companion to Benjamin Britten*. Cambridge: 1999. p. 142.

24. Essa comparativa popularidade provém, novamente, de operabase.com.

25. Richard Langham Smith, *Debussy on Music*. Londres: 1977. p. 164.

26. Todas essas estatísticas estão, mais uma vez, em operabase.com.

27. György Ligeti, *György Ligeti in conversation*. Londres: 1983. p. x.

28. David Beverly, "Klinghoffer and the Art of Composing", entrevista em 25 out. 1995, publicada no site de John Adams. Disponível em: <http://www.earbox.com/intero03.html>. Acesso em: 12 dez. 2009.

29. Edward Said, *Music at the Limits*. Nova York: 2008, p. 136.

Referências bibliográficas

I. INTRODUÇÃO [pp. 21-58]

Histórias completas da ópera não são muito numerosas atualmente. Durante muito tempo, a obra de referência foi o livro *A Short History of Opera* (4. ed., Nova York: Columbia University Press, 2003), de Donald Jay Grout e Hermine Weigel Williams, publicado em 1947. Foi periodicamente atualizado, embora ainda carregue a marca do período musicológico de sua criação, no qual a maior parte das óperas italianas dos séculos XIX e XX eram consideradas suspeitas (para dizer o mínimo). As seções sobre ópera da obra em seis volumes de Richard Taruskin *Oxford History of Western Music* (Oxford: Oxford University Press, 2005) são muito mais atualizadas e confiáveis, sem mencionar o quanto são às vezes estimulantemente controversas. Uma excelente pesquisa recente, embora concentrada nos aspectos sociais da história, é *The Gilded Stage* (Londres: Atlantic, 2009), de Daniel Snowman. No terreno da crítica de ópera, *Opera as Drama* (Berkeley: University of California Press, 1988, ed. rev.), de Joseph Kerman, publicado pela primeira vez em 1956, ainda mantém sua força, apesar de condenar quase toda a ópera do século XVIII — e, implicitamente, grande parte do repertório do século XIX —, o qual Kerman chama de "a era da escuridão". De Gary Tomlinson, *Metaphysical Song* (Princeton: Princeton University Press, 1999), é, de certa forma, uma versão moderna de Kerman, embora com um alcance muito mais amplo. *On Opera* (New Haven: Yale University Press, 2006), de Bernard Williams, é uma reflexão que estimula o pensamento proposta por um grande filósofo.

Outras histórias gerais valiosas incluem: de Lorenzo Bianconi e Giorgio Pestelli (Orgs.), *Opera Production and Its Resources* (Chicago: The University of Chicago Press, 1998), e, dos mesmos autores, *Opera on Stage* (Chicago: The University of Chicago Press, 2002), ambos com uma visão muito ampla da ópera italiana; de John Rosselli, *Singers of Italian Opera: The History of a Profession* (Cambridge: Cambridge University Press, 2007); de Susan Rutherford, *The Prima Donna and Opera, 1815-*

-1930 (Cambridge: Cambridge University Press, 2007); de Thomas Forrest Kelly, *First Nights at the Opera* (New Haven: Yale University Press, 2004); de Roger Parker (Org.), *The Oxford Illustrated History of Opera* (Oxford; Nova York: Oxford University Press, 1994); e de Piero Weissm *Opera: A History in Documents* (Nova York: Oxford University Press, 2002). Os vários dicionários *Grove* oferecem os mais confiáveis registros factuais; o livro *The Penguin Opera Guide* (Londres: Penguin, 2002), de Amanda Holden (Org.), também é excelente.

2. PRIMEIRO CENTENÁRIO DA ÓPERA [pp. 59-92]

The Cambridge History of Seventeenth-Century Music (Cambridge: Cambridge University Press, 2008), de John Burt e Tim Carte (Orgs.), oferece uma introdução atualizada ao período e contém vários bons ensaios sobre ópera. *Music in the Seventeenth Century* (Cambridge: Cambridge University Press, 1987), de Lorenzo Bianconi, continua a ser importante, particularmente na cobertura do cenário italiano. Para o período anterior a 1600, ver *The Birth of Opera* (Oxford: Clarendon, 1993), de Frederik W. Sternfeld. Sobre Monteverdi, em geral, ver especialmente: *The Letters of Claudio Monteverdi* (Cambridge; Nova York: Cambridge University Press, 1980), de Denis Stevens; *Monteverdi and the End of the Renaissance* (Berkeley; Los Angeles: University of California Press, 1987), de Gary Tomlinson; e *The Cambridge Companion to Monteverdi* (Cambridge: Cambridge University Press, 2007), de John Whenham e Richard Wistreich (Orgs.). Diretamente concernentes a óperas de Monteverdi são: *Claudio Monteverdi: Orfeo* (Cambridge: Cambridge University Press, 1986), de John Whenhan, e *Monteverdi's Musical Theatre* (New Haven: Yale University Press, 2002), de Tim Carter. Para a ópera veneziana, a obra padrão é *Opera in the Seventeenth-Century Venice: The Creation of a Genre* (Berkeley: University of California Press, 1991), de Ellen Rosand. Para Cavallia, ver *Cavalli* (Londres: Palgrave Macmillan, 1978), de Jane Glover; para Purcell, ver *Henry Purcell and the London Stage* (Cambridge: Cambridge University Press, 1984), de Curtis Price. A obra de Beth L. Glixon e Jonathan E. Glixon, *Inventing the Business of Opera: The Impresario and His World in Seventeenth-Century Venice* (Nova York: Oxford University Press, 2006), oferece um relato rico em documentação da ópera italiana como negócio, no período.

3. ÓPERA-SÉRIA [pp. 93-118]

Para a *opera seria* italiana no século XVIII, o ponto de partida é *Opera and Sovereignt: Transforming Myths in Eighteen-Century Italy* (Chicago: University of Chicago Press, 2007), de Martha Feldman, que é a mais esmerada tentativa de associar o gênero a correntes intelectuais mais amplas. *Dramma per Music: Italian Opera Seria of the Eighteenth Century* (New Haven: Yale University Press, 2007), de Reinhard Strohm, também é muito bom, enquanto a obra *Naples and Neapolitan Opera* (Oxford: Clarendon, 1972), de Michael F. Robinson, cobre as personalidades menores. *Music & Culture in Eighteenth--Century Europe: A Source Book* (Chicago: University of Chicago Press, 1994), de Enrico Fubini, oferece um valioso compêndio de fontes contemporâneas da ópera. Para saber mais sobre os *castrati*, consultar *The World of the Castrati: The History of an Extraordinary Operatic Phenomenon* (Londres: Souvenir, 1998); de Patrick Barbier, e *Castrati in Opera* (Londres: Secker & Warburg, 1956), de Angus

Heriot. Bons livros panorâmicos sobre Händel incluem *Händel: The Man and His Music* (Londres: Bodley Head, 2008), de Jonathan Keates, e *Händel* (Londres: Thames & Hudson, 2007), de Christopher Hogwood. Sobre as óperas de Händel, a obra de referência é *Händel's Opera* (v. 1, Oxford: Oxford University Press, 1987; v. 2, Woolbridge: Boydell, 2006), de Winton Dean; ver também Reinhard Strohm, *Essays on Händel and Italian Opera* (Cambridge: Cambridge University Press, 1985).

4. DISCIPLINA [pp. 119-47]

A General History or Music: From the Earliest Ages to Present Period (Londres: [s.n.], 1776-89) e *The Present State of Music in France and Italy* (Londres: T. Becket & Co., 1773), ambos de Charles Burney, oferecem maravilhosos pontos de vista contemporâneos sobre a ópera (e a história da ópera). Para uma história geral do período com amplo contexto cultural, ver, de Daniel Heartz, *From Garrick to Gluck: Essays on Opera in the Age of Enlightenment* (Hillsdale: Pedragon, 2004, org. de John A. Rice). *Aesthetics of Opera in the Ancien Régime, 1647-1785* (Cambridge: Cambridge University Press, 2002), de Downing A. Thomas, é bom para o contexto francês. Sobre Gluck, ver, de Bruce Alan Brown, *Gluck and the French Theatre in Vienna* (Oxford: Clarendon, 1991); *insights* úteis também se encontram na obra de Ernest Newman *Gluck and Opera: A Study in Musical History* (Londres: B. Dobell, 1895). Sobre *Orfeo*, ver, de Patricia Howard, *C. W. Gluck: Orfeo* (Cambridge: Cambridge University Press, 1981); sobre a receptividade a Gluck no século XIX, ver, de Simon Goldhill, *Victorian Culture and Classical Antiquity: Art, Opera, Fiction, and the Proclamation of Modernity* (Princeton: Princeton University Press, 2011). Sobre Rameau, ver, de Charles Dill, *Monstrous Opera: Rameau and the Tragic Tradition* (Princeton: Princeton University Press, 1998). Para livros genéricos sobre Mozart, ver a bibliografia do capítulo 5; para *Idomeneo* em particular, ver, de Julian Rushton, *W. A. Mozart: Idomeneo* (Cambridge: Cambridge University Press, 1993).

5. A ÓPERA-BUFA E A LINHA DE BELEZA DE MOZART [pp. 148-77]

O cenário intelectual que ajudou a formar as comédias maduras de Mozart tem sido tema de vários excelentes livros. Ver em particular *Mozart's Operas* (Berkeley; Los Angeles: University of California Press, 1990), de Daniel Heartz, com a contribuição de ensaios de Thomas Bauman; *The Culture or Opera Buffa in Mozart's Vienna* (Princeton: Princeton University Press, 1999), de Mary Hunter; e *Opera and the Enlightenment* (Cambridge: Cambridge University Press, 2006), de Thomas Bauman e Marita Petzoldt McClymonds (Orgs.). Para discussões conceituais das óperas, ver *Mozart and His Operas* (Londres: Penguin, 2006), de David Cairns; *Autonomy and Mercy: Reflections on Mozart's Operas* (Cambridge, MA: Harvard University Press, 1991, trad. de Marion Faber e Ivan Nagel), de Ivan Nagel; *The Mozart-Da Ponte Operas: Cultural and Musical Background to Le nozze di Figaro, Don Giovanni, and Così fan tutte* (Oxford: Oxford University Press, 1988), de Andrew Steptoe; e *Mozart and the Enlightenment: Truth, Virtue and Beauty in Mozart's Operas* (Londres: Faber & Faber, 1992), de Nicholas Till. Para livros inteiros dedicados a análises de óperas individuais de Da Ponte, ver: *W. A. Mozart: Le nozze di Figaro* (Cambridge: Cambridge University Press, 1987), de Tim Carter; *The Don Giovanni Moment: Essays on the Legacy of an Opera* (Nova York: Oxford University Press, 2006), de Lydia Goehr e Daniel Herwitz (Orgs.); *W. A. Mozart: Don Giovanni* (Cambridge: Cambridge University Press, 1981), de Julian Rushton; e *W. A. Mozart: Così fan tutte* (Cambridge: Cambridge University Press, 1995), de Bruce Alan Brown.

6. CANTO E FALA ANTES DE 1800 [pp. 178-201]

A melhor introdução geral a esses temas estão nos capítulos dedicados ao assunto na obra de John Warrack *German Opera: From the Beginnings to Wagner* (Cambridge: Cambridge University Press, 2001). Para estudos mais detalhados da paisagem operística alemã, ver *North German Opera in the Age of Goethe* (Cambridge: Cambridge University Press, 1985), de Thomas Bauman, e *Musical Listening in the German Enlightenment* (Aldershot: Ashgate, 2004), de Matthew Riley. Para a perspectiva francesa, ver *Grétry and the Growth of Opéra comique* (Cambridge: Cambridge University Press, 1986), de David Charlton. Em acréscimo à literatura geral sobre Mozart mencionada na bibliografia do capítulo 5, entre os livros que tratam particularmente das óperas alemãs de Mozart estão: *W. A. Mozart: Die Entführung aus dem Serail* (Cambridge: Cambridge University Press, 1987), de Thomas Bauman; *W.A.Mozart: Die Zauberflöte* (Cambridge: Cambridge University Press, 1991), de Peter Branscombe; e *Magic Flutes and Enchanted Forests: The Supernatural in Eighteenth--Century Musical Theater* (Chicago: University of Chicago Press, 2008), de David Buch.

7. O PROBLEMA ALEMÃO [pp. 202-24]

Richard Wagner's Visit to Rossini (Chicago: University of Chicago Press, 1968), de Edmond Michotte, é o mais confiável relato do fatídico encontro entre esses dois compositores. A melhor introdução geral a Beethoven é de Lewis Lockwood, *Beethoven: The Music and the Life* (Nova York: W.W. Norton, 2003). *The Cambridge Companion to Beethoven* (Cambridge: Cambridge University Press, 2000), de Glen Stanley, oferece uma confiável introdução à música; para *Fidelio* em particular, ver *Ludwig van Beethoven: Fidelio* (Cambridge: Cambridge University Press, 1996), de Paul Robinson. Para o contexto francês, ver *Music and the French Revolution* (Cambridge: Cambridge University Press, 1992), de Malcolm Boyd (Org.); *Backstage at the Revolution. How the Royal Paris Opera Survived the End of the Old Regime* (Chicago: University of Chicago Press, 2008), de Victoria Johnson; e *French Music from the Enlightenment to Romanticism 1789-1830* (Portland: Amadeus Press, 1996), de Jean Mongrédien. Para Cherubini, a fonte em língua inglesa é ainda *Cherubini* (Londres: Oxford University Press, 1965), de Basil Deane. Há dois excelentes compêndios sobre E. T. A. Hoffmann: *E. T. A. Hoffmann's Musical Aesthetics* (Aldershot: Ashgate, 2006), de Abigail Chantier, e *E. T. A. Hoffmann's Musical Writings* (Cambridge: Cambridge University Press, 1989), de David Charlton. A melhor introdução geral a Weber continua sendo de John Warrack, *Carl Maria von Weber* (2. ed., Cambridge: Cambridge University Press, 1976). Mais especificamente sobre suas óperas são: *Euryanthe and Carl Maria von Weber's Dramaturgy of German Opera* (Oxford: Clarendon, 1991), de Michael C. Tusa, e *Carl Maria von Weber and the Search for a German Opera* (Bloomington: University of Indiana Press, 2003), de Stephen C. Meyer.

8. ROSSINI E TRANSIÇÃO [pp. 225-53]

Pode-se encontrar uma boa introdução geral ao período nos capítulos dedicados ao assunto na obra *Italian Opera* (Cambridge: Cambridge University Press, 1994), de David Kimbell. *Rossini* (2. ed., Oxford: Oxford University Press, 2007), de Richard Osborne, é a melhor descrição da vida e de suas obras, embora o livro de Herbert Weinstock *Rossini: A Biography* (Nova York: Alfred A. Knopf, 1968) contenha abundante informação documental. De Stendhal (Henri Beyle), *Life of Rossini* (Londres: John Calder, 1956, trad. de Richard N. Coe) é altamente idiossincrático (e por vezes pouco confiável), mas também cheio de paixão e de deleitosos excessos. Opiniões eruditas recentes estão reunidas na obra de Emanuele Senici *The Cambridge Companion to Rossini* (Cambridge: Cambridge University Press, 2004).

9. O TENOR ASSUME A MAIORIDADE [pp. 254-81]

The Opera Industry in Italy from Cimarosa to Verdi: The Role of the Impresario (Cambridge: Cambridge University Press, 1984), de John Rosselli, apresenta uma excelente introdução à "indústria" da ópera italiana; assim como, do mesmo autor, *Music and Musicians in Nineteenth-Century Italy* (Londres: Batsford, 1991) mostra mais amplamente o cenário cultural. Para Donizetti, o ponto de partida é *Donizetti* (Cambridge: Cambridge University Press, 1982), de William Ashbrook; *Donizetti* (Londres: Metheun & Co., 1964), de Herbert Weinstock, tem mais informações sobre o *milieu* de Donizetti. A vida de Bellini é tratada sucintamente no livro de John Rosselli *The Life of Bellini* (Cambridge: Cambridge University Press, 1996), enquanto a obra *Vincenzo Bellini: Norma* (Cambridge: Cambridge University Press, 1998), de David Kimbell, oferece uma boa introdução à ópera mais famosa de Bellini. Para um estimulante relato sobre um gênero específico nesse repertório, ver *Landscape and Gender in Italian Oper: The Alpine Virgin from Bellini to Puccini* (Cambridge: Cambridge University Press, 2009), de Emanuele Senici. Para fascinantes *insights* da linguagem musical-gestual, ver *Mimomania: Music and Gesture in Nineteenth-Century Opera* (Berkeley: University of California Press, 2004), de Mary Ann Smart.

10. O JOVEM VERDI [pp. 282-303]

O relato clássico sobre as óperas de Verdi continua a ser o magnífico estudo em três volumes de Julian Budden *The Operas of Verdi* (Londres: Cassell & Co., 1973, 1978, 1981), o primeiro dos quais nos leva a *Rigoletto*. A abordagem do mesmo autor em um só volume na série Master Musicians, *Verdi* (3. ed., Oxford: Oxford University Press, 2008), inclui também uma seção biográfica. Para um relato mais breve da vida e da obra de Verdi, ver *The New Grove Guide to Verdi and His Operas* (Oxford: Oxford University Press, 2007), de Roger Parker. A biografia clássica continua a ser a de Frank Walker, *The Man Verdi* (Londres: J. M. Dent & Sons, 1962), embora a curta *Life of Verdi* (Cambridge: Cambridge University Press, 2000), de John Rosselli, seja mais atualizada. *Verdi: A Documentary Study* (Londres: Thames & Hudson, 1977), de William Weaver, oferece um excelente compêndio de evidências pictóricas. *The Cambridge Companion to Verdi* (Cambridge: Cambridge University Press,

2004), de Scott Balthazar (Org.), é em geral confiável. Volumes dedicados às primeiras óperas em particular incluem *The Story of Giuseppe Verdi* (Cambridge: Cambridge University Press, 1980), de Gabriele Baldini; *Verdi in the Age of Italian Romanticism* (Cambridge: Cambridge University Press, 1985), de David R. B. Kimbell, e *Verdi's Macbeth: A Sourcebook* (Nova York: W. W. Norton, 1984), de David Rosen e Andrew Porter.

11. A GRANDE ÓPERA [pp. 304-34]

Há vários livros genéricos estimulantes e atualizados sobre a *grand opéra* francesa, que é, assim parece, muito mais popular entre os musicólogos do que entre os administradores de casas de ópera e plateias. Entre os melhores estão: *The Cambridge Companion to Grand Opera* (Cambridge: Cambridge University Press, 2003), de David Charlton; *The Nation's Image: French Grand Operas as Politics and Politicized Art* (Cambridge; Londres: Cambridge University Press, 1987), de Jane Fulcher; *The Urbanization of Opera: Music Theater in Paris in the Nineteenth Century* (Chicago: University of Chicago Press, 1998), de Anselm Gerhard, e *French Grand Opera and the Historical Imagination* (Cambridge: Cambridge University Press, 2009), de Sarah Hibberd. *Rossini in Restoration Paris: The Sound of Modern Life* (Cambridge: Cambridge University Press, 2007), de Benjamin Walton, é excelente para o contexto cultural na última fase operística de Rossini. Berlioz também está muito bem servido: ver especialmente a bela biografia em dois volumes *Berlioz* (Londres: A. Deutsch, 1989; Londres: Penguin, 1999), e, do mesmo autor, a edição de *Memoirs of Hector Berlioz* (Londres: Gollancz, 1969). Um relato com extensão de livro sobre a maior *grand opéra* de Berlioz pode ser encontrado na obra de Ian Kemp *Hector Berlioz: Les Troyens* (Cambridge: Cambridge University Press, 1989). Sobre Meyerbeer, ver *Giacomo Meyerbeer: A Life in Letters* (Londres: Helm, 1989), de Heinz Becker e Gudrun Becker, e *Giacomo Meyerbeer and Music Drama in Nineteenth-Century Paris* (Aldershot: Ashgate, 2005), de Mark Everist. Uma variedade de contextos culturais são explorados no livro de Mark Everist e Annegret Fauser (Orgs.) *Music, Theatre, Cultural Transfer: Paris, 1830-1914* (Chicago: University of Chicago Press, 2009). *Opera in the Novel from Balzac to Proust* (Cambridge: Cambridge University Press, 2011), de Cormac Newark, apresenta um fascinante percurso por citações de óperas em romances.

12. O JOVEM WAGNER [pp. 335-61]

Os que quieserem explorar a biografia de Wagner vão encontrar um campo repleto de obras famosas. Editado por William Ashton Ellis, *Richard Wagner's Prose Works* (Londres: Kegan Paul, Trench, Trübner & Co., 1892-1912) oferece, em oito volumes, uma tradução não muito datada das mais importantes obras em prosa. São também valiosas as obras *My Life* (Cambridge: Cambridge University Press, 1983, trad. para o inglês de Andrew Gray), de Richard Wagner, e *Selected Letters of Richard Wagner* (Nova York: Norton, 1988), de Stewart Spencer e Barry Millington. A obra clássica para a biografia de Wagner continua sendo *The Life of Richard Wagner* (Cambridge: Cambridge University Press, 1976, 4 v.), de Ernest Newman, embora haja tratamentos mais breves e confiáveis em *Richard Wagner: A Biography* (Londres: J. M. Dent & Sons, 1979), de Derek Watson, e em *The Wagner Compendium: A Guide to Wagner's Life and Music* (Londres: Thames & Hudson, 1992), de Barry Millington

(Org.). Há numerosos volumes recentes de ensaios escolhidos: *The Wagner Handbook* (Boston: Houghton Mifflin, 1992), de Ulrich Müller e Peter Wapnewski; *The Cambridge Companion to Wagner* (Cambridge: Cambridge University Press, 2008), de Thomas S. Grey, e, do mesmo autor, *Wagner and His World* (Princeton: Princeton University Press, 2009). São inúmeras também as monografias sobre o compositor e suas óperas. Entre as mais instigantes estão: *In Search of Wagner* (Londres: New Left Books, 1981, trad. para o inglês de Rodney Livingstone), de Theodor Adorno; *Richard Wagner's Music Dramas* (Cambridge; Nova York: Cambridge University Press, 1979), de Carl Dahlhaus; *Wagner* (Londres: HarperCollins, 1996), de Michael Tanner; *Richard Wagner: The Last of the Titans* (Londres; New Haven: Yale University Press, 2004), de Joachim Köhler; e *Wagner beyond Good and Evil* (Berkeley: University of California Press, 2008), de John Deathridge. *Richard Wagner: Der fliegende Holländer* (Cambridge: Cambridge University Press, 2000), de Thomas S. Grey, oferece uma abordagem com a dimensão de um livro de uma das primeiras óperas. *Wagner and the Art of the Theatre* (New Haven: Yale University Press, 2006), de Patrick Carnegy, é o melhor relato recente da história da encenação de obras de Wagner.

13. ÓPERA-CÔMICA, O CADINHO [pp. 362-89]

Uma boa introdução geral ao período, com muita coisa sobre *opéra comique*, é oferecida na obra de Hervé Lacombe *The Keys to French Opera in the Nineteenth Century* (Berkeley: University of California Press, 2001). Para Bizet, o relato mais confiável da vida e das obras continua sendo o de Winton Dean, *Bizet* (3. ed., Londres: J. M. Dent & Sons, 1975); ver também *Bizet and His World* (Nova York: Vienna House, 1974) de Mina Curtis. Sobre a ópera mais famosa de Bizet, ver *Goerges Bizet: Carmen* (Cambridge: Cambridge University Press, 1992), de Susan McClary. Sobre Offenbach, a melhor introdução geral ainda é a de Siegfried Kracauer, *Offenbach and the Paris of His Time* (Londres: Constable and Co., 1937); ver também *Jacques Offenbach* (Boston; Londres: Faber & Faber, 1980), de Alex Faris, e *Mad Loves: Women and Music in Offenbach's "Les Contes d'Hoffmann"* (Princeton: Princeton University Press, 2000), de Heather Hadlock.

14. O VELHO WAGNER [pp. 390-424]

(Para livros sobre Wagner em geral, ver a bibliografia do capítulo 12.) *The Birth of Tragedy and the Case of Wagner* (Nova York: Vintage, 1967, trad. para o inglês com comentários de Walter Kaufmann), de Friedrich Nietzsche, apresenta os textos originais de uma famosa controvérsia. Para livros que abordam especificamente as obras mais tardias, ver: *Richard Wagner: Die Meistersinger von Nürnberg* (Cambridge: Cambridge University Press, 1994), de John Warrack; *The Death-Devoted Heart: Sex and the Sacred in Wagner's Tristan and Isolde* (Nova York: Oxford University Press, 2004), de Roger Scruton; *Richard Wagner: Tristan und Isolde* (Cambridge: Cambridge University Press, 2011), de Arthur Groos; e *Opera and Modern Culture: Wagner and Strauss* (Berkeley: University of California Press, 2004), de Lawrence Kramer.

(Para livros sobre Verdi em geral, ver a bibliografia do capítulo 10.) O segundo e o terceiro volumes da obra de Julian Budden *The Operas of Verdi* (Londres: Cassell 81 Co., 1978, 1981) cobrem as óperas deste último período. Para livros que tratam especificamente das obras mais tardias, ver: *Verdi's "Aida": The History of an Opera in Letters and Documents* (Minneapolis, 1978), de Hans Busch, e, do mesmo autor, *Verdi's "Otello" and "Simon Boccanegra" in Letters and Documents* (Oxford: Clarendon, 1988, 2 v.); *Giuseppe Verdi: Otello* (Cambridge, 1987), de James Hopokoski, e, do mesmo autor, *Giuseppe Verdi: Falstaff* (Cambridge, 1983). *Interviews and Encounters with Verdi* (Londres: Gollancz, 1984), de Marcello Conati, provê um fascinante relato da maneira pela qual Verdi projetou sua imagem a jornalistas e outros na segunda metade de sua carreira. De Gundula Kreuzer, *Verdi and the Germans: From Unification to the Third Reich* (Cambridge: Cambridge University Press, 2010) apresenta um relato revelador de como Verdi foi recebido na Alemanha de 1870 em diante.

Três excelentes livros recentes sobre o contexto operístico russo são: *Defining Russia Musically* (Princeton: Princeton University Press, 1997), de Richard Taruskin; *Russian Music and Nationalism* (New Haven: Yale University Press, 2007), de Marina Frolova-Wlaker; e *On Russian Music* (Berkeley: University of California Press, 2009), de Richard Taruskin. Para Musorgsky em geral, ver *The Life of Musorgsky* (Cambridge: Cambridge University Press, 1999), de Caryl Emerson. Para *Boris*, especificamente, ver *Modest Musorgsky and Boris Godunov: Myths, Realities, Reconsiderations* (Cambridge: Cambridge University Press, 1994), de Caryl Emerson e Robert W. Oldani. Para introduções gerais a três importantes compositores de ópera do *fin de siècle*, ver: *Tchaikovsky: The Man and His Music* (Nova York: Pegasus, 2007), de David Brown; *The Operas of Charles Gounod* (Oxford: Clarendon, 1990), de Stephen Huebner; e *Massenet: A Chronicle of His Life and Times* (Portland: Amadeus Press, 1994), de Demar Irvine. *The Autumn of Italian Opera: From Verismo to Modernism, 1890-1915* (Chicago: Northeastern, 2007), de Alan Mallach, oferece uma boa introdução à fase pós-Verdi da ópera italiana. Para Puccini, especificamente, ver: *The Operas of Puccini* (Ithaca; Nova York: Cornell University Press, 1985), de William Ashbrook; *Puccini: A Critical Biography* (Londres: Duckworth, 1974), de Mosco Carner; *Puccini: His International Art* (Chicago: University of Chicago Press, 2000), de Michele Girardi; *Puccini: His Life and Works* (Oxford: Oxford University Press, 2002), de Julian Budden; e *The Puccini Problem: Opera, Nationalism and Modernity* (Cambridge: Cambridge University Press, 2007), de Alexandra Wilson. Duas das primeiras óperas de Puccini são tratadas com extensão de livro em *Giacomo Puccini: La bohème* (Cambridge: Cambridge University Press, 1986), de Arthur Groos e Roger Parker, e *Giacomo Puccini: Tosca* (Cambridge: Cambridge University Press, 1985), de Mosco Carner.

O efeito de Wagner é discutido na obra de David C. Large e William Weber (Orgs.) *Wagnerism in European Culture and Politics* (Ithaca; Londres: Cornell University Press, 1984). Para uma França obcecada com Wagner, o melhor lugar para se começar é *French Opera at the "Fin de Siècle": Wagnerism, Nationalism, and Style* (Oxford: Oxford University Press, 1999), de Steven Huebner; ver também *Debussy and Wagner* (Londres: E. Eulenburg, 1979), de Robin Holloway. Muitos dos escritos de Debussy estão reunidos na obra organizada por François Lesure *Debussy on Music* (Ithaca: Cornell University Press, 1988). Livros recentes de autores múltiplos sobre o compositor incluem: *Debussy and His World* (Princeton: Princeton University Press, 2001), de Jane Fulcher (Org.), e *The Cambridge Companion to Debussy* (Cambridge: Cambridge University Press, 2003), de Simon Trezise (Org.). *Debussy and the Theatre* (Cambridge: Cambridge University Press, 1982), de Robert Orledge, é uma valiosa introdução aos mais amplos entusiasmos do compositor pelo teatro. Livros dedicados a sua grande ópera incluem: *The Genesis of Debussy's "Pelléas et Mélisande"* (Ann Arbor: UMI Research Press, 1986), de David Grayson, e *Claude Debussy: "Pelléas et Mélisande"* (Cambridge: Cambridge University Press, 1989), de Roger Nichols e Richard Langham Smith. Introduções gerais a Strauss incluem: *Richard Strauss: Man, Musician, Enigma* (Cambridge: Cambridge University Press, 1999), de Michael Kennedy; *Richard Strauss and His World* (Princeton: Princeton University Press, 1992), de Bryan Gilliam (Org.). Para relatos mais profundos sobre seus dois primeiros sucessos operísticos, ver: *Richard Strauss: Salome* (Cambridge: Cambridge University Press, 1989), de Derrick Puffet, e, do mesmo autor, *Richard Strauss: Elektra* (Cambridge: Cambridge University Press, 1990). Para Bartók, ver *Bartók and His World* (Princeton: Princeton University Press, 1995), de Peter Laki (Org.), e *Inside Bluebeard's Castle: Music and Drama in Béla Bartók's Opera* (Oxford; Nova York: Oxford University Press, 1999), de Carl S. Leafstedt. Para a rica atmosfera pós-wagneriana em Viena, ver *Fin-de-Siècle Vienna: Politics and Culture* (Nova York: Alfred A. Knopf, 1980), de Carl Schorske. Sobre Schoenberg, ver *A Schoenberg Reader: Documents of a Life* (New Haven: Yale University Press, 2003), de Joseph Auner, e *Schoenberg and the New Music* (Cambridge: Cambridge University Press, 1987) de Carl Dahlhaus. Para Janáček, ver: *Czech Opera* (Cambridge: Cambridge University Press, 2005), de John Tyrrell, e *Janáček's Operas: A Documentary Account* (Londres: Faber & Faber, 1992), do mesmo autor; e também *Janáček and His World* (Princeton: Princeton University Press, 2003), de Michael Beckerman.

18. MODERNIDADE [pp. 514-47]

Para uma introdução e para fontes contemporâneas referentes ao início do Modernismo, ver: *Untwisting the Serpent: Modernism in Music, Literature, and Other Arts* (Chicago: University of Chicago Press, 2000), de Daniel Albright, e *Modernism and Music: An Anthology of Sources* (Chicago: University of Chicago Press, 2004), do mesmo autor; e *Early Modernism: Literature, Music and Painting in Europe 1900-1916* (Oxford: Oxford University Press, 1994), de Christopher Butler. A literatura genérica sobre Strauss está listada na bibliografia do capítulo 17. Para *Rosenkavalier*, ver *The Correspondence between Richard Strauss and Hugo von Hofmannsthal* (Londres, 1961), de Hans Hammelman e Ewald Osers, e *Richard Strauss: Der Rosenkavalier* (Chicago: University of Chicago Press, 1985), de Allan Jefferson. Para Berg em geral, ver *The Cambridge Companion to Berg* (Cambridge: Cambridge University Press, 1997), de Anthony Pople. Para *Wozzeck*, ver *Alban Berg: Wozzeck* (Cambridge: Cambridge University Press, 1989), de Douglas Jarman; análises ainda mais profundas de ambas as óperas de Berg (enfaticamente, não para os de bom coração) são apresentadas na obra em dois volumes *The Operas of Alban Berg*, de George Perle. (Berkeley: California University Press, 1980, 1989). *Stravinsky:*

The Second Exile — France and America, 1934-1971 (Londres: Ionathan Cape, 2006), de Stephen Walsh, oferece um contexto biográfico para *The Rake's Progress*. Ver também *The Cambridge Companion to Stravinsky* (Cambridge: Cambridge University Press, 2003), de Jonathan Cross, e *Igor Stravinsky: The Rake's Progress* (Cambridge: Cambridge University Press, 1982), de Paul Griffiths.

19. FALA [pp. 548-76]

The Rest is Noise: Listening to the Twentieth Century (Londres, 2008), de Alex Ross, oferece uma criteriosa e agradável introdução a este período e seus descontentamentos. Sobre Ravel, ver *Ravel* (Londres: John Calder, 1959), de Vladimir Jankélévitch, uma visão individual e altamente poética do compositor, que vale a pena ler. *The Cambridge Companion to Ravel* (Cambridge: Cambridge University Press, 2000), de Deborah Mawer, é um compêndio recente. Sobre Weil e Krenek, ver: *Music and Performance during the Weimar Republic* (Cambridge: Cambridge University Press, 1994), de Bryan Gilliam (Org.); *Speak Low (When You Speak of Love): The Letters of Kurt Weil and Lotte Lenya* (Berkeley: University of California Press,1996), de Lys Symonette e Kim H. Kowalke (Orgs.); *Kurt Weil: The Threepenny Opera* (Cambridge: Cambridge University Press, 1990), de Stephen Hinton; *Horizons Circled: Reflections on My Life in Music* (Berkeley: University of California Press, 1974), de Ernst Krenek; e *Ernst Krenek: The Man and His Music* (Berkeley: University of California Press, 1991), de John L. Stewart. Sobre Shostakovitch, ver: *Chostakóvitch in Context* (Oxford: Oxford University Press, 2000), de Rosamund Bartlett; *Chostakóvitch: A Life* (Oxford: Oxford University Press, 1999), de Laurel Fay, e, da mesma autora, *Chostakóvitch and His World* (Princeton: Princeton University Press, 2004).

20. ESTAMOS SÓS NA FLORESTA [pp. 577-611]

Para uma série de ensaios (na maior parte) otimistas sobre todo o último século da ópera, ver *The Cambridge Companion do Twentieth-Century Opera* (Cambridge: Cambridge University Press, 2005), de Mervin Cooke. Sobre tendências recentes na produção de ópera, ver: *Opera on Screen* (New Haven: Yale University Press, 2000), de Marcia Citron; *Believing in Opera* (Londres: Faber & Faber, 1996), de Thomas Sutcliffe; e *Unsettling Opera: Staging Mozart, Verdi, Wagner, and Zemlinsky* (Chicago: University of Chicago Press, 2007), de David J. Levin. Livros sobre Britten em geral incluem o de Humphrey Carpenter, *Benjamin Britten: A Biography* (Londres: Faber & Faber, 1992), e o de Mervyn Cooke, *The Cambridge Companion to Benjamin Britten* (Cambridge: Cambridge University Press, 1999). Uma visão cética é encontrada em *Brfitten's Unquiet Pasts: Sound and Memory in Postwar Reconstruction* (Cambridge: Cambridge University Press, 2012), de Heather Wiebe. Sobre *Peter Grimes*, ver *Benjamin Britten: Peter Grimes* (Cambridge: Cambridge University Press, 1983), de Philip Brett. A literatura sobre John Adams está aumentando; ver especialmente *The John Adams Reader: Essential Writings on an American Composer* (Pompton Plains: Amadeus, 2006), de Thomas May (Org.).

Índice remissivo

barítono, voz de, 35, 39, 43, 45, 89, 116, 155, 159, 174, 189-90, 213, 216, 218, 259, 262-4, 271, 274, 290-1, 293-5, 299-300, 311, 326, 341, 343, 349, 353-4, 376, 381, 399-400, 405, 415, 429, 435-6, 442, 447-9, 462, 466, 472, 474, 479, 487-8, 495, 497, 500, 505, 512, 530, 533, 537, 542, 554, 557-8, 562, 565, 578-9, 594, 599; surgimento do barítono dramático, 259; *ver também* baixo, voz de

Bartók, Béla: *Castelo do Barba-azul*, 504, 505, 506

Bartoli, Cecilia, 142

barulho, 83, 139, 140, 254, 290-1, 327, 352, 355, 436, 465, 475; e turbulência do público, 83, 129; sinos, 356, 456, 459, 478, 486

Bastien und Bastienne (Mozart), 158, 185

Baudelaire, Charles, 336, 337

Bausch, Pina, 134

Bayreuth, 53, 56, 191, 391, 406, 407, 417, 422, 460, 484, 485, 490, 494

Beatrice di Tenda (Bellini), 275

Beaumarchais, Pierre-Augustin Caron de, 157, 158, 164, 165, 465; *La Folle Journée, ou Le Mariage de Figaro*, 157; *La Mère coupable, ou L'Autre Tartuffe*, 157

Beauvoir, Simone de, 517

Beecham, Sir Thomas, 467, 489, 495, 518

Beethoven, Ludwig van, 140, 181, 202-10, 220, 224, 226, 246, 321, 349, 519, 535, 582, 607; e Bouilly, 211; e *Die Zauberflöte*, de Mozart, 201; e Napoleão, 226; e Rossini, 206, 309, 314; *Fidelio*, 181, 202, 203, 204, 205, 207, 211, 212, 226, 246, 537; *Leonore*, aberturas, 204; *Sinfonia Pastoral*, 220; Sonata op. 27, nº 2 ("Sonata ao luar"), 140; tutorado por Salieri, 209

Beggar's Opera, The (Gay), 116

Beineix, Jean-Jacques: *Diva* (filme), 29

bel canto, 55, 151, 262, 301, 309, 339, 343, 344, 445, 460, 524, 536, 537, 539, 546

Belasco, David, 551

Bellaigue, Camille, 445, 482

Bellerofonte (Nolfi), 85

Bellini, Vincenzo, 117, 227, 259, 261, 270, 273-84,

287, 303, 309, 328, 344-5, 355, 366, 425, 426, 471, 571, 582, 584, 603; *Capuleti e i Montecchi, I*, 275, 344; e Wagner; influência em Wagner, 345; Wagner sobre Bellini, 278, 281, 344, 355; influência em Chopin, 281; *Norma*, 275, 276, 278, 279, 281, 425, 584; *Pirata, Il*, 273, 274, 275, 276; *Puritani, I*, 278, 279, 280, 281; sobre Ungher, 263; *Sonnambula, La*, 275, 425; *Straniera, La*, 273, 275; Verdi sobre, 277

Benatzky, Ralph, 585

Benda, Georg, 180, 194, 195, 196; *Ariadne auf Naxos*, 194; *Medea*, 194, 196; *Melodram*, 195; *Romeo und Julie*, 180

Benvenuto Cellini (Berlioz), 321

Berg, Alban: e filmes, 553; *Lulu*, 37, 532-7, 549, 553, 590; *Wozzeck*, 532-41, 550, 570, 590, 598- -9, 606, 607

Berio, Luciano: *La vera storia*, 584, 606; *Un re in ascolto*, 606

Berlioz, Hector, 137, 147, 321-3, 328, 333, 369- -72, 583; admiração por Méhul, 210; *Benvenuto Cellini*, 321; e a *grand opéra*, 321; e *Der Freischütz*, de Weber, 216, 321; e Meyerbeer, 317, 321; influência de Gluck, 120; *Mémoires*, 120; *revival* de *Orfeo*, de Gluck, 120; sobre *opéra comique*, 369; *Soirées de l'orchestre*, *Les* (livro), 210; *Troyens, Les*, 321, 322, 323, 333, 369, 522

Bernardi, Francescover Senesino, 97

Bernhardt, Sarah, 550

Besuch der alten Dame, Der (Von Einem), 586

Billy Budd (Britten), 597, 601, 603

Bismarck, príncipe Otto von, 382

Bizet, Georges, 181-2, 216, 324, 337, 350, 364, 368, 380-7, 471, 585; *Carmen*, 182, 216, 254, 305, 350, 364, 368, 373, 376-88, 394, 439, 451, 464-5, 486, 548, 583, 593; *Djamileh*, 380; *Don Procopio*, 380; *Ivan IV*, 380; *La Guzla de l'emir*, 380; *Les Pêcheurs des perles*, 380

Bocelli, Andrea, 255

Bodas de Fígaro, As ver *Nozze di Figaro, Le* (Mozart)

Bohème, La (Puccini), 41, 474-8, 485, 516, 587, 596

Boieldieu, Adrien: *La Dame blanche*, 218, 366

Boito, Arrigo, 442, 443, 444, 445; *Mefistofele*, 443

Bolshoi, Teatro (Moscou), 462, 463, 567, 569

Bordoni, Faustina, 97

Boris Godunov (Musorgsky), 455, 456, 483, 567, 583

Borough, The (Crabbe), 598

Bouilly, Jean-Nicolas, 211; *Léonore, ou l'Amour conjugal*, 204

Boulez, Pierre, 482, 588, 605

Bourbon, restaurações dos, 309

Brahms, Johannes, 483, 535

Brandes, Charlotte, 194

Brecht, Bertolt, 512, 527, 557, 558, 570, 573; *Die Dreigroschenoper*, 557, 558

Breuer, Josef, 499

Britten, Benjamin, 596-608; *Albert Herring*, 608; *Billy Budd*, 597, 601, 603; *Midsummer Night's Dream, A*, 597, 601, 603; *Morte em Veneza*, 597; *Owen Wingrave*, 597; *Peter Grimes*, 596, 600, 604; *Turn of the Screw, The*, 597, 601

Broschi, Carlo *ver* Farinelli

Brosses, Charles de, 126, 129, 153

Bruckner, Anton, 336, 483

Büchner, Georg, 533, 536

Budden, Julian, 589

budismo, 418

Buenos Aires, 256, 366, 586

Bülow, Cosima von (depois Cosima Wagner), 281, 391, 494

Bülow, Hans von, 391, 494

Bulwer-Lytton, Edward, primeiro barão Lytton, 339

Burney, Charles, 121, 128, 136, 141

Busby, Thomas, 154

Busenello, Giovanni Francesco, 79

Busoni, Ferruccio: *Doktor Faust*, 43, 534

Caccini, Giulio, 64, 65, 66, 74, 83

Calcutá, 225, 256, 366

Callas, Maria, 132, 281, 548

Calvé, Emma, 388

Calvino, Italo, 606

Calzabigi, Ranieri de', 119, 130, 134-41, 146; *Orfeo ver Orfeo ed Euridice*

Camerata, 66

canções estróficas, 217, 522

cantabile, 232, 237, 238, 271

cantores de ópera, 23, 30, 95, 580, 604; adequação da voz ao personagem, 296; articulação verbal de, 23; e a profissão do canto, 94; e atração física, 32; histeria envolvendo, 130; salários dos cantores principais, 307; virtuosismo vocal, 75; *ver também cantores específicos*

Capecelatto, Vincenzo: *David Riccio*, 425

Čapek, Karel, 566

Capela Sistina, 98, 99

Capriccio (Strauss), 22, 562, 563, 576

Capriccio sinfonico (Puccini), 476

Capuleti e i Montecchi, I (Bellini), 275, 344

Carlos I, rei da Inglaterra, 91

Carlos II, rei da Inglaterra, 91

Carlos VI, Sacro Imperador Romano, 127

Carmen (Bizet), 182, 216, 254, 305, 350, 364, 368, 373, 376-88, 394, 439, 451, 464-5, 486, 548, 583, 593

Carmen (filme mudo de DeMille), 374, 382

Carpani, Giuseppe, 246

Carré, Michel, 374

Carreira do libertino, A (Stravinsky), 272, 539, 545, 547, 594, 597

Carter, Elliott, 574

Caruso, Enrico, 254, 255, 259, 468, 510, 550, 579; "carusofone", 254

Caso Makropulos, O ver Věc Makropulos (Janáček)

Castelo do Barba-azul (Bartók), 504, 505, 506

castrati, 43, 70, 76-7, 79, 88-90, 95-9, 102, 106, 108, 114-7, 121-3, 125, 131, 136-7, 144, 187, 189, 231, 243, 245, 256-7, 259, 269, 310

Catalani, Alfredo: *La Wally*, 30

Catarina II, imperatriz da Rússia, 178

Cavaleiro da Rosa, O ver Rosenkavalier, Der (Strauss)

Cavaleiro solitário, O (Zorro — série de TV), 228

Cavalieri, Catarina, 187

Cavalleria rusticana (Mascagni), 469, 509

Cavalli, Francesco, 73, 75, 78, 83, 84, 86, 100; *Antioco*, 75; *Giasone*, 86, 87, 100

Cecchina, ossia la buona figliuola, La (Piccinni), 155

libertino, de Stravinsky, 539, 540; e *Melodram*, 196; e ópera-séria, 144, 159; e Rossini, 245, 246; e Salieri, 209; *Entführung, Die*, 59, 160, 182, 214, 437; *Finta giardiniera, La*, 158, 159; *Flauta mágica, A* ver *Zauberflöte, Die*; *Idomeneo*, 140, 144, 146, 164, 258; influência de Gluck, 120, 140, 144; morte de, 208; *Nozze di Figaro*, 126, 142, 148-51, 156-61, 164-6, 168, 173-5, 249, 517, 607; óperas cômicas, 59, 158; ópera--bufa, 144, 148; orquestração, 175, 188; popularidade moderna, 585; reaparição das óperas de Mozart na década 1930, 55, 542; *Singspiel*, 180; uso do siciliano, 523; *Zaide*, 196; *Zauberflöte, Die*, 27, 31, 161, 180, 186, 188, 192--3, 196, 198, 201, 204, 212-3, 217, 523, 526

Muette de Portici, La (Auber), 311, 313

Mundo como vontade e representação, O (Schopenhauer), 418

Munique, 22, 31, 89, 159, 391, 416, 460, 582, 606

Musica, La (Iriarte), 60

Musical Times, The, 466, 561

Musorgsky, Modest, 455-64, 483, 566-7, 571; *Boris Godunov*, 455-6, 483, 567, 583

Mussolini, Benito, 289

Muti, Riccardo, 29

Muzio, Emanuele, 295

Myaskovsky, Nikolai Yakovlevich, 570, 576

Nabokov, Vladimir, 382

Nabucco (Verdi), 284-7, 290-1, 294, 425-6; "Va pensiero" (coro dos escravos hebreus), 284, 286-7, 289-90, 292, 426

nacionalismo, 179, 209, 289, 319, 334, 462, 481, 493, 506-7, 512, 513, 563, 568, 570; e a identidade operística alemã, 211; e italianos contra alemães, 205; na França após 1848, 319; nacionalismo cultural e o surgimento da "ópera nacional", 89, 455; *Risorgimento* italiano, 287; russo, 455; Verdi e, 427, 442; Wagner e o hipernacionalismo germânico, 417

Napoleão I (Bonaparte), imperador da França, 206, 210, 225-6, 252, 365, 373, 379, 474, 577

Napoleão III, imperador da França, 372

Nápoles, 24, 25, 31, 81, 87-8, 93-5, 104, 129, 152, 153, 156, 178, 225, 227, 255, 258, 267, 273, 328; ópera cômica napolitana, 153, 155

Nariz, O (Shostakovich), 570, 571

Nas asas da fama (filme), 579

Nationaltheater (Munique), 31

neoclassicismo, 119, 134, 530, 539, 540, 567, 570

New York City Opera, 143, 586

New York Musical Review and Gazette, 350

New York Sun, 555

New York Times, 31

Newman, Ernest, 350

Nicolini (Nicolo Grimaldi, castrato), 114

Nicolini, Giuseppe, 231

Niedermeyer, Louis: *Marie Stuart*, 586

Nietzsche, Friedrich, 392, 398, 416, 445, 525; e Wagner, 416; influência de Wagner, 337; repúdio a Wagner, 337; sobre *Carmen*, de Bizet, 382; sobre *Tristan*, de Wagner, 397, 416

Nigh, William, 374

Nixon in China (Adams), 607

Nochlin, Linda, 451

Noite na ópera, Uma (Irmãos Marx), 41, 42, 577

Noiva de Lammermoor, A (Scott), 230

Noiva vendida, A (Smetana), 564

Nolfi, Vincenzo: *Bellerofonte*, 85

Nonne sanglante, La (Gounod), 320, 323

Norma (Bellini), 275-81, 425, 584

nostalgia, 158, 426, 514, 532, 537, 539, 562, 576, 602

Nourrit, Adolphe, 307

Nova York, 30-1, 41, 56, 57, 71, 87, 151, 228, 366, 388, 555, 580, 586; apresentações de ópera italiana no início da década de 1830, 256; Metropolitan Opera, 30, 31, 71, 87, 134, 142, 228, 424, 555, 579, 580, 586; *Tannhäuser* em, 350

Novalis: *Hymnen an die Nacht*, 418

Nozze di Figaro, Le (Mozart), 126, 142, 148-51, 156-61, 164-6, 168, 173-5, 249, 517, 607

Oedipus Rex (Stravinsky), 541

Offenbach, Jacques, 365, 369-73, 378-9, 388, 525,

improvisados, 49, 109, 121, 136; Rossini e, 226, 235, 243

Orphée aux enfers (Offenbach), 378

orquestração, 111, 120, 131, 176, 188, 224, 245-6, 310, 314, 321-2, 427, 481, 509, 511, 532, 608; de Bizet, 383; de Händel, 111; de Mozart, 175, 188; de Rossini (, 233; de Strauss, 528, 532; de Verdi, 329, 438; de Wagner, 395, 408

Ortigue, Joseph d', 309, 314

Ossian, 210

Otello (Rossini), 227, 232, 258

Otello (Verdi), 51, 441-7, 473, 509

Othelo (Shakespeare), 167

Ottoboni, Pietro, cardeal, 101

Owen Wingrave (Britten), 597

Oyayaye, ou La reine des îles (Offenbach), 365

Pabst, G. W., 557

Pacini, Giovanni, 226, 240

Pagliacci (Leoncavallo), 305, 469-70, 475, 509

Paisiello, Giovanni, 156, 157, 178, 210, 225; *Il re Teodoro*, 156

Palais Garnier (Paris), 31

Pamela, or Virtue Rewarded (Richardson), 122, 155

pantomima, 107, 153, 195, 210, 215, 298, 323, 420, 578

Pape, René, 457

Pappenheim, Marie, 501, 505

Para Wong Foo, Obrigada por tudo! Julie Newmar (filme), 363

Parade (Satie), 552

Paraíso perdido (Penderecki), 586

Paris, 25-6, 29, 31, 83, 89, 120, 125, 131, 133, 137-8, 141, 153, 156, 171, 179, 181, 187, 211-2, 214, 225, 244, 256, 263, 272, 278, 280, 297-8, 306-10, 313-4, 317, 319, 325, 328, 330-1, 334, 339, 352, 357, 363, 365, 367-9, 371-3, 380, 428, 429, 466--7, 472, 474, 481-2, 490, 499, 541, 586, 593; Auber em, 372; audiências, 310, 327, 371; cercada por tropas prussianas, 372; Comuna de, 373; e Donizetti, 269; e o surgimento da *grand opéra*, 306; Mozart em, 146; Opéra de Paris, 41, 179, 216, 259, 272, 306, 308, 314, 319, 327,

355, 427, 586, 594, 606; Opéra National, 368; Opéra-Comique (teatro), 210, 211, 366, 369--71, 373-4, 380-1, 466, 481, 482; Rossini e, 255; Théâtre des Bouffes-Parisiennes, 365, 378; Théâtre Feydeau, 211; Théâtre Italien, 271, 278, 328, 365-6, 370; Théâtre Lyrique, 297, 322-3, 369, 374, 380, 586; Verdi em, 298, 330; Wagner em, 305, 338, 391

Parisina (Donizetti), 261, 262, 263, 264, 274, 380

Parsifal (Wagner), 349, 391, 399, 413, 449, 456, 485, 490, 568

Pássaro de fogo (Stravinsky), 568

Pasta, Giuditta, 275, 276, 281

patrocínio, 74, 116, 206

Patti, Adelina, 228

Patzak, Julius, 469

Pavesi, Stefano, 231

Pears, Peter, 596

Péchés de vieillesse (Rossini), 245

Pêcheurs des perles, Les (Bizet), 380

Pedro e o lobo (Prokofiev), 195

Pelléas et Mélisande (Debussy), 482, 493, 509, 559, 564

Penderecki, Krzysztof: *Paraíso perdido*, 586

Pepoli, Count Carlo, 278

Pergolesi, Giovanni Battista, 153; *La serva padrona*, 153

Peri, Jacopo, 64, 65, 66, 74, 80, 83

pessimismo cultural, 27, 583, 592

Peter Grimes (Britten), 596, 600, 604

Petite messe solennelle (Rossini), 245

Piccinni, Niccolò, 141, 146, 155

Pierrot lunaire (Schoenberg), 602

Pietra del paragone, La (Rossini), 255

Pillet, Léon, 321

Pirata, Il (Bellini), 273-6

Piratas de Penzance, Os (Gilbert e Sullivan), 38

Pizzetti, Ildebrando: *Assassinio nella cattedrale*, 586

Planelli, Antonio, 135

Poliuto (Donizetti), 328

Poliziano, Angelo: *Orfeo*, 62

Pollarolo, Carlo Francesco, 104

Polônia, 455, 457

Tchaikóvski, Pyotr Ilyich, 460-4, 483, 521, 525, 566, 567, 596; *Dama de espadas, A*, 461, 470, 521, 567; influência de Mozart, 170; *Yevgeny Onegin*, 462, 567

Teatro alla moda, Il (Marcello), 125

tédio, 53, 566

Tempestade, A (Adès), 607

tempestade, cenas de, 142, 219, 222, 223

tenor, voz de, 28-9, 35, 39, 42-4, 69-70, 80, 137, 144, 161, 169, 174, 182, 187, 189-90, 202-3, 209, 215, 247, 254-5, 258-9, 262-6, 268-9, 271, 274-5, 279, 290-3, 299-301, 307, 311, 318, 324, 326, 331, 343, 362-4, 374, 381, 386, 394, 399--402, 404, 409-10, 415-6, 429, 432, 435-6, 439, 442, 457, 461-2, 465, 466, 468, 472, 474-5, 478, 485, 488, 495, 500, 507, 512, 520, 523, 530, 542, 546, 554, 558, 562, 571, 577-9, 596, 598, 605; na ópera-bufa, 258; tenor heroico, 44, 255, 259, 264-5; tenor viril, 258, 263, 290, 293; *ver também* contratenor, voz de

Tetrazzini, Luisa, 377

Thaïs (Massenet), 465

Théâtre des Bouffes-Parisiennes, 365, 378

Théâtre Italien (Paris), 271, 278, 328, 365-6, 370

Théâtre Lyrique (Paris), 297, 322-3, 369, 374, 380, 586

Thomas, Ambroise: *Mignon*, 363, 368, 374-7, 381

Thompson, Kim: *Todas as grandes óperas em dez minutos* (filme), 34

Thomson, Virgil: *Lord Byron*, 586

Tibbet, Lawrence, 579

Tippett, Michael: A *Midsummer Marriage*, 606

Todas as grandes óperas em dez minutos (filme de Thompson), 34

Tommasini, Anthony, 31

Tosca (Puccini), 459, 474, 478-80, 549

Toscanini, Arturo, 363, 595

traduções, 22, 108; legendas, 24

tragédie lyrique, 55, 90, 123-4, 131-2, 179-80, 184, 210, 219, 452

Traité d'instrumentation (Berlioz), 120

Transatlântico de luxo (filme), 411, 579

travesti, 76, 80, 88, 103, 175, 202, 257

Traviata, La (Verdi), 38, 42, 295, 305-6, 376, 400, 425, 428-32, 434, 439, 451, 463, 489, 495, 521

Treasury of Grand Opera, A (antologia musical), 304, 436

Três Tenores, 255, 259, 605

Trier, Lars von: *Melancolia*, 418

Tristan und Isolde (Wagner), 337, 356-7, 391-400, 413, 416-20, 422-3, 444, 452, 465, 472-3, 485, 490-1, 532, 579, 604; "acorde de *Tristan*", 419-20, 472; Clara Schumann sobre, 397; compasso 5/4 (métrica desequilibrada), 395; em trilhas sonoras de filmes, 417; influência em Nietzsche, 337; libreto, 418, 422; Mark Twain sobre, 417; Nietzsche sobre, 397, 416; no filme *Um amor na tarde*, 41; prelúdio de, 418-20, 423

Trittico, Il (Puccini), 511-2

Troilus and Cressida (Walton), 586

Trovatore, Il (Verdi), 28-9, 38, 42, 283, 425, 441, 522, 590-1

Troyens, Les (Berlioz), 321-3, 333, 369, 522

Turandot (Puccini), 474, 589, 595, 605

"turcas, óperas", 214

Turn of the Screw, The (Britten), 597, 601

Twain, Mark, 417

Two sisters from Boston (filme), 579

"Über die Anwendung der Musik auf das Drama" (ensaio de Wagner), 413

"Über die Bestimmung der Oper" (ensaio de Wagner), 414

Uhlig, Theodor, 581

Umidi (academia florentina), 66

Undine (Hoffmann), 213-4, 338

unendliche Melodie (melodia sem fim), 442

Ungher, Caroline, 263, 264

Uthal (Méhul), 210

"Va pensiero" *ver* Nabucco (Verdi)

Valparaíso, 256

valsa, 420, 428, 430-1, 463, 523, 525, 552-3

Vampyr, Der (Marschner), 216, 219

Vanbrugh, Sir John, 106

ESTA OBRA FOI COMPOSTA PELA SPRESS EM DANTE E IMPRESSA EM OFSETE
PELA GEOGRÁFICA SOBRE PAPEL PÓLEN SOFT DA SUZANO PAPEL E CELULOSE
PARA A EDITORA SCHWARCZ EM MARÇO DE 2015